编委会人员名单

编辑部人员名单

中国红十字年鉴

2017/2018

中国红十字年鉴编辑部　编

方志出版社
Publishing House of Local Records

图书在版编目（CIP）数据

中国红十字年鉴. 2017/2018 / 中国红十字年鉴编辑部编. —北京 : 方志出版社, 2021.12

ISBN 978-7-5144-5176-4

Ⅰ. ①中… Ⅱ. ①中… Ⅲ. ①红十字会—中国—2017/2018—年鉴 Ⅳ. ①D632.1-54

中国版本图书馆CIP数据核字(2022)第252620号

责任编辑：李志瑜
责任校对：张玉霞
责任印制：梅中英
出 版 者：方志出版社
地　　址：北京市朝阳区潘家园东里 9 号（国家方志馆4层）
邮　　编：100021
网　　址：http://www.zgfzcb.cn
发　　行：方志出版社图书营销中心（010-67110500）
印　　刷：北京宝昌彩色印刷有限公司
开　　本：889毫米×1194毫米　1/16
印　　张：29
字　　数：665千字
版　　次：2021年12月第1版
印　　次：2021年12月第1次印刷
定　　价：330.00元

2017年1月，中国红十字会会长陈竺（右二）、常务副会长徐科（右五）与百色市班明齐一家聊天

2017年1月，中国红十字会副会长郭长江（前排右一）赴湖北开展“红十字博爱送万家”活动

2017年1月，中国红十字会副会长王海京（前排右一）带队赴四川开展“红十字博爱送万家”活动

2017年1月，中国红十字会副会长兼秘书长王平（左二）赴贵州开展“红十字博爱送万家”活动

2017年1月，中国红十字会副会长王汝鹏（右三）赴安徽开展“红十字博爱送万家”活动

2017年2月，中国红十字会第十届理事会理事们热议新修订的《中华人民共和国红十字会法》

2017 年 2 月，中国红十字会第十届理事会第三次会议在北京召开

2017 年 3 月，中国共产党中国红十字会总会直属机关第一次代表大会在北京召开

2017 年 3 月，中国红十字会副会长郭长江（左三）在北京参加“青春善言行”项目落地海淀寄读学校启动仪式

2017 年 4 月，重庆市永川区红十字医院医护人员走进小学开展急救教育活动

2017 年 4 月，陕西省西安市红十字会应邀到西安地铁运营分公司普及急救知识

2017 年 5 月，中国红十字会会长陈竺（左二）为“中巴博爱医疗急救中心”揭牌

2017 年 5 月，中国红十字会总会在北京向新闻媒体通报中国红十字会近期工作情况

2017 年 5 月，中国红十字会总会在北京举行“我是红十字人”主题宣誓活动

2017 年 9 月，中国红十字基金会“汤计人道传播基金”在北京成立

2017 年 10 月，吉林省长春市红十字会开展敬老爱老助老志愿活动

2017 年 10 月，中国红十字会副会长郭长江（前排右二）鼓励患儿安心接受治疗

2017 年 10 月，黑龙江省哈尔滨市小学生学习头部创伤包扎技能

2017 年 11 月，京沪港澳红十字青年国际人道问题辩论赛在上海举办

2017 年 11 月，江苏省南京市举行应急救护技能竞赛

2017年12月，河南省许昌市红十字会到鄢陵县开展“结伴同行脱贫路”志愿服务活动

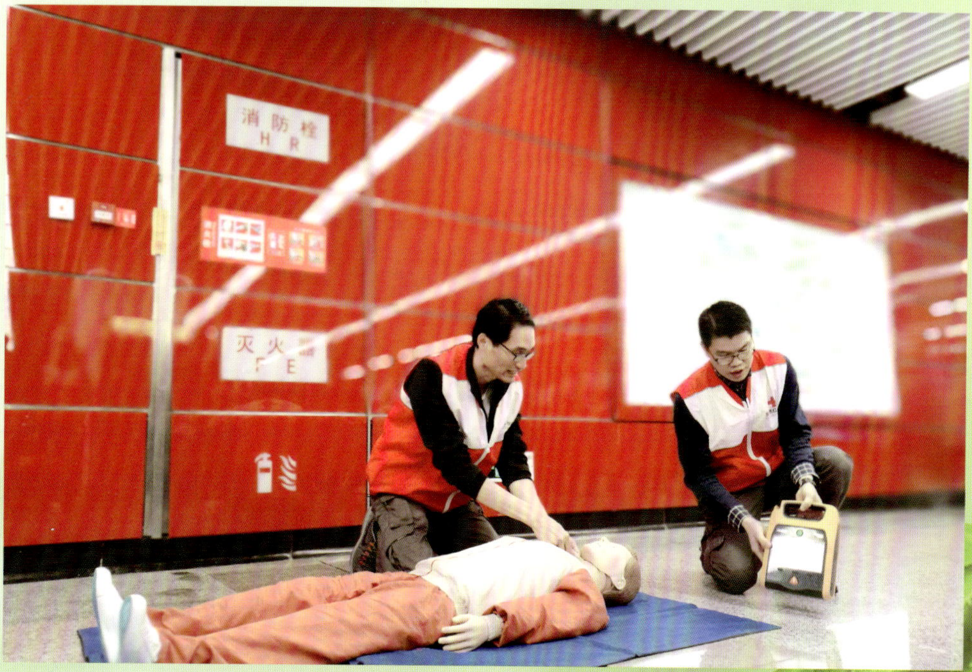

2017年12月，广东省东莞市举行轨道交通AED项目启动仪式

2017 年 12 月，北京市红十字会在河北省张家口市开展迎冬奥雪地医疗救援演练

编 辑 说 明

一、《中国红十字年鉴 2017 / 2018》以马克思列宁主义、毛泽东思想、邓小平理论、“三个代表”重要思想、科学发展观、习近平新时代中国特色社会主义思想为指导，坚持辩证唯物主义和历史唯物主义的立场、观点和方法，记述了 2017 年 1 月 1 日至 2018 年 3 月 31 日中国红十字会的工作。

二、《中国红十字年鉴 2017 / 2018》，共包括六大篇章：“文献篇”“纪事篇”“总会篇”“人名篇”“分会篇”“资讯篇”。其中，“总会篇”和“分会篇”中涉及年度工作所收主要词条与篇目的时间要求，一般起始于 2017 年 1 月 1 日，截至 2018 年 3 月 31 日。

三、为保持年鉴的系统性和延续性，《中国红十字年鉴 2017 / 2018》主要词条和篇目仍为近年来党和国家领导人关于中国红十字会工作的指示、讲话、文章，国家法律和国家有关部门法规及文件，中国红十字会 2017 年的文献汇编、成果展示及大事记、年度工作等。

四、《中国红十字年鉴 2017 / 2018》的“总会篇”中总会各直属单位，以及“分会篇”中铁路系统、生产建设兵团、特别行政区红十字会“历史沿革”等词条内容，一般截至 2008 年 3 月 31 日。此后有关内容列入每年年鉴中总会各直属单位、铁路系统、生产建设兵团、特别行政区红十字会“年度工作”词条。“分会篇”延续《中国红十字年鉴 2016 / 2017》年鉴所做的修订，省、自治区、直辖市红十字会“历史沿革”“历届代表大会”“组织机构”等词条增补了更为详细的内容，时间下限一般为 2012 年或 2013 年，此后相关内容见省、自治区、直辖市红十字会“年度工作”词条。“资讯篇”也延续《中国红十字年鉴 2016 / 2017》年鉴所做的修订。

编辑说明

[illegible]

目　录

一 文 献 篇

年度主要文件

二　纪　事　篇

大 事 记

中国红十字会第十届理事会第三次会议

会议讲话

三　总　会　篇

中国红十字会总会机关及直属单位

四人名篇

中国红十字会历届领导人

人物志

五　分　会　篇

省、自治区、直辖市红十字会

生产建设兵团红十字会

铁路系统红十字会

特别行政区红十字会

六　资　讯　篇

中国红十字会总会及省、自治区、直辖市、铁路系统、生产建设兵团、特别行政区分会联络方式

一

文献篇

年度主要文件

中国红十字会总会 民政部 全国老龄工作委员会办公室 关于红十字会参与养老服务工作的指导意见

中红字〔2017〕1号

各省、自治区、直辖市红十字会、民政厅（局）、老龄办，新疆生产建设兵团红十字会、民政局、老龄办：

为积极开展应对人口老龄化行动，加快发展养老服务业，全面建成以居家为基础、社区为依托、机构为补充、医养相结合的多层次养老服务体系，推动和支持红十字会参与养老服务工作，现提出以下意见：

一、总体要求

（一）指导思想

全面贯彻党的十八大和十八届三中、四中、五中、六中全会精神，深入学习贯彻习近平总书记系列重要讲话精神和治国理政新理念新思想新战略，认真落实党中央、国务院决策部署，积极应对人口老龄化，培育健康养老意识，加快推进养老服务业供给侧结构性改革，坚持党委领导、政府主导、社会参与、全民行动相结合，让广大老年人享受优质养老服务，切实增强人民群众获得感。

（二）基本原则

积极参与，创新机制。红十字会要积极参与养老服务工作，带动红十字志愿服务组织，创新服务模式和工作机制，共同促进养老服务业发展。

因地制宜，逐步推进。红十字会要结合实际，激发潜力和活力，发挥自身特点，加强与相关部门协作配合，开拓创新，循序渐进，科学安排。

发挥优势，重点突破。红十字会要发挥在应急救护培训、红十字志愿服务等方面的优势，在人员培训、志愿服务等方面深入探索。

试点先行，积累经验。红十字会总会将选择部分地区进行红十字会参与养老服务工作试点，摸索积累经验，总结工作模式，逐步推广。

（三）阶段目标

到2018年，在5个省份10个城市开展红十字会参与养老服务工作试点，探索参与养老服务方式、内容、保障、考核、监督等工作机制。鼓励有条件的省（区、市）按本指导意见的精神积极开展试点。

到2020年，出台较完善的红十字参与养老服务政策，建立稳定的工作队伍和志愿者队伍，初步建立红十字会参与养老服务的培训网络和志愿服务体系。

二、主要任务

（一）参与养老服务人员知识技能培训

和医养结合服务

发挥红十字会应急救护培训的优势，编写红十字养老照护知识与技能培训教材，通过开展老年人应急救护、养老照护知识与技能培训，提高家庭照护者、养老护理员、养老服务志愿者服务能力。

在红十字急救员中普及养老照护知识与技能。

鼓励具备条件的红十字会培训机构获得养老护理员培训机构资质、职业技能鉴定机构资质等。

鼓励红十字会参与医养结合服务，以及养老服务中应急救护的相关工作。

（二）参与开展红十字养老志愿服务

建立以红十字志愿者为核心的红十字养老志愿服务队伍，积极组织符合红十字会宗旨、满足老年人日常需求的志愿服务活动。

动员和培训红十字志愿者，创新服务平台，拓宽服务领域，深入家庭、社区和养老机构等开展针对老年人的红十字志愿服务活动。

（三）参与兴办公益性养老机构

鼓励具备条件的红十字会积极争取社会力量支持，结合实际兴办公益性养老机构。

在红十字会支持的灾后重建、博爱家园等项目点，加强养老服务设施规划和配备。结合本地实际，参与红十字社区养老服务综合服务设施建设、运营和管理等。

（四）参与开展对老年人的公益援助项目

积极开展对老年人的公益援助项目，要科学设计项目，加强项目管理，完善监督制度，项目要优先支持面临困难的孤寡、高龄、失能等老年人。

三、工作要求

（一）加强组织领导。各级红十字会要充分认识参与养老服务工作的必要性和重要性，发挥红十字会在人道领域的政府助手作用，主动作为，扎实做好参与养老服务的各项工作。民政部门、老龄工作部门要将红十字会参与的养老服务工作纳入养老服务相关规划，要共同研究支持红十字会参与养老服务工作的各项政策措施，认真落实相关任务要求。

（二）加强能力建设。红十字会、民政部门、老龄工作部门要积极开展针对红十字会工作人员、志愿服务骨干的培训，使其充分了解工作要求和工作内容，掌握参与开展养老服务工作必备的知识、技能和方法。各级红十字会、老龄办要加强配合，积极组织志愿者参与养老服务工作，对志愿者开展适当的专业知识和技能培训，开展有特点的养老志愿服务活动。红十字会要多渠道筹集资金，通过申请财政性资金、政府专项补贴、开展社会募捐等，完善参与开展养老服务的资金保障。

（三）加强督促检查。省级红十字会、民政部门和老龄工作部门要加强工作考核，确保责任到位、任务落实。要加强对本指导意见执行情况的监督检查，及时向红十字会总会、民政部、全国老龄办报告。

关于开展 2017 年度红十字应急救护培训示范基地建设申报工作的通知

中红办字〔2017〕1 号

各省、自治区、直辖市红十字会，新疆生产建设兵团红十字会：

根据《中国红十字会关于加强红十字应急救护培训基地建设的指导意见》（中红字〔2016〕2 号）与《“十三五”彩票公益金红十字生命健康安全教育项目实施方案》要求，总会决定启动 2017 年度红十字应急救护培训示范基地（以下简称“示范基地”）建设申报工作，现将有关事项通知如下。

一、建设目标

2017 年，总会通过彩票公益金红十字生命健康安全教育项目在全国支持 30 个示范基地建设。

二、申报条件

（一）具有专门的救护培训机构管理培训基地，领导班子健全，有相应经费保障或收入来源。

（二）具有能容纳 30—50 人的教室至少 2 间（每间面积须 60 平方米以上），具有能同时容纳 30 人参与体验的场所 1 个（面积须 80 平方米以上）。

（三）具有专兼职师资 5 人以上，其中专职师资至少 2 人。

（四）有开展救护培训的记录和档案。

（五）总会重点支持新建救护培训基地（未建有安全体验教室）的创建。

三、申报流程

（一）由各省级红十字会向总会提交申报材料。

（二）总会组织专家评审会，确定项目支持的省级红十字会。

（三）项目省红十字会组织实施本省份示范基地建设和相关项目活动。总会对项目执行情况进行督导和检查。

（四）总会组织专家对示范基地建设和相关项目活动执行情况进行验收。验收合格后，授予“红十字应急救护培训示范基地”铭牌。

四、建设经费

各级红十字会要多渠道积极争取相关经费，开展示范基地建设工作。总会结合“十三五”彩票公益金生命健康安全教育项目的执行，对示范基地创建工作予以支持。对于每个新建的救护培训基地，总会支持额度总计约 100 万元，包括安全体验教室建设、配套教具、师资培训班、“学校 + 社区”安全教育活动、公益讲座等经费。

五、工作要求

（一）高度重视示范基地建设工作

各省级红十字会要充分认识救护培训基地建设的重要意义，给予高度重视，切实加强对建设工作的组织领导，成立专项工作组，分管会领导负责，配备业务骨干，保证示范基地建设工作与相关项目活动的顺利开展。

（二）积极参与项目申报

2017 年度每省份申报的示范基地不得超过 2 个。各省级红十字会要主动征集了解基层红十字会需求，由省级红十字会统一填报项目申报书，并提供客观、真实的证明材料，积极参与示范基地建设和相关项目申报。

请于2月10日前将2017年度示范基地建设申报书和相关材料纸质版一式3份，盖章后快递至总会训练中心（北京市东城区干面胡同53号中国红十字会总会训练中心5层综合管理部贾燕），电子版发送至邮箱（rctczhb@126.com）。逾期将不接受申报。

（三）认真实施建设工作

各项目省红十字会要根据《中国红十字会应急救护培训基地建设标准（试行）》对基地进行设计和建设，保证场地和配套经费及时到位，确保基地建设进度；要严格按照“十三五”公益金项目的有关要求，根据《应急救护培训标准化手册》开展师资培训、安全教育等其他项目活动。基地创建和项目产出为红十字会所有。

（四）充分发挥示范作用

示范基地建设要建立长效机制，保障可持续发展。生命安全健康体验教室建成后，要有专门的人员与经费保障，确保其发挥作用。各示范基地要始终保持先进性，发挥示范引导作用，带领本地区的培训基地逐步、全部达到《中国红十字会应急救护培训基地建设标准（试行）》的要求。

关于印发《中国红十字会救灾物资通用标准（2017版）》的通知

中红字〔2017〕2号

各省、自治区、直辖市红十字会，新疆生产建设兵团红十字会：

为进一步规范红十字救灾物资标准，提高救灾效率，总会根据灾区实际需求，同时综合各省级红十字会对物资标准的意见，对现行的《中国红十字会救灾物资通用标准（2015版）》进行了修订。现将新版《中国红十字会救灾物资通用标准（2017版）》印发给你们，请参照执行。

特此通知。

中国红十字会总会关于陈竺会长担任国际联合会副主席的报告

中红字〔2017〕3号

外交部：

近期我会收到红十字会与红新月会国际联合会主席近卫忠辉来函，通知我会陈竺会长正式担任该组织来自亚洲的副主席一职，任期至2017年11月新一届联合会大会改选。红十字会与红新月会国际联合会已将此事通报各国红十字会和红新月会。

特此报告。

附件

联合会主席来函（译文）

尊敬的会长们：

我很高兴通知你们，中国红十字会正式指定了该会会长陈竺博士担任新的红十字会与红新月会国际联合会（以下简称联合会）来自亚洲的副主席。陈博士将会代替赵白鸽博士担任副主席一职。赵博士于去年11月份正式宣布辞任其副主席职务。

根据《议事规则》第三十一章第二条，选举委员会已经审核了陈博士的提名资格。陈博士将担任副主席一职至11月份联合会大会召开。

陈博士自2015年开始担任中国红十字会会长，同时是中华人民共和国全国人民代表大会常务委员会副委员长。2007年至2013年间，陈博士担任中华人民共和国卫生部部长。陈博士拥有法国巴黎第七大学的医学博士学位。在此附上陈博士的简历供参考。

我相信你们会和我一起欢迎陈副主席的到任。你们中很多人和我一样很期待和陈博士共事，我很有信心凭着陈博士卓越的资历和丰富的经验，他将会带领我们机构取得更大成就，创造更多的机会。

祝好。

近卫忠辉

2017年1月28日

关于印发《中国红十字救援队培训及演练大纲（试行）》的通知

中红办字〔2017〕4号

各省、自治区、直辖市红十字会：

为进一步促进和提高红十字救援队培训演练水平，加快我会救援队科学化、规范化、标准化建设进程，完善救援队建设体系，总会在结合国内外实战救援、培训及演练经验的基础上，并借鉴国家减灾委其他成员单位、红十字会与红新月会国际联合会、红十字国际委员会等方面的课程设置，编制了《中国红十字救援队培训及演练大纲（试行）》。现将大纲印发给你们，请参照执行。

特此通知。

关于学习宣传贯彻新修订的《中华人民共和国红十字会法》的通知

中红字〔2017〕5号

各省、自治区、直辖市红十字会，新疆生产建设兵团红十字会，铁路系统红十字会：

新修订的《中华人民共和国红十字会法》（以下简称“红十字会法”）已由第十二届全国人大常务委员会第二十六次会议于2017年2月24日修订通过，国家主席习近平签署主席令予以公布，自 2017 年 5 月 8 日起施行。为推动新修订的红十字会法的学习宣传和贯彻落实，现就有关事项通知如下：

一、深刻认识新修订的红十字会法公布施行的重要意义

1993 年颁布的红十字会法历经 20 多年首次进行修订，是我国红十字事业发展史上的一件大事，充分体现了党和国家对红十字事业的高度重视和大力支持，对促进中国特色红十字事业的健康发展具有重要的现实意义和深远的历史意义。

各级红十字会要把学习宣传贯彻新修订的红十字会法与深入学习贯彻习近平总书记关于红十字事业的重要讲话精神紧密结合起来，站在落实全面依法治国战略高度，充分认识学习宣传贯彻新修订的红十字会法对依法促进红十字事业发展的重要性，认真履行法定职责，进一步增强责任感和使命感，抓紧抓好抓实新修订的红十字法的学习宣传贯彻工作，切实增强运用法治思维和法治方式推进改革与发展的能力。

二、全面准确把握新修订的红十字会法的重点内容

新修订的红十字会法，结构更加完整，内容更加丰富，进一步明晰了红十字会的法定职责，完善了治理结构，强化了财产监督，增加了法律责任的规定，有利于保障和规范红十字会依法履行职责，提高红十字会的公信力。各级红十字会应对以下内容进行重点学习与宣传：

（一）关于治理结构

新修订的红十字会法对红十字会的治理结构作出了新的法律规定，增设了监事会，形成理事会、执委会和监事会权责分开的运行模式，是完善红十字会监督机制的重要举措。

（二）关于法定职责

新修订的红十字会法将包括人体器官捐献在内的“三献”工作纳入法治化轨道，明确红十字会新的职责，包括：“建立红十字应急救援体系”“参与、推动无偿献血、遗体和人体器官捐献工作，参与开展造血干细胞捐献的相关工作”“组织开展红十字志愿服务”以及“协助人民政府开展与其职责相关的人道主义服务活动”等。

（三）关于财产与监管

新修订的红十字会法将“经费与财产”修改为“财产与监管”，目的就是要在支持保障红十字会工作开展的同时，提升对红十字会财产收入管理和使用的规范化水平。

（四）关于法律责任

新修订的红十字会法增加“法律责任”，是对红十字会法的重大补充和完善。新增“法律责任”一章既规范了红十字会及其工作人员的行为，又保护了红十字会的合法权益，增强了红十字会法的刚性和操作性。

三、切实贯彻落实好新修订的红十字会法

法律的生命力在于实施，法律的权威也在于实施。各级红十字会要把学习宣传贯彻新修订的红十字会法列入重要议事日程，要把新修订的红十字会法的宣传普及作为当前和今后一个时期宣传工作的重点内容，加强组织协调，创新传播方式，抓住重点，整体推进。

（一）开展学习培训

要把学习宣传贯彻新修订的红十字会法作为一项重要任务，纳入年度工作计划，制定切实可行的学习宣传贯彻方案，建立完善工作机制，明确责任部门和责任分工，开列任务清单，组织红十字工作者深入学习新修订的红十字会法。领导干部要以身作则，带头学习新修订的红十字会法，带动系统上下认真开展学习活动。要通过举办培训班、研讨会和专题讲座等方式，分期分批开展相关培训，形成全方位、多层次的学习宣传格局。

（二）做好宣传普及

抓住新修订的红十字会法在“5·8”世界红十字日正式施行的契机，各级红十字会要大力开展普法宣传活动。通过举办座谈会、召开电视电话会、组织普法宣讲团、发表文章等多种方式，利用“两微一端”等移动互联网传播平台和公益广告等传播途径，大力开展红十字会法的宣传。要深入基层、深入群众、采取丰富多样、生动活泼、群众喜闻乐见的形式和手段，将集中宣传和日常宣传结合起来，推动红十字会法进机关、进学校、进社区。各级红十字会要积极扩大红十字会法的社会影响，汇聚正能量。

（三）抓好贯彻落实

新修订的红十字会法对红十字会工作提出了新要求，各级红十字会要高度重视，自觉遵守法律，认真研究贯彻落实的具体措施。把完善制度规定作为学习宣传贯彻红十字会法，推进依法治会、依法兴会，切实保障红十字会法贯彻施行的一项重要工作。要严格按照法律的规定为捐赠人提供服务，依法履行职责，对于损害红十字事业的违法行为要及时依法采取相关措施予以追究，维护法律权威，切实做到依法治会，充分发挥红十字会作为党和政府在人道领域的助手和联系群众的桥梁纽带作用。各省级红十字会要主动作为，积极争取本省（区、市）人大常委会的重视和支持，结合本地实际，推进红十字会法实施条例或实施办法的起草修订工作，在全国形成促进红十字事业发展的法律法规体系。

（四）加强督促检查

各级红十字会要切实加强指导、督促和检查，建立督促检查机制，严格落实学习宣传贯彻活动的各项部署要求，确保学习宣传贯彻活动取得实效。总会在今年的督导调研中将把学习宣传贯彻新修订的红十字会法情况作为重要检查内容。

各地在学习宣传贯彻新修订的红十字会法工作中要及时总结好经验、好做法，在学习宣传贯彻过程中反映出的问题和建议等有关情况请及时报送总会办公室。各地宣传贯彻红十字会法的实施方案请于 4 月 10 日前报送总会办公室。

特此通知。

附件

总会宣传贯彻新修订的红十字会法工作要点

1. 中国红十字会执委会专题学习红十字会法，印发通知部署全国红十字会系统学习宣传、贯彻落实红十字会法工作。

2. 组织专家撰写文章，在《中国红十字报》开辟专版、专栏等，宣传普及红十字会法。

3. 推动红十字会法宣传工作深入开展，对各地红十字会在 2017 年开展红十字会法宣传贯彻的情况进行督导。

4. 组织召开全国红十字会系统学习宣传

贯彻红十字会法会议。

5. 会同全国人大教科文卫委员会召开贯彻实施红十字会法座谈会。

6. 组织普法宣讲团，在总会机关及各省级红十字会宣讲红十字会法，传达总会关于宣传贯彻红十字会法的要求。

7. 各级红十字会党组理论学习中心组集体学习红十字会法。

8. 全国各级红十字会以红十字会法宣传为主题举办“5・8”博爱周宣传活动。

9. 总会举办的各类培训班，将普法作为重点内容列入培训课程。

10. 组织指导红十字会系统微信公众号、微博、手机 App 等移动互联网传播平台开展红十字会法宣传。

11. 省级红十字会积极争取当地人大支持，结合实际对本地贯彻实施红十字会法办法与条例进行修改，形成保障红十字事业发展的法律体系。

12. 支持、指导各级红十字会开展红十字会法普法专题培训。

13. 深化“法律进机关”，促进机关公职人员学习红十字会法，依托党校、行政学院、高等院校等教育机构开展法律知识培训，为公务员学法提供便利条件。

14. 深化“法律进社区”。积极探索社区红十字会法宣传教育新途径，通过社区宣传橱窗、宣传长廊等阵地宣传红十字会法，建立红十字会法宣传志愿者队伍，鼓励并支持志愿者深入街道、社区，有针对性地开展普法宣传讲座。

15. 深化“法律进学校”，推动普法宣传进课堂，面向红十字青少年开展红十字会法宣传教育，加强对学校法制教育师资的培训，适时在全国范围内开展“青少年红十字会法宣传教育示范校”评比活动。

关于积极参与马拉松及相关运动赛事救护服务工作的通知

中红字〔2017〕6 号

各省、自治区、直辖市红十字会，新疆生产建设兵团红十字会：

为发挥红十字会在应急救护方面的优势与作用，更有效地保护马拉松赛事参赛人员的生命与健康，推进应急救护培训的公众普及，经与国家体育总局协商，现就红十字会参与马拉松及相关运动赛事救护服务工作通知如下：

一、目的意义

近年来我国马拉松及相关运动赛事频繁，猝死事件时有发生，而第一时间的现场应急救护是挽救生命的关键。中国红十字会作为我国群众性应急救护工作的主体，参与马拉松赛事的救护服务，是对赛事现有医疗保障工作的有力补充，将对保护参赛人员的生命与健康发挥积极作用。同时，借助马拉松赛事的影响力和传播力，将“红十字”元素融入马拉松赛事活动中，能够更好地宣传、普及红十字应急救护知识，倡导“人人学急救，急救为人人”的理念，有力地诠释中华体育精神，促进社会的文明与进步。

二、工作任务

（一）争取加入马拉松赛事组委会

马拉松赛事举办地红十字会要主动向当地政府争取，加入马拉松赛事组委会并成为其成员单位，在当地卫生行政部门的领导下，积极参与马拉松及相关运动赛事的救护服务工作。

（二）招募红十字救护志愿者

面向社会，特别是大专院校招募红十字救护志愿者，组建红十字救护志愿服务队。志愿服务队要统一着装，授予队旗，配备装备，接受培训，开展演练，做好为马拉松赛事提供服务的准备。

（三）开展应急救护培训

对救护志愿者和赛事工作人员开展应急救护培训。培训内容包括：心肺复苏、自动体外除颤器（AED）使用、创伤救护以及常见急症、意外伤害、突发事件的应急处置等，经考试合格颁发“红十字救护员”证书。

（四）实施现场应急救护服务

1. 设置红十字救护站点。充分发挥冠名红十字医疗机构和红十字救护志愿者的作用，在马拉松赛道沿途设置红十字救护站点，每个站点配备医务人员、红十字救护志愿者以及 AED、急救箱等急救设备。救护站使用“红十字”标志和字样，医务人员和志愿者佩戴“红十字”标志。

2. 提供辅助性救护服务。在赛道沿途安排红十字救护志愿者值守，观察参赛选手状况，随时准备救护伤病员。救护志愿者在第一时间、第一现场可以实施的应急救护措施包括：心肺复苏、止血、包扎、骨折固定等初步处置，并协助医务人员转运伤病员、使用 AED 实施救护。

（五）开展宣传和倡导活动

在马拉松报名官网、马拉松开幕式、颁奖仪式和赛道沿途，以多种形式宣传、普及红十字应急救护知识，倡导“人人学急救，急救为人人”的理念，传播红十字人道救助精神，宣传红十字会“三救”“三献”工作。

三、有关要求

（一）加强组织领导。马拉松赛事举办地红十字会要高度重视此项工作，积极争取加入赛事组委会，主动承担救护服务等相关任务，成立专门工作组，安排业务骨干负责具体工作，制订详细工作计划。

（二）争取支持和保障。总会加强与国家体育总局和国家卫生计生委的沟通与协调，争取政策保障，并在技术、设备等方面给予支持。马拉松赛事举办地红十字会也要多渠道地争取各种资源，切实做好相关工作。

（三）规范使用红十字标志。依法授权赛事救护站点、医务人员、志愿者使用和佩戴“红十字”标志，注意维护红十字会的形象。

（四）加强指导和检查。请各省级红十字会将此通知向地市级红十字会转发，并在实施中进行指导和检查，向总会报告有关情况。总会将对此项工作的开展给予指导，并帮助解决工作中出现的困难与问题。

关于举办第四届全国红十字应急救护大赛的通知

中红办字〔2017〕10号

各省、自治区、直辖市红十字会，新疆生产建设兵团红十字会，香港、澳门特别行政区红十字会：

根据《国务院关于促进红十字事业发展的意见》（国发〔2012〕25号）关于“积极推动红十字救护培训进社区、进农村、进学校、进企业、进机关，不断提高应急救护知识在人民群众中的普及率”的要求，为做好社区红十字应急救护工作，总会决定以“应急救护进社区”为主题，举办第四届全国红十字应急救护大赛。现将有关事宜通知如下。

一、活动名称

第四届全国红十字应急救护大赛

二、时间和地点

时间：2017 年 9 月

地点：安徽省合肥市

三、举办单位

主办：中国红十字会总会

协办：中国红十字会总会训练中心

承办：安徽省红十字会

四、参赛人员

各省级红十字会派出 1 支参赛队，包括领队 1 名、教练 1 名、队员 5 名（队员为经过红十字会救护培训，取得救护员证书的社区居民），共 7 人，以“** 社区（街道、村）红十字救护

志愿服务队”的名义报名参赛。

五、有关要求

（一）请各省级红会于 7 月底前完成本省份参赛队的选拔工作。

（二）比赛流程与规则见附件。

（三）红十字运动知识参考书为《国际红十字与红新月运动基本知识传播手册》。应急救护理论知识参考书为《救护员》《救护队》《家庭急救》《水上救生》《救护师资教程》等人卫版新版救护系列教材。

（四）其他相关事宜另行通知。

附件

比赛流程与规则

一、预赛

（一）参赛规则

1. 根据抽签结果，按分组顺序依次出场，1~6 组为 4 支参赛队、第 7、8 组为 5 支参赛队同台比赛。

2. 参赛队员须统一着装、穿戴整齐，佩戴好编号（每队 5 名队员）。

3. 各参赛队提前 10 分钟到达准备区域，关闭手机。

4. 各队 5 名队员同时登场，按编号列队。比赛时，各队相应队员向前出列进行比赛；完成后，返回原队。

5. 各队的 1 号队员进行心肺复苏比赛，要求进行 5 组心肺复苏。各队 2 号、3 号队员依次上场，按照所抽题目进行创伤救护比赛。操作时间按照技术标准要求。需配合完成的救护技术，4、5 号队员可以上前协助。

7. 各队 4 号、5 号队员按顺序，分别进行理论问答和救护演讲比赛。回答问题时间 30 秒，超时不得分；救护演讲限时 3 分钟，超时扣分。

8. 全部比赛都必须在主持人发出“开始”指令后，方可进行。

9. 比赛完毕后报告评委“操作完毕”，评委同意后，各组队员列队依次退场。

10. 参赛队员必须服从现场指挥，尊重评委。

（二）评分规则

1. 预赛成绩满分 100 分，其中救护技术

占 88 分（心肺复苏 38 分，创伤救护二项各 25 分），救护演讲 10 分，理论题 2 分。

2. 评委对实操部分和救护演讲打分并签名，理论题由主持人根据标准答案给分，三项加和为预赛成绩。

3. 理论题答错或不完整不得分，有歧义时，主持人提交评委组仲裁。

4. 计时员按主持人提供的比赛时间，准确报时，超时扣分。

5. 工作人员收集打分表，由统分员计算出各队总分（救护操作和救护演讲成绩评分办法为：去掉一个最高分，去掉一个最低分后，计算出平均分，再加上理论题得分）。

6. 每组比赛结束后，主持人公布上一组各队成绩。

7. 根据预赛成绩，评定心肺复苏、创伤救护（二项）、救护演讲比赛单项奖（各取前 10 名，其中一等奖 2 名，二等奖 3 名，三等奖 5 名）。

8. 取预赛总成绩前 6 名队伍进入决赛，预赛成绩不计入决赛。

（三）其他

1. 参赛队员号码由会务组统一制作、配发。

2. 会务组提供急救器材，安排志愿者扮演伤员。

3. 预赛设主持人 2 名，评委 7 名，统分人、计时员若干。

4. 如果出现总分第 6、7 名分数相同的情况，两队加赛一道抢答题，决定名次。

二、决赛

（一）参赛规则

1. 决赛分理论知识竞赛(必答和抢答)、救护演讲和场景演练三部分。各队选派 3 名队员参加知识竞赛，1 名队员进行救护演讲，5 名队员参加场景演练。

2. 预赛后，抽签决定各决赛队台号（即出场顺序）和场景题目。

3. 必答题 18 道，分 3 轮进行（与抢答题穿插，一轮必答一轮抢答），每轮 6 道。由每组 1—3 号队员依次抽取并回答，非答题队员不得代答或提示。主持人读题（同时大屏幕显示），队员回答。答题时间 30 秒；回答完毕后主持人宣布正确答案。

4. 抢答题 12 道，分 3 轮进行（与必答题穿插），每轮 4 道。由主持人读题（同时大屏幕显示），待主持人发出“开始”指令后，各队按抢答器抢答。答题时间 30 秒。回答完毕后主持人宣布正确答案。提前按抢答器者，取消此轮抢答资格；无人抢答，该题作废，由观众回答。

5. 知识竞赛后，各队按台号顺序依次派出 1 名队员进行救护演讲比赛，时间 5 分钟，超时扣分。

6. 各队按台号顺序依次出场进行场景题演练。主持人宣布场景题及伤员情况（大屏幕播放场景），发出“开始”指令后，队员上场演练；在规定时间完成，超时扣分。

7. 参赛队员必须服从现场指挥，尊重评委。

（二）评分规则

1. 知识竞赛原始成绩 100 分。必答题回答正确加 10 分，回答错误不扣分。抢答题回答正确加 10 分，回答错误扣 10 分；主持人根据标准答案宣布必答题和抢答题正确或错误。

2. 理论题答错或不完整不得分，有歧义时，主持人提交评委组仲裁。

3. 救护演讲满分 20 分，场景演练满分 60 分，评委按照评分标准进行打分并签名。

4. 救护演讲和场景演练评分办法为：去掉一个最高分，去掉一个最低分后，计算出平均分作为该项成绩。

5. 每队救护演讲、演练结束后，主持人公布上一队成绩。

6. 理论知识题最后得分除以 10，加上救护演讲得分和场景题得分为决赛成绩。

7. 根据成绩，决赛取一等奖 1 名、二等奖 2 名、三等奖 3 名。

（三）其他

1. 会务组提供急救器材，安排志愿者扮演伤员。

2. 决赛设主持人 2 名、评委 7 名，统分员、计时员若干。

3. 每队场景演练后，评委作简短点评。

4. 如果出现分数相同，且影响奖项等次的情况，两队加赛 3 道抢答题，决定最终名次。

关于组织申报开展养老服务工作试点单位的通知

中红办字〔2017〕11 号

各省（自治区、直辖市）红十字会、新疆生产建设兵团红十字会：

为贯彻落实《中国红十字会总会 民政部 全国老龄工作委员会办公室关于红十字会参与养老服务工作的指导意见》（中红字〔2017〕1 号），总会决定组织开展养老服务试点工作。现将《中国红十字会开展养老服务试点工作方案》（见附件）印发你们，请结合本地区、本部门实际，认真组织试点申报工作。

中国红十字会总会办公室

2017 年 2 月 10 日

联 系 人：曹　橙

电　　话：010-84025890 转 4082

电子邮箱：caocheng@redcross.org.cn

附件

中国红十字会开展养老服务试点工作方案

为贯彻落实《中国红十字会总会 民政部 全国老龄工作委员会办公室关于红十字会参与养老服务工作的指导意见》（中红字〔2017〕1 号）（以下简称“指导意见”），充分发挥红十字会人道助手作用，协助党和政府有效应对人口老龄化，推进红十字会养老服务工作开展，总会决定组织开展养老服务试点工作。具体工作方案如下：

一、试点工作的指导思想与主要目标

（一）试点工作指导思想

按照《指导意见》确定的指导思想、基本原则、阶段目标和主要任务，坚持积极主动、重点突破、因地制宜、以点带面，鼓励探索和创新，推进红十字会养老服务工作。

（二）试点工作主要目标

探索红十字会养老服务工作的方式、内容、保障、考核、监督等，逐步形成红十字会养老服务工作的有效模式和工作机制，总结和推广成功经验，全面提升红十字会养老服务工作水平。

二、试点工作的时间、范围和内容

（一）试点工作时间

2017年5月至2019年4月。

（二）试点工作范围

在5个省（区、市）各选择2个市（地），共10个市（地）开展红十字会养老服务试点工作。

鼓励其他有条件的省（区、市）积极开展相关工作。

（三）试点工作内容

1. 开展养老服务人员知识技能培训，鼓励具备条件的红十字会培训机构获得养老护理员培训机构资质、职业技能鉴定机构资质等。

2. 建立以红十字志愿者为核心的养老志愿服务队伍，组织志愿者深入家庭、社区和养老机构等开展针对老年人的志愿服务活动。

3. 开展对老年人的公益援助项目，优先支持面临困难的孤寡、高龄、失能等老年人。

4. 有条件的地区，可以探索参与兴办公益性养老机构，参与开展老年人能力评估工作和符合本地区实际的其他养老服务工作。

三、试点单位应具备的条件

（一）高度重视养老服务工作，申报试点能得到上级红十字会、当地政府的同意和支持。

（二）对开展试点工作有明确的思路、措施，制定本地区红十字会养老服务工作的实施方案。

（三）有开展试点所需的组织、人员及基本经费保障。

（四）有一定的养老服务工作基础，或具有应急救护培训场所、培训师资、专业技术队伍优势，能够支撑养老服务相关工作开展。

（五）有较好的志愿服务工作基础，具有一定规模的社区红十字志愿服务队伍。

四、试点工作的实施

（一）组织与分工。总会统筹负责试点工作的组织实施，制定试点工作方案和政策，确定试点单位，对试点工作进行指导检查和评估验收。

省级红十字会负责本地区试点工作的组织与实施，统筹制定本地区试点工作方案，组织试点单位申报；对试点单位进行指导、督促检查并提供必要的支持，推进本地区试点工作。

（二）申报。各地的申报工作由省级红十字会组织，以市（地）级红十字会为试点单位。

试点单位按照本通知的总体要求，填写相关申请表格，需要明确试点单位负责人、申请理由、预期目标、主要活动、进度安排、保障措施等内容。

省级红十字会对试点单位申请方案进行汇总审核，统一向总会申报。对前期已开展养老服务工作且已经取得一定经验和成效的地区，在同等情况下可优先考虑。

各省级红十字会于2017年3月3日前将审核后的“红十字会开展养老服务工作试点申请表”（见附件）随正式申请文件报总会，相关电子文档请发送至指定邮箱。

（三）试点单位实施。经批准的试点单位要在申请方案的基础上，进一步细化试点内容、试点目标，形成试点工作的实施方案，并报省级红十字会和总会备案。实施方案要突出创新性、操作性、实效性，立足解决实际问题，着力创新体制机制，明确责任主体、试点目标、预期成果、配套政策、进度安排、保障措施等内容。

试点单位要按照实施方案认真组织实施。主要负责人要亲自抓，完善试点工作制度，落实具体工作措施，及时总结经验，确保试点工作顺利推进。

（四）评估验收。试点单位的试点周期一般应为 2 年。试点工作结束前，总会将视情况会同省级红十字会，组织专家组对试点单位进行抽查和中期评估。

完成试点工作的单位向总会申请验收，总会组织或委托省级红十字会组织验收。

开展养老服务试点工作申请表

填报日期：　　　年　月　日

<table>
<tr><td>项目名称</td><td colspan="3"></td></tr>
<tr><td>执行单位</td><td colspan="3"></td></tr>
<tr><td>详细地址</td><td></td><td>邮政编码</td><td></td></tr>
<tr><td>项目负责人</td><td></td><td>电子邮件</td><td></td></tr>
<tr><td>联系电话</td><td></td><td>传真号码</td><td></td></tr>
<tr><td>申请理由</td><td colspan="3"></td></tr>
<tr><td>预期目标</td><td colspan="3"></td></tr>
<tr><td>主要活动</td><td colspan="3"></td></tr>
<tr><td>进度安排</td><td colspan="3"></td></tr>
<tr><td>保障措施</td><td colspan="3"></td></tr>
<tr><td>申报单位</td><td colspan="3"></td></tr>
<tr><td>省级红十字会</td><td colspan="3">负责人：
（单位盖章）</td></tr>
<tr><td>审核意见</td><td colspan="3">负责人：
（单位盖章）</td></tr>
</table>

中国红十字会陈竺会长出席国际联合会泛非洲地区大会情况报告

中红字〔2017〕15号

国务院：

2017年4月9日至14日，应红十字会与红新月会国际联合会（以下简称“国际联合会”）非洲区副主席阿巴斯 · 古雷特的邀请，我会会长陈竺以国际联合会亚太区副主席身份率4人代表团赴科特迪瓦阿比让出席第九届泛非大会。会议期间，代表团和与会各方积极互动、坦诚交流，加强了相互之间的了解，也为今后合作奠定了良好基础。现将访问情况报告如下。

一、会议基本情况

泛非大会是根据《国际联合会章程》由非洲地区国家红十字会和红新月会召开的法定会议。会议旨在促进非洲地区国家红会间建立合作网络和伙伴关系，寻找共同面临的问题和人道关切，努力建立共同战略，推动非洲地区落实国际联合会大会、代表会议和国际大会的决议。大会原则上每四年召开一次。

本届泛非大会延续了第八届大会“投资非洲”的主题，但在日程设计上从不同角度对主题进行了细分。非洲54个国家红会和国际联合会共600多名代表齐聚阿比让，红十字与红新月常设委员会、红十字国际委员会和多个合作国红会代表以观察员身份出席了会议。为鼓励青年积极参与红十字与红新月运动，本届大会正式议程之前的两天，专门召开了泛非青年会议。

大会开幕式上，红十字与红新月常设委员会主席伊娃 · 冯 · 奥尔蕾奇、红十字国际委员会副主席克里斯蒂娜 · 贝利、国际联合会非洲区副主席阿巴斯 · 古列特、科特迪瓦卫生部长雷蒙德 · 古杜 · 科菲、国际联合会主席近卫忠辉、科特迪瓦第一夫人、科特迪瓦红十字会名誉会长多米尼克 · 瓦塔拉分别在开幕式现场致辞，非盟轮值主席、几内亚总统阿尔法 · 孔戴发来视频致辞。大会邀请美国职业篮球联赛多伦多猛龙队总经理非洲青年马萨伊 · 乌杰里作特别演讲。

大会全体会议对非洲国家红会落实第八届大会制订的《亚的斯亚贝巴行动计划》情况进行了全面评估。之后分主题召开分委会，对国家红会人力资源、组织机构能力、易受损社区的抗灾能力等不同领域的工作，以及加大投资力度和伙伴关系的措施进行了深入剖析，并专题讨论了非洲之角旱灾及各国红会开展的相关救助工作。

大会通过了成果文件《阿比让行动计划》，重点部署了增强领导力、透明度和可持续力，发展多样性的伙伴关系，加强政府助手作用，保障青年高层参与，加强同伴支持等5个主要行动，并设置了4个评估指标。与会代表一致认为，这一文件对于非洲红会未来4年的发展将起到切实的指导和推动作用。

二、代表团会上活动

本次泛非会议是陈竺会长第一次以国际联合会亚太区副主席身份亮相国际舞台，既有助于加强我会和非洲地区国家红会的交流，了解非洲地区人道事业的情况和需求，探讨今后的合作机会，也有助于让红十字与红新月常设委员会、红十字国际委员会和国际联合会的领导层、非洲地区国家红会及其他与会国家红会近距离接触和了解陈竺会长，以利于下届国际联合会副主席竞选工作。

会议期间，陈竺会长率代表团全程参与了大会，并充分利用会议间隙和国际联合会主席近卫忠辉、非洲区副主席阿巴斯、秘书长阿西、非洲区主任特拉奥雷、中东北非区主任埃里亚斯等重点人物积极接触，从国际联合会角度了解非洲红会的发展情况，交流共同关心的话题。同时，代表团还与参会的红十字国际委员会副主席贝莉、非洲行动部主任帕特蕾西娅进行了会晤，并专门访问了国际委员会驻阿比让的西非地区代表团。此外，代表团还与肯尼亚、塞拉利昂、马里等多个非洲国家红会进行了深入接触。经积极沟通，闭幕式上，陈竺会长作为唯一一位来自非洲地区之外的合作方代表向大会致贺词。

在与各方接触过程中，代表团了解到以下重要信息：

（一）非洲人道需求巨大

非洲大陆受自然灾害和武装冲突影响，人道需求巨大。非洲之角地区目前正在经受六十年来最严重的干旱，引发严重的粮食危机，索马里、肯尼亚、吉布提和埃塞俄比亚大部分地区受灾，受灾人口多达 1240 万人，儿童的营养不良率和死亡率很高。非洲各国红会已通过食品发放、现金发放、修建供水设施等措施为数百万受灾民众提供支持，国际联合会为非洲旱灾发出的国际呼吁额度目前已攀升至 2500 多万瑞士法郎。然而，截至目前，响应呼吁的捐款承诺只有 830 多万瑞郎，实际到账额度尚不足 200 万瑞郎，远远不能满足灾民需求。

同时，非洲大陆，特别是游牧地区和南苏丹等战乱地区，各种传染病、地方病肆虐，非传染性疾病也开始蔓延，卫生缺口巨大，亟需流动卫生站满足基本医疗需求。红十字国际委员会在非洲的医疗行动也面临人员短缺问题，国际联合会还提出建立高科技医疗中心（大型医院）的需求。

（二）非洲红会对华期待很高

随着我国综合国力的提升，在非企业的市场份额不断扩大，我国援助非洲力度也不断加强，这使非洲红会对我会的期望值也不断提升。国际联合会非洲区副主席阿巴斯在和陈竺会长会晤时明确提出："中非政府间合作的份额中若能有 1% 通过红会渠道来实施，也会对非洲红会工作发展产生不可估量的作用。"

（三）叙利亚卫生需求非常迫切

叙利亚旷日持久的武装冲突引发的人道危机受到国际委员会和国际联合会等红十字国际组织的高度关注。我会在参会过程中从两个国际组织了解到，叙利亚许多高素质医务人员已逃离本国，医疗基础设施损毁严重，防疫链条已断裂，但在基层仍有大量年轻的医务工作者，特别是女性，依然奋战在卫生救护工作第一线，亟须得到医疗领域的支持。

（四）国际联合会领导层竞选形势

2017 年 11 月国际联合会大会将改选国际联合会领导层，因此有参选意愿的各方已在积极开展备选工作。此次泛非会议，意大利、西班牙、伊朗等其他地区国家红会主要领导或其代表来阿比让参会，其主要精力均在于竞选游说。根据在会上了解的情况，欧洲地区有实力参与竞争的候选人较多。亚太地区副主席职位还没有比较强的候选人出现，实力较强的澳大利亚红十字会迄今没有表明参选意图，曾担任过副主席的卡塔尔红会则向我会表明他们无意参选，并和阿拉伯地区红会联盟秘书长一起明确表示如我会参选将动员其他阿拉伯国家红会支持我会。

三、后续工作安排

根据参会了解到的信息和我会实际，我会拟就后续相关工作作以下安排：

（一）注重投入产出，积极拓展对外援助局面

非洲地区人道需求巨大，不论以我会目前的资源，还是从长久战略考虑，我们都不可能面面俱到地提供支持。当前，我会在援非战略上应立足实际、力所能及、有所侧重地选择成功率高、投入产出比好、有国内成熟经验可循的儿童先心病、流动医疗站等项目模式，在少数国家或地区试点成功后再逐步向其他领域拓展。

（二）投资人力资源，逐步建立援外长效机制

人道援外工作是我国在“一带一路”倡议、共建人类命运共同体过程中需要肩负的一项长期责任，不是通过一两次捐款捐物作秀，而是要有针对性地改善当地民生，促进发展，增进和平，从而在根源上消除人道危机。特别是在红十字对外援助工作中，不仅要展现我国负责任大国形象，而且要以符合国际红十字运动的宗旨、模式和行为规范的方式开展国际合作。因此，打造一支熟悉红十字理念，掌握专业技能，召之即来、来之能战的外援队伍至关重要。为此，我们拟推动建立红十字国际学院，作为培训红十字理论研究和国际合作后备力量的摇篮。同时，我会将借鉴卫生计生委援外医疗队的模式和资源，争取建立红会医疗急救和社区恢复力建设队伍的长效国际援助机制。

（三）加强多边合作，全面展示负责任大国形象

红十字国际委员会和国际联合会两个红十字国际组织是国际层面红会系统多边交流与合作的重要平台，与这两个组织的合作既可以保持我会在国际上的影响，又可借助其国际网络更好地拓展合作面与合作深度。以我会和国际联合会合作开展的“博爱单车”全球志愿者项目为例，虽然我们的项目工作大多只与国际联合会驻东亚代表处接洽，但是项目影响力已经通过国际联合会传递到了非洲。此次会议期间，许多非洲国家红会都表达了参与的愿望。在后续的工作中，我们也将继续通过国际联合会的组织机构网络宣传并拓展该项目。今后在其他国际合作项目中，我们可借助国际组织的资源和平台，使工作效率和宣传推广都实现事半功倍的效果。

以上情况特报。

中国红十字会陈竺会长参加国际联合会领导委员会会议并出席巴基斯坦瓜达尔医疗急救中心落成仪式情况报告

中红字〔2017〕16号

国务院：

2017年5月1日至5日，我会会长陈竺以红十字会与红新月会国际联合会（以下简称“国际联合会”）亚太区副主席身份率6人代表团赴瑞士日内瓦出席国际联合会第

35次领导委员会（以下简称“领委会”）会议。5月6日至7日，又赴巴基斯坦瓜达尔参加了中巴博爱医疗急救中心落成仪式。现将访问情况报告如下。

一、国际联合会领委会会议基本情况

领委会是国际联合会大会休会期间国际联合会的领导机构。领委会成员由国际联合会大会产生，每届任期4年，每年召开两次常会。其成员由四部分人员构成：国际联合会主席，国际联合会副主席，国家红会代表，专门委员会主席。国际联合会秘书长是领委会会议的当然秘书。

本次领委会会议是今年第一次常会。主要议题包括：领导层报告（主席及副主席、选举委员会、财务委员会、青年委员会），秘书处工作进展（秘书长报告、联合会发展战略讨论），特别关注领域（青少年与志愿服务、国际联合会移民问题全球战略及移民问题宣传框架），国际联合会效率及公信力保障（履约与仲裁委员会报告、希腊和巴拉圭红会案件审议、审计与风险委员会报告），各个工作组报告等。会议过程中，与会焦点相对集中在以下几个方面：

（一）关于章程修订

2015年国际联合会大会前，已经启动了这一轮章程修订工作。大会在肯定前期工作的同时，要求主席与副主席深化章程修改工作。为落实这一决定，国际联合会综合考虑地区分布和性别因素，遴选了10个国家红会代表组成了章程审议咨询组。咨询组就国际联合会的目的、地区化、履约与公信力、领导层青少年参与等四个方面，向53个国家红会征求了咨询意见并向领委会提交了咨询报告。

本次领委会会议上，与会代表对咨询报告争议最大的部分是“地区化”问题。咨询报告认为，地区应在副主席选举中发挥更大作用，并提议地区副主席由各地区直接选举，选举结果提交联合会大会认可。根据现行章程，来自每个法定区域的副主席均由国际联合会的全体成员国家红会投票。多数领委会成员明确反对这一提议，认为国际联合会是一个世界性组织，应该鼓励开放性和全球责任，在章程中设置地区化分割将起到消极的引导作用。领委会会议决定由咨询组根据会议意见，对报告进一步调整后向各国红会征求意见。

（二）关于会费分摊比例

国家红会作为国际联合会会员，缴纳会费是法定义务。目前，国际联合会的会费分摊比例是依据各国政府缴纳联合国会费比例和各国红会的申报收入进行核算的。为避免国际联合会资金来源过多依靠少数发达国家，国际联合会为会费设置了两级上限：第一级上限为预算总额的19%，达到这一上限的仅有美国红会一家；第二级上限为国际联合会预算总额的7%，达到这一上限的目前有德国、日本和英国三国红会。这一分摊比例已实施多年，由于各国发展情况不同，近年来要求调整比例的呼声越来越高。特别是占比最高的美国红会近年来面临巨大的财政压力，在会上明确表示无力负担目前的会费比例，只能接受14%的分摊比例。

为解决潜在财务风险，国际联合会已责成财务委员会开展专项调研，提出新的分摊比例核算方案。同时，在本次领委会会议期间，近卫忠辉主席专门邀请参会的美国、德国、日本、英国和中国代表召开闭门会谈，达成以下初步意见：在财务委员会已取得的成果基础上，吸收各方意见，力争实现更公正、公平的会费交纳机制；推动和引导有能力、有意愿负担更大份额的国家红会支持财务委员会开展的相关工作；责成财务委员会确定日期并发出邀请，于2017年7月召开专门会议；责成美国和英国红十字会提议扩大上限国家的范围。

（三）关于首次对个别国家红会实施制裁

希腊红会多年来由于经营不善负债累累，官司缠身；巴拉圭红会常年被两大家族把控，内耗严重。两国红会上述情况已严重影响到正常业务开展和其国际形象。国际联合会履约与仲裁委员会（以下简称“仲裁委”）立案后，经多次调解与仲裁无效后，向领委会建议进行制裁，中止其会员身份。根据国际联合会议事规则，这两个国家红会的负责人应邀在本次领委会会议相关环节进行了现场听证。这两起案件是国际联合会历史上第一次对成员国红会动议制裁，对于制裁的程序、力度、后果等都没有现成的经验可循。领委会成员普遍认为，国际联合会不能对于其成员如此程度的诚信问题置若罔闻，必须采取措施维护红十字的声誉。

（四）关于支持青少年工作

青少年一直是国际联合会团结的对象。为激励青少年参与，反映他们的呼声，国际联合会专门设立青少年委员会。在本次会议的青少年报告环节，青少年委员会主席巴斯发出了青少年要更加深入直接参与国际运动的呼声，让领委会成员们感受到了青少年的朝气、热情和对人道事业的执着。

国际联合会秘书长阿西在评论中提到青少年委员会需要更多经济上的支持。美国、瑞士、肯尼亚等国红会当场表态各捐款25000瑞郎；承办2017年11月国际联合会大会的土耳其红新月会代表则表示，为支持各国红会青少年代表参加大会，可尝试与土耳其航空公司协调，资助有需要的国家红会青少年的参会机票。

二、代表团在国际联合会领委会会议期间的活动

本次领委会会议是陈竺会长第一次以国际联合会亚太区副主席身份参会。陈竺会长对这次会议高度重视，行前详细了解会议议题，积极做好参会准备：3月20日，专门听取国际联合会秘书处领导支持部关于副主席履职的专题汇报；利用4月上旬参加国际联合会泛非洲大会的机会，向中东北非区艾利亚斯·加尼姆主任了解中东北非区的有关情况；4月23日，专门听取国际联合会亚太区哈维尔·卡斯特拉诺主任和范马丁副主任关于亚太区情况的汇报；4月26日，召开电话会议向国际联合会秘书处了解性别和多样性工作组的有关情况；并根据他在会议期间的任务，认真听取我会专家咨询意见和相关工作部门汇报，精心准备各种材料。在日内瓦期间，陈竺会长全程参加领委会会议和有关会议，积极贡献中国智慧；充分利用会议间隙，广泛接触红十字国际委员会领导层、国际联合会领导层、国际联合会秘书处和与会的领委会成员，坦诚探讨问题，广交各方朋友，产生了良好反响，为我会在国际联合会发挥更大作用奠定了基础。

5月1日上午，陈竺会长率代表团访问了红十字国际委员会总部，与彼得·莫雷尔主席、克里斯蒂娜·贝利副主席、主席中国特使白良等会晤，商讨了莫雷尔主席参加“一带一路”国际合作高峰论坛的有关安排，就双方在“一带一路”沿线国家合作问题进行了探讨。当天下午，陈竺会长主持召开了性别与多样性工作组会议。性别和多样性工作组是上届国际联合会大会后成立的工作组，主要致力于推动和促进红会在服务过程平等对待妇女、少数族裔、残障人士等群体。本次工作组会议的主要议题是，在红十字工作中保护弱势群体免受性剥削和虐待以及残障人士融入的问题。参会人员对工作组的进展表示赞赏，并提出了一些建议。工作组将会议成果形成书面报告，由陈竺会长向领委会会议正式报告。领委会会议对于报告内容没有意见，但由此引发了与会代表就国际联合会和国家红会领导层的性别及多样性的讨论，凸显了这项工作的必要性。当晚，陈竺会长参加了例行的主席、副主席会议。

5月2日上午，陈竺会长率代表团访问了国际联合会总部临时办公场所，之后和其他领委会成员一起参加了国际联合会新楼奠基仪式。当天下午，陈竺会长主持召开了亚太地区大会筹备工作组会议。2018年亚太地区大会的承办还处在报名阶段，目前只有菲律宾红会正式提出申办。陈竺会长要求国际联合会秘书处根据相关程序开展评估，争取在今年9月的领委会会议上正式批准申办。陈竺会长还利用本次会议机会，了解与会亚太地区国家红会所在国的人道局势和开展的主要工作，并将这些内容充实到了他的副主席口头报告中。筹备工作组会议后，陈竺会长还专门听取了国际联合会仲裁委副主席沃尔克马尔·舒恩的情况介绍。会后陈竺会长与我驻日内瓦联合国及其他国际组织代表团马朝旭大使进行工作交流。

5月3日至5日是领委会正式会议时间。陈竺会长认真倾听，审时度势地发表意见。在较早开始的主席、副主席报告环节，主席、副主席按惯例只需提供书面报告即可，但陈竺会长积极争取发言机会，作了一个简短的口头报告，报告了他所辖的亚太地区和中东地区的人道形势。在讨论制裁案件听证问题的闭门会上，由于此前没有先例，领委会成员为被制裁国红会代表是否有权发言争执不下。陈竺会长提出，可以给他们有限的时间陈述观点，但时限达到后即不许参与讨论。这一提议既避免了听证时被制裁国一言不发，给外界留下走形式的话柄，也避免了出现当事国无休止发言影响会议进程的情况，得到了与会者普遍赞赏。在章程修改环节的讨论中，决定中有一处采用了世界人道峰会所提出的“本地化”的提法，部分母语为英语的领委会成员认为这一词汇有地域孤立主义的嫌疑。陈竺会长建议，可在此处增加注解，援引出处并做适当说明，既保证了国际联合会用语与全球议程的兼容性，也避免了负面解读，这一建议得到了领委会的一致认可。在讨论会费调整问题时，面对个别国家话里话外针对中国的质疑，陈竺会长在发言时把注意力引到磋商机制上，建议为妥善解决这一问题，在调研过程中要充分听取各方面的声音，应该邀请新兴经济体的智库参与其中。这样的表态避开了锋芒，把我会与国际联合会和其他红会摆在共同解决问题的统一阵线，同时也表示出我们希望参与规则制定的意愿。在呼吁对青少年工作捐款问题上，来自发达国家和发展中国家的领委会成员都表态支持。虽然对于这一临时动议我们没有办法事前准备预案，但陈竺会长审时度势，表示我会的决策机制决定我们不能当场确定捐款额度，但中国红会一贯重视青少年工作，我们会持续关注呼吁响应情况，后续跟进相关工作。这一表态赢得了满场掌声。

三、参加瓜达尔中巴博爱医疗急救中心落成仪式

中巴急救走廊是我会倡导发起的红十字/红新月与“一带一路”同行的重大先行项目，目的是发挥红十字/红新月组织在灾难救援、人道救助方面的重要而独特的作用，立足民生需求和公共安全需要，沿中巴经济走廊布设由急救站点、急救人员、急救车辆、信息系统组成的急救单元，提升当地易受损人群的卫生状况。新落成的瓜达尔中巴博爱医疗急救中心共投入约1000万元人民币，是中巴急救走廊首个急救单元，也是整个中巴急救走廊的起点。该中心采用轻钢结构建筑，通过海运历时19天由上海运抵瓜达尔港，又经一个多月的组装施工完成主体工程。

5月6日，陈竺会长率代表团抵达瓜达尔港。5月7日，参加了中巴博爱医疗急救中心落成仪式。陈竺会长、中国驻巴基斯坦大使孙卫东、巴基斯坦港口航运部部长米尔·哈希尔·比赞久和巴基斯坦红新月会主席赛义德·伊拉希为急救中心揭牌。我会副会长兼秘书长王平与巴基斯坦红新月会秘书长穆罕默德·阿万签署了以助力“一带一路”、共建中巴急救走廊为主要内容的《中国红十字会与巴基斯坦红新月会合作备忘录》。巴基斯坦港口航运部、巴基斯坦红新月会、俾路支省红新月会、中国驻卡拉奇总领馆、中国海外港口控股有限公司、巴基斯坦瓜达尔市当地军政部门和中方捐赠企业代表等出席急救中心落成仪式。仪式后，中巴双方领导还参加了克拉玛依宇飞渔业科技有限公司奠基仪式，向烈士纪念碑敬献了花圈，并参观了瓜达尔港自由区及入园企业。

此次代表团赴瓜达尔港参加医疗急救中心落成仪式，标志着中巴急救走廊项目成功落地，进一步深化了两会双边关系和中巴友谊。中巴两国主流媒体进行了大篇幅报道，为进一步推进中巴急救走廊项目的开展奠定了良好基础，对我国“一带一路”倡议和中巴两国红会工作起到了很好的宣传作用。

四、后续工作考虑

（一）加强专项研究，为完善国际联合会治理体系贡献中国智慧

国际联合会领委会议题覆盖范围广泛，许多内容之前我会接触较少。事实上，国际联合会的一些理念值得我们吸收借鉴，以促进国内的相关工作。比如：陈竺会长主持的性别与多样性工作组所关注的保护妇女和残疾人的问题，在我会工作中尚未形成机制，需要引起重视，我会也可加强与妇联、残联等方面的沟通，共同做好这些易受损人群的工作。今后，还要组织力量对国际联合会相关议题开展专题研究，特别是对国际联合会2030战略制定等重点问题要加大研究力度，积极提供中国方案，贡献中国智慧。

（二）制定会费调整对策，增加我会国际话语权

国际联合会酝酿会费比例调整已有一段时间，我会工作层面之前也已派员参加过工作组会议。以中国目前的发展态势和各国对中国的期待来看，继续保持目前2.6%的分摊比例可能性已不大。对我会来说，会费问题不可回避，应认真研究，对内积极争取有关部门的支持，对外沉着应对，最大限度维护国家利益。

（三）以医疗卫生为切入点，开展对叙利亚等战乱国家的人道援助

叙利亚是中东地区饱受战乱困扰的国家。此次领委会会议期间，我们了解到流动

医疗车是叙利亚非常急需的设施。我日内瓦常驻团马朝旭大使曾和我叙利亚问题特使解晓岩大使探讨过为叙利亚捐赠疫苗的可能性，但尚未得到落实。事实上，我国疫苗生产技术先进、质量过硬，捐赠疫苗具有较强可行性，且比其他援助更易操作。下一步，我会将协调力量逐步落实对叙医疗援助，以配合我国在叙利亚的外交行动。

（四）积累成功经验，继续推进“一带一路”沿线人道合作

瓜达尔中巴博爱医疗急救中心揭牌，只是万里长征迈出了第一步，配套医疗设备和医疗队伍必须跟上，才能切实发挥作用。下一步，要抓紧完成配套医疗设备的采购和运输工作，并同步派出医疗队伍，为当地民众和驻港中资企业员工开展医疗急救服务。第一期瓜达尔软硬件建设结束后，要抓紧第二期喀什应急指挥调度中心建设，开发应急指挥系统，并有序援建急救单元；第三期继续加密急救站点，完善急救体系，最终形成贯通经济走廊的应急救护和医疗服务供给带。

同时，我会将继续积极申请发改委、商务部、外交部等部门专项资金以及中联部、卫生计生委等部门的技术和政策支持，大力开展对外人道援助工作。我会将继续协调爱心企业等多方力量，开展有效协作，努力为夯实民间友好基础，大力促进民心相通，助力“一带一路”建设做出积极贡献。

以上情况特报。

关于实施第七期红十字志愿服务项目发展计划的通知

中红办字〔2017〕16号

各省、自治区、直辖市红十字会，新疆生产建设兵团红十字会：

为了进一步提升红十字志愿服务组织服务社会的能力和水平，扶持和培育具有红十字特色的志愿服务项目，总会决定继续实施红十字志愿服务项目发展计划。现将有关事项通知如下。

一、总体目标

围绕中国红十字会保护人的健康，维护人的尊严，发扬人道主义精神，充分发挥党和政府在人道领域联系群众的桥梁和纽带作用，以最易受损群体为服务对象，扶持和培育具有红十字特色的志愿服务项目，搭建社会公众参与红十字志愿服务活动的平台，提升红十字会的社会服务能力，为改善易受损群体境况做出更多贡献。

二、项目主题

以社区为本的红十字健康安全发展计划。

三、项目征集范围

（一）促进社区健康项目，包括：卫生健康知识普及，社区健康教育，社区特定人群的健康干预和健康促进，社区健康知识普及等。

（二）促进社区安全项目，包括：应急救护培训、应急演练，社区安全隐患排查，水上安全教育等。

（三）促进社区融入项目，包括：城市

流动人口、农村留守人员的环境适应，自闭症、残疾人等特殊群体的自我发展和社会适应力建设等。

（四）促进社区发展项目，包括：西部地区、民族地区、边远山区等地最易受损人群生产和生活条件改善，教育文化条件改善，医疗卫生条件改善等。

各地红十字志愿服务组织可根据当地实际情况，策划开展其他符合红十字运动宗旨的志愿服务项目进行申报。

四、项目要求

（一）项目实施主体要求

申报和实施项目的主体是各级红十字会所属志愿服务组织。申报项目的红十字志愿服务组织必须符合以下要求：

1. 队伍稳定。志愿服务组织成员、服务项目、活动基地等相对稳定；能够广泛吸纳社会资源，为项目开展提供保证。

2. 服务规范。活动开展前有详尽的服务计划、具体的活动日程及评估方法；活动结束后有活动总结和影像资料（视频、照片）等材料备案。

3. 特色明显。因地制宜地定期开展基于服务对象需求的志愿服务项目；在培育志愿服务项目品牌上有目标、有规划。

4. 管理完善。在志愿者招募、培训、组织、调配、考核、激励等方面有健全的规章制度。

（二）项目设计要求

1. 遵循“社区为本”的原则，挖掘社区居民特别是社区中最易受损群体的真实需求。

2. 项目目标明确，有明确的受益对象，项目绩效可计量、可评估。

3. 项目内容充实，能充分体现红十字会的专业特色。

4. 项目须有较强的创新性和可操作性。

5. 志愿者在项目组织开展中能够参与决策（制定计划、实施、评估和报告等）。

五、项目支持

（一）经费资助

1. 一类项目 8 个，每个项目资助额度为 2 万元。

2. 二类项目 14 个，每个项目资助额度为 1 万元。

（二）协议签订

总会与试点项目志愿服务组织所属地方的省级红十字会签订项目协议，确保项目的有效执行。

六、项目流程

（一）申报

1. 符合条件的志愿服务组织结合本地实际进行项目策划，并填写《红十字志愿服务项目发展计划项目申报表》《红十字志愿服务项目计划书》（项目申报表、计划书附后）。

2. 各志愿服务组织向所在地方红十字会进行项目申报。各级地方红十字会对志愿服务组织提交的申报材料进行预审，预审通过后向省级红十字会进行推荐。

4. 省级红十字会对申报项目进行复审后报送至总会。各省级红十字会报送的项目原则上不超过 2 个。各地项目申报材料由省级红十字会审核汇总后于 3 月 29 日前统一报送总会，报送材料为电子版和纸质版，其中纸质版材料待项目评审通过后再邮寄至总会。

（二）评审

总会组织项目专家评审委员会，根据《红十字志愿服务项目评审标准》（评审标准附后），对申报项目提出评审意见。项目评审中，优先考虑具有红十字特色、提升红十字会社会影响力的项目；优先考虑项目执行方案设计周密、可操作性强的项目；优先考虑具备较强可持续性、具有典型示范作用的项目。总会将根据专家评审委员会的评审结论，于4月上旬确定资助项目和资助额度。

（三）实施

1. 项目实施组织应于2017年11月30日前完成项目实施工作。项目志愿服务组织所在地的省级红十字会要按照计划督促检查项目实施情况，及时向总会上报项目开展信息。对于未按要求实施项目的志愿服务组织，总会可根据协议终止项目。

2. 项目实施组织及相关单位要整合资源，争取社会各方面对项目的支持。通过电视、电台、报纸、网络等媒体对项目的开展情况进行宣传报道，提高志愿服务项目的社会关注度和影响力。总会将选取富有特色、效果良好的项目择机进行宣传推广。

（四）评估

项目实施过程中，项目志愿服务组织所在省级红十字会要督导项目的监督评估工作。项目实施结束后，项目志愿服务组织要对项目认真总结，收集服务对象、合作伙伴及志愿者的意见并报送各省级红十字会，由各省级红十字会向总会提交最终项目总结报告。报告应包括活动开展记录、宣传报道情况、服务使用者评分、活动参与者感言、合作伙伴及志愿者意见反馈、经费决算、视频、照片等内容。

关于举办红十字会法专题培训班的通知

中红办字〔2017〕17号

各省、自治区、直辖市红十字会，新疆生产建设兵团红十字会，铁路系统红十字会，各副省级城市和省会城市红十字会：

《中华人民共和国红十字会法》已于2017年2月24日由第十二届全国人大常委会第二十六次会议修订通过，并由习近平主席签发主席令予以公布，自2017年5月8日起施行。为做好红十字会法宣传普及和贯彻落实工作，拟于2017年3月27日至28日在苏州举办专题法律培训班。现将有关事宜通知如下：

一、时间和地点

时间：3月26日报到,27—28日培训，29日离会。

地点：苏州市中心酒店（姑苏区道前街100号）

二、主要内容

学习解读新修订的红十字会法以及慈善法等相关法律，研讨推进依法治会和依法履责。

三、参加人员

省级红十字会常务副会长和部门负责人各1名，副省级城市和省会城市红十字会常务副会长各1名。

四、其他相关事宜

（一）请将培训班报名表于3月15日前通过传真反馈至苏州市红十字会。

（二）参加培训人员的交通费自理，培

训期间食宿费由总会承担。

（三）本次培训班不安排接送站，请各位参会代表自行前往会议地点。

乘车路线至苏州市会议中心：

上海虹桥、浦东机场：

机场大巴至苏州火车站

苏州高铁北站：

1. 乘快线 8 路至汽车北站北，换乘 40 路下行，至吉利桥，沿道前街向东走 300 米。

2. 乘 819 路至官渎里立交桥东，换乘 602 路至吉利桥，沿道前街向东走 300 米。

苏州火车站：

1. 乘 38 路至市立医院本部下，沿道前街向西走 300 米。

2. 火车站乘 1 路或游 4 路至饮马桥下，沿道前街向西走 500 米。

关于举办《中华人民共和国红十字会法》暨全国红十字应急救护知识竞赛的通知

中红办字〔2017〕22 号

各省、自治区、直辖市红十字会，新疆生产建设兵团红十字会：

为宣传贯彻新修订的《中华人民共和国红十字会法》，充分发挥红十字会作为党和政府在人道领域联系群众的桥梁和纽带作用，配合全国“防灾减灾日”的宣传，顺应社会各界对我国防灾减灾、灾害避险与应急救护能力关注的诉求，总会决定在全国范围内举办“《中华人民共和国红十字会法》暨全国红十字应急救护知识竞赛”活动。现就有关事项通知如下：

一、本次知识竞赛是总会落实国务院关于提高红十字人道救助能力的要求，普及《中华人民共和国红十字会法》，在宣传“5・8”博爱周期间开展的一项重要活动，希望各级红十字会积极联合当地大、中、小学校及医院等医疗机构、厂矿等企业、机关、社区，积极组织和动员红十字志愿者、青少年学生参加知识竞赛。

二、此次活动由中国红十字会总会主办、总会报刊社承办、国际委员会东亚地区代表处协办，总会报刊社负责竞赛活动的具体组织工作，竞赛试题将刊登在《中国红十字报》上，需要试卷的单位可直接与总会报刊社联系。试卷订购时间为 3 月 15 日至 4 月 30 日。每份试卷 1 元。

三、2017 年 3 月初启动此项活动，4 月中旬刊登知识竞赛试题，“5・8”博爱周期间开展答题竞赛，6 月下旬完成试卷回收及判卷，7 月中旬公布获奖名单。

四、奖项设置：设单位最佳组织一、二、三等奖若干名，设个人一等奖 40 名，二等奖 60 名，三等奖 100 名。

关于开展 2017 红十字博爱周活动的通知

中红办字〔2017〕25 号

各省、自治区、直辖市红十字会，新疆生产建设兵团红十字会，铁路系统红十字会，总会机关各部室及各直属单位：

为纪念第 70 个“世界红十字日”，迎接新修订《中华人民共和国红十字会法》的施行，凝聚更多的社会力量参与和支持红十字事业，进一步扩大红十字会的社会影响，总会定于2017年"'5·8'世界红十字日"期间，在全国范围内开展"红十字博爱周"活动。活动方案如下：

一、活动时间

2017年5月5日—12日

二、活动主题

学习宣传贯彻《中华人民共和国红十字会法》，促进中国特色红十字事业持续健康发展。

各地各单位根据活动主题精神，组织开展红十字博爱周活动，取得"宣传贯彻红十字会法，传播人道精神，热心服务基层，密切联系群众，展示良好风貌，推动事业发展"的效果。

三、活动内容

（一）广泛开展红十字会法进机关、进社区、进学校普法宣讲活动，利用各类公众传播平台开展红十字会法宣传活动。

（二）围绕红十字会核心工作，结合各地工作实际和公众需求，组织开展丰富多彩、各具特色的人道服务活动，如组织开展防灾减灾知识普及、应急救护技能培训、面向困难群体的人道救助、红十字特色的志愿服务、无偿献血、造血干细胞捐献、人体器官捐献宣传等活动。

（三）通过新闻报道、公益广告、报告演讲、"最美红十字人"宣传等形式，充分展现各地红十字会在人道服务领域所做的贡献和成就，推介和宣传一批体现红十字运动基本原则精神的红十字工作者、志愿者先进个人和集体的感人事迹，弘扬人道奉献精神。

四、工作安排

（一）总会于3月底前下发通知，提出要求，做出部署。

（二）总会机关各部室、各直属单位，各省级红十字会根据活动通知精神，按照统一时间、统一主题、上下联动、形成合力的要求，精心策划，周密组织，设计、安排好本部门本地区的活动，并邀请红十字会理事参加有关活动，使红十字博爱周活动丰富多彩，产生良好反响。

（三）总会机关各部室、各直属单位，各省级红十字会将博爱周期间拟组织开展的重要活动于4月10日前报送总会。

（四）总会官方网站、《中国红十字报》、中国人道网、官方微博、微信等集中对各地开展红十字博爱周活动情况进行报道和转载。各级红十字会组织媒体对博爱周活动进行集中宣传。

（五）活动结束后，总会机关各部室、各直属单位，各省级红十字会于5月30日前将"2017红十字博爱周"活动举办情况总结报送总会。

关于召开监事会试点工作座谈会的通知

中红办字〔2017〕27号

内蒙古、上海、江西、福建、重庆市（省、区）红十字会：

为贯彻落实《中华人民共和国红十字会法》和中央党的群团工作会议精神，推进红十字会改革发展，进一步完善红十字会的治理结构，总会拟开展监事会试点工作，决定召开监事会试点工作座谈会，现将有关事宜通知如下：

一、会议时间

2017年3月21日下午3：00，22日上午9：00（3月21日上午报到，22日下午离会）

二、会议地点

总会105会议室（北京市东城区北新桥三条8号）

三、参会人员

每省2人（常务副会长及1名工作人员）

四、会议内容

研讨监事会试点工作，起草监事会试点工作方案。

五、相关要求

1. 请参会人员围绕会议内容做好充分准备，认真思考并提出建议和设想提交会议讨论。

2. 请各省红十字会选择1名文字功底较好的同志参会并参与试点方案起草工作。

3. 参会人员食宿费用由总会负责，交通费用自理。具体报到事宜另行通知。

关于同意作为总会开展养老服务工作试点单位的批复

中红办字〔2017〕28号

辽宁、江苏、浙江、江西、山东、湖北、云南省红十字会：

你会申请参与养老服务试点工作的请示收悉。经研究决定，确定你会作为总会开展养老服务工作试点单位。请按《关于红十字会参与养老服务工作的指导意见》（中红字〔2017〕1号）、《关于组织申报开展养老服务工作试点单位的通知》（中红办字〔2017〕11号）等相关文件的要求，结合本省实际，积极主动、探索创新，推进红十字会养老服务工作，确保试点工作取得成效。

特此批复。

关于参加2017年全国人体器官捐献缅怀纪念暨宣传普及活动的通知

中红办字〔2017〕30号

各省、自治区、直辖市红十字会人体器官捐献办公室、管理中心，红十字会人体器官捐献主管部门：

公民逝世后无偿捐献器官挽救生命是值得全社会推崇的高尚行为，为缅怀纪念遗体和器官捐献者，树立良好的社会新风尚，进一步推动人体器官捐献事业发展，中国人体器官捐献管理中心拟于近日在上海举办全国人体器官捐献缅怀纪念暨宣传普及活动。现将相关事宜通知如下：

一、时间

2016年3月30—31日（3月30日报到，31日活动，4月1日返程）。

二、地点

第二军医大学锦雪苑（上海市杨浦区翔殷路631号）

三、参加人员

各省级红十字会分管领导及器官捐献工作负责人各1名。

四、其他事项

（一）请参加活动人员将回执单（见附件）于2017年3月24日下午4：00前传真至上海市红十字会。

（二）参加活动人员交通费用自理，食宿费用由活动方提供。

（三）活动不安排接送站，请自行前往报到。

关于印发《关于在地方红十字会设立监事会的指导意见（试行）》的通知

中红字〔2017〕34号

各省、自治区、直辖市红十字会，新疆生产建设兵团红十字会，铁路系统红十字会：

现将《关于在地方红十字会设立监事会的指导意见（试行）》印发给你们，请结合实际，认真贯彻落实，切实推进监事会设立工作。

关于在地方红十字会设立监事会的指导意见（试行）

为贯彻落实新修订的《中华人民共和国红十字会法》，优化红十字会治理结构，健全红十字会监督机制，现就地方各级红十字会设立监事会的有关事宜提出以下指导意见：

一、指导思想

以党的十八大和十八届三中、四中、五中、六中全会精神以及中央党的群团工作会议精神为指导，认真贯彻落实习近平总书记系列重要讲话特别是关于红十字事业发展的重要指示精神，保持和增强红十字会政治性、先进性、群众性，积极推进红十字会治理结构改革，提高红十字会的治理监督水平，提升红十字会社会公信力。

二、基本原则

（一）依法设立原则。根据《中华人民共和国红十字会法》的规定，地方各级红十字会都要依法设立监事会。

（二）党管干部原则。监事的推选坚持以是否热心红十字事业为导向，注重事业择人，注重个人品行和专业素养。按照干部管理权限推荐监事候选人，提交会员代表大会选举。

（三）专兼结合原则。根据各地实际，按照“专兼职相结合，以兼为主”的原则建立健全监事会。监事长、副监事长至少有1人为专职，其他监事可以是兼职。

（四）内部监督原则。处理好监事会内部监督与法律监督、政府监督、社会监督的关系，建立和完善综合性的监督体系。

（五）循序渐进原则。按照《中华人民共和国红十字会法》的要求，凡换届的县级以上红十字会均应依法设立监事会，逐步实施、稳健推进。

（六）因地制宜原则。鼓励各地从当地实际出发，因地制宜，积极探索，创造经验。

三、实施范围

2017年5月8日以后，按新修订的《中华人民共和国红十字会法》有关规定，凡拟召开会员代表大会的地方各级红十字会都应依法设立监事会。

四、组成方案

（一）人员构成

1. 各级红十字会设立监事会的规模，原则上省级监事会7—9人，地市级监事会5—7人，县级监事会3—5人。

2. 监事会由监事长、副监事长和监事组成。监事长负责召集和主持监事会会议。监事长候选人职级原则上不低于同级红十字会常务副会长，监事长、副监事长候选人按照干部管理权限商请组织部门推选。

3. 监事候选人原则上可由来自纪检监察、财政、审计、民政等部门的代表，捐赠人、红十字会会员、志愿者，以及具有良好公信力、热心红十字事业的人士（如财会领域、法律界、医务界等）担任。监事候选人不限于会员代表大会的代表，但应为红十字会会员。

（二）常设机构

监事会要有办事机构、办事人员和办事经费。监事会工作经费纳入地方各级政府预算。

（三）产生方式

1. 监事会由会员代表大会选举产生。监事长和副监事长由监事会民主推选产生。

2. 理事、理事近亲属和红十字会财会人员不得任监事。

3. 监事任期与理事任期相同，监事任期届满，可以连选连任。

（四）主要职责

1. 监督理事会、执委会依照《中华人民共和国红十字会法》、国家有关法律法规和《中国红十字会章程》开展工作情况。

2. 监督理事会对会员代表大会决议、执委会对理事会决议的执行情况。

3. 依照国家有关法律法规和章程规定，邀请第三方审计机构对财务收支和项目实施情况进行审计。

4. 监事可以列席常务理事会、理事会会议，有权提出质询和建议。监事长根据监督检查的需要，可以列席或者委派监事会其他成员列席执委会。

5. 向理事会通报监督情况，向会员代表大会报告工作。

监事会工作规则另行制发。

中国红十字会总会关于徐科常务副会长访问加拿大和古巴红十字会的情况报告

中红字〔2017〕36号

国务院：

2017年8月22日—30日，应加拿大红十字会、古巴红十字会邀请，中国红十字会常务副会长徐科率4人代表团分别对上述两国红十字会进行了工作访问。现将访问情况报告如下。

一、访问基本情况

（一）访问加拿大红十字会

代表团于8月22日—25日访问了加拿大红十字会，加拿大红十字会会长康纳德·苏威会见了代表团一行。双方回顾了中加两国红十字会多年来的友好合作，互通了两会近期重点工作情况，就双方共同关切的问题交换了意见，并就未来的合作进行了探讨。代表团还与加拿大红十字会分管国际行动的副会长及国际行动业务部门相关负责人进行了业务交流，并访问了加拿大红十字会储存应急救援单元(Emergency Response Unit)物资的仓库，考察了与加拿大红十字会合作开展项目的多伦多儿童医院和麦克马斯特大学。

加拿大红十字会成立于1909年，在国际红十字会运动中，尤其是国际救援与合作方面拥有重要地位和影响力，是国际红十字运动重要捐款国红会之一。加拿大红十字会共有6800余名员工，约20000名志愿者，300多个分支机构，主要开展国际救援与合作、国内灾害管理、急救、水上安全培训、社区服务、重建家庭联系等方面的工作。20世纪90年代，加拿大红十字会曾因血液服务中出现污染问题被起诉赔偿并申请破产保护，2001年，经过破产重整后的加拿大红十字会调整管理模式，重新定位红十字会发展方向，专注于自身能力发展，做精做强核心任务，经过十多年的努力，逐步成为国际红十字运动有重要影响力的国家红会，也成为加拿大享有极高声誉的人道主义事业领头组织。

1. 优化组织结构，提高机构效率

为提高机构效率，提升行业竞争力，加拿大红十字会对自身组织结构、发展方向等进行了全面评估，优化治理结构，改变分会分级管理的模式，由总会直接任命和管理各地分会会长，制定了加拿大红十字会2020战略，统一战略规划和目标。

2. 突出优势领域，保持行业领先地位

经过多年的发展和实践，加拿大红十字会将自身的优势领域总结为：灾害和突发事件应对、社区卫生、安全教育培训（包括急救知识、水上安全、预防暴力等）。加拿大红十字会是国内应对灾害和突发事件的主要行动方之一，红十字会快速、有效的行动能力得到加拿大政府的认可与支持，今年8月底，加拿大的不列颠－哥伦比亚省连续发生山火，加拿大政府要求加拿大红十字会配合政府开展救援行动并向灾民提供人道主义服务，加拿大总理特鲁多还在推特上呼吁加拿大公民向红十字会捐款，帮助受灾群众。加拿大红十字会国际救援能力很强，在包括汶川地震、海地地震、尼泊尔地震在内的国际红十字运动历次国际救援行动中，都发挥了积极作用。加拿大红十字会的紧急医疗救援队是国际红十字运动应急救援体系的组成部分，由专业医护人员组成的医疗队和救援行动所需设备能在灾难发生后48小时内抵达灾区并开始工作。2016年，加拿大红十字会向62个国家提供了77次紧急救援行动支持，派出近180名国际代表。加拿大红十字会的社区卫生服务在国内同行中处于领先地位，尤其是随着人口的老龄化，更多老人选择居家养老，红十字会利用广泛的红十字志愿者网络，深入社区基层，开展以服务对象为本的综合性服务，包括协助老人就医或复诊，提供餐食及相关基础医疗器材等，帮助人们尽快恢复自理能力，维持并改善受益人的生活质量。在国际层面，加拿大红十字会主要在美洲、非洲、亚洲各国与当地卫生部门及国家红十字会合作，开展紧急和非紧急情况的母婴健康项目。在安全教育方面，加拿大红十字会通过开展急救、水上安全等培训向公众传递自救互救技能，宣传灾害和武装冲突情况下如何预防暴力和自我保护的知识。

3. 加强国际合作，扩大在国际人道领域的影响力

加拿大红十字会作为政府在人道领域的助手，多年来注重开展国际合作，积累了丰富的经验和资源，总会负责国际事务的部门

有60多名员工，占总会员工人数的近2/3。该会目前在26个国家开展项目，主要涉及紧急人道援助、长期发展援助、能力建设等领域，其经费主要来自政府和社会捐款两个渠道。

4. 依靠专业知识技术，为事业发展提供有力支撑

为向弱势群体提供更为精准、有效的人道服务，加拿大红十字会积极探索与专业机构的合作，充分利用合作方的技术资源优势，找准服务需求，有的放矢。该会与多伦多儿童医院开展合作，由红十字会向政府申请资金，委托儿童医院在促进母婴健康方面开展研究并在相关国家实施项目，帮助其他国家医疗机构的学科能力建设。该会还与麦克马斯特大学合作，对社区医疗需求进行评估和跟踪，为社区提供精准服务。在项目的设计、实施和评估过程中，引入专家团队意见，以确保项目的科学性和有效性。

5. 加强中加两国红十字会的合作

双方表示将进一步深化合作，探讨中加两会在其他国家合作开展项目的可能性。加拿大红十字会的紧急医疗救援队是符合国际救援队标准的队伍，加拿大红十字会邀请我会继续选派人员参加其举办的救援队培训及相关国际救援行动，进一步推动我会救援队标准化建设，同时为我会开展国际救援行动积累经验。

（二）访问古巴红十字会基本情况

8月27日—29日，代表团访问了古巴红十字会。该会会长路易斯·塞巴洛斯及主要管理层会见了代表团一行，向代表团介绍了古巴红十字会整体工作情况。代表团还访问了古巴负责自然灾害灾情预报及救助事务的民防部，了解其在人道领域与红十字会的协调与合作情况，（据介绍，该机构前身是为抵御美国入侵而设的军事部门，现在主要从事灾害气象研究和早期预警等事务）。

古巴红十字会1909年成立，是古巴从事人道主义救援的公共组织机构，是政府在人道领域的助手，在全国各地开展人道服务。该会现有47000名红十字会志愿者，其中约51%为女性，30%为青年志愿者，主要工作领域包括急救培训、灾害救援、无偿献血及防病防灾知识宣传、重建家庭联系等。自20世纪60年代以来，美国一直对古巴实行封锁和制裁政策，古巴红十字会在各方面资源有限的情况下，依靠活跃在基层的志愿者积极开展工作，得到了公众及政府的认可。在国际层面，古巴红十字会还积极发展同拉丁美洲特别是加勒比海地区国家红会的关系，在拉美地区红十字事务中发挥积极作用。

古巴红十字会会长表示，中古两国拥有传统友谊，对中国红十字会为其争取非紧急人道救援物资表示感谢，希望两国红十字会增进相互了解，开展合作。

（三）为我竞选连任联合会副主席争取支持

访问期间，徐科常务副会长分别向两国红十字会会长介绍了我会在陈竺会长的带领下开展的一系列国际合作重点项目，包括中巴急救走廊建设，为阿富汗及蒙古国先心病儿童提供救助，援建孟加拉国血透中心，援助缅甸开展社区卫生项目，向叙利亚红新月会捐赠疫苗及医疗车，同红十字会与红新月会国际联合会（简称联合会）合作，开展面向全球志愿者的“博爱单车”项目等情况，希望两国红十字会在2017年11月的联合会全体大会上支持我竞选连任联合会副主席。

加拿大红十字会康纳德会长表示，世界需要中国，国际红十字运动更需要中国红十字会，尤其是近两年，在陈竺会长的领导下，中国红十字会越来越多地参与国际人道事务并发挥积极作用，加拿大红十字会将全力支持陈竺会长竞选联合会副主席。

古巴红十字会会长表示，古巴红十字会看到了中国红十字会为支持发展中国家红会发展所做的努力，感谢中国红十字会对古巴红十字会的支持，古巴红十字会将支持陈竺会长竞选，并相信加勒比海地区的国家红会也会给予支持。

二、启示与体会

（一）找准定位、发挥红十字会在人道领域的助手作用

不论是在加拿大等发达国家还是古巴这样的发展中国家，都存在不同形式的人道主义需求，政府需要社会组织协助应对，而且国家红十字会在国际人道领域的影响力也将有助于国家参与国际事务，提升国际影响力。红十字会如果能找准定位，发掘自身优势和潜力，及时调整战略发展方向，将成为政府在人道领域的重要助手。2015 年，加拿大红十字会在对自身进行充分评估的基础上制定了 2016—2020 年战略规划，明确红十字会的目标是解决“人道援助最后一公里”的问题，着重在应急救援、卫生、宣传教育三方面开展工作。在国际救援方面，着重发展医疗救援队力量，招募专业的医护志愿者，人才库中保持 200 名至 500 名人员，按行动种类储备专业的救援器材和设备，确保48小时内救援人员及设备抵达灾害现场。

（二）整合专业机构力量，促进事业的科学发展

红十字事业要发展，需要不断增强自身核心业务能力，也需要借助外力来弥补不擅长的领域。加拿大红十字会虽然在卫生医疗服务方面能力很强，但仍与多伦多儿童医院和麦克马斯特大学合作，对需求进行调研，利用医院和大学的培训资源为救援队进行培训，聘请行业专家对国际合作项目设计和实施提出专家建议，保证了工作与实际需求及预期目标的一致性，确保了资源投入的合理性，有利于工作的良性循环。古巴红十字会与民防部合作，民防部负责气象监测和灾害早期预警，红十字会负责宣传逃生避险知识，协助紧急转移等工作，相互取长补短，合理整合了资源，也使红十字会成为政府行动不可或缺的助手。

（三）志愿者是红十字会的根本

志愿者在两国红十字会的工作中发挥着不可替代的重要作用，也是红十字会区别于政府机构和其他社会组织的独特之处。加拿大红十字会在社区开展的卫生项目主要是依靠志愿者入户提供服务，这种方式人性化且有针对性，志愿者在服务弱势群体的同时可以协助政府收集相关资料，为国家卫生医疗系统提供数据支持。加拿大红十字会庞大的专业救援队志愿者库为其随时派队执行任务提供了保证，使该会在国内和国际救援中占据了重要地位。古巴红十字会积极发挥志愿者力量，开展急救、水上安全、防灾避险等知识的传播，克服了其资源方面的不足。

三、后续工作建议

（一）进一步加强与加拿大和古巴红十字会的合作与交流

代表团邀请加拿大红十字会、古巴红十字会高层于明年适时访华，进一步深化与两国红十字会的交流与合作。

加拿大红十字会是我会战略合作伙伴，

双方多年来保持着良好的合作关系，加拿大红十字会在国际红十字运动中享有一定影响力，开展国际项目经验丰富，尤其是在国际救援队建设方面可为我会提供有力支持，此外，加拿大红十字会在“一带一路”沿线相关国家设有办公室或派驻代表，可为我会与沿线国家如叙利亚、阿富汗等的合作提供信息和技术支持。

古巴是第一个与我国建交的拉美国家，我国多位国家领导人曾对古巴进行访问。古巴红十字会在拉美尤其是加勒比海地区拥有一定影响力，加强与古巴红十字会的合作有利于建立我会与拉丁美洲国家红会的友好关系，有助于扩大在拉美地区的影响力，我会将加大对古巴红十字会的援助力度，在非紧急援助、能力建设培训等方面给予支持。

（二）加快国际合作人才队伍建设

配合国家“一带一路”建设，实施红十字参与“一带一路”倡议，拥有一支熟悉红十字理念，掌握专业技能，召之即来、来之能战的外援队伍是关键，我们要加快红十字国际合作人才队伍建设，提高对外援助能力和专业化水平，扩大我在国际人道领域的地位和影响力，更好地服务于国家外交大局。

关于印发《中国红十字会总会党组网络意识形态工作责任制实施办法》的通知

中红办字〔2017〕36号

总会机关各部门、各直属单位：

《中国红十字会总会党组网络意识形态工作责任制实施办法》已经总会党组研究同意，现印发给你们，请结合实际情况，认真贯彻落实。

附件

中国红十字会总会党组网络意识形态工作责任制实施办法

第一条　为了进一步加强和改进网络意识形态工作，落实党管意识形态原则，明确党组领导班子、各级党组织和领导干部网络意识形态工作责任，根据中央有关指示精神和《中国共产党问责条例》《党委（党组）意识形态工作责任制实施办法》（中办发〔2015〕52号文件）、《党委（党组）网络意识形态工作责任制实施细则》（中办发〔2016〕44号文件）等有关规定，结合红十字会实际，制定本办法。

第二条　网络意识形态工作按照属地管理、分级负责和谁主管谁负责的原则，总会党组领导班子对总会网络意识形态工作负主体责任。领导班子主要负责人为第一责任人，直接主管的班子成员承担主要领导责任。领导班子主要负责人应当带头抓网络意识形态工作，带头管阵地把导向强队伍，重要工作亲自部署、重要问题亲自过问、重大事件亲自处置；直接主管的班子成员应当协助领导班子主要负责人抓好统筹协调指导工作；参与决策和工作的班子其他成员承担重要领导责任，根据分工，按照“一岗双责”要求，抓好分管部门、单位的网络意识形态工作。

第三条 总会党组承担的网络意识形态工作责任主要是：

（一）认真贯彻落实中央关于网络意识形态工作的决策部署及指示精神，牢牢把握正确政治方向，严守政治纪律和政治规矩，严守组织纪律和宣传纪律，坚决维护党中央权威，在思想上政治上行动上同党中央保持高度一致。

（二）把网络意识形态工作列为总会党组每年专题研究意识形态工作的重要内容。定期分析研判网络意识形态领域情况，研究加强和改进网络意识形态工作的方式方法，分清网上主流支流，辨析网上突出问题，动态感知网络舆情态势、网络行为趋势，及时向中央报告网络意识形态领域涉红十字会重大情况并提出建设性意见。定期在总会党内通报网络意识形态领域情况，统一认识，明确方向。

（三）统筹开展总会网络意识形态工作，在全国红十字会系统管理中体现网络意识形态工作要求、维护网络意识形态安全，形成党组统一领导、党政齐抓共管、宣传部门组织协调、有关部门分工负责、社会力量积极参与的网络意识形态工作格局。指导、督促和检查总会机关各部门各单位红十字会网络意识形态工作，建立健全网络意识形态工作问责机制。加强总会党员领导干部网络意识形态工作的教育培训、监督管理。

（四）切实维护网络意识形态安全，牢牢掌控网络意识形态主导权。领导、组织对网络意识形态领域涉红十字会重大问题、错误思潮和负面言论的处置。加强网络评论工作，旗帜鲜明地开展网上舆论斗争。发展积极向上的红十字网络文化，加强网上红十字会建设，做到正能量充沛、主旋律高昂。建立重大政策、项目的舆情风险评估机制，及时搜集、研判、处置可能引发损害红十字会声誉形象和公信力的舆情，加强声誉风险管理，做好舆论引导工作。

（五）加强网络统一战线建设，凝聚共识，争取人心。对支持红十字事业的社会力量要巩固拓展，对误解红十字会工作的人要正面引导，对攻击抹黑损害红十字事业的行为要敢抓敢管，依法坚决斗争。做好传媒界和互联网业界代表人士的工作，注重同理论界、教育界、经济界、高端智库等方面的知名人士交朋友，争取他们对红十字事业的支持。对网络“大V”“意见领袖”等重点人物，加强线上互动、线下沟通，推动他们为红十字事业正面发声。把红十字运动精神和文化融入青少年网络生活，引导广大青少年网民成为红十字网络宣传的实践者、参与者和建设者。

（六）建设网络评论员队伍，建立支持网络评论员开展网上舆论引导的工作机制，建立健全技术配备、工作时间、考核激励等方面的制度。

第四条 总会成立网络意识形态工作领导小组，在党组领导下负责组织落实网络意识形态工作责任制。领导小组下设办公室，作为网络意识形态工作管理部门，履行指导、组织、协调、督查和抓好落实的职责，统筹协调组织网络宣传管理和舆论引导工作。

健全网络意识形态工作机制，建立网上重要情况通报制度、重大事项报告制度和网络意识形态工作检查考核制度。网络意识形态工作领导小组办公室每季度向党组报告网络意识形态领域重要情况，提出建议；每年对总会机关各部门各单位网络意识形态工作进行一次专题督查，督查结果向党组报告。

第五条　总会组织宣传部承担的网络意识形态工作责任主要是：

（一）组织开展马克思主义中国化最新成果、社会主义核心价值观、红十字文化网络传播，加强网上红十字宣传文化阵地建设，唱响主旋律，提振精气神。

（二）组织落实总会党组重要决策部署、重大活动、重大任务的网络宣传和舆论引导工作，开展分众化传播、差异化传播、个性化传播，推动全媒体宣传、全业态传播、全平台覆盖。

（三）加强网络宣传队伍建设。加强网络评论员的选拔培训、管理、使用等工作。加强网络传播能力建设。

（四）加强网络内容建设，积极开展红十字网络传播和重大典型、重要成就网络宣传以及网上理论传播、网络文艺宣传等，讲好红十字故事，传播好红十字声音。指导开展符合红十字会宗旨的网络公益活动，发挥“网上红十字”作用。

（五）加强网络评论工作和机制建设，重点组织开展涉红十字会重要政策、重大主题、重大活动网上评论引导工作。协调开展网上舆论斗争，对涉红十字会重大事件、重要情况以及重要网络舆情中的倾向性苗头性问题，及时、有针对性地开展网上评论引导。

（六）完善网络舆情工作机制，加强网络舆情信息搜集、分析、研判、报送工作，及时全面准确掌握网络舆情动态，做好处置，加强声誉风险管理。

（七）组织指导各类红十字网站规划建设。指导建好红十字新媒体，推动传统媒体与新兴媒体融合发展。协调推进红十字宣传新媒体矩阵的建设。

第六条　总会各部门各单位党支部承担本部门本单位网络意识形态工作责任，党支部主要负责人为第一责任人，支部委员分工负责网络意识形态工作。要支持、配合总会网络意识形态工作领导小组办公室工作，维护红十字会声誉；加强新媒体等网络阵地建设和管理；加强本部门、本单位职责有关的网络舆情监测引导和信息通报；加强本部门、本单位职责有关的网络宣传和网络人道服务；支持网络评论员队伍建设和协助开展网络评论引导工作。每季度向总会网络意识形态工作领导小组办公室提供本部门、本单位职责范围内的网络意识形态研判报告和工作情况。

第七条　党组织和党的领导干部有下列情形之一的，应当依据《中国共产党问责条例》和《党委（党组）意识形态工作责任制实施办法》等有关规定予以问责。

（一）对党中央和中央有关部门安排部署的网上重大思想舆论斗争、重要舆论引导工作、重大专项行动等组织开展不力，造成严重后果的；

（二）处置应对本部门本单位及涉红十字会网络意识形态领域重大问题，不带头、不站前，未与错误观点、错误倾向开展有力斗争的，或者领导不力，出现重大失误、产生恶劣影响的；

（三）未按照规定及时采取防范和处置措施，导致管辖范围内发生由网络意识形态领域问题引发的群体性事件的；

（四）维护党的政治纪律和政治规矩失职，对所管理的党员、干部在网上公开发表违背宪法、党章、党的决定决议和政策的言论放任不管、处置不力，产生恶劣影响的；

（五）管辖范围内网络平台出现严重错误导向，不履行或者不正确履行工作职责，造成严重后果的；

（六）对管辖范围内网络平台等网络意识形态阵地领导不力、监管不力，产生恶劣影响的；

（七）管辖范围内网络平台组织的网上报告会、研讨会、讲座、论坛、直播等，发表否定党的领导和党的基本路线、攻击中国特色红十字事业等言论，造成严重影响的；

（八）对管辖范围内重大网络意识形态问题领导和处置不力，造成严重后果的；

（九）其他应当问责的失职失责情形。

第八条 实施责任追究，应当实事求是。对领导班子、领导干部进行问责，应当按照干部管理权限，依据有关规定实施。总会各部门各单位应当结合本部门本单位实际情况，将网络意识形态工作检查考核纳入年度目标责任考核，明确检查考核的内容、方法、程序。

第九条 本办法由总会党组负责解释。

第十条 本办法自 2017 年 4 月 1 日起施行。

关于成立总会对口支援西部地区工作领导小组及办公室组成人员的通知

中红办字〔2017〕39 号

机关各部室、各直属单位：

为更好地发挥红十字会作为党和政府在人道领域联系群众的桥梁和纽带作用，促进西部地区红十字事业及经济社会发展，经党组会研究同意，成立中国红十字会总会对口支援西部地区工作领导小组及相关机构，组成人员如下：

组　长：王海京　中国红十字会党组成员、副会长

成　员：李立东　总会赈济救护部部长

邵　锋　总会办公室副主任

查慧勤　总会筹资与财务部部长

姚立新　总会组织宣传部部长

任　浩　总会联络部部长

王世涛　总会直属机关党委副书记兼纪委书记

赵建忠　中国红十字会总会训练中心副主任

孙硕鹏　中国红十字基金会常务副理事长兼秘书长

总会对口支援西部地区工作领导小组下设办公室，由李立东担任办公室主任，办公室日常工作由赈济救护部负责。

中国红十字会陈竺会长参加国际联合会领导委员会会议并访问亚太地区代表处情况报告

中红字〔2017〕41 号

国务院：

2017 年 9 月 3 日至 8 日，我会会长陈竺以红十字会与红新月会国际联合会（以下简称“国际联合会”）亚太区副主席身份率 6 人代表团赴瑞士日内瓦出席国际联合会第

36次领导委员会（以下简称“领委会”）会议。9月9日至10日，又赴马来西亚吉隆坡访问了国际联合会亚太地区代表处。现将访问情况报告如下。

一、国际联合会领委会会议基本情况

本次领委会会议是今年第二次常会，也是本届领委会在今年11月大会前召开的最后一次常会，其主要议题多数与国际联合会大会直接相关，包括：领导层报告（领委会拟提交国际联合会大会的报告、主席及副主席、选举委员会、财务委员会、青年委员会报告），秘书处工作进展（秘书长报告、秘书处财务报告），特别关注领域（《2030战略》制定、章程修改、国家红会法律基础指南），国际联合会效率及公信力保障（履约与仲裁委员会报告、希腊和巴拉圭红会诚信案件审议），各个工作组报告等。会议过程中，与会焦点相对集中在以下几个方面：

（一）关于章程修订

章程修改咨询组根据上次领委会意见，并征求了所有国家红会的意见后就章程修改文本向领委会做出报告。领委会根据各国红会反馈情况，批准了章程修改咨询组关于对国际联合会章程、议事规则和财务规定的调整方案，并要求国际联合会秘书长将最终调整方案通发各国红会，提交11月即将举行的国际联合会大会审议批准。

（二）关于会费分摊比例

财务委员会此前针对会费问题向各国红会开展调查，共有51个国家红会给予反馈，我会参与了调查并根据此前与财政部协调结果积极表态。财务委员会根据调查结果又进行了新一轮研究后，认为参照联合国会费比例交缴会费仍是较为合理并可接受的参数指标，同时考虑到资金可持续性和平等性等因素，决定向国际联合会大会建议2018—2019年会费比例仍沿用现行计算方式，同时建议将目前只适用于美国红十字会的会费最高上限逐步降低，首轮将上限从预算总额的19%降至16.5%（是美国红十字会期望额度14%的折中方案），由此产生的差额将按公平公正原则扩展到尽可能多国家红会负担。

（三）关于对国家红会实施制裁

履约与仲裁委员会向领委会做出希腊红会和巴拉圭红会诚信问题处理的最新进展报告。继上次领委会就两国案例启动相关制裁程序以来，两国红会及政府高度重视，分别采取了专门措施配合国际联合会开展相关整改工作，特别是希腊政府总理办公室于9月4日向国际联合会秘书长致函，承诺将紧密配合国际联合会解决希腊红会问题，避免事态升级。考虑到各方的积极态度，本次领委会议定宽限希腊和巴拉圭红会案件6个月整改时限，根据此间整改效果，由下届领委会决定是否重启制裁程序。

（四）关于国际联合会领导层选举

2017年11月的国际联合会大会将选举包括主席、副主席和领委会成员在内的新一届领导层，选举本身是各国红会关注的大事，而许多领委会成员都追求连任，因此此次参会人员很大一部分精力都放在选举问题上。

本次领委会期间的9月6日是参选报名截止日期，参选情况已最终确定。此次选举主席职位竞争异常激烈，四名候选人中三人来自欧洲（意大利、瑞典、挪威），一人来自中东（约旦）。副主席从四个法定区域各选举一个国家红会，非洲区已协调一致推选塞内加尔一国参选，美洲区为墨西哥和委内瑞拉竞争，亚太区为我会和伊朗竞争（伊朗同时参选领委会委员），欧洲区为德国和土耳其竞争。

二、在国际联合会领委会会议期间的活动

本次领委会会议前，陈竺会长详细了解会议议题，指示会内做好参会相关准备，并根据他在会议期间的任务，精心准备各种材料。在日内瓦期间，陈竺会长全程参加领委会会议和有关会议，积极贡献中国智慧；充分利用会议间隙，广泛接触参会各国红会领导，坦诚探讨问题，争取各国红会对我会参选的支持。

4 日，陈竺会长以国际联合会性别与多样性工作组主席身份主持了工作组会议，听取了工作组近期工作报告，陈竺会长对工作组的工作表示赞赏，并介绍了我会在扶贫攻坚工作中针对残障人士和老年人等特别易受损人群拟开展的工作，得到与会人员的好评，9 月 7 日陈竺会长向领委会会议就该工作组工作做了报告。

4 日晚，陈竺会长参加了国际联合会主席和副主席会议，该会议是在每次领委会会议前召集的小范围闭门会议，旨在主席和副主席间协调对重大事项的立场，会议仅限本人参加，不散发会议材料。陈竺会长在会前召集代表团对可能上会的议题进行预判，并制定了应对口径。当会议讨论会费比例问题时，陈竺会长表示会费问题关系整个国际联合会的财务可持续性，各成员国必须采取积极的态度应对这一问题，我会同意以联合国会费比例作为基准指标，愿意在力所能及的范围内为会费问题贡献力量，表态得到各方普遍赞赏。下届国际联合会大会将评选国际联合会最高奖项——亨利·戴维逊奖，此次主席、副主席会对奖项候选人情况进行了讨论，陈竺会长提出两点意见，一是作为国际联合会最高奖项，务必保证奖项的质量，宁缺毋滥；二是作为世界最大的人道主义网络，国际联合会应考虑对应对埃博拉疫情和难民潮等国际性人道危机的西非国家红会和地中海沿岸国家红会给予嘉奖和鼓励。该意见得到普遍认同，非洲区副主席阿巴斯当即承担了西非红会奖项的申报工作，土耳其红会事后也向我会专门表达了谢意。

5 日，陈竺会长作为亚太区副主席召集了亚太地区领委会成员会议，会议首先听取了菲律宾红会申办亚太地区大会的筹备情况，原则同意了会议举办的时间和地点。亚太区主任提议会议主题围绕“增强本地人道行动”展开，陈竺会长肯定了这一主题的现实意义，同时建议增加“快速变化的世界”这一时代背景，与会人员均赞成这一建议。会议还讨论了若开难民局势等本地区重大的人道主义关切，通报了文莱等部分国家红会面临的困境，以及太平洋地区红会的会长互助机制的优秀经验，并议定将上述情况纳入副主席口头报告。

9 月 5 日至 8 日是领委会正式会议时间。陈竺会长认真倾听，审时度势地发表意见。在主席、副主席报告环节，陈竺会长积极争取发言机会，在事先提供的书面报告基础上作了口头报告，两份报告除了通报亚太地区的人道形势和国际联合会开展的重点工作外，还着重介绍了我“一带一路”倡议对人道工作带来的时代机遇，并通报了我会开展的一系列“红十字与一带一路同行”相关项目最新进展情况，特别是刚刚在新疆成功救治 21 名阿富汗先心病患儿的消息令全场点赞。在秘书长报告和工作计划及预算环节，陈竺会长对秘书长在本届领委会任期内做出的成绩表示祝贺，对秘书处对领导层的支持表达了感谢。同时陈会长指出，在未来两年的工作计划中提出“教育加”作为国际联合会新的重点工作领域，这项工作在当前世界人道局势下具有重要意义，国际联合会开展相关工作也具备独特的优势，然而这一表述方式定义模糊，教育本身并非国际联合会的专业领域，不宜再以“加”的形式无限延伸。会议采纳此建议，决定改为“教育”并在注解中对此项工作做明确界定。在讨论希腊、巴拉圭红会制裁问题的闭门会上，陈竺会长表示应本着惩前毖后、治病救人的态度，以帮助国家红会解决问题为着眼点，尽可能给予更多更正错误的机会，这一观点得到与会成员的普遍赞同，最终领委会决定给予两国红会增加 6 个月的整改时间，并在整改后由下届领委会对是否中止其会员资格作出最终裁决。

我会事前接到中央关于选举问题的批示后及时向国际联合会报名参选。由于领导委员会成员均为本地区具有影响力的重要国家红会，此次出访系选举前最重要的多边场合，我会根据形势变化及时调整竞选策略，在选举委员会通报选举筹备情况后迅速行动，根据各国参会人员的重要程度分层次开展竞选游说工作，陈竺会长亲自与意大利、西班牙、肯尼亚等国参会高层代表面谈，其他代表团成员按地区做其他参会国家红会的工作，除少数缺席国家和直接竞争对手伊朗没有直接接触外，参加领委会的国家红会均明确表态支持我会竞选。

三、访问国际联合会亚太地区代表处和马来西亚红新月会

国际联合会亚太地区代表处位于吉隆坡，是国际联合会支持陈竺会长副主席工作的主要力量，马来西亚红新月会在国内开展了大量卓有成效的工作，是东盟地区重要的国家红会。为激励和慰问国际联合会亚太地区代表处的工作团队，巩固和马来西亚红会的合作关系，为竞选争取更大支持，代表团在领委会后顺访了马来西亚吉隆坡。

陈竺会长在 9 日晨抵达吉隆坡后随即投入紧张的考察工作，亚太地区代表处和马来西亚红会对此次考察高度重视，在当天组织了两场大型活动。首先，结合世界急救日，国际联合会、马来西亚红会与保诚公益基金会（Prudence Foundation）联合举办 Safe Steps 活动马来启动仪式。Safe Steps 是一项长期的备灾教育项目，由国际联合会提供技术支持，保诚公益基金会出资，国家地理频道提供宣传平台，通过视频、宣教材料和手机应用等不同形式面向亚太地区 2 亿受众普及应对自然灾害和紧急事件中逃生避险和道路安全等知识。这一活动将有助于国际联合会实现“十亿人恢复力联盟”的工作目标。活动现场，陈竺会长代表国际联合会向项目启动致贺词，指出急救工作植根于国际联合会的基因之中，也贯穿在中国和马来西亚等国红会的日常工作中，亚太地区每年有数以百万人死于各类意外事故，造成重大的经济和社会损失。Safe Steps 活动邀请大家共同加入安全教育的旅程，通过日常急救常识的普及造就身边的英雄。随后陈竺会长同现场观众一同观看了启动宣传片，并参加了安全宣教志愿者的经验分享和嘉宾访谈活动。

当日下午，陈竺会长一行赴马来西亚红会总部参加了“博爱单车”项目马来西亚站启动仪式。博爱单车是我会与国际联合会联合设计开展的全球项目，将通过向全球 100

万志愿者发放自行车拓展志愿者服务范围，倡导健康交通方式，推动社区全面发展。启动仪式之前，陈竺会长与马来西亚红会苏莱曼主席等理事会领导进行了简短会晤。苏莱曼主席是中国的老朋友，曾在20世纪70年代访华并受到毛泽东主席、周恩来总理的亲切接见，苏莱曼回顾了中马两国的友好关系，感谢我会在“博爱单车”项目中对马来西亚红会的支持，表达了加强两会合作的意愿。陈竺会长感谢苏莱曼会长的热情接待，对马来西亚红会的工作成绩表示赞赏，对中马红会合作前景表达了良好的祝愿，同时通报我会准备通过竞选连任国际联合会副主席为国际红十字会与红新月运动做出更大贡献的愿望。马方对此热烈回应，表示我会如竞选国际联合会主席马来西亚红会也将全力支持。在随后的启动仪式上，陈竺会长代表国际联合会在讲话中指出，博爱单车不仅仅是为志愿者提供交通工具，它表明国际联合会对志愿者服务的认可，这一项目将成为提高安全意识、推广健康生活方式的载体，有助于实现国际联合会十亿人恢复力联盟“打造社区安全，提高社区恢复力”的目标。启动仪式后，马来西亚红会志愿者还做了在道路安全事故中利用博爱单车迅速提供急救服务的模拟演练。

10日上午，陈竺会长对国际联合会亚太地区代表处办公室进行了工作考察，代表处副主任、行动部部长马丁·法勒向陈竺会长一行介绍了在孟加拉国的科克斯巴扎尔地区聚集的缅甸罗兴亚难民形势以及国际联合会在该地开展的工作情况。政策、战略与知识部部长彼得·欧沃弗，伙伴关系部部长皮埃尔·克雷默，卫生主管乌云格列尔·阿姆噶，性别与多样性协调员梅·马洛尼分别介绍了他们负责的业务领域和在本地区工作开展的情况。陈竺会长在与上述各部门负责人的工作交流中，对他们为提升亚太各国红会工作能力、改善易受损人群境况做出的努力表示赞赏，并表示中国红会愿意加大国际联合会各个工作领域的合作和参与。

四、体会及后续工作安排

（一）精心筹划，打赢竞选连任攻坚战

随着此次领委会上竞选形势明朗，我会竞选筹备工作已进入决战攻坚阶段。我会将把相关工作作为全会的首要任务来抓，做到人员到位，责任落实。我会将继续通过多双边渠道深入了解各方动向，特别是我直接竞争对手伊朗的参选动机及策略，有针对性地制订对策；通过紧密沟通摸清各方诉求，掌握在竞选中有交换支持愿望的国家情况，事前做好投票预案；与外交部联动，恰如其分地利用好国家外交资源做工作，确保竞选预期目标圆满实现。

（二）多方联动，展现大国红会特色外交

此次出访过程中，我们充分体会到近期“红十字与一带一路同行”构想下援外项目数箭齐发，在国际上已产生了规模效应，越来越多的国家红会，特别是发展中国家红会，对我期待不断攀升。同时我们也注意到，“博爱单车”等项目在国际联合会框架下产生了事半功倍的宣传效果，作为大国红会，在国际合作中应致力于构建以合作共赢为核心的新型合作关系，与国际委员会、国际联合会共同谱写“三部曲”，借助其国际网络和能力推动我会的国际工作。

（三）输送人才，深入掌握国际规则

随着我国综合国力和我会实力的增强，我会正走向红十字国际大舞台的中心。赵白鸽前常务副会长、陈竺会长顺利担任国际联合会副主席充分说明我会参与红十字国际组织全球治理的地位和作用被广泛认可。在此次竞选筹备过程中，我们感觉到相对于西方甚至部分发展中国家红会，我会缺少驻外人员、信息渠道较少，对我有效制定相关策略形成了一定制约。国际红十字组织已明确释放出需要更多“中国贡献”的信号，随着我会对国际合作财力、项目投入的不断增加，我会也将积极培养国际化人才，与国际组织和各国红会积极探索增大人力投入的方式。

（四）通盘考虑，服务国家外交战略全局

人道领域日益成为中国顺应历史走向、迎合时代潮流的重要外交突破口，我会的民间外交有利于塑造国家形象，具有深远而重大的意义。在我会谋求国际组织领导岗位之后，我会国际合作更应配合“一带一路”倡议，打造“亲、诚、惠、容”的周边环境，推动建立与大国红会的新型关系，深化与非洲和其他发展中国家红会合作，推动金砖国家红会形成更紧密、更全面、更牢固的伙伴关系。这将要求我会深入领会国家外交方针政策，完善我会国际合作战略顶层设计，与相关部门加深配合，优化可持续资源渠道，以创新的理念和方式助力增强国家软实力、巧实力，使红十字人道外交成为“一带一路”倡议民心相通的亮丽名片。

以上情况特报。

关于全国红十字系统认真学习宣传贯彻党的十九大精神的通知

中红字〔2017〕44 号

各省、自治区、直辖市红十字会，新疆生产建设兵团红十字会：

近日，中共中央印发了《关于认真学习宣传贯彻党的十九大精神的决定》。全国红十字系统要在当地党委、政府领导下把学习宣传贯彻党的十九大精神作为当前和今后一段时期的首要政治任务抓紧抓好。领导干部要带头学习带头贯彻，以高度的政治责任感和使命感，认真学习宣传贯彻党的十九大精神，把思想和行动统一到党的十九大精神上来，把力量凝聚到实现党的十九大确定的各项任务上来，牢固树立政治意识、大局意识、核心意识、看齐意识，在思想上政治上行动上同以习近平同志为核心的党中央保持高度一致，自觉维护以习近平同志为核心的党中央权威和集中统一领导。具体通知如下：

一、要充分认识学习宣传贯彻党的十九大精神的重大意义

中国共产党第十九次全国代表大会是在全面建成小康社会决胜阶段、中国特色社会主义进入新时代的关键时期召开的一次十分重要的大会。大会高举中国特色社会主义伟大旗帜，以马克思列宁主义、毛泽东思想、邓小平理论、“三个代表”重要思想、科学发展观、习近平新时代中国特色社会主义思想为指导，分析了国际国内形势发展变化，回顾和总结了过去 5 年的工作和历史性变革，作出了中国特色社会主义进入了新时代、我国社会主要矛盾已经转化为人民日益增长的美好生活需要和不平衡不充分的发展之间的矛盾等重大政治论断，深刻阐述了新时代中国共产党的历史使命，确立了习近平新时代中国特色社会主义思想的历史地位，提出了新时代坚持和发展中国特色社会主义的基本方略，确定了决胜全面建成小康社会、开启全面建设社会主义现代化国家新征程的目标，对新时代推进中国特色社会主义伟大事业和党的建设新的伟大工程作出了全面部署。

认真学习宣传贯彻党的十九大精神，事关党和国家工作全局，事关中国特色社会主义事业长远发展，事关最广大人民根本利益，对于动员全党全国各族人民更加紧密地团结在以习近平同志为核心的党中央周围，高举中国特色社会主义伟大旗帜，坚定道路自信、理论自信、制度自信、文化自信，为实现推进现代化建设、完成祖国统一、维护世界和平与促进共同发展三大历史任务，为决胜全面建成小康社会、夺取新时代中国特色社会主义伟大胜利、实现中华民族伟大复兴的中国梦、实现人民对美好生活的向往继续奋斗，具有重大现实意义和深远历史意义。

二、要全面准确学习领会党的十九大精神

学习领会党的十九大精神，必须坚持全面准确，坚持读原著、学原文、悟原理，做到学深悟透。要深刻学习领会习近平新时代中国特色社会主义思想，深刻学习领会中国特色社会主义进入新时代的新论断，深刻学习领会我国社会主要矛盾发生变化的新特点，深刻学习领会分两步走全面建设社会主义现代化国家的新目标，深刻学习领会党的建设的新要求，切实做到在学懂上下功夫，在弄通上下功夫，在做实上下功夫。着重把握以下几个方面。

（一）要深刻领会党的十九大的主题。不忘初心，牢记使命，高举中国特色社会主义伟大旗帜，决胜全面建成小康社会，夺取新时代中国特色社会主义伟大胜利，为实现中华民族伟大复兴的中国梦不懈奋斗。这是党的十九大的主题，明确回答了我们党在新时代举什么旗、走什么路、以什么样的精神状态、担负什么样的历史使命、实现什么样的奋斗目标的重大问题。

（二）要深刻领会习近平新时代中国特色社会主义思想的历史地位和丰富内涵。党的十八大以来，以习近平同志为核心的党中央，坚持解放思想、实事求是、与时俱进、求真务实，坚持辩证唯物主义和历史唯物主义，紧密结合新的时代条件和实践要求，以全新的视野深化对共产党执政规律、社会主义建设规律、人类社会发展规律的认识，进行艰辛理论探索，取得重大理论创新成果，创立了习近平新时代中国特色社会主义思想。习近平新时代中国特色社会主义思想，是对马克思列宁主义、毛泽东思想、邓小平理论、“三个代表”重要思想、科学发展观的继承和发展，是马克思主义中国化最新成果，是党和人民实践经验和集体智慧的结晶，是中国特色社会主义理论体系的重要组成部分，是全党全国人民为实现中华民族伟大复兴而奋斗的行动指南，必须长期坚持并不断发展。

（三）要深刻领会党的十八大以来党和国家事业发生的历史性变革。党的十八大以来的 5 年，是党和国家发展进程中极不平凡的5年。5年来，以习近平同志为核心的党中央科学把握当今世界和当代中国发展大势，顺应实践要求和人民愿望，举旗定向、运筹帷幄，统揽伟大斗争、伟大工程、伟大事业、伟大梦想，统筹推进“五位一体”总体布局、协调推进“四个全面”战略布局，以巨大的政治勇气和强烈的责任担当，提出一系列新理念新思想新战略，出台一系列重大方针政策，推出一系列重大举措，推进一系列重大工作，解决了许多长期想解决而没有解决的难题，办成了许多过去想办而没有办成的大事，推动党和国家事业发生历史性变革。5年来的成就是全方位的、开创性的，5年来的变革是深层次的、根本性的。这些历史性变革，对党和国家事业发展具有重大而深远的影响。

（四）要深刻领会中国特色社会主义进入了新时代。经过长期努力，中国特色社会主义进入了新时代，这是我国发展新的历史方位。这个新时代，是承前启后、继往开来、在新的历史条件下继续夺取中国特色社会主义伟大胜利的时代，是决胜全面建成小康社会、进而全面建设社会主义现代化强国的时代，是全国各族人民团结奋斗、不断创造美好生活、逐步实现全体人民共同富裕的时代，是全体中华儿女勠力同心、奋力实现中华民族伟大复兴中国梦的时代，是我国日益走近世界舞台中央、不断为人类作出更大贡献的时代。

（五）要深刻领会我国社会主要矛盾的变化。中国特色社会主义进入新时代，我国社会主要矛盾已经转化为人民日益增长的美好生活需要和不平衡不充分的发展之间的矛盾。我国稳定解决了十几亿人的温饱问题，总体上实现小康，不久将全面建成小康社会，人民美好生活需要日益广泛，不仅对物质文化生活提出了更高要求，而且在民主、法治、公平、正义、安全、环境等方面的要求日益增长。同时，我国社会生产力水平总体上显著提高，社会生产能力在很多方面进入世界前列，更加突出的问题是发展不平衡不充分，这已经成为满足人民日益增长的美好生活需要的主要制约因素。我国社会主要矛盾的变化，没有改变我们对我国社会主义所处历史阶段的判断，我国仍处于并将长期处于社会主义初级阶段的基本国情没有变，我国是世界最大发展中国家的国际地位没有变。我们要牢牢把握社会主义初级阶段这个基本国情，牢牢立足社会主义初级阶段这个最大实际，牢牢坚持党的基本路线这个党和国家的生命线、人民的幸福线。

（六）要深刻领会新时代中国共产党的历史使命。实现中华民族伟大复兴是近代以来中华民族最伟大的梦想。中国共产党一经成立，就把实现共产主义作为党的最高理想和最终目标，义无反顾肩负起实现中华民族伟大复兴的历史使命，团结带领人民进行了艰苦卓绝的斗争，谱写了气吞山河的壮丽史诗。要更加自觉地增强“四个自信”，既不走封闭僵化的老路，也不走改旗易帜的邪路，始终坚持和发展中国特色社会主义。

（七）要深刻领会实现第一个百年奋斗目标和向第二个百年奋斗目标进军。改革开放之后，我们党对我国社会主义现代化建设作出战略安排，提出“三步走”战略目标和“两个一百年”奋斗目标。从现在到2020年，是全面建成小康社会决胜期。要按照全面建成小康社会各项要求，紧扣我国社会主要矛盾变化，突出抓重点、补短板、强弱项，特别是要坚决打好防范化解重大风险、精准脱贫、污染防治的攻坚战，使全面建成小康社会得到人民认可、经得起历史检验。党的十九大对第二个百年奋斗目标进行了战略规划，将全面建设社会主义现代化国家的新征程分为两个阶段来安排。第一个阶段，从2020年到2035年，在全面建成小康社会的基础上，再奋斗15年，基本实现社会主义现代化。第二个阶段，从2035年到21世纪中叶，在基本实现现代化的基础上，再奋斗15年，把我国建成富强民主文明和谐美丽的社会主义现代化强国。从全面建成小康社会到基本实现现代化，再到全面建成社会主义现代化强国，是新时代中国特色社会主义发展的战略安排。

（八）要深刻领会社会主义经济建设、政治建设、文化建设、社会建设、生态文明建设等方面的重大部署。在经济建设上，要贯彻新发展理念，建设现代化经济体系，以供给侧结构性改革为主线，推动经济发展质量变革、效率变革、动力变革，不断增强我国经济创新力和竞争力。在政治建设上，要坚持党的领导、人民当家作主、依法治国有机统一，健全人民当家作主制度体系，发展社会主义民主政治，推进社会主义民主政治制度化、规范化、程序化。在文化建设上，要坚定文化自信，推动社会主义文化繁荣兴盛，牢牢掌握意识形态工作领导权，培育和践行社会主义核心价值观，加强思想道德建设，繁荣发展社会主义文艺，推动文化事业和文化产业发展。在社会建设上，要提高保障和改善民生水平，加强和创新社会治理，不断满足人民日益增长的美好生活需要，让改革发展成果更多更公平惠及全体人民。在生态文明建设上，要践行绿水青山就是金山银山的理念，加快生态文明体制改革，形成节约资源和保护环境的空间格局、产业结构、生产方式、生活方式，建设美丽中国。

（九）要深刻领会国防和军队建设、港澳台工作、外交工作的重大部署。面对国家安全环境的深刻变化，面对强国强军的时代要求，必须坚持走中国特色强军之路，全面贯彻习近平强军思想，贯彻新形势下军事战略方针，建设强大的现代化陆军、海军、空军、火箭军和战略支援部队，打造坚强高效的战区联合作战指挥机构，构建中国特色现代作战体系，全面推进国防和军队现代化，把人民军队建设成为世界一流军队。保持香港、澳门长期繁荣稳定，必须全面准确贯彻“一国两制”“港人治港”“澳人治澳”、高度自治的方针，严格依照宪法和基本法办事，让香港、澳门同胞同祖国人民共担民族复兴的历史责任、共享祖国繁荣富强的伟大荣光。必须继续坚持“和平统一、一国两制”方针，扩大两岸经济文化交流合作，推动两岸同胞共同弘扬中华文化，推动两岸关系和平发展，推进祖国和平统一进程，绝不允许任何人、任何组织、任何政党、在任何时候、以任何形式、把任何一块中国领土从中国分裂出去。

（十）要深刻领会坚定不移全面从严治党的重大部署。党要团结带领人民进行伟大斗争、推进伟大事业、实现伟大梦想，必须毫不动摇坚持和完善党的领导，毫不动摇把党建设得更加坚强有力。要坚持和加强党的全面领导，坚持党要管党、全面从严治党，以加强党的长期执政能力建设、先进性和纯洁性建设为主线，以党的政治建设为统领，以坚定理想信念宗旨为根基，以调动全党积极性、主动性、创造性为着力点，全面推进党的政治建设、思想建设、组织建设、作风建设、纪律建设，把制度建设贯穿其中，深入推进反腐败斗争，不断提高党的建设质量，把党建设成为始终走在时代前列、人民衷心拥护、勇于自我革命、经得起各种风浪考验、朝气蓬勃的马克思主义执政党。

三、全国红十字系统要认真学习宣传贯彻党的十九大精神

党的十九大作出了中国特色社会主义进入新时代的重大政治论断，深刻阐述了新时代中国共产党的历史使命，确立了习近平新时代中国特色社会主义思想的历史地位，提出了新时代坚持和发展中国特色社会主义的基本方略，确定了决胜全面建成小康社会、开启全面建设社会主义现代化国家新征程的目标，对新时代推进中国特色社会主义伟大事业和党的建设新的伟大工程作出了全面部署。全国红十字系统要以党的十九大精神为指引，以习近平新时代中国特色社会主义思想为指导，深入贯彻落实中央的决策部署，认真做好新时代红十字工作。

（一）深入学习党的十九大精神。全国红十字系统要把学习党的十九大精神作为党的理论武装工作的重点任务，面向全体党员开展多形式、分层次、全覆盖的学习培训，要形成学习宣传贯彻党的十九大精神的浓厚氛围。要制定学习计划，落实好学习任务和要求。要大力弘扬马克思主义学风，把学习宣传贯彻党的十九大精神与推动红十字工作紧密结合起来，使党的十九大精神成为凝聚人心、鼓舞士气、推动工作的持久动力，坚定自觉地把党中央各项决策部署落到实处。

要用习近平新时代中国特色社会主义思想武装头脑。全体红十字工作者特别是党员领导干部要系统学习、深刻领会习近平新时代中国特色社会主义思想的精神实质和丰富内涵。以习近平新时代中国特色社会主义思想为指导，真心关爱群众，努力为国奉献，为民造福。要提高领导干部的战略思维、历史思维、辩证思维、创新思维和底线思维能力，不断提高理论水平和思想政治素质。推进“两学一做”学习教育常态化制度化，按照党中央部署开展“不忘初心、牢记使命”主题教育。

（二）加强党的十九大精神宣传工作，营造良好舆论环境。全国红十字系统要紧密联系红十字事业发展实际，通过多种形式深入宣传各级红十字会学习贯彻十九大精神的积极行动，宣传在十九大精神指引下发展中国特色红十字事业的政治意义、理论意义、实践意义，宣传红十字事业在习近平新时代中国特色社会主义思想引领下取得的重大成就。《中国红十字报》开辟专栏，对全国红十字系统学习宣传贯彻十九大精神的情况进行报道。各地红十字会要创新学习宣传形式，综合运用集中宣讲、专题学习、主题调研、理论研讨、学习辅导等形式，切实把党的十九大精神讲清楚、讲明白，让干部群众听得懂、能领会、可落实。

（三）要以学习宣传贯彻党的十九大精神为强大动力，全力以赴推动红十字事业改革与发展。学习宣传贯彻落实十九大精神，每一个环节都是关键，最终要把十九大精神落实在本职岗位上，落实在红十字工作中，以实际行动学习贯彻十九大的新思想、新目标、新要求。在新的历史条件下，全国红十字系统要根据新修订《中华人民共和国红十字会法》的要求扎实履行各项法定职责，全力抓好各项工作落实。

全国红十字系统要紧密团结在以习近平同志为核心的党中央周围，高举中国特色社会主义伟大旗帜，以习近平新时代中国特色社会主义思想为指导，锐意进取，埋头苦干，为决胜全面建成小康社会、夺取新时代中国特色社会主义伟大胜利、实现中华民族伟大复兴的中国梦、实现人民对美好生活的向往作出积极贡献。

各省级红十字会要及时将学习宣传贯彻党的十九大精神情况报告的文字版和电子版报总会。

特此通知。

关于开展 2018 年红十字博爱送万家活动的通知

中红字〔2017〕45 号

各省、自治区、直辖市红十字会，新疆生产建设兵团红十字会：

为大力弘扬“人道、博爱、奉献”的红十字精神，发挥红十字会作为党和政府在人道领域联系群众的桥梁和纽带作用，总会决定于 2018 年元旦、春节期间继续开展“红十字博爱送万家”（以下简称“送温暖”）活动。现将有关事宜通知如下：

一、各级红十字会根据本地实际，制定“送温暖”活动方案，面向贫困地区、受灾地区的困难群众开展慰问活动。

二、要体现公开、公平、公正的原则，完善慰问物资采购及发放登记手续，及时公布受益对象名单。慰问物资要符合贫困家庭生活需求。

三、要加强对红十字精神及本次活动的宣传，切实依靠社区和农村红十字志愿者开展工作，扩大红十字会的社会影响，把党和政府的关怀、红十字会的关爱送到困难群众手中。

四、总会今年送温暖活动的重点是国家级贫困县的困难群众。

五、请各省级红十字会将“送温暖”活动总结于 2018 年 3 月底前报总会赈济救护部。

中国红十字会代表团出席红十字会与红新月会国际联合会大会等系列会议情况报告

中红字〔2017〕48 号

国务院：

2017 年 11 月 5 日至 11 日，红十字会与红新月会国际联合会（以下简称国际联合会）第 21 届大会、红十字与红新月运动代表会议（以下简称代表会议）、红十字与红新月青年论坛、红十字与红新月论坛等系列会议在土耳其安塔利亚举行，来自 188 个国家红十字会、红新月会代表团的 1500 多名代表与会。全国人大常委会副委员长、中国红十字会会长陈竺，中国红十字会党组书记、常务副会长徐科，中国红十字会党组成员、副会长兼秘书长王平，总会有关部门代表、香港和澳门红十字会代表以及青年代表组成的中国红十字会代表团出席了相关会议。现将参会情况报告如下：

一、会议基本情况

（一）国际联合会大会

国际联合会大会是国际联合会的最高权力机构，每两年举行一次，所有成员国红十字会和红新月会均应出席。今年恰逢四年一次的领导层选举，11 月 6 日上午，四名主席候选人阐述了其竞选理念和施政纲领。随后系列会议正式拉开帷幕，国际联合会主席近卫忠辉、国际委员会主席彼得·莫雷尔、土耳其红新月会会长克内姆·基尼克和政府灾害管理部门代表分别在开幕式上致辞。

6 日下午，国际联合会大会正式召开，大会第一次全体会议听取了主席和领委会报告，随即选举产生新一届领导成员，意大利红十字会会长弗朗西斯科·罗卡当选主席，中国红十字会会长陈竺以 118 票当选代表亚洲区的国际联合会副主席，超出伊朗候选人 61 票。欧洲区的土耳其红新月会和美洲区的委内瑞拉红十字会的副主席候选人分别以 116 票和 109 票当选。非洲区仅有塞内加尔红十字会一名候选人参选副主席，以 170 票当选。此后又投票选举出 20 个国家红会作为国际联合会领导委员会成员。

为期三天的国际联合会大会听取了国际联合会秘书长的工作报告，审议通过了未来四年的工作计划和预算，其中美国红十字会会费占国际联合会总额比例从原来的 20% 降至 16.5%，仍居首位，我会会费比例从之前的 2.61%（953822 瑞郎）调整至 4.03%（1471709 瑞郎），排名从第十位升至第七位。由于我会事先已做好准备，并商财政部同意，故在会上表示同意该提案。大会还围绕《2030 战略》制定、增强各国红会间协调与合作、修订国际联合会章程、保护与响应弱势移民群体的需求、提高志愿服务水平等议题展开讨论，通过了相关决定。此外，应澳大利亚等国红会倡议，大会增加一条决定，督促领导委员会制定措施，改善成员构成的性别平衡，鼓励各国红会加大领导层中女性比例。8 日下午，当选主席弗朗西斯科·罗卡在全体大会闭幕式上致辞。

（二）红十字与红新月论坛

为把握时代发展脉搏，探索人道领域发展新方向，本次会议创造性地在国际联合会大会和红十字运动代表会议中间增设为期一天的红十字与红新月论坛。论坛从时代发展、技术创新、管理模式等不同角度的发展趋势入手，分析人道事业发展的机遇和挑战。论坛邀请各领域的专家，以自由分组讨论的形式进行，旨在于开拓与会代表思路，不列入大会正式成果。

（三）红十字与红新月运动代表会议

红十字与红新月运动代表会议于 11 月 10 日至 11 日召开。代表会议由各国红会、红十字国际委员会、红十字会与红新月会国际联合会三方代表组成，每两年举行一次。代表会议为期两天，分为专题会和全体会，专题会针对社区抗灾能力建设，对医疗服务的保护，独立、中立、公正立场的保持，社会心理健康等专题进行了深入交流；全体会重点审议通过了《加强运动协调与合作》《全运动资源动员原则》《运动对弱势移民人道需求的行动呼吁》和《努力消除核武器》等 9 项决议。

二、代表团参会情况

（一）系列会议及其他多边会议

代表团在会前根据议题精心准备，全面参加系列会议各项议程，积极参与有关“国际联合会 2030 战略议程设定”“社区参与与问责”“制定抗灾能力议程”等环节的讨论，介绍我会全国急救大赛等优秀经验，提出“聚焦核心领域”等建议。联合会大会期间，澳大利亚红会代表希与我会共同发起关于“性别平等”的提议，经我会代表团研究，考虑到该议题占据道义制高点，且我会陈竺会长在上届国际联合会领导层中兼任“性别与多样性工作组”主席，不宜对此问题保持缄默，遂决定支持其动议，同意成为共同发起方。代表会议期间，荷兰红十字会希与我会联名发起《努力消除核武器》的决议提案，我代表团与国内及时联系，并根据国内意见以技术理由进行了妥善处理。

除系列会议外，陈竺会长作为国际联合会副主席并成功连任，需参加大会前的国际联合会主席与副主席会和领导委员会特别会议，以及于大会后9日召开的新当选领导委员会会议。由于与人大常委会时间重叠，经近卫忠辉主席特批，我会王平副会长代表陈竺会长出席了5日上午的主席与副主席会。

陈竺会长5日中午抵达后即参加了下午的领委会会议，该会旨在协调领委会成员的立场。危地马拉红十字会在会上点名投诉墨西哥红十字会动用外交资源，由墨西哥驻各国大使到驻在国红会游说拉票，并提供了照片证据，要求严惩此类行为。此事引发会上热议，美国代表认为政府推介其认为优秀的候选人，超出红会管辖权限，不应过分纠缠。丹麦、瑞士等欧洲国家认为国际联合会选举不应受到政治力量影响，各国红会在选举问题上应拒绝外交游说。时任非洲区副主席阿巴斯在发言中表示，此举将国际联合会竞选与国家实力直接挂钩，对弱小国家候选人不公，候选人应明确向政府表明态度避免其介入。会议决定，由于取证调查尚需时间，暂不对墨西哥候选资格采取措施，如墨西哥当选则启动正式调查。同时会议增加一项决定，责成下届领委会完善针对此类事件的相关规则。

9日上午的领委会意在帮助新一届领导层成员相互熟悉，当选主席弗朗西斯科·罗卡在会上讲话，表达了他推进国际联合会改革、提高决策效率的决心，同时对领委会成员性别构成问题提出具体要求，希望各国家红会成员尽量推荐女性代表。

（二）双边会见

我会代表团利用各国齐聚一堂的机会，通过主动约谈和应邀会谈等方式，同与我会开展合作和有合作意向的国家红会进行广泛接触，就进一步加强交流合作进行深入探讨。代表团在出发前对双边会见做了周密部署。根据议程安排，徐科常务副会长、王平副会长在选举日之前2天到达安塔利亚，针对尚未表态支持我会竞选或提出竞选交换条件的国家开展工作，其他双边合作事宜安排在选举后交流。事实证明这样的安排非常有必要，苏里南、苏丹等事前再三联络均未表态的国家在会见时当即明确支持，克罗地亚、斐济等次地区牵头国家不仅保证自身支持，还承诺做好周边十余个国家的工作。此次参会，我会陈竺会长、徐科常务副会长、王平副会长等领导共与各国红会开展36场双边会见，这些会见巩固了竞选局势，夯实了与相关国家红会既有合作，还接触了一些我会未有合作的次地区国家红会，为今后工作区域拓展奠定了基础。

陈竺会长当选后和国际联合会新领导、国际委员会领导分别进行会晤，国际联合会秘书长哈吉·阿西在选举后第一时间约见陈竺会长，对陈竺会长表示祝贺，同时希望我会继续与国际联合会加强合作，推动“博爱单车”等既有项目的持续发展。秘书长也表示希望我会加大对缅甸、非洲及中东等地区人道局势的关注与投入。陈竺会长表示，连任意味着新的责任，中国红十字会愿与国际联合会加大合作，在力所能及的范围内为国际人道事务贡献力量。同时希望能有更多中国员工到国际联合会工作，积累国际经验，阿西对此给予积极回应。当选主席弗朗西斯科·罗卡与陈竺会长会见时表示，国际联合会困难重重，必须进行改革，陈竺会长在国际联合会德高望重，希望能对改革进程给予支持。陈竺会长对罗卡的工作热情表示赞赏，表示将积极配合他开展工作。同时陈竺会长表示希望得到罗卡在“中文作为工作语言”和“中国人在国际联合会工作”两方面的支持，罗卡欣然表示同意。国际委员会主席彼得·莫雷尔在会谈中表示将与陈竺会长等新当选的国际联合会领导层加强合作，并邀请陈竺会长参加他拟于明年1月赴中非共和国开展的实地考察，更多地了解国际委员会实地工作。陈竺会长向莫雷尔介绍我会落实“红十字与一带一路同行”构想中开展的工作，并介绍了我十九大最新精神，莫雷尔对此兴致浓厚，希望深入研究，我会即向其提供了十九大报告英法文版供其研读。

（三）其他活动

大会于会前专门组织了红十字与红新月运动青年论坛。来自146个国家红会的155名青年代表一起围绕青年参与红十字与红新月运动决策展开讨论。我会派出的3名青年代表于11月4日至5日参加青年论坛，并积极参与了联合会大会、红十字与红新月论坛和代表会议。我会青年代表在《2030战略》制订、志愿服务、移民三个平行主题工作坊作专题发言，在国际联合会舞台发出中国青年的声音，由他们所设计的红十字运动元素服装和青年文化创意产品在中国红十字会展台展示，吸引众多参会代表驻足观看。

会议期间，我会还设展介绍中国红十字会实施红十字与“一带一路”同行行动，宣传与国际联合会共同设立的“博爱单车”项目的进展。国际联合会主席近卫忠辉、当选主席弗朗西斯科·罗卡、秘书长哈吉·阿西、领导委员会成员及参会代表纷纷到展台参观并合影留念，对中国红十字会开展的国际人道主义工作给予高度评价。

会议期间，中国红十字会代表团组织新华社、中央电视台、《光明日报》、中国国际广播电台等中央主要媒体对代表团参会情况进行了采访报道。11月6日，陈竺会长在成功当选国际联合会副主席后，接受了新华社、中央电视台、中国国际广播电台、光明日报的采访，介绍中国红十字会参与国内、国际人道领域有关工作情况，参加采访新闻媒体对陈竺当选国际联合会副主席等情况分别进行了报道。中国国际广播电台还以土耳其语播发了陈竺当选国际联合会副主席的消息。

三、体会和后续工作

此次参会成功竞选连任国际联合会副主席，是我高举和平发展、合作共赢旗帜，推动构建人类命运共同体，好朋友好伙伴越来越多，朋友圈不断扩大的有力体现。同时，也充分表明我会自第十届全国会员代表大会以来，围绕中心，服务大局，在国际事务中不断开拓创新、积极作为，国际战略和工作成效在国际红十字运动中得到普遍认同。此次成功连任将进一步增强我在国际红十字组织中的话语权，扩大在国际红十字运动中的影响力，更好地发挥在推进国际人道事务中的积极作用。下一步还需加大力度做好以下几项工作：

（一）战略谋划，增强国际型人才建设

我会代表团在与各国代表频繁接触中，

深切体会到广大发展中国家红会对我在他们危难之际伸出援手的由衷赞赏，同时也感受到他们在社区发展和红会能力建设方面对我会的巨大期待。这一方面要求我们拓宽筹资渠道，在援外工作中加大对发展领域的投入，另一方面我们必须根据国家总体外交布局，配合“一带一路”倡议，不断完善我会援外工作的战略布局。

我会在国际红十字组织领导层地位得到稳固的同时，也看到相对于西方甚至部分发展中国家红会，我会缺少长期驻外人员、信息渠道较少，对我会有效制定相关策略形成一定制约。积极培养国际化人才，与国际组织和各国红会积极探索增大人力投入的方式，已经迫在眉睫。随着领导层更换，国际联合会各项专门工作组人员调整也将提上日程。目前我会仅有香港红十字会选送的一名人员在国际联合会财务委员会任职，我们应及早开展筹备，物色优秀人选，创造争取加入青年、履约与仲裁、审计与风险等专门委员会的机会，为我会深入参与红十字国际组织工作奠定基础。

（二）加强领导，积极参与联合会相关工作

近年来，我会各项业务工作、组织建设、会员发展、志愿服务和公信力建设等方面都取得了长足进展，涌现出南丁格尔志愿服务队、应急救援队、造血干细胞捐献、999 院前急救、博爱家园项目等一系列好的经验和做法。然而，在向国际推广方面尚有很大改进空间。本次大会评选的青年行动奖、志愿与发展奖、亨利·戴维逊奖、亨利·杜南奖等多个奖项均与我会无缘。我会曾于 2007 年、2013 年两次获青年行动奖，2013 年、2015 年两次获志愿服务发展奖。我会应加强对参与国际联合会评奖工作的组织领导，深入研究国际奖项评选标准，将我会典型案例归纳提炼，以国际化的方式呈现在国际平台上，在国际人道服务实践中输出中国模式。

（三）着眼未来，加大青年国际参与

我会青年代表在本次会议中展示出了中国新青年的风范，特别是在开幕式上我会青年代表任艺身着我会志愿者自行设计的红十字元素时装，用中文朗诵红十字运动基本原则，成为大会上一道亮丽风景。我会青少年工作，特别是大中学校红十字青少年工作丰富多彩，青年对红十字运动有着深刻的理解和饱满的热情，应该给予青年更多走上更广阔的舞台的机会。

要做到这一点，我们需要从机构设置中增加青年在理事会中的构成比例，给青年以更大话语权；同时应创造更多机会，在灾害管理、组织发展、志愿服务等方面给予青年更多深入体验；特别是在国际事务中，应充分利用外国语院校学生的语言优势，通过主办和参与大型国际性青年活动和各类国际性会议论坛，制造更多青年领袖曝光的机会，使他们的才智得到发挥，为中国红十字事业发展培育强有力的后备军。

（四）服务大局，拓展民间外交新格局

土耳其通过举办去年的国际人道主义峰会和今年的红十字会与红新月会国际联合会大会等系列会议，不断巩固其在国际人道领域的形象，这也从侧面说明人道工作日益成为顺应历史走向、迎合时代潮流的重要外交突破口。中国红十字会将认真学习贯彻党的十九大精神，紧密团结在以习近平同志为核心的党中央周围，高举中国特色社会主义伟大旗帜，以习近平新时代中国特色社会主义思想为指导，锐意进取，埋头苦干，以“一带一路”建设为重点，坚持引进来和走出去并重，遵循共商共建共享原则，统筹国内国际两个大局，始终不渝走和平发展道路、奉行互利共赢的开放战略，充分发挥民间外交重要渠道的作用，为人类命运共同体的构建做出积极贡献。

关于印发《中国红十字会总会采购管理办法》的通知

中红办字〔2017〕48号

总会机关各部室，各有关直属单位：

为加强总会采购管理工作，完善和规范采购运行机制，现将《中国红十字会总会采购管理办法》印发给你们，请遵照执行。

中国红十字会总会采购管理办法

第一章　总则

第一条　为加强中国红十字会总会（以下简称“总会”）采购管理，完善和规范采购运行机制，根据《中华人民共和国政府采购法》《中华人民共和国政府采购法实施条例》等法律法规，制定本办法。

第二条　本办法适用于总会本级。

第三条　本办法所称采购，是指总会按照国家有关采购法律法规和制度规定的方式和程序，使用财政性资金、捐赠资金和其他资金以合同方式有偿取得货物、工程和服务的行为。

第四条　总会采购组织形式分为政府集中采购、总会集中采购和部门采购。

政府集中采购是指总会将属于政府集中采购目录中的采购项目委托集中采购代理机构实施的采购活动。

总会集中采购是指总会委托直属单位、地方红十字会组织实施的采购活动。

部门采购是指总会各部门组织实施政府集中采购和总会集中采购范围以外的采购活动。

第五条　总会采购应当遵循公开透明、公平竞争、公正和诚实信用原则，严格遵守有关政府采购的法律法规。捐赠人对采购另有书面约定的，在符合相关法律法规的基础上按其约定采购，但不得损害国家利益和公共利益。

第二章　组织管理与职责

第六条　总会采购工作实行统一管理，分级负责。执委会负责审议批准年度采购预算、重大采购项目的实施方案及采购预算调整变更等事项。

第七条　财务管理部门的职责

筹资与财务部是总会采购的财务管理部门。具体负责宣传贯彻国家采购政策及相关的法律法规，草拟和组织落实总会采购管理办法，汇总编制总会政府采购预算、决算，审核采购计划，管理采购资金，办理采购资金支付与结算，组织配合采购款项的审计及绩效评价工作。

第八条　内部审计监督部门的职责

总会内部审计监督部门参与采购活动的监督工作。负责依法监督总会集中采购、部门采购的招标、评标、聘请专家、选定供应商及合同签署等采购活动的程序监督工作，受理采购活动举报。

第九条 采购人职责

总会各部门（以下简称“项目部门”）为采购人。具体负责编制本部门的年度采购预算和项目采购计划。提出采购申请，制订采购方案，组织实施部门采购工作，配合集中采购代理机构、总会集中采购单位完成政府集中采购和总会集中采购工作，提交项目采购执行情况报告。

第十条 总会集中采购单位的职责

机关服务中心是总会集中采购的主要执行单位。负责总会集中采购活动的组织实施和总会采购的日常管理工作，具体包括汇总编制年度采购计划、统计上报总会采购计划及执行情况报告、维护采购管理系统、采购信息公开、规范总会采购流程、组织采购人员培训、实施总会批量集中采购、委托集中采购、协助集中采购代理机构实施政府集中采购等。

总会其他直属单位及地方红十字会执行总会集中采购任务，须经项目部门提出书面申请，按照财务审批程序批准后办理，大额采购的委托事项须报执委会审批。

第三章 采购预算及信息管理

第十一条 政府采购预算的编制和审批

使用财政资金的采购项目必须编制年度政府采购预算。项目部门在编制下一财政年度预算时，应当将该财政年度政府采购项目及资金预算在政府采购预算表中单列，按照总会预算审批程序报财政部批准后执行。

年中因追加预算、政府采购目录及标准调整或者不可预见的原因需要补报的政府采购项目，必须在政府采购活动开始前，补报政府采购预算，按原渠道审批后执行。

未列入政府采购预算、未办理预算调整或补报手续的政府采购项目，不得实施采购。

第十二条 捐赠资金及其他资金采购预算的编制和审批

使用捐赠资金及其他资金的采购项目，须按照“先有预算，后有支出”的原则，先落实资金使用计划，再编制采购预算。

有捐赠协议书及明确采购预算的，按照总会财务支出审批程序进行审批；无明确采购预算的，须编制采购预算，按照总会预算审批程序进行审批。10 万元以下（含 10 万元）的紧急采购支出，由分管会领导审签后，报主管财务的会领导审批。

采购预算一经批准，原则上不得随意撤销或改变。因特殊情况需要调整的，须按原渠道审批后再组织采购。通过捐赠协议约定的采购调整，应当先征得捐赠人的书面同意。

第十三条 建立采购统计信息编报制度。项目部门负责编报本部门采购统计信息报表；机关服务中心负责汇总编制总会采购统计信息报表，并对照年度采购预算执行情况进行统计、分析，向执委会提交书面报告。

第十四条 建立健全采购项目档案管理制度。项目部门及总会集中采购单位应当妥善保存采购文件，不得伪造、变造、隐匿或者销毁。

采购文件包括采购活动记录、采购预算、招标文件、投标文件、评标标准、评估报告、定标文件、合同文本、验收证明、质疑答复、投诉处理决定及其他有关文件资料等。

第十五条 建立采购信息发布公告制度。除涉及国家机密外，采购信息应当在政府采购指定网站或总会网站上发布公告，公告信息应当符合政府采购信息公开的要求及捐赠人的意愿。

第十六条 重大自然灾害等突发事件紧急阶段的采购，可在保证质量、价格合理的前提下，先采购，再完善预算审批和执行公告。使用财政性资金的紧急采购应事前获得经费主管部门的书面批准。

第四章 政府集中采购管理

第十七条 政府集中采购范围

凡列入国务院颁布的政府集中采购目录中的项目，应当进行政府集中采购。与捐赠人有书面约定的，可按照约定执行；未约定的，须进行政府集中采购。财政性资金与非财政性资金无法分割采购的，须进行政府集中采购。

第十八条 政府集中采购程序

（一）制定采购方案

项目部门依据批准的预算提出采购申请，明确采购需求、预算及要求，并按照总会财务审批程序进行审批后执行。

符合财政部公布的批量集中采购的品目，由项目部门按季度编制采购计划，每季度最后一个月编制下一季度采购计划，机关服务中心应在当月8日前完成汇总、上报总会，按照规定程序审批后执行。

项目部门编制采购方案、月度采购计划，须协调、处理好采购周期、采购数量与品目配备时限的关系，确保采购活动及时、规范、有效。

（二）组织采购

1. 属于中央政府采购网（www.zycg.gov.cn）上定点采购和协议供货的项目，可由项目部门和单位根据财政部定期公布的定点采购、协议供货项目范围和中标、成交供应商情况，直接与供应商联系供货或实施采购。一次性采购批量较大的，应与中标、成交供应商就价格再次谈判或询价；

2. 计算机、打印机、复印机、复印纸、空调机等符合批量集中采购范围的品目，由机关服务中心按照批量集中采购的规定组织实施。因时间紧急或零星特殊采购不能通过批量集中采购的品目，经审批后，通过协议供货方式采购，但协议供货采购数量不得超过同类品目上年采购总数的10%；

3. 公务人员购买机票。购票人可使用公务卡在政府采购机票管理网站、各航空公司直销机构或总会指定的机票代理机构直接购票；

4. 其他政府集中采购项目由总会集中采购单位统一对外办理委托采购业务。总会集中采购单位应按照批准的采购方案与集中采购代理机构签订协议，确定委托代理事项，约定双方的权利和义务，配合集中采购代理机构开展采购活动，并在集中采购工作完成后及时通知采购人；

5. 符合招标采购的项目由总会集中采购单位编制政府采

购委托书递交集中采购代理机构。集中采购代理机构应会同总会集中采购单位、项目部门编制招标文件，确认无误后正式下发招标文件，并进行公告。总会集中采购单位自中标、成交通知书发出30日内，与中标、成交供应商签订采购合同。

（三）签订采购合同

1. 总会采购应当按照《中国红十字会总会合同管理办法》的规定签订书面合同。明确采购商品或接受服务的名称、数量、规格、质量、性能、价格（酬金）以及履行合同的时间、地点、方式和违约责任等内容。

2. 定点采购、协议供货项目由项目部门或总会集中采购单位与中标、成交供应商签订。批量集中采购由机关服务中心与中标、成交供应商签订，其他政府集中采购项目由总会集中采购单位与中标、成交供应商签订。

3. 采购合同履行中需追加与合同标的相同的货物或者服务的，在不改变合同其他条款的前提下，可以与供应商签订补充合同，但所有补充合同的采购金额不得超过原采购合同金额的百分之十。使用财政性资金的，应报经费主管部门备案。

4. 采购合同的双方当事人不得擅自变更、中止或者终止合同。经合同双方当事人协商一致的，可以依法变更合同。

采购合同继续履行将损害国家利益和社会公共利益的，双方当事人应当变更、中止或者终止合同。

（四）质量验收。项目部门、总会集中采购单位以及集中采购代理机构应当按照采购合同约定，对履约情况进行验收，出具验收单。大额和特殊采购项目可委托国家专业检测机构参与验收。

（五）资金支付与结算。总会财务部门根据采购部门或单位提供的审批文件、中标通知书、采购合同、验收单、接收单等文件办理资金支付和结算手续。

第五章　总会集中采购管理

第十九条　总会集中采购范围。购置办公用品、家具、设备、礼品、大宗印刷、工程维修及金额在20万元以上的采购和劳务服务等，应当进行总会集中采购。

第二十条　总会集中采购程序

（一）制定采购方案

项目部门根据批准的预算和资金使用计划提出采购申请或填报《中国红十字会总会采购审批单》，明确采购需求、预算及要求。大额或特殊采购项目应对技术标准、采购方式、供应商资格等做出说明。采购方案按照总会财务审批程序进行审批后，提交确定的总会集中采购单位办理。

（二）组织采购

1. 总会集中采购单位按照批准的采购方案依法依规实施采购。大额和特殊采购项目，也可由总会集中采购单位会同项目部门委托集中采购代理机构采购；

2. 委托采购应由总会集中采购单位与集中采购代理机构签订委托协议，确定委托代理事项，约定双方的权利和义务，并按照政府集中采购的程序实施采购。

（三）签订采购合同、质量验收、资金支付与结算等程序比照政府集中采购的要求管理。

第六章　部门采购管理

第二十一条　部门采购范围。凡政府集中采购和总会集中采购范围以外的采购项目，由项目部门实施部门采购。总会采购金额20万元以下（含20万元）或专业性强的项目可由实施部门采购。部门采购一般由项目部门自行组织采购，也可委托集中采购代理机构或总会集中采购单位采购。

第二十二条　部门采购程序

（一）制定采购方案

项目部门根据批准的预算和资金使用计划制定采购方案，明确采购需求、预算及要求。大额或特殊采购项目应对技术标准、采购方式、供应商资格等做出说明。采购方案按照总会财务审批程序进行审批。

（二）组织采购

项目部门委托集中采购代理机构采购的，执行政府集中采购程序。委托总会集中采购单位采购的，执行总会集中采购程序。项目部门自行采购的，应当依法依规按照批准的采购方案实施采购。

（三）签订采购合同、质量验收、资金支付与结算等程序比照政府集中采购的要求管理。

第七章　采购方式及管理

第二十三条　总会采购方式包括公开招标、邀请招标、竞争性谈判、单一来源采购、询价、竞争性磋商和总会认定的其他采购方式。

第二十四条　公开招标应作为总会采购的主要方式。采购货物或服务单项或批量采购金额符合公开招标标准的，必须采用公开招标方式。

项目部门须将一个财政年度内、一个预算项目下的同一品目或者类别的货物、服务统筹安排采购。不得将公开招标方式采购的货物或服务化整为零或以其他方式规避公开招标采购。

第二十五条　采用竞争性谈判、竞争性磋商、询价等采购方式须成立谈判小组、磋商小组或询价小组。谈判小组、磋商小组或询价小组由项目部门或单位代表和评审专家共3人以上单数组成，其中评审专家人数不得少于小组成员的2/3。

第二十六条　采购货物和服务、采购工程达到规定数额的，采购评审专家须从财政部建立的中央单位采购评审专家库中抽取。技术复杂、专业性强的采购项目，评审专家中应当包含1名法律专家。

第二十七条　总会日常修缮及设备维修、审计评估、委托购票（航空售票）、委托外事服务（旅行社）等政府集中采购目录以外的服务项目，应当采取询价方式择优确定。连续提供两年以上服务的，一般应通过竞争性谈判方式确定入围供应商，签订服务合同。

第八章　审批备案

第二十八条　总会采购实施审批和备案管理。项目部门和单位应以文件形式报送需审批和备案的采购文件或采购活动事项，按照总会有关审批规定进行审批和备案。

第二十九条　下列采购事项应当按程序进行报批

（一）因特殊情况对达到公开招标数额标准的采购项目需要采用公开招标以外的采购方式的，项目部门应当在采购活动开始前提出变更采购方式申请，列明变更采购方式的原因、拟采取的采购方式、采购数量及金额等情况，报执委会审批。政府采购预算经执委会审议后报财政部审批；

（二）因特殊情况需要采购非本国货

物、工程或服务的，由项目部门提出申请，捐赠人有明确意愿的，应提供书面文件后，报执委会审批。政府采购预算经执委会审议后报财政部审批；

第三十条 下列事项应当报财政部备案

（一）总会采购管理办法；

（二）部门预算追加应当补报的政府采购预算、已经批复政府采购预算的变更；

（三）总会政府采购计划；

（四）达到公开招标数额标准、经财政部批准采用公开招标以外采购方式进行采购的项目执行情况；

（五）限额标准以上，公开招标数额以下的政府采购项目，采用单一来源采购方式进行采购的项目执行情况；

（六）法律、行政法规规定其他需要备案的事项。

第三十一条 总会应当建立采购工作的监督检查制度，加强对采购活动的过程监督和定期监督检查，同时接受上级主管部门、捐赠人及社会的监督检查。

第三十二条 采购活动实行监督检查的主要内容

（一）国家有关采购法律、行政法规和制度规定的执行情况；

（二）采购预算和采购实施计划的编制和执行情况；

（三）政府集中采购、总会集中采购及部门采购的执行情况；

（四）采购审批或备案事项的落实情况；

（五）采购信息在指定网站上的发布情况；

（六）采购合同的订立、履行、验收和资金支付情况；

（七）采购档案建档及管理情况；

（八）对供应商询问和质疑的处理情况；

（九）财政部授权事项和捐赠意愿的落实情况；

（十）法律、法规和制度规定的其他事项。

第三十三条 筹资与财务部、总会内部审计监督部门、机关服务中心，对总会采购工作负有监督检查职责，对采购活动中的违法违规行为，应当按照各自职责依法依规予以处理。

第三十四条 项目部门须严格遵守政府采购的法律法规，对违反本办法实施采购的行为，应当依法依规追究相关人员的责任，对负有领导责任的主要负责人实行问责。涉嫌违法犯罪的，依法追究法律责任。

第九章 附则

第三十五条 本办法由总会负责解释。

第三十六条 本办法自印发之日起施行。

中国红十字会总会关于2017年定点扶贫工作进展和成效的自评报告

中红字〔2017〕49号

中央国家机关工委：

根据《国务院扶贫开发领导小组关于印发〈中央单位定点扶贫工作考核办法（试行）〉的通知》（国开发〔2017〕7号）、《国务院扶贫办关于印发〈2017年中央单位定点扶贫工作考核实施方案〉的通知》(国开办发〔2017〕59号)要求，我会对定点扶贫工作进展情况和取得成效进行了自评，现将有关情况报告如下：

根据《关于进一步完善定点扶贫工作的通知》(国开办发〔2015〕27号)要求，经2015年下半年调整，我会开始联系湖北省英山县开展定点扶贫工作。英山县是全国重点贫困县，是湖北省9个深度贫困县之一。我会认真贯彻落实习近平总书记关于扶贫开发工作的系列重要讲话精神和中央扶贫开发工作会议精神，充分发挥党和政府在人道领域联系群众的桥梁和纽带作用，科学谋划，精准发力，重点聚焦民生领域，积极助力英山脱贫攻坚，取得实效。

一、提高政治站位，切实加强领导，夯实扶贫工作基础

通过学习国家关于扶贫工作的政策，我会进一步增强了做好定点扶贫工作的责任感、使命感、紧迫感，坚持精准扶贫、精准脱贫，健全工作机制，加强工作部署，力求提高扶贫成效，为坚决打赢脱贫攻坚战作出新的更大贡献。

(一)健全组织机构，制定政策方案

我会及时调整了定点扶贫工作领导小组，制定了《中国红十字会总会定点扶贫工作方案》。中国红十字会党组书记、常务副会长徐科任领导小组组长，其他党组成员任领导小组成员，负责研究部署定点扶贫工作，研究定点扶贫工作的重大政策措施，协调解决定点扶贫县工作中的重大问题。同时，调整了定点扶贫工作领导小组办公室，由党组成员、副会长兼秘书长王平任办公室主任，成员包括总会机关有关部室和直属单位负责同志，负责协调解决定点扶贫工作中的日常问题，督促有关部门落实领导小组制定的定点扶贫工作政策措施、完成定点扶贫任务等。

(二)加强调研指导，督促责任落实

徐科于2016年8月和2017年3月两次到英山开展扶贫调研，党组副书记、副会长郭长江，党组成员、副会长王海京，党组成员、副会长王汝鹏，党组成员、副会长兼秘书长王平等所有会领导都分别到英山开展调研，通过召开座谈会、进村入户走访、项目实地考察等形式，指导精准扶贫、精准脱贫工作，督促英山县党委政府落实脱贫攻坚主体责任，落实好扶贫政策措施。2017年7月3日，中国红十字会党组专门听取了定点扶贫工作情况汇报。2017年12月15日，定点扶贫工作领导小组办公室召开专题会议，听取了定点扶贫工作汇报，研究部署了2018年定点扶贫工作计划。2017年12月25日，中国红十字会党组又专门听取了2017年定点扶贫工作汇报。

在不到两年的时间里，我会机关各部室和直属单位到英山开展各类慰问、调研、考察项目、督促检查等已达125人次，其中，党组领导6人次，司局级干部(含部门副职)11人次，调研范围覆盖了英山县全部乡镇。

(三)选派干部挂职，助力脱贫攻坚

我会克服人手少、任务重的压力，选派了2名优秀干部到英山县挂职，一名从2015年12月起任副县长，协助分管扶贫开发和农业农村工作，一名于2017年3月起任驻村第一书记。

二、坚持多措并举，持续精准发力，确保定点扶贫取得实效

定点扶贫英山以来，我会援助英山县款物总价值已达1165.38万元，援助项目32个，总受益人次达52384人次。

（一）从根本出路上发力，针对贫困村发展问题，开展了产业扶贫，援建了基础设施。我会已投入545万元，在英山县援建15个博爱家园项目。该项目是红十字会在国际备灾救灾经验基础上，设计、创立的扶贫品牌，以社区为本，强调村民民主决策和参与，通过硬件、软件两方面援助，改善农村社区状况，内容包括基础设施援建，设立生计发展基金，开展防灾避险、应急救护知识培训和志愿服务等。通过项目援建，帮助项目村建设了道路、桥梁、广场等基础设施，增强了防灾减灾能力，特别是通过生计基金支持贫困村集体经济、专业合作社、致富带头人等，带动贫困户发展种植养殖业，增加就业门路，切实拓宽了脱贫增收的渠道。

（二）从扶贫难点上发力，针对因病致贫、因病返贫的问题，开展了医疗扶贫。疾病是致贫的重要原因，也是英山县精准扶贫的难点．我会筹集社会捐款，联合武警总医院在全县范围内开展了贫困先心病患儿专项筛查和无偿救治活动。同时，在全县宣传白血病患儿救助政策，帮助符合资助条件的患儿申请“红十字天使计划”资助。目前，各类大病救助已达50万元，救助了82人。此外，为改善贫困农村医疗条件，投入了115万元援建了11个村卫生室，组织了24名乡村医生参加红十字乡村医生培训班，帮助他们提升医疗服务技能。配合英山县发展旅游扶贫的需要，投入62万元援建了2个AAAA级景区救护站，为当地村民和游客的生命健康提供保障。

（三）从治本之策上发力，针对校舍不足、留守儿童较多的问题，开展了教育扶贫。扶贫先扶智，为改善农村教育基础设施条件，投入35万元援建了1所乡村博爱小学教学楼，投入8万元援建了1所乡村小学食堂，投入10万元为1所乡村小学配备了电教室。为改善贫困学生的生活、学习条件，捐赠了价值139万多元的3500个爱心助学箱，为3500名贫困学生送去了必要的生活、学习用品。还开展了“小小铅笔”爱心公益活动，关爱留守儿童成长。邀请著名主持人敬一丹作为爱心大使来到英山，给留守儿童送去文体用品，走访留守儿童家庭，与小学生组织了别开生面的交流活动。

（四）从法定职责上发力，针对自然灾害、生活困难等问题，开展了救灾救助等其他社会关爱行动。面对英山百年不遇的特大暴雨洪灾，我会发挥自身职能，迅速反应，多次到英山开展灾害救援，根据灾情和需求，先后调拨了5批次价值近70万元的救灾物资支援英山灾区，将救灾家庭箱、大米、饮用水、帐篷等及时、规范地发放到受灾群众手中，帮助他们渡过难关，防止因灾致贫、因灾返贫。2016年、2017年的元旦和春节期间，通过“红十字博爱送万家”活动，为困难群众送去了价值近86万元的生活急需物资，让贫困家庭感受到社会的关爱和温暖。

经过脱贫攻坚不懈努力，英山县建档立卡贫困人口由37390户104809人减少到22293户52925人，贫困村从78个减少到33个，贫困发生率从32%降至15.5%。2016年，英山县在湖北省贫困县党政领导班子和领导干部经济社会发展与精准扶贫实绩考核中被评为“B”级（良）等次；财政扶贫资金绩效评价为“A”级（优）等次。

三、发挥自身优势，下足绣花功夫，不断创新扶贫模式

我会充分发挥自身优势，结合英山县脱贫攻坚实际需求，创新帮扶方式，动员社会力量参与，有力支援了英山脱贫攻坚。

（一）打造博爱家园项目品牌，推动可持续脱贫

博爱家园项目以社区为本，将扶贫与扶志、扶智结合起来，理念和实践并重，硬件和软件并举。一是项目生计基金与村级产业相结合，探索扶贫新模式。创新“红十字会＋村委会＋市场主体（村级合作社、能人大户）＋贫困户”的扶贫模式，为每个项目村提供15万元左右的生计基金，通过借款、入股等方式保证生计资金保值增值、循环滚动，同时支持了贫困村发展种植养殖产业，帮助贫困户通过分红、务工、土地流转、技术培训等方式获利增收。二是强调村民自治，民主参与决策，发挥项目村的主观能动性。项目开始前，运用易受损性及能力评估工具（VCA），让村民通过讨论了解和掌握社区现有资源、生计类型及可行性，分析市场风险，统一认识和思想，对资金使用方向达成一致，把矛盾化解在前端，让贫困村凝心聚力共谋发展。三是关注村民生命与健康，提高防灾减灾技能，发挥项目扶智作用。开展防灾减灾和健康救护知识培训，帮助村民养成了更加健康的生活习惯，提升了村民在防灾、健康方面的意识和技能，增强了贫困村抵御风险的能力。四是弘扬“人道、博爱、奉献”精神，加强基层组织建设，激发脱贫内生动力。在贫困村建立红十字基层组织和志愿服务队，倡导自助互助的精神，传播了互惠互利的正能量，营造了“我脱贫我光荣”的良好氛围，在扶贫的同时起到了扶志的效果。

通过实施博爱家园项目，我会推动方家咀乡四棵枫村、石头咀镇胡家山村等库区村、高山村成为脱贫致富“样板村”。2016年，在方家咀乡四棵枫村援建博爱家园项目，投入40万元扶贫资金，部分用于改善村里交通状况，15万元生计基金投入苗木合作社，与其他单位帮扶资金、村民股金一起，流转村民土地70余亩，引进红叶石楠、海棠、紫薇等8种幼苗。一年半过去，依托“四季花海”旅游开发，首批4种苗木销路良好，创收70余万元，且供不应求。其中，15万元生计基金获分红4.5万元，全部用于四棵枫村公益支出，合作社还单独列支11万余元，分批对全村117户贫困户进行救助。2017年，再次投入40万元帮扶资金，在拓展苗木种植规模的同时，深入挖掘乡村旅游特色项目，同时，支持17万元机关返还党费，为四棵枫村援建党员活动中心和村史馆。

在英山偏远的高山村石头咀镇胡家山村，博爱家园项目支持该村走绿色脱贫之路。胡家山村以前支柱产业是茯苓、天麻等药材种植，但这类药材消耗木材，破坏生态环境。森林禁伐导致村民收入锐减。为了帮助该村寻找到替代的产业发展路子，我会投入40万元，经村民自治确定，其中15万元用于2016年特大洪灾中公路水毁塌方恢复，解决了村民出行难的问题，15万元用于生计发展，通过鹰棵岩农产品专业合作社，带动全村农户发展红灯笼辣椒种植。在博爱家园生计基金的支持下，该村仅2017

年，就发展红灯笼辣椒 200 亩，当年产值 50 余万元，使农民增收近 30 万元，帮助了 298 名贫困村民脱贫增收。

（二）广泛动员社会力量参与，形成社会帮扶合力

我会坚持走社会化、开放式的定点扶贫之路，积极发挥平台优势，动员捐赠企业、医疗机构、志愿者等各方面力量，形成合力，参与英山县精准扶贫、精准脱贫工作。一是争取社会捐款支持英山扶贫活动和项目。争取了华夏格兰公司捐款，联合武警总医院开展先心病筛查和救治；争取上汽通用五菱公司捐款，援建村级卫生室；争取广汽丰田公司捐款，援建乡村小学教学楼等。通过动员社会捐款撬动了各方资源，起到了四两拨千斤的作用。二是邀请知名人士和社会爱心力量开展志愿服务。邀请著名主持人敬一丹和华泰保险集团员工作为志愿者到英山走访慰问留守儿童家庭，在小学开展助学活动；邀请上汽通用五菱公司员工、客户参与红十字会英山调研活动，走村入户，慰问贫困群众。通过邀请社会爱心力量提供志愿服务，邀请捐赠人实地考察项目，让全社会更好地了解了英山县的贫困需求，促进了扶贫资金使用更加规范、透明、高效，同时，也广泛宣传了英山县的脱贫攻坚工作。

四、脱贫时不我待，始终不忘初心，坚决助力脱贫攻坚

今后，我会将继续加强对英山的定点扶贫力度，从以下方面进行帮扶。

（一）不断加大项目扶持力度。继续在英山县贫困村实施博爱家园项目，帮助贫困户掌握生产生活技能，获得持续稳定的收入来源，提高基层农村社区生计扶贫工作的能力和水平，提升社区防灾减灾能力，促进社区发展；继续援助英山县建设博爱学校、设立红十字书库等。

（二）切实提升应急救援能力。协助英山县红十字会有效应对自然灾害等突发事件；遭遇自然灾害时，在派遣救援队伍、分配救灾物资时给予倾斜；支持英山县红十字会加强备灾救灾能力建设。

（三）不断加大人道救助支持力度。推动和支持在英山实施“红十字博爱送万家”“红十字天使计划”等品牌项目和活动，加大对贫困人口集中乡镇的救助力度，在农村和社区开展以健康服务、大病救助、扶贫帮困等为主要内容的社会救助活动；在日常捐赠物资分配时给予倾斜。

（四）扎实推进应急救护培训工作。指导和支持英山县红十字会开展应急救护培训“五进”工作；建立完善群众性应急救护培训长效机制，提高应急救护知识在群众中的普及率和公众自救互救能力水平；培训救护师资和旅游景区救护人员。

（五）持续加强人才队伍建设。继续选派优秀干部赴英山县挂职；开展针对英山县红十字会专职工作人员、基层组织骨干成员和志愿者等参加的干部培训班。

面对新形势、新任务，定点扶贫工作责任重大，使命光荣，我会将不忘初心，砥砺前行，坚定不移地推进定点扶贫工作，为助力脱贫攻坚，全面建成小康社会做出更大贡献。

关于做好 2017 年全国防灾减灾日有关工作的通知

中红办字〔2017〕55 号

各省、自治区、直辖市红十字会，新疆生产建设兵团红十字会：

2017 年 5 月 12 日是我国第九个全国防灾减灾日，主题是“减轻社区灾害风险，提升基层减灾能力”，5 月 8 日至 14 日为防灾减灾宣传周。为做好今年防灾减灾日各项工作，根据国家减灾委相关工作部署，现就有关事项通知如下：

一、突出主题，积极组织开展防灾减灾活动。各级红十字会要紧紧围绕“减轻社区灾害风险，提升基层减灾能力”这一主题，充分认识到“做好防灾减灾工作，社区是基础、基层是关键”，突出社区面临的灾害风险，充分发挥红十字会的专长，有针对性地组织开展全国防灾减灾日主题活动，着力提高社区防灾意识，增强基层减灾能力，切实减轻灾害风险。

二、大力普及防灾减灾知识和技能。结合本地区灾害风险特点和红十字会工作实际，积极开展防灾减灾和逃生避险基本技能公众体验活动。制作、发放防灾减灾、逃生避险知识宣传资料，充分发挥网站、微博和微信等新媒体的作用，通过张贴海报、放置展板、分发资料、现场咨询、场馆体验等方式，开展有针对性的防灾减灾宣传教育活动。已建有红十字应急救护培训基地的红十字会，要全面向公众开放，开展自救互救，逃生避险及技能体验活动。要教育引导社区公众以家庭为单元储备灾害应急物品，积极学习应急救护知识和技能，提升家庭和邻里自救互救能力。

三、强化灾害风险防范，提高社区灾害应对能力。各级红十字会要认真总结近年来在防灾减灾救灾工作中的经验和教训，适时开展社区灾害风险识别与评估，编制社区灾害风险图，加强社区救灾应急物资储备和救灾志愿者队伍建设，提高风险防范应对能力。

四、及时完善应急预案，积极开展防灾减灾救灾演练。要根据本地区灾害风险和抵御自然灾害的综合防范能力，进一步完善灾害应急预案，重点针对城市内涝、山洪、地质灾害、台风、地震等自然灾害以及火灾、燃气泄漏等突发灾害事件，因地制宜组织开展应急预案演练、红十字救援队演练等活动，提高预案的针对性和可操作性，进一步规范各类灾害的应对处置程序，确保责任明确到人、落实到位。演练活动要贴近实际，提高群众参与度，促进社区民众增强风险防范意识，提升应急避险和自救互救能力。

五、各省级红十字会要高度重视、精心组织开展 2017 年防灾减灾日各项活动，特别要注意收集典型事例及效果资料，做好活动相关数据统计，并于 5 月 20 日前，将防灾减灾日主题活动总结报告报总会赈济救护部。

特此通知。

关于印发《网上红十字会建设方案》的通知

中红办字〔2017〕63 号

各省、自治区、直辖市红十字会，新疆生产建设兵团红十字会，总会机关各部门、各直属单位：

《网上红十字会建设方案》已经总会党组研究同意，现印发给你们，请结合实际情况，认真贯彻落实。

附件

网上红十字会建设方案

为充分运用信息通信技术和互联网发展红十字事业，建设好网上红十字会，结合实际，制定本方案。

一、工作目标

2017—2020 年，积极开展“互联网 + 红十字会”行动，持续推动互联网与红十字事业的融合，以互联网技术、互联网思维、互联网手段实现红十字会工作升级进步。

—— 建设以公众需求为导向、以信息技术为支撑的网络化、智能化、服务化、协同化的网上红十字会工作体系。

—— 各级红十字会全面开展网络宣传，建成总会—省级—市级红十字会三级网络宣传工作体系，构建 1+32+N 的全国红十字宣传新媒体矩阵，促进红十字会的公信力与品牌影响力显著提升。

—— 红十字网络人道服务工作体系基本形成，全国 90% 以上的省级红十字会应用互联网开展与易受损群体需求更加契合的人道服务，红十字会各工作领域的线上线下融合深入推进。

—— 网上红十字组织建设工作取得明显成效，运用互联网和信息技术加强红十字会组织建设与能力建设的水平不断提升。

二、总体要求

（一）坚持统筹谋划，长期建设。网上红十字会建设与线下红十字会工作有着一脉相承的内在联系。要坚持网上红十字会建设与线下红十字会改革联动推进、同步协调、紧密契合，实现红十字会工作以线下为主向线上线下互动融合转变，完成“互联网 +”时代红十字会的转型升级。网上红十字会建设是一个长期持续的过程，要把正方向，综合施策，持续创新，不断推进互联网与红十字事业的有机融合，自觉运用改革创新精神统筹谋划，长期建设，久久为功。

（二）坚持统一规划，分步实施。有效利用国家基础网络设施和信息资源，统一规划全国红十字会系统的网上红十字会建设，协同运作，减少重复建设。在“统”的前提下，坚持能放则放、宜分尽分，充分激发各地红十字会的积极性，兼顾多元化需求和现实情况。在“分”的基础上，坚持互联互通，实现全国红十字会系统资源整合与共享，加强红十字会系统上下之间、横向之间的统筹协调。要进一步细化具体项目的建设方案，明确不同阶段的工作安排，根据工作需要，区别轻重缓急、先易后难、试点引路，分步实施建设任务，有序推进网上网下业务相互促进、有机融合。

（三）坚持统一领导，分工落实。网上红十字会建设是一项系统工程。各部门、各单位要在总会党组和网络安全和信息化领导小组的统一领导下，树立一盘棋的思想，按照职能定位和工作需要，分工落实。要建立以项目为中心的部门协同工作机制，整合业务、优势和资源，加快红十字会工作流程再造，形成分工负责、协同推进网上红十字会建设的工作格局。

（四）坚持平稳推进，重点突破。遵循“互联网＋”建设运行规律，确保在基础设施和条件最为成熟的关键领域，集中力量取得突破，见到明显实效。充分考虑互联网技术不断更新、红十字会工作不断发展的实际情况，在规划建设中保持足够的预见和柔性，为今后扩展业务、更新技术预留相应空间和接口。不贪大求全，不盲目求新，充分用好已有的网络红十字会建设成果，确保网上红十字会建设各项工作平稳推进，不断提升。

（五）坚持开放共享，合作共赢。树立互联网思维，努力做到开门办网，与互联网媒体、互联网公益平台、互联网技术企业及国际组织等相关方加强合作，充分调动各方面发展红十字事业的积极性、创造性，凝聚社会力量，吸纳先进技术和经验成果，推进网上红十字会建设。

三、工作安排

从加强网络宣传、加强网络人道服务、加强网上组织建设三个方面开展网上红十字会建设，由相关部门、单位分工落实具体项目，成熟一个，发展一个，形成示范与辐射效应。

（一）加强网络宣传

在互联网上更好地亮出红十字旗帜，发出红十字声音，全面提升红十字会的互联网宣传工作水平，提升宣传工作的精准性、主动性、有效性。

1. 加强媒体融合，整合红十字报刊与红十字官网、人道网、中红在线等网络媒体，统筹建设中国红十字会“两微一端”（微博、微信公众号、新闻客户端）新媒体平台，扩大和优化红十字传播平台。（负责单位：报刊社、组织宣传部）

2. 建设宣传工作“中央厨房”，建设总会—省级—市级红十字会三级网络宣传工作体系，构建 1+32+N 的全国红十字宣传新媒体矩阵。（负责部门：组织宣传部）

3. 建设网上红十字会历史博物馆。（负责部门：组织宣传部）

4. 建设完善网上红十字书屋。（负责部门：组织宣传部、报刊社）

5. 实施网络内容建设工程，推进网络红十字文化建设。（负责部门：组织宣传部，各部门、各单位配合）

6. 加强网络宣传队伍建设。（负责部门：组织宣传部、报刊社）

7. 运用互联网开展中国红十字会对外宣传，推进中外红会交流互鉴。（负责部门：联络部）

8. 建设和运用网站、微博、微信、客户端等载体，运用多种新媒体创新技术，开展红十字事业宣传，与网民开展互动交流。（各部门、各单位根据工作需要开展相关工作）

（二）加强网络人道服务

运用互联网技术与思维，推动线上与线下业务工作融合、互相促进，推动互联网在红十字会资源动员、人道服务中的应用，面向社会深入开展网络人道服务，逐渐形成以互联网为基础的红十字工作新业态。

1. 运用互联网思维和移动互联网，建设面向社会公众的网上红十字会综合服务平

台、微信服务号。（负责部门：组织宣传部、报刊社，各部门、各单位配合）

2. 运用互联网深入开展灾害救援、灾区恢复力建设工作。（负责部门：赈济救护部）

3. 深入开展网络筹资、网络捐赠等网络人道资源动员工作。（负责部门：筹资与财务部）

4. 深入实施符合红十字会宗旨的网络公益工程。（负责部门：组织宣传部，各部门、各单位配合）

5. 运用互联网开展红十字寻人转信工作。（负责部门：联络部）

6. 深入开展网络器官捐献登记工作。（负责单位：器官捐献管理中心）

7. 深入开展造血干细胞捐献登记工作。（负责单位：干细胞库管理中心）

（三）加强网上组织建设

1. 借助信息技术与互联网深入开展会员发展与志愿者招募、登记、管理等工作。（负责部门：组织宣传部）

2. 运用互联网开展红十字青少年工作。（负责部门：组织宣传部）

3. 建立红十字网络学习平台、干部教育培训平台，加强知识管理与能力建设。（负责单位：训练中心）

4. 运用网络开展党建工作，搭建网上党建工作平台。（负责部门：机关党委）

四、组织领导

（一）加强组织领导。网上红十字会建设在总会网络安全和信息化领导小组（以下简称领导小组）领导下组织开展。一是承担任务的部门（单位）结合实际制订具体实施方案，细化分解目标任务，明确工作计划安排和措施，于 2017 年 9 月 15 日前将实施方案分别报送领导小组办公室。二是领导小组研究审定各部门、各单位报送的实施方案，批复相关部门（单位）。相关部门（单位）按领导小组要求组织实施，及时向领导小组办公室报告项目实施进展情况。三是领导小组研究解决网上红十字会建设过程中的重大问题，确保各项工作任务落实，2020 年 9 月开展工作总结。

（二）保障资源支持。重视资源整合，加大对网上红十字会建设的人、财、物投入，支持互联网创新成果在红十字会工作各领域的广泛应用。将网上红十字会建设经费纳入年度预算，加强专项资金使用监管。积极争取国家资金支持。通过红十字会系统选调、社会招聘、购买服务等方式，配强与网上红十字会建设相适应的工作力量。围绕网上红十字会发展需求，加大培训力度，帮助红十字会干部树立互联网思维、提升互联网素养、掌握互联网技术，培训红十字会网络人才队伍，提高工作能力和水平。

（三）坚持示范带动。充分尊重基层和群众首创精神，积极利用现代信息技术，指导推动各地红十字会从实际出发，充分发掘本地优势，开展网上红十字会建设实践探索，打造富有地方特点、时代特色的网上红十字项目与活动。适时召开工作推进会，总结交流各地红十字会建设网上红十字会的新形式、新做法、新模式，形成可复制、可推广的经验成果，大力宣传网上红十字会建设的先进典型，引导网上红十字会全面发展。

（四）重视安全管理。坚持网络安全保障和网上红十字会建设同步推进，确保网络和信息安全。提升网络安全意识，加强网络安全防护能力，防范信息泄露。

关于印发《关于加强红十字网络宣传工作的指导意见》的通知

中红办字〔2017〕66号

各省（区、市）红十字会，新疆生产建设兵团红十字会，铁路系统红十字会：

《关于加强红十字网络宣传工作的指导意见》已经总会研究同意，现印发给你们，请转发市、县级红十字会，结合实际情况，抓好贯彻落实。

关于加强红十字网络宣传工作的指导意见

为深入贯彻落实中央领导关于建设“网上红十字会”的指示精神，进一步利用信息通信技术以及互联网平台开展红十字网络宣传工作，完善网络宣传工作制度，形成网上网下相互促进、全系统形成合力的红十字宣传工作新格局，现提出以下意见：

一、指导思想

深入贯彻落实习近平总书记系列重要讲话精神，深入贯彻落实中央关于网络宣传工作的决策部署，牢固树立政治意识、大局意识、核心意识、看齐意识，突出坚持和发展中国特色红十字事业这一主题，突出稳中求进工作总基调，积极利用现代信息技术，推动互联网与红十字事业的融合，以互联网技术、互联网思维、互联网手段推动红十字宣传工作升级进步，构建“互联网＋红十字宣传”的工作新格局，让红十字好声音唱响网络空间，为红十字事业发展营造良好的舆论环境。

二、主要任务

1. 加强网络宣传队伍建设。建立专职工作者与志愿者相结合的红十字网络宣传队伍，配齐配强工作人员。建设新闻发言人队伍。建立网络宣传通讯员队伍及其考核激励制度。建立来自社会各界的网络评论员队伍，充分发挥理事在红十字网络宣传工作中的作用。

2. 加强网络宣传平台建设。加强媒体融合，统筹建设报刊、官网、微博、微信等宣传平台，重点加强各地红十字会官网建设。推进媒体合作，用好中央、地方重要新闻网站和新媒体平台。建设互联互通互补的全国红十字会网络宣传新媒体矩阵，构建红十字会网络宣传的重要渠道。重视网络安全，加强网络信息安全、技术安全管理，提高预警防护、应急处置、协同联动等网络安全防护能力，消除网络安全隐患。

3. 加强网络宣传内容建设。聚焦红十字会改革发展的生动实践，积极推动优秀红十字出版物和文化产品上网，深入实施以人道救援、人道救助、网络捐助、无偿献血、器官捐献、造血干细胞捐献为主要内容的网络公益工程，做好红十字会信息公开，讲好红十字故事，传播好红十字声音，让人道博爱奉献的红十字精神弥漫网络空间，将网络宣传工作与网络公益活动、网络资源动员、网络人道服务、网上组织建设等有机结合，协同推进。

4. 加强网络舆情监测处置。建立重要工作、重大活动、重点项目的网络舆情风险评估机制，做好重大专项、重大突发事件舆情监测预警报告和处置，及时搜集、分析、研判、报送可能引发损害红十字会声誉形象和公信力的网络舆情，做好应急处置工作。加强网络评论，做好舆论引导工作。协调有关部门建立健全涉红十字会网络舆情应急处置预案，提升依法处置能力。

5. 加强网络宣传制度建设。在现有基础上，建立健全党组网络意识形态工作责任制实施细则、红十字品牌管理工作办法、网络舆情监测处置和声誉风险管理工作规程、新闻发布工作制度等网络宣传工作制度，严格制度执行，不断提升红十字网络宣传工作水平。

6. 建设三级网络宣传工作体系。建设总会、省级、市级红十字会三级网络宣传工作体系（有条件的地方向县级红十字会延伸）。建立健全与网络宣传工作相适应的信息提供、内容采编、发布审核、评论互动、舆情监测与处置、网络安全工作机制。建立健全总会、省级、市级红十字会之间上下联动、地方红十字会之间相互协作的网络宣传工作机制。

三、组织领导

在中国红十字会总会党组领导下，总会组织宣传部负责协调、指导全国红十字会系统的网络宣传工作。各省级红十字会成立网络意识形态工作领导小组及其办公室，领导和组织推进网络宣传工作。省级红十字会指导市级、县级红十字会网络宣传工作。各级红十字会要为网络宣传工作提供相应的工作条件和物质保障，为相关人员提供培训机会，加强能力建设，争取社会支持，开展网络宣传奖励工作。

关于正式启用中国红十字会志愿服务信息管理平台的通知

中红办字〔2017〕67号

各省、自治区、直辖市红十字会，新疆生产建设兵团红十字会：

为贯彻《中华人民共和国红十字会法》，推动红十字志愿服务工作健康发展，更好地联系和服务志愿者、志愿服务队伍，优化配置志愿服务资源，进一步规范志愿服务登记注册、服务记录、证明开具、表彰激励等工作，以信息化促进志愿服务工作的规范化、常态化、专业化，总会设计开发了中国红十字会志愿服务信息管理平台（以下简称“系统”）。经过前期的培训、试用以及修改完善，该系统现已具备推广使用条件，经研究，决定即日起正式启用该系统。现将有关事项通知如下：

一、中国红十字会志愿服务信息管理平台为基于互联网的平台（登录网址为 www.volunteer.redcross.org.cn），包括志愿者登记注册、志愿服务活动与项目管理、志愿服务队管理、志愿服务时间累计和志愿者星级评定等功能。系统设计了“志愿者登录”和“管理员登录”两个登录入口。两个登录入口分别对应志愿者和工作人员的登录。

二、省级、地市级红十字会从事志愿服务相关工作的工作人员经批准授权后可以管理员身份登录操作该系统。管理员登录入口的省级红十字会、市级红十字会管理员分别对应不同的管理权限。县（区）级红十字会使用该系统的，可向市级红十字会申请，由市级红十字会为其增设管理员账户。

三、本系统自即日起正式在全国范围启用。各地各级红十字会要确定省级红十字会及市（区）红十字会信息平台使用负责人，认真做好信息的采集、审核、录入，确保信息的准确与完整，并注意及时修改原始登录密码，适时进行数据备份，确保数据安全。

四、本系统正式启用后，各地各级红十字会的志愿服务相关数据记录（志愿者、志愿服务时间、活动项目、受益对象等的统计）、志愿者异地转接、志愿服务证明开具等均应在系统中完成，总会今后涉及志愿者保险和表彰事宜将以系统中记录的数据为重要依据。

五、各试点省级红十字会务必高度重视，制定实施方案，督导工作进度，加强技术指导，确保系统推广用工作顺利进行。要以系统使用为契机进一步规范志愿服务工作登记记录工作；要指定专人负责本系统的推广使用和管理工作，并将省级红会此项工作的人员信息报总会；要加强培训工作，将系统使用培训列入志愿服务年度培训计划。

六、为确保本系统的严肃性和数据真实性，系统启用后，严禁在正式版本下进行练习操作。各地已有志愿者编码的志愿者一律以由管理员以批量导入的形式导入系统，以保证编码的统一性。系统中志愿者数据录入后，各地无权限自行删除，如要删除系统中已经录入的数据，需书面向总会申请。

七、本系统登录和使用方法详见《中国红十字志愿服务信息管理平台用户手册》（电子版另行分发）。

特此通知。

中国红十字会总会关于开展2017年“防灾减灾日”相关工作情况的报告

中红办字〔2017〕68号

国家减灾委员会办公室：

按照《国家减灾委员会关于做好2017年全国防灾减灾日有关工作的通知》（国减电〔2017〕1号）要求，我会结合工作实际，积极号召全国红十字系统紧紧围绕“减轻社区灾害风险，提升基层减灾能力”这一主题，有针对性地组织开展了系列活动，现将相关情况报告如下。

一、高度重视，确保工作实效

我会领导高度重视防灾减灾日活动，及时对防灾减灾日有关工作进行了部署，向31个省（自治区、直辖市）红十字会和新疆生产建设兵团红十字会下发了《关于做好2017年全国防灾减灾日有关工作的通知》（中红办字〔2017〕55号）。各省、市、县级红十字会按照总会通知要求，积极制定工作方案，精心组织，大力宣传，在防灾减灾周期间深入社区组织开展了形式多样、内容丰富的防灾减灾知识和防灾避险技能普及活动，确保防灾减灾意识知识技能内化于公众心中，外化于公众日常工作生活学习的行动中。全国各级红十字系统在防灾减灾宣传周期间共开展大型宣传活动500多场次，发放各类宣传材料100多万份，展示各类宣传动画、视频、标语、横幅2000多条（块），近千万人受益。

二、突出社区，深入开展宣传普及活动

各级红十字会深入社区，在街道、学校、医院、养老院、企事业单位、地铁站、城市公园、旅游景点等，通过多种形式，向社区居民、干部职工、学校师生等人群宣传普及防灾减灾知识和技能，帮助公众提升防灾减灾意识，增强逃生避险能力。

（一）宣传形式多样，充分利用新媒体

防灾减灾周期间，各地红十字会积极开展防灾减灾活动，形式多样。总会重点针对大、中学校开展了防灾避险知识竞赛活动，共征订试题238万份，参与人数700余万人。河北、天津、内蒙古、吉林、辽宁、黑龙江、上海、安徽、江西、湖北、湖南、广西、广东、西藏、新疆等红十字会深入社区，在街道、公园、学校、医院、军营、旅游景点等地，或举办主题讲座，或张贴宣传画、宣传板、发放宣传册，或在地铁站内、公交站点投放减灾主题公益广告，以丰富的形式向广大公众宣传防灾减灾知识。广西红十字会在其微信公众号连续发布题为“5·12防灾减灾日，防灾减灾在身边”“防灾减灾自救互救，灾后疾病预防宝典”等防灾减灾日主题的信息和视频，阅读量破千，群众点评反响良好。贵州、内蒙古红十字会向群众免费开放生命健康安全体验馆，通过声效和影像等现代科技手段，让群众切身感受自然灾害和突发事件现场，同时通过知识问答、互动游戏等形式向群众传播防灾减灾知识。

（二）结合本地业务，凸显红十字特色

“博爱家园”项目是红十字会的特色项目之一，该项目在城乡社区开展，通过在社区建设防灾减灾基础设施，设立博爱生计发展基金，普及防灾减灾、自救互救、逃生避险、卫生健康等知识，增强社区自我发展的综合实力。今年防灾减灾周，贵州、广东、云南等地依托本省“博爱家园”项目，向群众介绍项目理念，宣传基层防灾减灾救灾能力加强的迫切性。云南省红十字会制作博爱家园宣传展板，重点突出提高基层防灾减灾能力的必要性，向社会群众展出和讲解。并于5月15日，深入项目点，了解农村社区防灾减灾和生计发展存在的困难，并向55户贫困农户发放生计金。

应急救护是中国红十字会的传统业务，也是红十字会法赋予中国红十字会的重要职责之一，各地红十字会在开展防灾减灾日工作时，无一例外地以应急救护培训为载体，向群众宣讲急救、防灾、逃生避险知识和技能。各级红十字会充分动员系统内机关事业单位、冠名医疗机构、会员单位的专职干部、医务人员、会员、志愿者，进社区、企业、学校、机关，在文化场馆、大型超市、广场、机场、车站、公园、旅游景点等人群密集的公共场所，以义诊、发放宣传资料、现场体验式培训、互动答疑、LED屏滚动播放等方式，用图片、数字、文字、动画影音的形式，将防灾避险应急救护知识展现在公众眼前，播放在公众耳边。比较有特色的是安徽省红十字会组织并启动“招募千名救护志愿者”行动，在合肥、宿州、阜阳、亳州、马鞍山、安庆等省辖市开展，重点在社区居民、在校大学生、高危及社会服务性行业、私家车驾驶员和其他社会人员等群体中招募1000名救护员志愿者。对这些志愿者进行统一的应急救护培训，考核合格后，将可获得红十字救护员证，组成一支稳定的社区应急救护志愿者队伍，在群众中发挥积极的作用。

三、突出救灾新理念，积极排查灾害隐患

各地各级红十字会在开展防灾减灾活动时，根据以往救灾工作中的经验和教训，加强了社区灾害风险的识别和排查，湖北、上海、广东、江西、湖南省红十字会组织志愿者，在当地政府的支持下，在社区、学校、企事业单位等地开展灾害风险排查，并对排查出的风险隐患，提出整治措施。湖北省红十字会对社区内防火措施进行检查，确保消防栓在发生意外时能正常使用，水流量达到要求，灭火器在有效期内，能安全使用。通过各地市红十字会组织志愿者在社区内开展排查灾害风险，共查出隐患 120 多处，排除隐患 105 处，未排除隐患积极与社区负责人沟通协调，告知隐患未排除的原因及解决的办法。

四、开展应急演练，提升灾害处置水平

防灾减灾宣传周期间，部分地方红十字会在社区开展应急演练活动，强化综合防御防范措施，规范应急处置程序，进一步加强灾害应急体制机制建设，完善各类应急预案，提高预案的针对性和可操作性。吉林、辽宁、贵州、云南、广东、海南新疆等地，针对城市内涝、地震、山洪、台风等自然灾害以及火灾、燃气泄漏等突发灾害事件，联合所在社区、学校、医院、地政府机关、企事业单位等开展演练，或与其建立全面合作关系，发挥各自优势，形成工作合力，或按照预案开展防灾减灾演练活动，检查人员物资管理、应急预案等制度的建设情况，磨合预警、协调、保障、约束、反馈、监督等机制，及时发现灾害应急工作中存在的问题，有针对性地修订应急处置方案，确保在灾害发生后能快速有效地作出反应。辽宁省红十字会组织开展了赈济救援队演练，演练内容为救援队营地建设和救援装备使用技能，全国人大常委会副委员长、中国红十字会会长陈竺观摩了演练。总会组织湖南、湖北、云南、四川、广西、重庆、新疆和贵州八省红十字会在贵州省黔南州龙里县三合村开展大众卫生和供水救援队联合大演练，模拟 7.8 级地震后紧急救援行动，进一步提升了红十字救援队跨省协同救援能力。

下一步，我会继续以“防灾减灾日”活动为契机，认真贯彻落实常态减灾、非常态救灾理念，深入广泛开展防灾减灾工作，为提升社会公众的防灾减灾意识和自救互救技能做出更大贡献。

特此报告。

关于举办全国红十字会系统众筹扶贫大赛的通知

中红办字〔2017〕72 号

各省、自治区、直辖市红十字会、新疆生产建设兵团红十字会：

为进一步提升全国红十字系统互联网人道资源动员能力，充分发挥红十字组织在国家精准扶贫中的助手作用，推进“互联网 + 扶贫”战略实施，拟定于 2017 年 6 月至 10 月组织全国红十字会系统众筹扶贫大赛。现将有关事项通知如下：

一、大赛宗旨

大赛的宗旨是充分动员互联网人道资源，响应国家精准扶贫政策，创新生计扶持项目模式，并通过大赛达到“建队伍、做品牌、出成效”的目标。

（一）建队伍。通过参与大赛，培养一支具有互联网意识的红十字队伍。

本次众筹扶贫大赛，拟通过线上 + 线下培训，对提报项目的地方红十字会、参赛团队进行培训，提高全国红十字会系统对互联网人道资源动员的认识和操作能力。通过参赛过程参与和互动观摩，地方红十字会将逐步了解互联网筹款项目的运营过程，并在实际操作过程中锻炼一批有意愿、能够进行互联网操作、并能以互联网的方式与公众进行互动的人才队伍。

（二）做品牌。打造一个具有互联网基因的红十字品牌活动，塑造博爱家园项目的互联网品牌。

大赛以电商扶贫为背景，探索“众筹扶贫”这一“互联网 + 精准扶贫”新模式，形成“村官 + 贫困农户 + 特色农产品 + 众筹”的脱贫链条。将“众筹扶贫大赛”模式与博爱家园项目结合，打造出一个具有互联网基因的红十字品牌活动，通过互联网塑造博爱家园品牌。

（三）出成效。以终为始，通过农产品预售，帮助受益农户脱贫增收，展现红十字在精准扶贫方面的工作成效。

“众筹扶贫大赛”一方面帮助贫困户和参赛团队直接对接市场，通过预售农产品提高收入；另一方面，使得贫困户和参赛团队能最快地了解农产品电商运作过程，为今后发展电商来脱贫创造条件。

本次众筹扶贫大赛拟通过全国红十字系统筛选 200 个团队上线众筹，预计销售产品 200 万。将在红十字会的帮助下使参赛团队带动的贫困户直接受益，为红十字赢得更好的口碑。同时，大赛将在项目包装、项目推广过程中充分体现红十字元素，从而更好地展现红十字在精准扶贫方面的工作成效。

二、大赛主题

红十字助力扶贫攻坚。

三、大赛时间

2017 年 6 月 27 日至 10 月 9 日。

四、组织机构

（一）主办单位：中国红十字会总会。

（二）承办单位：中国红十字基金会。

（三）协办单位：各省、自治区、直辖市、新疆生产建设兵团红十字会。

（四）众筹活动官方合作平台：轻松筹，负责参赛团队众筹培训，提出项目筛选标准并参与评审；搭建大赛专题页等。

（五）大赛设立专家评审委员会，邀请互联网企业、农业相关行业企业、创投风投机构、电商园区、高校和科研院所专家、媒体等组成，负责参赛项目的评审工作。

五、参赛报名要求及流程

（一）参赛项目点要求

1. 博爱家园项目点、各级地方红十字会对口帮扶项目点、有产业规划的易受损地区。

2. 参赛项目点所在地县红十字会应理顺管理体制。

（二）参赛人员要求

1. 参赛者或参赛团队需有带动贫困户脱贫的意愿。

2. 博爱家园项目点生计项目脱贫带头人、各级红十字会精准扶贫项目点扶贫带头人、有产业规划的易受损地区扶贫带头人优先推荐。

（三）参赛项目要求

1. 优先推荐地理标志产品、特色文化产品等。

2. 以合作社或贫困农户为单位生产的农

产品或手工艺品，需要保障产品质量和包装物流。

（四）参赛项目所在地红十字会应当通过本单位微信平台、微博、官网及合作媒体进行传播，协助推广本地区扶贫项目，扩大社会影响，提高产品销量。

（五）报名流程

1. 参赛团队填写《众筹扶贫大赛报名表（附件 1）》，交给所在地县级红十字会，由县级红十字会整理上报至市级红十字会，市级红十字会上报汇总至省级红十字会。

2. 省级红十字会根据各市红十字会提交的报名表，填写《众筹扶贫大赛项目申报表（附件 2）》，提交至中国红十字基金会。

六、知识产权要求

参赛项目内容须健康、合法，无任何不良信息。参赛项目所涉及的发明创造、专利技术、资源等必须拥有清晰合法的知识产权或物权，报名时需提交完整的具有法律效力的所有人书面授权许可书、项目鉴定证书、专利证书等。抄袭、盗用、提供虚假材料或违反相关法律法规一经发现即刻丧失参赛相关权利并自负一切法律责任。对于已注册运营的项目，在报名时需提交单位概况、法定代表人情况、组织机构代码复印件等相关证明材料。

七、赛制与赛程安排

（一）大赛各阶段时间安排

1. 组织动员（2017 年 6 月 27 日—7 月 15 日）

6 月 27 日，下发通知；

7 月 5 日，在北京召开线下组织培训动员会，召集各省博爱家园分管会领导及项目执行人参加，参会回执见附件 3，具体时间和地点另行电话通知；

7 月 10 日前，各省级红十字会提交参赛材料（附件 1 和附件 2）纸质版至中国红十字基金会，同时发电子版至 icr@crcf.org.cn；

7 月 15 日前，初赛与决赛评审委员会成立，对参赛项目进行评审，确定初赛 200 个项目。

2. 初赛(2017 年 7 月 16 日—8 月 30 日）

7 月 16 日，初赛 200 个项目确定，并以省为单位建立微信群组；

7 月 25 日，第一批 50 个项目上线，轻松筹专题页面上线；

8 月 5 日前，全部 200 个项目上线，中国红十字基金会协调平台推广资源、各地方红十字会协调各地媒体资源、项目团队通过自有推广渠道进行项目推广，完成目标；

8 月 25 日，初赛结束。

8 月 25 日—30 日，依据评选标准，评审委员会评选 50 个团队进入决赛线上众筹环节。

3. 决赛（2017 年 8 月 31 日 —2017 年 10 月 9 日）

8 月 31 日—9 月 6 日，50 个团队线上众筹项目上线，复赛专题页面上线；

9 月 20 日，中国红十字基金会协调平台推广资源、各地方红十字会协调各地媒体资源、项目团队通过自有推广渠道进行项目推广，完成目标；

10 月 7、8 日，决赛“公益市集”；

10 月 9 日，决赛团队路演、评分与决赛颁奖。

八、奖项设置

（一）红品项目奖。大赛将设置该奖项 20 个，给予 10 万元博爱家园生计金资助。

（二）优秀组织奖。参加大赛的各级红十字会均可申报该奖项，大赛将根据申报该奖项的红十字会数量，按照10%的比例选拔获奖单位。

（三）红十字扶贫带头人。大赛将综合评估申请人的扶贫事迹、扶贫成效，在入围决赛的50个项目负责人中评选20位优秀红十字扶贫带头人。

九、组织保障

（一）高度重视，加强领导。众筹扶贫大赛作为全国红十字系统开展互联网人道资源动员工作的一项重要活动，不仅为贫困户提供了创收脱贫的平台，也是全国红十字系统互联网人道资源动员能力的一次演练，各级红十字会要高度重视，认真做好动员与组织工作。

（二）加强组织，把握导向。各地围绕优势产业，选择本地最具特色、最具发展潜力的农特产品项目作为众筹扶贫大赛参赛项目。积极动员组织传统行业、电商企业、非公有制经济组织和社会组织参赛，积极调动贫困村党组织第一书记、大学生村官、农村合作组织负责人、家庭农场主、农村网店业主、返乡创业大学生、农村创业青年参赛。

（三）广泛动员，密切配合。主办、承办和协办单位要密切配合，加强协调，切实做好大赛各项工作。要广泛动员，认真选拔，既要保证参赛项目质量，也要扩大和提升大赛的参与面、受益面、影响力，努力为实现大赛的目标发挥积极作用、提供有力保障。

（四）加强宣传，营造氛围。主办、承办和协办单位要将大赛宣传作为工作重点，摆上日程，列入计划。一方面借助电视、报纸杂志、广播等传统媒体，另一方面注重运用互联网、手机等新媒体手段，在企业、学生、青年、妇女中和社会上营造关注、理解、支持的社会氛围，同时提升赛事的社会影响力与品牌传播力，凸显红十字在“互联网+”精准扶贫中的作用。

关于开展2017年“世界急救日”主题宣传活动的通知

中红办字〔2017〕79号

各省、自治区、直辖市红十字会，新疆生产建设兵团红十字会，铁路系统红十字会：

红十字会与红新月会国际联合会（以下简称“国际联合会”）将每年9月的第二个星期六定为“世界急救日”。各国红十字会和红新月会在这一天都会组织、开展各种活动，普及应急救护知识和技能，传播“人人学急救、急救为人人”的红十字人道救护理念。今年的“世界急救日”是9月9日，是第18个“世界急救日”，主题是“急救与家庭意外伤害”。国际联合会相关材料可以在“红十字救护培训”QQ群与“应急救护工作”微信群中下载。

请各地（系统）红十字会在“世界急救日”期间围绕主题开展活动，传播救护知识与理念，推动红十字救护工作的开展。执行彩票公益金生命健康安全教育项目的省份，要把项目执行和急救日活动结合起来，通过“亲子讲座”“应急演练”“主题宣传活动”等各种形式，积极推动红十字救护培训进社区、进家庭，不断提高应急救护知识的普及率。

各省级红十字会请于9月20日前将活动总结（电子版与盖章扫描件）发至邮箱jiuhuchu2010@163.com。

关于参加第四届全国红十字应急救护大赛暨应急救护研讨会的通知

中红办字〔2017〕82号

各省、自治区、直辖市红十字会，新疆生产建设兵团红十字会，香港、澳门特别行政区红十字会：

由中国红十字会总会主办，安徽省红十字会、总会训练中心承办的“第四届全国红十字应急救护大赛暨应急救护研讨会”将于2017年9月在安徽省合肥市举行。现将有关事宜通知如下：

一、活动时间

9月5日报到；6日预赛；7日上午决赛，下午研讨会；8日研讨会；9日离会。

二、活动地点

（一）报到及住宿地点

合肥泓瑞金陵大酒店，地址：政务新区祁门路1799号，电话：0551-62266666

（二）活动地点

救护大赛：安徽省广播电视台演播厅

救护研讨会：合肥泓瑞金陵大酒店

三、参加人员

你会分管救护工作会领导1名、部门负责人1名、参赛团队7名（领队1名、教练1名、参赛队员5名）。

四、相关要求

（一）救护大赛

1. 参赛队伍以“××社区（街道、村）救护志愿服务队”的名义报名参赛。

2. 参赛队伍各自准备参赛口号，统一比赛着装。

3. 参赛队员须经过红十字会救护培训，取得红十字救护员证书。

4. 比赛用品（急救包、模拟人等）由大赛组委会提供。

（二）研讨会

1. 组委会将以省份为单位安排展台，供各地展示应急救护工作的经验和成果。请你会准备红十字应急救护相关的书籍、海报、音像资料、急救包等参加活动。

2. 请你会提供反映应急救护工作特色、亮点的照片5—6张，JPG格式，高清，以及200字左右文字介绍，以供组委会为每省份设计并制作展板。（请各地于8月10日前将资料统一发至邮箱syfzb6835@163.com，联系人王琦010-65256371）

（三）其他

1. 参加活动人员的食宿费用由大赛承担，往返交通费用自理。

2. 请于8月15日前将参赛回执表传真至大赛组委会接待组，以便编印活动手册并安排接送站。

关于召开中国红十字会2017年报刊宣传工作会议的通知

中红办字〔2017〕91号

各省、自治区、直辖市红十字会，新疆生产建设兵团红十字会：

为总结2016—2017年度报刊宣传工作，听取各级红十字会对进一步办好“一报一刊”的意见和建议，总会定于9月13日至9月15日在四川省成都市召开2017年报刊宣传工作会议，届时总会领导将出席会议并讲话。现将有关事宜通知如下：

一、会议时间

9月13日至9月15日(13日全天报到，15日离会)。

二、会议地点

成都金域名人国际酒店。

联系电话：028-85511333

地址：成都武侯区火车南站西路27号

三、会议内容

（一）总会领导讲话。

（二）总结2016-2017年度报刊宣传工作，研讨如何进一步发挥“一报一刊”宣传舆论阵地作用。

（三）交流报刊宣传工作经验，表彰先进集体和先进个人。

（四）通报报刊发行情况，研讨在新形势下如何进一步做好报刊发行工作。

四、参加人员

（一）各省、自治区、直辖市红十字会，新疆生产建设兵团红十字会，计划单列市红十字会负责宣传工作的会领导和专职人员。

（二）省会城市和地（市）县级红十字会代表。

（三）报刊宣传工作有突出表现的单位代表和个人代表

（名额分配见附件）。

五、其他事项

（一）会议食宿费由主办方承担，往返交通费自理。

（二）请认真填写会议代表回执，于9月8日前报中国红十字会总会报刊社。

（三）请各省级红十字会通知相关参会人员并以省为单位按照分配名额报送参会人员名单。

（四）乘车路线：

到达成都火车南站：可乘坐153路到火车南站西路中站下车。

到达成都火车东站：可在大渡河路东站乘坐147路到机场路新光路口站下车。

到达成都火车北站：可乘坐地铁1号线到火车南站下车，转乘153路到火车南站西路中站下车。

到达机场：可乘机场专线3号线到火车南站东路站下车，转乘238路公交车到火车南站西路中站下车。

关于召开全国人道资源动员经验交流会（培训班）的通知

中红办字〔2017〕100号

各省、自治区、直辖市红十字会，新疆生产建设兵团红十字会：

为贯彻落实新修订的红十字会法以及巡视整改要求，进一步加强全国红十字会系统人道资源动员工作，总会定于2017年10月17日至20日在江西省南昌市召开全国人道资源动员经验交流会（培训班）。现将有关事项通知如下：

一、会议时间

10月17日报到，20日离会。

二、会议地点

江西省南昌市滨江宾馆（南昌市爱国路216号）。

三、会议主要内容

（一）领导讲话；

（二）捐赠者表彰、人道资源动员工

作"好项目、好活动"表彰、众筹扶贫大赛表彰；

（三）全国红十字系统众筹扶贫大赛情况通报；

（四）国外同仁、地方红十字会人道资源动员经验分享交流；

（五）法律法规解读。

四、参会人员

（一）省级红十字会常务副会长或分管副会长1人、筹资部门负责人1人；省、市红十字基金会负责人1人；副省级城市红十字会常务副会长或分管副会长1人；筹资工作突出的地市级红十字会常务副会长1人。西藏自治区和新疆生产建设兵团红十字会可根据实际情况确定参会人员；

（二）江西省地市红十字会常务副会长各1人；

（三）总会机关有关部室和直属单位负责人；

（四）获奖单位代表及特邀人员。

五、其他事项

（一）请于2017年9月27日前将报名回执单传真至江西省红十字会，传真号码为0791-86790716；

（二）参会人员请自行预订往返机票或车票，会议不安排接送站，请持会议通知自行前往会议地点；

（三）会场设置项目资料展示台，请参会单位会前以省级红十字会为单位将有关材料放置在展示台，以供互相取阅交流；

（四）请受邀经验交流的单位于9月25日前将发言人简介、发言题目、经验交流材料及ppt报送至总会筹资与财务部。发言时间为每人20分钟，内容要求围绕资源动员工作，突出地方特色，分享经验成果。经验交流材料不超过5000字。

附件：

1. 报名回执单

2. 南昌滨江宾馆位置图

3. 会议日程

中国红十字会总会办公室

2017年9月15日

联 系 人：江　程（江西省红十字会）
联系电话：0791-86790716
传　　真：0791-86790716
邮　　箱：517927372@qq.com

联 系 人：孙　晓（总会筹资与财务部）
联系电话：010-84025890转3162
传　　真：010-64010551
邮　　箱：sunxiao@redcross.org.cn

附件1

人道资源动员经验交流会（培训班）报名回执单

填表单位盖章：　　　　是否进行项目资料展示　是□　否□　　　填报时间：　　年　月　日

姓名	性别	民族	单位及职务	级别	手机	备注

填表人：　　　　　　　　　　　　　　联系电话：

备注：1. 请于 2017 年 9 月 27 日前将回执传真至 0791–86790716；
联系人：江程，联系电话：0791–86790716 。
2. 如饮食方面有特殊要求，请在备注栏里注明。

附件 2

南昌滨江宾馆位置图

附件 3

会议日程

日期	时间	日程
10 月 17 日	全天	报到
10 月 18 日	上午	1. 江西省领导致辞； 2. 总会领导讲话； 3. 颁奖； 4. 江西省红会人道资源动员试点工作经验交流； 5. 中国红十字基金会众筹扶贫大赛情况通报
	下午	1. 国际联合会东亚地区代表处官员分享国际筹资经验； 2. 加拿大红十字会官员筹款经验分享
10 月 19 日	上午	1. 内蒙古、湖北、青海红十字会人道资源动员工作经验交流； 2. 北京西城、浙江绍兴、云南曲靖红十字会人道资源动员工作经验交流
	下午	1. 民政部官员有关政策解读； 2.《中华人民共和国红十字会法》《中华人民共和国慈善法》解读； 3. 专家讲座； 4. 会议总结
10 月 20 日	全天	返程

关于启动博爱家园项目申报工作的通知

中红办字〔2017〕107 号

河北、山西、内蒙古、吉林、黑龙江、安徽、江西、河南、湖北、湖南、广西、海南、重庆、四川、贵州、云南、陕西、甘肃、宁夏、新疆、青海省（自治区、直辖市）红十字会：

博爱家园是中国红十字会在社区开展的以“推动社区治理、提升社区能力、促进社区发展”为目标、以“防灾减灾、健康促进、生计发展、人道传播”为主要内容的人道公益项目。通过修建防灾减灾设施，普及防灾减灾、逃生避险等知识和技能，着力改善因灾致贫、因灾返贫的状况。通过提供一笔生计金，支持贫困户或致富带头人自主创业、发展生产，辅以技能培训，激发贫困户内生动力，实现开发式扶贫综合效应。同时，博爱家园通过“输血加造血”帮扶模式，实现了保民生与促发展的有机结合。

为进一步贯彻落实党中央精准扶贫的号召，切实提高国家级重点贫困地区人们的生活水平和生计能力，早日实现国家级重点贫困县博爱家园全覆盖，总会拟于 2017—2019 年（三年）分批部署博爱家园贫困县覆盖计划。首批（2017—2018 年）计划实施 240 个项目点，项目点分配将根据各地未实施博爱家园项目的国家级重点贫困县的数量，按照相同比例进行分配。

现就有关项目申报工作通知如下：

一、申报项目内容

各省申报的博爱家园项目应严格按照《博爱家园项目手册》要求，充分考虑地方区域特点及当地精准扶贫相关政策和实际需求开展以下活动。

（一）加强防灾减灾、卫生救护等硬件建设，提升社区整体抵御风险能力。

（二）加强软件建设，提升社区群众防灾减灾意识和能力以及卫生健康水平。

（三）完善基层红十字组织，加强红十字组织发展和能力建设。

（四）设立红十字生计金，促进社区的可持续性发展。

二、项目实施期限

2017 年至 2018 年 12 月

三、项目经费

每个项目省分配项目点数量参见附件，每个项目点 40 万元。一般情况下，硬件建设不超过 15 万元，软件建设不超过 10 万元、生计金不低于 15 万元。最终预算将根据社区评估情况，可适当灵活安排各项活动的资金分配比例。项目省管理费由总会按照总项目款的 3% 拨付，各省可依据不同项目点实际情况（地理位置、交通等）自行分配。

四、项目点选定标准和原则

（一）国家级重点贫困县

参照国家级重点贫困县名单选择总会尚未开展博爱家园的县。

（二）有高度责任心和较强的执行能力

优先考虑组织实施能力强、领导高度重视、认真负责，并且对项目有较强执行能力的县或市。

（三）具有较好的组织基础

县级红十字会一般应理顺管理体制，并有 2 名以上专职工作人员；县、乡（镇）、社区红十字组织能够成立专门的项目工作组。

五、项目申报时间

请省级红十字会对申报书进行认真审核后，于 2017 年 10 月 25 日前将项目申报书报至总会赈济救护部项目办公室（项目申报书电子版在微信群下载）。

附件：项目点分配数量一览表

六、项目申报要求

（一）各省要严格按照项目申报条件对项目点进行筛选并对项目申报书严格把关；

（二）为保证项目的顺利高效实施，总会将与各地签署“博爱家园项目实施责任书”。

附件

项目点分配数量一览表

省份	拟分配项目点数量（一县一点）	省份	拟分配项目点数量（一县一点）
河北	16	海南	3
山西	16	重庆	4
内蒙古	25	四川	10
吉林	4	贵州	20
黑龙江	6	云南	29
安徽	10	陕西	15
江西	10	甘肃	10
河南	15	青海	4
湖北	11	宁夏	2
湖南	9	新疆	10
广西	11		

抓好贯彻落实。

中共中国红十字会总会党组
2017 年 4 月 19 日

中国红十字会总会办公室关于《中国红十字会总会党组关于推进总会机关“两学一做”学习教育常态化制度化的实施方案》的备案报告

中红办字〔2017〕110 号

中共中央办公厅：

现将中国红十字会总会党组于 2017 年 4 月 19 日印发的《中国红十字会总会党组关于推进总会机关“两学一做”学习教育常态化制度化的实施方案》和制定说明一式 3 份报请中央备案。

中国红十字会总会办公室
2017 年 9 月 20 日

关于印发《中国红十字会总会党组关于推进总会机关“两学一做”学习教育常态化制度化的实施方案》的通知

红党组发〔2017〕19 号

机关各部室、各直属单位：

《中国红十字会总会党组关于推进总会机关“两学一做”学习教育常态化制度化的实施方案》已经会党组研究通过，现印发给你们，请结合实际研究制定实施计划，抓好贯彻落实。

中共中国红十字会总会党组
2017 年 4 月 19 日

附件

中国红十字会总会党组关于推进总会机关“两学一做”学习教育常态化制度化的实施方案

为全面贯彻落实党的十八届六中全会精神，深入学习贯彻习近平总书记系列重要讲话精神，持续推动全面从严治党突出“关键少数”并向基层延伸，巩固拓展党的群众路线教育实践活动、“三严三实”专题教育和“两学一做”学习教育成果，进一步加强总会机关党的思想建设、组织建设、作风建设、制度建设和反腐倡廉建设，根据中共中央办公厅印发的《关于推进“两学一做”学习教育常态化制度化的意见》的通知精神，结合总会实际，现就推进总会机关“两学一做”学习教育常态化制度化，提出如下实施方案。

一、目标要求

开展“两学一做”学习教育，是坚持思想建党、组织建党、制度建党紧密结合的有力抓手，是不断加强党的思想政治建设的有效途径，是全面从严治党的战略性、基础性工程。推进“两学一做”学习教育常态化制度化，对于进一步用习近平总书记系列重要讲话精神武装全党，确保全党更加紧密地团结在以习近平同志为核心的党中央周围，不断开创中国特色社会主义事业新局面，具有重大而深远的意义。要紧密联系总会机关党的建设、队伍建设和工作实际，把思想教育作为首要任务，坚持用党章党规规范总会各级党组织和广大党员的行为，用习近平总书记系列重要讲话精神武装头脑、指导实践、推动工作，坚持学思践悟、知行合一，坚持全覆盖、常态化、重创新、求实效，不断增强党组织和党员政治意识、大局意识、核心意识、看齐意识，不断增强党内政治生活的政治性、时代性、原则性、战斗性，不断增强党自我净化、自我完善、自我革新、自我提高能力，确保党的组织充分履行职能、发挥核心作用，确保党员领导干部忠诚干净担当、发挥表率作用，确保广大党员党性坚强、发挥先锋模范作用，为统筹推进“五位一体”总体布局、协调推进“四个全面”战略布局和推动红十字事业持续健康发展提供坚强组织保证。

二、主要内容

（一）深入学习党章党规、学习系列讲话。总会各级党组织要切实执行《关于在全体党员中开展“学党章党规、学系列讲话，做合格党员”学习教育方案》等规定和总会实施方案中明确提出的学习要求，做到融入日常、抓在经常。要把个人自学和集中学习结合起来，坚持读原著、学原文、悟原理，联系实际学、带着问题学、不断跟进学，领会掌握基本精神、基本内容、基本要求，做到学而信、学而思、学而行。深入学习党章党规，深刻认识党章是管党治党的总规矩总遵循，自觉践行党内政治生活准则、党内监督条例和廉洁自律准则等党内法规要求，不断提升遵守党章党规的思想自觉。深入学习习近平总书记系列重要讲话，深刻认识讲话的重大理论意义和实践意义，深刻理解讲话的时代背景、鲜明主题、科学体系，准确把握蕴含其中的治国理政新理念新思想新战略，领会掌握贯穿其中的马克思主义立场观点方法，更好地用以指导和推进本部门（单位）工作发展。要认真学习贯彻落实习近平总书记关于红十字事业发展的重要指示精神。要把学习习近平总书记系列重要讲话同学习马克思列宁主义、毛泽东思想、邓小平理论、“三个代表”重要思想、科学发展观紧密结合起来，把学习党章党规与学习习近平总书记系列重要讲话统一起来，要及时跟进学习最新讲话精神，处级以上党员领导干部在学习上要有更高标准、更高要求。

（二）确保做到“四个合格”。总会各级党组织要教育引导广大党员按照“四讲四有”标准，做到政治合格、执行纪律合格、品德合格、发挥作用合格。一是在政治合格方面，重点是坚定理想信念，正确把握政治方向，坚定站稳政治立场，坚决维护以习近平同志为核心的党中央权威，不断增强中国特色社会主义道路自信、理论自信、制度自信、文化自信。旗帜鲜明讲政治，牢固树立“四个意识”，在思想上政治上行动上同以习近平同志为核心的党中央保持高度一致。毫不动摇地坚持党的领导，坚定不移地走中国特色社会主义群团发展道路。二是在执行纪律合格方面，重点是增强组织纪律性，执行党的决定，服从组织分配，严守党的纪律特别是政治纪律和政治规矩，确保党中央令行禁止。三是在品德合格方面，重点是继承发扬党的优良传统和作风，大力弘扬忠诚老实、光明坦荡、公道正派、实事求是、艰苦奋斗、清正廉洁等共产党人价值观，带头践行社会主义核心价值观。持之以恒加强党性修养，注重培养清廉家风和健康的生活情趣。四是在发挥作用合格方面，重点是牢记党的根本宗旨，爱岗敬业、履职尽责，服务群众、奉献社会，敢担当、敢负责、敢作为，始终保持干事创业、开拓进取的精气神，在推进中国特色红十字事业持续健康发展中作表率、当先锋。

（三）经常查找解决问题。突出问题导向，坚持边学边改、边做边改，联系思想工作实际，建立完善及时发现和解决问题的有效机制，推动各级党组织和党员依靠自身力量修正错误、改进提高。各级党组织和广大党员要坚持学做结合，突出针对性，敢于直面问题，勇于自我革命，把查找解决问题作为“两学一做”学习教育的规定要求，不断检视和纠正机关党的建设和队伍建设方面存在的突出问题。持续为红十字事业注入生机活力。党组要经常查找分析是否落实全面从严治党主体责任，是否坚决执行党的理论和路线方针政策，是否认真坚持民主集中制，是否全面贯彻落实党组工作条例等，着力解决党的领导弱化、党的建设缺失、管党治党宽松软等问题。党支部要查找分析全面从严治党是否严紧硬，党建工作和业务工作是否同频共振，组织生活是否经常、认真、严肃，党员教育管理监督是否严格、规范，团结教育服务群众是否有力、到位，着力解决政治功能不强、组织软弱涣散、从严治党缺位等问题。全体党员干部要对照党章党规，对照系列讲话，对照先进典型，把自己摆进去，经常自省修身，打扫思想灰尘、进行“党性体检”，聚焦思想、组织、作风、纪律等方面存在的问题，做到有什么问题解决什么问题，什么问题突出重点解决什么问题；要查找分析理想信念是否坚定、对党是否忠诚老实、大是大非面前是否旗帜鲜明、是否做到在思想上政治上行动上同以习近平同志为核心的党中央保持高度一致，着力解决党的意识不强、组织观念不强、发挥作用不够等问题。

三、主要措施

（一）建立健全学习制度。认真落实《中国红十字会总会党组理论中心组学习制度》，采取个人自学、分头领学、集中研讨等办法深入学习，充分发挥示范引领作用。各党支部要按年度作出学习安排，按月作出学习计划，组织党员干部定期开展集体学习。党员领导干部要根据自身实际制定个人自学计划，每年完成规定的学习任务。创新学习方式，多开展研讨式、互动式、调研式学习，破解工作难题，推动工作决策。党支部书记要领着党员学，带动所有党员都真正学起来，确保每一名党员都参与、受教育、得提高。建立学习督查考核机制，总会“两委”委员要加强对联系点的督促检查和指导，确保学习任务完成。总会适时举办培训班，深化马克思主义基本原理和中国特色社会主义理论体系培训。构建“互联网＋党建工作”的制度模式，搭建机关党员干部思想理论网络学习平台，采取抽查、评比等方式检验学习效果，巩固学习成果。

（二）坚持“三会一课”等基本制度。要进一步强化“三会一课”的思想教育功能，以学习党章党规、学习习近平总书记系列重要讲话为主要内容，贴近党员思想和工作实际，使之成为政治学习的阵地、思想交流的平台、党性锻炼的熔炉。党支部要制定年度“三会一课”计划并报机关党委备案。党支部要组织党员按期参加党员大会、党小组会和上党课，定期召开支部委员会会议。坚持党员领导干部讲党课制度，各级党组织书记每年至少为基层党员讲一次党课，鼓励支部班子成员和普通党员联系实际讲党课。“三会一课”要突出政治学习和教育，突出党性锻炼，坚决防止表面化、形式化、娱乐化、庸俗化。要针对党员思想工作实际，确定“三会一课”的主题和具体方式，做到形式多样、氛围庄重。推广党支部主题党日，组织党员在主题党日开展“三会一课”、交纳党费、志愿服务等多种形式活动。利用红色教育基地等开展开放式组织生活，增强感染力、吸引力、针对性、实效性。党支部要如实记录“三会一课”开展情况，对没有正当理由长期不参加“三会一课”的党员，要进行批评教育，促其改正。机关党委要对党支部执行“三会一课”情况指导检查，对不经常、不认真、不严肃的，要批评指正，情况严重的要采取整顿等措施，作出组织处理。机关党委要创造条件，组织开展支部交流和学习借鉴。

（三）开好专题民主生活会和组织生活会。要把党的组织生活作为查找和解决问题的重要途径，注意听取群众的意见和反映，抓早抓小、防微杜渐。每年年底前，会党组和各党支部要根据上级党组织要求，严格按照制定方案、个人自查、征求意见、谈心谈话、批评与自我批评、整改落实等环节召开民主生活会。领导班子及其成员对照职能职责，进行党性分析，查摆在思想、组织、作风、纪律等方面存在的问题。要严肃认真开展批评和自我批评，坚持“团结—批评—团结”，严于自我解剖，热忱帮助同志。针对突出问题和薄弱环节提出整改措施。严格落实谈心谈话制度，坦诚相见、交流思想，发现问题及时提醒。要以严重违纪违法案件作为反面教材，认真开展警示教育。会党组民主生活会上，主要负责同志要在民主生活会上和组织生活会上通报班子成员受到谈话函询情况；被谈话函询的党员领导干部，存在错误的应当作出深刻检查，受到提醒的应当作出整改表态，没有问题的说明谈话函询情况即可。各党支部要组织召开组织生活会和民主评议党员，党员要对照党章党规、对照系列讲话、对照“四讲四有”和“四个合格”查找解决自身存在的突出问题，民主评议党员要客观公正评价党员表现，帮助引导党员自觉认识问题、自我改进提高，严格稳慎处置不合格党员。

（四）加强基层组织建设。党支部是党最基本的组织，是党全部工作和战斗力的基础。要树立党的一切工作到支部的鲜明导向，注重把思想政治工作落到支部，把从严教育管理党员落到支部，把群众工作落到支部，使党支部真正成为教育党员的学校、团结群众的核心、攻坚克难的堡垒。要把党支部建设作为最重要的基本建设，以强化党组织建设的成效促进总会各项工作开展。严格落实《中国共产党党和国家机关基层组织工作条例》，坚决贯彻落实民主集中制，认真落实重大决策报告制度和党务公开制度，进一步健全完善党费交纳管理等各项基本组织生活制度。规范基层党组织设置和管理，不断扩大党的组织和工作全覆盖。建立经常性督查指导机制，持续整顿软弱涣散基层党组织，为党支部开展工作和活动提供必要保障。继续抓好中组部部署的党组织关系排查等7项重点整治任务的深落实，开展总结支部工作法活动，坚持支部工作台账管理，加强支部规范化建设。各支部要健全各项工作制度，按期进行换届。机关党委要创造条件，加强对党支部书记的培训，帮助其提高党务工作能力。

（五）发挥领导干部示范带头作用。总会党员领导干部特别是党组成员和各级党员领导干部要把“两学一做”作为锤炼党性的基本功、必修课，加强政治能力训练，加强政治历练，自觉把讲政治贯穿于日常工作生活全过程、贯穿于党性锻炼全过程，时刻牢记自己第一身份是党员，无论职务高低，都要以普通党员身份参加党的组织生活。要带头开展学习，认真学习党章党规，知敬畏、存戒惧、守底线；学深悟透习近平总书记系列重要讲话精神，不断增强“四个意识”，始终坚定理想信念、坚定“四个自信”，真正做到思想认同、政治看齐、行动紧跟。要带头做合格党员、合格领导干部，时刻检视存在的差距和不足，自觉同特权思想和特权现象作斗争，不断改造自己，提高思想政治觉悟。要践行“三严三实”要求，履职尽责、奋发有为，敢于担当，努力创造经得起实践、人民、历史检验的实绩。要严格执行中央八项规定精神，密切联系群众，切实改进作风，严格要求自己和身边工作人员，注重家庭、家教、家风，保持清正廉洁的政治本色。

（六）组织总结考评验收。每年年底各党支部要对开展学习教育情况进行总结。机关党委要把组织开展“两学一做”学习教育情况纳入党建工作考核的重要内容，每年结合党建述职评议考核，作为评判党组织和党组织书记履行管党治党责任情况的重要依据，注重从党支部工作成效和党员作用发挥看效果、让党员群众作评价。将开展“两学一做”学习教育情况纳入总结支部工作法的内容之一，推动各支部及时总结交流新鲜经验，发现和解决存在问题。对工作落实不力、搞形式走过场的，要严肃批评、追责问责。

四、组织领导

总会推进“两学一做”学习教育常态化制度化在总会党组领导下深入开展，由机关党委牵头组织实施。

（一）加强组织领导。成立总会推进“两学一做”学习教育常态化制度化领导小组，党组书记徐科任组长，党组副书记、副会长郭长江，党组成员、副会长王海京、王汝鹏，党组成员、副会长兼秘书长王平任副组长，总会机关各部室、各直属单位主要负责同志为成员，领导小组下设办公室，由总会直属机关党委、组织宣传部、人事部牵头组织实施。

（二）严格落实主体责任。中央部署推进“两学一做”学习教育常态化制度化是当前一项重大政治任务，各党支部和广大党员要自觉把思想和行动统一到中央部署上来，高度重视，精心组织，抓常抓细抓长。总会党组要切实履行主体责任，要专门研究部署，定期听取汇报，每年对开展“两学一做”学习教育情况进行评估总结，一级抓一级，层层抓落实。机关党委要制定实施方案，作出具体安排，加强督促指导。各党支部要切实担负起主体责任，结合实际制定具体实施计划，有序推进、长期坚持、形成常态。各党支部书记要切实履行第一责任人职责，从严从实抓好落实，层层传递责任，层层传导压力，确保人人有责、人人负责、人人担责。要着眼巩固和深化学习教育成果，强化问题整改，有针对性地解决党的建设和党员队伍存在的问题，尽好责、抓到位、见实效。

（三）强化督导指导。各党支部制定的实施计划，要报机关党委审批，机关党委要根据各党支部的特点，对学习教育的内容安排、组织方式、问题排查等提出具体要求，要加强指导，定期对各党支部开展学习教育情况进行检查评估，掌握整体情况，把握工作节奏。离退休干部职工党员，由总会离退休党支部及所在直属单位党支部，根据实际情况，组织开展学习教育。

（四）加强舆论引导，营造良好氛围，充分利用《中国红十字报》、总会内网等，及时推送学习内容，宣传推进“两学一做”学习教育常态化制度化的做法和成效，引导党员利用网络自主学习、互动交流。注重总结提炼学习教育经验成果，有关情况适时上报中央组织部和中央国家机关工委。

中国红十字会总会推进“两学一做”学习教育常态化制度化领导小组成员名单

组　长：徐　科　党组书记、常务副会长

副组长：郭长江　党组副书记、副会长、直属机关党委书记

王海京　党组成员、副会长

王汝鹏　党组成员、副会长

王　平　党组成员、副会长兼秘书长

成　员：总会机关各部室及各直属单位主要负责人

中国红十字会总会推进“两学一做”学习教育常态化制度化领导小组办公室成员名单

主　任：郭长江　党组副书记、副会长、直属机关党委书记

副主任：王世涛　直属机关党委常务副书记兼纪委书记

成　员：邵　锋　办公室副主任（机关部门正部长级）

姚立新　组织宣传部部长

张　莉　机关党委巡视员、机关纪委副书记

夏　爽　办公室人事处处长

曲　靖　机关党委与纪委办公室主任

范　欣　监察审计室副主任

王　烨　机关党委与纪委办公室副调研员

关于《中国红十字会总会党组关于推进总会机关“两学一做”学习教育常态化制度化的实施方案》的制定说明

中国红十字会总会党组于 2017 年 4 月 19 日印发了《中国红十字会总会党组关于推进总会机关“两学一做”学习教育常态化制度化的实施方案》，现就有关制定问题作出以下说明：

为全面贯彻落实党的十八届六中全会精

神，深入学习贯彻习近平总书记系列重要讲话精神，持续推动全面从严治党突出“关键少数”并向基层延伸，巩固拓展党的群众路线教育实践活动、“三严三实”专题教育和“两学一做”学习教育成果，进一步加强总会机关党的思想建设、组织建设、作风建设、制度建设和反腐倡廉建设，根据中共中央办公厅印发的《关于推进“两学一做”学习教育常态化制度化的意见》的通知精神，结合总会实际，制定了此实施方案。

实施方案在制定过程中，先后征求了机关各部室、各直属单位及会党组全体成员意见，并召开党组会研究通过后，于2017年4月19日印发机关各部室、各直属单位贯彻落实。

实施方案从目标要求、主要内容、主要措施、组织领导等几方面对推进总会机关“两学一做”学习教育常态化制度化进行了细化并成立领导小组及领导小组办公室，将责任落实到位。

中国红十字会总会办公室关于《中国红十字会总会党组关于贯彻落实〈中国共产党问责条例〉实施办法（试行）》的备案报告

中红办字〔2017〕111号

中共中央办公厅：

现将中国红十字会总会党组于2017年8月21日印发的《中国红十字会总会党组贯彻落实〈中国共产党问责条例〉实施办法（试行）》和制定说明一式3份报请中央备案。

中国红十字会总会办公室
2017年9月20日

中共中国红十字会总会党组关于印发贯彻落实《中国共产党问责条例》实施办法（试行）的通知

红党组发〔2017〕25号

机关各部室、各直属单位：

《中共中国红十字会总会党组贯彻落实〈中国共产党问责条例〉实施办法（试行）》已经会党组审议通过，现印发给你们，请认真贯彻执行。

中共中国红十字会总会党组
2017年8月21日

附件

中共中国红十字会总会党组贯彻落实《中国共产党问责条例》实施办法（试行）

第一章　总则

第一条　为深入贯彻全面从严治党要求，落实管党治党责任，规范和强化总会党的问责工作，根据《中国共产党章程》《中国共产党问责条例》等党内法规，结合总会实际，制定本实施办法。

第二条　党的问责工作要坚持以马克思列宁主义、毛泽东思想、邓小平理论、“三个代表”重要思想、科学发展观为指导，深入贯彻习近平总书记系列重要讲话精神，围绕协调推进“四个全面”战略布局，坚持党的领导，加强党的建设，全面从严治党，做到有权必有责、有责要担当、失责必追究，落实党组织管党治党政治责任，督促党的领导干部践行忠诚干净担当。

第三条　党的问责工作坚持依规依纪、实事求是，失责必问、问责必严，惩前毖后、治病救人，分级负责、层层落实责任的原则。

第四条　党的问责工作是由党组织按照职责权限，追究在党的建设和党的事业中失职失责党组织和党的领导干部的主体责任、监督责任和领导责任。

第五条　问责对象主要是机关党委、机关纪委及其领导成员，总会机关及各直属单位党组织及其领导成员，重点是主要负责人。

第六条　问责应当分清责任。党组织领导班子在职责范围内负有全面领导责任，领导班子主要负责人和直接分管的班子成员承担主要领导责任，参与决策和工作的班子其他成员承担重要领导责任。

第七条　会党组的问责工作接受中央纪委派驻卫计委纪检组的指导和监督检查。问责工作的有关情况适时向中央纪委派驻卫计委纪检组进行报告。

第二章　问责情形

第八条　党组织和党的领导干部违反《中国共产党章程》和其他党内法规，不能有效贯彻落实中央全面从严治党决策部署和会党组全面从严治党要求，致使党的领导弱化，给党的事业和人民的利益及总会工作造成严重损失，产生恶劣影响的，应当予以问责：

（一）对党的理论和路线方针政策、党中央、国务院以及会党组的决策部署不按要求传达学习，不认真研究部署，不积极推动落实，或者在贯彻执行中打折扣、做选择、搞变通的；

（二）党组织参与本单位重大决策的制度办法不健全，贯彻执行民主集中制和“三重一大”事项集体讨论决策制度不坚决不到位，造成重大决策失误和本单位严重损失的；

（三）在统筹推进“五位一体”总体布局、协调推进“四个全面”战略布局、贯彻落实新发展理念、推进红十字事业持续健康发展等工作中领导不力，出现重大失误的；

（四）在处置本单位发生的重大问题和突发事件中，不按有关规定向上级请示报告，不积极应对处置，或者存在迟报、瞒报、漏报、谎报导致事态恶化的。

第九条　党组织和党的领导干部失职失责，致使党的建设缺失，党内和群众反映强烈，损害党的形象，削弱党执政的政治基础的，应当予以问责：

（一）在加强党的思想建设中，不认真贯彻党的思想路线，不重视加强党的理论武装，学习制度执行不严格，不经常开展党性党风党纪教育，意识形态工作管理不力，导致思想政治工作严重削弱，错误倾向、错误观点、错误言论得不到及时批驳和纠正，党员队伍理想信念动摇，政治立场不坚定，宗旨观念淡薄，是非界限不清的，在重大风险和考验面前不能发挥先锋队作用的；

（二）在加强党的组织建设中，党内政治生活不正常、组织生活不健全，“三会一课”、党的领导干部过双重组织生活、民主评议党员、党员党性定期分析等制度落实不力，不按期进行换届，党员发展不严格，党费收缴不及时不足额，领导班子严重不团结，民主议事决策制度执行不严，党组织软弱涣散，对党员疏于教育、管理和监督，缺乏凝聚力和战斗力的；

（三）在加强党的作风建设中，对中央八项规定精神和会党组实施办法落实不坚决、不到位、存在偏差的，“四风”问题屡禁不止，党的作风建设流于形式的；

（四）在干部选拔任用工作中，违反《党政领导干部选拔任用工作条例》等有关规定，对拟任人选个人有关事项审核把关不严，用人严重失察、“带病提拔”、买官卖官、拉票贿选、突击提拔等问题突出的。

第十条　党组织和党的领导干部失职失责，致使全面从严治党不力，造成严重后果的，应当予以问责：

（一）党组织全面从严治党主体责任落实不到位，党的领导干部不履行一岗双责，在抓思想教育、制度建设、工作部署和检查落实等方面工作缺位，问题突出的；

（二）管党治党宽松软，落实监督执纪“四种形态”等要求不力，好人主义、搞一团和气，不负责不担当，群众反映强烈的；

（三）党内监督乏力，对职责范围内该发现的问题没有发现，发现问题不报告不处置、不整改不问责的。

第十一条　维护党的政治纪律、组织纪律、廉洁纪律、群众纪律、工作纪律、生活纪律不力，导致违规违纪问题多发，造成恶劣影响的，应当予以问责：

（一）维护党的政治纪律和政治规矩不力，管辖范围内有令不行、有禁不止，团团伙伙、拉帮结派，对抗组织审查，组织迷信活动，妄议中央大政方针，搞上政策、下有对策，对中央的决策部署贯彻执行不到位，群众反映强，影响较大、问题严重的；

（二）维护党的组织纪律失职，管辖范围内存在违反民主集中制原则、不执行或者擅自改变上级党组织重大决定，不履行有关工作规程，违反请示报告和个人有关事项报告制度，违规出国（境）、违反外事纪律等问题，情节严重的；

（三）维护党的廉洁纪律不力，管辖范围内出现利用单位或者职务影响力谋取私利、搞权钱交易，违规赠送收受礼品、礼金、消费卡，违规出入私人会所，违规操办婚丧喜庆事宜，违规从事营利性活动、公车私用、公款旅游、公款吃喝等问题严重的；

（四）维护党的群众纪律不力，管辖范围内党群干群关系紧张，利用职权优亲厚友、吃拿卡要、推诿扯皮、简单粗暴，分割群众利益、损害群众权益、破坏党群干群关系等问题严重的；

（五）维护党的工作纪律不力，管辖范围内长期存在慵懒散松现象，应报告未报告或不如实报告，工作中弄虚作假，不作为、乱作为，违反保密规定造成泄密失密等问题严重的；

（六）维护党的生活纪律不力，管辖范围内存在违反社会公德、家庭美德，以及违背社会公序良俗等现象，影响恶劣的。

第十二条 推进党风廉政建设和反腐败工作不坚决、不扎实，管辖范围内腐败蔓延势头没有得到有效遏制，损害群众利益的不正之风和腐败问题突出的，应当予以问责。

（一）推进党风廉政建设和反腐败工作不坚决、不扎实，不认真落实《党风廉政建设责任书》各项要求，管辖范围内腐败蔓延势头没有得到有效遏制的；

（二）抓早抓小工作不力，把握运用监督执纪“四种形态”不到位，对发现的苗头性、倾向性问题或者轻微违纪问题不及时谈话提醒、约谈批评、函询诫勉，没有把纪律和规定挺在前面，导致管辖范围内不正之风滋生蔓延的；

（三）对违规违纪问题失察失教、失管失究，对上级领导机关交办的问题事项或者信访举报事项不办理或者办理不及时不得力，造成严重后果的。

第十三条 有其他失职失责情形需要问责的，应当予以问责。

第三章 问责方式

第十四条 对机关党委、机关纪委，总会机关及各直属单位党组织的问责方式包括：

（一）检查。对履行职责不力、情节较轻的，应当责令其作出书面检查并切实整改。

（二）通报。对履行职责不力、情节较重的，应当责令整改，并在一定范围内通报。

（三）改组。对失职失责，严重违反党的纪律、本身又不能纠正的，应当予以改组。

对机关党委、机关纪委领导干部，总会机关及各直属单位党组织书记及委员的问责方式包括：

（一）通报。对履行职责不力的，应当严肃批评，依规整改，并在一定范围内通报。

（二）诫勉。对失职失责、情节较轻的，应当以谈话或者书面方式进行诫勉。

（三）组织调整或者组织处理。对失职失责、情节较重，不适宜担任现职的，应当根据情况采取停职检查、调整职务、责令辞职、降职、免职等措施。

（四）纪律处分。对失职失责应当给予纪律处分的，依照《中国共产党纪律处分条例》追究纪律责任。

以上问责方式，可以单独使用，也可以合并使用。

第四章 问责程序

第十五条 按照分级负责、层层落实责任的原则，由会党组或者授权总会直属机关党委（纪委）以及相关职能部门对总会机关各部室、各直属单位党组织和党的领导干部实施问责。

第十六条　启动问责程序。

发现有本实施办法规定的问责情形的，由会党组决定或者责成总会直属机关党委（纪委）以及相关职能部门根据职责权限启动问责程序。

在巡视、审计、监督检查等工作中发现需要问责的问题，应当及时按管理权限将问题线索上报会党组或者移送中央纪委派驻纪检组、总会直属机关党委（纪委）履行报批手续，并报经会党组批准后，按照规定启动问责程序。

第十七条　实施问责调查。

（一）启动问责程序后，一般应当进行问责调查。对于事实清楚的问责情形，经会党组同意后，可以不进行问责调查，直接认定责任，作出问责决定。

（二）会党组可以根据问题或者工作需要，直接进行问责调查，也可授权总会机关党委（纪委）以及相关职能部门进行调查。

（三）准确认定责任。由党组织领导班子集体研究决定的事项应当问责的，对党组织进行问责处理，同时对参与决策的班子成员进行问责，重点对班子主要负责人和直接主管的班子成员进行问责。对明确提出反对意见的，不予问责。由领导班子成员个人决定或者批准的事项应当问责的，对该班子成员个人进行问责。

调查结束后，应当形成书面调查报告，写明被调查党组织和党的领导干部的基本情况、调查过程、查明的主要事实、对问题性质的认定和依据、具体问责建议等内容。

第十八条　作出问责决定。

（一）问责决定应当由有管理权限的党组织作出。

（二）对党的领导干部采取通报、诫勉方式进行问责的，在报经会党组批准后，可以负责问责调查部门的名义进行落实。

对党的领导干部进行组织调整或者组织处理的，由负责问责调查的部门提出建议，报请会党组作出决定。

采取纪律处分方式问责的，按照《中国共产党章程》和有关党内法规规定的权限和程序执行。

（三）对党组织需要进行检查、通报、改组的，由负责问责调查的部门提出建议，报请会党组作出决定。

第十九条　问责决定执行。问责决定作出后，应当在一个月内向被问责党组织或者党的领导干部及其所在党组织宣布并督促执行。有关问责情况应当向人事部门通报，人事部门应当将问责决定材料归入被问责领导干部个人档案；涉及组织调整或者组织处理的，应当在一个月内办理完毕相应手续。

第二十条　受到问责的党组织应当在要求时间内将问责决定执行情况向作出问责决定的党组织进行书面报告。受到问责的党的领导干部应当在30个工作日内向问责决定机关写出书面检讨，并在民主生活会或者其他党的会议上作出深刻检查。

第二十一条　建立健全问责典型问题通报曝光制度，采取组织调整或者组织处理、纪律处分方式问责的，一般应当通报，发挥警示教育作用。

第二十二条　实行终身问责。对失职失责性质恶劣、后果严重的，不论其责任人是否调离转岗、提拔或者退休，都应当严肃问责。

第二十三条　各级党组织应当加强对下级党组织实施问责情况的监督检查。对有责不问或者问责方式不当、问责决定不落实的，应当及时督促纠正，情节严重的应当对负有责任的党组织领导班子和班子成员实施问责。

第五章　附则

第二十四条　本办法由总会直属机关党委（纪委）负责解释。

第二十五条　本办法自印发之日起试行。

关于《中国红十字会总会党组关于贯彻落实〈中国共产党问责条例〉实施办法（试行）》的制定说明

中国红十字会总会党组于2017年8月21日印发了《中国红十字会总会党组关于贯彻落实〈中国共产党问责条例〉实施办法（试行）》，现就有关制定问题作出以下说明：

为深入贯彻全面从严治党要求，落实管党治党责任，规范和强化总会党的问责工作，根据《中国共产党章程》《中国共产党问责条例》等党内法规，结合总会实际，制定本实施办法。

实施办法在制定过程中，先后征求了机关各部室、各直属单位及会党组全体成员意见，并召开党组会研究通过后，于2017年8月21日印发机关各部室、各直属单位贯彻落实。

实施办法明确了问责是对机关党委、机关纪委及其领导成员，总会机关及各直属单位党组织及其领导成员，重点是主要负责人的问责，从问责情形、问责方式、问责程序等方面进行了详细的规定。

关于印发2016—2020年中国红十字事业发展主要指标分解的通知

中红办字〔2017〕114号

总会机关各部室、各直属单位：

根据中国红十字事业发展规划（2016—2020）内容，现将主要指标分解印发给你们，请认真贯彻落实。

附件

2016—2020 年中国红十字事业发展主要指标分解一览表

主要项目和指标		2015 年	2016 年	2017 年	2018 年	2019 年	2020 年	2020 年目标值
1. 应急救护培训普及人数（万人次）		—	1000	800（1800）	800（2600）	800（3400）	800（4200）	4000
2.红十字救护员(万人)		1900*	348.78	300（648.78）	300（948.78）	300（1248.78）	300（1548.78）	1500
3. 国家级红十字应急救援队（支）		[21]	0	0（21）	1（22）	1（23）	1（24）	[24]
4. 应急救护培训示范基地（个）		0	30	30（60）	30（90）	30（120）	30（150）	150
5. 备灾设施（个）	总会及区域级	[8]	0（8）	2（10）	0（10）	0（10）	0（10）	[10]
	省及地市和县级	[348]	0（348）	4（352）	16（368）	16（384）	16（400）	[400]
6. 博爱家园（个）		[602]	246	200(446)	200（646）	200（846）	200(1046)	1000
7. 红十字天使计划博爱卫生站（个）		[2321]	76	56（132）	56（188）	56（244）	56（300）	300
8. 红十字救护站（个）		[119]	39（158）	6（164）	12（176）	12（188）	12（200）	[200]
9. 人道救助直接受益人（万人次）	红十字天使计划儿童大病救助	[10]	2	2（4）	2（6）	2（8）	2（10）	10
	其他人道救助	—	695	360（1055）	360（1415）	360（1775）	360（2135）	1800
10. 造血干细胞库容(万人份)		[217]	17（234）	13（247）	13（260）	13（273）	13（286）	[280]
11. 确定"一带一路"双边合作关系国家(个)		[18]	2（20）	4（24）	4（28）	2（30）	0（30）	[30]
12."海外博爱家园"项目受援国家（个）		[10]	1（11）	5（16）	2（18）	2（20）	0（20）	20
13. 培养红十字国际化专门人才（人）		[50]	25（75）	25（100）	25（125）	25（150）	0（150）	150
14. 管理体制理顺率（%）	地市	[96.4]	96.7	98.2	98.2	98.2	98.2	[98]
	县	[67.2]	67.3	74.8	78.5	82.3	86.1	[80]
15. 募捐规划（亿元）		124.7*	26.9	28（54.9）	30（84.9）	32(116.9)	34(150.9)	150
16. 基层组织（万个）		[9]	–0.2109（8.9535）	0.7586（9.7121）	0.3882（10.1003）	0.4007（10.501）	0.4023（10.9033）	[10]
17. 注册志愿者(万人)		[19]	2.282（21.282）	2.578（23.86）	3.579（27.439）	3.579（31.018）	3.579（34.597）	[30]

注：1. [ ] 为累计达到数，* 为 2011—2015 年五年累计数。

2. 表格中除管理体制是百分比数字，填写的是当年已达到（或将要达到）的目标值，其他项目数据均为当年要实现的目标值（小括号里是当年的目标合计值）

关于召开中国红十字会宣传工作会议的通知

中红办字〔2017〕120 号

各省、自治区、直辖市红十字会，新疆生产建设兵团红十字会，铁路系统红十字会：

为学习宣传和贯彻落实好党的十九大精神，总结中国红十字会“十大”以来的宣传工作，研究部署 2018 年及今后一个时期的宣传工作，总会决定在北京召开中国红十字会宣传工作会议。现将有关事项通知如下。

一、会议时间

2017 年 10 月 30 日。10 月 29 日报到，10 月 31 日离会。

二、会议地点

北京西郊宾馆（北京市海淀区王庄路 18 号）

宾馆电话：010-62322288

三、会议内容：

学习宣传贯彻党的十九大精神，总结中国红十字会“十大”以来的宣传工作，研究部署 2018 年及今后一个时期的宣传工作。

四、参会人员

1. 中国红十字会总会领导。

2. 省级红十字会党组书记。

3. 副省级城市红十字会党组书记。

4. 总会机关各部门、各直属单位主要负责人。

五、注意事项

1. 请填写会议报名表并于 10 月 20 日前传真至总会宣传处。

2. 会议不安排接站，请参会人员自行前往报到。

3. 参会人员会议期间食宿费用由总会承担，往返交通费自理。

中国红十字会总会办公室

2017 年 10 月 16 日

联 系 人：许柳亚、王　静

联系电话：（010）64033249，84025890-5035、5033

传　　真：（010）64033249

邮　　箱：xuanchuanchu@redcross.org.cn

附件

中国红十字会宣传工作会议报名表

填表单位：

姓　名	性别	民族	工作单位及职务	联系电话
				固定电话： 手　　机：
				固定电话： 手　　机：
				固定电话： 手　　机：
备　注	1. 请务必于 10 月 20 日前将此表传真至总会宣传处，传真：（010）64033249。 2. 副省级城市红十字会参会人员由所在省级红十字会统一填报。			

关于做好 2017 年世界艾滋病日主题宣传工作的通知

中红办字〔2017〕131 号

各省、自治区、直辖市红十字会，新疆生产建设兵团红十字会：

今年 12 月 1 日是第 30 个“世界艾滋病日”，为贯彻落实党的十九大精神和推进健康中国建设的总体要求，响应国务院防治艾滋病工作委员会办公室的号召，继续开展艾滋病防治宣传活动，今年的活动主题是“共担防艾责任，共享健康权利，共建健康中国”（英文主题为 Right to Health）。现将主题活动有关事宜通知如下：

一、认真落实国务院防治艾滋病工作委员会办公室《关于做好 2017 年“世界艾滋病日”宣传活动的通知》精神，根据当地防艾工作规划，围绕宣传主题，开展多种形式的宣传活动。

二、加强与媒体合作，在开展知识宣传的同时，积极展示红十字会防艾工作成果。

三、请注意收集活动中的相关资料和数据（如图片、参与活动的人员数量、志愿者数量、受众人群的类别和人数等），并于 12 月 15 日前将活动总结报总会赈济救护部。

中国红十字会总会办公室

2017 年 11 月 14 日

联 系 人：章红梅
电　　话：010-64025130、84025890 转 4081
传　　真：010-64025130
Email：zhanghongmei@redcross.org.cn

关于印发《中国红十字会博爱家园项目管理办法》的通知

中红办字〔2017〕137 号

各省、自治区、直辖市红十字会、新疆生产建设兵团红十字会：

为进一步规范博爱家园项目管理，提高项目资金使用效率，根据《中国红十字会总会项目管理办法》《中国红十字会总会财务管理办法》等有关规定，总会特制定本办法，现印发给你们，请遵照执行。

中国红十字会博爱家园项目管理办法

第一章　总则

第一条　为加强和规范博爱家园项目管理，根据《财政部关于印发〈彩票公益金管理办法〉的通知》《中国红十字会总会项目管理办法》《中国红十字会总会财务管理办法》《红十字会与红新月会国际联合会项目管理指南》，制定本办法。

第二条　博爱家园项目是中国红十字会在城乡社区开展的以“推动社区治理、提升社区能力、促进社区发展”为目标、以“防灾减灾、健康促进、生计发展、人道传播”为主要内容的人道公益项目。

第三条 博爱家园项目应注重因地制宜与开拓创新相结合，本着服务基层、服务民生的原则，发挥红十字会优势，推动社区防灾减灾工作，积极助力国家扶贫攻坚工程，改善弱势群体生活境遇。

第四条 本管理办法适用于总会资金支持的在各地开展的博爱家园项目，资金来源包括但不限于国家彩票公益金、社会募集资金、境外红十字会及国际组织捐款等。地方红十字会自筹资金开展的博爱家园项目可参照本办法执行。

第二章 组织管理

第五条 中国红十字会执行委员会负责博爱家园项目的总体规划。

第六条 总会赈济救护部是博爱家园项目的执行部门，负责制定项目实施方案和年度计划，组织申报、评估及表彰工作。

第七条 总会赈济救护部项目办公室负责项目的日常管理工作，包括：制定项目管理规范及标准，指导省级红十字会开展项目，组织项目培训、督导评估及项目评选。

第八条 省级红十字会全权负责项目实施的具体指导，包括省内项目总体规划，审批项目计划书以及组织项目管理人员培训、开展项目督导验收及评估等工作。

第九条 市级红十字会负责配合省级红十字会指导县级红十字会开展项目，协调并参与项目验收，负责向省级红十字会汇报项目进度情况。

第十条 县级红十字会负责直接实施项目，包括项目申报、制定计划、预算、组织项目活动、收集归档项目资料、开展项目总结等。县级红十字会负责在村内组织成立项目管理小组，负责具体执行工作。

第三章 项目内容

第十一条 防灾减灾。普及防灾减灾、自救互救、逃生避险等知识，并组织应急演练，在资源许可和必要时，可根据社区需求选择性地修建小型防灾减灾、安全饮水、卫生健康等基础设施，提高社区基础设施水平和抵御自然灾害等突发公共事件的能力。

第十二条 健康促进。开展多种形式的大众健康知识普及活动，打造健康教育宣传阵地，增强居民健康意识，提高社区群众健康水平。

第十三条 生计发展。在充分调查研究的基础上，引导和支持具备一定条件的群众，发展生计，实现促进社区发展生产、改善经济条件、解决贫困问题的目标。

第十四条 人道传播。成立基层红十字组织，开展红十字知识宣传，广泛传播“人道、博爱、奉献”的红十字精神，积极组织志愿服务，在社区形成自助互助风尚，推动社区文化建设和精神文明建设。

第四章 项目申报与审批

第十五条 申报项目的县红十字会应组织快速需求评估，重点考察当地社区人道需求，群众对项目认可度及社区凝聚力，执行机构能力等因素。根据快速评估结果，撰写项目申报书。有条件的省级红十字会应组织项目申报培训。

第十六条 项目申报应遵循逐级上报原则。项目申报书由县级红十字会撰写，省、市两级红十字会负责逐级对上报的项目书进行审核，汇总后由省级红十字会提交总会。总会只受理省级红十字会提交的项目申报书。

第十七条　总会负责组织对申报项目开展评审，并根据资金来源自行审批或向资助方申报项目。项目评审的标准为：项目选点合理性、项目所选问题的相关性、项目计划的可行性、项目执行能力、项目的效益及项目可持续性。对于情况复杂的项目，总会可组织外部专家进行评审。项目批准后，总会与省级红十字会签署项目协议，约定各方权利与责任。

第十八条　项目申报过程中，省、市级红十字会应加强对下级红十字会的指导和培训，必要情况下应开展前期实地调研，确保申报项目符合要求。

第十九条　项目申报书仅为意向文本，不作为实施项目和开展后期评估的依据。项目批准后，县级红十字会应于两个月内制定详细的项目计划书，经省红十字会批准后方可实施。省红十字会批准全部计划书后，应于十个工作日内报总会备案。

第五章　项目执行、监督与报告

第二十条　省级红十字会应加强对项目执行地红十字会的指导、培训和监督力度。一次性启动项目数量超过10个的省级红十字会必须组织项目启动培训。

第二十一条　各级红十字会应坚持“参与式”工作方法，由县级红十字会在村内成立项目管理小组，负责组织社区参与策划和开展项目活动，包括在社区开展VCA（易受损性及能力评估）活动，并将据此制定的项目计划书及依据文件（VCA过程及结果文件、逻辑框架、基线调查数据）逐级上报至省级红十字会批准。

第二十二条　项目硬件工程的实施必须聘请县级或以上、持有所需合格证明（如××级工程队）的施工队统一施工，如非必要应避免向不同的施工队分拆工程。

第二十三条　项目硬件工程的实施须聘请有资质的监理公司或监理技术顾问负责工程的质量监督工作。

第二十四条　生计金的发放应严格按照《博爱家园项目手册》规定的流程和手续办理，县级红十字会应与当地乡（镇）政府、村（社区）委员会联合成立“生计金领导小组”并签署合作协议，确保资金使用安全。

第二十五条　生计金的使用必须做到“扶真贫”，受益户的选择应坚持民主决策，充分听取贫困户意见，受益户名单应在社区内公示十个工作日，无异议后方可发放，严禁挪用资金用于与扶贫无关的其他事项。

第二十六条　省级红十字会应加强项目督导工作。自项目协议签署后，至少每半年赴项目村（不少于批准项目总数的50%）开展实地督导、对项目存在的问题督促落实整改。该督导报告连同项目中期报告一同上报总会。

第二十七条　县级红十字会应逐级向省级红十字会提交季度报告、中期报告和终期报告，省级红十字会审核后负责汇总后向总会提交中期报告和终期报告。报告的提交频率和质量将作为衡量省级红十字会执行力的重要指标，并纳入申报新项目的资格审查条件。连续6个月未提交任何项目进度报告的省份，两年内不再具备申报新项目的资格。

第二十八条 如项目确需变更内容、项目周期、预算或项目实施地，应在两个月内按照原申报渠道逐级上报，经批准后方可实施调整。项目点预算调整在 10% 以内的，省红十字会有权批准并报总会备案。如遇不可抗力等因素导致项目无法实施，亦应于两个月内按照原渠道报批后终止项目。

第六章 总结与评估

第二十九条 项目硬件工程完成后，须由施工队、乡镇政府连同市、县红十字会、县政府行业主管部门（质量监督部门）、监理公司共同验收并组织财务收支审计，填写验收报告提交省红十字会；验收标准包括受益人口、质检验收合格证明、监理公司或监理技术顾问分阶段验收报告、项目改动的批核文件、决算书等。

第三十条 硬件建设竣工后，需在显著位置标明博爱家园标志，并设置项目纪念碑（匾），说明项目捐赠方、支持的内容及范围。

第三十一条 县级红十字会在每轮生计金运行完成后应及时回收资金并撰写博爱家园生计金执行报告。新一轮资金发放应于三个月内完成。

第三十二条 生计金在循环滚动过程中，经县级红十字会评估后认为原项目点不再需要生计金支持，县级红十字会可将生计金收回并转至其他有需求的社区，此调整需重新上报项目计划书至省级红十字会批准、总会备案后方可实施。

第三十三条 项目整体实施完成前，县级红十字会应组织在社区内开展总结会，邀请志愿者、社区群众等相关人员，共同探讨项目可持续性方案。

第三十四条 县级红十字会负责撰写项目终期报告并逐级上报至总会。总会根据工作需要可委托省级红十字会在收到报告后两个月内进行项目验收，并适时组织抽查。

第三十五条 项目实施地红十字会应积极推动项目宣传工作，加强红十字价值、理念及文化的传播，提升项目品牌的声誉和知晓度。

第三十六条 在项目完成后总会可根据工作需要或应捐赠方要求，组织项目评估，必要情况下可组织外部评估。

第七章 财务管理

第三十七条 项目资金应设立专门会计科目进行核算，并严格按照项目申报书及计划书确定的内容使用，确保资金专款专用、安全高效。

第三十八条 原则上每个博爱家园项目预算为 40 万元，其中硬件建设不高于 15 万元，软件建设不高于 10 万元，生计金不低于 15 万元。各项资金构成比例根据项目点评估确定的实际需求合理分配。项目执行成本由总会按照不高于项目款 3% 的比例单独拨付。

第三十九条 总会分两次拨付项目款及项目执行成本至项目省（自治区、直辖市）红十字会：第一次在签署项目协议后拨付硬件资金的 80% 及其他全部资金（含项目执行成本），第二次在省红十字会提交项目竣工报告后拨付剩余的 20% 硬件资金。省、市红十字会可根据各项目的执行进度分阶段下拨项目款。

第四十条 项目实施中产生的执行成本应在额度内据实列支，列支范围为各级红十字会在执行项目过程中产生的办公耗材、工作设备购置、宣传、交通、通信、邮寄、志愿者经费等费用，不得用于在编人员工资福利支出以及与项目无关的支出。

第四十一条 项目采购应按照《中华人民共和国政府采购法》《中华人民共和国招标投标法》等相关法规及项目实施地财政部门有关规定组织实施。

第四十二条 各级红十字会用博爱家园项目资金购买的办公设备、培训设备或器材，须进行固定资产造册记录，并定期盘点。

第四十三条 生计金收回后应由县级红十字会统一管理，评估确定新一轮生计金受益户后方可发放。生计金严禁在项目社区私人或经济组织间自行流转。生计金收回后，未在三个月内完成新一轮资金发放的需按原渠道退回总会。

第四十四条 项目实施方应定期提交项目财务报告。报告流程按照本办法第二十七条办理。财务报告必须真实、准确、完整地反映项目财务状况，必须依据会计核算资料和有关文件进行编制，做到账表相符、按时报送。

第四十五条 博爱家园项目结束后，总会可聘请第三方会计师事务所及咨询机构进行整体审计和评价，并对社会公示审计及评价结果。审计和评价报告作为项目监督的重要措施。

第八章 档案管理

第四十六条 项目的档案管理，必须严格按照《中华人民共和国档案法》和《中华人民共和国档案法实施办法》执行。

第四十七条 应收集归档的项目资料包括：项目申请书、项目计划、VCA资料、备忘录、会谈记录、电话记录、请示、批示、资金申请报告、财务档案、联络信函、电邮、项目报告、财务报告、督导与评估报告、基线调查资料、采购合同及报价、招标资料、新闻报道、图片、照片和影视资料等。

第四十八条 项目档案是项目执行的实证，应当妥善保存相关文字和影视资料，做好痕迹管理。各级红十字会应当在项目开始时即建立该项目的档案卷宗，收集项目形成的各种文档资料。

第四十九条 项目结束时，各级红十字会都要制作项目的资料汇编，项目验收时应对项目文档资料的归档情况进行查验。

第九章 附则

第五十条 项目具体操作流程参照《博爱家园项目手册》执行。

第五十一条 本办法的解释权属于中国红十字会总会。

第五十二条 本办法自印发之日起施行。

关于召开中国红十字会监事会改革工作座谈会的通知

中红办字〔2017〕139 号

北京、河北、内蒙古、上海、江苏、浙江、安徽、福建、江西、山东、河南、湖南、广西、四川省（区、市）红十字会：

为贯彻落实新修订的《中华人民共和国红十字会法》，推动地方各级红十字会设立监事会工作，进一步完善红十字会治理结构，总会决定在上海召开中国红十字会监事会改革工作座谈会，现将有关事宜通知如下：

一、会议时间

2017 年 12 月 9 日（8 日下午报到，10 日上午离会）。

二、会议地点

上海市嘉定区综合办公大楼嘉定厅。

三、参会人员

上述省级红十字会常务副会长各 1 人，上海市各区(县)红十字会常务副会长 1 人。

四、会议内容

总结推广上海市嘉定区红十字会设立监事会工作经验，研讨交流地方红十字会设立监事会工作。

五、相关要求

1. 请参会人员围绕会议内容认真思考并提出建议，做好会议发言准备；

2. 请认真填写参会登记表，并于 2017 年 12 月 8 日前传真至总会组织宣传部组织建设处；

3. 参会人员食宿费用由总会承担，往返交通费用自理；

4. 本次座谈会不安排接送站，请自行前往报到，报到地点：蓝宫大饭店（上海市嘉定区博乐南路 125 号）。

二

纪事篇

大事记

2017 年大事记

1月

6 日下午，中国红十字会第十届常务理事会第三次会议在北京召开。中国红十字会会长陈竺主持会议，第十届常务理事出席会议。会议审议中国红十字会 2016 年工作情况报告及 2017 年工作要点、《关于中国红十字会第十届理事会人事变更情况的报告》《中国红十字会 2016 年度财务收支情况报告》，听取了中国红十字会总会改革方案有关情况和《中国红十字会法》修订工作的进展情况的通报，并通过中国红十字会第十届常务理事会第三次会议决议案。总会机关各部门及直属单位负责人列席会议。

9 日—10 日，中国红十字会副会长兼秘书长王平带队赴青海、贵州开展“红十字博爱送万家”活动。王平一行先后前往西宁市湟源县、贵州省罗甸县和惠水县，深入当地困难群众家中，为他们送去慰问金和春节家庭包、菜籽油、棉衣、奶粉等物资及节日问候。

9 日—13 日，中国红十字会副会长王汝鹏带队赴重庆、安徽开展“红十字博爱送万家”活动。王汝鹏一行深入重庆丰都、安徽枞阳和庐江，走村串户，为当地的困难群众送去棉衣、棉被、大米等生活用品和节日的问候。

10 日，中国红十字会会长陈竺到河南省红十字会备灾救灾中心考察。

11 日，中国红十字会副会长王汝鹏到重庆市红十字会调研，征求地方红十字会对中国红十字会总会的意见和建议。王汝鹏一行还考察了丰都县平都中学救护培训基地。

11 日—19 日，中国红十字会副会长王海京带队赴四川、云南开展“红十字博爱送万家”活动，分别到四川省凉山州普格县向阳乡流租脚村、螺髻山镇洛博村，云南省迪庆州德钦县奔子栏镇奔子栏村和升平镇敦和社区、阿墩子社区，为当地困难群众送去棉被、棉衣、毛毯、大米、食用油等生活用品，并向他们表达来自红十字会的关心、祝福和节日的问候。

16 日上午，中国红十字基金会、中国初级卫生保健基金会、陕西省红十字会、延安大学附属医院在延安签署《“院士 +”西部医师培训计划延安站行动合作备忘录》，共同启动“院士 +”医师培训计划延安站行动。中国红十字会会长陈竺，农工党中央副主席、陕西省人大常委会副主任朱静芝等出席签约仪式。

同日，中国红十字会会长陈竺一行赴陕西省延安市走访慰问困难群众，开展“红十字博爱送万家”活动。陕西省人大常委会副主任朱静芝等陪同慰问。

17 日—19 日，中国红十字会副会长郭长江带队赴江西、湖北开展“红十字博爱送万家”活动。郭长江一行先后到江西省兴国县、湖北省英山县，走村入户为当地困难群众送去红十字家庭包和慰问金，并送上节日祝福。

18 日，中国红十字会会长陈竺带队赴革命老区广西百色市开展“红十字博爱送万家”活动。陈竺一行先后到百色市右江区阳圩镇六丰新屯的贫困户班明齐、陆明智、张正红等家中，为他们送去棉衣、棉被、大米、食用油、糖果等年货及慰问金，鼓励他们在党和政府汇集各方资源的精准帮扶下，努力脱贫致富。中国红十字会常务副会长徐科、自治区副主席黄日波、自治区政协副主席彭钊等陪同慰问。

2 月

11 日，第三十届中山慈善万人行活动在广东省中山市举行，中国红十字会会长陈竺致贺信，中国红十字会党组书记、常务副会长徐科，副会长王汝鹏出席。

19 日，中央第九巡视组向中国红十字会（以下简称红十字会）党组反馈专项巡视情况。中央巡视工作领导小组成员杨晓超主持召开向红十字会党组书记、常务副会长徐科的反馈会议，出席向红十字会党组领导班子反馈专项巡视情况会议，对红十字会党组主要负责人和党组领导班子抓好巡视整改工作提出要求。中央巡视工作领导小组办公室负责人向徐科传达了习近平总书记关于巡视工作的重要讲话精神，中央第九巡视组组长吴瀚飞代表中央巡视组分别向徐科和红十字会党组领导班子反馈了专项巡视情况，副组长张林、李博参加反馈会议。中国红十字会会长陈竺出席向领导班子反馈会议并讲话，徐科主持会议并就做好巡视整改工作作表态讲话。

24 日，中国红十字会总会执委会召开扩大会议，专题学习新修订的《中华人民共和国红十字会法》。

27 日—28 日，中国红十字会第十届理事会第三次会议在京召开。中国红十字会会长陈竺出席会议。中国红十字会第十届理事会理事出席会议。各省级红十字会会长、常务副会长、秘书长以及副省级城市红十字会常务副会长参加会议。总会机关各部室及直属单位负责人列席会议。会议还通报了中国红十字会总会改革方案和《中华人民共和国红十字会法》修订有关情况。

28 日，中国红十字会总会召开红十字会系统党建工作座谈会。中国红十字会党组书记、常务副会长徐科主持会议并讲话，副会长郭长江、王海京、王汝鹏，副会长兼秘书长王平和中纪委派驻纪检组唐燕出席会议。

3 月

2 日，中国共产党中国红十字会总会直属机关召开第一次代表大会。中国红十字会党组书记、常务副会长徐科，副会长郭长江、王海京、王汝鹏，副会长兼秘书长王平出席会议。中央国家机关工委副书记常大光到会指导并讲话。中纪委派驻纪检组唐燕出席大会。总会机关及直属单位党员代表共 115 人参加会议。

8 日—9 日，副会长兼秘书长王平赴上

海合作交流工委协调为援外物资供应站配备党支部书记事宜。

24日，北京市海淀寄读学校举行中国红十字会青少年人道教育实验基地揭牌暨“青春善言行”项目启动仪式。海淀寄读学校成为全国首家红十字青少年人道教育实验基地。中国红十字会副会长郭长江，中央文明办、海淀区政府、海淀区教育工委等理事单位代表以及北京市红十字会、北京市教委、海淀区红十字会、海淀寄读学校相关负责人出席启动仪式。

27日—28日，全国红十字会系统在苏州举办新修订的《中华人民共和国红十字会法》专题培训班。中国红十字会副会长王汝鹏作开班动员，150余位来自全国各省、自治区、直辖市红十字会、副省级城市和省会城市红十字会的负责人及相关部门负责人参加培训。

30日—31日，在中国传统缅怀逝者的清明节即将来临之际，在中国红十字会总会、国家卫生和计划生育委员会支持下，由中国人体器官捐献管理中心、中国器官移植发展基金会主办，上海市红十字会、上海市卫生计生委承办的2017年全国人体器官捐献缅怀纪念暨宣传普及活动在上海隆重举行，缅怀纪念器官捐献者、宣传普及器官捐献理念。中国红十字会会长陈竺，中国人体器官捐献与移植委员会主任委员、中国器官移植发展基金会理事长黄洁夫，国家卫生计生委副主任王贺胜，中国红十字会副会长兼秘书长王平，上海市副市长、市红十字会会长翁铁慧，天津市政协副主席、天津市第一中心医院院长沈中阳，以及中国红十字会总会、国家卫生计生委、中央军委后勤保障部卫生局等相关部门负责人出席活动。

4月

6日—7日，中国红十字会养老服务试点工作启动培训会在南昌召开，江西、浙江、云南等7省成为首批试点省红十字会，标志着中国红十字会正式全面参与养老服务工作。中国红十字会副会长王海京出席会议并讲话。试点省红十字会分管领导、相关城市红十字会等50余人参加启动仪式。

28日，《中华人民共和国红十字会法》宣传贯彻座谈会在京举行。中国红十字会会长陈竺出席会议并讲话。全国人大教科文卫委员会主任委员柳斌杰主持会议。中国红十字会副会长郭长江、王汝鹏，副会长兼秘书长王平出席会议。

5月

7日，中国红十字会援建的“中巴博爱医疗急救中心”在中巴经济走廊最南端的瓜达尔港落成，中国红十字会会长陈竺，中国驻巴基斯坦大使孙卫东、中国红十字会副会长兼秘书长王平等与巴方嘉宾共同为新落成的急救中心揭牌，并见证《中国红十字会与巴基斯坦红新月会合作备忘录》的签署。

8日，中国红十字会总会举行“我是红十字人”主题宣誓活动，为总会长期从事红十字工作的干部职工代表颁发纪念奖章。中国红十字会党组书记、常务副会长徐科讲话，副会长郭长江主持。中国红十字会总会及直属单位的150余名红十字会工作者一起庄严宣誓，出席活动的还有中国红十字会副会长王汝鹏、总会部分工作人员以及来自红十字国际委员会、红十字会与红新月会国际联合会的代表。

同日，第 70 个世界红十字日，总会举行了中国红十字事业发展新闻通报会。中国红十字会党组书记、常务副会长徐科，副会长王汝鹏、副会长兼秘书长王平出席通报会并向新闻媒体介绍红十字工作有关情况，回答了记者关于贯彻落实新修订的红十字会法、开展灾害救援、应急救护、参与造血干细胞捐献和人体器官捐献工作以及参与国家“一带一路”倡议等方面的提问。

11 日，中国红十字会会长陈竺赴辽宁省调研红十字会工作。中国红十字会党组书记、常务副会长徐科，辽宁省人大常委会副主任刘政奎等陪同调研。

13 日，来华出席“一带一路”国际合作高峰论坛的红十字会与红新月会国际联合会秘书长哈吉 · 阿西（Elhadji Amadou Gueye SY），吉尔吉斯斯坦红新月会会长阿扎玛提·巴拉里诺夫（Azamat BAIALINOV），塔吉克斯坦红新月会会长赛迪 · 库尔布诺夫（Said QURBONOV），红十字会与红新月会国际联合会驻东亚地区代表处主任彭玉美（Gwendolyn Pang）等一行考察北京市红十字会 999 紧急救援中心。中国红十字会副会长兼秘书长王平陪同考察。

同日上午，中国红十字基金会天使之旅——“一带一路”大病患儿人道救助计划蒙古国行动在纪念内蒙古自治区红十字会复会 30 周年暨第 70 个世界红十字日大会上宣布启动。中国红十字会会长陈竺，中国红十字会党组书记、常务副会长徐科，内蒙古自治区党委书记李纪恒及王莉霞、罗永纲、刘新乐、呼尔查、陈羽等自治区领导出席仪式。

同日上午，内蒙古自治区红十字会复会 30 周年暨第 70 个世界红十字日纪念大会在呼和浩特市召开。中国红十字会会长陈竺、自治区党委书记李纪恒出席会议并讲话。自治区党委常委、统战部部长王莉霞主持会议。中国红十字会党组书记、常务副会长徐科，自治区副主席、自治区红十字会会长刘新乐等出席会议。

15 日，红十字（红新月）与“一带一路”同行暨“博爱单车”全球志愿服务行动在京启动。中国红十字会会长陈竺，红十字会与红新月会国际联合会秘书长哈吉 · 阿西，红十字国际委员会东亚地区代表处主任裴道博，红十字会与红新月会国际联合会东亚地区代表处主任彭玉美，巴基斯坦红新月会主席赛义德 · 伊拉希，吉尔吉斯斯坦红新月会会长阿扎玛提 · 巴拉里诺夫，塔吉克斯坦红新月会会长赛迪 · 库尔布诺夫，中国红十字会党组书记、常务副会长徐科，副会长郭长江、王海京、王汝鹏，副会长兼秘书长王平，中联部、商务部、国家卫计委以及武警总医院、华山医院、北京 999 急救中心等相关部门和单位代表，中国生物技术股份有限公司、中国医药物资协会以及爱心人士徐小平先生等参加启动仪式。

15 日，国家副主席、中国红十字会名誉会长李源潮在北京分别会见来华出席“一带一路”国际合作高峰论坛的红十字国际委员会主席莫雷尔，红十字会与红新月会国际联合会秘书长阿西。中国红十字会会长陈竺参加会见。

17 日，中央纪委派驻纪检组组长马奔到中国红十字会总会调研，听取党组书记、常务副会长徐科关于党风廉政建设工作情况介绍，参观中国红十字会历程专题展览。中国红十字会副会长郭长江、王海京、王汝鹏，副会长兼秘书长王平，中央纪委派驻纪检组有关负责人参加调研。

6月

2日下午，中国红十字国际救援队第三次受我国政府委派承担国际救援任务，开展为期10天的救援工作。中国红十字会党组书记、常务副会长徐科，副会长郭长江、王海京，副会长兼秘书长王平为救援队送行。总会领导转达中国红十字会会长陈竺对救援队的问候，并嘱咐全体队员注意安全，完成该次救援任务。

14日，第14个世界献血者日，由国家卫生和计划生育委员会、中国红十字会总会、中央军委后勤保障部卫生局共同主办的2017年世界献血者日全国主会场表彰宣传活动在陕西西安举行。中国红十字会副会长王海京，国家卫生和计划生育委员会医政医管局局长张宗久，中央军委后勤保障部卫生局副局长季建华少将出席活动并讲话。

21日，中国红十字会副会长郭长江率队在陕西省宝鸡市千阳县调研，重点调研了基层红十字会精准扶贫和学校红十字会工作。

22日下午，中国红十字会会长陈竺在北京会见加拿大红十字会会长康拉德·苏威一行。当天，康拉德·苏威在总会就“应对新时期的挑战及财务和风险管理”主题，为总会各部门和直属单位近100名工作人员做了经验分享。

24日凌晨，四川阿坝州茂县叠溪镇新磨村突发山体高位垮塌。灾情发生后，中国红十字会会长陈竺、常务副会长徐科、副会长王海京高度重视，要求全力支持救援工作，中国红十字会总会赈济救护部与四川省红十字会前线救灾工作组保持密切联系，翔实了解灾情和需求，随时启动救助。中国红十字基金会紧急启动“天使之旅—茂县行动”，安排10万元紧急救援基金用于灾难救援。

7月

4日—5日，中国红十字会党组书记、常务副会长徐科率总会救灾工作组赴湖南洪涝灾区，查看灾情、慰问受灾群众，指导灾区红十字会开展救灾工作。针对此次湖南洪涝灾害，总会先后向湖南灾区下拨救灾资金，调拨毛巾被、棉被、家庭包、服装等救灾物资共计500余万元。

5日，由中国红十字会总会主办，中国红十字基金会、北京轻松筹网络科技有限公司承办的全国红十字系统首届众筹扶贫大赛培训动员会在北京召开。28个省、自治区、直辖市的红十字会参加会议。中国红十字会副会长王汝鹏、北京轻松筹网络科技有限公司创始人兼CEO杨胤出席培训会并发表讲话。

10日上午，中国红十字基金会院士博爱基金“院士+”人道服务发展座谈会在京举行。中国红十字会会长陈竺主持座谈研讨。“院士博爱基金”发起人中国科学院院士饶子和、中国工程院院士黄卫、中国科学院院士陈义汉，中国红十字会党组书记、常务副会长徐科，副会长郭长江、王海京、王汝鹏，副会长兼秘书长王平，中国红十字会总会、中华医学会、中国初级卫生保健基金会、上海儿童医学中心、北京儿童医院、复旦大学附属儿科医院、东南大学附属中大医院、延安大学附属医院、部分省级红十字会等单位相关负责人和以岭药业、奥克斯集团、天普药业、恒瑞医药、信立泰药业、睿昂生物等企业代表出席座谈会。

21 日，第 46 届南丁格尔奖章颁奖大会在人民大会堂举行。中共中央政治局委员、国家副主席、中国红十字会名誉会长李源潮为六名中国获奖者颁发奖章。中国红十字会会长陈竺在大会上讲话，国务委员杨洁篪向获奖者颁发证书。出席大会的红十字国际委员会代表宣读了红十字国际委员会主席彼得·莫雷尔的致辞。颁奖仪式结束后，举行了获奖者事迹报告会。来自中共中央办公厅、中组部、人民日报、全国人大法工委、全国人大外事委、国务院办公厅、国家发改委、民政部、财政部、商务部、国家人口计生委、海关总署、国家税务总局、国家安监总局、新华社、全国政协科教文卫体委员会、中央军委后勤保障部等单位有关负责人参加活动。

8 月

7 日—10 日，中国红十字会副会长兼秘书长王平赴新疆调研基层红十字会工作。

8 日，全国红十字会系统宣传工作培训班在深圳开班。中国红十字会副会长郭长江出席开班仪式。

18 日，中国红十字基金会丝路博爱基金管委会成立。中国红十字会副会长郭长江担任基金管委会主任。

30 日，中国红十字援外医疗队偕同首批阿富汗先心病患儿及监护人一行 54 人抵达乌鲁木齐，进入新疆医科大学第一附属医院接受进一步诊断和治疗。中国红十字会副会长郭长江，新疆维吾尔自治区政协副主席、红十字会会长程振山赴机场迎接，红十字志愿者为阿富汗红新月会同行工作人员、中国红十字援外医疗队和阿富汗先心病患儿赠送鲜花。

9 月

5 日，上海市嘉定区红十字会召开第五次会员代表大会，大会选举产生嘉定区红十字会新一届理事会和监事会。中国红十字会副会长郭长江出席会议并讲话。

5 日—8 日，中国红十字会总会在内蒙古呼和浩特市举办财务与统计培训班。中国红十字会副会长王汝鹏出席培训班开班式并讲话，来自全国 32 个省、自治区、直辖市和新疆生产建设兵团红十字会的近百名干部参加了培训。

6 日—8 日，由中国红十字会总会主办，安徽省红十字会、总会训练中心承办的第四届全国红十字应急救护大赛暨应急救护研讨会在安徽省合肥市举行。中国红十字会党组书记、常务副会长徐科，安徽省人民政府副省长、省红十字会会长谢广祥，中国红十字会副会长王海京，安徽省人民政府副秘书长、省红十字会副会长吴行，国家卫生计生委以及安徽省相关部门负责人出席活动。红十字国际委员会、红十字会与红新月会国际联合会的代表观看比赛。

8 日，北京市第十九中学举行“红十字进校园，关爱青少年”为主题的“人道教育第一课”活动。中国红十字会副会长郭长江出席活动，并与红十字国际委员会、红十字会与红新月会国际联合会、北京市红十字会、海淀区红十字会、海淀区政府教育督导室及北京市第十九中学、八一学校、北外附校、海淀寄读学校、中法实验学校、北医附小、台头小学、育鹰小学的相关负责人和教师代表就学校红十字青少年工作举行座谈。

11日—12日，由中国红十字会总会、广西壮族自治区人民政府主办，广西壮族自治区红十字会、中国红十字基金会承办，红十字会与红新月会国际联合会支持的“中国—东盟红十字博爱论坛”在广西南宁举行。中国红十字会会长陈竺，广西壮族自治区人大常委会副主任高雄，广西壮族自治区副主席、红十字会会长黄日波，中国红十字会副会长兼秘书长王平等出席论坛。

13日上午，由中国造血干细胞捐献者资料库（中华骨髓库）管理中心主办的“纪念第三个世界骨髓捐献者日活动暨捐献造血干细胞故事分享会”在京举行。中国红十字会副会长王海京出席活动并致辞。

14日，2017年中国红十字会报刊宣传工作会议在成都召开。中国红十字会副会长郭长江出席会议并讲话，强调新闻宣传工作意义重大、作用重大，全国各级红十字会要充分重视报刊宣传工作，巩固“一报一刊”的重要宣传阵地。

15日，由中国红十字会总会主办的中国与非洲国家“可持续发展与人道救援”研讨班在北京开班。中国红十字会会长陈竺在开班式上讲话。中国红十字会党组书记、常务副会长徐科主持开班式。来自埃塞俄比亚、南苏丹、南非、津巴布韦、乌干达、赞比亚、肯尼亚、刚果、马拉维等国家红十字会和有关部门的20余位学员，红十字国际委员会、红十字会与红新月会国际联合会以及中国商务部、外交部等机构代表出席开班式。

19日上午，中国红十字会第十届常务理事会第四次会议在北京召开。中国红十字会会长陈竺主持会议，第十届常务理事出席会议，总会机关各部门及直属单位负责人列席会议。

同日晚，中国红十字会会长陈竺，中国红十字会党组书记、常务副会长徐科，副会长郭长江，王海京、王汝鹏，副会长兼秘书长王平等在中国红十字会总会为向巴基斯坦、古巴派遣的援外医疗队与国际救援队两支队伍送行。

25日—28日，中国红十字会副会长王海京到贵州贫困山村考察调研“博爱家园”项目，对“博爱家园”帮助当地贫困人口解决生计问题、为乡村注入爱心互助的理念、让生计金越滚越大的做法，给予了肯定和称赞。

27日上午，中国红十字基金会“汤计人道传播基金”成立暨首届“汤计博爱新闻奖”新闻发布会在京举行。中国红十字会副会长郭长江等出席了该次活动。

10月

10日，中央国家机关定点扶贫工作成果展开幕式在京举行。中央书记处书记、中央国家机关工委书记杨晶出席并讲话，强调要更加紧密地团结在以习近平同志为核心的党中央周围，牢固树立“四个意识”，深入贯彻落实党中央、国务院决策部署，进一步加大定点扶贫工作力度，提高精准度和有效性，为如期完成脱贫攻坚任务作贡献。开幕式由中央国家机关工委常务副书记李智勇主持。工委领导班子成员，中国红十字会副会长王海京和来自中央国家机关有关部门（单位）分管扶贫工作的负责人及定点扶贫机构负责人约 200 人参加开幕式。

15 日，中国造血干细胞捐献者资料库专家委员会在北京召开换届会议。中国红十字会会长陈竺出席会议并向新一届专家委员会荣誉主任委员陆道培院士及其他委员颁发证书，中国红十字会党组书记、常务副会长徐科出席会议并讲话。会议由中国红十字会副会长兼秘书长王平主持。

17 日，由中国红十字会总会主办，中国红十字基金会、北京轻松筹网络科技有限公司承办，杭州轻松购网络技术有限公司协办的首届全国红十字系统众筹扶贫大赛决赛在江西省南昌市举行。中国红十字会副会长王汝鹏出席活动并讲话。

18 日—19 日，全国人道资源动员工作经验交流会在江西南昌召开。来自中国红十字会总会和地方红十字会的 160 余位参会代表齐聚一堂，交流分享人道资源动员工作的经验。中国红十字会副会长王汝鹏，江西省副省长、省红十字会会长谢茹出席会议并为 10 位重要捐赠者代表颁发“中国红十字博爱奖章”。

30 日，中国红十字会总会召开全国红十字系统学习宣传贯彻党的十九大精神会议。党组书记、常务副会长徐科对全国红十字系统学习宣传贯彻党的十九大精神作出部署。中国红十字会党组成员，各省级红十字会、副省级城市红十字会党组书记、常务副会长，总会机关各部门各单位主要负责人参加会议。

同日，中国红十字会总会召开全国红十字系统宣传工作会议。党组书记、常务副会长徐科出席会议并讲话。副会长郭长江主持会议。副会长王海京、王汝鹏出席会议。各省级红十字会、副省级城市红十字会党组书记、常务副会长，总会机关各部门、各单位主要负责人参加会议。

31 日，由中国红十字基金会与爱眼公益基金会共同发起的“爱眼专项基金”在北京成立，标志着双方战略合作正式启动。中国红十字会副会长郭长江，爱尔眼科医院集团总裁李力出席仪式。

11月

4 日，四川省雅安市名山区车岭镇澳门红十字博爱初级中学落成并举行启动仪式。中国红十字会副会长王汝鹏，澳门红十字会中央委员会主席黄如楷、副主席曹国希等出席启动仪式并为校碑揭幕。

6 日，大会第一次全体会议选举产生了新一届国际联合会主席、副主席和领导委员会成员，中国红十字会会长陈竺成功当选副主席。成功当选国际联合会副主席后，陈竺接受了新华社、中央电视台、中国国际广播电台、《光明日报》采访，介绍了中国红十字会参与国内、国际人道领域有关工作情况。参加采访的中央主要新闻媒体对陈竺当选国际联合会副主席等情况进行了报道。中国国际广播电台还以土耳其语播发了陈竺当选国际联合会副主席的消息。

6 日—8 日，红十字会与红新月会国际联合会第 21 届全体大会在土耳其安塔利亚举行，来自 188 个国家红十字会、红新月会代表团的 1500 余名代表与会。中国红十字会会长陈竺，中国红十字会党组书记、常务副会长徐科，副会长兼秘书长王平，总会有关部门代表、香港和澳门红十字会代表以及青年代表组成的中国红十字会代表团出席会议。

6日—11日，国际红十字与红新月运动法定会议在土耳其安塔利亚举行，来自146个国家的155名青年参加各国红会代表团出席会议。会议期间，中国红十字会会长陈竺多次与青年交流，在紧凑的行程中专门安排时间接受青年采访，激励青年参与红十字运动。

10日，民政部副部长、国家减灾委员会秘书长顾朝曦一行到访中国红十字会总会，就红十字会灾害管理工作进行调研，并就双方进一步落实中共中央、国务院《关于推进防灾减灾救灾体制机制改革的意见》进行会谈。中国红十字会副会长王海京陪同考察并主持会谈。

18日—19日，2017年京沪港澳红十字青年国际人道问题辩论赛在上海举办。中华女子学院、首都师范大学、华东政法大学、同济大学、香港红十字青少年和澳门大学等六支代表队参加比赛，围绕“国际人道法是否足以应对武装冲突中恐怖主义带来的威胁”辩题相互切磋。中国红十字会副会长郭长江观摩比赛并讲话。

23日，由苏州大学红十字运动研究中心与中国红十字会总会报刊社、中国红十字基金会共同主办，上海市嘉定区红十字会（红十字运动研究中心嘉定研究基地）承办的红十字会软实力建设研讨会在嘉定区举行。中国红十字会副会长郭长江出席研讨会。来自北京、山东、贵州、浙江、安徽、河南、江苏、陕西、湖北、内蒙古等省（自治区、直辖市）从事红十字工作的相关领导和专家学者50余人出席会议。

同日，由阿里巴巴公益和中国红十字会·淘宝公益基金主办的“魔豆妈妈”电商创就业扶持工程河北站在石家庄市正式启动。中国红十字会副会长王汝鹏、河北省政府副秘书长李璞、阿里巴巴集团合伙人孙利军、无界控股有限公司董事长王君出席启动仪式。河北省红十字会、省扶贫办、省妇联、省残联、共青团河北省委、省人社厅、省商务厅、省民政厅等有关省直部门与优秀“魔豆妈妈”代表共200余人共同见证项目的启动。

27日—29日，中国红十字会2017年赈济救护工作会议在湖北武汉召开。中国红十字会副会长王海京出席会议并讲话。来自全国29个省、自治区、直辖市红十字会分管会领导和香港、澳门红十字会代表等100余人参加会议。

29日—12月1日，中国红十字会党组书记、常务副会长徐科一行赴浙江省红十字会宣讲党的十九大精神，并了解省红十字会学习宣传贯彻党的十九大精神情况。

12月

4日，2017世界健康大会在杭州举行。大会宣布成立由浙商总会大健康委员会联合中国红十字基金会共同发起的中国红十字基金会“浙商博爱基金”。中国红十字会会长陈竺，世界卫生组织第七任总干事、永久荣誉总干事陈冯富珍，浙江省人大常委会党组书记、副主任王辉忠，中国红十字会副会长郭长江，浙商总会会长、阿里巴巴集团董事局主席马云以及来自卫生健康领域的专家学者和浙商企业代表等近千人出席会议。陈竺在大会上发表《让人人享有健康》的主旨演讲。大会成立由31位大健康领域专家组成的智库。智库成员包括 18 位中国科学院院士和中国工程院院士，以及多名国际专家、企业家代表和来自政策与管理领域的专家。

5 日—6 日，中国红十字基金会 2017 年彩票公益金项目总结暨儿童大病救助经验分享会在重庆召开，全国 31 个省（市、区）红十字会、基金会、定点医院负责人、儿童大病救助工作者 130 余人参加会议。中国红十字会副会长郭长江出席会议并讲话。

9 日，中国红十字会监事会改革工作座谈会在上海嘉定区召开，中国红十字会会长陈竺出席座谈会并发表重要讲话。副会长王汝鹏主持座谈会。

19 日，中国红十字会会长陈竺，中国红十字会党组书记、常务副会长徐科赴贵州开展 2017 年“红十字博爱送万家”活动，走访慰问部分困难群众。2017 年是中国红十字会第 19 次开展“红十字博爱送万家”活动。活动启动后，中国红十字会总会派出队伍，分别赴贵州、山东、广西、四川、重庆、陕西、河南、黑龙江、湖北、甘肃、江西等省、市、自治区开展送温暖活动，向困难群众赠送款物共计 930 万元。数据显示，自 1999 年首次开展本活动以来，各级红十字会已投入送温暖款物超过 20 亿元。

同日，全国红十字系统组织建设工作坊和宣传工作培训班在京举行。中国红十字会副会长郭长江出席开班仪式并讲话。全国各省级红十字会分管宣传工作的负责人和宣传部门负责人，部分副省级城市、省会城市、地市、区县红十字会负责人及总会直属单位有关负责人 120 余人参加培训。

19 日—22 日，中国红十字会助力脱贫攻坚“博爱家园”项目推进会在贵州举办，中国红十字会会长陈竺出席推进会并发表重要讲话。中国红十字会党组书记、常务副会长徐科，国务院扶贫开发领导小组办公室副主任陈志刚，贵州省人大常委会副主任李岷，贵州省人民政府副省长、省红十字会会长何力出席会议，中国红十字会副会长王海京主持会议。民政部、国家卫生和计划生育委员会、农业部相关负责人，各省、市、自治区红十字会常务副会长，“博爱家园”项目负责人，香港红十字会、中国红十字会总会相关部门代表和红十字国际委员会东亚地区代表处、红十字会与红新月会国际联合会东亚地区办事处代表参加会议。

25 日—29 日，中国红十字会副会长王汝鹏率总会慰问组先后赴广西梧州、江西赣州等革命老区开展 2018 年“红十字博爱送万家”活动，走访慰问贫困乡村困难群众。

28 日，中国红十字会会长陈竺与中国红十字援外医疗队驻瓜达尔港的队员们视频连线，进行座谈。中国红十字会党组书记、常务副会长徐科，副会长郭长江、王海京，副会长兼秘书长王平等参加座谈。

同日，中国红十字基金会第四届理事会第四次会议在京召开。中国红十字会副会长郭长江主持会议并讲话。会议听取并审议了中国红十字基金会 2017 年工作报告、财务报告和关于筹建红十字国际学院情况的报告，审议通过《中国红十字基金会第四届理事会第四次会议决议》，并对 2018 年工作作出安排部署。

中国红十字会第十次理事会第三次会议

在中国红十字会第十届理事会第三次会议上的工作报告

中国红十字会常务副会长　徐科
2017 年 2 月 27 日

各位理事：

受中国红十字会第十届常务理事会委托，我向大家报告去年工作情况和今年工作要点，请予审议。

2016 年工作情况

在过去的一年，中国红十字会认真学习贯彻党的十八大和十八届三中、四中、五中、六中全会精神，认真贯彻落实习近平总书记系列重要讲话精神和治国理政新理念新思想新战略，牢固树立“四个意识”，紧紧围绕“五位一体”总体布局和“四个全面”战略布局，以新发展理念为引领，推进改革创新，加强自身建设，开展人道救助，各项工作取得新进展。

一、认真贯彻落实习近平总书记系列重要讲话精神和中央决策部署

认真贯彻落实习近平总书记系列重要讲话特别是在会见中国红十字会第十次全国会员代表大会代表时的重要讲话精神，切实发挥党和政府在人道领域联系群众的桥梁和纽带作用。推动各省级红十字会制定贯彻落实方案，明确责任主体、主要任务、实施步骤。各省级红十字会通过召开主题研讨会、向省委省政府专题汇报、开展建言献策活动等方式，将习近平总书记系列重要讲话精神学习贯彻引向深入、落到实处。在总结各省级红十字会贯彻落实情况的基础上，总会向党中央报送了会党组贯彻落实习近平总书记重要讲话精神情况的报告和红十字系统贯彻落实习近平总书记重要讲话精神情况的报告。

认真贯彻落实习近平总书记在中央党的群团工作会议上的重要讲话精神，坚持将自觉接受党的领导、团结服务所联系群众、依法依章程开展工作相统一，坚持走中国特色社会主义群团发展道路。总会印发了贯彻落实中共中央关于加强和改进党的群团工作意见的实施方案，强调在党的领导下，坚定不移走中国特色红十字事业发展道路，坚持依法治会，认真履行法定职责，推进改革创新，着力提升服务困难群众的能力和水平。上海市、重庆市红十字会根据市委全面深化改革领导小组要求，结合自身实际，分别制定了红十字会专项改革实施方案并印发实施。

认真贯彻落实党的十八届六中全会精神。总会迅速组织学习，印发了通知，对贯彻落实工作进行专题部署，强调把深入学习贯彻六中全会精神作为当前和今后一个时期的重要政治任务，领导干部要带头学深学透。各省级红十字会把学习贯彻六中全会精神作为“两学一做”学习教育的头等大事，对学习贯彻全会精神作出专门安排，自觉对照习近平总书记在六中全会上的重要讲话精神，对照《中国共产党廉洁自律准则》和《中国共产党纪律处分条例》，带头学、带头做，带头查、带头改，引导和带动广大党员深化学习、争做“四讲四有”合格党员。

二、围绕党和国家中心任务开展工作

助力精准扶贫、精准脱贫。配合国家脱贫攻坚战略，制定下发《中国红十字会总会关于对口支援西部地区红十字事业发展的指导意见（2016—2020 年）》，修订博爱家园项目手册，召开红十字会助力扶贫攻坚博爱家园现场会和对口支援西部地区工作会议，全年总会筹集资金 2000 万元用于 47 个西部贫困村扶贫项目。江苏、浙江、河南、山东等省红十字会认真落实总会对口支援工作指导意见，积极争取政府支持，加大工作力度，取得显著成效。陕西、宁夏等省（区）红十字会通过签署对口支援框架协议、建立对口支援工作机制等方式，积极争取相关省份加大对口支援力度。中国红十字会总会事业发展中心全年共资助云南、广西、贵州三省 50 家养老服务机构款物价值 988 万元，为中西部贫困地区部分失能老人提供养老服务。

深化对外人道交流工作。配合国家“一带一路”建设和整体外交部署，积极开展与国际红十字组织、各国红十字会（红新月会）的合作，认真完成政府委托的人道救援任务。全年共向 23 个国家红十字会提供价值 2100 多万元人民币的人道主义援助。为来自 33 个发展中国家的 108 名红十字会及政府人员提供培训。认真做好联合国前秘书长潘基文和国际联合会、国际委员会高层人员访问中国红十字会的工作。受商务部委托，派出红十字国际救援队赴厄瓜多尔、斯里兰卡灾区开展人道救援，圆满完成帐篷搭建、人员培训及安置点建设等任务。

密切与港澳台交流合作。总会代表团访问香港、澳门红十字会，与香港红十字会签署《三年合作项目框架协议》。邀请台湾红十字组织访问总会，成功举办第六届海峡两岸红十字博爱论坛、第三届海峡两岸红十字社区共建交流活动，顺利完成“海峡两岸红十字组织三年合作备忘录”相关项目，有力推动了两岸民间交往。台湾高雄地震发生后，向台湾红十字组织发出慰问电，并提供 800 万元人民币捐款，用于开展紧急救援和灾后重建工作。

三、依法依规开展“三救”“三献”工作

积极开展应急救援工作。针对我国南方多地发生严重洪涝灾害等情况，陈竺会长带队赴湖北、江苏等灾区一线指导灾害救援工作。总会先后派出 5 批救灾工作组，全年启动灾害应急响应 57 次，向 21 个省份提供棉被 5.5 万余床，夹克衫 5.5 万件，家庭包 2.8 万余个，帐篷 5500 余顶，提供紧急救助金 225 万元，款物价值共计 2300 余万元。为进一步加强对灾害救援工作的管理，提高灾害救援工作效率，修订了自然灾害应急预案、救灾物资标准，制定了救灾物资储备管理办法、救援队管理办法。正式启用灾害管理信息系统，总会救灾物资储备及物资调拨、灾情报告等全部实现信息化运行。辽宁、福建、贵州等省红十字会针对自然灾害频发实际，及时修订完善了自然灾害等突发公共事件应急预案。北京市红十字会充分发挥航空医疗救援优势，圆满完成我国驻南苏丹维和部队2名重伤员转运任务以及G20航空医疗保障任务。

推进应急救护培训。印发应急救护培训基地建设指导意见、应急救护师资管理办法、应急救护培训标准化工作手册等文件，加强应急救护培训工作的标准化、规范化管理。将救护培训示范基地创建工作和“十三五”生命健康安全教育项目相结合，确定支持33个国家级红十字应急救护培训示范基地建设，“生命健康安全教育”项目覆盖24个省（区、市）。广东、江西、甘肃等省红十字会着力强化救护队伍建设，进一步加强和改进红十字应急救护培训工作。新疆生产建设兵团红十字会完成“心理危机干预与应急救护能力建设项目”验收，该项目3年间共举办心理危机干预与应急救护培训班116期，培训学员1.3万余人。

积极开展人道救助工作。开展元旦、春节期间“红十字博爱送万家”活动。据不完全统计，全国各级红十字会筹集款物价值共计约2亿元。总会面向云南、西藏、新疆等14省(区)共发放价值900万元的慰问物资，3万户困难家庭受益。在陈竺会长的关心支持下，成立“院士博爱基金”“生命接力博爱基金”。为缓解儿科医生紧缺的状况，在“院士博爱基金”支持下，启动新疆、贵州两省儿科医生培训项目，为边远民族地区累计培训儿科医生360人。基金会执行彩票公益金近2亿元，资助白血病患儿5505名，先心病患儿1155名。上海市红十字会联合市教委、市卫计委共同举办的非营利性互助共济的少儿住院互助基金，为约10万患儿提供了帮助。河南省红十字会继续开展“红十字会送医计划”，已累计招募注册红十字医疗技术专家志愿者近1400名，帮带基层医生1.2万人次，接诊患者11万人次。

依法依规开展“三献”工作。加强造血干细胞捐献者资料库建设，2016年实现捐献828例，比2015年增长20%。目前，我国造血干细胞捐献者资料库库容达到230万人，累计实现捐献6000余例。依法参与人体器官捐献工作，去年实现捐献4080例，捐献器官1.1万余个。累计捐献9996例，捐献器官2.7万余个。海南省红十字会在一个月内连续有10位爱心志愿者捐献造血干细胞。河北省红十字会建立健全无偿献血志愿服务工作管理相关制度，探索无偿献血和捐献造血干细胞协同工作机制。

四、着力加强红十字会规范化建设

加强红十字事业发展顶层设计。积极配合全国人大对红十字会法修订草案进行完善。2016年6月和11月，全国人大对修法草案进行了两次审议，总会有关人员列席了会议，及时向全国人大常委会法工委反馈修改建议。在深入了解上海、重庆红十字会参与群团改革试点工作情况和学习借鉴其他群团改革方案的基础上，总会组织起草《中国红十字会总会改革方案》，先后召开9次全面深化改革领导小组会议、4次党组会研究讨论改革工作。改革方案征求了中央组织部、中央宣传部、中央编办等15个相关部门的意见，根据有关部门的意见和建议对改革方案进行了完善。改革方案重点就完善治理结构、机构设置和运行机制，组织人事制度，公信力建设等方面提出了改革措施。配合国家国民经济和社会发展“十三五”规划，研究制定了中国红十字事业五年发展规划。江苏、浙江、山西、内蒙古、新疆等省（区）红十字会在党委政府支持下，将红十字事业发展规划纳入本省（区）国民经济和社会发展整体规划。

加强制度体系建设。总会着力扎紧制度的笼子，严肃财经纪律，开展内部审计，加强“三公经费”管理，健全资金资产管理内控制度。制定和完善聘用人员管理、专项公益基金管理相关制度。吉林、天津、安徽、云南、青海等省（市）红十字会重点加强机关财务、募捐款物、固定资产管理、物资采购等方面的制度建设，用制度管权、管钱、管人。山东省红十字会探索建立外聘法律顾问制度，通过与律师事务所签订合作协议，聘请常年法律顾问。

持续不断加强公信力建设。抓住红十字会法修订的有利时机，陈竺会长在全国人大常委会上主动发声，澄清事实真相，努力消除“网络事件”带来的负面影响。加强内部管理，强化监督制约。完善信息公开制度，及时向社会发布筹资和使用等情况，保障捐赠人和社会公众的知情权、监督权。完善会费缴纳制度，规范缴费方式。依托科研院校等专业机构，深化红十字运动理论研究。加强新闻发言人能力建设，指导建立省市两级新闻发言人队伍。各级红十字会结合世界红十字日、世界急救日等重要时间节点和重大自然灾害救援工作，宣传先进典型事迹，普及红十字运动基本知识和红十字人道理念。

加强组织队伍建设。开展红十字会管理体制专题调研，进一步推动市县级红十字会理顺管理体制。推广“中国红十字会志愿服务信息管理平台”，推进志愿服务信息化建设。红十字志愿者、志愿服务组织、志愿服务项目在中宣部、中组部、中央文明办等组织开展的志愿服务“四个100”先进典型活动中受到表彰。组织2016全国红十字青年骨干训练营暨首届全国红十字青年峰会，加强红十字青年网络建设。积极开展青少年人道教育，通过“青春善言行”和“探索人道法项目”，在青少年中传播红十字运动基本原则和国际人道法。黑龙江省红十字会在10余所大学开展艾滋病预防同伴教育培训，向青年目标人群宣传艾滋病预防知识，累计培训100期，培训学生4000人。

五、切实加强党的建设

认真贯彻中央关于“两学一做”学习教育的决策部署，深入学习党章党规，深入学习习近平总书记系列重要讲话精神以及关于红十字事业发展的重要指示精神，强化组织保障，推动基层党建重点任务的落实，完善“三会一课”等制度，把学习教育融入党员日常教育管理，鼓励广大党员在红十字事业发展实践中争做合格党员。湖南、四川等省红十字会把“两学一做”学习教育作为深入贯彻落实党的十八届六中全会精神的有力抓手，作为严肃党内政治生活、加强党内监督的重要实践，对照标准查，聚焦问题改，按照要求做，推动学习教育各项工作落到基层，取得实效。

召开全国红十字会系统党风廉政建设工作会议，推动红十字会系统党风廉政建设工作。各级红十字会认真组织学习《中国共产党廉洁自律准则》《中国共产党纪律处分条例》《中国共产党问责条例》，加强对领导干部廉洁自律的教育与管理。内蒙古、江苏、安徽、广西、湖北、云南、西藏等省（区）红十字会将党风廉政建设和反腐败工作融入业务工作，加强对重点环节、重点岗位的监督，强化风险防控。

2016年，总会和部分省级红十字会以高度政治责任感自觉接受巡视。专项巡视是对红十字会坚持党的领导、加强党的建设、全面从严治党以及党风廉政建设和反腐败工作的全面体检和有力促进。总会和部分省级红十字会以接受巡视为契机，充分发挥党组织的领导核心作用，严肃党内政治生活，落实全面从严治党主体责任，切实增强各级党组织的凝聚力、战斗力。

在总结成绩的同时，我们也认识到红十字事业发展还面临一些问题和不足。主要是：人道救援救助能力需要不断提高；动员和凝聚社会力量不够；公信力建设需要增强；对中国特色红十字事业的理论研究和舆论宣传还比较薄弱；红十字会管理体制尚未完全理顺；内部治理结构需要改革和完善，制度建设和监督体系需要进一步健全。这些问题要在今后的工作中采取有效措施，切实加以解决。

2017年工作要点

2017年，中国红十字会要紧紧围绕党和国家工作大局，切实增强责任意识，坚持改革创新，依法履行职责，以优异的成绩迎接党的十九大胜利召开。

一、深入贯彻落实习近平总书记系列重要讲话精神和党的十九大会议精神。深入学习贯彻习近平总书记系列重要讲话精神和治国理政新理念新思想新战略，贯彻落实中央党的群团工作会议精神，贯彻落实党的十八届六中全会精神，扎实推进红十字会各项工作，更好地发挥政府人道领域的助手作用。按照中央的部署和要求，做好迎接和学习宣传贯彻党的十九大各项工作。

二、紧紧围绕党和国家中心任务开展工作。助力精准扶贫、精准脱贫，进一步落实关于对口支援西部地区红十字事业发展的意见，重点支持国家级贫困县特别是连片特困地区人道公益项目落地。贯彻落实红十字会参与养老服务工作指导意见，积极开展红十字会参与养老服务工作。配合国家“一带一路”建设，加强与“一带一路”沿线国家红十字会的项目合作和人文交流。进一步与国家“十三五”发展规划相衔接，切实抓好红十字事业发展规划的执行和落实。

三、推进改革创新。配合新修订的红十字会法颁布实施，做好宣传普及工作。积极推动中国红十字会总会改革方案的实施，分解责任任务，确保各项改革措施落实到位。完善制度体系建设，制定红十字名称和标志授权使用管理规定等制度。完善法律顾问、专家咨询等制度，着力提高决策科学化水平。推进组织建设，进一步理顺市、县级红十字会的管理体制。

四、加强公信力建设。整合红十字会报与中国红十字会官网、人道网、中红在线等网络媒体，打造“网上红十字会”。各级红十字会要结合世界红十字日、世界急救日等重要时间节点和重大自然灾害救援工作，普及红十字运动基本知识和红十字人道理念，讲好红十字故事，传播好红十字声音。围绕红十字运动历史和红十字事业改革发展中遇到的重大问题，进一步加强理论研究和队伍建设。严格制度执行和责任追究，强化内部管理和公益项目审核。加强与社会主义核心价值观相联系的红十字价值观建设。在全国红十字系统组织开展“加强自身建设，树立良好公信力”主题大讨论活动，认真总结推广地方红十字会在公信力建设方面的好经验好做法。

五、认真履行法定职责。积极参与应急救援工作，进一步加强救援队规范化建设，不断提升备灾救灾能力和水平。继续加强国家级应急救护培训示范基地建设，完善群众性应急救护培训长效机制，提高公众自救互救能力。做好第四届全国红十字应急救护大赛与第46届南丁格尔奖章颁奖大会的相关准备工作。依法参与无偿献血、造血干细胞捐献、人体器官捐献等相关工作。

六、加强国际合作与港澳台交流。积极参与国际红十字运动事务，扩大国际影响力和话语权。配合国家外交大局，重点与“一带一路”沿线国家红十字会开展务实有效、惠及基层民众的项目合作和人文交流。实施“中巴急救走廊”项目。参与国际重特大自然灾害和人道灾难救援。密切与港澳红十字会和台湾红十字组织的合作交流。

七、切实加强党的建设。坚持用马克思主义中国化最新成果武装头脑、凝心聚魂，坚定理想信念，增强中国特色社会主义道路自信、理论自信、制度自信、文化自信。坚持党的领导，增强政治意识、大局意识、核心意识、看齐意识，落实“两个责任”，不断增强管党治党意识和能力。严格执行党章党规党纪，坚持把纪律挺在前面，严明政治纪律和政治规矩。扎实开展“两学一做”学习教育，自觉践行“三严三实”，严格落实中央八项规定精神，坚决抵制和纠正“四风”问题。

中国红十字会2016年度财务收支情况报告

中国红十字会副会长　王汝鹏

2017年2月27日

各位理事：

受常务理事会委托，我向各位理事报告中国红十字会2016年度的财务收支情况，请予审议。

中国红十字会2016年度财务收支情况的报告期为2015年10月1日至2016年9月30日。报告分为两部分：一是报告中国红十字会总会（含直属单位）的财务收支汇总情况；二是报告全国红十字会系统的财务收支汇总情况。

一、总会2016年度财务收支汇总情况

（一）收入情况

本年度，总会实现财务收入86003万元，其中会费收入6万元，境内外捐赠收入38836万元，政府拨款收入42299万元，动产、不动产和其他收入4862万元。本年度财务收入与2015年同期相比增长15.9%，主要是捐赠收入较上年有一定幅度的增长。

收入分类情况如下：

（本报告除特别标明外，单位均为万元）

项目	收入
会费	6
捐赠款物	38836
政府拨款	42299
动产不动产和其他	4862
合计	86003

1. 会费收入

总会会费收入 6 万元。

2. 境内外捐赠收入

总会接受境内外捐赠收入共计 38836 万元，其中：捐款收入 27769 万元，物资及其他服务性捐赠收入（折合人民币）11067 万元。捐赠收入占总会财务总收入的 45.2%，与 2015 年同期相比增长了 62.7%，主要是中国红十字基金会的捐赠收入有较大增长。

按捐赠来源，境内捐赠收入共计 35755 万元（其中捐款 24688 万元，物资及其他服务性捐赠折合人民币 11067 万元）；境外捐款 3081 万元。

3. 政府拨款收入

政府拨款收入共计 42299 万元，其中公共预算收入 6208 万元，政府性基金（彩票公益金）36091 万元。政府拨款占总会财务总收入的 49.2%，与 2015 年同期相比减少 6.4%。

4. 动产、不动产和其他收入

总会动产、不动产和其他收入共计 4862 万元，主要为资金增值收入。动产、不动产和其他收入占总会财务收入的 5.6%，与 2015 年同期相比减少 5.3%。

（二）支出情况

本年度，总会财务支出共计 87828 万元，其中会费支出 15 万元，境内外捐赠支出 40807 万元，政府拨款支出 43504 万元，动产、不动产和其他支出 3502 万元。本年度支出与 2015 年同期相比减少 9.6%。

支出分类情况如下：

项目	支出
会费	15
捐赠款物	40807
政府拨款	43504
动产不动产和其他	3502
合计	87828

1. 按资金来源支出情况

（1）会费支出 15 万元，主要为红十字荣誉证章制作费。

（2）境内外捐赠支出共计 40807 万元，其中：捐款支出 28364 万元，物资及其他服务性捐赠支出（折合人民币）12443 万元。捐赠支出占总会财务支出的 46.5%。

（3）政府拨款支出共计 43504 万元，其中公共预算支出 6812 万元，政府性基金（彩票公益金）支出 36692 万元。政府拨款支出占总会财务支出的 49.5%。本年度支出大于收入 1205 万元，主要是使用上年结转资金用于本年支出。

（4）动产、不动产和其他支出共计 3502 万元，占总会财务支出的 4%。

2. 按资金用途支出情况

（1）用于扶贫帮困、助医助学、儿童大病救助等人道救助支出 47353 万元，占财务总支出的 53.9%。

（2）用于国内救灾救援和灾后恢复等方面支出 8703 万元，占财务总支出的 9.9%。

（3）用于救护培训、生命健康教育等方面支出 4039 万元，占财务总支出的 4.6%。

（4）用于造血干细胞捐献、人体器官捐献、无偿献血宣传等方面支出 9559 万元，占财务总支出的 10.9%。

（5）用于红十字国际组织会费和国际人道援助方面支出 3253 万元，占财务总支出的 3.7%。

（6）用于机构运行、人员经费和事业发展等基本支出 14921 万元，占财务总支出的 17%。

二、全国红十字会系统 2016 年度财务收支汇总情况

（一）收入情况

本年度，全国红十字会系统财务收入共计 543279 万元，其中总会收入 86003 万元，省级红十字会收入 123447 万元，市、县级红十字会收入 333829 万元。与 2015 年同期相比增长 13.5%。

收入分类情况如下：

项目	收入
会费	2687
捐赠款物	279448
政府拨款	248009
动产不动产和其他	13135
合计	543279

1. 会费收入情况

会员会费收入共计 2687 万元，其中总会收入 6 万元，省级红十字会收入 96 万元，市、县级红十字会收入 2585 万元。会费收入占财务总收入的 0.5%。与 2015 年同期基本持平。

2. 境内外捐赠收入情况

全国红十字会系统累计接受境内外捐赠 279448 万元，其中总会接受捐赠 38836 万元，省级红十字会接受捐赠 54279 万元，市、县级红十字会接受捐赠 186333 万元。捐赠收入占总收入的 51.4%，与 2015 年同期相比增长 16.1%。

按捐赠来源，境内捐赠 269293 万元（其中捐款 177845 万元，物资及其他服务性捐赠 91448 万元）；境外捐款 10155 万元。

3. 政府拨款收入情况

政府拨款收入共计 248009 万元，其中总会 42299 万元，省级红十字会 66107 万元，市、县级红十字会 139603 万元。政府拨款收入占财务总收入的 45.7%，与 2015 年同期相比增长 13%。

4. 动产、不动产和其他收入情况

动产、不动产和其他收入共计 13135 万元，主要为资金增值收入。其中，总会收入 4862 万元，省级红十字会收入 2965 万元，市、县级红十字会收入 5308 万元。动产、不动产和其他收入占财务总收入的 2.4%，与 2015 年同期相比减少 17%。

（二）支出情况

本年度，全国红十字会系统财务支出共计 516697 万元，其中总会支出 87828 万元，省级红十字会支出 125117 万元，市、县级红十字会支出 303752 万元。与 2015 年同期相比增长 5.8%。

支出分类情况如下：

项目	支出
会费	1991
捐赠款物	261556
政府拨款	241819
动产不动产和其他	11331
合计	516697

1. 按资金来源支出情况

（1）会费支出 1991 万元，占财务总支出的 0.4%。

（2）境内外捐赠支出共计 261556 万元，其中境内捐款支出 165739 万元，境内捐物支出 85626 万元，境外捐款支出 10190 万元，境外捐物支出 1 万元。本项支出占财务总支出的 50.6%。

（3）政府拨款支出 241819 万元，占财务总支出的 46.8%。

（4）动产、不动产和其他支出共计11331万元，占财务总支出的2.2%。

2. 按资金用途支出情况

（1）人道救助支出236968万元，主要用于扶贫帮困、助医助学、儿童大病救助、重大传染病预防与关爱、改水改厕、红十字博爱送万家等。本项支出占财务总支出的45.9%。

（2）救灾救援和灾后重建等支出59302万元，主要用于重大自然灾害的紧急救援、采购发放救灾物资、灾后恢复重建项目（包括援建卫生站、救护站、学校、博爱家园、备灾设施等）。本项支出占财务总支出的11.5%。

（3）救护培训、防灾避险、生命健康教育等支出23989万元，主要用于应急救护培训、设备教具购置、教材编印、救护标准研发以及宣传教育等。本项支出占财务总支出的4.6%。

（4）开展造血干细胞捐献、人体器官捐献、无偿献血宣传等支出22346万元，本项支出占财务总支出的4.3%。

（5）红十字国际组织会费、国际人道援助等支出3282万元，本项支出占财务总支出的0.6%。

（6）用于机构运行、人员经费、组织建设及事业发展等方面支出共计170810万元，本项支出占财务总支出的33.1%。

关于中国红十字会第十届理事会人事变更情况的报告

中国红十字会副会长　王海京

2017年2月27日

各位理事：

根据《中国红十字会章程》规定，现将中国红十字会第十届理事会有关人事变更情况，报告如下：

一、需要更换的常务理事

中国红十字会副会长、常务理事邹铭、马晓伟因工作调整不再担任中国红十字会第十届理事会理事、常务理事、副会长。民政部推荐高晓兵（女）、国家卫生和计划生育委员会推荐王贺胜为第十届理事会理事、常务理事候选人。

二、需要罢免的理事

广西壮族自治区理事许淑清（女）因涉嫌犯罪，建议罢免其第十届理事会理事职务。

三、需要增补的理事

贵州省红十字会推荐何力，执委会推荐李立东、任浩为第十届理事会理事候选人。

四、需要更换的理事

河北省理事张业，山西省理事盛佃清，辽宁省理事刘琳娜（女）、卢林，吉林省理事张晶莹（女），黑龙江省理事张显友，上海市理事高解春，福建省理事黄毅敏，江西省理事姚燕平（女），河南省理事赵国新（女），湖南省理事李友志、何寄华，广东省理事贡儿珍（女），广西壮族自治区理事李康（女）、吕洁（女），海南省理事巴特尔，重庆市理事周清梅（女）、周虹（女），贵州省理事刘玉海，云南省理事杨皛（女），西藏自治区理事肖白，甘肃省理事咸辉（女）、戈银生，宁夏回族自治区理事李锐、李守银，新疆维吾尔自治区理事田文（女）、李国江，香港特别行政区理事林胡秀霞（女），中央文明办理事崔海教，公安部理事闫正斌，人力资源和社会保障部理事李秀山，国家新闻出版广电总局理事田玉红，中国民用航空局理事孟平，中央军委后勤保障部理事陈守龙，光明日报社理事陆先高因工作变动等原因不再担任第十届理事会理事。

河北省红十字会推荐孟祥红（女），山西省红十字会推荐郭立，辽宁省红十字会推荐秦国夫、温雪琼（女），吉林省红十字会推荐贾丽娜（女），黑龙江省红十字会推荐陈远飞（女），上海市红十字会推荐张浩亮，福建省红十字会推荐林圣魁，江西省红十字会推荐龙国英（女），河南省红十字会推荐王建民，湖南省红十字会推荐陈中，广东省红十字会推荐黎明（女），广西壮族自治区红十字会推荐黄日波、崔佐钧，海南省红十字会推荐顾刚，重庆市红十字会推荐吴静（女）、王彦，贵州省红十字会推荐杨赤忠，云南省红十字会推荐王建颖（女），西藏自治区红十字会推荐徐巧飞，甘肃省红十字会推荐李斌、马彩云（女），宁夏回族自治区红十字会推荐马力、张全智，新疆维吾尔自治区红十字会推荐程振山、隋霞（女），香港特别行政区红十字会推荐胡郭秀萍（女），中央文明办推荐邓丽娟（女），公安部推荐边清江，人力资源和社会保障部推荐房德权，国家新闻出版广电总局推荐王小亮，中国民用航空局推荐徐青（女），中央军委后勤保障部推荐王树千，光明日报社推荐邢宇皓为第十届理事会理事候选人。

此次共更换常务理事 2 人，罢免理事 1 人，增补理事 3 人，更换理事 36 人。变更后，第十届理事会共有理事 174 人。

特此报告。

中国红十字会第十届常务理事会
2017 年 2 月 27 日

附件：

中国红十字会第十届理事会拟更换、增补理事候选人简介

（以下按姓氏笔画排序）

马　力　男　回族　1957 年出生

宁夏回族自治区人民政府副主席。曾在宁夏回族自治区建设厅工作，曾任吴忠市委副书记、纪委书记，宁夏回族自治区总工会副书记、副主席，自治区人民政府副秘书长、驻京办主任、民委主任、统战部副部长，银川市市长。

马彩云　女　汉族　1970 年出生

甘肃省兰州市人民政府副市长、市工商联主席。曾任兰州市副食品基地中心干部、市农牧局干部、副处长，皋兰县人民政府副县长，兰州市工商联主席、总商会会长。

王小亮　男　汉族　1972 年出生

国家新闻出版广电总局宣传司副司长。曾在国家新闻出版广电总局直属机关党委、办公厅、总编室工作。

王　彦　男　汉族　1965年出生

重庆市垫江县红十字会党组书记、副会长。曾任重庆市垫江县农业局、农技中心干部，县监察局干部，县纪委办公室副主任、主任，县委常委、办公室主任、监察局副局长、县纪委副书记，县档案局党组书记、局长。

王建民　男　汉族　1964年出生

河南省红十字会党组书记、专职副会长。曾任河南省滑县赵营公社团委副书记，赵营乡党委副书记、乡长，八里营乡党委副书记、乡长，留固镇党委书记，安阳市团委副书记、书记，安阳市北关区区长、区委书记，内黄县委书记，商丘市委常委，永城市委书记、市委常委、政法委书记、纪委书记，洛阳市委常委、纪委书记。

王建颖　女　汉族　1964年出生

云南省昆明市人民政府副市长。曾任云南省科委科学研究所政策法规处干部，省政府办公厅秘书六处干部、副处长、秘书四处副处长（正处级）、综合处处长，省教育厅副厅长、党组成员，省委高校工作委员会委员，省科学技术协会副主席（兼）。

王贺胜　男　汉族　1961年出生

国家卫生和计划生育委员会副主任、党组成员，国务院医改办主任。曾任天津医学院卫生系团支部书记、八年制学生办公室团总支书记、团委副书记、书记，天津医科大学团委书记、党委副书记，天津市教育委员会副主任，天津市委教卫工委副书记，天津美术学院党委书记，天津市卫生局党委书记、局长，天津市卫生计生委党委书记、主任，天津市委宣传部常务副部长，天津市委常委、宣传部部长。

王树千　男　汉族　1968年出生

中央军委后勤保障部卫生局医疗管理处处长。曾任原总后卫生部保健办公室副主任。

邓丽娟　女　满族　1969年出生

中央文明办三局副局长。曾在人民日报驻北京记者站，中央文明办秘书局、志愿服务工作组、一局工作。

龙国英　女　汉族　1967年出生

江西省南昌市人民政府副市长。曾任南京大学城市与资源学系教师，南昌市城乡规划局副局长，农工党南昌市委会副主委（兼）、主委，南昌市政协副主席。

边清江　男　汉族　1963年出生

公安部治安管理局副局长。曾任公安部治安管理局政治处副主任、主任、副巡视员。

邢宇皓　男　汉族　1972年出生

光明日报社科技部副主任。1994年7月进入光明日报社工作，2009年任科技部副主任，分管医疗卫生方面的宣传报道工作。

任　浩　男　汉族　1961年出生

中国红十字会总会联络部部长。曾任中国红十字会国际联络部干部，在马里任国际联合会救灾代表，中国红十字会国际联络部副科长、科长、副部长，红十字国际委员会驻卢旺达、泰国、中国北京、科特迪瓦代表，中国红十字会总会联络部双边合作处处长、副部长兼国际人道法国家委员会秘书处主任，红十字国际委员会驻阿富汗代表，红十字国际委员会驻刚果民主共和国代表，中国红十字会总会联络部副部长。

何　力　男　汉族　1959年出生

贵州省人民政府副省长、省红十字会会长。西安交通大学材料科学与工程专业博士研究生。曾任贵州工学院冶金系教师、科技处副处长，民盟贵州省委副主委，省材料技术创新基地副主任，贵州科学院院长，省科协副主席，省人大教育科学文化卫生委员会委员，民盟中央常委、贵州省委主委。

李立东 男 汉族 1970 年出生

中国红十字会总会赈济救护部部长。曾任中日友好医院医生，中国红十字会总会办公室主任科员，总会联络部台港澳处副处长、处长，总会赈济救护部救护处处长、副部长。

李 斌 男 汉族 1963 年出生

甘肃省人民政府副省长、党组成员。医学博士。曾任哈尔滨医科大学校团委副书记、校长办公室副主任、主任，黑龙江省卫生厅副厅长、厅长、党组书记，卫生部规划财务司司长，国家卫生和计划生育委员会财务司司长。

陈远飞 女 回族 1967 年出生

黑龙江省哈尔滨市人民政府副市长。曾任哈尔滨市行政学院教研部教师、副主任（副处级）、主任、培训部主任，哈尔滨市道里区副区长，黑龙江省副厅级干部（公开选拔），黑龙江省妇女联合会副主席，黑龙江省高级人民法院副院长，挂职甘肃省兰州市副市长。

陈 中 男 汉族 1964 年出生

湖南省长沙市人民政府副市长、党组成员。曾任长沙市卫生学校办公室副主任、教务科副科长、正科级干部，长沙市纪委正科级纪检员、监察员、办公厅副主任、行政处处长、主任，长沙市岳麓区委副书记、代理区长、区长、书记。

张全智 男 汉族 1974 年出生

宁夏回族自治区银川市人民政府副市长、党组成员、市人力资源和社会保障局局长、党组书记、市委组织部副部长。曾在贺兰县计经委、县委办公室、银川市政府办公厅工作。历任银川市政府办公厅副主任、市委副秘书长、台湾工作办公室主任（兼），永宁县委常委、组织部部长、党校校长，银川市委组织部副部长（正处级），市人力资源和社会保障局局长、党组书记，市委组织部副部长。

张浩亮 男 汉族 1963 年出生

上海市红十字会党组书记。曾任上海市松江县卫生局局长、松江区卫生局局长，上海市宝山区委常委、区政协副主席、区委统战部部长、副区长，上海市卢湾区委常委、区政协副主席、区委统战部部长，上海市黄浦区委常委、区政协副主席、区委统战部部长、区委副书记。

吴 静 女 苗族 1971 年出生

重庆市红十字会党组书记、常务副会长。曾任四川省黔江地委组织部干部、重庆市黔江开发区党工委组织部干部、干部科科长，黔江区妇联副主席、团委书记，挂职山东省莱州市副市长，黔江区委常委、城东街道党工委书记、区委秘书长、区委组织部部长、区委副书记、党校校长。

杨赤忠 男 汉族 1968 年出生

贵州省贵阳市委常委、贵阳市人民政府副市长。曾任光大证券股份有限公司党委委员、助理总裁，中国光大投资管理有限公司党委委员、助理总经理。

林圣魁 男 汉族 1965 年出生

福建省红十字会党组书记。曾任福建省卫生厅计财处主任科员、办公室副主任，福建省卫生厅卫生监督所党委书记、常务副所长，福建省卫生厅办公室主任，秀屿区委常委、副书记，福建省卫生厅党组成员、副厅长，福建省卫生和计划生育委员会党组成员、副主任。

孟祥红　女　汉族　1964 年出生

河北省石家庄市副市长、石家庄市红十字会会长。曾任邯郸电视台技术部、经济信息部助理工程师、工程师、对外报道部编辑、主任编辑，山东省济宁市广播电视局副局长、主任编辑、高级编辑，农工党河北省委干部、社会服务部副部长、宣传部部长、秘书长，挂职兴隆县副县长，河北省黄埔军校同学会专职秘书长。

房德权　男　汉族　1964 年出生

人力资源和社会保障部工资司副司长。曾在山东大学汉语言文学系学习，曾在劳动人事部工资局、人事部工资司、人力资源和社会保障部工资司工作。

胡郭秀萍　女　汉族　1948 年出生

香港红十字会副主席。曾任香港红十字会董事会成员、助理总监、总监。1991 年领导香港红十字会赈灾工作，于 1997 年创立国际及赈灾服务部，任部门管理委员会主席。

郭　立　男　汉族　1958 年出生

山西省政府副秘书长、省红十字会党组书记。曾任山西省文化厅副厅长、副巡视员。

徐巧飞　男　汉族　1962 年出生

西藏自治区红十字会副会长。曾任西藏自治区民政厅安置处科员、副主任科员，勘界办公室主任科员、副主任，救灾处副处长、处长。

徐　青　女　汉族　1967 年出生

中国民用航空局国防动员办公室主任。曾任民航实业开发总公司职员，民航总局运输司综合检查处、国内航空运输处主任科员、助理调研员、副处长，民航总局运输司综合业务处副处长（正处级）、处长，民航局运输司国际航空运输处处长。

贾丽娜　女　汉族　1961 年出生

吉林省长春市人民政府副市长、市红十字会会长。曾任长春市财政局副局长，长春市妇联主席、党组书记，长春市双阳区委副书记、区长，长春市政协副主席、党组副书记。

顾　刚　男　汉族　1977 年出生

海南省海口市人民政府副市长、党组成员、海口国家高新技术产业开发区工委书记。工学博士。曾任中国种子集团财务部财务会计主管，中国银泰投资有限公司财务部业务经理，海南三亚瑞达置业有限公司财务总监，湖南金果实业股份有限公司监事、财务总监，中国银泰投资有限公司财务总监，海南省发展控股有限公司副总经理、党委委员，挂职担任宁波市北仑区副区长。

秦国夫　男　汉族　1966 年出生

辽宁省红十字会常务副会长。中国林业科学院生态学专业博士研究生。曾任林业部森林植物检疫防治所工作人员，森林病虫害防治总站干部、研究中心副主任、主任、办公室主任、宣传办主任，鞍山市人民政府市长助理，汤岗子高新产业管理委员会党工委书记，鞍山市人民政府副市长、党组成员。

高晓兵　女　汉族　1962 年出生

民政部副部长、党组成员。曾任铁道部上海铁路局蚌埠分局党委书记、中华全国铁路总工会副主席，铁道部人事司司长，铁道部政治部副主任、主任、党组成员，中央精神文明建设指导委员会委员，山东省委常委、组织部部长。

黄日波 男 壮族 1958 年出生

广西壮族自治区人民政府副主席、广西壮族自治区红十字会会长。曾任广西农业大学实验中心副主任、主任，广西大学生物技术实验中心主任，生命科学与技术学院教授，广西壮族自治区科协副主席，广西科学院院长，广西壮族自治区政协副主席，第十一、十二届全国政协委员。

崔佐钧 男 汉族 1967 年出生

广西壮族自治区南宁市委常委、宣传部部长、副市长。历任广西梧州电视台副台长，自治区人民检察院宣传处副处长、处长，《检察日报》驻广西记者站站长（正处长级），自治区党委对外宣传办公室主任(副厅长级)。

隋　霞 女 汉族 1968 年出生

新疆维吾尔自治区红十字会党组书记、常务副会长。曾任新疆生产建设兵团农二师 23 团农科站技术员、副站长、科委副主任、科党委办公室主任兼团长助理、总农艺师、党委常委、副团长、党委书记、政委，自治区团委党组书记、团委副书记，巴州党委常委、宣传部部长，自治区教育工委副书记、教育厅党组成员，自治区八届纪委委员。

程振山 男 汉族 1957 年出生

新疆维吾尔自治区政协副主席、红十字会会长。曾任新疆维吾尔自治区富蕴县水电局干部、伊犁哈萨克自治州党委宣传部干部，伊犁地委宣传部干部、科长，霍城县委副书记、书记，奎屯市委书记，自治区党委政研室社会处处长，和田地委委员、宣传部部长、地委副书记、行署副专员、地委书记，新疆生产建设兵团农十四师党委第一书记、第一政委，喀什地委书记，新疆生产建设兵团农三师党委第一书记、第一政委，自治区统战部部长。

温雪琼 女 汉族 1967 年出生

辽宁省大连市人民政府副市长。曾任辽宁省劳动和社会保障厅副厅长、本溪市人民政府副市长。

黎　明 女 汉族 1967 年出生

广东省广州市人民政府副市长、党组成员。曾任广东省发展计划委员会办公室副主任，省发展和改革委员会粮食统计财会处处长、办公室主任、副巡视员、党组成员，广东省支援新疆工作前方指挥部副总指挥，广东省发展改革委总经济师、副主任、党组成员。

中国红十字会
2016 年度统计数据公报

一、组织发展情况

全国共有 33 个省级红十字会，包括 31 个省、自治区、直辖市红十字会，新疆生产建设兵团红十字会和铁路系统红十字会；地市级总数 335 个，其中已理顺管理体制 324 个，占 96.7%；县级总数 2848 个，其中已理顺管理体制 1917 个，占 67.3%。红十字基层组织 9.3 万个；团体会员单位 8.6 万个。会员总数 2056 万人，其中成人会员 644 万人，青少年会员 1412 万人；志愿者 178 万名；冠名医疗机构数为 1121 个；社区公益服务站点 2.86 万个。

二、人员发展情况

全国红十字会共有编制人数 12996 人，实有专职人员 13572 人，兼职人员 28615 人。

三、收入情况

全国各级红十字会共收入 54.32 亿元。其中，总会收入 8.6 亿元，省级红十字会收入 12.34 亿元，地级红十字会收入 14.05 亿元，县级红十字会收入 19.33 亿元，分别占总收入的 15.83%、22.72%、25.86%、35.59%。

四、支出情况

全国各级红十字会共支出 51.67 亿元。其中，救灾、救护、救助（“三救”）支出为 32.03 亿元；“三献”（无偿献血、捐献造血干细胞、捐献人体器官）支出为 2.23 亿元；国际援助、事业发展及其他支出为 17.41 亿元，分别占总支出的 61.99%、4.32%、33.69%。

五、其他业务工作开展情况

全国各级红十字会共培训救护师资 2.6 万人；培训救护员 349 万人；全国各级红十字会共普及无偿献血知识人数为 4251 万人次。

说明：

1. 数据统计时间为 2015 年 10 月 1 日至 2016 年 9 月 30 日。

2. “总会”数据包含基金会、干细胞库管理中心等所有直属单位数据。

3. 统计数据未包括香港及澳门特别行政区和台湾省。

附件：

中国红十字会 2016 年度统计数据

中国红十字会地市级理顺管理体制情况统计表

表 1　　单位：个、%

序号	单位	理顺机构数	未理顺机构数	合计	地市级理顺机构百分比
1	河北	11	0	11	100.0
2	山西	11	0	11	100.0
3	内蒙古	12	0	12	100.0
4	辽宁	14	0	14	100.0
5	吉林	8	1	9	88.9
6	黑龙江	13	0	13	100.0
7	江苏	13	0	13	100.0
8	浙江	11	0	11	100.0
9	安徽	16	0	16	100.0
10	福建	9	0	9	100.0
11	江西	11	0	11	100.0
12	山东	17	0	17	100.0
13	河南	18	0	18	100.0
14	湖北	13	0	13	100.0
15	湖南	14	0	14	100.0
16	广东	21	0	21	100.0
17	广西	14	0	14	100.0
18	海南	3	1	4	75.0
19	四川	20	1	21	95.2
20	贵州	9	0	9	100.0
21	云南	16	0	16	100.0
22	西藏	0	7	7	0.0
23	陕西	10	0	10	100.0
24	甘肃	13	1	14	92.9
25	青海	8	0	8	100.0
26	宁夏	5	0	5	100.0
27	新疆	14	0	14	100.0
合计		324	11	335	96.7

中国红十字会县级理顺管理体制情况统计表

表 2　　单位：个、%

序号	单位	理顺机构数	未理顺机构数	合计	县级理顺机构百分比
1	北京	16	0	16	100.0
2	天津	16	0	16	100.0
3	河北	82	87	169	48.5
4	山西	84	35	119	70.6
5	内蒙古	102	0	102	100.0
6	辽宁	95	5	100	95.0
7	吉林	24	36	60	40.0
8	黑龙江	56	77	133	42.1
9	上海	16	0	16	100.0
10	江苏	98	0	98	100.0
11	浙江	89	1	90	98.9
12	安徽	72	32	104	69.2
13	福建	84	0	84	100.0
14	江西	96	4	100	96.0
15	山东	89	48	137	65.0
16	河南	102	56	158	64.6
17	湖北	31	73	104	29.8
18	湖南	57	65	122	46.7
19	广东	45	74	119	37.8
20	广西	52	56	108	48.1
21	海南	10	13	23	43.5
22	重庆	33	6	39	84.6
23	四川	121	64	185	65.4
24	贵州	87	0	87	100.0
25	云南	129	0	129	100.0
26	西藏	0	74	74	0.0
27	陕西	66	40	106	62.3
28	甘肃	65	21	86	75.6
29	青海	10	36	46	21.7
30	宁夏	0	22	22	0.0
31	新疆	90	6	96	93.8
合计		1917	931	2848	67.3

中国红十字会人员编制情况统计表

表 3　　　　　　　　　　　　　　　　　　　　　　　　单位：人、%

序号	单位	编制人数	专职人数	兼职人数	专职人员占编制数百分比
1	总会	280	327	12	116.8
2	北京	345	887	205	257.1
3	天津	132	123	73	93.2
4	河北	427	388	327	90.9
5	山西	535	459	181	85.8
6	内蒙古	649	918	14108	141.4
7	辽宁	449	420	1091	93.5
8	吉林	253	217	410	85.8
9	黑龙江	338	280	134	82.8
10	上海	184	335	5212	182.1
11	江苏	628	811	440	129.1
12	浙江	430	591	429	137.4
13	安徽	336	313	187	93.2
14	福建	347	372	389	107.2
15	江西	442	356	105	80.5
16	山东	818	732	312	89.5
17	河南	809	675	1889	83.4
18	湖北	294	244	128	83.0
19	湖南	607	504	180	83.0
20	广东	441	433	338	98.2
21	广西	355	325	157	91.5
22	海南	77	92	11	119.5
23	重庆	148	131	55	88.5
24	四川	832	745	252	89.5
25	贵州	515	493	145	95.7
26	云南	851	884	213	103.9
27	西藏	38	25	21	65.8
28	陕西	445	475	106	106.7
29	甘肃	330	355	66	107.6
30	青海	138	142	53	102.9
31	宁夏	49	64	46	130.6
32	新疆	459	449	1265	97.8
33	兵团	15	7	57	46.7
34	铁路	0	0	18	—
合计		12996	13572	28615	104.4

中国红十字会组织发展情况统计表

表 4　　　　单位：个、人

序号	单位	基层组织	志愿者	团体会员	成人会员	青少年会员	冠名医疗机构数
1	总会	1	455	0	65	0	1
2	北京	2559	26717	4205	255782	845474	3
3	天津	2181	103764	1711	132552	581949	3
4	河北	1095	55100	1869	201775	244665	25
5	山西	1001	14645	385	2868	35699	22
6	内蒙古	11995	32376	6973	827112	1012651	34
7	辽宁	5483	142583	3389	280533	837644	44
8	吉林	1364	15883	1128	256287	323367	6
9	黑龙江	1815	45705	983	43097	81035	36
10	上海	3685	37005	989	532048	355147	71
11	江苏	8600	221662	3864	462927	2795039	174
12	浙江	7830	56265	4526	389425	1663572	17
13	安徽	1224	64560	2879	95169	93506	56
14	福建	2788	112822	1896	186774	604707	19
15	江西	2433	53800	2021	156266	330145	16
16	山东	11048	187308	5665	581042	896132	44
17	河南	5371	135972	2545	304774	518944	66
18	湖北	1509	104107	12506	148367	225932	28
19	湖南	3947	41450	7440	185242	322459	72
20	广东	1208	57752	2235	190805	323401	10
21	广西	982	15250	1039	112056	127339	40
22	海南	69	5883	50	5565	17743	4
23	重庆	1892	4871	1472	240652	444248	138
24	四川	3608	46621	4033	191741	265576	44
25	贵州	2813	51519	1862	158621	365489	25
26	云南	1097	68536	3248	178368	209695	44
27	西藏	26	150	75	335	196	0
28	陕西	1475	28953	980	35070	85365	20
29	甘肃	496	8515	1700	23338	49652	14
30	青海	192	7524	368	9722	4127	13
31	宁夏	30	1656	277	2151	3861	0
32	新疆	3318	24997	3693	238782	444246	30
33	兵团	131	5208	277	8797	8291	2
34	铁路	18	0	0	0	0	0
合计		93284	1779614	86283	6438108	14117296	1121

中国红十字会卫生救护培训情况统计表

表 5　　　　单位：人

序号	单位	师资培训人数	救护员培训人数
1	总会	653	7561
2	北京	122	220249
3	天津	398	38873
4	河北	2502	36693
5	山西	117	14529
6	内蒙古	116	42349
7	辽宁	1918	51891
8	吉林	867	45213
9	黑龙江	319	21016
10	上海	655	30612
11	江苏	869	344580
12	浙江	3925	205522
13	安徽	0	118123
14	福建	230	30936
15	江西	320	21817
16	山东	318	98322
17	河南	1032	39313
18	湖北	531	40435
19	湖南	1182	37353
20	广东	2143	169023
21	广西	911	178724
22	海南	155	27747
23	重庆	1226	616408
24	四川	1533	75567
25	贵州	20	113757
26	云南	784	683916
27	西藏	0	2200
28	陕西	464	26579
29	甘肃	289	27611
30	青海	1331	22056
31	宁夏	113	4394
32	新疆	761	71145
33	兵团	273	5282
34	铁路	0	17990
合计		26077	3487786

中国红十字会救助情况统计表

表 6

序号	单位	救助支出（万元）	受益人数（人）	人均受益金额（元）
1	总会	47353	1287465	368
2	北京	17165	240959	712
3	天津	1272	29751	428
4	河北	3486	68615	508
5	山西	1195	143755	83
6	内蒙古	8306	340241	244
7	辽宁	11404	161762	705
8	吉林	1582	79532	199
9	黑龙江	1070	151938	70
10	上海	12131	99859	1215
11	江苏	14852	315675	470
12	浙江	16303	362410	450
13	安徽	1547	389031	40
14	福建	16904	160934	1050
15	江西	5564	230889	241
16	山东	5460	216272	252
17	河南	6568	182865	359
18	湖北	3626	609605	59
19	湖南	1989	87289	228
20	广东	16364	322804	507
21	广西	2780	49448	562
22	海南	219	22804	96
23	重庆	6481	35988	1801
24	四川	3425	141351	242
25	贵州	5009	462593	108
26	云南	9834	293456	335
27	西藏	40	5110	78
28	陕西	4476	221303	202
29	甘肃	937	80604	116
30	青海	1793	8565	2093
31	宁夏	52	652	805
32	新疆	7678	65504	1172
33	兵团	106	100730	11
34	铁路	0	0	–
合计		236968	6969759	340

四级红十字会救助情况汇总表

表 7

序号	单位	救助支出（万元）	受益人数（人）	人均受益金额（元）
1	总会	47353	1287465	368
2	省级	56109	1408013	398
3	地级	61956	1625806	381
4	县级	71551	2648475	270
合计		236968	6969759	340

中国红十字会无偿献血、社区公益服务站点统计表

表 8　　单位：人、个

序号	单位	无偿献血知识普及人数	社区公益服务站点个数
1	总会	500	81
2	北京	287400	494
3	天津	142968	815
4	河北	990456	343
5	山西	752952	213
6	内蒙古	268793	533
7	辽宁	1057636	2429
8	吉林	277648	793
9	黑龙江	276360	552
10	上海	382757	9178
11	江苏	1692934	2587
12	浙江	661729	2075
13	安徽	1000738	261
14	福建	923239	459
15	江西	1208976	145
16	山东	1821814	616
17	河南	3383929	2638
18	湖北	3614950	566
19	湖南	1874584	621
20	广东	1613266	415
21	广西	11028490	150
22	海南	840689	19
23	重庆	534040	340
24	四川	2483704	698
25	贵州	637986	513

续表 8

序号	单位	无偿献血知识普及人数	社区公益服务站点个数
26	云南	1765516	136
27	西藏	4120	0
28	陕西	292733	353
29	甘肃	2011928	136
30	青海	76296	25
31	宁夏	25434	79
32	新疆	383847	301
33	兵团	139065	10
34	铁路	55000	0
合计		42512477	28574

中国红十字会筹资情况统计表

表 9　　单位：万元

序号	单位	政府拨款	国内捐款	国内捐赠物资	外援款	外援物资	会费	其他收入	筹资总数
1	总会	42299	24688	11067	3081	0	6	4862	86003
2	北京	14311	6081	13205	0	0	0	168	33765
3	天津	3075	1251	48	20	0	17	66	4478
4	河北	3131	4354	770	0	0	54	56	8366
5	山西	2841	1397	110	0	0	35	13	4395
6	内蒙古	8251	11814	568	0	0	169	243	21045
7	辽宁	5241	1245	10727	21	0	43	199	17474
8	吉林	2352	1464	50	32	0	202	25	4126
9	黑龙江	2254	261	482	0	0	17	32	3046
10	上海	17879	7386	159	0	0	334	1015	26773
11	江苏	17638	17921	3140	58	0	453	1814	41024
12	浙江	16518	15954	3811	0	0	45	421	36749
13	安徽	3425	3484	2981	19	0	13	576	10498
14	福建	17049	7410	2589	0	0	47	291	27386
15	江西	3988	3282	5266	0	0	68	22	12625
16	山东	8624	3687	2759	15	0	112	186	15382
17	河南	5428	8385	2208	34	0	71	22	16148
18	湖北	4138	3632	3379	6	0	45	106	11307
19	湖南	5545	1862	2980	0	0	169	77	10633
20	广东	8814	16633	3022	175	0	53	219	28916
21	广西	5541	1403	1754	0	0	12	222	8932
22	海南	1303	203	378	0	0	0	190	2074

续表 9

序号	单位	政府拨款	国内捐款	国内捐赠物资	外援款	外援物资	会费	其他收入	筹资总数
23	重庆	5028	7356	925	173	0	36	281	13799
24	四川	10987	3353	480	3362	0	161	189	18532
25	贵州	4969	4086	4155	3	0	65	239	13518
26	云南	11443	7294	7390	2104	0	163	1058	29452
27	西藏	701	182	50	0	0	0	0	932
28	陕西	4112	482	4478	212	0	24	211	9519
29	甘肃	1838	230	609	0	0	19	50	2746
30	青海	2400	1489	1287	782	0	15	217	6189
31	宁夏	749	74	0	58	0	5	2	890
32	新疆	6032	9353	521	1	0	233	55	16195
33	兵团	103	150	102	0	0	0	7	363
34	铁路	0	0	0	0	0	0	0	0
合计		248009	177845	91448	10155	0	2687	13135	543279

四级红十字会收入情况汇总表

表 10

单位：万元

序号	单位	政府拨款	国内捐款	国内捐赠物资	外援款	外援物资	会费	其他收入	筹资总数
1	总会	42299	24688	11067	3081	0	6	4862	86003
2	省级	66107	22772	27693	3814	0	96	2965	123447
3	地级	49554	47316	37554	3071	0	597	2437	140529
4	县级	90049	83069	15134	189	0	1988	2871	193300
合计		248009	177845	91448	10155	0	2687	13135	543279

中国红十字会按资金来源支出情况统计表

表 11

单位：万元

序号	单位	政府拨款	国内捐款	国内捐物	境外捐款	境外捐物	会费	其他	支出合计
1	总会	43504	24119	12443	4245	0	15	3502	87828
2	北京	14097	4179	13394	0	0	0	177	31846
3	天津	2590	4437	22	20	0	21	4	7096
4	河北	2927	3325	1069	0	0	37	25	7384
5	山西	2762	1157	167	0	0	12	3	4102
6	内蒙古	8063	9283	346	0	0	124	77	17893
7	辽宁	5147	1143	10264	21	0	40	89	16702
8	吉林	2350	1433	10	32	0	172	62	4059
9	黑龙江	2217	207	831	0	0	14	42	3311

续表 11

序号	单位	政府拨款	国内捐款	国内捐物	境外捐款	境外捐物	会费	其他	支出合计
10	上海	17121	7529	504	0	0	107	580	25840
11	江苏	16925	15016	2972	58	0	250	1549	36769
12	浙江	15886	14380	3307	0	0	26	178	33778
13	安徽	3208	3227	2936	19	0	13	413	9815
14	福建	17116	7189	2234	0	0	21	98	26658
15	江西	2964	3543	5074	0	0	52	56	11688
16	山东	8520	3138	2771	15	0	196	267	14907
17	河南	5428	8358	2204	28	0	64	18	16101
18	湖北	4076	2607	3380	6	0	40	111	10220
19	湖南	5052	1561	3020	0	0	155	81	9869
20	广东	8683	14195	3292	96	0	46	173	26484
21	广西	5457	976	1742	0	0	6	246	8428
22	海南	1257	268	378	0	0	0	246	2149
23	重庆	4457	5640	1125	147	0	31	1034	12432
24	四川	10947	3761	482	2526	0	125	721	18561
25	贵州	4902	4085	2523	3	0	59	247	11818
26	云南	11077	8719	3877	2133	1	111	1001	26918
27	西藏	323	0	50	0	0	0	0	373
28	陕西	4106	557	3059	204	0	20	86	8032
29	甘肃	1804	302	603	0	0	11	61	2782
30	青海	2331	3172	1060	574	0	3	90	7229
31	宁夏	756	50	0	61	0	2	4	874
32	新疆	5714	8036	388	1	0	220	70	14428
33	兵团	55	147	102	0	0	0	19	323
34	铁路	0	0	0	0	0	0	0	0
合计		241819	165739	85626	10190	1	1991	11331	516697

四级红十字会按资金来源支出情况汇总表

表 12　　单位：万元

序号	单位	政府拨款	国内捐款	国内捐物	境外捐款	境外捐物	会费	其他	支出合计
1	总会	43504	24119	12443	4245	0	15	3502	87828
2	省级	63252	28400	27156	3131	0	20	3158	125117
3	地级	48716	41508	31344	2683	1	408	1937	126597
4	县级	86347	71712	14683	131	0	1548	2734	177155
合计		241819	165739	85626	10190	1	1991	11331	516697

中国红十字会按资金用途支出情况统计表

表 13　　单位：万元

序号	单位	救灾	救护	救助	三献	国际援助	事业发展	基本支出	支出合计
1	总会	8703	4039	47353	9559	3253	12211	2710	87828
2	北京	329	454	17165	54	0	7578	6267	31846
3	天津	3208	234	1272	60	0	103	2218	7096
4	河北	675	349	3486	310	0	366	2198	7384
5	山西	145	55	1195	6	0	208	2494	4102
6	内蒙古	890	352	8306	67	6	1274	6998	17893
7	辽宁	609	467	11404	668	0	661	2893	16702
8	吉林	149	110	1582	53	0	470	1696	4059
9	黑龙江	23	126	1070	211	0	143	1737	3311
10	上海	1129	1730	12131	1011	0	3931	5908	25840
11	江苏	5220	3169	14852	1219	0	3934	8374	36769
12	浙江	1504	2122	16303	1311	0	3221	9317	33778
13	安徽	4860	698	1547	241	0	328	2140	9815
14	福建	3447	364	16904	532	0	976	4435	26658
15	江西	1970	254	5564	552	0	1061	2289	11688
16	山东	342	1077	5460	964	0	776	6288	14907
17	河南	1850	1160	6568	2020	0	733	3770	16101
18	湖北	3094	284	3626	180	0	935	2101	10220
19	湖南	2626	779	1989	579	0	772	3124	9869
20	广东	1435	1187	16364	538	0	1761	5199	26484
21	广西	491	398	2780	162	0	1596	3002	8428
22	海南	438	372	219	96	0	212	813	2149
23	重庆	712	834	6481	836	0	1679	1890	12432
24	四川	4730	688	3425	301	0	1973	7445	18561
25	贵州	1319	158	5009	207	0	1118	4007	11818
26	云南	5074	1606	9834	271	23	2649	7462	26918
27	西藏	85	18	40	31	0	10	189	373
28	陕西	340	83	4476	151	0	220	2762	8032
29	甘肃	147	200	937	6	0	198	1294	2782
30	青海	2895	312	1793	20	0	403	1806	7229
31	宁夏	108	46	52	43	0	9	615	874
32	新疆	605	239	7678	90	0	460	5357	14428
33	兵团	150	23	106	0	0	2	42	323
34	铁路	0	0	0	0	0	0	0	0
合计		59302	23989	236968	22346	3282	51972	118838	516697

四级红十字会按资金用途支出情况汇总表

表 14　　单位：万元

序号	单位	救灾	救护	救助	三献	国际援助	事业发展	基本支出	支出合计
1	总会	8703	4039	47353	9559	3253	12211	2710	87828
2	省级	20034	5112	56109	7516	13	15031	21302	125117
3	地级	13989	5607	61956	2442	10	9744	32849	126597
4	县级	16576	9231	71550	2829	6	14986	61977	177155
合计		59302	23989	236968	22346	3282	51972	118838	516697

会议讲话

陈竺会长在中国红十字会第十届理事会第三次会议开幕式上的讲话

非常高兴与各位同仁相聚于此，共同谋划中国红十字事业未来发展大计。中国红十字会第十次全国会员代表大会召开以来，特别是过去一年，红十字会各项工作取得积极进展，许多重点人道主义任务得以圆满完成，这些成绩的取得，要归功于以习近平同志为核心的党中央坚强领导，归功于各部门、各级党委政府和社会各界的大力支持，归功于广大红十字会会员、志愿者和干部职工的心血和奉献。刚才，来自基层的四位同志作了非常好的介绍，让我们看到了人道主义的旗帜是如何通过我们系统的同志们尤其是基层同志们的卓越努力在中华大地高高飘扬。在这里，我谨代表中国红十字会领导班子，向在座的各位，并通过你们向全国广大红十字会会员、志愿者和干部职工，向长期关心支持中国红十字事业的各界人士，表示诚挚的问候和衷心的感谢！

刚才徐科同志代表常务理事会做了工作报告，讲得很全面，很系统，我都同意。这次会议的主要任务是认真领会和深入贯彻党的十八届六中全会精神，总结中国红十字会十届二次理事会以来的工作、部署下一步任务。2017 年对中国红十字会是十分重要一年，是新修订的红十字会法公布施行之年，是总会改革方案出台实施之年，也是总会党组对中央巡视组巡视反馈意见进行整改落实的一年。我们要紧紧围绕党和国家工作大局，立足红十字会自身实际，认真思考、谋划未来红十字事业的改革和发展。

回首 2016 年，应该说中国红十字会的工作取得了全面的进展。过去一年，我国南方多地发生严重洪涝和龙卷风等自然灾害，中国红十字会快速响应，先后派出多批救灾工作组奔赴灾区一线，与各受灾省份红十字工作者、会员与志愿者一道，为受灾群众提供援助。红十字人在灾害面前不畏艰险、甘于奉献，在抗灾斗争中，用理想凝聚力量、用信念铸就顽强，以实际行动诠释了“人道、博爱、奉献”的红十字精神，为红十字这面旗帜增光添彩。在此，我代表中国红十字会领导班子对所有参与灾害救援的红十字人致以崇高的敬意。过去一年，中国红十字会紧密围绕党和国家中心任务开展工作，积极配合国家扶贫攻坚战略，充分发挥自身的精神力量优势和组织优势参与精准扶贫、精准脱贫，通过实施“博爱家园”等人道公益项目提高城乡社区防灾减灾能力和帮助发展生计，重点支持国家级贫困县，特别是连片特困地区的扶贫攻坚。过去一年，中国红十字会在继续做好应急救护培训，为儿童白血病、先心病等患者提供大病救助保障的同时，启动对“一老一小”的人道服务供给侧改革，依托上海、北京高水平医疗机构为新疆、贵州培养儿科医学人才；在五个省启动了老年介护培训的试点工作。过去一年，中国红十字会积极发挥民间外交渠道作用，配合“一带一路”建设，全年共向23个国家红十字会提供人道主义援助，助力受援国民生建设；同时积极开展国际人道主义救援，派遣红十字国际救援队赴厄瓜多尔地震灾区和斯里兰卡水灾灾区开展灾害救援，受到有关国家政府和民众的普遍赞誉。过去一年，中国红十字会进一步履行好遗体和人体器官捐献、造血干细胞捐献等重要职责。目前我国造血干细胞捐献者资料库库容已达230多万人，累计实现捐献6000多例；我特别想提到的是，在我国前年全面停止通过司法渠道获取移植器官供体来源后，中国红十字会作为第三方参与机制主体在公民器官捐献体系中发挥了至关重要的作用，仅去年就完成人体器官捐献4080例，捐献大器官11296个，较前年捐献数量增长了50%，且去年捐献数量已位居世界第二位。这些数字包含了很多可歌可泣的故事，在器官捐献家庭失去亲人的悲痛时刻，是人道主义的力量帮助他们实现了生命的延续和接力，拯救了大量患者。我们的器官捐献者和他们的家庭是如此无私，我们的器官捐献协调员的工作是如此出色，他们用自己的高尚行动，在维护人的尊严这一道德制高点上彰显了中国的人道力量。下一步，我们还要配合国家有关部门进一步做好相关工作，包括加强公民自愿捐献的协调动员、协助对器官变相买卖的查处打击、推动多部门协作建立人体捐献器官运送绿色通道、鼓励更多地区将器官移植纳入大病医保、进一步加大遗体捐献工作力度等。刚才，徐科同志也提到了未来加强红十字理论研究工作的重要性，红十字事业要靠思想和精神来引领，而思想和精神又需要理论的强大支撑，所以我们过去一年的工作成绩也包含着从事红十字理论研究、红十字青少年和国际人道法传播工作者们的贡献。

中国红十字会去年的工作值得充分肯定，但同时我们也应清醒地认识到自身工作和能力的不足，主要体现在制度建设和监督体系有待健全、公信力建设短板亟待补上、干部队伍能力建设急需加强等。像“博爱家园”这样的项目深受基层干部群众欢迎，但我们目前的能力还十分有限，因此要看到自身不足，更要奋发有为。今年，我们要继续紧密围绕党和国家工作大局，切实增强“四个意识”，坚持改革创新，依法履职尽责，以优异的成绩迎接党的十九大胜利召开。下面，我谈几点意见。

一、深入学习贯彻习近平总书记系列重要讲话精神，坚定不移走中国特色红十字事业发展道路

2015年习近平总书记在会见中国红十字会第十次全国会员代表大会代表时强调：“中国红十字会是党和政府在人道领域联系群众的桥梁和纽带……中国红十字会要适应新形势新任务，紧紧围绕党和国家中心任务，增强责任意识，推进改革创新，加强自身建设，开展人道救助，真心关爱群众，努力为国奉献、为民造福。”习近平总书记的重要讲话，在红十字事业发展非常关键的时刻为我们指明了方向。2015年，中央专门召开了党的群团工作会议，对加强和改进党对群团工作的领导、发挥群团组织作用、推动群团组织改革创新提出了明确要求。中央印发的《关于加强和改进党的群团工作的意见》，明确提出中国特色社会主义群团发展道路“六个坚持”要求。

中国特色红十字事业，是国际红十字运动的重要组成部分，更是中国特色社会主义事业的重要组成部分，既符合国际红十字运动基本原则，也具有鲜明的中国特色和时代特征。在这里我想说，马克思主义作为我们的指导思想，既是革命的、批判的，也是人道的，可以说马克思主义从头到尾都浸透着人道主义的精神。在新形势下，我们要深入学习贯彻习近平总书记系列重要讲话精神和治国理政新理念新思想新战略，贯彻落实中央党的群团工作会议精神，坚定不移走中国特色社会主义群团发展道路，坚定不移走中国特色红十字事业发展道路，坚持将自觉接受党的领导、团结服务所联系群众、依法依章程开展工作相统一，扎实推进红十字会的改革和发展，更好地发挥党和政府在人道领域的助手作用。

二、以红十字会法颁布实施为契机，深入推进依法治会

红十字会法修订案上周已经全国人大常委会审议通过，这是党和国家高度重视红十字工作的具体体现，也是我国红十字事业发展历程中的一件大事。新修订的红十字会法为红十字事业改革发展提供了有力的法律保障，对于当前和今后我国红十字工作将发挥重要作用。此次修法有几个方面值得关注，一是拓展了中国红十字会的法定职责，明确了红十字会“参与、推动无偿献血、遗体和人体器官捐献工作，参与开展造血干细胞捐献的相关工作”的职责，并且增加了“协助人民政府开展与其职责相关的人道主义服务活动”的规定，使已经开展的相关人道主义服务活动于法有据，也为未来红十字会配合政府开展其他人道主义服务活动保留了空间，这就明确了我们作为政府在人道领域的助手地位。二是优化了红十字会内部治理结构，新修订的红十字会法明确规定建立理事会、执委会和监事会权责分开、互相制约的现代治理结构。理事会是决策机构，执委会是执行机构，监事会是监督机构。对于这个事情我们要给予高度重视，实际上这涉及下一届代表大会我们要做出的重大体制改革，但是我们很多的工作是需要提早谋划、准备的；三是对资金管理使用提出了更高更严的要求，对于加强监督、信息公开、制度建设等都作出了明确规定，有利于促进红十字会的规范化治理和公信力建设。联系实际，执委会在下次开理事会时要依法对财务情况做更清晰的说明，要把政府拨款和捐赠收入这两部分分别报告。捐赠收入绝大多数由红会举办的基金会管理，而基金会的管理成本要与参公管理机构的运行经费和事业发展经费分开报告，严格遵守慈善法规定的慈善组织的“年度管理费用不得超过当年总支出的百分之十”。新修订的红十字会法颁布实施后，我们的管理一定要更加规范。四是增加了法律责任一章，既对红十字会的自身履职做了严格规范，又对红十字会的合法权益予以充分保障。我们要以修法为契机，牢固树立法治理念，深入推进依法治会，自觉以法治思维和法治方式履行好法定职责。

一要大力推动红十字系统深入学习红十字会法。总会要制定专门工作方案，指导地方各级红十字会干部职工学好、用好红十字会法，增强法律意识，依法开展各项工作。要把红十字会法宣传作为当前和今后宣传工作的重中之重来抓，将集中宣传和日常宣传相结合，将普通宣传和深入解读相结合，将面向重点对象宣传和面向全社会宣传相结合。

二要主动争取、配合地方人大尽快做好红十字会法地方相关实施办法（条例）的修订工作，推进机构、职能、权限、程序、责任法定化。地方各级红十字会要严格依法依规治会履职，坚持法定职责必须为、法无授权不可为，防止不作为、乱作为，确保红十字事业始终沿着法治化轨道前进。

三要主动适应依法治会的需要，通过改革创新补齐制度短板，不仅建立健全内部治理、财务管理、内部控制、法律顾问、专家咨询等制度，而且要加快形成内容科学、程序严密、配套完备、运行有效的制度体系。有了制度还要抓好制度落实，关键是领导干部要切实发挥带头示范作用。

四要建立和完善法律监督、政府监督、社会监督、自我监督相结合的综合性监督体系。其中，自我监督是关键，也是短板，必须要补齐。要加强对内部权力的监督和制约，对资金募集、资金管理、招标采购、分配使用、资产监管、项目实施等部门和岗位，要强化内部流程控制，完善内部层级监督和专门监督，建立常态化监督机制和纠错问责机制。依法设立监事会就是自我监督的重要措施。还要抓紧推进信息化建设和完善信息公开制度，尤其是对捐赠筹资和使用情况，以切实保障社会公众对红十字工作的监督权。我们在信息系统建设方面做了很大的努力，但是财务管理一直是一个短板和瓶颈，这个问题必须要解决。最近的中央巡视工作也对我们提出了非常明确的要求，我们要把这项工作当成一个政治任务来完成，今年务必推动财务管理和信息公开在制度制订和技术平台上有一个大的进步。上级红十字会要加强对下级红十字组织的监督指导，对违法违纪行为和有关责任人员坚决依法依规问责追责。

三、认真贯彻落实总会改革方案，积极推动改革创新

当前，党中央正在统筹推进“五位一体”总体布局，协调推进“四个全面”战略布局，带领全国人民全力推进全面建成小康社会进程，不断把实现“两个一百年”奋斗目标推向前进。在新的历史条件下，我国人道主义事业和红十字工作都面临新机遇、新挑战。十八大以来，习近平总书记对红十字工作多次作出重要讲话，为新时期红十字事业改革发展道路指明了方向。为贯彻落实习近平总书记的系列重要讲话精神和《中共中央关于加强和改进党的群团工作的意见》，根据中央全面深化改革的总体部署和要求，总会制定了改革方案。改革是中国红十字会适应时代发展的必然要求，也是红十字会加强自身建设的必由之路。

中国红十字会的改革目的是要保持和增强红十字会政治性、先进性、群众性，克服机关化、行政化、贵族化、娱乐化问题，积极推进治理结构、人事制度、运行机制和工作方式的改革创新，调整优化职能，夯实基层基础，建设理想信念坚定、联系群众密切、作风扎实过硬、组织体系健全、运行机制科学、更加公开透明、更具公信力的红十字会。

为做好这项工作，总会全面深化改革领导小组要统筹改革部署，根据改革目标和方案分解任务、明确责任，任务要明确时间，责任要明确到人，确保各项改革措施落实到位。要注意加强改革的宣传和思想工作，教育引导机关干部统一思想、提高认识。各省级红十字会也要在党委政府的领导下，参照即将出台的总会改革方案制定本级红十字会的改革方案，稳妥有序推进改革工作。我们要把全面深化改革工作作为向以习近平同志为核心的党中央看齐的自觉行动，从政治高度正确认识和切实完成。在这方面我想与大家分享一点心得。改革开放以来，特别是近年来，党和政府越来越强调发挥社会组织的作用，这是适应社会主义经济社会发展和政府职能转变的需要。目前人道领域的社会组织已有很多，这是社会进步的结果，也是公民意识增长的体现。但在这个过程中，我们一方面要应对人道资源的争取和再平衡，另一方面也要面对如何引导人道领域日益增多的社会组织适应中国特色社会主义发展道路这个课题。中国红十字会要为党和国家守住人道主义这个阵地，不仅要做好自己的本职工作，还要努力成为团结、引领各方面力量的中枢型人道组织。为此，我们既要有联合、开放的胸襟，也要提高自身的管理能力和加强队伍建设，包括决策和行动能力建设，在关键时刻、紧急时刻要敢于担当。我会要真正成为党领导下的中枢型人道组织，必须要用好群众路线这个法宝。我会目前社会筹资占比较低，希望大家积极去做群众工作，不是靠发文件，而是要做具体工作。我们全系统近 13000 名红十字工作者，都要去当宣传员、组织人、协调者，党员干部首先要带头成为优秀志愿者，这样才能适应新形势下的工作要求，才能真正落实好改革方案。落实改革方案需要接地气。总会机关要增加来自基层的“新鲜血液”，倾听基层的声音，同时我们也要拿出更多时间深入基层，到地方去工作。我建议是否执委会的同志，包括我本人，每人联系一个西部的贫困村，每人做一个村级“博爱家园”项目的责任人。如果我们 13000 个同事都有这样的责任感，我们就能实实在在地把改革方案落实好，真正成为最易受损人群的贴心人，我们自己也一定会在工作中得到升华。

四、积极参与国家“一带一路”建设，在国际红十字舞台彰显负责任大国红会形象

红十字事业旨在预防和减轻人的疾苦，保护人的生命，维护人的尊严，促进人们相互了解、友谊与合作，促进持久和平，这是一项造福全人类的崇高事业。红十字人的使命光荣、任务艰巨。党的十八大以来，习近平总书记着眼世界和平发展大局，顺应各国相互依存大势，展现中国“大国担当”，与时俱进地提出并不断充实“人类命运共同体”这一重大理念。作为国际红十字运动的重要成员、民间外交的重要渠道、民心相通的重要力量，广大红十字人要深刻学习领会习近平总书记“人类命运共同体”的战略思想，积极有为地参与国家“一带一路”建设，更好发挥我国对国际红十字运动和人道主义事业的积极作用。

2017 年 1 月 17 日，习近平总书记在瑞士达沃斯国际会议中心发表题为《共担时代责任 共促全球发展》的主旨演讲，引用红十字国际委员会创始人亨利·杜南先生的名言：“真正的敌人不是我们的邻国，而是饥饿、贫穷、无知、迷信和偏见。”强调“我们既要有分析问题的智慧，更要有采取行动的勇气”。1 月 18 日，习近平总书记又在日内瓦联合国总部发表题为《共同构建人类命运共同体》的主旨演讲，再次援引亨利·杜南先生 1862 年在《索尔费利诺回忆录》中的追问：“能否成立人道主义组织？能否制定人道主义公约？”习近平总书记说：“‘杜南之问’很快有了答案，次年，红十字国际委员会应运而生。经过150多年发展，红十字成为一种精神、一面旗帜。面对频发的人道主义危机，我们应该弘扬‘人道、博爱、奉献’的精神，为身陷困境的无辜百姓送去关爱，送去希望；应该秉承中立、公正、独立的基本原则，避免人道主义问题政治化，坚持人道主义援助非军事化。”习近平总书记的讲话表明了新全球化坚定立场，进一步阐发了“人类命运共同体”重要理念，对于我们进一步加深对“人类命运共同体”的领会、进一步增强主动参与国家“一带一路”建设的责任感和使命感具有特别重要的意义。在这里我给大家讲一个小故事。我们都对一个名字非常熟悉，那就是诺尔曼·白求恩，他在中国人民抗日战争最艰难的时候来到延安，1939年在前线抢救伤员时遭受感染，不幸逝世。我最近读《索尔费利诺回忆录》时，发现在亨利·杜南笔下也有一位叫诺尔曼·白求恩的加拿大医生，在1859年志愿参加了索尔费利诺战场的伤兵救护。我当时想，为什么他的名字和我们家喻户晓的白求恩大夫一模一样呢？会不会这里有什么联系。后来经过查证，这位参加索尔费利诺战场救护的诺尔曼·白求恩，就是支援我国抗日战争的白求恩大夫的祖父，显然人道主义的精神在这个家庭是一脉相承的。历史是一面镜子，我们要深刻领会习近平总书记在达沃斯论坛和联合国日内瓦总部重要讲话两次援引亨利·杜南遗训的重大现实和历史意义。现在的世界并不安宁，人道主义危机的频发是自第二次世界大战以来所没有过的，尤其是中东、北非的一些战乱国家民众处于水深火热之中，造成严重难民危机。人类社会对此要深刻反思，标本兼治。人道主义精神是每一个红十字人心中必须持有的信念，它不是挂在嘴上的，而是要落在我们的行动上。我们的同事，特别是红十字国际委员会的同仁、一些深陷战乱国家的红十字会、红新月会的同仁，经常是要冒着生命危险奔赴冲突前线从事人道救援的，他们的牺牲精神和不懈努力令人钦佩。我觉得，人是要有一种精神的，红十字人更加要讲精神，没有精神何谈事业！习近平总书记多次强调：“社会主义是干出来的”。我们的人道事业，包括“一带一路”人道工程的建设也必须靠我们的苦干才能开拓出一个崭新局面。

随着我国综合国力和国际影响力的快速提升，中国红十字会积极参与国际红十字运动和地区事务，并日益发挥更重要的作用。我国在2013年成功当选为红十字会与红新月会国际联合会副主席国，大大提升了我国在国际红十字运动中的国际话语权。在这里我特别要向大家报告一个情况，今年初，我本人正式接替赵白鸽同志担任红十字会与红新月会国际联合会副主席。在此，我要对赵白鸽同志表示衷心感谢，感谢她为中国红十字事业和国际人道主义事业作出的重要贡献！我国继续担任红十字会与红新月会国际联合会副主席国，对我会配合国家外交大局、开展民间外交提供了有利条件，同时也对我会如何在国际红十字运动和国际人道主义事业中发挥更大作用提出了更高要求。

2016年，总会编制了中国红十字事业“十三五”发展规划，提出“红十字与‘一带一路’同行”的战略构想，勾画出未来五年我国红十字国际交流合作与发展蓝图。中国红十字会将进一步加强与“一带一路”沿线各国红会在紧急灾难救援、社区防灾减灾、卫生健康、红十字青少年等领域的交流与合作。作为落实这一战略构想的先声，中国红十字基金会“丝路博爱基金”本月 20 日在京成立，同时宣布启动“丝路博爱基金”重点项目——巴基斯坦急救走廊建设和阿富汗先天性心脏病患儿救助项目。此刻我要向这个基金的发起人、参与项目组织实施的同事们和支持这一努力的有关部门表示衷心感谢。下一步，中国红十字会还将引领更多爱心企业、公益组织和志愿人士参与“一带一路”建设，优化人道服务供给，增进沿线国家人民福祉，使红十字人道外交成为促进“一带一路”民心相通的重要力量。

落实好“红十字与‘一带一路’同行”构想，是全国红十字系统的共同责任，也是红十字事业改革发展的重大机遇。总会要周密组织，精准发力，积极争取国家有关部门的支持，进一步研究出台推进“一带一路”建设的具体方案和项目，切实推进规划落实。全国各省区市红十字会也要积极行动起来，主动对接本地区“一带一路”建设总体规划，发挥在资源动员、国际交流、志愿服务、人道传播等方面的作用和优势，主动争取党委和政府的支持，积极动员社会各界参与，形成合力，将服务“一带一路”建设与助力精准扶贫、西部开发、东北振兴、中部崛起、东部率先发展、沿边开发开放等国家战略有机结合，以外事促内事，使“红十字与‘一带一路’同行”成为引领红十字事业新发展、新跨越的契机和引擎。

五、坚定不移贯彻好中共中央的决策部署，高度重视巡视整改工作

按照党中央的统一部署，2016 年总会和部分省级红十字会接受了专项巡视。专项巡视是对红十字会坚持党的领导、加强党的建设、全面从严治党以及党风廉政建设和反腐败工作的全面体检和有力促进。各级红十字会党组和干部群众要深入学习贯彻习近平总书记关于全面从严治党的重要论述以及关于巡视工作的重要指示精神，自觉同以习近平同志为核心的党中央保持高度一致。接受巡视的有关红十字会党组和干部职工要坚定不移贯彻好党中央的决策部署，高度重视巡视工作。对巡视组指出的问题，党组要切实负起巡视整改主体责任，切实落实整改各项要求，坚持问题导向，聚焦突出问题，明确整改任务、整改措施、整改时限和责任分工，做到问题不解决不松手，整改不到位不停止，真正做到条条要整改、件件有着落、事事有回音。红十字会广大干部群众要在党组带领下，进一步统一思想、提高认识，把巡视整改的要求转化为改进工作的强大动力，转化为解决问题的有效对策，转化为推动发展的实际行动，推动红十字事业再上新台阶。

六、增强理事会代表性，充分发挥理事在促进事业发展中的作用

我会理事会的成员来自方方面面，充分发挥理事的作用才能促进红十字事业的兴旺发展。各级红十字会要依据红十字会法和章程进一步完善理事会制度，做好对理事的服务和支撑，结合每位理事的特点，制定能够充分发挥理事作用的工作计划。要主动了解理事关心的问题，组织好理事的相关调研活动，为理事参与红十字会工作提供条件。要扩大决策民主，保障与红十字会改革发展相关的重大事项，在决策前能够充分听取和吸收理事和理事会的意见。

要发挥好理事会的作用，也需要各位理事的支持。理事要真正“理事”，常务理事要“经常理事”。我们要开展“理事办实事”活动，重视发挥理事在服务社会、教育引领、建言献策、培养人才等方面的作用，每年有重点地做好一两件有意义的事情，并将“理事办实事”情况进行汇总，每年在理事会上报告。希望各位理事帮助红十字会更好地聚焦于群众的实际需求，积极宣传红十字会法和红十字会工作进展，维护红十字会的合法权益，保障红十字会各项工作顺利开展，当好红十字会为国奉献、为民造福的“牵线人”、红十字事业的“代言人”、红十字精神的“宣传人”、红十字会工作的“当家人”、红十字会工作落实的“监督人”，在打造公开透明的红十字会、提升红十字会公信力方面发挥更大作用。

当前，我国正处在全面建成小康社会的决胜阶段，我们要牢牢把握“创新、协调、绿色、开放、共享”五大发展理念这条主线，以中央群团工作会议精神和习近平总书记系列重要讲话精神为指引，统一思想，振奋精神，认真贯彻落实中央关于红十字会深化改革和促进发展的有关意见，认真贯彻落实中央巡视反馈的整改要求，认真贯彻落实新修订的红十字会法，以主人翁的责任感主动研究和应对红十字事业发展过程中遇到的新问题新挑战，努力开创我国红十字事业的新局面，为统筹推进“五位一体”总体布局和协调推进“四个全面”战略布局、实现“两个一百年”奋斗目标和中华民族伟大复兴中国梦、促进人类和平进步事业作出我们应有的贡献。

三

总会篇

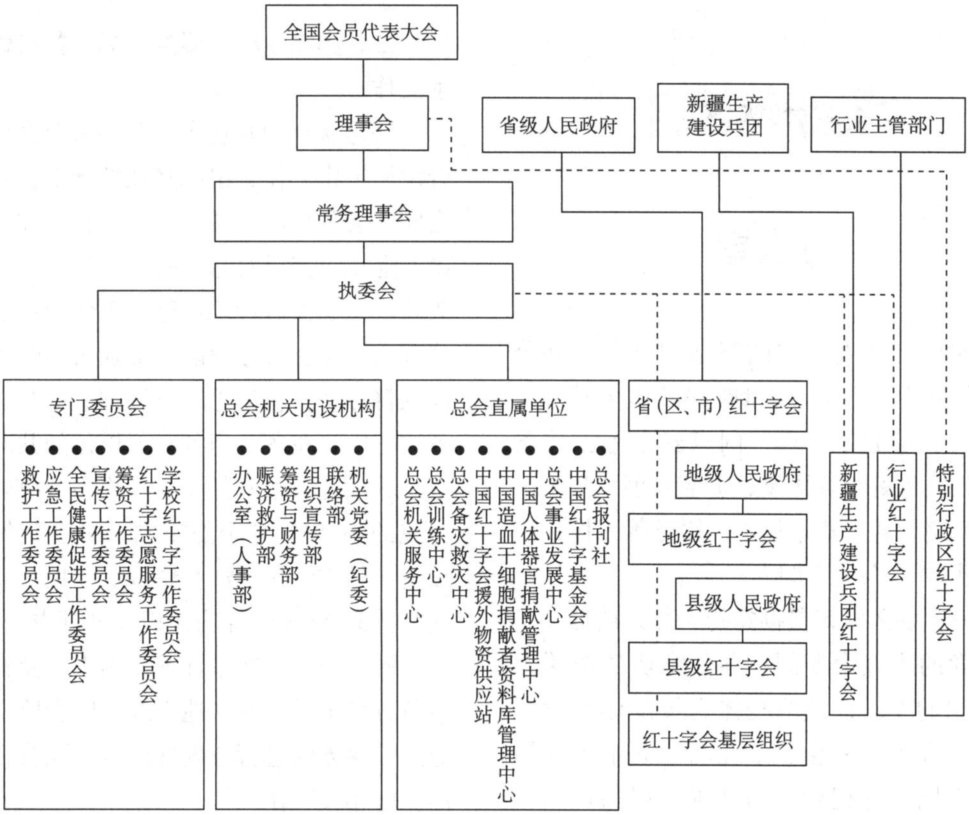

注：图中实线表示领导关系；虚线表示业务指导关系

中国红十字会结构图

中国红十字会总会机关及直属单位

总会机关

办公室

2017年，在党组的坚强领导下，办公室全体同人深入学习贯彻党的十九大精神，切实履行党建、保密、国家安全等主体责任，认真做好综合协调、干部人事、政策法规、网络信息、离退休干部服务等工作，相关工作取得了一定进展。

一、深入学习贯彻党的十九大精神

党的十九大期间，办公室切实按照上级组织的要求，组织全体党员集体收看了党的十九大开幕会、十九届中共中央政治局常委同中外记者见面会等会议的现场直播，并于10月23日召开支部全体党员大会对党的十九大精神进行了学习和讨论。党的十九大闭幕后，把学习宣传贯彻党的十九大精神作为首要政治任务，全体党员在聆听徐科辅导报告的基础上，积极通过集体学习、自学等方式对党的十九大报告和新修订的党章进行了深入学习，同时就如何学习宣传贯彻党的十九大精神与推动红十字工作紧密结合进行专题讨论，将党的十九大精神内化于心，外化于行，变成切实的行动。

二、围绕中心、服务大局，扎实做好各项工作

一是认真做好重大任务和重要会议的综合协调工作。在党组的坚强领导下，办公室会同总会各部门、各直属单位积极配合中央第九巡视组完成对总会的专项巡视。进入整改阶段，积极履行巡视整改工作领导小组办公室的协调、督办职能，加强对整改进展情况的督办和材料汇总，持续推进巡视整改任务的落实。在各部门各直属单位的共同努力下，93项巡视整改任务中，集中整改阶段须完成的46项任务全部完成，2017年年底前须完成的27项任务中已完成24项，需要长期坚持的20项任务均在积极推进中。

同时，积极在审计署专项审计及整改、改革方案报送印发、地方红十字会监事会指导意见等方面进行会内外协调，配合相关部门做好相关工作。

在会议保障方面，按照职责分工与各部门沟通协调，为十届三次、四次常务理事会，十届三次理事会，南丁格尔颁奖大会，领导调研等重要会议、活动提供支持保障，协调做好党组会、执委会的相关辅助保障工作，筹备保障党组会21次，执委会13次，涉及议题192项。

二是积极推进红十字会法的学习宣传贯彻工作。积极协调、配合全国人大教科文卫委员会召开了红十字会法宣传贯彻座谈会，联合教科文卫委编写出版了《中华人民共和国红十字会法释义》一书。按照执委会的部署和要求，向各省级红十字会印发了学习宣传贯彻红十字会法的通知和工作方案，积极协调安排宣讲团成员赴全国各地宣讲红十字会法，宣讲团成员赴25省进行宣讲。举办省级和副省级城市红十字会干部法律培训班，推动各省开展红十字会法培训，已基本实现省级红十字会培训全覆盖。

三是积极开展理论研究工作，做好法律风险防控。在征求各部门意见的基础上，通过公开征集、专门委托等方式组织开展法律风险防控标准建设、红十字参与“一带一路”建设、参与养老服务、推动城乡社区治理等方面的课题研究，“两岸变局中红会面临的问题、机遇及因应之道”等课题已经有了初步成果，其余课题正在积极推进中。此外，在红十字国际组织支持下，翻译出版《红十字与红新月运动手册》。

在法律风险防控方面，认真执行总会合同管理办法，履行合同审核等职能，加强与法律顾问的沟通协调，切实防控各类法律风险，2017年共审核登记合同176件。针对个别媒体和一些地方出现的侵权行为和法律隐患，通过不同形式进行维权和法律保全。

四是进一步完善干部人事制度，切实做好干部选任工作。在党组的坚强领导下，严格执行干部选拔任用有关规定和程序，进一步加强制度建设和统筹谋划，研究制定总会干部队伍建设规划、领导干部能上能下实施细则、机关干部辞职辞退工作规定等7项制度。

切实加强干部管理监督，严格执行领导干部报告个人有关事项制度，从严从实运用好抽查核实结果，对干部兼职情况进行摸底排查，规范干部退休职级工资待遇核准，开展事业单位“吃空饷”检查，严把人员进出关。

做好干部选任和调配工作，多方式、多渠道对机关相关部门和直属单位班子的重要岗位进行充实和加强，2017年进行处级以上干部选任7名，轮岗交流机关副部长级以上干部3名，调任系统外干部3名，公开遴选干部1名、接收军转干部2名，正在开展2名公务员的招录工作。同时，针对工作中涉及的编制职数等问题，积极与中编办、军转办等部委沟通，经争取，中编办同意总会改革不涉及编制核减问题，批复同意增加一名机关纪委领导职数，军转干部增编工作正在积极进行中。

此外，认真做好驻村第一书记、定点扶贫挂职、援疆挂职、博士服务团挂职等干部选派工作。认真做好干部考核工作，对新任干部进行试用期考核，对离任干部开展选人用人检查。认真做好规范性津补贴调标、同城同待遇、养老保险改革等基础性工作。

五是推进信息化建设和网络安全工作。完成信息化软件系统终验技术报告和硬件系统的竞争性磋商工作，推进相关合同的履行。就筹资平台建设中的难点问题与工行、紫光、用友等企业进行沟通协调，寻求突破；会同有关部门推动灾害管理、志愿者管理等平台的改造升级；在山东、湖南等省级红十字会开展培训推进信息化平台的应用。

六是做好离退休干部工作。认真落实离退休干部的政治待遇和生活待遇，加强离退休干部党支部建设，通过多种形式组织好离退休干部的政治学习，组织离退休党员集体收看了党的十九大开幕会，结合“两学一做”学习教育常态化组织党员开展做合格党员专题讨论。定期向离退休干部通报会内工作进展，认真做好离退休干部的走访慰问工作，做好离退休人员津补贴调整、医药费报销、健康检查等工作。

七是在工作中切实履行保密和国家安全、网络安全等主体责任。履行保密办职责，根据工作实际对保密办成员和涉密人员范围进行了调整，制定或修订红十字工作国家秘密范围、定密制度等 7 项制度规定，组织涉密人员轮训，添置和更换涉密计算机和相关设备。2017 年顺利通过国家保密局的检查。

履行国家安全小组办公室的职责，筹备召开国家安全小组会议 2 次，会同相关部门细化了责任分工，制定了年度工作任务，完善了相关管理制度，压实了国家安全责任。

履行网络安全和信息化领导小组办公室职责，制定了总会网络安全事件应急预案和应急演练方案，编写了总会信息化系统培训手册。在总会相关部门和单位的支持下，积极配合中央网信办开展党的十九大网络安全保障评估工作，做好自查自纠、隐患排查、应急演练等工作。

八是做好公文办理、信访、年度统计、档案管理等日常工作。在听取各部门意见的基础上对统计报表进行修订，开展统计工作培训。加强文件归档工作，实现 2014 年以前档案资料的数字化管理。

三、切实履行党建工作责任制，把各项党建工作落到实处

一是切实落实全面从严治党主体责任，推动党建工作目标管理，形成支部书记“一岗双责”、支部委员分工负责、全体党员各负其责的压力传导和责任落实机制，在具体工作中做到将党建工作和业务工作同谋划、同部署，切实解决支部党建工作中存在的事务性工作多、组织生活质量有待提高等重点难点问题。

二是推进“两学一做”学习教育常态化制度化，在深入学习习近平新时代中国特色社会主义思想的过程中，进一步加深对自身工作的理解和认识，增强做好本职工作、服务红十字事业发展的使命感和责任感，做到学做统一、知行合一。

三是扎实推进基层党建重点任务落实，持续推进“灯下黑”问题整治，实现党员组织关系与工作关系紧密衔接。切实强化党支部主体作用，发挥党员和党小组的积极性，总结“蜂巢”“两加强、两促进、两落实”等工作法。通过文件诵读、参观考察、重温入党情景等活动，丰富党内政治生活形式，以思想建设和制度建设为抓手，切实落实党风廉洁建设“两个责任”。

赈济救护部

2017 年是具有划时代意义的一年，党的十九大胜利召开，新修订的《中华人民共和国红十字会法》颁布实施。2017 年，总会赈济救护部在全国各级红十字会的支持和配合下，围绕中心，服务大局，各项工作取得了进展。

2017 年，赈济救护部组建了 8 个工作组共 18 人赴安徽等 15 个省份，就总会近年来下发的核心业务方面的政策文件落实情况进行了督导调研，掌握了业务发展的第一手基础资料。此外，2017 年年初，赈济救护部还向各省份下发了 2017 年核心业务工作要点，统一了总体工作思路和步调，应急救援、应急救护、人道救助和项目管理各项工作也都取得了较为突出的成果。

一、备灾救灾工作取得新进展

该部成为国务院抗震救灾指挥部成员单位。经与国家民政部门多次对接协商，起草了《中国红十字会总会 民政部关于加强红十字会系统防灾减灾救灾工作机制建设的意见》，将在该次会议上讨论，下一步将联合下发文件。编制并下发《中国红十字救援队培训及演练大纲（试行）》。修订赈济、大众卫生、搜救三类救援队工作手册，印发《赈济救援队工作手册》。启动中国红十字救援队系列培训教材编写项目，正在编写救援队基础知识、赈济、心理、供水等4本教材。新评审3支国家级红十字医疗救援队，举办搜救救援队建设研讨会。举办6个类型救援队多队伍、跨区域培训、演练12期，广东等4省份选派赈济等类型救援队员参与国内洪涝等自然灾害救援。在拟制初稿、专家论证、下发9个备灾库测评、征求32个省级红十字会及相关备灾救灾中心意见的基础上，制订《中国红十字会物资储备库等级评定办法》。修订并印发《中国红十字会救灾物资通用标准（2017版）》。组织30个红十字备灾救灾中心（仓库）进行临时应急物流响应演练，查找具体问题、检验真实水平，并通报各省。开展价值4760万元人道救助物资的采购和储备工作。初步设计中国红十字会防灾减灾教育工具包，用于增强社区防灾减灾意识和能力。举办灾害管理系统培训班，签订限期推广使用责任书，完成系统升级改造需求设计并提交开发公司，提高灾害管理信息化水平。及时开展国内外救援救助，1—11月份总会共收到全国灾情及需求报告165份，启动应急响应34次，向湖南、江西、广西受灾严重地区派出救灾工作组3支，累计拨付救灾款物共计价值约2049万元；针对5月斯里兰卡发生的洪涝灾害和9月古巴“厄玛”台风灾害，受我国政府委派，共派出17名中国红十字国际救援队员赴受灾地区执行国际救援任务，救援时长累计22天。稳步抓好灾后恢复重建项目进展，在鲁甸地震三周年之际，为落实《中国红十字会 云南省人民政府援助鲁甸地震灾后恢复重建备忘录》，加快援建项目实施进度，总会参与召开鲁甸地震灾后重建推进会，协调推动各方解决援建问题，形成《关于中国红十字会鲁甸“8·03”地震灾后援建项目推进会会议纪要》，限时推进整改，落实新修订的《中华人民共和国红十字会法》的监督条款，向捐赠方负责；完成国际联合会援助川甘陕9个备灾仓库第三方审计工作及项目尾款的下拨；完成台湾红十字组织援助舟曲泥石流项目的第三方审计工作；确定台湾红十字组织汶川地震余款的使用方案；基本完成日本红十字会汶川地震余款追加项目的实施。

二、应急救护工作实现新突破

经与国家体育总局会谈，印发《关于积极参与马拉松及相关运动赛事救护服务工作的通知》（中红字〔2017〕7号），已有吉林等8省份的红十字会积极参与了当地的赛事工作。开展公益金“生命健康安全教育项目”和救护培训示范基地建设工作，新确定北京等25省市承办30个救护基地建设项目，配套师资培训班和相关项目活动的支持，在上海等5省市开展2个学校+社区安全教育活动，完成2016年建设的22个救护培训示范基地的验收。组织第46届南丁格尔奖章候选人推荐与颁奖工作，我国6名优秀护理工作者荣获第46届南丁格尔奖章，创新颁奖大会举办形式，增加获奖者先进事迹视频展示、颁奖词宣读、主题诗歌朗诵等环节，中共中央政治局委员、国家副主席、中国红十字会名誉会长李源潮出席并向6名获奖者颁发南丁格尔奖章，全国人大常委会副委员长、中国红十字会会长陈竺在大会上讲话，国务委员杨洁篪向获奖者颁发证书。成功举办第四届全国红十字应急救护大赛暨救护研讨会，来自包含新疆生产建设兵团和香港、澳门特别行政区红十字会在内的全国34支代表队200余名红十字救护员参加了比赛，其中西藏自治区红十字会是第一次组队参加全国性救护大赛，决赛录像在安徽卫视播出，应急救护的知识和技术通过电视屏幕传播到千家万户；举办“全国红十字应急救护研讨会”，总会、各省级红十字会、国际委员会、国际联合会及国内外有关急救专家、组织机构代表近400人参加，围绕建立公共应急救护体系、群众性救护知识普及等进行了交流和探讨。恢复成立首支红十字救护队，并举办第一期救护队培训班。办理完成全国人大、政协有关应急救护的建议、提案12件。

三、人道救助工作开启新跨越

成为国务院社会救助工作协调机制成员单位和国家卫生计生委疫苗流通和预防接种管理工作部际联席会议成员单位。落实中国红十字会总会、民政部、全国老龄工作委员会办公室联合印发的《关于红十字会参与养老服务工作的指导意见》，组织云南等6个试点省的代表赴台湾考察、交流养老服务工作；编写了《居家老年人照护知识技能培训教材》《养老照护技能培训管理手册》《养老志愿服务工作手册》以及红十字养老护理员培训大纲等；下发了《红十字养老服务培训基地建设标准》，选取了7个试点省开展养老服务培训基地建设工作；投入资金320万元，支持试点省及总会训练中心购买养老服务培训教具、举办培训班等，举办养老服务师资培训班2期，培养国家级培训师资60余名；委托总会事业发展中心在红十字养老服务工作中，研究地方红十字会如何系统参与开展老年人能力评估工作，并起草相关管理办法、救助类别、标准、程序以及筹资方式等。开展“红十字博爱送万家”活动，2017年投入资金900万元，采购慰问物资3万箱，为12个对口支援的西部省份，2个扶贫、挂职点，6个水灾严重地区的3万户贫困家庭送去了温暖，会长陈竺及会领导班子全体成员参加慰问。制定2018年送温暖活动方案，完成招标采购慰问物资任务。依法推动无偿献血工作，与国家卫生计生委、中央军委后勤保障部卫生局联合印发了《关于组织开展2017年“世界献血者日”宣传活动的通知》，在陕西西安联合举办“世界献血者日”主会场活动，副会长王海京参加并讲话；投入资金76.5万元，选定17个省（区市）红十字会及志愿服务队开展无偿献血的宣传及志愿服务项目。执行艾滋病预防与关爱、慢性非传染性疾病预防与控制、百分之一基金“英才励学”助学计划、进食障碍患者救助、西藏那曲地区先心病儿童筛查与救助等5个项目，涉及资金超过126万元；完成结核病预防和救助项目以及刘中武烈士遗孤救助工作。

四、博爱家园项目增加新投入

起草了《中国红十字会博爱家园项目管理办法》。执行“十三五”国家彩票公益金资金840万元，在9省份20个项目村启动实施博爱家园项目。启动第二批鲁甸地震博爱家园项目34个。接受爱心人士捐助资金200万元建设博爱家园项目4个。加强与香港红十字会和红十字国际委员会的合作，在四川等10省份开展博爱家园、城市及学校为本减灾项目，项目资金累计超过803万元。2017年9月常务理事会批准继续投入1亿元在国家级贫困县开展博爱家园项目，计划未来三年覆盖全部592个国定贫困县，现已组织21个省240个项目点进行申报，11月和12月组织三期培训班对所有项目点进行业务培训。2017年是援助西部博爱家园项目执行的第二年，总投入资金2000万元，2017年积极协调5省47个项目点基本完成硬件工程及中期评估。

筹资与财务部

2017年，对筹资与财务部来说，是压力与挑战并存的一年，也是有收获的一年。在总会党组和执委会的正确领导下，在分管会领导的直接带领下，筹资与财务部以习近平总书记重要讲话精神和党的十九大精神为引领，坚持党建工作与业务工作相融合，部门全体同人团结协作，努力工作，克服了人员调整变动大、财务核算滞后等困难，积极配合中央巡视组巡视和审计署审计，落实巡视和审计的整改要求，并以巡视和审计整改为契机，进一步加强制度建设，提升部门管理水平和指导能力，有序推进部门财务管理、筹资等各项工作的开展。

一、聚焦巡视反馈意见，逐项抓好整改

筹资与财务部把巡视整改工作作为2017年的重要政治任务，认真落实会党组决策部署，全力做好整改工作。根据巡视整改工作要求，筹资与财务部需要整改的内容有9项，涉及具体整改措施22条。其中，需年底前完成的16条，截至2017年年底，除《中国红十字会总会资金保值增值管理办法》（已草拟，待民政部《慈善组织保值增值投资活动管理暂行办法》正式出台后进一步完善）外均已完成；需长期坚持的6条，该年度工作已完成并将长期坚持。具体是：

1. 创新人道资源动员方式。一是进一步加强系统指导力度。通过举办中山慈善万人行研讨会、确定全国人道资源动员工作的试点省份、评选全国红十字会系统人道资源动员工作好项目 / 好活动、进行首届红十字系统众筹扶贫大赛和召开全国人道资源动员工作经验交流会等方式，进一步提升红十字系统人道资源动员能力和总结推广地方人道资源动员工作经验。二是进一步加强制度建设。在河北、上海等5省市工作调研的基础上，与民政部联合下发《关于红十字会开展公开募捐有关问题的通知》，拟定了《关于开展人道资源工作的指导意见》（2018年1月5日已印发）和《中国红十字会捐赠工作管理办法》（已通过执委会，目前正在征求常务理事意见，待理事会审议通过后印发）。三是开展专项基金的分类整改工作。协调组织宣传部做好青少年发展基金和传播基金撤销后的后续处理工作，进一步推进淘宝基金、成长博爱基金和华泰基金的实施工作。四是做好捐赠人服务工作。先后走访了慈善家李春平、以岭药业、杨增刚等捐赠企业或捐赠人代表，与阿里巴巴基金会、华泰保险公司、中恒集团、中国医药物资协会、华夏格兰公司等就合作项目或捐赠事宜进行商洽。

2. 进一步加强财务内部管理。一是成立财务咨询专家委员会，为财务管理提供专业支持。2017 年 8 月，举办专家咨询委员会第一次会议，通过《财务专家咨询委员会议事规则》。二是加强制度建设，开展有针对性的培训。为加强和规范总会采购管理工作，制定《中国红十字会总会采购管理办法》。根据总会财务管理办法和财务支出管理规定梳理编印了《财务审批流程》和《财务工作手册》，对总会工作人员和直属单位主要负责人、财务人员组织开展了财务培训。三是规范专项资金管理。为进一步加强专项基金管理，规范捐赠资金使用，根据财政部等有关部门的建议，按执委会决定，将三项基金进行整合，合并设立为“人道基金”，并在原三项基金管理办法的基础上，形成了《中国红十字会人道基金管理办法》，已经常务理事会审议，待理事会审议通过后执行。四是进一步规范资金管理和增值保值工作。为规范开展资金的保值增值，已将 7 亿元的开放式无固定期限理财产品全部赎回入账，结合资金使用计划和账面资金情况办理定期存款。已草拟总会的资金增值保值管理办法，待民政部《慈善组织保值增值投资活动管理暂行办法》正式出台后进一步完善。五是配合审计机构完成相关审计。邀请审计机构对捐赠资金、专项基金开展年度审计。上半年除接受巡视和审计署审计外，还邀请了社会独立第三方的会计师事务所对总会捐赠款物、三项基金等收支情况进行审计，完成了海峡两岸合作项目的审计和联合会 9 个备灾仓库项目的审计。六是加强捐赠票据管理。完成了对值班室和捐赠室的捐赠票据的抽查检查并提交报告，进一步明确捐赠票据管理的岗位职责，完善从购买、使用、盖章、保管到办理年检等全过程的监管，强化责任、落实到岗，确保捐赠票据管理领用、使用的安全和规范。七是规范捐赠资金账户会计核算基础工作。按会计核算要求，完成捐赠资金账户多账套合并、外币账户核算、编制财务报表等会计核算基础工作。

3. 参与推进财务信息化建设。根据执委会关于对信息化财务系统进行专家评审的有关要求，筹资与财务部组织了第三方专家评审，专家团队针对财务信息系统存在的问题，依据有关会计法律法规进行了评价。根据评审及有关意见配合有关部门，推进财务系统信息化建设工作。

4. 做好直属单位财务管理指导工作。一是加强业务培训。按照年度计划，组织完成了 2017 年全国红十字会系统的财务培训，对直属单位和全国红十字会系统 120 名财务人员进行了培训。二是组织开展本年度财务检查工作。对总会本级和各直属单位 2017 年 1—8 月份的财务管理工作进行了全面的检查，发现问题及时纠正，并提出建设性的意见和建议，防范财务风险，提高总会及各直属单位的财务管理水平。三是加强业务指导。结合巡视、审计发现的有关问题，先后到干细胞中心、机关服务中心和基金会进行业务指导。

二、认真做好审计整改工作

2017 年年初，审计署审计工作组正式进驻总会。该次审计工作延伸覆盖面大，包含总会本级及各直属单位，审计资金也从财政资金延伸到国有资金的范畴，审计时间跨度大，对 20 世纪八九十年代的一些账务也进行取证，进驻时间也比较长。筹资与财务部在一边进行巡视整改、一边按计划做好日常财务管理工作的同时，积极配合审计组提供各种会计资料，协调做好审计组到直属单位开展审计工作，并切实做好审计整改相关工作。

1. 积极主动，及时准确提供相关材料文件。按照审计署驻会审计组的要求，提供有关会计资料及财务管理、基金管理的材料文件，对其所需数据进行整理及归总，积极配合审计署驻会审计组进行审计取证及审计整改跟踪检查事宜。

2. 切实抓好审计整改工作，按时上报整改报告。收到审计署审计报告后，筹资与财务部作为具体推动整改落实工作的责任部门，按照会党组、执委会要求，积极进行落实。及时进行审计情况通报，制定审计整改方案，严格按照“条条要整改”的要求，将审计指出的问题与中央专项巡视发现的问题相结合，逐条逐项制定整改措施，梳理细化整改内容，列出清单，明确责任单位、责任人员和完成时限。在完成本级整改工作的同时，督促、指导各有关直属单位在审计署规定期限内完成审计整改，及时了解掌握整改进度，对重点难点问题和工作滞后单位及时督导督办，确保审计指出的问题整改到位。并按审计署规定时限上报审计整改报告。

三、做好财政资金和捐赠资金的日常管理工作

1. 做好财政资金的预决算管理。一是完成总会 2016 年彩票公益金项目和财政试点项目的绩效评价工作。在时间紧任务多的情况下，认真组织第三方评价公司对评价项目进行了为期三个月的绩效评价，并出具了相关报告上报财政部。二是完成总会 2016 年度部门决算报表的上报、审核工作。在财政部要求的时间内完成了决算和绩效报告的公示。三是完成总会 2017 年部门预算的批复、公示工作。同时在财政部要求的时间内完成了预算的公示。四是定期做好预算执行情况的报告工作。分析预算执行进度，查找进度缓慢的原因，并提出积极建议。五是完成 2018—2020 年中期规划和 2018 年预算编制工作。

2. 做好捐赠资金的管理使用工作。一是做好资金管理工作。继续按项目进展情况做好汶川、芦山、鲁甸地震重建等项目资金拨付工作；清理总会境内外百余个项目和专项基金的资金结存情况，及时与业务部门沟通，按程序推进项目执行。二是编制年度财务报告和捐赠专项报表。完成 2016 年、2017 年 1—6 月总会本级全口径财务报告；完成向常务理事会和理事会报送的 2016 年总会和全国红十字会系统的财务收支情况统计报告；完成 2016 年总会本级捐赠资金财务报告和 2016 年、2017 年 1—7 月三项基金收支执行情况报告，并邀请第三方独立的会计师事务所完成审计；按照捐赠者意愿，分别多次向国际联合会、国际委员会、香港红十字会及专项基金捐赠人提供了项目资金收支明细和财务报表。三是完成编制三项基金 2017—2018 年部分项目的预算编制工作。目前，执行情况和预算已经常务理事会通过。

3. 做好专项基金及捐赠项目的管理工作。一是做好淘宝公益基金项目的实施。完成“她时代——全国困难妈妈电商创就业扶持工程”项目（350 万元）的审核审批、协议签订、首期款拨付、项目考察等工作。完成委托中国红十字基金会执行 2017—2018 年度淘宝公益基金项目预算资金（2000 万元）的审核审批、款项拨付等工作。二是做好华泰基金项目的实施。完成华泰博爱基金2016年项目的执行报告收集、项目尾款拨付等工作，完成了该基金的2017年对4所学校100万元项目资助工作。三是做好成长博爱基金的管理。召开成长博爱基金管委会全体会议，通过了成长博爱基金成立以来的财务收支情况报告和成长博爱基金管委会议事规则，审议通过了成长博爱基金2017年度资助方案。四是做好其他专项基金的管理工作。完成中恒博爱基金对广西红十字会的698.572万元捐赠物资的入账工作，积极对接后续项目的实施工作。协助赈济救护部完成百分之一基金的更名工作。五是做好捐赠项目的落实工作。协调赈济救护部等，完成飞利浦、华夏格兰、杨增刚夫妇等捐赠项目的实施工作，并积极做好九寨沟地震的款物接收工作。六是做好手机短信捐款项目。完成与联通的协议签署工作，做好三个运营商（电信、移动、联通）的票据开具及送达工作。

4. 积极做好捐赠接待室工作。捐赠室作为总会的窗口，负责接受现场捐赠、接听捐赠热线、服务捐赠人等工作。截至2017年12月底，捐赠室共接听现场咨询电话4000余人次，接待现场捐赠200余人次，接收现场捐款（含现场刷卡、支票）84.23万元。其中，现场捐款中1万元以上捐款20余笔，共计61.4万元。根据捐赠人家属申请和法律规定，较为稳妥地处理了2起退款要求，避免了2起台商无正当理由退捐事件，较好地维护了捐赠人的合法权益和红十字会的声誉。

5. 其他工作。一是能够及时传达学习总会有关意识形态、保密安全、网络安全等方面的文件，按照要求做好部门有关保密事宜及舆情预判报告上报工作；二是按照总会关于网络安全应急预案的要求，制定《筹资与财务部网络安全应急预案》，并报办公室备案；三是完成对两个直属单位负责人的离任审计工作。

四、党建工作

2017年，筹资与财务部党支部把学习贯彻落实党的十九大会议精神和“两学一做”学习教育作为重要政治任务来抓，坚持“围绕发展抓党建，抓好党建促发展”的原则，逐步形成了“强党建，促业务”的工作法，发挥党支部的战斗堡垒作用和党员的先锋模范作用，克服了工作头绪较多、人员调整变动较大等困难，较好地完成了各项工作。

（一）不断加强政治理论学习

1. 认真学习宣传贯彻党的十九大会议精神。根据机关党委安排，制定《筹资与财务部党支部关于推进“两学一做”学习教育常态化制度化的实施计划》，通过收看直播、专题学习、讲党课、实地参观、知识测试、提交学习体会等形式学习传达贯彻党的十九大会议精神，教育引导广大党员干部把思想和行动统一到党的十九大会议精神上来。其中，2017年11月4日，副会长王汝鹏就党的十九大会议精神的学习贯彻讲党课；2017年12月8日，党支部副书记苏燚就党章的修改讲党课。

2. 推进“两学一做”学习教育常态化制度化。2017年5月，根据机关党委要求，拟定并上报《资与财务部党支部关于推进“两学一做”学习教育常态化制度化的实施计划》，能够定期召开支部委员会、党员大会、党小组会，加强对习近平总书记系列重要讲话和党章党规的学习，以不断增强广大党员干部的政治意识、大局意识、核心意识、看齐意识。

3. 参加机关党委组织的学习教育活动。根据机关党委安排，积极组织党员干部参加总会举办的培训班、讲座、报告会、观看教育影片等活动。

（二）进一步加强支部组织建设

1. 召开民主生活会和专题组织生活会。根据有关要求，在前期集中学习、谈心谈话、征求意见、召开支委会等基础上，筹资与财务部党支部分别于 2017 年 1 月 23 日和 3 月 10 日召开了党员领导干部民主生活会和专题组织生活会。通过民主生活会和专题组织生活会，开展批评与自我批评，增强了支部班子和党员干部发现和解决自身问题的能力，达到触动思想、增进团结、促进工作的效果。同时，通过谈心活动进一步了解掌握了党员干部的思想状况和工作生活情况。

2. 加强党员队伍建设。根据机关党委要求，成立了 2 个党小组，并向机关党委推荐了 3 名预备党员候选人，为充分发挥党支部的战斗堡垒作用和党员先锋模范作用奠定基础。另外，根据会党组安排，部门先后选派两名处级干部分别进行扶贫和援疆工作，进一步发挥了党员的先锋模范作用。

3. 开展支部活动。结合工作实际，积极开展有特点、有意义的主题实践活动。其中，2017 年 10 月 12 日，组织党员群众参观“砥砺奋进的五年”大型展览，了解党的十八大以来我们国家各方面所取得的辉煌成就；12 月 11 日，组织党员群众赴京东集团开展支部交流活动，了解京东党建创新工作经验和社会公益事业开展情况；12 月 15 日，联合中国红十字基金会党支部赴李大钊烈士陵园开展“缅怀革命先烈，重温入党誓词”活动，激励广大党员干部不忘初心、牢记使命，沿着新时代新征程砥砺前行。

（三）注重加强党风廉政建设

1. 完善廉政风险防控措施。按照会党组和机关党委开展“回头看”的要求，进一步修订完善部门廉政风险及防控措施一览表，对工作中的关键部位、关键环节、关键流程可能引发的廉政风险进行评估、预判，全面查找岗位廉政风险点，有针对性地制订、落实风险防控措施。

2. 加强廉洁风险教育。根据机关党委安排，传达学习《关于开展“以案释纪明纪严守纪律规矩”主题警示教育月活动的通知》，组织全体工作人员观看《警钟》《打铁还需自身硬》等警示片，让干部受教育、受警醒，取得较好的效果。

组织宣传部

在会党组的坚强领导下，在分管会领导郭长江同志的直接领导下，在总会机关各部门各单位的支持帮助下，组织宣传部全体同志勠力同心、团结奋进，圆满地完成了 2017 年各项工作任务。

一、抓基层打基础强改革，深入推进新时代红十字组织建设工作

（一）改进完善红十字会治理结构和运行机制

1. 指导推进地方红十字会监事会建设，加强监事会改革工作。落实新修订红十字会法要求，组织召开 6 省（区、市）红十字会监事会试点工作座谈会，到供销社、国资委以及港澳等地调研监事会建设，向 31 个省（区、市）红十字会以及中组部、中编办、财政部征求意见，研究制定和印发了《关于地方红十字会设立监事会的指导意见》。指导推动地方红十字会监事会改革工作，建立健全理事会、执委会和监事会权责分开的新的治理结构。12 月 9 日，在上海市嘉定区组织召开中国红十字会监事会改革工作座谈会，14 个省级红十字会主要负责人和上海市区县红十字会负责人参加会议，会长陈竺亲临会议并发表重要讲话，对深入贯彻落实党的十九大精神，进一步推进监事会改革工作作出部署。新修订红十字会法施行后，第一个依法设立的监事会已于 2017 年 9 月 6 日在上海市嘉定区红十字会诞生。截至 2017 年年底，浙江、安徽、内蒙古、贵州、云南、江西、重庆等省级红十字的 7 个市级红十字会、18 个县级红十字会和一批基层红十字会相继依法设立监事会。

2. 做好服务理事、理事会和常务理事会的工作，促进理事更好地发挥作用。制定印发了《关于做好服务理事工作发挥理事作用的指导意见》，对各级红十字会做好服务理事工作、发挥理事作用，提高理事参与决策、指导工作水平进行制度设计，组织总会各部门各单位以及省级红十字会开展“理事办实事”活动，倡议理事在届内做几件促进红十字事业发展的实事。邀请理事参加红十字会的调研工作、会议和活动。汇总各地红十字会开展理事办实事和理事建议工作情况，向十届四次理事会报告工作。12 位理事参加活动 22 次，19 位理事办实事 35 件。制定《中国红十字会理事建议工作办法》，开展理事建议征集工作。已收到 4 条理事建议，并按照办法协调组织有关部门和单位办理。协助组织召开十届三次常务理事会和十届三次理事会，做好理事会、常务理事会的相关文件起草、会务服务等工作。制作寄发理事证书。

指导推动省级红十字会做好服务理事、发挥理事作用工作，省级红十字会理事提出建议 7 条，参加红十字活动 8 次、义诊 154 次，组织和参加救护及红十字会培训 30 次，参加志愿服务 2 次，参加脱贫攻坚会议 1 次、调研 12 次、访问交流 4 次、救助慰问 16 次，协助项目开展 30 次，送温暖活动 3 次，筹款活动 1 次，协助出台文件 20 个，参加授牌仪式 1 次，宣传报道 3 个，参加表彰大会、纪念大会、启动仪式 6 次，参加宣传活动 1 次，参加考评 1 次、演练 1 次。

3. 做好会员服务和激励工作，促进会员更好地发挥作用。开展专题调研，加强经验交流，深入调研地方各级红十字会开展会员发展和管理、会费收缴工作情况，研究改进工作措施，指导推动各级红十字会做好会员发展、管理和服务工作、会费收缴工作。从实际出发，研究提出依法依规、有序修订会员管理办法的总体思路和路线图，保证修订工作于法有据，始终在法治的轨道上进行。加强会员激励工作，为中国红十字会 4696 名个人特别会员、2201 名个人永久会员、623 个团体特别会员、111 个团体永久会员制作和发放奖章（牌）。指导各级红十字会重视会员质量，加强会员意识教育，注重发挥会员作用，优化调整和落实会员发展规划。

4. 指导地方红十字会组织建设工作，推进组织建设工作的管理信息化。组织召开 3 个片区组织建设工作座谈会，指导推进地方红十字会组织建设工作。指导重庆、上海、浙江、辽宁等省（市）红十字会换届工作。举办地市级红十字会领导干部培训班、组织建设工作坊，培训各省级红十字会负责组织建设工作的专职工作人员和6个省的地市级红十字会领导干部。5月，面向全国红十字系统正式启用中国红十字会志愿服务信息管理平台，进一步抓好组织建设和志愿服务信息系统升级改造和推广应用。

（二）把强基层作为组织建设工作重点，推进红十字会参与城乡社区治理

1. 坚持工作重心下移、工作力量下沉，主动服务基层，指导推进社区红十字会建设。加强调研，指导推进基层红十字会建设。6月20日至12月7日，深入江苏、贵州、福建、湖北、青海、辽宁等省的31个社区调研，先后组织18个省级红十字会、105个市级和县级红十字会研讨交流，总结经验，指导推进各地红十字会加强基层组织建设。上海、江苏、浙江、湖北、贵阳等地社区红十字会建设取得积极进展。

2. 以增强基层活力、发挥作用为着力点，指导推动9万多个红十字会基层组织“建起来”“活起来”“强起来”。指导推进社区红十字会开展以应急救护知识培训、对困难群众的人道救助、红十字志愿服务、红十字精神传播等为主要内容的社区红十字工作，切实解决基层人道服务“最后一公里”的问题。

3. 深入贯彻《中共中央 国务院关于加强和完善城乡社区治理的意见》，推进红十字会参与城乡社区治理。主动申请加入全国社区建设部际联席会议，与民政部联合调研制定推进红十字会参与城乡社区治理的工作措施，与部际联席会议成员单位共同研究制定城乡社区综合服务设施建设标准，推动将红十字会参与城乡社区治理的需求和履行的功能纳入建设标准。

（三）深入推进红十字青少年工作和志愿服务工作

1. 探索中小学开展红十字青少年工作的典型模式，指导推进中小学红十字会工作。深入北京市红十字会调研，指导推动红十字青少年人道教育基地建设，组织开展新学年人道教育第一课和公开课活动。培训境内外青春善言行青年同伴教育者、中小学师资的探索人道法师资培训班8期、面向高校红十字青年骨干的探索人道法青年同伴教育主持人培训班3期，新增重庆市垫江县和陕西省汉中市为试点地区。探索人道法课程在进入1000余所学校的基础上，逐步进入各类干部培训和救援队培训课程体系。

2. 完善高校红十字会工作机制，指导推进高校红十字会工作。在高校推广《高校红十字青少年活动指南》，指导各地推进高校红十字会组织建设和能力培训。浙江、甘肃、江苏、云南等地高校红十字会工作取得积极成效。举办2017年红十字青年骨干训练营。在27个省的高等学校红十字会实施50个红十字青少年健康安全主题社会实践项目。

3. 实施青年参与战略，加强红十字青年网络建设。与青年理事保持密切联系，积极听取青年理事意见建议。组织青少年骨干先后赴澳大利亚、意大利、蒙古国、新加坡、马来西亚等国参加交流培训等活动，赴土耳其参加联合会大会、运动代表会议和青年论坛，举办了“一带一路”共建国家青少年交流营（青春善言行青年培训班）、红十字青年骨干训练营，促进红十字青少年领域的交流合作。

4. 加强志愿者服务和激励工作，促进志愿者更好地参与红十字事业、发挥积极作

用。指导推动全国红十字系统学习宣传贯彻国务院《志愿服务条例》。开展优秀红十字志愿者嘉奖活动，对在2017年度红十字志愿服务工作中成绩突出的优秀红十字志愿者进行嘉奖，并颁发证书。举办全国红十字志愿服务工作坊，加强各省级红十字会志愿服务工作干部的能力建设，提升专业化水平。实施第七期红十字志愿服务项目发展计划，在全国各地支持实施22个红十字志愿服务项目。

二、以习近平新时代中国特色社会主义思想为指引，深入推进新时代红十字宣传工作

（一）突出迎接宣传贯彻党的十九大这条主线，深入开展学习宣传贯彻党的十九大精神工作

1月，在制定总会2017年宣传工作要点中，明确全年宣传工作要“突出迎接宣传贯彻党的十九大这条主线”，并据此对全年宣传工作作出部署。8月，把组织开展三个主题采访报道活动与迎接宣传贯彻十九大结合起来，作出安排。10月18日，十九大召开当天上午，组织党支部全体同人集体收看大会盛况。会议期间，组织学习十九大报告，领会精神，学以致用，指导工作。10月24日，十九大闭幕当天下午，召开党支部支委会研究进一步做好学习宣传贯彻十九大精神的工作，明确把学习宣传贯彻党的十九大精神作为当前和今后一段时期的首要政治任务抓紧抓好。当天下午，召开支部党员大会，由支部书记讲党课，谈学习十九大报告的认识，联系实际研究贯彻落实十九大精神的措施。党的十九大闭幕后仅一周时间，10月30日，总会召开全国红十字系统学习宣传贯彻党的十九大精神会议，在中央群团组织中是第一个对全系统学习宣传贯彻党的十九大精神作出部署。组织宣传部协助党组做好会议筹备和组织工作，推动党的十九大精神在红十字系统落地生根。把学习宣传贯彻党的十九大精神作为当前和今后一段时期的首要政治任务抓紧抓好，推进党的十九大精神的新闻宣传和网络宣传等工作。

（二）以落实意识形态工作责任制为核心，完善宣传工作管理体系

协助党组召开全国红十字宣传工作会议，以习近平新时代中国特色社会主义思想为指引，形成新时代红十字宣传工作总体布局，部署和指导推动全国红十字系统宣传工作。协助党组制定《中国红十字会总会党组意识形态工作责任制实施细则》《中国红十字会总会党组网络意识形态工作责任制实施办法》，成立意识形态工作领导小组及办公室，协调推动和督查各部门各单位落实意识形态工作责任制。聚焦守土有责、守土负责、守土尽责，制定和实施《中国红十字会总会报刊审读工作办法》，完成报刊社采编和经营两分开工作检查，加强宣传阵地建设和管理。深入贯彻落实习近平总书记提出的大宣传的工作理念，着力构建和完善党组统一领导、宣传部门组织协调、有关部门分工负责、社会力量积极参与的大宣传格局。举办宣传工作培训班，推进总会、省级、市级三级网络宣传工作体系建设和三级新闻发言人队伍建设。制定和落实《中国红十字会总会2017年宣传工作要点》，指导推动各地各部门各单位把重点工作、重大活动、重要任务与宣传工作一同研究部署、一同组织落实，突出稳中求进工作总基调，在整体推进中重点发力，更好凝聚推进改革发展、团结

奋进的强大正能量。

（三）统筹协调、主动作为，务实推进网上红十字会建设

协助党组成立总会网络意识形态工作领导小组，并承担领导小组办公室工作，落实工作责任，统筹推进全国红十字系统网上红十字会建设。做好总会网络安全和信息化领导小组下网络宣传与舆情应对工作组工作。制定和实施《“网上红十字会”建设方案》，开展“互联网＋红十字会”行动，走好网上群众路线。制定和实施《关于加强红十字网络宣传工作的指导意见》，指导推进地方红十字会加强网络宣传队伍、平台、内容、制度建设及舆情监测处置工作，加强新媒体宣传工作，网上新闻年度报道量达到6万余篇。指导推进全国红十字系统共建成官方网站769个、微博279个、微信公众号481个、App17个，在重要新闻网站和知识分享网站开辟红十字会专号，开办一批网络化、移动化新型媒体，基本建成全国红十字宣传新媒体矩阵。及时更新官网信息150余条。中国红十字会政务号荣获“最具影响力政务网易号”奖。将“中国红十字会”政务号入驻网易、一点资讯、今日头条、百度、腾讯、澎湃、知乎等新媒体传播平台。与相关网站合作建设红十字信息平台和服务平台。与中央网信办建立共同推进网络公益工程合作机制，组织指导贵州、江西、江苏、辽宁、山西5个省级红十字会实施红十字网络公益工程，运用互联网开展人道服务，推进网上红十字会建设向纵深发展。

（四）主动服务、重视策划，加强舆论宣传工作

坚持团结稳定鼓劲、正面宣传为主，唱响主旋律、打好主动仗。积极争取主要新闻媒体支持，用好传统媒体与新兴媒体，创新开展新闻舆论工作。

主动设置议题，开展“三大主题宣传”活动，动员和组织群众积极参与和支持红十字事业。落实会长陈竺指示精神，组织开展助力精准扶贫脱贫、参与“一带一路”建设、开展“一老一小”服务等三大主题采访宣传活动，有针对性地开展红十字宣传。组织中央新闻媒体深入基层、深入一线开展主题采访报道；印发通知，指导各级红十字会开展“三大主题宣传”报道工作。截至2017年年底，中央媒体、地方媒体、全国红十字系统自媒体平台发布“三大主题”原创新闻1500余条，并在互联网上大量转发传播，及时将党的关怀传达到基层、传递给群众，社会反响良好。

构建“中央厨房”工作模式，创新重点工作的新闻宣传。整合资源，突出宣传重点工作、重大活动、重要人道行动和项目，把工作重点转化为宣传亮点。探索形成“中央厨房”工作模式，以一线采访为基础，建立网络内容生产、传播和运行体系，在中央、地方新闻媒体集中宣传红十字工作，总会与省级、市级、县级红十字会以及基层红十字会五级联动宣传。采取“中央厨房”模式，对总会及各地红十字会参与四川九寨沟县7.0级地震、新疆精河6.6级地震、甘肃陇南地震泥石流灾害等的救援行动进行全媒体集中宣传报道，分别播发报道1262篇、343篇、26篇。

精心组织“5·8”活动周前后的集中新闻报道，形成中央媒体与地方媒体联动宣传红十字事业的小高潮。在“5·8”活动周期间，组织举办中国红十字事业发展新闻发布会，党组成员向媒体介绍了红十字工作情

况、回答记者提问，中央主要新闻媒体参加新闻发布会，并对中国红十字事业发展情况进行了集中宣传报道。中央电视台对徐科同志进行了专访，并在中央电视台新闻联播节目播出。“5·8”活动周期间，中央主要媒体播发红十字事业新闻报道24篇，各地方媒体播发红十字工作新闻报道666篇，呈现出报道频次高、社会影响大的全国红十字宣传小高潮。

组织中央媒体开展中国红十字会参与“一带一路”建设的主题宣传报道。突出做好“一带一路”国际合作高峰论坛期间李源潮同志会见国际红十字组织负责人、中国—巴基斯坦红十字急救走廊建设、“博爱单车”全球志愿服务行动、中国红十字会参加红十字会与红新月会国际联合会第21届全体大会、中国红十字会会长陈竺当选红十字会与红新月会国际联合会副主席等重点宣传工作。在红十字会与红新月会国际联合会第21届全体大会现场开设展台，专题设计和制发China and the RCRC宣传册，协助中国红十字会代表团开展助选工作。

（五）积极选树宣传杨海燕等先进典型，打造优秀作品和宣传平台

发挥典型示范作用。8名红十字志愿者入选中宣部、中央文明办等部门评选表彰的学雷锋“4个100”先进典型。制定和印发通知，在全国红十字系统开展向杨海燕学习活动，向中央宣传部和中央电视台推荐宣传杨海燕。指导推动江苏、安徽、湖北等省持续宣传“磨刀老人”吴锦泉、造血干细胞捐献者张宝等先进典型和事迹。组织开展南丁格尔奖章、最美红十字人评选表彰，参加全国道德模范评选活动，为优秀红十字志愿者颁发星级证章，表彰和奖励为红十字事业做出突出贡献的集体和个人，推动形成崇德向善的社会氛围。

积极打造优秀作品和宣传平台。在全国红十字会系统组织开展“五个一工程”奖作品征集和推荐参评工作，5个省级红十字会申报了12项作品，总会向中央宣传部推荐话剧《图云关》、图书《抗战救护队》等5项作品参评。做好年鉴、年报、英文通讯的编印工作。加大扶持力度，指导推出了话剧《图云关》、微电影《明天的太阳》等艺术作品。指导推进全国红十字文化教育传播基地建设，建成辽宁营口中国红十字运动发源地纪念馆，普及红十字知识，扩大红十字会影响。构建总会牵头统筹、地方红十字会积极参与的工作机制，加强统一调度和组织协调，结合世界红十字日、世界急救日、世界志愿者日、国际人道主义日等重要节点，广泛开展普法宣讲、救护培训、主题宣传等重大主题宣传活动。

（六）加强品牌管理和工作品牌创建，创新开展声誉风险管理

制定和印发《中国红十字会总会品牌管理工作职责》，建立健全总会品牌管理工作机制，推动各地各部门各单位将品牌管理要求融入各项工作、严格规范使用品牌。加强红十字品牌内涵阐释和宣传推广。指导地方红十字会把优势工作（活动、项目）打造成“立得起、站得久、叫得响”的品牌，通过“工作+品牌”的辐射带动效应，推动红十字工作创新发展。指导推动省级红十字会和有条件的市级红十字会因地制宜开展红十字工作品牌创建活动，广东省中山市的“慈善万人行”、安徽省的“博爱江淮”，陕西省的“博爱三秦”等一批富有特色、有影响力的工作品牌脱颖而出。

制定《中国红十字会总会网络舆情监测处置和声誉风险管理工作规程》，将“末端管控＋源头管控＋过程管控”的声誉风险管理理念和模式全面引入红十字宣传工作。加强部门联动、上下互动，开展声誉风险点排查治理、声誉风险研判与综合治理。改进完善总会声誉风险管理工作机制，组织召开总会16个部门和单位参加的季度舆情工作协调会，做好舆情研判和处置指导工作。组织各部门各单位排查红十字工作薄弱环节，发现声誉风险点43个，协调推动有关部门单位及时进行整改治理，起到了防患于未然的作用。指导各部门各单位编制了42份舆情分析和预判报告，向党组提交舆情研判报告3期。指导督促各地各部门各单位在出台重大决策、改革措施，开展重点工作时，同步考虑和评估声誉风险，制定和落实声誉风险管理工作方案和措施。在党组领导下，在各地各部门各单位共同努力下，加强舆情监测预判，全年妥善处置舆情19起，红十字会舆情总体平稳向好。

陈竺对近期宣传工作作出批示，总会党组对红十字会工作宣传报道活动高度重视，成效卓著，提振了全系统同人的士气和社会对红十字会工作重要性的认识。

三、以提升组织力为重点，以突出政治功能为核心，加强党支部建设工作

2017年以来，组织宣传部党支部围绕服务中心、建设队伍的核心任务，以提升组织力为重点，以突出政治功能为核心，认真履行教育党员、管理党员、监督党员职责，积极宣传党的主张、贯彻党的决定、领导基层治理、团结动员群众、推动改革发展，充分发挥党支部的战斗堡垒作用，有效推动党建工作和业务工作相融互促。

（一）深入学习宣传贯彻党的十九大精神，加强党员教育和管理，推进党支部的政治建设和思想建设

把政治建设放在首位，认真学习宣传贯彻党的十九大精神，牢固树立政治意识、大局意识、核心意识、看齐意识，坚定“四个自信”，坚持“四个服从”，在思想上政治上行动上同以习近平同志为核心的党中央保持高度一致，自觉维护以习近平同志为核心的党中央权威和集中统一领导。以增强党性、提高全体党员思想政治水平为核心，以学习宣传贯彻党的十九大精神主线，以“两学一做”常态化制度化为抓手，深入推进党员教育。结合实际制定《组织宣传部党支部落实“两学一做”学习教育常态化制度化方案》，探索总结支部工作法“五式学习工作法”，抓牢坚定理想信念这个根本，抓牢强化理论武装这个重点，抓牢提高业务能力这个关键，抓牢加强思想道德这个基础，显著提升组织学习力、执行力和凝聚力。教育引导党员干部认真学习习近平新时代中国特色社会主义思想和党的十九大精神，努力掌握精髓要义，切实在学懂弄通做实上下功夫。

（二）规范党内政治生活，着眼提升组织力，加强组织建设

贯彻落实《关于新形势下党内政治生活的若干准则》从严落实“三会一课”，按规定开好民主生活会、组织生活会，经常组织谈心谈话活动，按要求做好民主评议党员工作，按时收缴党费，扎实做好党建述职评议考核工作。制定和落实支部“三会一课”年度计划，全年召开全体党员大会8次，支委会14次，党小组活动12次，党课4次，主题党日活动3次，组织关系在本支部的党组成员参加支部活动8次。对党支部换届、

党日活动、“三会一课”制度落实情况、组织生活会、民主生活会和党员民主评议等实行台账管理，每月统计上报机关党委。根据要求开展自查自纠，形成《组宣部党支部自查自纠工作方案》，巩固和深化支部“灯下黑”专项整治工作的成果。组织党员干部认真学习《准则》《条例》，对照检查组织生活中存在的问题，严格执行党内政治生活的基本规范，提高组织生活质量。及时召开党员大会，变更、增补支委，为支部工作开展提供了组织保证。贯彻民主集中制原则，坚持集体领导、民主集中、个别酝酿、会议决定的16字方针，每遇重大工作、重点任务，支部班子都能够团结统一，形成工作合力。

（三）走好群众路线，做好服务基层、服务群众工作，加强作风建设

以习近平新时代中国特色社会主义思想为指导，坚持以人民为中心的思想，坚持资源向基层倾斜，深入开展调查研究，真心关注基层，关爱群众。弘扬党的优良作风和马克思主义学风，以“学思践悟”为主题，深入基层、深入一线，组织党员到基层单位走访调研，开展联学活动，增进与人民群众的感情。5月，深入叶如陵志愿服务团队开展调研，参观红十字社区服务站，服务基层红十字建设。注重向人民学习、向基层学习、向实践学习，总结推广基层建设成功经验，在12月举办的组织建设工作坊和宣传工作培训班上，组织各地31个单位代表进行经验介绍和案例分析。

（四）贯彻全面从严治党要求，强化党员监督，深入推进纪律建设和党风廉洁建设

把纪律和规矩挺在前面，管理关口前移，促进党员干部自觉接受监督。把纪律建设始终摆在突出位置，坚持高标准和守底线相结合，努力使管党治党真正从宽松软走向严紧硬。坚决贯彻落实中央八项规定开展“回头看”，明确纪律要求，强化日常教育提醒、警示，提醒党员干部守住纪律规矩底线。严守党的政治纪律和政治规矩，坚决反对“四风”。根据《中国红十字会党组关于落实党风廉政建设主体责任的实施意见》要求，支部负责同志与分管领导签订责任书，抓好责任落实，深入推进党风廉洁建设强化风险管控。根据工作实际，更新了廉洁风险点及防控措施一览表，按照规范化的操作流程图，抓好有关工作中的廉政风险防控，抓细抓小抓常。加强对项目评选、资助等环节的过程管理，严格按制度办事。严把合同执行关，及时整改合同执行中出现的问题。

（五）发挥党支部领导核心作用，落实巡视整改任务，推进总会改革发展

发挥党组织的领导作用，以党建带思想建设、队伍建设，以党建促进业务工作的开展。

根据专项巡视提出的反馈意见，坚决贯彻总会党组决定，严肃认真，立行立改，推动巡视整改工作落地见效。对照巡视的责任清单中涉及组宣部的9项整改内容，制定了24项整改措施，认真查纠整改，全部按时完成。2017年以来共制定规范指导性文件14份，对组织建设、宣传工作进行制度设计，汇编成册下发各单位。同时，承担领导小组办公室成员工作，积极协助党组做好巡视整改有关报告及巡视整改工作专报的起草工作。

积极推进总会改革工作。协助党组制定《中国红十字会总会改革方案》及其《实施意见》。在《改革方案》已经报中央深改办备案、尚未正式印发的情况下，按照会

党组“认真落实政治责任，不等不靠，敢于担当”的要求，狠抓改革任务落实，各项改革工作取得积极成效。于10月上旬向党组提交《中国红十字会总会改革进展情况报告》。12月会同办公室做好《改革方案》报批工作，已将《改革方案》报请国务院审批印发。

联络部

在总会党组和执委会的正确领导下，联络部全体人员发扬勤奋务实、刻苦奉献的精神，认真贯彻落实各项工作部署和会领导指示要求，团结一致，锐意进取，圆满完成了2017年的各项工作任务。

一、加强理论研究，强化外事工作管理

1. 为进一步做好总会的对外合作工作，服务国家“一带一路”倡议总体战略部署，发挥政府人道领域助手、民间外交的重要渠道作用，总会计划制定《中国红十字会对外合作工作中长期规划》。5月召开相关部委（中联部、外交部、商务部）、总会部门和直属单位负责人参加的座谈会。共计约20人参加。与会代表结合《中国红十字事业发展规划（2016—2020年）》，针对中国红十字会开展对外合作的优势和特点，对于制定《规划》提出了若干意见和建议，为总会下一步修改发展规划提供了建设性的指导和帮助。

2. 4月23—25日在辽宁大连召开了中国红十字会外事工作座谈会。会议邀请了中联部、商务部、国务院台湾事务办公室的相关领导和专家做了专题报告。26个省区市红十字会，相关直属单位约50人参加了座谈会。会议调研了各省区市红十字近两年的对外交流合作情况。座谈会上，参会代表踊跃发言，分享了各省区市红十字会近年来的外事工作情况，外事工作遇到的机遇和挑战及对总会的意见建议和期待，使总会掌握了外事工作的第一手资料，为今后更好地统筹调动各省区市资源，做好外事工作，服务民间外交打下坚实的基础。

3. 2017年是两岸恢复民间交流交往30周年，红十字会与中国社会科学院台湾事务研究所合作开展了“两岸变局中的中国红十字会面临的问题、机遇及因应之道”课题研究，系统梳理中国红十字会参与两岸关系融冰的历史和在两岸关系发展中的贡献，并针对当前两岸关系变动态势，评估中国红十字会面临的新机遇和新挑战，分析中国红十字会可以扮演的新角色，并提出有针对性的对策建议。

4. 为深刻学习领会十九大对港澳台工作的指导思想、目标任务和方针政策，推动新时代对港澳台工作取得新进展，12月6—8日在北京举办“中国红十字会台港澳工作培训班”，来自总会直属单位和省区市红十字会代表共44人参加培训。大家集思广益，探讨在新形势下应如何发挥红十字会人道助手作用，充分发掘自身资源，通过创新的形式，开创对台工作新局面。

二、周密部署，圆满完成联合会副主席竞选连任工作

1. 2017年1月，会长陈竺正式接任联合会副主席职务，任职期间为联合会工作做出诸多努力。4月出席在科特迪瓦举办的泛非洲大会；5月出席联合会领导委员会会议并访问巴基斯坦；9月出席联合会领导委员会会议并访问马来西亚。结合“一带一路”

倡议，与巴基斯坦、阿富汗、蒙古国、孟加拉国、叙利亚等国红会开展了人道项目合作，并且与联合会启动了“博爱单车”全球人道志愿服务项目。

2. 2017 年 11 月第 21 届联合会大会和运动代表会议在土耳其召开，认真做好参会方案，制定参会预案，布置了展台，在会议期间积极参与各项重要议题讨论，贡献中国红十字会的经验和智慧。在大会期间，会长陈竺和书记徐科进行了 30 余场的多双边会见，有力地推动了红十字会的友好交往和区域合作，展现了红十字会积极参与国际事务和推进务实合作的积极形象。

3. 圆满完成竞选工作。严格做好向上级单位的报批工作。多次论证，制定周密的竞选方案，争取多方支持，通过信函、电话、面谈等方式共获得 118 个国家红会支持，特别是在会议召开期间书记徐科与 27 个国家红会进行了双边会晤。会长陈竺成功当选联合会副主席，协调媒体进行了积极报道。

4. 选举之后及时总结经验教训，积极做好副主席的日常工作，包括出席领委会、处理往来文件信函等事务。协调研究联合会相关专题，如联合会 2030 战略制定、2018 亚太大会议程设定等，为副主席决策提供支持。

三、落实“一带一路”倡议，积极探索中国特色民间外交的新渠道

1. 参加“一带一路”国际合作高峰论坛，国家副主席李源潮接见国际委员会主席和联合会秘书长。5 月召开的“一带一路”国际合作高峰论坛的“民心相通”分论坛中总会邀请了红十字国际委员会主席、国际联合会秘书长，以及巴基斯坦、塔吉克斯坦和吉尔吉斯斯坦红会会长和中方代表参加大会开幕式和“民心相通”分论坛。国家副主席、中国红十字会名誉会长李源潮在会议期间分别会见了出席论坛的红十字国际委员会主席莫雷尔和红十字会与红新月会国际联合会秘书长阿西。

2. 举办“东盟红十字博爱论坛”和“中非部长级研讨班”，打造区域交流机制。9 月，在广西举办“中国—东盟红十字博爱论坛”，东盟 10 国及罗马尼亚红会的 18 名代表来华参加论坛。会长陈竺出席会议并致辞，受邀的东盟各国红会在论坛期间广泛交流，也构建了次地区交流机制。9 月在北京举办了中非“可持续发展与人道救援”研讨班，邀请了来自 9 个非洲国家红会和有关部门的 20 余人参加，并邀请了商务部、外交部、国际委员会、国际联合会、中促会等单位代表出席或授课。

3. 多方筹集资源，实施“一带一路”重点品牌项目。2 月，中国红十字基金会设立“丝路博爱基金”，开展与“一带一路”重点国家红会合作的品牌项目。

（1）中巴急救走廊项目：该项目旨在立足民生需求和公共安全需要，沿中巴经济走廊布设由急救站点、急救人员、急救车辆、应急系统组成的急救单元。5 月 7 日，由总会援建的中巴博爱医疗急救中心落成仪式在巴基斯坦瓜达尔港举办，会长陈竺与中巴两国领导共同为该中心揭牌，中巴两国红会签署合作备忘录。红十字会为该中心配备了医疗设备、办公用品和一辆救护车，并与国家卫计委共同派出了 13 人组成的援外医疗队，为当地人民提供医疗服务并培训巴基斯坦红会医疗人员。

（2）阿富汗及蒙古国先心病儿童救助

项目：红十字会与阿富汗和蒙古国红会合作开展了先心病患儿人道救助项目，组织医疗队深入两国开展筛查，并将符合条件的患儿接回新疆和北京完成手术。2017年，已成功为阿富汗救助17名先心病患儿，为蒙古国救助48名先心病患儿。

（3）孟加拉国血液透析项目：红十字会向孟加拉国红新月会捐赠了8台血液透析设备，总价值134万元人民币，支持该国建设公立医院系统首家血液透析中心，并同期派出医疗专家，为当地医护人员开展了现场培训。

（4）叙利亚捐赠项目：红十字会计划向叙利亚红新月会捐赠脊髓灰质炎、脑膜炎和肝炎疫苗，并捐赠一台医疗移动车，已就疫苗规格、运输、保存、清关等前期问题进行了沟通。

（5）“博爱单车”项目：5月会长陈竺与联合会秘书长阿西在北京正式启动“博爱单车”全球志愿服务品牌项目，陆续开始向马来西亚、巴基斯坦等14个国家和江西、云南等省提供自行车捐赠，并配套提供志愿者培训。

四、其他国际交流与合作

（一）深化与红十字国际委员会合作

与国际委员会合作在云南继续开展假肢项目，为肢体残疾者提供假肢和康复服务。与国际委员会继续在云南开展博爱家园项目第三期的合作、并将项目拓展到吉林和贵州。重建家庭联系、“青春善言行”培训、人道法辩论赛、东亚地区抗灾力论坛等各项合作都顺利开展。协调联合会和委员会出席总会相关活动，如中山慈善万人行、上海市大学生国际人道问题辩论赛、第46届南丁格尔奖章颁奖活动、救援队培训等。

（二）与重点国家合作做好发展援助工作

1. 与越南红会签署合作备忘录。2017年1月，在习近平总书记与越南共产党中央总书记阮富仲共同见证下，中国红十字会会长陈竺与越南红十字会会长阮氏春秋签署了《中国红十字会与越南红十字会合作备忘录》，约定在信息交流和相互支持、国际人道主义援助、湄公河区域国家的联合行动、培训交流、社区项目、分会交流等方面加强合作。

2. 尼泊尔备灾仓库援建项目。红十字会计划投入总预算917万元，援建尼泊尔红会备灾仓库，副会长王海京率团赴尼泊尔参加协议签署仪式。中国红十字会将援助尼泊尔红会建设国家级备灾仓库并提供设备支持。

3. 与越南、老挝、柬埔寨、缅甸、斯里兰卡、塔吉克斯坦、吉尔吉斯斯坦、哈萨克斯坦、乌干达和埃塞俄比亚10个国家红会合作开展的社区为本的综合发展项目。项目资金共计约666万元，主要内容涉及公共卫生、防灾减灾、急救培训、献血宣传、生计项目、能力建设等。项目扎根基层，面向百姓，受到当地红会和民众的认可和欢迎。经过积极争取和沟通协调，外交部批准了联络部申请的澜沧江—湄公河流域专项资金370万元，用于2018年继续支持越南、老挝、柬埔寨和缅甸红会开展社区综合发展项目。联络部还获批亚洲友好专项资金支持70万元，用于2018年为南盟国家红会（斯里兰卡、马尔代夫、孟加拉国、巴基斯坦）继续举办水上救生培训。

4. 指导协调援外物资供应站完成了乌克兰和马拉维红会的物资援助项目，价值共计620万元，同时完成2017年斯里兰卡、马达加斯加、马尔代夫和塞尔维亚项目的立项工作，预算共计470万元。向塞尔维亚总统夫人基金会捐赠了总价值为46.8万元的中央监护系统和多参数插件式床边监护仪。2018年第二期项目已启动，计划向塞尔维亚总统夫人基金会援助价值50万元麻醉机等医疗设备。

5. 在商务部的支持下，共组织了6期发展中国家红会能力建设培训班和1期中非部长级研讨班，来自28个国家红会和政府相关部门的213名代表参加了培训。

（三）做好紧急国际援助工作。2017年，红十字会通过外交部小额援助机制，共向18个国家红会援助了165万美元（约合人民币1091万元）。在商务部部署下，5月和9月分别向斯里兰卡洪灾灾区、古巴飓风灾区派出了红十字国际救援队。两次救援任务均圆满完成，得到商务部和外交部的肯定。

（四）做好遣返作业见证、代管的花冈和平友好基金、外侨事务等工作。共实施见证海峡两岸双向遣返作业3批次，接回大陆私渡人员22人，送回台湾人员1人；6月28日至7月2日组团赴日参加花冈死难者祭奠活动。受理寻人案40余件，红十字通信10余件。发出来华邀请76批次，93人次。

五、与台港澳地区合作交流进一步加强

（一）搭建人道交流平台，促进两岸人道公益相融互动

6月17日，海峡论坛正式活动的“第七届海峡两岸红十字博爱论坛”在厦门召开。论坛以“人道于心博爱于行”为主题，来自两岸百余位公益人士及专家学者在为期一周的时间里，共同聚焦社会民生中的红十字公益项目作用与发展前景，开展理论学术研讨和实践经验交流。两岸志愿者对话专题是论坛的一大亮点，由中央人民广播电台主持人、中华骨髓库爱心大使杨曦主持，邀请两岸志愿者代表就两岸人道公益服务现状、参与人道公益服务切身体会和对参与人道公益服务的建议等内容进行了交流、分享、对话。论坛还组织两岸嘉宾实地参观了厦门红十字主题文化广场、备灾救灾中心和漳州漳台族谱馆等，相互学习，增进了解，促进两岸同胞与人道救助事业的相融、相和、相助和共享发展。

2017年，接待港澳红十字会和台湾红十字组织高层来访共18批次，248人。

（二）促进两岸基层民众交流，拉近两岸民众心理

注重与台湾基层民众的互动交流，以海峡论坛为契机，组织台湾基层志愿者代表赴深圳和广州等地，考察当地红十字会开展的“三献”工作、“众筹救心万里骑”项目，观摩了深圳市红十字水上安全救生志愿服务队开展的救援演练，并组织两岸志愿者进行了深入交流。

为加强两岸基层志愿者的交往，邀请台湾红十字花莲分会志工团到江苏进行工作交流。充分发挥红十字会在对台交流方面的“牵线搭桥”功能，让更多台湾民众有机会来到大陆，感受到改革开放和红十字会事业发展的新气象，并借此促成两岸红十字组织分支会之间建立联谊，共叙交往。

（三）举办海峡两岸夏令营，继续推动两岸红十字青少年的交流与融合

7月24日—30日，“2017年海峡两岸红十字青少年夏令营”在北京和内蒙古举办，两岸60名红十字青少年参加。为体现两岸文化的共通性，增进两岸青年的理解与共识，以及两岸一脉相承、同宗同源的民族认同感，营员们在北京参观了宋庆龄故居纪念

馆、后海文化之旅、登上长城进行了红十字运动知识问答闯关；在内蒙古期间，结合内蒙古自治区红十字会开展的志愿服务工作，两岸青年亲身参与志愿服务，体验作为一名红十字志愿者的生活，还住进草原蒙古包，既领略了内蒙古草原的辽阔风光，又体验了蒙古族独特的风土人情。活动设计注重安排参访加体验的方式，让两岸青年们在互动中了解中华民族的历史与传统文化，增进对中国文化的认同感，而同吃同住同活动的方式更进一步加深了两岸青年人之间的理解和感情。

六、出访、来访、公文流转等工作

2017 年，联络部登记处理归档请示文 728 件，加上部门收发文件及电话摘报等，合计处理公文 1293 件。

共办理出访团组 58 批次，218 人次，重要任务包括参加联合会领委会及第 21 届联合会大会、参加第九届红十字会泛非大会、访问加拿大和古巴、赴巴基斯坦参加中巴项目落成仪式等。所有团组都按照外事管理规定进行了请示报批、公示等手续。

共接待来访团组 19 批次，256 人次，包括接待贝宁、加拿大、乌克兰等国家红会来访、接待中国—东盟人道交流合作博爱论坛参会外宾及接待 7 个发展中国家红会能力建设研修班的学员 213 名。

机关党委

2017 年，机关党委在会党组的坚强领导下，圆满地完成了2017年各项工作任务。

一、党建工作

1. 全力配合中央巡视，严肃认真抓好巡视整改，针对机关党的建设方面存在的问题认真开展自查自纠，认真抓好涉及机关党建整改任务的落实。

2. 协助党组研究制定了总会推进“两学一做”学习教育常态化制度化实施方案，组织召开了总会推进学习教育常态化制度化领导小组会议，组织“两委”委员对联系点党支部开展学习教育情况进行督导调研。

3. 协助党组修改完善党组中心组学习制度，制订 2017 年学习计划，编发中心组学习资料 27 期。协助党组中心组召开学习研讨会 11 次。

4. 协助党组研究制定《认真学习宣传贯彻党的十八届六中全会精神的通知》和《学习贯彻党的十八届六中全会精神的实施方案》，协助总会党建工作领导小组会召开会议，听取各支部学习贯彻六中全会精神情况汇报。

5. 协助党组组织召开全国红十字会系统党建工作座谈会，交流工作经验。对全国红十字系统接受当地党委巡视情况进行梳理汇总，形成报告向党组进行专题汇报。

6. 认真贯彻《中央国家机关部门党建领导小组工作规则》精神，上半年协助党组召开 3 次党建工作领导小组会，1 次党风廉政建设和反腐败工作领导小组会，推动形成“党建领导小组领导、机关党委部署、基层党组织推动、党员群众落实”的党建工作机制。

7. 认真贯彻落实《关于县以上党和国家机关党员领导干部民主生活会若干规定》，协助会党组筹备召开年度民主生活会，指导各基层党组织完成年度民主生活会、组织生活会和民主评议党员工作。

8. 筹备召开总会直属机关第一次党员代

表大会，选举产生新一届“两委”委员，督促 11 家未及时换届的党组织顺利完成换届工作。

9. 研究制定《关于加强党支部建设的意见》《中国红十字会总会党委（纪委）委员联系基层党组织制度》《中国红十字会总会党建工作领导小组工作细则》等文件，建立了党建工作台账，建立健全长效管用的制度机制。

10. 组织开展年度党建述职评议考核和总结支部工作法活动。推广使用“机关党建”微信群，加强沟通，增强工作时效性。做好党建刊物订阅、党组织关系接转、党内统计等日常党务工作。

11. 加强机关党员干部教育培训。举办党的十八届六中全会精神处级干部及党支部委员学习培训班。选派 2 名党员干部参加了中央党校中央国家机关分校的学习，2 名纪委干部参加了中纪委和纪工委举办的培训班，9 名总会纪委和直属单位支部纪检委员参加了中央纪委派驻纪检组举办的培训班。

12. 完成了十九大代表和中央国家机关党代会代表选举工作。

13. 组织开展干部职工积极参加中央国家机关工委组织的思想状况调研，掌握党员干部思想动态，加强意识形态领域斗争的形势教育，认真做好全国两会等重大政治活动、重要节假日、各敏感时期的维稳工作。

14. 完成了 2016 年度党员信息采集统计工作和中组部组织的党员信息采集工作。

15. 开展春节、“七一”期间慰问困难党员和职工活动，为 25 名困难党员、职工发放 7.6 万元慰问金。

16. 认真开展党员组织关系集中排查，完成了党员党费核查、补缴及上缴工作。

17. 召开党建及党风廉政建设会，听取各支部上半年工作汇报。

18. 起草了《问责条例实施办法》。

19. 组织召开了“两个覆盖”检查验收座谈会。

20. 开展了支部工作法总结评比工作。

21. 认真开展党的十九大精神学习宣传贯彻工作，协助党组筹备召开党组理论学习中心组（扩大）会和传达学习党的十九大精神党员干部大会。制作 3 块党的十九大精神内容的展板，为机关及直属单位全体党员购买学习十九大精神辅导书籍。

22. 起草印发总会学习宣传贯彻党的十九大精神通知和实施方案。

23. 积极组织党员干部参加上级党组织召开的党的十九大辅导报告会。

24. 组织党员干部赴北京展览馆、农业展览馆开展“砥砺奋进的五年”成果展和扶贫工作成果展参观活动。

25. 召开党费工作业务培训会，起草并上报中组部组织一局收缴党费使用方案。

26. 向机关及直属单位各党支部拨付一定党费用于支部开展党建活动。拨专项党费 17 万元用以资助总会扶贫点湖北省英山县四棵枫村修建党员活动中心。

二、纪检工作

1. 对纪检组移交的有关问题线索，机关纪委制定了相应的初核方案，成立了核查组，逐一认真核查，并已了结有关问题线索。截至 11 月 7 日，机关纪委共收到信访件 56 件，其中，职责内信访举报 36 件（重复线索 15 件），机关纪委初核 17 件，对 4 人进行了诫勉谈话，对 4 人进行了批评教育。

2. 收到信访件32件，对职责内的问题线索进行了处置，对2人进行了诫勉谈话。

3. 落实好中央国家机关纪工委和中纪委派驻纪检组信访举报和问题线索月报告制度，强化信访举报件办理。

4. 每逢节假日和特殊敏感时期，通过手机短信平台定期发送廉政提醒短信，加强日常性廉政提醒教育。

5. 指导各党支部对廉政风险防控措施和工作流程进行了修改完善，有效防范廉洁风险。

6. 持续开展党风廉政建设主体责任约谈，党组书记同各支部主要负责同志进行了党风廉政建设主体责任约谈。

7. 组织党组成员分别与各部门（单位）负责人签订2017年党风廉政建设责任书，进一步明确了各部门各单位落实党风廉政建设责任的具体内容、具体要求和责任追究的具体措施。

8. 召开直属机关纪委会议，传达了十八届中央纪委七次全会和中央国家机关第二十九次纪检工作会议精神、杨晓渡在全国纪检监察信访举报工作会议上的讲话精神。

9. 组织机关及直属单位各部门再次对廉政风险防控措施和工作流程进行修改完善。

10. 按照中央纪委党风政风监督室《关于开展违规公款购买消费高档白酒问题集中排查整治工作的通知》要求，机关纪委对基金会和事业发展中心2017年以来违规公款购买消费高档白酒问题进行了抽查。

11. 努力落实“机关纪委书记要专司纪检工作”的要求。组织总会纪检干部参加纪检组组织的综合监督单位纪检业务工作培训，派纪委1名同志参加中央国家机关纪工委组织的机关纪委综合业务培训班。

三、工青妇等群团工作

1. 完成了基层工会信息统计上报工作。

2. 完成了2016年度工会经费收支决算和2017年度工会经费收支预算的申报工作。

3. 开展了“送温暖——情系困难党员职工”系列活动，为13名困难职工发放慰问补助4.3万元。

4. 为总会机关工会会员发放2017年生日蛋糕券，组织总会及直属单位的全体会员开展观影活动。

5. 开展“送温暖—抗雾霾 关爱职工健康”活动，为总会机关工会会员发放防雾霾口罩。

6. 开展“喜迎十九大 健康万步走”干部职工春季健走活动。

7. 组织机关干部职工参加中央国家机关工会联合会组织的摄影讲座、书画培训讲座等活动。

8. 组织机关干部职工参加中央国家机关干部职工“迎接党的十九大暨纪念建军90周年”书画邀请展征稿活动。

9. 组织干部职工赴中科院心理所参加心理健康服务活动。

10. 完成2017年度工会统计年报调查工作。

11. 推荐优秀团员、青年参加“青春善言行”活动。

12. 组织团员青年赴卫计委团委开展联学活动。

13. 完成总会机关、直属单位团员信息统计报送与团费收缴工作。

14. 策划制作中国红十字报青年图片专版。

15. 组织参与“五四”青年节“探索人道法”课程青年专场培训活动。

16. 与国家卫星气象中心团委联合开展急救培训暨“一学一做”联学活动。

17. 推荐团员、青年参加“青春之梦”单身专场活动。

18. 指导机关妇委会组织开展“恒爱行动”公益活动、“庆三八观影”活动等。

19. 机关红十字会组织开展“我是红十字人”主题宣誓活动。

总会直属单位

总会机关服务中心

2017 年，机关服务中心在总会党组的正确领导下，在分管领导的直接领导下，中心班子团结带领全体干部职工，紧紧围绕总会中心工作要求，积极稳妥地采取了以强化内部管理抓质量，以加强自身建设促发展等项措施，使中心内部统一了思想，营造了团结和谐的干事氛围，凝聚了合力，发扬了务实高效的工作作风，为总会工作的正常运转提供了可靠的后勤服务保障，推动中心工作迈上了新台阶。

一、用十九大精神指导实践、推动工作

按照总会党组、机关党委的整体部署和要求，机关服务中心党支部专题研究了学习宣传贯彻落实十九大精神等工作，并明确将学习贯彻十九大精神作为当前和今后一段时期最重要的政治任务，深入开展学习活动，迅速掀起学习热潮。

一是 10 月 18 日组织中心全体党员，分三个地点集中收看了十九大开幕会的直播实况；并要求全体干部职工结合自己的思想和工作实际，认真学习十九大报告，深刻领会其精神实质。

二是 10 月 25 日上午以党小组为单位学习了人民网、新华网公告等材料，畅谈了学习十九大报告的体会和感受；并根据工作性质不同等状况，要求党员收看新一届领导集体与记者见面会。

三是充分利用板报，张贴十九大报告新的知识点解读、党员体会、相关图片和在党员微信群里互发十九大相关信息等，配合开展学习宣传活动。

四是组织全体党员和入党积极分子，聆听副会长王汝鹏结合十九大精神和红十字会工作实际讲党课。

党支部对近期工作进行了安排和部署，一是统一思想，学用结合。把学习宣传贯彻落实党的十九大精神作为当前和今后一个时期的首要政治任务来抓，把思想和行动统一到十九大精神的决策部署上来。要全面深刻学习领会十九大报告的丰富内涵和精神实质，坚持知行合一、学以致用，结合“两学一做”学习教育常态化制度化，紧密联系服务中心的实际，联系广大干部群众思想实际，理清工作思路，做好全面工作。二是要加强政治建设，把维护政治纪律摆在首位。坚决拥护以习近平同志为核心的党中央，不断增强党员拥戴核心、维护核心、服从核心、紧跟核心的思想自觉和行动自觉，坚定不移、不折不扣贯彻落实党中央大政方针和决策部署。把“四个意识”落实在岗位上、落实在行动上，不折不扣执行总会党组、机关党委的部署和要求，通过政治纪律的落实，带动其他各项纪律的落实。加强日常监督，坚持抓早抓小，强化教育提醒，防病于未萌，治病于初起。三是要坚持骨干带头、以上率下。积极发挥中心班子的示范引领作用和党支部的主体作用，推动党员领导干部先学一步、学深一步，充分调动干部职工学习贯彻的积极性主动性。要求党员领导干部要在贯彻落实十九大精神和各项工作中作表率，在党支部和党员领导干部的带动下，整个中心迅速掀起了学习热潮。四是要统筹各项工作。党支部用十九大精神统揽全局、指导工作，一手抓大会精神学习贯彻，一手抓各项工作落实，把十九大精神融入各项具体工作中，在实践中融会贯通。要求各处室认真对照年初计划确定的各项工作目标，全面梳理各项任务的进展情况（要求在周例会上汇报），对于未完成的工作，要求各处室加大力度、加快推进，确保 2017 年各项工作任务能够顺利完成。机关服务中心对每年一度的满意度调查工作进行了安排，做好年底前机关干部职工对各项服务工作意见建议的收集，认真研究分析工作中存在的问题和改进措施，使中心服务工作质量和服务水平不断迈上新台阶。

二、围绕中心、服务大局，认真履行工作职责

2017 年机关服务中心围绕总会总体部署和要求，发挥中心的第一责任人责任，认真履行职责，班子成员团结带领全体干部职工，共同完成了行政后勤服务、固定资产管理、物资采购、办公楼地下空间改造等 38 大类 215 项主要工作。

（一）行政管理工作

1. 完善规章制度。为提升科学化管理和服务水平，结合中心实际，按照删繁就简、切实管用的原则，对现有的制度和规定进行认真研究和全面梳理，过时的废止，有缺陷的修订完善，先后制定了《餐厅管理制度》、《车队驾驶员管理制度》、财务内控制度、财务工作流程图、财务廉政风险及防控措施一览表；修改印发《机关服务中心各处室主要工作职责》；坚持办公会议制度、工作月报制度和周例会制度等，力争用制度固化工作成果，以制度约束工作行为。

2. 办公用房管理工作。为加强对办公用房的管理，按照国管局要求和总会党组部署，对总会办公用房进行了进一步清理、调整，对超标准办公用房进行了隔断改造（正在进行中）和相应调整，严格执行党政干部办公用房管理规定。

3. 事业单位公务用车制度改革工作。按照中央和国家机关事业单位公务用车制度改革工作要求，在总会党组的统一部署和领导下，协助总会办公室完成了事业单位公务用车改革工作，并协助直属单位进行车辆处置工作，应处置公务用车 6 辆，已经处置完毕 1 辆（机关服务中心）；其余 5 辆正在处置过程中。

4. 固定资产管理工作。为贯彻勤俭节约精神，管理好、使用好总会固定资产，中心协助总会完成了总会系统、总会本级、机关服务中心上报财政部 2016 年资产报表、资产分析报告和资产年度决算报告工作。

完成总会 2017 年软件资产管理专项检查工作和 2018 年资产配置计划编报以及中央国家机关土地利用计划编报工作。

对总会机关本年度新购置的固定资产和上年度入库资产进行账目登记，做到账账相符、账实相符。并制定资产购置计划和分批处置计划。已通过国管局固定资产处置平台处置了办公设备和用品 218 件，使资产管理从购置、管理、使用到报废处置等各个环节规范有序。

5. 满意度调查工作。为全面提升各项

工作管理水平，使服务工作再上新台阶，2017年，中心继续面向机关各部室开展服务“满意度调查”活动，以每季度向各部室发放调查表形式，及时了解并掌握职工们的意见和建议。调查表涵盖7大类28项服务内容。2017年的服务满意度较上年有不同程度的提高，7类工作中有5类工作满意度综合评价达到80%，其中3类达到100%。对于收集到的意见和建议以及存在的问题，及时召开相关人员会议，研究改进办法和制定改进措施；对职工们提出的表扬，要求相关处室不骄不躁，发扬成绩，再接再厉，查找不足，以更细致、更高效的服务认真做好每一项工作，使服务质量和水平再上新台阶。

6. 总会代管经费管理工作。为管好、使用好总会代管经费，中心财务人员在做好中心财务工作的同时，严格按照总会财务制度审核每一笔报销单据，在经费使用上，坚持财务规定，认真执行预算，做到不挤占、不挪用，保证专款专用，截至年末，共报销代管经费164.8万元。完成总会2017年住房公积金核定、新入职人员住房公积金调入、转移等手续办理和总会离退休人员医院变更手续办理和支付费用等工作。

（二）服务保障工作

1. 完成总会大型会议及活动的服务保障工作

（1）总会第十届理事会第三次会议会务工作。为确保会议服务安全、有序、不出纰漏，中心召开筹备工作动员会，成立会议安保、文件印制、桌签打印和摆放、代表食宿、接送、大会代表引领、会议室布置等多个工作小组，确定了小组负责人且责任到人，明确工作任务，提出工作要求。从会前联系会议地点、协调会议室安排、会议材料、证件、桌签印制、会议用品准备等，到会议期间各小组团结合作，互相支持、互相补台，大家全力以赴圆满完成大会服务保障任务，受到总会领导和会议代表的一致好评。

（2）南丁格尔奖章颁奖大会会务工作。积极配合机关各部门进行会议筹备工作，从会议文件、代表请柬、桌签的印制，到会议获奖代表的食宿安排、接待、礼仪人员组织和用车服务，以及大会堂的安保协调和车辆疏导，到会议结束善后等工作，大家以认真负责的态度兢兢业业做好各自职责内工作，顺利完成了总会交办的大会服务保障任务。

（3）较好完成总会十届四次常务理事会、丝路基金项目会议、院士基金座谈会、机关党委换届大会、中央第九巡视组情况反馈会议和国家领导人视察总会、红十字日主题活动等大型会议和活动的服务保障工作。

为了规范日常会议服务工作，编印了总会机关会议任务单、制定了预定会议室流程及规定，并督促协调物业和总会各部室落实执行，使会议服务工作规范有序。

2. 医疗保健管理和服务工作。按照年度工作计划，完成组织机关和中心143人的健康体检服务工作；购买应急药品36类，提供领用药品服务102人次；发放计划生育用品30箱；为总会职工核报医药费677笔、报销金额88.15万；为医照对象报销医药费上报审核10趟次。

3. 办公楼院维修改造工作

（1）完成干面胡同43、53号院消防安监系统改造。

（2）完成总会办公楼电话系统改造

工程。

（3）完成总会办公楼、干面胡同43号院避雷系统改造和房屋修缮工程。

（4）争取国管局214万元资金支持，完成总会消防地下空间改造工程。

4. 职工住房管理工作

（1）在分房小组组长王平同志带领下，为做实、做细总会职工住房配售配租工作，在了解相关政策和反复摸底调查及征求职工意见的基础上，制定了《广华新城职工住房配售配租办法》；组织召开分房小组会议7次，印发会议纪要5期，研究解决分房工作中遇到的各类困难和问题，确保职工住房分配工作顺利进行。配售新房已报国管局审核批复，后续腾退的旧房配售工作待新房配售工作完成后推进。

（2）在副会长王汝鹏的带领下，妥善解决了上次分房工作中遗留的问题。

（3）争取国管局1088万元维修改造资金，配合完成老旧住宅小区综合改造工程。为规范住宅小区管理工作，节约总会资金，对锡拉胡同、南河沿住宅小区物业费收取标准进行了评估，并积极推进物业费收取和物业服务工作。

5. 餐厅服务工作

为加大餐厅管理力度，为总会干部职工提供优质的餐饮服务，经支部研究决定，更换了餐厅管理部门，完善修订了餐厅管理制度，恢复了监督检查机制，并对每天成本等支出情况公之于众。为减少浪费，节约开支，每天上午收集登记用餐人数，根据用餐人数备料备餐，同时在餐桌摆放光盘行动宣传卡(正在制作中)，倡导节约，反对浪费。截至10月底，餐厅共提供职工用餐服务2万人次，餐厅的菜品和服务也受到了机关干部职工的好评。

6. 节能减排工作

制定并向国管局报送《公共机构能源消费统计制度实施方案》，在公共区域张贴节水节电标识，加大宣传力度；配合国管局开展了清煤降氮锅炉改造相关工作；完成总会机关垃圾分类工作，并召集直属单位相关负责人传达国管局垃圾分类文件精神，提出相关工作要求；向国管局报送中央国家机关食堂灶具节能和净化改造需求以及公共机构LED照明节能改造需求；通过总会节能监管系统竣工验收工作；迎接国管局节能考核检查，通过了国家节约型公共机构申报资格，并已向国管局报送了申报材料（爱国卫生、绿化、人防、消防等工作）。

7. 其他服务工作

共为总会机关提供除党组会、执委会外各类日常会议服务190次；送取机要文件3377件；收转处理总会文件602件；收发报纸杂志信件30余种35033件；安全出车2493趟次，行驶82348公里，较好完成总会领导、应急、机要交换、离退休干部等保障用车服务；完成各类排版3365版、印制文件79159份；印发红十字会信息21期；代总会接收社会捐赠衣物491件，并分类登记、整理、打包送往北京市红十字会。

（三）物资采购工作

1. 彩票公益金项目采购。共完成送温暖、人道救助救灾物资、救护教具等5项19类采购任务。

2. 完成办公设备、家具、办公用品采购42批次900余件。

3. 完成两批次救援队所需物资23大类紧急采购任务。

4. 完成总会信息化系统支撑平台项目采

购工作。

5. 完成总会 2016 年政府采购信息统计编报和批量集中采购计划等统计、汇总、报送工作。

三、坚持和完善党的领导，发挥支部战斗堡垒作用

根据总会机关党委关于推进“两学一做”学习教育常态化制度化工作要求，中心党支部高度重视并把推进“两学一做”学习教育常态化制度化作为全面从严治党的战略性、基础性工程来抓，作为贯彻落实总会工作大局的重要抓手，融入日常，抓在经常，履行主体责任，抓常抓细抓长。党支部认真研究制定了《推进“两学一做”学习教育常态化制度化实施计划》，明确了目标要求，确定了主要内容，制定了保障措施，深化“灯下黑”整治工作，立行立改存在的问题。

（一）健全组织机构，在党支部领导下开展工作

一是加强党支部自身建设。鉴于 1 名党支部委员退休导致支部委员空缺问题，党支部按照规定经过支部推荐、党员选举等程序及时补充支部委员，健全了党的组织机构。

二是完善选人用人机制。党支部在选人用人工作中，坚持正确用人导向，严格按照党政干部选拔任用工作条例和领导干部职数等规定，及时选拔 2 名优秀干部走上领导岗位，在完成各项工作任务中发挥党员领导干部表率作用。

三是加大干部轮岗力度。鉴于中心各岗位干部近十年未轮岗及转岗未转职位等现状，为防范风险，推动工作创新，规范干部管理，落实“两学一做”学习教育以及民主生活会和组织生活会干部职工多次提出的意见建议，党支部按照“鼓励竞争、推进交流、优化结构、提升素质”的总体思路，按照事业单位人事管理条例等规定，对中心各处室岗位人员进行竞聘上岗和轮岗交流，增强了中心活力，提高了办事和工作效率，提升了服务质量和服务水平。

以上各项选人用人工作均在党支部领导下进行，先后共召开支部委员会 15 次、党员大会 1 次、全体人员大会 2 次、竞聘上岗大会 1 次。每个工作程序均经党支部集体研究通过后，进入下一程序，确保聘任和轮岗工作环环相扣，规范有序。

（二）开展主题党日活动，增强党员组织观念和责任意识

一是组织党员赴国家机关爱国主义教育基地参观学习，并开展党的知识竞赛和重温入党誓词活动。

二是结合“两学一做”讲了题为“认真学习党章，做合格党员”的党课。使党员进一步认识到党章是全党必须遵循的总章程，也是总规矩，懂得并自觉遵守这些规矩，个人才能不触雷、不踩线，党才更有凝聚力、战斗力。

三是“‘5·8’博爱周”期间，在组织全体党员和干部职工集中学习和个人自学红十字会法的基础上，举行了红十字会知识和新修订红十字会法内容的知识竞赛，并出专题板报，倡导无私奉献的红十字精神，提高宣传贯彻传播红十字会法的意识，使学法、知法、用法真正融入思想、走进工作。

（三）落实巡视整改，提高组织生活质量

一是年初党支部研究制订《民主生活会和组织生活会实施方案》，以开好民主生活

会和组织生活会为契机，以多种形式广泛征求党员群众的意见，认真梳理和查找班子、党支部、党员自身存在的问题（共6个内容9方面问题），制定整改措施，逐条落实整改，不断提高组织生活质量。

二是建立健全工作制度，规范党内组织生活。

1. 建立党建工作台账制度。根据机关党委关于建立党建工作台账制度的有关规定，机关服务中心建立了党建工作台账制度，用制度管理党建工作，并明确党支部委员专人负责填写台账，按时向机关党委报送台账。

2. 制定党建工作计划，落实“三会一课”制度。一是认真研究制订了党建工作计划，明确了支部书记为落实“三会一课”制度的责任人。二是为便于学习和管理，成立了3个党小组，即：退休党员小组1个、在岗党员小组2个，支部书记和副书记分别编入在岗党员小组，参加党组织活动。

（四）以支部工作法为指导，积极探索党建工作新途径

根据新形势下党建工作新常态、新要求积极摸索建立“四抓四提高”的工作法。即：抓思想建设，提高党员政治思想素质；抓组织建设，提高党支部凝聚力和战斗力；抓作风建设，夯实党建基础，提高风清气正工作氛围；抓制度建设，提高党建与后勤管理工作同步发展。党支部以支部工作法为指导，积极探索党建工作新途径、新办法，加强、改进、规范和推进党建工作和业务工作同步迈上新台阶。

（五）建立健全风险防控、党建、廉建、保密安全体系，保证中心工作健康发展

一是党支部和班子高度重视贯彻落实八项规定回头看工作，定期用八项规定衡量和查找工作中的薄弱环节和重点工作，并提出违反规定的事再小也不做的规定，严格用规定规范行为。

二是建立健全科学的预防措施机制和风险防控体系，保证中心事业健康发展，在各处室结合各自工作查找风险点的基础上，中心班子和党支部研究制定了风险防控制度，成立一把手为组长、纪委委员为副组长、各处室负责人为组员的风险防控工作领导小组，确定了资产与财务管理处为具体牵头部门，多方合力加强对重要岗位、重要人员的教育和管理，用风险防控制度制约、规范大额资金使用、预决算和资产管理、物资采购管理等工作，确保中心各项工作规范化、制度化。

三是强化支部纪检委员的责任和监督权力，加大对党员和重点岗位、重点部门领导干部党风廉政宣传教育的力度，警钟长鸣，防微杜渐，使中心逐步形成了风清气正的良好工作环境。

四是成立保密安全领导小组，班子主要负责人为组长，确定了办公室、服务处为具体责任部门，妥善处置突发事件，把好来访、接访第一关。

总会训练中心

2017年，喜逢党的十九大胜利召开，在总会党组正确领导和关怀下，训练中心领导班子进一步配强，新领导班子团结带领全体职工按照总会重大部署和年初工作计划，扎实推进各项工作，持续在加强党的建设、业务发展、制度化建设、团队建设、文化建设与硬件建设上下功夫。

一、各项培训工作保量保质完成且有所突破

训练中心2017年度既开展了传统的救护培训、国际培训工作，又承担了养老培训、救援培训任务；与往年相比，培训人员数量增长，培训涉及行业增多，培训类别增加。

（一）救护培训推广力度不断加大

一是在救护师资方面，以红十字生命健康安全教育项目为依托，举办救护师资提高班32期，为全国29个省（区市）红会培训师资640人；以项目为依托或受企业邀请，举办救护师资培训班6期，培训合格师资约160人。二是在救护员方面，以项目为依托面向高校和受邀面向企事业单位举办救护员培训、复训122期，培训合格救护员1.5万余人。三是在救护讲座方面，举办单项技能培训和专题讲座共35场次，惠及近5000人。四是培训涉及行业更加广泛，既有国航、航空旅游学院等高危行业单位，又有国际金融股份有限公司、汇丰银行北京分行等高端行业单位，还有浩沙健身、优力健身、嘉里大酒店、金隅喜来登酒店等服务行业单位，以及中粮、奔驰、腾讯等大型企业集团。五是培训规模化效应进一步显现，与武汉烽火科技集团达成长期合作培训意向，并为其制定全员培训计划，2017年度已为其培训救护员9500余人。

（二）援外培训承担任务显著增加

在总会联络部的大力支持下，训练中心积极配合国家“一带一路”发展战略和总会有关工作部署，2017年重点针对“一带一路”共建国家举办7期援外培训班，来自中亚及拉美地区28个发展中国家的213名红会代表和政府官员参加了培训。与2016年相比，培训任务量增加近1倍，即期数增加3期、人数增加104人，且培训覆盖地区扩展到拉美、欧洲及太平洋地区。

此外，根据全国红十字会系统救护培训业务发展需要，在对国内外应急救护工作现状和需求进行调研的基础上，经反复研讨，继续组织全国红十字会系统17个单位的20个救护业务负责人赴美国参加以“应急救护培训标准化建设和‘互联网+’的运用”为主题的出国（境）培训。

（三）新增培训按照要求顺利完成

训练中心作为总会下属的专门培训机构，在总会赈济救护部的指导和支持下，首次承接养老培训和救援培训任务。按照总会有关要求，承办养老服务师资培训班3期，预计培训师资约110人；承接搜救救援队和医疗救援队基础培训班2期，培训学员90余人。

二、项目管理高效规范进行且成效明显

训练中心承担着红十字生命健康安全教育项目和博爱家园项目的管理实施工作，为确保项目资金使用效益和项目社会效益最大化，训练中心始终在严格项目要求，抓好过程管理，把控关键环节等方面下功夫。

（一）持续加强项目规范化管理

就红十字生命健康安全教育项目而言，一是做好项目申报评审工作。协调指导各省按照项目要求进行申报，会同总会赈济救护部组织应急救护、项目管理、财务管理等方面专家进行评审，评选出25个省级红十字会的30个救护培训基地申报单位为2017年度项目执行单位。二是做好项目手册修订工作。进一步增强项目手册内容的逻辑性和可操作性，将管理过程中涉及的技术标准、文件依据、调查表格、报告模板等统一作为附件，以便项目工作人员查询使用。三是做好项目管理培训工作。为推广与应用数据分析成果，进一步加强项目质量控制，举办项目管理培训班2期，重点培训项目执行标准、资金使用规范和项目管理平台使用等方面内容。

就博爱家园项目而言，在资金使用方面，为确保项目点建设费和管理费分开列支且使用合理合规，专门下发《关于规范西部博爱家园项目资助金使用的函》，对项目预算列支细项和财务报表进行了规范。在项目设计方面，协调西部项目省份严格按照项目手册要求和前期VCA结果制订涉及47个项目点的项目计划书。在项目实施方面，为充分发挥生计金使用效益，组织13个项目省份的35名项目工作人员召开了生计金使用专题研讨会。

（二）统筹做好项目全过程管理

一是项目工作责任到人，训练中心与各省级红十字会之间进行点对点管理，信息传达的时效性和有效性显著增强；二是项目工作实时沟通，利用网络平台建立项目管理QQ群，及时解答项目问题，实时分享项目经验；三是项目进度重点督促，把控项目阶段性进展，以报送季报项目报告和财务报告的方式督促项目进度。就红十字生命健康安全教育项目而言，截至10月底，全国30间体验教室中的29个已经落实场地，16个已完成招标和承建单位选定工作，10个已开始施工，1个已建成并投入使用；各省份承担的“学校+社区”活动总体执行率为60.6%，其中18个省份已完成计划工作量的50%以上，13个省份已完成计划工作量的70%以上。

（三）切实增强项目关键点管理

为做好项目质量控制工作，统筹安排进行现场督导和验收，重点了解项目实际进度、存在问题、实施效果及经费使用情况等关键性工作情况。就红十字生命健康安全教育项目而言，截至11月中旬，对6个省份的2016年项目进行了抽查验收，对21个省份的2017年项目进行了中期督导，对15个省份的17个救护培训基地进行了验收。就博爱家园而言，对重庆、四川两地的新加坡红会援建项目，对江西、贵州的西部项目进行了督导，并对江西、贵州两省的生计金使用情况进行了调研。

三、顶层设计扎实稳步推进且初见成绩

在做好各项培训和项目管理工作的基础上，训练中心正逐步推进标准制定、工具研发和培训设计工作。

（一）科学化的工作技术标准初步确定

在基地验收方面，配合总会赈济部制定了红十字应急救护培训基地验收标准，共包含5个一级指标、22个二级指标、144个三级指标，协调有关省级红十字会完成2016年基地自评工作，已结合自评结果对17个基地开展了实地验收。在培训课程方面，与挪度公司合作进行心肺复苏标准化课程开发，现已完成设计方案和技术路线，于12月中旬组织专家进行研讨论证。在供水救援队建设方面，邀请总会和地方红十字会负责供水救援队管理及运行的人员以及水质检测、供水卫生等相关领域的专家，讨论确定了新加坡红会援建供水救援队供水设备的配备清单及其技术参数标准。

（二）系统化的项目研发工作初见成效

在项目管理信息化方面，红十字生命健康安全教育项目管理平台和手机App已正式上线，各级项目单位已使用该平台开展项目管理实施和数据信息录入工作。在救护书籍开发方面，编写了师资培训提高班教材、基地讲解员指南、幼儿园和小学老师应急救护知识读本、中学老师应急救护知识读本、老年自救及他救应急救护知识读本、心肺复苏及自动体外除颤仪教材，翻译了联合会急救与复苏指南、儿童心理健康、老年急救培训指南。在急救物品标准方面，已对国内外急救包标准进行梳理，完成急救包查新报告；编写了家庭、个人、公共场所的急救包标准，现正组织专家进行论证。

（三）专业化的培训课程设计初步成形

就救护师资提高班而言，为提升培训参与性，开创 RT 实战训练竞赛式培训模式，设置预备赛、技能热身赛、体能热身赛、巡回赛、公开赛五个环节；为满足学员实际需求，对传统培训内容调整升级，增设教学设计、说课等内容；为增强培训效果，采用情景案例式教学，以练代训，救护知识通过抢答计分方式得以巩固，教学方法通过说课分享与试讲比赛相结合的方式得以训练；为开阔学员眼界，组织大家与援外培训班学员进行国际应急救护经验交流与分享。

就援外培训而言，培训内容主要分为中国理念、中国文化及业务知识三个部分，业务知识部分根据每期培训主题有针对性地进行课程设计，通过讲座、考察、交流等形式系统展示中国红十字会在博爱家园、应急救护、灾害管理等领域的核心业务工作。

四、分析研究工作启动并取得初步成果

为了解业务工作开展成效，分析项目管理中存在的问题，持续改进上述培训和项目的管理实施工作，训练中心着手开展了现场调查、评估指标设计和数据分析等工作。

（一）设计调查评估问卷

在博爱家园效果评估方面，根据新版《博爱家园项目手册》指导核心项目第三批项目省份和新加坡红会援建项目省份制定总结评估计划，针对项目效率、效果、影响和可持续性设计评估问卷；专门编制《博爱家园项目完成情况调查表》和半结构化访谈提纲，对开展项目活动的省、地、县三级红会及相关单位，项目管理人员、实施人员及受益人等进行调查，以对项目的整体执行情况进行深入研究。在援外培训方面，结合培训特点，针对“民心相通”、受援国自主发展能力、参加人员满意度等方面，从知、信、行三个维度，设计定量、定性评估问卷，以指标化的方式评估项目产出。

（二）梳理分析项目数据

在救护培训方面，运用流行病和统计学方法对“十二五”项目数据进行了清洗和整理，对分析过程中发现的问题进行总结归纳，根据分析结果修订项目手册，重点对救护员和师资调查表格进行了修订完善。在援外培训方面，培训前后定量分析结果显示，学员对中国国际形象、中国红十字会总体实力、中国人民友好情谊、中国文化四部分的评价均有明显提高；学员对项目管理及培训质量的总体满意度平均分高达 92.1 分（满分 100 分），90 分以上的满意度占比 70.2%；定性分析结果显示，200 余份问卷共使用 23940 个评价词汇，其中正面词语 110 余个，使用频率高达 2700 余次，平均每名学员使用频率超过 13 次。评价词汇中，1007 次用来形容中国的伟大，578 次用来评价中国人民优秀品质，313 次用来称赞中国红十字会，如：组织有序、时刻准备好（应对灾害）、助人、先进和强大等；724 次用来评价援外培训质量，如：知识丰富、信息量大、有教育意义、实用、满意等。

（三）调查救护培训需求

针对我国人口老龄化及老年人疾病、意外伤害多发的现状，开展老年人应急救护需求调查研究。经前期研讨和专家咨询，选取北京市朝阳区的劲松社区、三里屯社区、大屯社区三个社区，对500个居家老人、370个社区内其他居民、25个社区机构工作人员进行了现场问卷调查或面对面访谈。现已对需求数据进行整理和分析，并初步形成研究报告。

五、党建工作持续加强且不断走向深入

2017年训练中心始终把党建工作摆在突出位置，按照中央和总会有关要求，持续深入推进“两学一做”学习教育，不断推进党的思想、组织、作风、反腐倡廉和制度建设。

一是全面规划党建年度工作安排。根据总会党建和纪检工作有关通知要求，结合训练中心工作实际，制定训练中心党建工作2017年工作要点和计划，全年重点做好“两学一做”学习教育、党建工作责任制落实、全面从严治党机制建立、组织生活制度规范、党风廉政建设及学习贯彻十九大精神等7项工作。

二是持续抓好“两学一做”学习教育。根据中央和总会有关“两学一做”学习教育常态化、制度化建设要求，结合训练中心实际，制定《训练中心党支部关于推进“两学一做”学习教育常态化制度化实施计划》，明确学习教育的总体要求和基本原则。截至11月上旬，训练中心党支部已先后召开支委会、党员大会十余次，紧紧围绕目标要求，努力在“学深做实”上下功夫。

三是积极落实巡视整改工作要求。根据总会有关通知要求，结合训练中心实际，制定《训练中心党支部落实专项巡视整改工作方案》并认真落实整改。针对党内政治生活不严肃、党建工作抓而不实等问题，训练中心党支部进一步严格执行“三会一课”制度，巩固“灯下黑”专项整治工作成果，加强党小组学习，截至11月上旬，“三会一课”有关学习、会议活动等共组织23次。

四是严格执行党建工作制度。落实工作台账制度，每月如实记录支部党建工作情况。及时总结支部工作法，总结创建了“三对接、四抓四提高、全面激励”工作法，使党建与业务在不同层面、不同环节、不同维度、不同时点结合起来。按照《中国共产党基层组织选举工作暂行条例》有关规定，经总会机关党委批准，完成了支部委员增补及分工调整工作。

五是强化组织生活。2月17日和3月10日分别召开民主生活会和专题组织生活会，全体党员积极开展批评与自我批评，全体党员统一了思想，班子及党支部成员之间的理解和信任进一步增强。积极引导普通职工向党组织靠拢，截至年末共收到职工递交的入党申请书5份。

六是严格组织纪律。根据《中国红十字会党组关于落实党风廉政建设主体责任的实施意见》要求，按照“一岗双责”和“部门负责人作为第一责任人”的原则，训练中心党支部于5月3日与各部室负责人（党员）签订《中国红十字会总会训练中心2017年度党风廉政建设暨廉洁从政责任书》。

七是着力加强日常工作总结和宣传。创建《工作简报》，及时总结训练中心落实总会工作部署和要求以及党政工团等日常工作的开展情况；创建《红训快报》，重点体现博爱家园、生命健康安全教育项目、国际合作及交流等核心工作管理实施、技术分析和专业研究情况，努力为总会顶层设计提供决策依据和技术支持。

六、单位建设全面推进且形成合力

为确保各项业务工作顺利开展，训练中心持续加强人才队伍建设，不断完善规章制度，努力加大对外宣传力度，切实提升服务保障水平，逐步形成可持续发展合力。

一是队伍建设进一步专业化。在培训师资方面，面向社会招聘了 29 名兼职师资，并对所有师资分批进行培训，从理论、实操、试讲等方面进行全方位规范；在专业力量方面，引进相关专业技术人才 6 名，同时对现有人员岗位进行优化，并进一步完善了岗位职责；同时开展能力建设月等系列活动，组织专家、学者讲座 5 场次。

二是制度建设进一步规范化。在日常管理方面，完善了宣传管理办法、采购管理办法，制定了内部审计、保密管理办法、网络与信息安全应急预案、业务工作协调制度、会议制度等管理制度。在财务管理方面，执行预算管理制度，做到项目执行前有预算、项目结束后有决算；加强财务内控管理力度，综合采取加强教育、合理分权、完善程序等多种措施，对财务风险进行有效防范。

三是团队建设进一步人本化。以职工活动日为抓手，丰富职工文化生活，先后组织职工门头沟冀热察挺进军司令部旧址、团河监狱廉政教育基地、中国革命军事博物馆、中国人民抗日战争纪念馆和北京展览馆等场所开展爱国主义教育；利用午间休息时段组织健步走、骑单车等体育运动；通过微信、QQ 等形式建立兴趣群、读书群等，促成共青团员青年干部在岗位上建功立业。

四是对外宣传进一步系统化。在宣传资料方面，策划制作了反映应急救护工作成果的中英文版本宣传片、以应急救护为主题的微电影和应急救护科普短片；在宣传活动方面，策划开展了“5·8”红十字周和急救日主题宣传活动、救护培训进社区和进学校活动；在宣传媒介方面，策划制作了手机端、网页端应急救护知识宣传页面，邀请《中国红十字报》《人民日报》《健康时报》等 20 余家媒体对上述活动进行了报道，以学术性期刊标准编印应急救护论文汇编，现正申请期刊号。

五是服务保障能力进一步提升。在对外保障方面，配合总会赈济救护部做好飞利浦公益项目支持的红十字应急救护研讨会的筹备和举办工作。在对内服务方面，将供暖供热锅炉更换为燃气锅炉，并接入了市政天然气管网；安装了安全门禁系统；收回餐厅自主管理，改善了职工和培训学员的用餐品质。

总会备灾救灾中心

2017 年，在副会长王海京的直接领导下，在总会各部室和各兄弟直属单位的大力支持下，中国红十字会总会备灾救灾中心（以下简称“中心”）认真贯彻落实党的十九大和党的十八大，十八届三中、四中、五中、六中全会精神，深入学习贯彻习近平总书记系列重要讲话精神，以政治合格为重点，以加强党员队伍建设为基础，以切实解决群众利益为核心，以中心安全运转为保障，坚持学习教育活动和业务工作同部署、同开展、同强化，各项工作稳步推进。

（一）十九大精神学习宣传贯彻落实

情况

党的十九大胜利闭幕后，中心党支部坚决贯彻落实党中央和习近平总书记重要指示精神，按照中央及总会的部署要求，组织中心全体干部群众第一时间迅速兴起传达学习宣传贯彻党的十九大精神热潮。

一是迅速召开深入贯彻落实十九大精神动员会；二是编印深入学习贯彻落实党的十九大知识词典，并配有党的十九大报告思维导图；三是制作党建阅览室，营造了浓厚的学习氛围，培养了党员干部职工良好读书习惯，丰富了党员干部职工精神文化生活，为进一步提高党员干部职工政策理论水平和业务能力打下了坚实的基础；四是制作院区宣传标语，更换楼体文化墙和一层形象墙等烘托浓厚的宣传十九大精神的氛围；五是组织十九大知识竞赛，以党小组为单位，开展多样形式，让中心每位党员对十九大报告中的知识点融入心中。

通过开展一系列学习宣传活动切实将十九大精神落到实处，落实到中心每位员工的心里，落实到备灾救灾工作中。

（二）抓好理论武装，凝聚思想共识

一是中心党支部在2017年年初制定了10条50项党建工作全年推进表、月度工作计划，并建立周例工作机制，使中心党支部党建工作组织井井有条，能够按部就班地进行。

二是为了突显党建工作的重要性，中心党支部专门设立党务专员，专人负责党支部党务工作。

三是中心党支部本着继承、创新、提高的原则，结合实际总结出“党建四位一体”和“五学五促”支部工作法。

四是完成了廉政风险防控措施及工作流程，同时修订完善了廉政建设工作制度。结合党风廉政月的主题，开展了形式多样的党日主题活动，与中心全体人员签订《个人岗位廉政防腐承诺书》。

五是为了使总会党委和各支部了解中心党建工作每月进展情况，中心党支部自5月份起，编制党建工作简讯，并发往总会机关党委和各支部。

六是中心党支部有效利用党建工作资源，增添了党建工作的生机和活力，与其他基层党组织之间建立起互学、互帮、互促的良性机制。2017年中心党支部与中国人保集团股份有限公司党支部、中国文联老干部局党支部和总会报刊社党支部组织党建联谊活动。

七是设立党建意见箱和党建专属档案柜。在学习方面，中心党支部采取集中学习、党小组学习、党课及网络微学习等多种形式，着力加强中心党员干部的党性修养、职责担当、廉政意识。

全年组织集体学习12次，党小组学习24次，党课7次，党日主题活动10次。

（三）认真落实巡视整改意见，妥善处理遗留问题

根据总会下达的《中国红十字会党组关于落实中央第九巡视组反馈意见的整改工作方案》，中心党支部涉及巡视整改有三个部分。3月28日修订完善中心党支部相关制度，同时完成党建工作制度的制订，出台了相关制度文件，形成了党建工作年初提交工作计划、年中报告工作进展、年底进行党建述职及考核工作机制；4月10日按照总会机关党委要求，完成关于修订完善中心党支部廉政风险及防控措施一览表和工作流程图，上报总会机关党委；11月18日，召开

党员大会，顺利完成支部届中补选工作，补选结果为徐振宇为党支部书记、肖强为党支部副书记。截至 11 月底，中心已基本完成了巡视整改工作。

中心 2016 年在无资金保障下，超预算执行施工、采购等，造成了 80 万余元的欠款。为积极稳妥处理好与供应商关系，中心成立处理遗留问题小组，把处理好遗留问题当作一件维护和提高红十字公信力的治理问题来抓，集中力量、彻底干净、不留死角，做到组织满意、中心满意、诉求者满意。截至12月中旬，中心已妥善处理了遗留问题。

（四）深化岗位设置，推动完善制度建设

一是完善修订基本制度。制度完善是基础性工作，组织中心各处室，在深入调研和学习的基础上，修订完善了《中国红十字会总会备灾救灾中心工作制度汇编》（2017 版）等 10 大项 46 个小项办公管理制度。

二是制定《中国红十字会备灾救灾中心（库）建设标准》。根据民政部 2009 年 1 月发布的《救灾物资储备库建设标准》结合红十字会系统实际情况，中心负责牵头于 2 月初邀请专家对《中国红十字会备灾救灾中心（库）建设标准》进行首次探讨，并于 6 月初完成了《中国红十字会备灾救灾中心（库）建设标准》的稿件。

三是制定《中国红十字会备灾救灾中心（库）管理暂行办法》。中心负责牵头制定《中国红十字会备灾救灾中心（库）管理暂行办法》，该办法主要用于中国红十字会系统备灾救灾中心（库）规范化管理与运行，分为等级划分和年度考评两部分，等级划分每三年一次，年度考评每年一次。等级划分主要从硬件和软件上评定，年度考评更多从日常管理上评定。

四是岗位设置。根据中心三定方案及红办字〔2017〕115 号文件精神，结合事业单位岗位管理的实际需要，中心开展对各处室的职能、岗位梳理，起草具体的岗位设置及管理的实施方案，还在不断地讨论、完善中，拟形成较为完整的方案后上报总会。

（五）积极推进业务工作，注重节奏抓落实

在坚持党建工作与业务推进同部署、同开展、同强化的基础上，2017 年中心的各项业务工作也在稳步推进。2017 年中心主要工作共 11 项。

1. 总会采购项目工作。2017 年中心完成总会交予的两个采购项目，一是救援队装备采购，二是物资库传送带采购。中心积极落实救援队装备采购工作，在总会赈济救护部的指导下，积极推进采购工作，委托招标公司完成了 280 万元，4 辆救援队应急供餐车的采购项目。物资库传送带采购，中央国家机关政府采购中心因价格和品类不合要求，不予受理，经上报总会，中心已委托招标代理公司，开展采购工作。

2. 总会救援队装备库改造工作。为进一步做好救援队装备管理工作，在赈济部的支持下，对二号库进行地流平、货架安装、钢制托盘规范性改造，改造后的救援队物资全部实行货架规范管理，储存空间利用率提高了 3 倍。

3. 中心专项调研工作。2017 年，中心组成两个调研工作组于 7 月 11—27 日对上海援外物资供应站，安徽、湖北、江苏和河南备灾救灾中心进行了专项调研。调研以实地考察、座谈和走访的形式进行。通过该次调研，进一步推进中国红十字会备灾救灾工作的开展，加强红十字救灾物资及救援队装备规范化管理，建立具有中国特色的红十字备灾救灾体系，具有重要的意义。也使中心充分认识到红十字会是国家防灾减灾的助手，中心作为红十字会系统内备灾救灾领域统筹指导协调的重要机构，应当主动将工作内容纳入国家防灾减灾体系。了解相关法律规划、整体工作部署安排，找准中心在备灾救灾工作中的明确定位。

4. 建立红十字会备灾救灾展厅工作。为了更好地宣传红十字会备灾救灾的作用，根据总会领导要求，在中心库区建立了红十字会备灾救灾展厅。展厅位于中心四号库南边附属用房，室内面积约800平方米，展厅由主形象；序言；第一单元国际红十字与红新月运动，第二单元中国红十字会，第三单元中国红十字会应急体系建设、备灾体系、救援体系，第四单元中国红十字会救灾物资及仓储标准化建设；结束语等四大板块组成，通过详尽的资料和信息，运用图片展览、实物展示、多媒体演示等方式，生动全面展示了救援装备发展的历程。截至年末，展厅主体装饰工程已基本竣工。

5. 物资整理工作。中心立体库于9月底基本完成了恢复运行的前期工作，并将1250个家庭包等标准包装物资完成上架工作。根据工作需要，中心对四号库存储的红十字基金会物资进行整理、倒垛及货架拆除。

6. 全国备灾救灾系统业务骨干培训工作。根据中国红十字会人道物流战略实施发展要求，结合信息化建设工作，在总会的领导下，中心承办了“十三五”彩票公益金项目2017年备灾救灾中心业务骨干培训工作，并于4月和11月完成了此项工作。来自27个省级备灾救灾中心的骨干分别齐聚北京和宁波，共同学习仓库信息维护、仓库管理模块的实际应用使用、仓库管理模块的模式演练、讨论中国红十字会备灾救灾物资库建设标准、救援队装备储备管理、救灾物资标准介绍，最后各省还签署了责任状。

7. 对外交流工作。中心全年接待了非洲地区的红十字会，台湾省红十字组织，民政部、中国文联、中国人保、江苏省红十字会等单位到中心交流参观。通过交流，相互促进学习，厘清思路，拓宽视野。为中心业务工作更好开展，奠定良好基础。

8. 红十字基金会合作工作。根据红十字基金会的需要，本着双方共赢、互助互利的原则，中心和红十字基金会签订《战略合作框架协议》，双方充分利用各自优势进行合作管理。

9. 全国备灾救灾中心及物资库统计调查工作。鉴于各省近年来新增建设了各级备灾救灾中心，年初，中心通过发函、电话咨询等对各省红十字系统备灾库进行了一次全面摸底，并将最终的统计调查报告上报给总会。

10. 备灾救灾中心基建决算工作。2017年5月，总会委托天职国际会计师事务所对总会备灾救灾物资库项目竣工财务决算审计。该中心根据该事务所的要求，积极提供材料，协助配合查找资料，已基本完成审计，待总会认可后，可出具正式报告。

11. 立体库维修工作。2017年年初，中心将立体库维护运行工作放置首位。邀请相关专家对其进行评估，与立体库原设计施工单位北京市自动化研究所进行接洽，最终达成维护协议，并派专业人员来中心进行维护、更新和员工培训等工作。

中国红十字会援外物资供应站

2017年，中国红十字会援外物资供应站（以下简称“供应站”）紧紧围绕国家外交大局和“一带一路”发展战略，深入学习贯彻党的十九大精神和习近平总书记以及会长陈竺在中国红十字会“十大”会议上的重要讲话精神，聚焦总会援外工作部署，不断转变职能，优化管理，各方面工作取得了较好成绩。

一、援外业务取得突破进展，国际影响力不断提升

2017年以来，供应站对外援助工作服务国家和总会工作大局，拓展项目纵横合作，取得较好效果。

（一）配合总会顺利完成家庭包采购任务

2017年，总会下达家庭包采购金额2100万，共计招标采购家庭包68000余个，供应站已将家庭包分批运抵20余个省级备灾中心，确保了援助物资的采购保质保量按时完成。同时，受总会委托，积极推进埃塞俄比亚红会家庭包采购项目，根据埃方实际情况以及市场需求，与供应商一起完成了符合埃方要求的医疗急救箱的特殊产品规格设计和货物打样，并探索创新合作模式，设计多种交易方式，应对埃方红会缺乏外汇等复杂情况。

（二）认真落实国际非紧急人道援助项目

在总会的支持下，由供应站负责执行的商务部2016年非紧急国际人道援助项目顺利完成，共援助南苏丹、乌克兰、马拉维、塞尔维亚4个国家红十字会，援助总额达到800万元人民币，援助效果得到商务部及受援国红会的肯定。2017年非紧急国际人道援助项目也已完成上报立项申请工作，涉及援助的国家共6个，援助总额800万元。

（三）拓展与国际红十字组织的采购合作业务

2017年，供应站与国际红十字组织的采购合作取得实质性进展，全年ICRC通过供应站采购了2750套挖掘包、8250条毯子、2750顶蚊帐、2750条睡毯、27500个水盆，采购物资的数量逐年攀升，物资质量和工作能力得到ICRC和受援国红会认可。

（四）加强与兄弟单位的业务合作

2017年，供应站积极参与中国红十字基金会负责的巴基斯坦样板房项目、瓜达尔港急救中心项目、博爱单车项目、对孟加拉国红会医疗设备援助项目，取得一定成果，较好发挥了供应站在人道外交领域的积极作用，中国红十字基金会对供应站的工作态度和质量也比较满意。

二、加强组织建设，党建工作深入开展

2017年，供应站党支部深入贯彻党的十九大和习近平同志系列讲话精神，按照总会党组巡视整改意见和上级党组织有关要求，切实加强自身建设，认真落实党建工作责任制，为提升全体党员政治素质和业务素质，促进供应站安全和谐、稳定和发展提供了思想政治和组织保证。

（一）学习贯彻十九大精神，使“两学一做”学习教育常态化、制度化

主要采取五项措施，掀起学习贯彻十九大精神热潮：一是组织党员干部收看十九大

开幕会、闭幕式盛况，为深入学习，领会十九大精神热身；二是制定学习贯彻十九大精神工作方案，把“两学一做”学习教育内容有机结合，拓展、延伸和丰富了“两学一做”学习教育的内涵；三是党支部书记和支委成员，利用专门时间带头辅导干部职工学习领会十九大报告和新修改党章。加深干部职工对十九大精神实质、要义的理解；四是利用“结对帮扶”，把十九大精神向农村党员进行宣传贯彻，让农村群众感受党中央扶贫攻坚，建成小康社会的为民情怀；五是召开党员专题组织生活会，要求全体党员围绕十九大提出的一系列新思想、新理念、新方略，结合供应站情况和工作实际，多角度畅谈学习体会，以坚定党员的“四个自信”，增强党员的“四个意识”。

（二）加强督促检查，严格落实总会下达的整改措施

2017 年 3 月，通过成立落实总会整改工作方案工作小组，分解整改任务，明确责任人和时间节点，供应站结合实际制定的 4 大项共 16 小项具体整改措施，截至年末完成了 15 项。完成率达 94%。

（三）圆满完成支部换届选举工作

2017 年 4 月，在总会党组和上海市合作交流工委的领导下，供应站成功选举出新一届支部书记和支部委员，为适应新形势下党建工作要求，确保党支部工作正常运转提供了坚强保障。

（四）全面落实党风廉政建设责任制

一是落实“一岗双责”，通过层层签订《廉洁自律责任承诺书》，强化了供应站领导班子与中层骨干党风廉政建设主体责任和监督责任的落实；二是严格执行中央有关规定，严明政治纪律和政治规矩，切实做好党费补缴工作。经核算，从 2008 年 4 月至 2016 年 6 月，供应站全体党员共补缴党费 1.46 万元；三是加强反腐倡廉宣传教育，通过收看《反腐倡廉警示录》，学习《中国共产党纪律处分条例》《中国共产党党员领导干部廉洁从政若干准则》，细读党章党规等方式，督促党员干部克己自律，筑牢党员干部防腐拒变的思想道德防线。

（五）结合“结对帮扶”，参与“振兴乡村”战略活动

2017 年，供应站党支部与金山区廊下镇勇敢村党总支继续成为“结对帮扶”对子。为了响应党中央提出的“建设美丽乡村”和党的十九大提出的“振兴乡村战略”的号召，由供应站捐资，勇敢村承建的农民健身点，经过两个多月的建设已经顺利竣工，11 月初开园启动。它的建成，不仅为农民群众提供了一个健身娱乐的场所，而且充分体现了各级党的组织对人民群众向往美好生活的重视和支持。

结对帮扶 4 年，供应站共为该村资助 20 万元的资金和物资，惠及全村所有残疾人和 60 岁及以上老人 1200 余人次，低保、大病家庭和重残人员 100 人次。为精准扶贫做出力所能及的贡献。

三、进一步优化内部管理，管理水平大幅提高

2017 年，供应站着力优化内部管理效能，通过建立健全制度规范，不断提升内部管理的制度化、规范化和科学化水平，确保工作的有序开展。

（一）以问题为导向，不断完善管理制度

以规范为目标，以问题为导向，结合实际，对历年形成的制度规范进行了修订，形

成并出台由25份制度构成的全新内部管理制度体系，确保各项管理工作有规可依、有章可循，内部管理效能显著提升，为供应站全年各项工作部署和执行提供了有力保障。

（二）完善干部梯队建设，促进人才成长

按照国家《〈事业单位岗位设置管理试行办法〉实施意见》有关规定，稳步、有序、规范地解决了处级以下部分干部职工职级晋升问题，提振了士气，净化了风气，增强了供应站的凝聚力、向心力和战斗力。同时，根据国家《事业单位人事管理条例》及总会有关规定，结合岗位实际需要，充实供应站人才队伍，确保新形势下各项业务工作顺利开展。

（三）改进服务方法，提升经济效益

围绕"强管理、降成本、增效益"的目标，一方面不断完善物业硬件配套设施，努力提升服务水平；另一方面，采取多渠道招租，灵活签订租赁合同等措施，确保租赁业务有序运行，物业收入稳中有升。2017年总收入预计在上年基础上提高7个百分点。

（四）运用法律武器，维护合法权益

面对复杂的历史遗留问题和频繁的诉讼案件，供应站聘请业界知名律师事务所作为常年法律顾问，为供应站提供法律咨询和法律保障。同时，通过组建应诉小组、完善文书档案、厘清历史财务账目，为站领导决策和应诉提供了重要参考和有力凭据。2013—2017年，供应站应诉民事案件6宗，胜诉4宗，和解1宗，另一宗一审胜诉。

（五）妥善处理历史遗留问题，促进和谐发展

一是全力配合总会落实中央审计署审计整改，在时间紧、资金数额巨大的情况下，讲政治、重大局，在规定时间归还总会730万元历史欠款；二是根据国家事业单位登记管理局有关要求，在总会协调帮助下，顺利完成供应站法定代表人变更，为办理三证合一以及顺利开展银行、工商、税务相关工作提供了保障；三是按照总会审计整改要求，拟订部分财务整改方案，并对全站以及下属公司的固定资产进行全面盘点核查，对符合报废要求的固定资产制订了报废手续及处置工作方案；四是为消除现有物业管理存在的安全隐患，促进供应站健康、可持续发展，确保国有资产保值增值，供应站结合实际研究拟订了沪青平仓储基地改造项目方案，稳步推进项目宣传和招商引资工作。

（六）狠抓安全防范，保障日常经营

供应站拥有产权房产面积8500平方米，共有30余家企业承租经营，加上这些房产年久失修，安全状况明显恶化。为确保单位和群众生命财产安全，通过成立安全领导小组，实行每月两次安全巡视，每年组织两次安全工作大检查，每年组织一次消防演练，及时消除了安全隐患，确保了20年来没有发生一起重大安全事故。

中国造血干细胞捐献者资料库管理中心

2017年是干细胞中心实施"十三五"规划的重要一年，更是事业发展进程中爬坡过坎的关键之年。在总会党组的正确领导下，在相关部门的大力支持下，中心领导班子团结带领全体干部职工，以问题为导向，通过学习党的十九大精神凝聚共识，通过推进业务工作寻找突破口，大家各司其职，团

结协作，努力工作，较好地完成了年度各项任务。党支部的战斗堡垒作用得到加强，巡视和审计整改任务基本完成，合同管理和资金使用更加规范，顶层设计和管理思路逐步清晰，中心内部想干事的工作氛围正在形成。中心各项工作均呈现出可喜的变化，也为2018年工作打下了一个不错的基础。

一、主要业务工作

（一）主要业务指标完成情况

1. 入库及捐献情况：截至年末，累计库容242万人，2017年省内实验室4.72万人入库任务基本完成，8.28万人省外实验室入库任务预计2018年3月底前完成。

2. 检索服务：2017年提供初次检索查询服务8866人次，接受复查申请3305人次，通过世界骨髓库网站提供错配检索1920人次，比上年同期上升9.6%。

3. 捐献服务：共发出初筛6.9万份，再动员2.3万份，高分辨通知1.5万份，体检1235人次，捐献造血干细胞805例，其中向国（境）外提供36例。历史累计捐献造血干细胞7003例，其中涉外283例。111家医院完成了备案登记工作，其中新加入医院17家。完成2017—2018年度捐献者购买保险项目的竞争性磋商。规范冷链运输工作，开展2018—2020年度国（境）外冷链运输合作单位的采购工作。

受总会委托，开展人体血液组织器官进出口申请事宜。该项工作意义重大，是政府简政放权、委托社会组织承接政府职能转变的又一成功案例，也是红十字会在人道领域服务社会的新的平台和纽带。中华骨髓库的品牌价值也因此得到进一步提升。

（二）宣传和志愿服务工作

在总会的指导下，中国造血干细胞资料库的宣传工作始终坚持正确舆论导向，传播正能量，努力构建大宣传格局，并借助新媒体的特点不断推陈出新。微博已成为紧密联系省级管理中心、志愿者团队，在网上构建宣传矩阵，在2016年度政务微博影响力排行榜进入“全国二十大医疗卫生系统微博”，2017年在10月份新浪微博中国公益指数榜（行业机构榜）月度榜单排名第三。微信公众号以其新颖、灵活的方式进行科普知识、典型人物宣传，组织策划了许多专题活动，编发微信公众号80期，粉丝16000余人。在全国范围开展征集捐献者故事活动，编辑成书《我们》。在世界骨髓捐献日成功组织了“故事分享会”，各大媒体均进行了报道，并通过世界骨髓捐献者协会官网在世界范围传播。大力宣传造血干细胞捐献，“爱心妈妈”李海丹、“最美捐献者”许艾菲的故事在中央、地方等主流媒体得到广泛报道。2017年还制作了动漫形式的科普宣传片、公益广告片、中华骨髓库历程片以及各种宣传折页、宣传海报、宣传纪念品等，从全方位多角度进行宣传。卡通形象评比创造公众参与的历史新高（近200幅作品、17000余人投票）。

通过与组织及个人的合作，扩大造血干细胞捐献的影响力。为西安杨森制药有限公司颁发“中国红十字人道服务奖章”，聘请拳击世界冠军蔡宗菊为爱心大使。

支持各地建立志愿服务组织，推动志愿服务工作全面开展。各地紧紧围绕造血干细胞捐献这一核心，有效开展了志愿服务工作。按计划开展入库志愿捐献者质控抽检工作。全面开展志愿者保留项目，制订《志愿者保留项目实施细则》。

（三）技术支撑及标准化

标准化建设和质量认证准备工作。制订《2017 年数据入库标准及质控办法》。行业标准《组织配型实验室技术管理规范》进入宣贯阶段。另外 4 项标准、规范正在修订中，2017 年年底前完成初稿，进入征求意见阶段，包括供者体检项目及合格标准、CD34+ 检测、再次捐献管理规范、不良事件观察方案等。组织国家和省级管理中心参加世界骨髓捐献者协会（WMDA）认证评审员培训课程，5 人通过审核正参加远程在线培训，1 人完成国际检索协调员培训，取得资格。完成 WMDA 质量认证服务机构的采购工作。项目规划、相关培训正在进行之中。这是依外力推动骨髓库各项工作的规范化和标准化，实现骨髓库从大库向强库迈进的重要手段。

专家委员会换届工作。新一届专家委员会聘请陆道培院士担任荣誉主任委员，聘任黄晓军为主任委员，其他 35 名委员来自国内造血干细胞移植、HLA 分型检测，医学伦理、法律、传媒、网络信息等领域。该届专家委员会首次设立秘书处，由中心技术部承担秘书处的日常工作。各领域专家均已制定年度工作计划。移植组每个月 3 名专家常规轮班进行体检咨询，3 天内回复率 98%。3 项标准 / 指南完成修订，实验室技术规范及技术核查表、实验室质量控制和管理办法、数据入库标准等文件已初步完善。体检咨询常见问题培训材料正在进行中。完成上报第八届专家委员会工作思路。所长黄晓军提出干细胞资料库“一带一路”工作报告。新一届专家委员会的组成，对及时跟进国际最新研究进展，指导推广适宜技术，提升中华骨髓库的影响力将具有重要意义。

严把数据入库关，完成 2016 年入库 HLA 数据 2% 抽样及样品库质控工作，完成 2017 年省内实验室入库数据等 2% 质控抽样工作。制订《2017 年数据入库标准及质控办法》。为确保高分确认实验结果的质量，对高分实验室复审。经专家现场综合评价，决定继续由原六家实验室承担中华骨髓库 HLA 高分辨率确认分型检测工作。

策划青年人才托举项目。这是管理中心着眼于提高事业可持续发展能力、提升管理的科学化水平、加强青年人才队伍建设并准备 2018 年筹办国际学术会议的重大举措。项目方案在进一步完善之中。

（四）网络安全及信息化建设

资料库未来的发展取决于信息化水平。2017 年，进一步规范了信息化管理工作，各项制度已经上墙。接受了网信办对中心的信息安全检查，制定应急机制，做好十九大及国庆期间的机房值守；完成了“‘十三五’业务系统升级改造”项目的合同签署并按计划实施，已完成需求调研，进入产品开发阶段。

（五）内部管理及培训外联等工作

1. 财务管理。预算执行情况。2017 年收入总额 9673.03 万元。其中，财政补助收入 9632.25 万元，其他收入 40.78 万元。全年支出总额 9589.68 万元，其中财政补助支出 9515.18 万元，其他支出 74.5 万元。捐献预付金结算工作。为进一步加强对捐献预付金的管理，组织修订《中国造血干细胞捐献者资料库造血干细胞捐献相关费用预付金使用管理办法》。2017 年共为患者代收捐献相关费用预付金 1182 人次，资金 2342.86 万元。共结算支出 2696 人次，资金 2522.7 万元。其中，为分库结算 1402 人次，资金

1078.44万元，退费患者1294人次，资金1444.26万元。

2. 人事管理及日常行政办公后勤保障工作。完成中央单位养老保险金正式参保工作。退休人员待遇社会保险统筹内外分渠道发放工作，实现平稳过渡。完成一位派遣制人员无固定期限合同的签订工作和一位派遣制人员随任手续办理工作。完成4位编内人员的人事调动工作。制定《固定资产报废实施细则》。更换窗户木门、电话交换机，开展固定资产报废、库房清理等后勤保障工作。

3. 政府采购工作。完成20万元以上项目采购6项。“志愿者服装”、2017年度“8.28万人份HLA分型检测服务”“2018—2020年质控服务”“2018—2020年样品保存服务”“WMDA认证服务”“年度信息化维护”等专业服务项目的招标采购任务。

4. 完成2017年度世界骨髓库国际会员费的缴纳，开展“供者健康护理”硕士学位课程和“WMDA检索协调员、认证评审员”的培训，为WMDA中华骨髓库介绍网页提供信息数据，转发WMDA通讯，向2018年国际骨髓库大会推荐中国专家。完成11月和12月的美国骨髓库和我国台湾慈济骨髓库的交流活动。

5. 举办会议培训10个，中心班子成员分别对山东省管理中心、苏州中心血站组织配型实验室、苏大一高分实验室进行了工作调研。

二、党建工作

管理中心党支部实有党员13人，其中在职党员11人，离退休党员2人。2017年3月完成支部换届改选工作；11月份机关党委任命李黎为支部书记。支部委员会由5人组成，下设2个党小组。

在总会党组的领导下，管理中心党支部带领全体党员认真学习领会十九大精神，推进“两学一做”学习教育常态化制度化建设，加强基层党建工作和党风廉政建设，切实落实巡视工作整改要求，积极发挥党员的模范带头作用，探索提炼支部工作法。努力将中心党支部打造成一个讲大局、敢担当、能干事的坚强战斗堡垒。中心的非党员干部靳伟民同志积极向党组织靠拢，正式提交了入党申请书。

（一）学习贯彻落实十九大精神

管理中心领导班子和党支部以十九大召开为契机，结合支部实际，开展学习教育活动，利用微信公众号编发《喜迎十九大》，为迎接十九大召开营造氛围。

按照总会要求，党支部及时制定了十九大学习计划。组织全体党员干部职工集体收看十九大开幕会，认真聆听习近平总书记所作的十九大报告。支部编制了学习简讯，制作了2期宣传栏。会议期间，支部组织党员收看了十九大有关报道，转发了党报党刊的重要社论、专题报道和有关新闻15篇。会后大家自发进行讨论，主动在网上查找资料，做摘抄笔记。全体中层党员干部听取了总会党组书记徐科所作十九大辅导报告。及时传达了全国红十字系统学习宣传贯彻十九大精神会议和宣传工作会议精神。总会机关党委书记郭长江一行专程到中心进行学习贯彻十九大精神调研。支部制定十九大学习方案，副会长王平、支部书记李黎先后就学习贯彻十九大精神给全体党员讲了党课。大家持续关注中央主流媒体对十九大的后续报道，认真学习领会十九大报告的精神实质，并在本职工作中抓好落实。全体中层干部分批参加了总会举办的十九大学习班，纪检委员参加了纪检组举办的十九大辅导。

（二）党风廉政建设和党员教育学习

中心领导班子和党支部高度重视党风廉政建设。在年度工作计划制定时，将廉政风险防范与业务行政工作同研究、同规划、同布置。中心主要负责人与分管副主任和部室负责人三方签订《党风廉政建设责任书》，与重点岗位、重点人员进行了廉政谈话。重新修订了 2013 版的廉政风险防范一览表及流程图，将原有的 14 项增补为 19 项。邀请专家讲解政府采购相关法律法规及重要防控环节，大家带着实际问题参加了培训，收到良好效果。组织党员和干部职工到中央国家机关廉政教育基地恭王府参观学习。组织全体职工观看了岗位廉政风险警示教育片《权》，结合反腐题材的热播剧《人民的名义》，进行交流讨论，加深了对反腐工作的进一步认识，增强和干部职工廉洁履职的自觉性。对关键岗位、在关键节点以多种方式提醒，落实八项规定不松劲。

创建“书香书韵”自我教育工作法。为探索加强党员经常性教育的有效途径，根据支部特点，开展了“书香书韵”读书活动，并提炼归纳成支部工作法。有图书 50 余册，涵盖时政、历史哲学、政策法规、医学专业、文学修养等领域。通过读书活动，全体党员和干部职工拓宽了知识面，提高了个人修养，综合素质在潜移默化中得以提升。被机关党委评为“示范工作法”。

（三）“两学一做”常态化制度化工作

制定实施计划，采取个人自学、分头领学、集中研讨等办法深入学习。积极开展“党课月”活动，包括重温入党誓词、集体过政治生日、开展“两学一做 从我做起”等主题党日活动；主题党日活动是支部的特色活动，其特色体现在 5 个方面，即与业务工作密切结合、党务工作与科学管理手段密切结合、完善查找解决问题的长效机制、责任压力传导到人、目标方向明确—岗位建功立业解决问题推进工作的能力。活动旨在把党务工作与业务工作深度融合，避免两张皮。每位党员要结合管理中心“十三五”规划、部室及工作岗位职责，要以问题为导向、以全面质量管理所遵循的科学管理方法 PDCA 循环（计划、做、检查、纠正）为工具，完善查找解决问题的长效机制，提高解决问题的能力。工作改进效果要与年度考核、组织生活会及党员民主评议工作相结合。如果约占单位人数 50% 的党员都做到位了，工作就没有做不好的道理。党员参加代收费患者联系工作，先锋模范作用进一步发挥。全体党员在正常工作不减的情况下，连续两年利用业务时间参加患者的联系工作。刚开始，大家的思想并不是十分统一。很多党员都承受了被挂断电话、被误解的委屈，但更多的是收获了感谢、感动和成长。通过活动，很多人了解了业务工作流程，了解了往来账长期挂账形成的原因，了解了省级管理中心报账和中心退费工作流程及存在的问题，了解了财务系统和业务系统在退费工作中的角色和各自的局限性，更具成长性的是，通过患者联系工作，使同志们感受到了职业的成就感，感受到了肩上的责任，更促进了大家对这项工作的思考，借鉴国内外的经验，提出了很多合理化建议，包括系统通知中收集退款账户信息、完善知情告知、第三方支付平台、我国台湾慈济微信二维码支付、美国骨髓库移植医院集中收付款项统一结算等，为长效机制的建立提供了参考。

全体党员在这两年患者联系工作中统一了思想，也用实际行动让党旗在群众心中高高飘扬。

（四）群工工作情况

由于管理中心尚未完善工会组织，在支部中设立了群工委员，制定了活动年度计划，以加强工青妇等工作。中心组织了健步走、端午节包粽子、织围巾送温暖、观看爱国主义电影等活动。恢复了工间操。举办了“迎接十九大，经典耀中华”——学习《习近平用典》硬笔书法作品展征稿活动，全体职工踊跃参与，共征集作品 30 篇，有 3 人获奖。通过开展形式多样的活动，增强了团队意识，丰富了文化生活，培育了奋发向上的团队合作精神。中心正在积极推动成立工会等相关工作。

三、专项巡视、审计整改情况

（一）落实专项巡视整改措施

中心领导班子和党支部按照总会巡视整改要求，经过认真梳理，制定整改措施 10 项，要求全体党员和干部职工结合管理中心“十三五”规划、部室及工作岗位，识别问题，重在改进。除团组织建设及“两学一做”为长期任务外，其他 8 项均已完成。

1. 加强基层组织建设。按时交纳党费，做好支部工作台账和“三会一课”制度的落实和记录。全年共召开支委会 28 次，全体党员会 14 次，参加总会组织的党务工作相关培训 4 次。制订民主生活会、组织生活会和开展民主评议党员工作方案，认真开好民主生活会和组织生活会，党的组织生活得以规范。

2. 完成支部换届选举。严格遵照党章和有关规定，制订了工作方案、选举办法、候选人酝酿程序等，使选举换届程序更加严谨、规范。3 月下旬召开全体党员大会，正式选举新一届支委会委员，明确了支委分工，并获得上级批复。

3. 加强制度建设，严格规范管理。修订出台了《中心工作人员考勤管理办法》；完成了事业单位公车改革工作，取消 3 辆公务用车；结合巡视整改，就中心津补贴发放、招标采购等工作进行认真整改，取消违反“八项规定”的津补贴，完成清退工作；成立了政府采购工作领导小组，进一步规范政府采购工作；出台《财务支出报销细则》，加强现金、公务卡管理，明确报销流程；根据广电总局相关规定，按最低标准为内部刊物制定《稿费发放管理办法》。另外针对巡视中发现的部分聘用人员用现金发放工资、公务卡使用、部分项目资金执行进度较慢等问题均认真进行了整改。

（二）落实审计整改措施

2017 年 6 月，收到审计署审计反馈意见，针对审计中发现的代收代转费用长期挂账未清理的问题，党支部号召全体党员利用业务时间打电话联系患者，收集退费账户等信息，在代收代转费用清退工作中发挥了重要作用。自 7 月份起，中心聘请专业税务师事务所协助进行。同时加强同省级管理中心的沟通，催促加快报账进度。截至 2017 年 12 月 31 日，已完成 2016 年年底之前采集相关费用结账退费 1224.39 万元，整改完成率为 51.02%。尚有资金 1175.29 万元，涉及 1782 名患者联系不上，已将相关信息向社会进行公示，旨在为患者提供主动联系的渠道，确保退费工作持续、常态化开展。

针对部分项目未按规定公开招投标问题，2016 年 12 月，中心已对 2016—2017 年样品委托保管服务和数据质量控制两个项目进行了公开招标采购，有关程序符合国家规定。针对 2018—2020 年上述两个项目的招标采购工作，中心于 2017 年 8 月中旬完成公开招标采购工作，完成合同签署。

中国人体器官捐献管理中心

2017 年，在总会党组的领导下，在各位会领导的关心支持下，在分管会领导的直接领导下，中国人体器官捐献管理中心（以下简称“中心”）领导班子团结协作，全体干部职工共同努力，紧紧围绕总会中心工作，切实增强责任意识，加强自身建设，积极履行工作职责，在思想政治素质、综合能力等方面有了很大提升，各项业务工作取得了显著成绩，据初步统计，截至 2017 年 12 月 31 日，累计志愿登记者人数达 376733 人；累计完成逝世后捐献 15173 例，捐献器官 42923 个，其中 2017 年志愿登记者人数 206873 人，比 2016 年度增加 97.9%；完成捐献 5177 例，捐献器官 15310 个，比 2016 年度增加 26.9%，百万人口捐献率上升到 3.78。公民逝世后器官捐献的社会知晓度和支持度明显提升，器官捐献事业在社会上已成为红十字事业的亮点。

一、基层党建得到加强，内部管理进一步规范

认真学习贯彻党的十九大精神、扎实推进“两学一做”学习教育常态化制度化，严格落实党风廉政建设“两个责任”，将党建工作和业务工作同谋划、同部署，不断加强中心干部职工的思想建设、作风建设，强化“四个意识”，坚定“四个自信”，为中心业务发展提供坚强的政治保证和组织保证。

（一）抓好学习教育，加强支部建设

始终把学习放在首位，高度重视党的十九大精神的学习贯彻，根据总会部署制定学习方案，组织全体人员收看开幕式讲话，进行三次集中学习，中心领导分别进行了党课讲座，全体党员写了学习心得，重温了入党誓词，切实用习近平新时代中国特色社会主义思想武装头脑、指导实践、推动工作。

严格落实党建工作的各项要求，严格落实党支部的各项基本制度和基本职责，认真落实“三会一课”制度，扎实开展支部的各项工作。中心 9 名党员成立了两个党小组，全年共召开民主生活会 1 次，全体党员大会 15 次，支委会 15 次，党小组会议 2 次，中心领导讲党课 7 次，主题党日活动 3 次。总结了“问题导向”支部工作法。

（二）抓好党风廉洁建设，严格集体决策制度

认真履行支部书记一岗双责要求，将党风廉政建设作为器官捐献工作的生命线，把廉洁作为器官捐献工作的基本要求，与业务工作一起部署、一起落实，真正做到“两手抓、两手硬”。按照总会机关党委要求认真梳理中心党风廉洁建设风险点，加强对物品采购、固定资产管理和资金分配使用等工作的风险防控。严格落实集体决策制度，凡“三重一大”事项均按规定程序由领导班子集体研究、科学民主决策，2017 年，中心共召开主任办公会 15 次，中心全体会 2 次，重大事项均通过会议讨论确定。

（三）做好日常管理和财务管理

1. 进一步完善中心各项规章制度，修订相关管理制度，进一步规范考勤管理、采购管理，人员招聘管理，培养认真负责的工作作风，营造积极向上的工作氛围。

2. 加强财务管理，认真执行国家相关政策。认真编制年度财务预算，做好年度财务决算，编制彩票公益金项目预算，配合做好项目绩效评价，中心的 2016 年度项目绩效评价在彩票公益金项目中排名第二、运行项目中排名第一，按期完成养老保险和职业年金的代扣代缴等工作。

（四）高度重视巡视审计，积极开展自查整改

配合完成国家和总会多批次的巡视、审计、检查，认真对待整改意见，及时完成整改要求。按照中央第九巡视组反馈意见问题清单、任务清单、责任清单的有关要求，逐一进行梳理，并积极落实整改。积极开展自查自纠，完成防治“吃空饷”问题自查，纠正项目聘用人员管理存在的漏洞。中心相关工作多次得到有关方面的肯定和好评。

二、重点业务工作取得显著成绩

（一）社会宣传动员取得新成效

构建全方位宣传格局，在全社会深入宣传器官捐献“自愿无偿、大爱奉献”的理念，营造全社会参与、支持器官捐献的社会氛围。进一步加强器官捐献通讯、网站、微信、微博、客户端等信息发布平台推广，及时发布相关信息；设计制作了一系列器官捐献的宣传册、宣传片、公益广告、海报等宣传品；组织开展“全国人体器官捐献志愿登记宣传季”活动，支持开展器官捐献宣传进校园活动；组织参加全国器官移植运动会和马拉松比赛活动；与央视、腾讯等传统媒体和新媒体合作，推出多期器官捐献深度报道，大力宣传红十字会系统器官捐献者杨海燕的先进事迹，器官捐献的知晓度明显提升。2017 年年底前发起“秀出你的登记卡”活动，器官捐献志愿登记人数持续增加，“中国人体器官捐献”微信公众号有近 9 万人关注，新闻阅读量经常达上万次。

（二）建章立制工作取得新进展

认真做好器官捐献相关管理制度起草制定工作，保障和规范工作开展。梳理中国公民逝世后人体器官捐献基本流程，确定关键环节，逐步建立完善器官捐献的各项政策文件、技术标准、工作规范和操作指南。对以前发布的器官捐献登记管理办法和协调员管理办法进行修订，起草了人体器官捐献基金管理办法，推进人道救助工作机制建立；经面向全国征集、专家评审立项启动了多项器官捐献政策性、技术性课题研究；深入广东、山东、四川 3 个省开展工作调研，加强器官捐献工作督导；参加全国人大组织的立法调研，积极推动遗体和人体器官捐献条例的立法进程。筹备成立中国人体器官捐献工作专家委员会，充分发挥相关领域专家作用，推进器官捐献事业健康、有序发展。

（三）人文关怀工作进一步扎实

3 月 31 日成功在上海组织举办全国人体器官捐献缅怀纪念活动，在全社会弘扬捐献者的奉献精神；支持两个省开展缅怀纪念场所建设，推动各地建立遗体和人体器官捐献者的缅怀纪念场所，为捐献者家属提供缅怀亲人的场所。

制作发放器官捐献者荣誉证书和纪念章，对困难捐献者家庭进行人道救助和回访慰问，按《关于 2017 年人体器官捐献救助经费慰问方案的通知》（中器捐管字〔2017〕16 号）拨付各省慰问经费，共计 187.4 万元，救助慰问困难捐献者家庭 625 户，让捐献者家属感受到社会的尊重和关怀。

（四）队伍建设探索了新形式

举办两期全国人体器官捐献高级培训

班，进一步拓宽视野、学习先进、总结经验，提高管理水平，共培训省级红十字会和医疗机构器官捐献管理人员 210 人；举办 4 期全国人体器官捐献协调员培训班，新培训器官捐献协调员 512 人；表彰全国优秀协调员 9 名。

支持和规范协调员开展工作，按工作量给予器官捐献协调员捐献服务工作补助费，拨付各省捐献服务费 131.84 万元，规范协调员工作行为，设计制作协调员统一的证件、胸牌、公文包及服装等，让协调员着装得体，持证上岗。

（五）信息平台建设实现了新突破

升级改造人体器官捐献管理中心网站和微网站，升级改造人体器官捐献案例报告系统和志愿登记系统，推动中国人体器官捐献案例报告系统和志愿登记系统在全国范围内的应用，组织开发人体器官捐献手机端应用等。

充分利用互联网 + 的优势开展志愿登记，大力推广微信公众号的志愿登记，简化志愿登记表信息，统一设计制作新的志愿登记卡和感谢信，由中心统一发放志愿登记卡及感谢信 1 万余份，让志愿登记者感受到更便捷更人性化的服务。

总会事业发展中心

2017 年在总会党组的正确领导下，总会事业发展中心各部门及实体单位按照年度工作计划，认真落实目标责任书，扎实推进“曜阳”养老和“拔萃”教育等重点工作，加强党建工作和干部队伍建设，有序推进日常工作，完成全年各项工作任务。

一、认真学习宣传贯彻党的十九大精神

把学习宣传党的十九大精神作为当前重大的政治任务，采取集中学习、个人自学、参加辅导、交流体会、举办论坛等多种形式，掀起学习宣传党的十九大精神热潮。

1. 迅速组织党员干部学习党的十九大报告。10 月 18 日上午，中心班子成员及全体干部一道，集中收看了党的十九大开幕会，聆听了习近平总书记的大会报告。会后，中心党支部 4 个党小组立即组织了学习、交流和研讨。此外，主任江丹参加了中央国家机关举办的学习宣传贯彻十九大精神辅导报告会，中心处级以上党员干部参加了总会举办的十九大精神学习辅导班。

2. 举办第三届中国养老服务业发展高层论坛，深入学习宣传贯彻党的十九大精神。在第五个法定老年节和九九重阳节当天，中心联合中国社会保障学会、人民日报《民生周刊》杂志社，在贵阳市共同举办第三届中国养老服务业发展高层论坛，紧紧围绕十九大报告关于“积极应对人口老龄化，构建养老、孝老、敬老政策体系和社会环境，推进医养结合，加快老龄事业和产业发展”的重要部署，就影响和制约我国养老服务业发展的重大理论和现实问题，进行了深入交流研讨。全国人大常委会副委员长、中国红十字会会长陈竺，十届政协副主席张怀西分别为论坛发来了贺信，中国红十字会党组书记徐科参加了论坛。主任江丹在论坛上作了题为：“以习近平新时代中国特色社会主义思想为指引，努力开创养老服务工作新局面”的主旨演讲。这次论坛的举办时机、主题内容，自始至终都贯穿了学习宣传贯彻十九大精神这一主线，《人民日报》《中国红十字报》《贵州日报》以及人民网、新华网、中国网

等中央、地方 50 余家媒体，对论坛进行了宣传报道。

3. 组织各实体单位学习宣传十九大精神。中心党支部要求各实体单位党组织，组织党员干部学习十九大精神或参加属地党组织举办的学习辅导班。通过学习，党员干部对十九大提出的一系列新思想、新理论、新观点和新判断，特别是习近平新时代中国特色社会主义思想，有了更加全面、深入和系统的理解。

二、持续打造曜阳养老服务品牌

（一）制定曜阳养老标准并开展试点工作

制定曜阳养老标准。联合中国社会保障学会，按照国家标准编制要求，制定《曜阳养老标准（失能失智篇）》，明确了曜阳品牌养老机构的基本要求、服务项目、质量要求、管理要求、服务评价与改进等内容。在此基础上，组织撰写了管理手册、服务手册、建设手册和员工手册等配套培训教材。

开展标准应用试点工作。举办曜阳养老标准（失能失智篇）应用试点培训班，组织全国 60 余家养老机构负责人参加培训。与社会保障学会共同组织专家团队，赴 9 家养老机构进行了实地指导和专题调研，形成了调研报告，为进一步完善曜阳养老标准、全面开展曜阳养老标准试行工作做好准备。

（二）全面推进曜阳养老品牌旗舰店建设

制定曜阳旗舰店建设方案。在多次调研并征求有关专家意见的基础上，出台《关于理顺管理体制、提升管理水平、增强服务能力建设曜阳养老旗舰店的意见》，明确了曜阳旗舰店建设目标、主要任务、发展思路和具体措施。

扬州曜阳首次扭亏为盈。2017 年扬州曜阳实现总收入 741.78 万元、支出 684.3 万元，盈余 57.48 万元。成立了养老服务标准化办公室，先后组织 30 余人次参加培训。已有 23 人获得初级护理员证书、4 人获得中级护理员证书、4 人获得老年人能力评估证书。此外，还支持扬州曜阳康复医院购买大型医疗设备，提升了康复医院服务能力和水平。

富春江曜阳全面完成年度目标任务。富春江曜阳二期工程建设取得阶段性进展，建成 6 栋楼共 212 套公寓，新收住老人 300 余名；其余 9 栋楼已封顶，并已全部预定。基本建成“医养护”一体化全程照护服务体系，成为浙江省养老服务业协会常务理事单位，并荣获杭州市富阳区委组织部授予的“开放式党组织活动基地”称号。

此外，2017 年两所公寓共修订完善内部管理 11 项重要规章制度，实现全年“零事故”目标。

（三）曜阳养老品牌示范机构发展顺利

截至 2017 年年底，济南曜阳实现收入 374.58 万元，同比增长 26.2%，成为济南市养老机构长期护理险首批定点单位。贵阳曜阳初步形成了“医养结合”服务模式，成为贵州省大健康医药产业示范基地，并入选 2017 年国家发改委、民政部公布的国家养老服务业发展典型案例。邯郸曜阳研发智能化养老服务信息平台，服务范围涵盖 13 个街道，收集 30000 名老人信息数据，累计服务老人 7000 余人次。此外，有序推进承德健康产业园和顺义曜阳项目，启动门头沟曜阳项目，并获得海淀区西三旗公建民营养老项目运营权。

（四）探索农村失能老人养老服务

依托贵阳市曜阳养老服务中心，搭建了

医疗养老信息化平台，组建农村养老服务团队，探索进村入户为老人开展养老服务。中心先后与自贡市4个区（县）政府签订了合作协议，在自贡市推进农村养老试点工作。

三、稳步推进曜阳养老联盟建设

2017年新发展曜阳养老联盟成员1000家。曜阳养老联盟成员已达到3000余家。

（一）积极开展“曜阳关爱失能老人行动”

继续实施“中央专项彩票公益金支持失能老人养老服务项目”。2017年，在湖南、陕西、四川等3省，共资助50家养老机构。每家养老机构获得价值20万元的物资，惠及失能老人2000余人次。

组织“关爱贫困失能老人”公益活动。与河北省红十字会、邯郸市委市政府，共同举办“关爱贫困失能老人暨纪念第70个世界红十字日”活动，为失能老人筹募捐款10万元。组织中央党校厅局级干部进修班“民生与社会建设”研究专题的43名学员，到四季青敬老院考察学习并慰问老人，为敬老院捐赠140台电视机，价值达20余万元。在长春举办了“关爱失能老人·走进长春”大型公益活动，为失能老人募集资金10余万元，受到社会各界的普遍好评。

通过网络众筹为失能老人募集专项基金。与中国老龄事业发展基金会合作，共同成立“关爱失能老人公益基金”，启动“当你老了”公益平台，聘请中央电视台主持人朱军作为公益形象大使，通过网络众筹募集资金，资助和帮扶贫困失能老人。截至2017年年底，共有4.8万余人参与捐款，捐款总额150余万元，选取陕西、河北革命老区47名贫困失能老人，作为首批资助对象，资助金额达94.4万元。

探索养老服务与体育赛事相结合的新型公益路径。与国家体育总局合作，在深圳盐田体育中心举办“中国梦·舞九州——曜阳领舞杯”2017年中国广场舞公开赛总决赛，募集善款50余万元。同时参与举办中国广场舞发展峰会，探索新时代如何将体育运动和健康养老有效结合的方式方法。

（二）构建智慧养老信息平台

与企业合作构建了以大数据为基础的智慧养老平台。经国家版权局批准，取得了曜阳智慧评估系统、智慧养老服务云平台、曜阳智慧养老客户端App软件、曜阳养老服务机构客户端App软件、曜阳智慧养老大数据平台等9项计算机软件著作权。

（三）推进养老服务人才队伍建设

举办养老专业人员培训班。在云南和贵州，举办2期曜阳养老护理员培训班和1期曜阳养老院院长培训班，累计培训护理员和院长350余人。其中，220名学员参加在贵阳市举办的“第三届中国养老服务业发展高层论坛”。

树立养老护理员模范典型。通过总会，向中央电视台申请并获批“最美夕阳花”推荐及展播活动。已完成“最美夕阳花”推荐及展播活动的总体规划、项目策划、实施方案等筹备工作，爱心企业晶羽翼文化产业集团捐赠3000万元，用于资助“最美夕阳花”推荐及展播活动。

（四）搭建养老服务与管理的业务交流平台

参与举办“健康中国建设”学术研讨会。与中国社会保障学会合作，在人民大会堂举办“健康中国建设”学术研讨会。全国政协副主席韩启德出席开幕式并作主旨演讲，国家卫计委、人社部等部委领导，有关专家、学者、医疗、保险机构负责人和曜阳养老联盟成员代表近300人参加会议。扬州、富春江、济南、贵阳、邯郸曜阳负责人和4家曜阳养老联盟成员代表作了交流发言。

中心联合中国社会保障学会、两岸关系和平发展协同创新中心，在厦门举办“第二届两岸社会保障暨两岸恢复民间交流交往30周年论坛”，就海峡两岸社会保障、养老、医疗等民生问题，进行了深入的交流、研讨。

四、协助推进总会参与养老服务工作

（一）高质量完成总会委托调研任务

受总会委托，协助推进试点省（区市）红会参与“老年人能力评估及机构建设、老年人救助、面向志愿者及家庭成员的养老服务技能普及培训”等3项工作。中心成立工作小组，先后赴6个试点省、12个试点市开展调研，并向总会提交《关于试点省红会建立老年人能力评估机构的指导意见》和《关于试点地区红会开展老年人救助工作的指导意见》等调研报告，得到了总会领导的充分肯定。

（二）积极申报总会的课题研究项目

向总会申报2017—2018年度研究课题“中国红十字会参与养老服务模式研究”，系统总结和提炼事业发展中心多年来开展公益养老服务的经验和做法，梳理社会组织参与公益养老服务的有效模式和路径，为地方红会参与养老服务提供经验借鉴。

五、着力打造“拔萃”教育公益品牌，突出红十字特色教育

结合“精准扶贫”工作，实施“正坤助学金、奖学金及奖教金”“红萃生”助学项目，累计资助贫困学生3000人次，资助金额达5000万元。组织专业师资，举办红十字特色艺术教育培训班8期，累计培训600名艺术特长生。

1. 加强对两所双语学校监督指导。加强对两所学校在依法办学、经济效益、社会效益和品牌维护等方面进行监督和指导，两所双语学校的家长满意度测评均达95%以上。北京拔萃小学部毕业统考名列朝阳区前茅，在全国书画大赛中荣获集体特等奖，其中有60人荣获一等奖；中学部实现了一本、二本双超的教学目标；国际部留学生100%被重点大学录取。扬州世明教育教学质量稳居扬州市前列，在扬州市体质健康抽测中获得第一名；“天使民乐团”选送的舞蹈《百家姓》走上了央视《大手牵小手》栏目，1名学生被评为江苏省少年科学院院士。

2. 稳步推进“正坤助学金、奖学金及奖教金”项目。完成了第五年度“正坤助学金、奖学金及奖教金”资助项目。青海省都兰县共有620名师生获得了18万元资助或奖励；截至2017年年底，中心与青海正坤矿业有限公司已完成了五年《合作协议》，青海省3100名师生分别获得100万元的奖教金、助学金和奖学金的资助奖励。

3. 促进博爱艺术培训班工作再上新台阶。聘请中央电视台主持人张宏民和著名歌手韩磊担任北京拔萃双语学校艺术教育校长。两位特聘校长分别走进博爱艺术培训课堂，现场进行指导并与学生互动。合唱班的20名学生参加了全国首届少儿书画春晚节目录制。截至2017年年底，共有近700名学生参加了博爱艺术培训。

4. 拓展“拔萃”教育品牌项目。对贵阳市乌当区合作办学项目进行实地考察，举行了乌当区振新幼儿园挂牌仪式。举办了晋江拔萃双语学校奠基仪式，主体工程已封顶，正在筹备管理和教学团队，确保 2018 年 9 月如期开学。承德健康产业园项目、夏邑拔萃双语学校、福清市拔萃双语学校和养老养生城项目有序推进。

六、深化拓展宣传交流工作

明确宣传主线，加强与《人民日报》、《学习时报》、《中国红十字报》、人民网、新华网、中国网和中国红十字会网站等主流媒体合作，定期报送重要新闻稿件，全方位、立体式宣传报道“曜阳养老”“拔萃教育”等重点工作。其中，人民网、凤凰网和中国网络电视台等 80 余家媒体，对《关爱贫困失能老人“当你老了”公益平台在京启动》和《第三届中国养老服务业发展高层论坛举行》等活动进行了深入报道、转载，在社会各界引起强烈反响。同时，注重发挥“仁爱传递”微信公众号的服务作用，精心做好《事业发展通讯》编辑出版工作。

七、稳步落实专项公益基金相关工作

做好乡村医生培训及项目评估工作。利用UCB健康希望基金，先后在云南、广西，举办 3 期乡村医生培训班，培训乡村医生 300 名。委托北京大学对乡村医生培训工作进行评估。在 2017 年达沃斯论坛上，比利时优时比制药公司被评为全球可持续发展领导力 100 强公司，该公司与中心合作的乡村医生培训公益项目是其中的重要内容。

八、抓好党建工作和自身建设

（一）抓实党建工作，切实发挥好“两个作用”

党支部以党建工作带动和促进业务工作，确保党建和业务工作两手抓、两不误、两促进，切实发挥好党支部的战斗堡垒和党员的先锋模范作用。

探索“曜阳养老联盟”党建工作。把“曜阳养老联盟”党建工作作为重点，积极探索新社会组织党建的方法和路径。先后制定《曜阳养老联盟党建工作指导方案》《曜阳养老联盟党建工作实施意见》，鼓励加入曜阳联盟的养老机构，积极争取当地党委的支持，抓紧建立党组织。2017 年 9 月，中心联合湖南省红会和长沙市委组织部，在长沙启动了“曜阳养老联盟”党建试点工作，建立了“5+X”标准体系，“5”即班子建设好、党员队伍好、基础保障好、作用发挥好、综合评价好；“X”即基层的特色工作。“曜阳养老联盟”党建工作，为探索新社会组织党建做出了有益尝试，得到了总会党组的认可和总会领导的批示。

认真履行党风廉政建设责任制。成立党建工作办公室，配备 1 名党建专干，负责日常工作，明确副主任吴昂坪主抓党建和党风廉政建设工作。同时，以部（室）为单位，成立 4 个党小组，建立廉政风险责任制，将目标任务分解到各小组、责任落实到人。同时，按照“教育在先、预防在前”的总体要求，严格管理党员干部，多打“预防针”、常念“紧箍咒”、筑牢“防火墙”，教育党员干部守住底线、不碰红线。

建立“两学一做”学习教育长效机制。中心党支部把“两学一做”融入日常工作和学习中，各党小组定期组织学习，认真学习党章党规、习近平总书记系列讲话、相关政策法规等内容，推动“两学一做”学习教育常态化、制度化。

认真落实中央、总会巡视整改任务。根据中央第九巡视组反馈意见和《中国红十字会党组落实巡视反馈意见问题清单、任务清单、责任清单》的要求，制定了整改方案，明确了职责分工。同时，将整改任务分解到各党小组，做到责任到岗、任务到人、要求到位，确保整改有人抓、有结果。累计修改完善规章制度6个，完成率为100%。

（二）加强团队自身建设

根据工作需要，从北京市总工会调入1名干部担任副主任，配齐了中心领导班子。从北京市环保局调入1名干部，新聘用1名硕士研究生，充实到办公室。选拔2名干部，赴比利时法兰德斯黄白十字会参加培训，学习借鉴比利时先进的养老理念和经验方法。同时，还抓好顾问、专家队伍建设，发挥好参谋咨询作用。

（三）有序推进网络信息、财务管理等工作

抓好网络信息安全工作。根据总会要求，中心成立了保密和国家安全、网络安全和信息化、普法工作领导小组，江丹同志担任组长，班子成员、各部室主要负责人任小组成员。领导小组下设办公室，负责保密安全、意识形态和普法等工作。

规范财务管理。配合审计署，对中心2016年度预算执行情况和其他财政收支进行审计，对提出的问题进行了整改。完成了2016年度的财务审计和UCB健康希望基金专项审计工作。接受总会2017年度财务检查，并对存在的问题进行了整改。通过积极整改，中心各项财务管理工作有明显改进。

完善内控机制。修订《事业发展中心财务支出管理规定》，制定《事业发展中心固定资产管理办法》《事业发展中心合同管理办法》《事业发展中心筹资管理（暂行）办法》等规章制度，进一步完善了中心内控体系。举办2期财务内控知识学习培训班，帮助干部职工学习和掌握内控管理知识。

中国红十字基金会

2017年是中国红十字基金会第四届理事会的开局之年。在总会和理事会的领导下，不忘初心，牢记使命，扎实推进各项人道救助和人道服务工作，顺利实现了年初制定的各项任务指标，一些领域有突破、有创新，保持了稳中向好、接续前行的良好态势。

一是医疗救助规模和水平进一步提升。全年投入彩票公益金2.15亿元，募集社会资金2600余万元，共救助白血病、先心病患儿7900余人，资金投入、救助规模连续三年保持稳定增长。白血病患儿初步实现当年求助当年救助。争取彩票公益金追加1500万元，救助先心病患儿1844名，救助量达到了历史最高水平。继续实施“心拯救·一包药”“全心关爱”等救助行动，发挥合生元母婴救助基金、轻松筹微基金等专项基金作用，成立互联网救助中心，引入区块链、人工智能技术，继续推广“英雄能量包”，共募集救助款物9035万元，救助心肌梗死等大病患者70万人，医疗救助项目体系日趋完善。

二是国际化项目成为机构发展新亮点、新引擎。2017年是中国红十字基金会海外援助力度最大的一年。根据总会“红十字与‘一带一路’同行”的总体部署，在会长陈竺的亲自倡议下，成立中国红十字基金会丝路博爱基金，作为服务“一带一路”建设专项公益基金，资助开展了系列国际援助项目。其中，中巴急救走廊示范项目“中巴博爱医疗急救中心”在巴基斯坦瓜达尔港落成，首支红十字援外医疗队派驻并开展为期两年的医疗服务，这是中国派驻非洲以外的第一支医疗队。推出天使之旅“一带一路”人道救助计划，通过组织医疗队实地筛查，将阿富汗21名、蒙古国53名先心病患儿分别转运到新疆、内蒙古和北京实施了免费手术治疗；中孟博爱血液透析中心在孟加拉国达卡落成；叙利亚武装冲突地区人道援助破冰；“博爱单车”全球志愿服务行动全面启动；中国公益联合援非行动顺利实施；中印尼博爱卫生院、红十字血站项目立项；红十字国际学院项目取得实质性进展。2017年，共派出了9个团组、63人次开展国际援助项目，并派驻了海外项目官员。“丝路博爱基金”成为公益领域和国际红十字系统有较大影响力的专项公益基金，国际援助项目筹资贡献率达到6.36%。深入实施“走出去”战略，为机构转型发展带来新的契机和活力。

三是备灾救灾和精准扶贫项目有序推进。应对频发自然灾害，共启动11次天使之旅救灾行动，向新疆、湖南、四川等10个省区的地震、洪涝等灾区配送赈济家庭箱24900只。承接中国红十字会淘宝公益基金项目，组织全国红十字系统首届众筹扶贫大赛，积极推进博爱家园项目实施，形成“互联网+扶贫”新模式，共筹措扶贫资金2500万元，直接受益人口45万人。建立救灾备灾准备金制度，与腾讯、百度、京东签署战略协议，依托总会区域备灾库完善人道援助物资供应链，备灾救灾水平不断提升。

四是人道服务供给优化迈出新步伐。聚焦儿科、老年介护等人道服务短板，“院士+”西部儿科医师培训计划新疆、贵州、青海、内蒙古、云南行动相继实施，老年介护培训、生命接力项目顺利推进，院士博爱奖学金项目启动。继续实施慢病管理、肿瘤介入、生命救护等健康干预项目，慢病管理受益25万人。发挥“上汽通用五菱博爱基金”“亲基金”“六个核桃·读书慧公益基金”等作用，全年立项援建博爱卫生站61所，博爱学校5所，未来教室18个，红十字书库506套，博爱校医室33所，景区红十字救护站2个，培训乡村医生868人，基层医生295人，校医600名，景区急救员2656人。与浙商总会联合举办首届世界健康大会，成立了“浙商博爱基金”，持续支持人道服务供给优化。

五是人道资源动员实现历史性突破。确立人道传播高地理念，实施全媒体传播战略，着力增强品牌辨识度和社群吸附力。在“世界红十字日”和“世界微笑日”之际，策划推出“爱微笑”大型“公益秀”传播活动，海内外8万公众创作了“爱微笑”主题作品，微博话题阅读量突破5000万人次，居同类公益传播指数第一。加大公益广告投放，推出系列原创公益视频，加强媒体关系管理，新华社、《人民日报》、央视《新闻联播》等媒体报道11992篇，新闻触达量124亿人次。与新浪微公益、腾讯公益、支付宝、轻松筹等互联网平台建立战略合作伙伴关系，加强众筹产品开发和客户维护，互联网众筹笔数达到385万笔，实现捐赠2422万元，捐赠笔数增加了近5倍，收入翻了一番。加强资源开发、客户关系管理和安全理财增值，全年实现收入5.7亿元，同比增长18%。中国红十字基金会成立20余年来，在2008年汶川地震、2010年玉树地震的两个特殊年份，社会捐赠曾一度达到峰值，2017年创造了常态化募捐筹资的最高纪录。这一成绩来之不易，值得格外珍视。

六是党建和队伍建设不断加强。加强党的宗旨和红十字使命教育，坚持以人民为中心的价值追求，持续加强班子和队伍建设。完善“三会一课”“三重一大”等制度，全年组织理论学习15次，召开支委会6次，民主生活会和专题组织生活会2次，党员大会4次，党课7次，党务人事会议15次，理事长办公会5次，秘书长办公会31次。新红十字会法颁布之际，开展“我是红十字人”主题宣誓活动。助力精准扶贫，再次组织“天使之旅——重返英山”主题实践活动，扎实推进“两学一做”学习教育常态化制度化。增设品牌传播、薪酬绩效和信息化建设3个理事会专业委员会，召开专委会4次，理事会决策机制进一步健全。落实全面从严治党总体要求，继续实施党风廉政建设主体责任清单制度，制定“十四个决不允许”的员工守则，坚持将纪律约束挺在前面。结合ISO 9001新一轮认证，共新颁、修订管理规章41个。继续开展专项基金集中清理整治，持续用力抓好巡视整改。全年接受社会监督巡察和外部专项审计14次，开展法务、风控专题咨询5次。适应机构转型需要，经总会批准，完成部室调整增设，内部治理不断优化。继续实施“天使云”工程，启动财务信息应用系统和闭环管理系统研发。

面向新时代的人道公益事业。党的十九大开启了全面建设中国特色社会主义的新时代。中国慈善公益事业在发展民生、推进国家治理现代化、建设充满活力又和谐有序的社会方面负有重要责任。对于践行人道使命为最易受损群体谋福祉的红十字事业而言，更负有义不容辞的使命。明责者深厚，躬行者致远。面向新时代、新征程，要以新的思想境界、新的发展理念、新的实践探索，汇聚起接续前行的信念和力量。

七是聚焦发展不平衡不充分问题，加快完善人道救助和人道服务体系。中国特色社会主义进入新时代，一个基本特征是我国社会主要矛盾的变化，人民日益增长的美好生活需要和不平衡不充分发展之间的矛盾，更多地指向民生和公共服务。生命和健康是最基础的民生，人道救助和人道服务在整个公共服务体系中占有特殊重要的地位。基本医疗、健康服务、脱贫攻坚主责是政府，作为人道领域的助手，红十字人道救助和人道服务在“补短”“平衡”“精准”方面的作用不可或缺。必须进一步提高主动融入、积极作为、精准发力的责任感，巩固和稳步扩大医疗救助受助人群，升级救助模式，使人道救助的托底效应进一步发挥。要坚持社区为本、防御优先、干预有效的红十字灾害管理理念，聚焦救生、救护主业，持续支持基础医疗卫生条件改善、儿科振兴、老年介护、青少年卫生、灾难医学、急救医学和健康管理，使人道服务供给更加优化。

八是深入实施“走出去”战略，培育人道公益发展新业态。人类社会是一个共生共荣的整体。世界的安宁幸福，文明的存续发展，早已超越疆域、族群、观念的束缚，化为相生相融的共同担当。作为全球最大的人道工作组织，国际红十字运动深刻诠释和实践着人类命运共同体精神。建设中国人道领域最具影响力的基金会，必须恪守红十字宗旨，统筹国内国际两个大局，将“走出去”作为新一轮转型升级的引擎，打好植根本土与走出去有机统一、相互促进的组合拳。要在总会的统筹领导下，秉持协作共赢理念，加强业内协作、跨界联合，发展全球合作伙伴关系，着力打造国际化枢纽型组织、平台型服务组织。要高度重视战略要素支撑，建立国际型人才库、国际化战略智库，加强人才培养、品牌传播、项目孵化和社群开发，着力推进“走出去”战略持续健康有序发展。

九是建设创新型组织，加快形成治理和竞争新优势。进入新时代，中国公益的行业化、专业化、市场化趋向日益显现。顺之则昌，不进则退。经过近几年的爬坡追跑，中国红基会在业内的综合影响力和竞争指数有所攀升。但是，总的来看，基金会仍处在转型升级的“窗口期”，人道资源供给仍显不充分、不稳定，公益产出的质量和体量、品牌辨识度和核心竞争力仍然不强，新理念、新技术、新工具的应用和转化不够，人才智力支撑存在较大短板。从追跑公益到引领公益还有很远的路要走。扭转这一局面，归根到底要依靠创新驱动，依靠组织文化、治理能力、人才优势等内生动力。要确立“文化认同、组织认同、使命共担”的共治共享理念，进一步优化理事会治理，奠定现代组织的制度基础。要强化宗旨使命教育，锻造忠诚担当、开拓进取、拥抱变革的团队。要牢固树立新发展理念，着力推动人道公益项目转型升级，推动技术变革、工具变革，推动形成协作开放新格局，加快培育和激发竞争新优势。

总会报刊社

2017年，在总会党组的正确领导下，在总会各部门及各级红十字会的大力支持下，中国红十字会总会报刊社各项工作取得新进展，为中国特色红十字事业发展做出了新贡献。

（一）以一报一刊为阵地，充分发挥机关报、刊作用

一是发布国家和总会重要决策部署，指导各级红十字会开展工作。包括总会党组和全系统学习宣传贯彻党的十九大精神、专题报道新修订红十字会法的颁布实施，促进红十字会法的学习宣传贯彻落实；为贯彻中央领导同志的指示精神、提升红十字公信力，以开辟“加强自身建设，树立良好公信力”专栏等形式，对如何树立良好公信力开展了大学习大讨论；刊发总会党组传达学习习近平总书记重要指示和群团改革工作座谈会精神、群团工作重要讲话精神及总会党组关于贯彻落实精神的措施，指导各级红十字会开展工作；发布总会开展向杨海燕学习的通知、掀起全系统向先进典型学习的热潮等。

二是大力开展党的十九大精神学习宣传贯彻工作，积极报道总会、地方各级红十字会促进新时代中国特色社会主义事业发展的新作为。找准学习宣传贯彻党的十九大精神宣传重点，在《中国红十字报》开设“学习宣传贯彻党的十九大精神”专栏，积极主动邀请各级红十字会人撰写学习贯彻的体会及措施思考；开设“新时代新征程新任务”专栏，积极宣传报道各级红十字会学习宣传贯彻党的十九大精神的举措和措施。为在全系统掀起学习宣传贯彻党的十九大精神的热潮，贡献了报刊社应有的力量。

三是加强红十字会核心业务宣传，传播经验扩大影响。对红十字会开展九寨沟地震、珠海台风等救灾工作给予及时、充分的报道，在社会上有力扩大了红十字会的影

响；刊发《"互联网＋"掀器官捐献登记新风》等文章，设立"器官捐献 ABC"等专栏，注重介绍各地红十字会开展品牌项目的工作方法、经验，既宣传了各地工作，又传播了工作经验。

四是结合总会的核心工作，以报道、研讨等形式，促进红十字中心工作的开展。比如，积极报道红十字会参与"一带一路"倡议建设，刊发红十字人在巴基斯坦、阿富汗、蒙古国等国的人道救助工作；为支持各地红十字会开展扶贫关爱行动，《中国红十字报》特辟"红十字助力扶贫攻坚"专栏，刊登各地红十字会在扶贫工作中的新方法、新经验；为配合学习贯彻落实红十字会法工作，推出"用'法'大家谈"专栏，刊发全国各级红十字会学习宣传贯彻落实红十字会法的措施、行动及如何贯彻好红十字会法的相关研究文章；为进一步增强红十字人的自豪感、使命感、责任感，开辟了"我是红十字人"专栏，抒写广大红十字工作者、会员和志愿者对红十字的热爱情怀等；积极刊发《积极参与养老服务工作、开拓人道领域新增长点》等报道和理论文章，助力红十字会积极参与养老服务工作；对第 46 届南丁格尔奖章颁奖活动进行充分报道等。

五是《博爱》杂志从 2016 年第一期开始设立"红十字情缘"栏目，逐步加大红十字因素比例，2017 年该栏目共发稿 61 篇，用红十字人讲自己故事的方式，宣传红十字精神，深受红十字会系统和社会各界的欢迎，各级红十字会同人的投稿数量越来越多。据不完全统计，2017 年《博爱》杂志已有 37 篇文章分别被《读者》《特别关注》《意林》《故事会》等主流文摘报刊转载，社会影响力不断提高。

机关报、刊在丰富内容、提高质量的同时，越来越受到红十字会系统和红十字会理事、会员单位、志愿者以及政府部门、社会各界的欢迎，订阅量也在逐年上升，一报一刊的作用也越来越得到大家的重视和认可。2017 年，在总会的正确领导下，在全国纸质媒体订阅量普遍大幅度下滑的情况下，一报一刊订阅数量分别比上年增长 5.6% 和 4.6%，并彻底消灭报刊订阅空白县。据最新数据统计，2018 年"一报一刊"的订阅数量继续分别比上年同期增长 5% 左右，呈现连续 3 年持续增长的好势头。西藏自治区红十字会也实现了报纸订阅从"0"到 39 份的可喜进展。正在加紧统计并及时同地方红十字会联系，确保巩固消灭报纸订阅空白县的成果。

（二）以多种形式开展宣传教育培训工作并取得良好效果

为配合新修订的红十字会法的学习宣传贯彻工作，2017 年，在副会长郭长江指示下，将学习贯彻红十字会法与青少年应急救护紧密结合，开展了红十字会法与应急救护知识竞赛活动，得到全国各级红十字会及广大青少年的热烈欢迎，共发放纸质试卷 239 万份，全国除一个省份外共有 800 余万名青少年参与答题，成为历年参与人数、回收试卷最多的一次。一些地方红十字会将此项活动作为"5·8"红十字博爱周的一项重要活动，精心组织，周密布置。在组织广大青少年参加知识竞赛的同时，还配套开展了一系列相关活动，宣传红十字会法和自救互救知识，提高青少年学生的能力。一些地方政府、医院、社区也主动组织干部职工及居民参加答题活动。

为加强通讯员队伍建设，报刊社与相关机构自 2003 年起组织举办全国红十字系统新闻培训班。2017年5月，报刊社与红十字国际委员会东亚地区代表处在河南开封成功举办了2017年度新闻传播业务培训班，全国各省、自治区、直辖市及地、县级红十字会670余名宣传工作负责人及通讯员参加了培训。培训内容紧扣红十字会宣传工作，受到参加培训人员好评。2017年9月，在四川成都成功举办了2017年度报刊宣传工作会议，全国各级红十字会180余名宣传工作负责人参加了会议，副会长郭长江参会并代表党组发表讲话，对做好新一年报刊宣传工作提出明确要求。

（三）加强新媒体建设，积极拓展宣传渠道

在做强做实纸媒的基础上，积极创建新媒体，开发了《中国红十字报》、《博爱》杂志手机客户端发布平台；2014年改版的网站“中红在线”访问量不断提高；2015年5月上线的报刊社微信公众号——中红在线红报馆内容和质量不断提高，2017年由新媒体权威大数据平台通过微信公众号推送文章的传播度、覆盖度，账号的成熟度和影响力等综合评价，中红在线红报馆公众号传播指数WCI为495.82，影响力高于全国83%的公众号，影响力和关注度持续扩大。报刊社已基本形成了纸媒、网站、手机新闻客户端、微博、微信等传统媒体与新媒体相结合的立体化、宽覆盖、权威性与指导性的有效宣传平台。

（四）坚决落实总会巡视整改、审计整改

将此项工作作为重要政治任务抓紧抓好。按照总会党组要求，报刊社党支部、社委会制定了《中国红十字会总会报刊社关于落实总会党组第一巡视组反馈意见的整改方案》，认真梳理了需本单位落实的任务和责任清单，就整改工作进行全面安排部署，采取各项有力措施加强整改任务的实施，截至年末，具体到报刊社的3项整改任务均已完成。其中，新官网页面设计、栏目设置、功能配置、页面制作等改版工作已于6月底前完成。

对审计署提出的相关问题进行了认真整改，成立了审计整改工作领导小组，研究制定了整改方案，完善、修订了新的管理制度，并自修订之日起严格按照新办法开展管理、总结等工作，确保了整改工作切实落在实处。

（五）认真推进全面从严治党战略部署，加强党建工作，促进事业发展

2017年，报刊社党支部积极推进全面从严治党战略部署，组织全体党员、入党积极分子深入学习党的十九大精神，开展“两学一做”学习教育、学习习近平总书记系列重要讲话精神等，加强党建工作。年初，召开支部大会全面部署党建工作；召开专题民主生活会和组织生活会，深入查摆存在的问题，班子成员和全体党员深入查摆自身存在的问题，紧密联系思想实际、岗位职责和工作经历，逐一进行对照检查，开展批评和自我批评统一了思想、团结了队伍；认真研究制定《关于推进总会机关“两学一做”学习教育常态化制度化的实施方案》，并召开全体党员大会对开展“两学一做”学习教育常态化制度化工作进行了布置；严格落实“三会一课”制度，全年共召开党员大会10次、支委会13次、党小组会8次，上党课7次；加强支部建设，报刊社积极做好入党积极分子的培养教育工作，对4名入党积极分子加强培养；报刊社党支部与总会备灾

救灾中心党支部举行党建联谊活动，党员重温入党誓词并高唱国际歌，观看了《将革命进行到底之党的自我革新》影片，开展“手拉手、心连心，共唱爱国主义歌曲”活动；党支部组织全体干部职工观看《建军大业》《战狼 2》等爱国主义电影，接受爱国主义教育。12 月中旬，召开全体党员大会，开展预备党员转正评议工作，并再次重温入党誓词面对党旗宣誓。与此同时，报刊社党支部结合工作实际和党员干部队伍特点，不断加强支部建设，在实践中逐渐摸索形成了一套“两结合两注重”工作法，有力促进了支部工作的开展。

进一步强化落实责任和监督责任，加强党风廉政建设，认真开展贯彻落实中央八项规定“回头看”，查找存在的问题和风险，虽然没有发现相关问题但进一步加强思想教育和警示教育。坚持民主集中制，严格执行“三重一大”集体决策，全年共召开社委会研究重大事项并形成决议 17 次。在选人用人等方面严格按照规定开展工作，严格按照相关制度公开招聘了两名应届毕业生和两名编辑人员。高度重视意识形态、保密和国家安全等工作，坚持以马克思主义新闻观办报、办刊，成立了报刊社国家安全工作委员会和网络及信息安全工作领导小组，制定相关措施，强化相关工作。继续深入开展“巩固和深化机关党建灯下黑专项整治工作”等工作，在党费收缴等各项工作中严格按照要求进行。

四

人名篇

中国红十字会历届领导人

名　单

1904—1910 年

1904 年 3 月 10 日，上海万国红十字会支会成立。一周后定名为上海万国红十字会，实行董事会制，由中、西董事联合组成。

董事会：45 人。

主席：英工部局值年总董培恩。

中方董事：10 人，以沈敦和为首。西方董事：35 人，以李提摩太为首。

董事会下设执行董事 7 人。其中，中方董事 2 人（后为 3 人），以沈敦和为首。

西方董事 5 人，以英刑司威金生为首。

1905 年 9 月 5 日，日俄两国最终签订了《朴次茅斯条约》，战争结束。此时上海万国红十字会已完成自己的使命。

1905 年 11 月上旬，突然有招商局抄示外务部致北洋大臣电，谓海参崴发生乱事，华民住处被焚，饬即派轮前往救护云云。上海万国红十字会当即与招商局商派海定号轮船，由牛庄折赴烟台，装足药片食物，前往救济。故万国红十字会得以继续存在约两年之久。

吕海寰、盛宣怀于光绪三十三年（1907 年 7 月 21 日）向清廷请旨试办中国红十字会的奏折名为《沥陈创办红十字会情形并请立案奖励折》。1908 年 5 月核定照准“著徐世昌查明具奏该部知道”，上海万国红十字会解散。清政府就此开始运作创办中国红十字会之事。红十字会事务由吕海寰、盛宣怀等大臣监临。

1910—1911 年

1910 午 1 月，商约大臣吕海寰与前电政大臣吴重熹又上《酌拟中国红十字会试办章程请旨立案折》会奏试办中国红十字会，并酌拟试办章程六条附呈。试办章程六条中的第二条是“从前万国红十字会，由中西董会议刊刻中西合璧图记，钤用信守。现创设中国红十字会，拟请旨饬部铸造中国红十字会关防一颗，须由会长执掌印用，以照凭信”。

1910 年 2 月 27 日，军咨处向清廷上《详核红十字会原奏敬陈管见折》：“宣统二年正月十八日（2 月 27 日）奉谕旨，吕海寰等奏，酌拟中国红十字会试办章程，请立案一折，著派盛宣怀充红十字会长，余依议。该衙门知道钦此，由军机处抄交到处，自应钦遵办理。……再此折系军咨处主稿，会同外务部筹办，海军事务处、陆军部办理，合并声明谨奏。宣统二年四月十二日奉旨依议钦此。”大清红十字会正式成立。

会长：盛宣怀（1910年2月—1911年10月）

总董：沈敦和

1911—1912年

辛亥革命爆发，大清红十字会改名为中国红十字会。1911年11月13日，发上谕任命前外务部尚书吕海寰担任中国红十字会会长。10月30日，召开统一大会，总会设于北京，总办事处设于上海。会长驻总会，副会长及常议会驻总办事处。

会长：吕海寰（清政府委派）

总董：沈敦和、福开森（清政府委派）

理事长：沈敦和

理事：江绍墀（公推）

1912—1913年

1912年9月大总统委任吕海寰、沈敦和为中国红十字会正副会长。10月，第二次常议会决议：正副大总统为红十字会名誉总裁。

名誉总裁：袁世凯

名誉副总裁：黎元洪

会长：吕海寰

副会长：沈敦和

常议会会长：沈敦和（兼）

理事长：江绍墀

1913—1922年

1913年9月29日召开中国红十字会第一次会员代表大会选举出领导人，由大总统任命。

名誉总裁：袁世凯

徐世昌（1918年公推）

名誉副总裁：黎元洪

会长：吕海寰（1920年9月辞职，公推为名誉会长）

汪大燮（1920年9月民国政府任命）

副会长：沈敦和（1919年辞职，1920年7月过世）

蔡廷干（1919—1922年）

蔡耀堂（驻京副会长1922年8月）

杨晟（驻沪副会长1922年8月）

常议会会长：沈敦和（兼）

杨晟（1920年7月常议会公推）

常议员：朱佩珍、施则敬等34人

理事长：江绍墀（1914年辞职）

赵鸿藻（1914—1918年）

朱煜（1918—1919年）

吴宝义（1919年1—5月）

唐元湛（1919年5月—1921年11月）

庄录（1921年11月）

秘书长：冯恩崑

1922—1924年

1922年6月召开第二次会员代表大会，选举出的会领导由总统任命。

会长：汪大燮

副会长：蔡廷干、杨晟

议长：王震

副议长：盛炳记

1924—1928年

1924年常议会推选会长、副会长，由政府任命。

会长：颜惠庆

副会长：蔡廷干（驻京副会长）

杨晟（驻沪副会长）

1928—1933年

会长：颜惠庆

副会长：王正廷（1928年8月）

虞和德（1928年8月）

1931年内政部、外交部拟定了管理红十字会法规，转呈立法院审核。

1933—1938年

1933年国民政府将中国红十字会改名为中华民国红十字会。

1934年召开第一次理事联席会议，公推领导人。

名誉会长：蒋中正

名誉副会长：黄绍竑、吴铁成、颜惠庆、虞和德（洽卿）

会长：王正廷（国民政府任命）

副会长：史量才、刘鸿生（史量才被刺后，杜月笙继任）

秘书长：曹云祥

庞京周（1937年继任）

常务理事：林康候、闻兰亭、王一亭、王晓籁、关炯之

常务监事：黄涵之、钱新之、陆伯明

1938—1943年

1938年行政院增聘调整红十字会领导人。

名誉会长：蒋中正

名誉副会长：孔祥熙、宋子文、黄绍竑、吴铁成、颜惠庆、虞和德（洽卿）

会长：王正廷

副会长：杜月笙、刘鸿生

常务理事：王晓籁、林康候、闻兰亭、王一亭、关炯之、钱新之、陆伯明

常务监事：黄涵之

秘书长：潘小萼

1943—1946年

国民政府国防委员会通过改组由军事委员会对红十字会施以管制，制定《战时监督红十字会暂行办法》，红十字会领导人仍由行政院聘任。

名誉会长：蒋中正

名誉副会长：宋美龄、戴季陶、孔祥熙、宋子文、吴铁成、王正廷、虞和德（洽卿）

会长：蒋梦麟

副会长：杜月笙、刘鸿生

常务理事：戴季陶、商震、翁文灏、王晓籁、宋子文

常务监事：钱新之、张伯苓、宋汉章

理事：虞和德、杜月笙、刘鸿生、刘瑞恒、蒋梦麟、朱恒璧、康心之、缪加铭、杭力武、戚寿南

监事：陈仪、王世杰、邵力子、许世

英、屈文六、周诒春、穆籍初、丁文渊、汤飞凡

秘书长：胡兰生

1946—1949 年

国民政府颁布《复原期间管理中华民国红十字会办法》，改组红十字会，会长、副会长、理事、秘书长由行政院聘任。

名誉会长：蒋中正

李宗仁（1948 年增聘）

名誉副会长：宋美龄、戴季陶、孔祥熙、宋子文、吴铁成、王正廷

会长：蒋梦麟

副会长：杜月笙、刘鸿生

常务理事：蒋梦麟、蒋廷、金宝善、马超俊、吴有训、关颂声、徐国懋

理事：杜月笙、刘鸿生、谷正纲、杭力武、王云五、王晓籁、刘瑞恒、钱大钧、张霭真、徐寄廎

秘书长：胡兰生

副秘书长：曾大钧、汤蠡舟

中华人民共和国成立后改组红十字会。

1949 年中华人民共和国建立前夕，蒋梦麟等带领红十字会总会机关大部分人员跟随国民党政府去台湾。刘鸿生、胡兰生等领导人和部分工作人员留在大陆。1950 年中央人民政府对中华民国红十字会进行协商改组，改名为中国红十字会，改组会议由卫生部副部长苏井观、中国人民救济总会秘书长伍云甫、中国红十字会总会原秘书长胡兰生担任主席团主席。选出的中国红十字会第一届理事均由周恩来总理签署聘任书予以聘任。

1950 年 8 月—1961 年 10 月

（第一届）

会长：李德全

副会长：彭泽民、熊瑾玎、刘鸿生、胡兰生

党组书记：伍云甫

秘书长：胡兰生（兼）

副秘书长：林士笑、倪斐君

1961 年 10 月—1979 年 2 月

（第二届）

1961 年 10 月 23—27 日，中国红十字会召开代表会议，选举产生第二届领导人，经国务院批准。

会长：李德全

副会长：伍云甫、赵朴初、熊瑾玎

党组书记：伍云甫

秘书长：彭炎

副秘书长：倪斐君

1965 年中国红十字会进行改选，产生第二届新的领导人，中共中央中发 193 号文件批复。

会长：钱信忠

副会长：伍云甫、刘清扬、熊瑾玎、赵朴初、彭炎、孟谦

党组书记：伍云甫

秘书长：彭炎（兼）

副秘书长：倪斐君、王敏

1979年2月—1985年5月

（第三届）

1979年中国红十字会进行改选，选举产生第三届领导人。中共中央组织部批准。

会长：钱信忠

副会长：杨纯、王仪、王敏、顾锦心、沈其震、赵朴初、彭炎、熊天荆、龚普生、孟谦、王肇元、邓启修、魏龙镶、刘鹏飞

党组书记：杨纯

秘书长：王敏（兼）

副秘书长：吴日承

1985年5月—1990年2月

（第四届）

1985年5月31日至6月1日，中国红十字会召开第四次全国代表大会，选举产生第四届领导人。

名誉会长：朱学范、赵朴初、钱信忠

会长：崔月犁

副会长：谭云鹤、章明、沈辰、何理良、蔡壬癸

党组书记：谭云鹤

秘书长：蔡壬癸（兼）

副秘书长：范雨田、曲折

1990年2月—1994年4月

（第五届）

1990年2月15日至17日，中国红十字会召开第五次全国会员代表大会，选举产生第五届领导人：

名誉会长：朱学范、赵朴初、钱信忠、崔月犁

顾问：谭云鹤

会长：陈敏章

副会长：顾英奇（常务）、张德江、邹时炎

郝长元（1990年2月—1992年2月）

胥昌忠（1992年2月—1994年4月）

吴常康（1992年2月—1993年1月）

孙柏秋

党组书记：顾英奇

秘书长：韩长林（1990年2月—1992年2月）

吴常康（兼）（1992年2月—1993年1月）

曲折（1993年1月—1994年4月）

副秘书长：曲折（1990年2月—1993年1月）

1994年4月—1999年10月

（第六届）

1993年10月31日，第八届全国人民代表大会常委会第四次会议通过《中华人民共和国红十字会法》，国家主席江泽民颁

布第 14 号主席令施行。

1994 年 4 月 23—25 日，中国红十字会召开第六次全国会员代表大会，改选产生第六届领导人：

名誉会长：江泽民

名誉副会长：赵朴初、王光英、李沛瑶、钱信忠、崔月犁、陈敏章

会长：钱正英

副会长：顾英奇（常务）、范宝俊、杨崇春

林炎志（1994 年 4 月—1997 年 4 月）

柳斌（1997 年 4 月—1999 年 10 月）

彭玉（1997 年 4 月—1999 年 10 月）

王立忠（1998 年 3 月—1999 年 10 月，专职）

孙柏秋（专职）、曲折（专职）

党组书记：顾英奇

秘书长：李长明（1994 年 4 月—1999 年 3 月）

孙爱明（1999 年 4 月—1999 年 10 月）

1999 年 10 月—2004 年 10 月

（第七届）

1999 年 10 月 11—13 日，中国红十字会第七次全国会员代表大会改选产生第七届领导人：

名誉会长：江泽民

名誉副会长：王光英、何鲁丽、赵朴初、钱正英、钱信忠、张文康

会长：彭珮云

副会长：王立忠（常务）、孙爱明（专职）

党组书记：王立忠

秘书长：苏菊香

副秘书长：汤声闻

1999 年 12 月 29 日，中央机构编制委员会以中编办批准中国红十字会总会“由卫生部代管改由国务院领导联系”。理顺了总会的管理体制。

2001 年 10 月 10 日中央机构编制委员会办公室关于印发《中国红十字会总会机关主要职责、内设机构和人员编制方案》的通知（中央编办发〔2001〕34 号），确定总会机关内设 4 个机构和机关党委，编制 60 名。

2004 年 10 月—2009 年 10 月

（第八届）

中国红十字会第八次全国会员代表大会于 2004 年 10 月 27—29 日在北京人民大会堂召开，选举出新一届领导人。

名誉会长：胡锦涛

名誉副会长：司马义·艾买提、何鲁丽（女）、韩启德、傅铁山、黄孟复、张怀西

会长：彭珮云（女）

常务副会长：江亦曼（女）

副会长：朱庆生（2004 年 10 月—2007 年 1 月）

马晓伟（2007 年 1 月—2009 年 10 月）

姜力（女，2004 年 10 月—2009 年 10 月）

赵沁平（2004 年 10 月—2006 年 1 月）

陈小娅（2006 年 1 月—2009 年 10 月）

肖捷（2004 年 10 月—2006 年 1 月）

王军（2006 年 1 月—2009 年 10 月）

沈国放（2004 年 10 月—2007 年 1 月）
崔天凯（2007 年 1 月—2009 年 10 月）
苏菊香（女，专职）、郭长江（专职）
党组书记：江亦曼（女）
秘书长：郭长江（兼）（2004 年 10 月—2006 年 1 月）
王海京（2006 年 1 月—2009 年 10 月）
顾问：王立忠、孙爱明、汤声闻

2009 年 10 月—

（第九届）

中国红十字会第九次全国会员代表大会于 2009 年 10 月 27—29 日在北京召开，选举出新一届领导人。

名誉会长：胡锦涛
名誉副会长：韩启德、桑国卫、黄孟复、张榕明（女）、李金华
会长：华建敏
常务副会长：王伟（2009—2011 年）
赵白鸽（2011—2014 年）
徐科（2014 年 9 月— ）
副会长：何亚非（2009 年 10 月—2011 年 9 月）
吴海龙（2011 年 9 月—2012 年 12 月）
马朝旭（2012 年 12 月— ）
陈小娅（女）（2009 年 10 月—2011 年 9 月）
郝平（2011 年 9 月— ）
王军（2009 年 10 月—2012 年 12 月）
朱之鑫（2009 年 10 月— ）
王伟（2011 年 9 月— ）
郭长江（专职）、郝林娜（女　蒙古族　专职）、王海京（专职）
党组书记：王伟（2009—2011 年）
赵白鸽（2011—2014 年）
徐科（2014 年 9 月— ）
秘书长：王海京（兼，2009 年 10 月—2010 年 4 月）
王汝鹏（2010 年 4 月— ）
特别顾问：彭珮云
顾问：江亦曼、苏菊香

人　物

南丁格尔奖章

南丁格尔与南丁格尔奖章

费劳伦斯 · 南丁格尔（1820 年 5 月 12 日—1910 年 8 月 13 日）生于意大利中部的历史名城佛罗伦萨，后来随家迁居英国。幼年时就怀有一颗仁慈而美好的心灵。她鄙弃养尊处优和无聊的社交生活，不顾父母的反对，毅然于 1850 年离家去普鲁士学习护理，接受短期的医护训练。1853 年受聘担任伦敦患病妇女护理会的监督职。

1854 年到 1856 年间的克里米亚战争中，英国战地医院管理不善。条件极差，又没有护士护理伤病员，士兵死亡率高达 50% 多。南丁格尔得此消息后，即率领 38 名护士抵达前线，在四所战地医院里进行服务。当时前线药品缺乏，水源不足，卫生极差，但她毫不气馁，竭力排除种种困难，为伤病员解决必需用品和食品，组织士兵家属协同工作，增加他们的营养，从而使战地医院面貌改观。在短短的半年时间里，就使伤病员的死亡率下降到 2.2%，她的功绩顿时传播四海。

南丁格尔在克里米亚战地为伤病员所做的忘我奉献，激励了不久后成立的红十字会的成员。他们主张的人道宗旨，已生动而具体地体现于南丁格尔的战地活动实践中。因此，在她生前，红十字国际委员会在 1907 年的伦敦大会上就设立南丁格尔奖章，作为鼓励各国护士的国际最高荣誉奖。1912 年，即南丁格尔死后第二年，在华盛顿举行的第九届红十字国际大会上正式确定颁发南丁格尔奖章，基金由各国红十字会认捐。具体颁发任务委托给在日内瓦的红十字国际委员会。

按照奖章条例，南丁格尔奖章系奖励“毕业护士和志愿助手，他们是红十字会或红十字会附属医护单位的积极分子或定期支持者。他们在战时或平时，以特别的勇气和献身精神为伤病员服务，因而建立了优异功绩”。从事积极救助而牺牲的上述人员，亦可在“死后”追赠南丁格尔奖章。

南丁格尔奖章，在正常情况下，每两年颁发一次，每次最多颁发 50 枚奖章。至今为止，我国共有 68 名优秀护理工作者荣获此奖。

按照章程规定，受奖人名单公布后，要在当年举行隆重的授奖仪式，由国家元首或该国红十字会会长亲自颁发奖章，广泛进行宣传，鼓舞广大护理人员。

中国第二十九届至第四十六届南丁格尔奖章获得者

名　单

第二十九届（1983 年）

王琇瑛，女，1908 年生，中华护理学会原副理事长。

第三十届（1985 年）

司堃范，女，1930 年生，北京市红十字朝阳医院外科原护士长。

梁季华，女，1916 年生，广州市红十字医院护理部原主任。

杨必纯，女，1940 年生，四川省泸州市红十字医院护理部副主任。

第三十一届（1987 年）

史美黎，女，1936 年生，上海市红十字医院胸外科护士长。

陈路得，女，1914 年生，天津医学院附属医院原顾问。

张云清，女，1925 年生，辽宁省肿瘤医院副主任护师。

第三十二届（1989 年）

林菊英，女，1920 年生，中华护理学会原理事长。

周娴君，女，1931 年生，湖南省湘西自治州人民医院副院长。

孙秀兰，女，1942 年生，河北省唐山市红十字儿童急救中心护士长。

陆玉珍，女，1934 年生，上海市遵义医院护理部主任。

第三十三届（1991 年）

吴静芳，女，1926 年生，河南省商丘地区医院护理部主任。

第三十四届（1993 年）

李桂美，女，1937 年生，青岛市传染病医院护士长。

张水华，女，1933 年生，宁夏医学院附属医院护理部主任。

张瑾瑜，女，1926 年生，福建省肿瘤医院护理部主任。

第三十五届（1995 年）

孙静霞，女，1914 年生，江苏省常州市第一人民医院护理部顾问。

邹瑞芳，女，1930 年生，浙江省湖州市第一人民医院护理部主任。

第三十六届（1997 年）

汪赛进，女，1923 年生，安徽省护理学会荣誉理事长。

关小瑛，女，1928 年生，原天津市护理学会理事长。

陆冰，女，1932 年生，上海市第六人民医院护理部主任。

孔芙蓉，女，1936 年生，河南省护理学会副理事长。

黎秀芳，女，1917 年生，解放军兰州军区总医院专家组成员。

第三十七届（1999 年）

曾熙媛，女，1933 年生，中华护理学会原理事长。

王桂英，女，1920 年生，天津市护理学会原理事长。

秦力君，女，1943 年生，解放军总医院护理部原主任。

第三十八届（2001 年）

吴景华，女，1932 年生，宁夏回族自治区护理学会副理事长。

王雅屏，女，1945 年生，北京市红十

字会急诊抢救中心副院长。

李秋洁，女，1949 年生，哈尔滨医科大学附属二院护理部主任。

第三十九届（2003 年）

叶欣，女，1956 年生，广东省中医院二沙岛分院急诊科护士长。

钟华荪，女，1947 年生，广东省护理学会副理事长、省人民医院护理部主任。

李淑君，女，1963 年生，解放军第二炮兵总医院口腔科护士长。

姜云燕，女，1976 年生，解放军喀喇昆仑模范医疗站护士长。

苏雅香，女，1945 年生，贵州省护理学会理事长。

巴桑邓珠，男，1951 年生，四川省甘孜州人民医院副院长。

章金媛，女，1929 年生，江西省南昌市第一人民医院原护理部主任。

梅玉文，女，1939 年生，天津市护理学会名誉理事长。

李琦，女，1942 年生，上海第二人民医院原护士长。

陈东，女，1944 年生，北京佑安医院护理部主任。

第四十届（2005 年）

陈征，女，1947 年生，北京地坛医院社会服务部主任。

万琪，女，1965 年生，解放军西藏军区总医院护理部主任。

王亚丽，女，1955 年生，甘肃省定西市人民医院护理部主任。

刘振华，女，1955 年生，山东省济南市皮肤病防治院麻风病房住院部主任。

冯玉娟，女，1952 年生，香港医院管理局九龙西联网护理总经理、广华医院及东华三院黄大仙医院护理部经理。

第四十一届（2007 年）

泽仁娜姆，1968 年生，青海省同仁慢性病防治院主管护师。

陈海花，1969 年生，北京军区总医院消化科护士。

丁淑贞，1951 年生，大连医科大学附属第一医院护理部主任。

聂淑娟，1947 年生，新疆医科大学第一附属医院主任护师。

罗少霞，1950 年生，澳门镜湖医院护理部主任。

第四十二届（2009 年）

刘淑媛，66 岁，首都医科大学附属北京安贞医院心血管外科重症监护室护士长。

张桂英，39 岁，吉林省神经精神病医院精神科护士长。

潘美儿，32 岁，浙江省皮肤病防治研究所住院部护士长。

杨秋，33 岁，四川省都江堰向峨乡公立卫生院护士。

鲜继淑，40 岁，重庆第三军医大学第一附属医院神经外科护士长。

王文珍，46 岁，海军总医院护理部总护士长。

第四十三届（2011 年）

孙玉凤，43 岁，上海皮肤病医院护理部副主任。

张利岩，53 岁，武警总医院副院长、护理部主任。

陈声容，47 岁，南京军区南京总医院妇产科护士长。

陈容秀，67 岁，天津市肿瘤医院护理质控中心主任。

吴欣娟，53 岁，北京协和医院护理部

主任。

姜小鹰，58岁，福建医科大学护理学院院长。

赵生秀，53岁，青海省人民医院副院长。

索玉梅，59岁，解放军第四医院医务处副主任护师。

第四十四届（2013年）

蔡红霞，1965年生，解放军第261医院精神病科总护士长。

成翼娟，1949年生，四川大学华西医院护理部原主任（退休）。

现返聘华西医院管理研究所专家。

林崇绥，1948年生，香港医院管理局原总护理行政经理（退休）。

临时香港护理专科学院院长。

王海文，1968年生，解放军第413医院麻醉科护士长。

王克荣，1963年生，北京地坛医院红丝带之家护士长。

邹德凤，1956年生，南昌大学第四附属医院医疗服务部主任。

第四十五届（2015年）

杜丽群，1965年5月生，广西壮族自治区南宁市第四人民医院艾滋病科护士长。

宋静，1963年12月生，河南省柘城县人民医院护理部主任。

王新华，1972年6月生，中国人民解放军第三〇二医院妇产中心护士长。

邢彩霞，1958年3月生，内蒙古自治区人民医院护理部副主任。

赵庆华，1963年9月生，重庆医科大学附属第一医院护理部副主任。

第四十六届（2017年）

杨辉，1960年9月生，山西医科大学第一医院副院长兼护理部主任。

杨惠云，1963年11月生，西安交通大学第二附属医院护理部主任。

杨丽，1962年7月生，解放军总医院南楼临床部护理部副主任。

殷艳玲，1964年11月生，吉林大学第二医院副院长兼护理部主任。

游建平，1974年3月生，第三军医大学第一附属医院传染科护士长。

国际人道主义服务荣誉奖

获奖名单

1988年12月，姜健获美国红十字会“国际人道主义服务荣誉奖”。

1992年6月，张振坤获美国红十字会“国际人道主义服务荣誉奖”。

全国民族团结进步模范

中国红十字基金会赴西藏志愿医疗队被国家民委授予民族团结进步模范称号

1998年10月14日，中华人民共和国国家民族事务委员会以民委（政）字〔1998〕322号文件作出《关于授予中共中央办公厅赴青海省玉树藏族自治州帮扶组等单位和张继政等同志民族团结进步模范称号的决定》。决定指出：为贯彻党的十五大精神，加强社会主义精神文明建设，进一步巩固和发展平等、团结、互助的社会主义民族关系，促进民族团结进步事业不断发展，国家民委决定对中央、国务院有关部委、直属机构，各民主党派、人民团体，解放军、武警部队在促进民族团结进步事业和发展民族经济文化方面作出突出贡献的单位和个人进行表彰，授予中共中央办公厅赴青海省玉树藏族自治州帮扶组、中国红十字基金会赴西藏志愿医疗队等 133 个单位和张继政、李兰颂等 120 人民族团结进步模范称号。

决定强调：希望荣获民族团结进步模范称号的单位和个人，戒骄戒躁，再接再厉，不断取得新成绩。希望全国各族人民以民族团结进步模范为榜样，为维护祖国统一，增进民族团结，促进各民族共同繁荣作出更大贡献。

附录：民族团结进步模范集体、模范个人名单

民族团结进步模范集体、模范个人名单

中国红十字会总会

中国红十字基金会赴西藏志愿医疗队

李兰颂　男　汉族　中国红十字基金会副秘书长

刘平　男　汉族　哈尔滨医科大学第一临床医学院眼科副主任医师

周军　男　汉族　北京市同仁医院眼科主治医师

冯永明　男　汉族　光明集团股份有限公司总裁

（摘自《人民日报》
1999 年 1 月 16 日第 8 版）

全国红十字会系统先进集体和先进工作者

《关于表彰全国红十字会系统先进集体和先进工作者的决定》

（人发〔2002〕31 号
2002 年 3 月 22 日）

各省、自治区、直辖市人事厅（局）、红十字会：

新中国成立后，特别是改革开放以来，在党中央、国务院的领导和社会各界的支持下，我国红十字事业蓬勃发展。1993 年 10 月 31 日《中华人民共和国红十字会法》的颁布施行，是我国红十字事业发展史上的一个里程碑。从此，全国各级红十字会组织和广大红十字工作者，以邓小平理论为指导，认真学习、努力实践“三个代表”重要思想，坚持依法建会、依法治会和依法兴会，抓住机遇，开拓进取，把国际红十字运动的基本原则与中国社会主义建设的实际相结合，积极探索建设有中国特色的红十字事业。在自身建设、备灾救灾工作、群众性卫生救护知识培训、社区服务、开展红十字青少年活动、推动无偿献血、进行社会救助、台湾事务工作以及对外交往等方面都取得了显著成绩，涌现出一大批先进集体和先进工作者。

为表彰他们的模范事迹，进一步弘扬“人道、博爱、奉献”的红十字精神，人事部、中国红十字会总会决定：授予北京市红十字会等31个单位“全国红十字会系统先进集体”荣誉称号；授予杨有平等30人“全国红十字会系统先进工作者”荣誉称号。被授予“全国红十字会系统先进工作者”荣誉称号的人员，享受省部级劳动模范和先进工作者待遇。

受到表彰的先进集体和先进工作者，有的从事红十字工作几十年，为红十字事业辛勤耕耘；有的锐意进取、开拓创新；有的埋头苦干，无私奉献；有的多方筹资，开展社会救助活动，把党和政府的关怀送到千家万户。他们以优异的成绩和良好的作风，赢得了广大人民群众的信赖和赞誉，展现了新时期红十字工作者高尚的思想品质和良好的精神风貌。

人事部、中国红十字会总会号召各级红十字会组织和全体红十字工作者向受到表彰的先进集体和先进工作者学习。学习他们开拓进取、不断创新、与时俱进的改革精神；学习他们心系群众、爱岗敬业、奉献爱心的高尚情操；学习他们艰苦奋斗、不辞辛劳、扎实工作的优良作风。希望受到表彰的先进集体和先进工作者把荣誉作为新的起点，谦虚谨慎，戒骄戒躁，再接再厉，为红十字事业作出新的更大的贡献。

全国各级红十字会组织和全体红十字工作者要以先进模范为榜样，高举邓小平理论伟大旗帜，紧密团结在以江泽民为核心的党中央周围，以“三个代表”重要思想为指导，齐心协力，努力拼搏，为建设有中国特色的红十字事业，为社会主义两个文明建设作出新的更大的贡献，以优异的成绩迎接党的十六大的胜利召开。

中国红十字会系统先进集体名单

（2002年）

北京市红十字会
天津市红十字会
河北省石家庄市红十字会
山西省晋城市红十字会
内蒙古自治区通辽市红十字会
辽宁省沈阳市红十字会
吉林省延边州红十字会
黑龙江省密山市红十字会
上海市红十字会
江苏省红十字会
浙江省常山县红十字会
安徽省铜陵市红十字会
福建省厦门市红十字会
江西省九江市红十字会
山东省红十字会
河南省焦作市红十字会
湖北省武汉市武昌区红十字会
湖南省慈利县红十字会
广东省广州市红十字会
广西壮族自治区柳州市红十字会
海南省琼山市红十字会
四川省广元市红十字会
重庆市红十字会
贵州省贵阳市云岩区红十字会
云南省红十字会
西藏自治区红十字会赈济部
陕西省西安市红十字会

甘肃省天水市红十字会
青海省西宁市红十字会
宁夏回族自治区固原地区红十字会
新疆维吾尔自治区乌鲁木齐市红十字会

中国红十字会系统先进工作者名单

（2002 年）

杨有平，女，50 岁，北京市通州区红十字会秘书长。

李彭林，女，53 岁，天津市汉沽区红十字会办公室主任。

曹雪梅，女，44 岁，河北省邯郸市红十字会秘书长。

杨竹梅，女，42 岁，山西省大同市红十字会专职副会长兼秘书长。

云曙碧，女，78 岁，内蒙古自治区红十字会会长。

郭春英，女，47 岁，辽宁省锦州市红十字会秘书长。

韩丽娟，女，40 岁，吉林省红十字会专职副会长。

崔淑珍，女，45 岁，黑龙江省哈尔滨市红十字会秘书长。

孙国华，女，54 岁，上海市南汇区红十字会常务副会长。

蔡丽萍，女，36 岁，江苏省响水县红十字会秘书长。

龚学跃，男，52 岁，浙江省乐清市红十字会秘书长。

赵胜利，女，54 岁，安徽省合肥市红十字会秘书长兼办公室主任。

陈金治，女，40 岁，福建省莆田市莆田县红十字会干部。

李安海，女，48 岁，江西省南昌市红十字会秘书长。

张玉荣，女，57 岁，山东省济宁市红十字会常务副会长。

严淑华，女，45 岁，河南省许昌市红十字会秘书长。

柯剑，男，44 岁，湖北省咸宁市红十字会秘书长。

赵云英，女，47 岁，湖南省衡东县红十字会副会长。

赵敢，男，59 岁，广西壮族自治区百色地区红十字会秘书长。

卓英，男，54 岁，海南省红十字会常务副会长。

赵国荣，女，47 岁，四川省红十字会主任科员。

彭东鲁，男，46 岁，重庆市大足县红十字会副会长兼秘书长。

郭介华，男，57 岁，贵州省铜仁地区副会长兼秘书长。

次仁旺堆，男，46 岁，西藏自治区红十字会秘书长。

李辛，女，53 岁，陕西省宝鸡市红十字会专职副会长兼秘书长。

郑怀安，男，55 岁，甘肃省红十字会秘书长。

尼玛，女，44 岁，青海省红十字会专职副会长。

刘静，女，43 岁，宁夏回族自治区红十字会秘书长。

马春丽，女，40 岁，新疆维吾尔自治区昌吉州红十字会专职副会长。

《关于表彰全国红十字会系统先进集体和先进工作者的决定》

（国人部发〔2004〕88 号）

各省、自治区、直辖市人事厅（局）、红十字会：

在党中央、国务院的领导和关怀下，全国各级红十字会及广大红十字工作者，以邓小平理论和“三个代表”重要思想为指导，全面贯彻党的十六大精神，树立和落实科学发展观，坚持依法建会、依法治会和依法兴会，扎实工作、无私奉献，充分发挥了在人道主义救助工作领域政府助手的作用，涌现出一大批先进集体和先进个人。

为表彰他们的模范事迹，弘扬“人道、博爱、奉献”的红十字精神，人事部、中国红十字会总会决定：授予北京市西城区红十字会等 29 个集体“全国红十字会系统先进集体”荣誉称号；授予斯日古楞等 10 名个人“全国红十字会系统先进工作者”荣誉称号。被授予“全国红十字会系统先进工作者”荣誉称号的个人享受省部级劳动模范和先进工作者待遇。希望受到表彰的先进集体和个人珍惜荣誉，发扬成绩，戒骄戒躁，再立新功。

全国各级红十字会和全体红十字工作者要以受表彰的先进集体和个人为榜样，在以胡锦涛为总书记的党中央领导下，高举邓小平理论和“三个代表”重要思想伟大旗帜，解放思想，实事求是，开拓创新，与时俱进，不断推进中国红十字事业的发展，为全面建设小康社会、实现中华民族的伟大复兴而不懈奋斗。

中国红十字会系统先进集体名单

（2004 年）

北京市西城区红十字会
天津市大港区红十字会
河北省保定市红十字会
山西省大同市城区红十字会
内蒙古自治区呼和浩特市红十字会
辽宁省辽阳市红十字会
吉林省通化市红十字会
黑龙江省佳木斯市红十字会
上海市南汇区红十字会
浙江省瑞安市红十字会
安徽省宿州市红十字会
福建省南安市红十字会
江西省南昌市红十字会
山东省济宁市红十字会
河南省红十字会
湖北省黄冈市蕲春县红十字会
湖南省红十字会
广东省肇庆市广宁县红十字会
海南省儋州市红十字会
四川省泸州市红十字会
重庆市开县红十字会
贵州省贵阳市红十字会

云南省红十字会备灾救灾中心
西藏自治区拉萨市城关区红十字会
陕西省宝鸡市红十字会
青海省红十字会
宁夏回族自治区红十字会
新疆维吾尔自治区红十字会

中国红十字会系统先进工作者名单

（2004 年）

斯日古楞，女，55 岁，内蒙古自治区赤峰市红十字会常务副会长。

刘琳娜，女，49 岁，辽宁省红十字会常务副会长。

周莉，女，40 岁，黑龙江省伊春市红十字会秘书长。

史庆荣，女，48 岁，安徽省滁州市红十字会秘书长。

刘丽萍，女，51 岁，山东省青岛市红十字会常务副会长。

牛茂修，男，44 岁，河南省安阳市红十字会专职副会长。

龙军胜，男，49 岁，广西壮族自治区红十字会秘书长。

喇建康，男，42 岁，四川省凉山州红十字会秘书长。

阮姮，女，47 岁，云南省昆明市红十字会常务副会长。

李云，女，55 岁，新疆维吾尔自治区阿克苏地区红十字会主任科员。

人力资源和社会保障部 中国红十字会总会《关于表彰全国红十字会系统先进集体和先进工作者的决定》

（人社部发〔2009〕120 号
2009 年 10 月 15 日）

各省、自治区、直辖市人力资源社会保障（人事、劳动保障）厅（局）、红十字会，新疆生产建设兵团人事局、劳动保障局、红十字会：

近年来，在党中央、国务院的正确领导下，全国红十字会系统广大干部职工以邓小平理论和“三个代表”重要思想为指导，深入贯彻落实科学发展观，认真履行《中华人民共和国红十字会法》赋予的职责，改革创新，锐意进取，扎实工作，为推动红十字事业快速发展作出了突出贡献，涌现出一大批先进集体和先进个人。

为表彰先进，弘扬“人道、博爱、奉献”的红十字精神，进一步调动全国红十字会系统广大干部职工的积极性和创造性，人力资源和社会保障部、红十字会总会决定，授予北京市红十字会紧急救援中心等 31 个单位“全国红十字会系统先进集体”荣誉称号；授予内蒙古自治区锡林郭勒盟红十字会阿穆古朗等 10 人“全国红十字会系统先进工作者”荣誉称号，享受省部级劳动模范和先进工作者待遇。希望受到表彰的先进集体和先进个人珍惜荣誉，再接再厉，为红十字事业的发展再立新功。

全国红十字会系统广大干部职工要以受表彰的先进集体和先进个人为榜样，更加紧密地团结在以胡锦涛为总书记的党中央周围，高举中国特色社会主义伟大旗帜，以邓小平理论和“三个代表”重要思想为指导，深入贯彻落实科学发展观，扎实工作，锐意进取，为构建社会主义和谐社会，开创中国特色社会主义事业新局面而努力奋斗。

全国红十字会系统先进集体名单（2009 年）

（31 个）

北京市红十字会紧急救援中心
天津市北辰区红十字会
河北省红十字会
山西省太原市红十字会
内蒙古自治区呼伦贝尔市红十字会
辽宁省大连市红十字会
吉林省红十字会
黑龙江省佳木斯市郊区红十字会
上海市徐汇区红十字会
江苏省南京市红十字会
浙江省舟山市红十字会
安徽省红十字会
福建省福州市红十字会
江西省红十字会
山东省滨州市红十字会
河南省郑州市红十字会
湖北省红十字会
湖南省娄底市红十字会
广东省红十字会
广西壮族自治区南宁市红十字会
海南省文昌市红十字会
重庆市垫江县红十字会
四川省内江市红十字会
贵州省红十字会救护培训指导中心
云南省德宏傣族景颇族自治州红十字会
陕西省安康市石泉县红十字会
甘肃省红十字会
青海省红十字会备灾救灾中心
宁夏回族自治区石嘴山市红十字会
新疆维吾尔自治区阿勒泰地区红十字会
新疆生产建设兵团农三师图木舒克市红十字会

全国红十字会系统先进工作者名单（2009 年）

（10 名）

阿穆古朗（蒙古族） 内蒙古自治区锡林郭勒盟红十字会常务副会长

杨　笑　辽宁省红十字会秘书长

丁超英（女） 上海市南汇区红十字会常务副会长

钱俊友　浙江省瑞安市红十字会副会长

李明珠（女） 福建省厦门市红十字会副会长兼秘书长

季庆林 山东省济宁市红十字会党组书记、常务副会长

张丽岩（女） 湖南省株洲市红十字会党组书记、常务副会长

李远珍（女） 重庆市开县红十字会专职副会长兼秘书长

郝正荣 四川省雅安市红十字会常务副会长

古丽斯坦·艾地格尔（女，维吾尔族）新疆维吾尔自治区喀什市红十字会常务副会长

人力资源和社会保障部 中国红十字会总会《关于表彰全国红十字会系统先进集体和先进工作者的决定》

2015 年 1 月 22 日

各省、自治区、直辖市及新疆生产建设兵团人力资源社会保障厅（局）、红十字会：

近年来，在党中央、国务院的正确领导下，全国红十字会系统广大干部职工以邓小平理论、“三个代表”重要思想、科学发展观为指导，深入贯彻落实党的十八大和十八届三中、四中全会精神，认真履行救灾、救护、救助等职责，锐意进取，扎实工作，为促进红十字事业又好又快发展作出了积极贡献，涌现出一大批先进集体和个人。

为表彰先进，树立典型，弘扬“人道、博爱、奉献”的红十字精神，激发广大红十字工作者的积极性和创造性，人力资源和社会保障部、中国红十字会总会决定，授予北京市红十字会紧急救援中心等 32 个单位“全国红十字会系统先进集体”荣誉称号；授予李晓军等 10 名同志“全国红十字会系统先进工作者”荣誉称号。获得“全国红十字会系统先进工作者”荣誉称号的人员享受省部级先进工作者和劳动模范待遇。希望受到表彰的先进集体和先进个人珍惜荣誉，再接再厉，更好地发挥模范带头作用。

全国红十字会系统广大干部职工要以受表彰的先进集体和先进个人为榜样，更加紧密地团结在以习近平同志为核心的党中央周围，认真贯彻落实党中央、国务院的决策部署，坚定不移地走中国特色社会主义红十字事业发展道路，开拓进取，奋发有为，为全面建成小康社会、全面深化改革、全面推进依法治国和实现中华民族伟大复兴的中国梦作出新的更大贡献！

附件 1

全国红十字会系统先进集体名单
（32 个）

北京市红十字会紧急救援中心

天津市和平区红十字会

河北省唐山市红十字会

山西省大同市红十字会

内蒙古自治区鄂尔多斯市红十字会

辽宁省鞍山市红十字会

吉林省延边朝鲜族自治州红十字会

黑龙江省哈尔滨市红十字会

上海市浦东新区红十字会

江苏省无锡市红十字会

浙江省绍兴市红十字会

安徽省宿州市红十字会

福建省厦门市红十字会

江西省新余市红十字会

中国造血干细胞捐献者资料库山东分库

河南省郑州市红十字会

湖北省神农架林区红十字会

湖南省长沙市红十字会

广东省中山市红十字会

广西壮族自治区柳州市红十字会

海南省昌江县红十字会

重庆市垫江县红十字会

四川省阿坝藏族羌族自治州红十字会

贵州省红十字会“绿色家园行动”推进办公室

云南省红河哈尼族彝族自治州红十字会

陕西省西安市红十字会

甘肃省庆阳市红十字会

青海省西宁市红十字会

宁夏回族自治区固原市红十字会

新疆维吾尔自治区乌鲁木齐市红十字会

新疆生产建设兵团第三师图木舒克市红十字会

中国红十字会总会赈济救护部灾害管理处

附件 2

全国红十字会系统先进工作者名单

（10 名）

李晓军（女）　北京市房山区红十字会业务部主任

严瑞生　山西省隰县红十字会专职副会长、秘书长

梅世民　河南省固始县红十字会常务副会长

胡　林（女）　中国造血干细胞捐献者资料库湖北分库管理中心干部

欧　奕（女）　广西壮族自治区南宁市青秀区红十字会常务副会长

刘俊华（女、侗族）　贵州省铜仁市红十字会综合科科长

番　林　云南省红十字会赈济救护部副部长

尚玉芳（女）　陕西省长武县红十字会常务副会长

王海涛（回族）　青海省红十字会赈济救护部部长

周孝勇　新疆生产建设兵团第三师图木舒克市红十字会主任科员

无偿献血表彰

关于表彰 2014—2015 年度无偿献血奉献奖金奖等奖项获奖者的决定

国卫医发〔2016〕73 号

各省、自治区、直辖市卫生计生委、红十字会，新疆生产建设兵团卫生局、红十字会，军队有关单位：

《中华人民共和国献血法》施行以来，在各级政府的领导下，社会各界大力践行社会主义核心价值观，弘扬献血救人的无私奉献精神，各地涌现出了一大批先进个人、单位和部队。为表彰先进，鼓励社会、公民关心、支持、参与无偿献血工作，根据《中华人民共和国献血法》和《全国无偿献血表彰奖励办法（2014 年修订）》的规定，经地方有关部门推荐并按照相关规定向社会进行了公示，国家卫生计生委、中国红十字会总会、中央军委后勤保障部卫生局决定，对 2014—2015 年度在无偿献血工作中作出突出成绩的黎志明等 48329 名同志授予“无偿献血奉献奖金奖”，王开莲等 59208 名同志授予“无偿献血奉献奖银奖”，郭晓雅等 180971 名同志授予“无偿献血奉献奖铜奖”；王延波等 162 名同志、北京协和医院爱心献血团队等 374 个单位授予“无偿献血促进奖”；宗立锋等 7927 名同志授予“无偿献血志愿服务奖”；天津市等 11 个省（市）和河北省石家庄市等 265 个市（区）授予“无偿献血先进省（市）奖”；北京卫戍区等 17 个军队单位授予“无偿献血先进部队奖”；王永州等 1527 名同志授予“无偿捐献造血干细胞奖”。

国家卫生计生委、中国红十字会总会、中央军委后勤保障部卫生局现公布获奖者名单，请各省、自治区、直辖市组织表彰活动，对获奖的单位和个人予以表彰，加大无偿献血工作的宣传和推动力度。希望获奖的个人、单位和地方珍惜荣誉，继续发挥模范带头作用，带动社会公众支持和参与无偿献血工作。我们号召社会各界以他们为榜样，弘扬献血救人的无私奉献和人道主义精神，捐献可以再生的血液，挽救不可重来的生命，为推动社会文明进步和建设健康中国贡献力量。

国家卫生计生委　中国红十字会总会
中央军委后勤保障部卫生局
2016 年 12 月 27 日

造血干细胞捐献

造血干细胞捐献者名录（2016 年）

序号	荣誉证书号	分库	捐献者	序号	荣誉证书号	分库	捐献者
1	4184	河南	黄　伟	25	5396	广西	易春玉
2	4459	新疆	王　方	26	5397	福建	陈少伟
3	4764	福建	黄仙永	27	5398	江苏	范石磊
4	5164	山东	扈秀花	28	5399	江苏	姜元军
5	5376	广西	杨　斌	29	5400	江苏	华　岩
6	5377	吉林	张连河	30	5401	河北	何　蕾
7	5378	吉林	郭　丽	31	5402	河南	张瑞平
8	5379	湖北	冯浚森	32	5403	山西	杨晨光
9	5380	广东	钟运科	33	5404	广西	韦宾骏
10	5381	新疆	刘红奇	34	5405	广西	周　云
11	5382	山东	邢　彬	35	5406	山东	满增彬
12	5383	广西	李青翰	36	5407	广东	杜金波
13	5384	广西	陆艳玉	37	5408	山东	周春凤
14	5385	湖北	李荣停	38	5409	河南	闫建强
15	5386	河北	牛晓珍	39	5410	广东	张佳鑫
16	5387	广西	杨　璇	40	5411	内蒙古	苑璐颖
17	5388	广东	杨迎光	41	5412	广东	余健兰
18	5389	河南	梁国明	42	5413	江苏	张吉刚
19	5390	湖北	丁源彪	43	5414	江苏	周　敏
20	5391	河北	张占谦	44	5415	江苏	周　静
21	5392	安徽	徐　煌	45	5416	江苏	韩素玲
22	5393	四川	闫金成	46	5417	山东	杜　鹏
23	5394	浙江	袁　斐	47	5418	河北	李华光
24	5395	河北	牛晓红	48	5419	山东	孟宪胜

续表

序号	荣誉证书号	分库	捐献者	序号	荣誉证书号	分库	捐献者
49	5420	河北	赵旭超	74	5445	广东	陈彦辉
50	5421	山东	盛　娟	75	5446	湖南	陈　敬
51	5422	河北	杨秀群	76	5447	上海	诸佳维
52	5423	河北	宋　靓	77	5448	宁夏	任　杰
53	5424	四川	赵子良	78	5449	湖北	张民雄
54	5425	河南	郑保才	79	5450	上海	施明珠
55	5426	上海	邵迎海	80	5451	河北	聂铁雷
56	5427	广西	韦美秀	81	5452	河南	毋成成
57	5428	贵州	杨　婵	82	5453	河南	张明洋
58	5429	上海	彭　恺	83	5454	广东	马　岚
59	5430	湖南	刘　萌	84	5455	河南	武绍玮
60	5431	江苏	张洪波	85	5456	湖南	杨　娟
61	5432	湖南	龚金龙	86	5457	宁夏	丁　伟
62	5433	北京	宋　明	87	5458	湖北	罗会军
63	5434	广东	欧阳玉华	88	5459	河南	王东海
64	5435	浙江	陈仁宽	89	5460	河南	陈兆国
65	5436	湖北	周明波	90	5461	河南	李　培
66	5437	北京	邢佳齐	91	5462	广东	冯明坤
67	5438	江苏	吴雪忠	92	5463	河南	王振川
68	5439	天津	李　强	93	5464	湖北	方慧仙
69	5440	山东	邵　民	94	5465	湖北	孙文祥
70	5441	湖南	周雄伟	95	5466	山东	徐金培
71	5442	山西	郭国芳	96	5467	山东	武国勇
72	5443	上海	王　磊	97	5468	山东	尹贻国
73	5444	河北	张　静	98	5469	山东	冉令宾

续表

序号	荣誉证书号	分库	捐献者	序号	荣誉证书号	分库	捐献者
99	5470	山东	梁　军	124	5495	河南	华丹丹
100	5471	山西	高俊明	125	5496	贵州	周光裕
101	5472	浙江	魏建中	126	5497	山东	张莉莉
102	5473	江西	姜闵林	127	5498	河南	曹培智
103	5474	宁夏	王小泉	128	5499	广东	王文合
104	5475	陕西	张　康	129	5500	新疆	马淑萍
105	5476	四川	程　琳	130	5501	云南	涂宋文
106	5477	湖南	孔庆山	131	5502	江苏	王　萌
107	5478	湖南	黄得雨	132	5503	山东	潘　凯
108	5479	陕西	薛庆歌	133	5504	山东	任纪平
109	5480	新疆	甫鲁瓦·吐雅	134	5505	山东	孙德林
110	5481	北京	冯万忻	135	5506	河南	郑灿银
111	5482	上海	陆丹琼	136	5507	上海	张正耀
112	5483	福建	彭艳春	137	5508	天津	姜国芬
113	5484	河北	王　靖	138	5509	黑龙江	张亭宇
114	5485	安徽	鲍广红	139	5510	吉林	张云波
115	5486	山东	马砚明	140	5511	广西	吴增厚
116	5487	湖北	陆嘉铭	141	5512	广西	章天明
117	5488	贵州	张　特	142	5513	广东	廖绮萍
118	5489	山东	刘建伟	143	5514	辽宁	王　枭
119	5490	新疆	芦小玲	144	5515	湖北	汪海昌
120	5491	山西	欧亚飞	145	5516	河南	张　瑜
121	5492	湖北	朱　聪	146	5517	河南	刘永峰
122	5493	江苏	王忆汐	147	5518	四川	曾维山
123	5494	重庆	朱　祥	148	5519	云南	张国荣

续表

序号	荣誉证书号	分库	捐献者	序号	荣誉证书号	分库	捐献者
149	5520	四川	陈　琅	174	5545	浙江	李海荣
150	5521	河南	程文霞	175	5546	广西	朱　萌
151	5522	河南	郭晓明	176	5547	广西	杨　雯
152	5523	湖北	覃乐义	177	5548	江苏	蒲运红
153	5524	广东	梁俭明	178	5549	江苏	王飞虎
154	5525	浙江	孟　晨	179	5550	河南	赵二峰
155	5526	浙江	竺玉峰	180	5551	广东	白　航
156	5527	辽宁	陈　阳	181	5552	江苏	王舒望
157	5528	江苏	戴洪林	182	5553	辽宁	高添铭
158	5529	山东	高　亮	183	5554	湖南	龙东波
159	5530	河南	张秋芬	184	5555	湖南	李俊威
160	5531	河南	薛　冰	185	5556	江西	刘　翔
161	5532	山东	杜　智	186	5557	山西	杨晨光
162	5533	河南	卢丽萍	187	5558	重庆	王向东
163	5534	湖北	陈　辉	188	5559	广东	杨　菲
164	5535	安徽	程　敏	189	5560	河南	李志东
165	5536	新疆	赵　翔	190	5561	广西	卢诗婷
166	5537	海南	蔡乙宾	191	5562	安徽	吴　钦
167	5538	湖北	彭　舟	192	5563	北京	高　寒
168	5539	湖南	王　景	193	5564	河南	张　乐
169	5540	北京	焦海健	194	5565	广西	梅顺源
170	5541	北京	赵　峥	195	5566	福建	蓝　江
171	5542	北京	谢　良	196	5567	云南	杨万顺
172	5543	天津	邵晨达	197	5568	湖北	冯道衡
173	5544	浙江	章秀娟	198	5569	广东	廖树斌

续表

序号	荣誉证书号	分库	捐献者	序号	荣誉证书号	分库	捐献者
199	5570	辽宁	包永乐	224	5595	广东	张绮雯
200	5571	广东	李晓明	225	5596	江苏	花　晟
201	5572	山东	王　鑫	226	5597	山东	曹　勇
202	5573	山东	刘文奇	227	5598	江苏	韩　伟
203	5574	江苏	徐龙栋	228	5599	山东	王忠义
204	5575	广东	郑文刚	229	5600	江苏	张娟娟
205	5576	江苏	魏宝明	230	5601	海南	文　毅
206	5577	江苏	徐雪峰	231	5602	江苏	徐　川
207	5578	陕西	柯　勇	232	5603	浙江	赵　骞
208	5579	山东	孙　洋	233	5604	山西	朱　鹏
209	5580	湖北	龙光禄	234	5605	河北	陈松青
210	5581	北京	伊　和	235	5606	北京	王　川
211	5582	河北	王艳斌	236	5607	江苏	李运中
212	5583	浙江	徐维杰	237	5608	河北	李　燕
213	5584	河南	成绍丽	238	5609	湖北	孙　鑫
214	5585	河南	武　佳	239	5610	上海	陆　星
215	5586	湖南	缪映阳	240	5611	江苏	陈加封
216	5587	重庆	杨可可	241	5612	北京	王宏友
217	5588	贵州	张元海	242	5613	四川	冯　云
218	5589	上海	龚喆桦	243	5614	广东	冷　琼
219	5590	湖北	杨　慧	244	5615	北京	蒋　峰
220	5591	山东	赵　旭	245	5616	北京	陈　张
221	5592	山东	肖清卫	246	5617	上海	蔡亦琴
222	5593	江西	艾　维	247	5618	山东	王军华
223	5594	广东	李尚汉	248	5619	浙江	李海花

续表

序号	荣誉证书号	分库	捐献者	序号	荣誉证书号	分库	捐献者
249	5620	辽宁	安英云	274	5645	湖南	罗爱连
250	5621	湖南	易华锋	275	5646	湖南	康　明
251	5622	河北	郑仕超	276	5647	云南	赵　婧
252	5623	吉林	宋震宇	277	5648	湖北	刘娟娟
253	5624	广东	廖海华	278	5649	四川	李仲侠
254	5625	山东	张晓蓓	279	5650	北京	杨金钟
255	5626	湖南	吉　凯	280	5651	北京	杨金钟
256	5627	天津	李　凌	281	5652	北京	于　凤
257	5628	河北	安宇峰	282	5653	广东	艾兴国
258	5629	江西	袁志刚	283	5654	浙江	郭雯琳
259	5630	北京	高文晖	284	5655	河南	侯丹丹
260	5631	浙江	叶伟杰	285	5656	贵州	吴钦华
261	5632	浙江	侯大杰	286	5657	江苏	赵　建
262	5633	北京	卓梦华	287	5658	新疆	许　剑
263	5634	浙江	马丽敏	288	5659	河南	崔志民
264	5635	内蒙古	王彦锋	289	5660	山东	胡金功
265	5636	上海	杨　为	290	5661	天津	刘　君
266	5637	湖北	王　超	291	5662	河南	焦新涛
267	5638	湖北	陈迪志	292	5663	广东	冯土改
268	5639	浙江	陈玲缘	293	5664	江苏	卢　平
269	5640	浙江	蒋烨芳	294	5665	江苏	黄　丹
270	5641	河北	杨永祥	295	5666	河南	王志华
271	5642	广东	苏清意	296	5667	湖南	方丹东
272	5643	浙江	洪　毅	297	5668	河南	王素君
273	5644	上海	陆文杰	298	5669	青海	徐　倩

续表

序号	荣誉证书号	分库	捐献者	序号	荣誉证书号	分库	捐献者
299	5670	广东	丘广林	324	5695	浙江	刘洪远
300	5671	浙江	陈维维	325	5696	浙江	陈祖娟
301	5672	河南	杜小果	326	5697	海南	王友铖
302	5673	河南	张慧燕	327	5698	海南	丁海军
303	5674	贵州	朱麒霖	328	5699	甘肃	王　峰
304	5675	山东	汤增梁	329	5700	湖南	邓宇航
305	5676	青海	张君良	330	5701	宁夏	田彦学
306	5677	广西	安　娜	331	5702	河南	高　源
307	5678	河北	白双霞	332	5703	四川	李兰涛
308	5679	广东	黄　艳	333	5704	北京	孙　炎
309	5680	山东	李春刚	334	5705	黑龙江	范瑞星
310	5681	江苏	杨继业	335	5706	河南	郑迎旭
311	5682	天津	陶梦振	336	5707	河南	李广义
312	5683	湖北	贺金虎	337	5708	山西	辛春海
313	5684	内蒙古	刘　雷	338	5709	广东	周平喜
314	5685	山东	李景峰	339	5710	江苏	张志坚
315	5686	贵州	刘　勇	340	5711	新疆	梁成龙
316	5687	江苏	姜长宝	341	5712	广东	梁瑞标
317	5688	广东	席守红	342	5713	北京	江　薇
318	5689	河北	刘景曜	343	5714	广东	李大存
319	5690	河南	王晓亮	344	5715	广西	李析泽
320	5691	广东	钟挺挺	345	5716	辽宁	宫　玉
321	5692	江苏	石云根	346	5717	海南	胡恩学
322	5693	上海	周　阳	347	5718	浙江	林秀聘
323	5694	新疆	宦云龙	348	5719	河北	胡亚丹

续表

序号	荣誉证书号	分库	捐献者	序号	荣誉证书号	分库	捐献者
349	5720	河南	高　胜	374	5745	江苏	陆金良
350	5721	安徽	方晓天	375	5746	新疆	巩　固
351	5722	浙江	杨佩枫	376	5747	浙江	王泽君
352	5723	贵州	李朝杰	377	5748	河北	孟晓燕
353	5724	广东	陈少辉	378	5749	山东	孔令国
354	5725	陕西	温　龙	379	5750	广东	吴志林
355	5726	广东	付　涛	380	5751	浙江	金逸凡
356	5727	福建	陈建菁	381	5752	江西	梁红林
357	5728	江苏	季国晨	382	5753	青海	谢成勇
358	5729	海南	卢传清	383	5754	贵州	冉　聃
359	5730	河北	黄玉斌	384	5755	陕西	周万里
360	5731	浙江	严建良	385	5756	海南	刘　坤
361	5732	海南	邢文润	386	5757	青海	苏成鹏
362	5733	广西	梁秋丽	387	5758	上海	张居亮
363	5734	山东	张　辉	388	5759	新疆	魏子亮
364	5735	湖南	刘　盼	389	5760	广东	苏乐夫
365	5736	浙江	杨春菊	390	5761	湖北	胡道义
366	5737	山东	李　锋	391	5762	山东	毕建彩
367	5738	山东	杨　伟	392	5763	安徽	孙启伟
368	5739	山东	朱家鑫	393	5764	吉林	杨雪辉
369	5740	江苏	王益松	394	5765	陕西	周文瑜
370	5741	广东	王琪琛	395	5766	河南	刘宏彬
371	5742	广西	邓春华	396	5767	福建	黄凯成
372	5743	河南	铁江锋	397	5768	福建	陈志勇
373	5744	江苏	茆艳凤	398	5769	湖北	鞠元记

续表

序号	荣誉证书号	分库	捐献者	序号	荣誉证书号	分库	捐献者
399	5770	福建	仉世海	424	5795	山东	张玉英
400	5771	湖北	李凡康	425	5796	贵州	焦　三
401	5772	江苏	朱学军	426	5797	湖南	杨珍妮
402	5773	河南	武　浩	427	5798	湖南	李训亮
403	5774	天津	韩　磊	428	5799	湖南	杨美丽
404	5775	上海	王灿华	429	5800	湖南	张海宝
405	5776	海南	廖云峰	430	5801	山东	徐福浩
406	5777	浙江	薛　君	431	5802	广西	苏昌胜
407	5778	广东	麦杰伟	432	5803	宁夏	马生忠
408	5779	天津	张旭阳	433	5804	广东	黄泰尹
409	5780	浙江	陈书彭	434	5805	山东	张宝泉
410	5781	河北	赵江涛	435	5806	广东	刘坤颖
411	5782	湖北	周华堂	436	5807	河北	周子彤
412	5783	山东	周经海	437	5808	河南	蔡蕊芳
413	5784	山东	李　岩	438	5809	海南	王　曼
414	5785	海南	陈　磊	439	5810	广西	陈军旭
415	5786	广东	洪益群	440	5811	浙江	马海华
416	5787	内蒙古	孙宏颖	441	5812	江苏	王　利
417	5788	湖北	彭文武	442	5813	湖北	熊　恒
418	5789	浙江	夏伟权	443	5814	陕西	李　松
419	5790	广东	丁锐发	444	5815	湖南	唐　林
420	5791	河南	孙　宾	445	5816	上海	汪　伟
421	5792	山东	杨　彪	446	5817	北京	李　超
422	5793	河南	郝鲁梅	447	5818	河北	剧　雷
423	5794	山东	王元利	448	5819	浙江	肖　敏

续表

序号	荣誉证书号	分库	捐献者	序号	荣誉证书号	分库	捐献者
449	5820	安徽	宋　波	474	5845	宁夏	李兴泉
450	5821	广西	潘海飞	475	5846	北京	张培道
451	5822	辽宁	马　旭	476	5847	浙江	邵　卉
452	5823	广西	吴晓辉	477	5848	北京	朱继凡
453	5824	山东	高建伟	478	5849	广东	欧阳玉华
454	5825	上海	张育渊	479	5850	上海	赵　军
455	5826	北京	吴　迪	480	5851	上海	柳　畅
456	5827	河北	尚云霞	481	5852	湖北	张品友
457	5828	山西	刘　晶	482	5853	江苏	陶　伟
458	5829	安徽	唐　明	483	5854	江西	姜闵林
459	5830	河南	李　霞	484	5855	山东	夏治波
460	5831	辽宁	李　凯	485	5856	福建	陈　端
461	5832	广东	万志敏	486	5857	黑龙江	屈彦龙
462	5833	重庆	叶春燕	487	5858	河南	韩晋超
463	5834	江苏	张海涛	488	5859	海南	吴青波
464	5835	四川	曾　源	489	5860	北京	邢伟国
465	5836	江苏	杨　歉	490	5861	黑龙江	赵永军
466	5837	山东	张　云	491	5862	湖北	徐明奎
467	5838	湖南	李金星	492	5863	江苏	杨　笑
468	5839	浙江	骆少俊	493	5864	江苏	陆婷婷
469	5840	湖北	隋婷婷	494	5865	山东	杨书峥
470	5841	山西	申正岗	495	5866	广西	韦俊喜
471	5842	广西	潘定明	496	5867	广西	黄美玲
472	5843	山东	张冠群	497	5868	广东	李万冠
473	5844	广东	李家声	498	5869	辽宁	卢　默

续表

序号	荣誉证书号	分库	捐献者	序号	荣誉证书号	分库	捐献者
499	5870	山东	刘言振	524	5895	河北	张　越
500	5871	河北	杨小华	525	5896	江苏	蒋亚丰
501	5872	河南	吴要伟	526	5897	河北	米盼盼
502	5873	湖南	杜　军	527	5898	河南	范海燕
503	5874	山西	靳鹏举	528	5899	陕西	侯颖凡
504	5875	辽宁	杨文军	529	5900	贵州	杨　韬
505	5876	河南	高雅楠	530	5901	山西	魏金魁
506	5877	河南	周献伟	531	5902	江苏	黄成远
507	5878	河南	万宝午	532	5903	河南	庞松财
508	5879	河南	侯　刚	533	5904	广东	欧效智
509	5880	广东	刘钊圳	534	5905	云南	汪海超
510	5881	四川	刘　俊	535	5906	湖北	刘　震
511	5882	广东	陈杨鹏	536	5907	湖北	廖梦容
512	5883	浙江	胡东辉	537	5908	辽宁	李　竹
513	5884	福建	谢小倩	538	5909	山东	孙　波
514	5885	北京	冯　鑫	539	5910	福建	林舒丹
515	5886	福建	吴少威	540	5911	江苏	邓人福
516	5887	河北	杨海滨	541	5912	安徽	周德江
517	5888	江苏	丁亚锋	542	5913	广东	刘　红
518	5889	青海	陈芙蓉	543	5914	北京	曹　雪
519	5890	湖南	方雨秋	544	5915	山东	孟海燕
520	5891	湖南	刘　尚	545	5916	湖北	王新欢
521	5892	浙江	王李丰	546	5917	黑龙江	陈忠涛
522	5893	上海	邱　磊	547	5918	广东	陈惠苗
523	5894	浙江	张　玉	548	5919	河北	王爱民

续表

序号	荣誉证书号	分库	捐献者	序号	荣誉证书号	分库	捐献者
549	5920	上海	金　冲	574	5945	江苏	施　红
550	5921	浙江	李　吉	575	5946	广东	李富林
551	5922	浙江	翟隽隽	576	5947	广东	徐伟林
552	5923	北京	卜少彬	577	5948	河南	乔大海
553	5924	江苏	陆鹏飞	578	5949	河南	马德甫
554	5925	浙江	顾海丹	579	5950	福建	罗晓兵
555	5926	上海	陈铁坚	580	5951	广东	张旭庆
556	5927	天津	杨椏红	581	5952	广东	李恒松
557	5928	浙江	夏　勇	582	5953	广东	龙　旋
558	5929	河北	王　燕	583	5954	贵州	陈　将
559	5930	广西	罗宗凯	584	5955	湖北	韩　俊
560	5931	广东	刘英太	585	5956	上海	孙嘉元
561	5932	内蒙古	崔　涛	586	5957	内蒙古	母春茂
562	5933	广东	石文翔	587	5958	浙江	冯建明
563	5934	山东	张学刚	588	5959	广西	莫世平
564	5935	湖南	张　艳	589	5960	山东	白睿博
565	5936	湖南	周文轩	590	5961	山东	付叶艳
566	5937	河南	罗　汉	591	5962	贵州	卢凤贵
567	5938	广东	李鸿鹏	592	5963	河南	鲁惠秀
568	5939	广东	傅青龙	593	5964	贵州	乌家友
569	5940	山东	丁海涛	594	5965	江苏	蒋中伟
570	5941	浙江	程　晔	595	5966	山西	张彩凤
571	5942	河北	刘午华	596	5967	辽宁	薛生财
572	5943	广西	吴传华	597	5968	河北	仝立开
573	5944	江苏	季卫春	598	5969	江苏	朱天文

续表

序号	荣誉证书号	分库	捐献者	序号	荣誉证书号	分库	捐献者
599	5970	浙江	刘 慧	624	5995	浙江	彭剑明
600	5971	山东	刘伟男	625	5996	浙江	丁 聪
601	5972	山东	张 明	626	5997	浙江	宋杭阳
602	5973	山东	王保国	627	5998	浙江	琚长辉
603	5974	河南	付守辰	628	5999	天津	谭 兵
604	5975	天津	马利敏	629	6000	湖南	熊 军
605	5976	安徽	程 茜	630	6001	湖北	王 臻
606	5977	上海	朱 慧	631	6002	湖南	俞天润
607	5978	湖南	李清刚	632	6003	四川	张 旭
608	5979	河南	张珊珊	633	6004	河北	张海涛
609	5980	江苏	付深平	634	6005	江苏	刘步建
610	5981	江苏	高谏赟	635	6006	湖北	晏孟哲
611	5982	云南	冷吉柳	636	6007	江苏	杨 华
612	5983	山东	路 越	637	6008	广东	王红哲
613	5984	广东	林春浩	638	6009	贵州	杨 鹏
614	5985	河南	王昊天	639	6010	内蒙古	董成源
615	5986	安徽	张 锟	640	6011	广东	梁恒镖
616	5987	山西	张浩敏	641	6012	广西	吴秀富
617	5988	湖北	周昌华	642	6013	河南	陈俊伟
618	5989	四川	杨真军	643	6014	内蒙古	岳 萍
619	5990	广东	何建洪	644	6015	河南	胡桂芳
620	5991	河南	李香玲	645	6016	四川	童启蒙
621	5992	山西	牛小勇	646	6017	北京	刘 影
622	5993	广东	林亚缎	647	6018	辽宁	王太升
623	5994	浙江	韩炬彬	648	6019	广东	陈源峰

续表

序号	荣誉证书号	分库	捐献者	序号	荣誉证书号	分库	捐献者
649	6020	福建	李再金	674	6045	湖南	周　清
650	6021	广东	康小勇	675	6046	湖南	肖　明
651	6022	湖北	赵国森	676	6047	山东	张　焰
652	6023	海南	林海航	677	6048	云南	曾龙剑
653	6024	河北	栾长宝	678	6049	江苏	孙建成
654	6025	内蒙古	白文国	679	6050	江苏	王神其
655	6026	广东	付柳红	680	6051	内蒙古	安敬辉
656	6027	湖南	黄　辉	681	6052	湖南	陈耀武
657	6028	广东	冯志伟	682	6053	湖南	赵伟军
658	6029	黑龙江	黄海燕	683	6054	山东	牛俊昌
659	6030	广东	吴　庆	684	6055	内蒙古	陈洪军
660	6031	云南	罗如贵	685	6056	浙江	靳建锋
661	6032	山东	诸葛福国	686	6057	北京	江　薇
662	6033	山东	周小舟	687	6058	江苏	施振峰
663	6034	河南	张可军	688	6059	青海	龙勇军
664	6035	河南	侯继成	689	6060	青海	解邦莲
665	6036	浙江	潘方伟	690	6061	江苏	陈幸幸
666	6037	山东	孟凡彬	691	6062	山西	赵能能
667	6038	广东	邱　瑶	692	6063	江西	王文婧
668	6039	广西	魏庆华	693	6064	北京	王晋燕
669	6040	新疆	郭志勇	694	6065	浙江	林　隐
670	6041	山东	苏永福	695	6066	山东	王少新
671	6042	山东	刘昌春	696	6067	湖北	刘　辉
672	6043	江苏	余奭峰	697	6068	广西	黄运仁
673	6044	辽宁	包雪婷	698	6069	广西	蓝　芸

续表

序号	荣誉证书号	分库	捐献者	序号	荣誉证书号	分库	捐献者
699	6070	上海	赵旗志	724	6095	广东	曹乃钊
700	6071	广东	邓扬峰	725	6096	浙江	陈玲选
701	6072	广东	黄　欣	726	6097	浙江	祝定辉
702	6073	广东	彭文森	727	6098	河南	范连军
703	6074	福建	王芳明	728	6099	天津	朱　琳
704	6075	浙江	吴柏春	729	6100	云南	王　钦
705	6076	广东	张健江	730	6101	浙江	肖金凤
706	6077	浙江	朱　朋	731	6102	湖南	刘驭龙
707	6078	湖北	谢万兵	732	6103	河南	张国强
708	6079	上海	袁　青	733	6104	江苏	陈晓平
709	6080	安徽	王雯婕	734	6105	河北	李　明
710	6081	河北	孔金辉	735	6106	广东	刘广良
711	6082	河北	齐玉超	736	6107	山东	张国防
712	6083	上海	杜　鹏	737	6108	江苏	冯丽萍
713	6084	河南	崔州波	738	6109	云南	刘晓华
714	6085	河南	李新垒	739	6110	广东	李尚荣
715	6086	辽宁	刘合印	740	6111	福建	邱斌华
716	6087	辽宁	马艳玲	741	6112	广东	何生明
717	6088	山东	刘洪勇	742	6113	上海	俞立千
718	6089	山东	赵　静	743	6114	北京	黄　迪
719	6090	陕西	毛宜西	744	6115	江苏	高　悦
720	6091	内蒙古	王利利	745	6116	浙江	潘晓云
721	6092	江苏	缪爱华	746	6117	北京	罗文源
722	6093	江苏	刘　川	747	6118	山东	陈何缘
723	6094	江西	黄正旭	748	6119	河南	詹光志

续表

序号	荣誉证书号	分库	捐献者	序号	荣誉证书号	分库	捐献者
749	6120	江苏	陈燕忠	774	6145	江苏	钟　倩
750	6121	山西	孟小平	775	6146	湖北	龚道政
751	6122	江苏	徐玉立	776	6147	江西	张志恬
752	6123	云南	胡学业	777	6148	河南	李　涛
753	6124	江苏	沈　洁	778	6149	湖南	李赛英
754	6125	河北	杨秀义	779	6150	云南	杨良忠
755	6126	浙江	马群霞	780	6151	广东	廖　影
756	6127	湖北	张双平	781	6152	江苏	刘志刚
757	6128	河南	刘　旭	782	6153	江苏	王国圣
758	6129	四川	任仕强	783	6154	江苏	魏　燕
759	6130	甘肃	赖　鑫	784	6155	河南	李　晶
760	6131	贵州	蒲　甫	785	6156	广东	欧阳孔桂
761	6132	山东	彭　勇	786	6157	天津	隋洪飞
762	6133	广西	覃乃策	787	6158	上海	盛健安
763	6134	上海	邱　佳	788	6159	内蒙古	赵　鹏
764	6135	安徽	乔龙旗	789	6160	山西	武国锋
765	6136	湖北	李秀敏	790	6161	湖北	周　玥
766	6137	浙江	陈　军	791	6162	福建	熊自招
767	6138	河北	刘　杰	792	6163	广东	江勇军
768	6139	河南	陈新有	793	6164	浙江	吴　谦
769	6140	北京	金　欢	794	6166	浙江	宋建胜
770	6141	浙江	唐凯强	795	6167	浙江	陈治源
771	6142	北京	苗　伟	796	6168	浙江	章兵华
772	6143	河北	靳栓柱	797	6169	广西	陈向斌
773	6144	江苏	周伟伟	798	6170	山东	丁肇伟

续表

序号	荣誉证书号	分库	捐献者	序号	荣誉证书号	分库	捐献者
799	6171	黑龙江	赵　鹏	814	6186	湖南	易　恋
800	6172	云南	陶顺强	815	6187	湖南	李首军
801	6173	山东	徐福浩	816	6188	湖南	罗　诚
802	6174	北京	吕天节	817	6189	青海	杨得明
803	6175	江苏	封　声	818	6190	内蒙古	杜　勇
804	6176	江苏	李红阳	819	6191	湖北	李　成
805	6177	贵州	何永松	820	6192	江苏	李玉珍
806	6178	贵州	朱美才	821	6193	江苏	蔡玉宝
807	6179	云南	刘　凯	822	6194	浙江	徐　钧
808	6180	北京	孔　顺	823	6195	甘肃	李慧芳
809	6181	山东	王明永	824	6196	北京	毛　宇
810	6182	福建	池善漂	825	6197	浙江	王　立
811	6183	河南	李振华	826	6198	浙江	艾延开
812	6184	河南	陈桂林	827	6199	浙江	王越萍
813	6185	河南	庞林立	828	6200	广西	潘　淳

造血干细胞捐献者名录（2017年）

序号	荣誉证书号	分库	捐献者	序号	荣誉证书号	分库	捐献者
1	6165	浙江	冯 威	26	6225	江苏	黄 枭
2	6201	黑龙江	梁 辰	27	6226	江西	谢汝球
3	6202	北京	于 凤	28	6227	湖北	杨长均
4	6203	上海	池 强	29	6228	广东	华秋林
5	6204	新疆	邱 煜	30	6229	广东	杨荣佳
6	6205	北京	刘 羽	31	6230	山东	乔西光
7	6206	重庆	朱章黔	32	6231	辽宁	高晓霞
8	6207	重庆	冷群英	33	6232	辽宁	刘 微
9	6208	河北	宋晓鹏	34	6233	广西	陶婷婷
10	6209	山东	李延安	35	6234	山东	吴俊燕
11	6210	山东	常春晓	36	6235	云南	陈晓庆
12	6211	内蒙古	张 杰	37	6236	上海	徐晓霞
13	6212	广西	卢燕琼	38	6237	山东	杜新勇
14	6213	山西	崔晋军	39	6238	广东	刘晓君
15	6214	河南	贾荣莲	40	6239	广东	简文佳
16	6215	河南	朱冠军	41	6240	江苏	周希涛
17	6216	山东	刘延会	42	6241	河北	杜 飞
18	6217	江苏	邢晓鹤	43	6242	广西	陈斯雅
19	6218	河北	刘 彪	44	6243	广西	梁 毅
20	6219	山东	秦小杰	45	6244	广东	陈钊敏
21	6220	浙江	王 蔷	46	6245	山东	郭春霞
22	6221	湖南	彭中华	47	6246	天津	周润辉
23	6222	湖南	兰 翔	48	6247	河南	王腾飞
24	6223	贵州	杨通海	49	6248	海南	周福实
25	6224	广东	聂星贤	50	6249	广东	霍智辉

续表

序号	荣誉证书号	分库	捐献者	序号	荣誉证书号	分库	捐献者
51	6250	广东	曹祥福	78	6277	湖北	周 游
52	6251	江苏	马如意	79	6278	湖北	周小兵
53	6252	上海	郁俊辉	80	6279	吉林	张 涛
54	6253	黑龙江	王治山	81	6280	广西	梁 超
55	6254	河北	李 松	82	6281	河南	曹红卫
56	6255	河南	白建卫	83	6282	河南	王山山
57	6256	广东	吴乙南	84	6283	湖北	裴传胜
58	6257	广东	叶镇荣	85	6284	陕西	王 辉
59	6258	广东	李梓骞	86	6285	湖南	付 杰
60	6259	浙江	徐飞	87	6286	湖南	谭晓阳
61	6260	湖南	禹荣钦	88	6287	湖南	何 昊
62	6261	广西	蒙云江	89	6288	甘肃	杨博文
63	6262	广西	欧俊辉	90	6289	江苏	杨小源
64	6263	宁夏	马 兵	91	6290	江苏	田壮壮
65	6264	广东	钟梓沣	92	6291	江苏	蔡敬行
66	6265	广东	陈伟胜	93	6292	广东	余文森
67	6266	广东	潘韶桐	94	6293	北京	刘 冰
68	6267	湖南	严名河	95	6294	贵州	黄冬菊
69	6268	湖北	邓玉华	96	6295	新疆	阿山别克
70	6269	广西	莫 怿	97	6296	浙江	王冬良
71	6270	江西	欧阳志亮	98	6297	福建	卓 永
72	6271	江西	肖冬香	99	6298	江苏	刘泽亮
73	6272	山东	王丽娜	100	6299	江苏	黄玉龙
74	6273	山东	刘正芳	101	6300	湖北	张英俊
75	6274	山东	王梓宁	102	6301	广东	梁 松
76	6275	山东	刘 生	103	6302	广东	胡烈对
77	6276	河北	钱习然	104	6303	浙江	钟卫峰

续表

序号	荣誉证书号	分库	捐献者	序号	荣誉证书号	分库	捐献者
105	6304	浙江	朱震亮	132	6331	湖北	杨　铁
106	6305	湖北	胡建华	133	6332	湖北	黄孟菲
107	6306	宁夏	薛　海	134	6333	广东	邓松生
108	6307	安徽	柳　林	135	6334	河南	李　楠
109	6308	海南	王辉甲	136	6335	山东	武玉明
110	6309	北京	秦增辉	137	6336	湖北	柯　林
111	6310	河南	陈营垒	138	6337	江苏	刘　威
112	6311	安徽	冯玉荣	139	6338	广西	苏振龙
113	6312	广西	江美连	140	6339	广西	王一宁
114	6313	湖北	宋淇羿	141	6340	海南	马　丽
115	6314	甘肃	李宏伟	142	6341	安徽	武腾腾
116	6315	四川	龚成城	143	6342	山东	张宪民
117	6316	黑龙江	刘恒	144	6343	山东	庞　利
118	6317	江西	陈祥龙	145	6344	山东	李　正
119	6318	贵州	郑一凡	146	6345	河北	吕　欣
120	6319	浙江	徐　梅	147	6346	上海	周　磊
121	6320	湖南	张　靓	148	6347	湖南	李　斌
122	6321	湖南	崔湘豫	149	6348	北京	陈元锋
123	6322	湖南	马自华	150	6349	广东	费安煌
124	6323	湖南	寻环球	151	6350	广东	李开宁
125	6324	广东	谢韦国	152	6351	山西	曹彦平
126	6325	河北	段科飞	153	6352	云南	邓　芸
127	6326	河北	霍彦泽	154	6353	河南	李治浩
128	6327	江苏	吴忆杨	155	6354	河南	樊瑞锋
129	6328	江苏	杨保华	156	6355	江苏	陈玉文
130	6329	江苏	王　旭	157	6356	江苏	张　伋
131	6330	江苏	赵　静	158	6357	河南	张彦霞

续表

序号	荣誉证书号	分库	捐献者	序号	荣誉证书号	分库	捐献者
159	6358	浙江	吴　锋	186	6385	北京	马　聃
160	6359	浙江	王　敏	187	6386	陕西	胡雪丽
161	6360	浙江	崔涛磊	188	6387	山东	于开锁
162	6361	浙江	郑　立	189	6388	广东	孙力恒
163	6362	浙江	赵宝强	190	6389	广东	梁展星
164	6363	浙江	吕　震	191	6390	河南	刘　俭
165	6364	浙江	季克东	192	6391	河北	刘　冲
166	6365	河南	张珊珊	193	6392	辽宁	李　庆
167	6366	贵州	赵　帅	194	6393	贵州	吴小芳
168	6367	江苏	赵成龙	195	6394	安徽	李　昱
169	6368	江苏	郎晓頔	196	6395	北京	姜　茗
170	6369	河北	高　巍	197	6396	广西	江家兴
171	6370	河北	白立臣	198	6397	宁夏	杨　旭
172	6371	安徽	杨　凡	199	6398	山东	王传国
173	6372	天津	彭　亮	200	6399	山东	郭金松
174	6373	山东	崔荣泉	201	6400	安徽	石　烙
175	6374	天津	熊　朕	202	6401	北京	蔡　嘉
176	6375	山东	周经海	203	6402	河南	杨　威
177	6376	山东	王小滨	204	6403	江苏	潘　颖
178	6377	广西	苏　萍	205	6404	河北	贾庆洋
179	6378	广西	范汝昌	206	6405	江苏	韦　一
180	6379	河南	秦学军	207	6406	河北	胡皎洁
181	6380	河北	杜　平	208	6407	浙江	金　豪
182	6381	湖南	沈立之	209	6408	四川	彭先美
183	6382	湖南	陈　晓	210	6409	广西	邓　汉
184	6383	广东	官建洪	211	6410	山东	诸葛福国
185	6384	云南	蔡　拙	212	6411	上海	章　笑

续表

序号	荣誉证书号	分库	捐献者	序号	荣誉证书号	分库	捐献者
213	6412	河南	盛华勇	240	6439	湖北	罗睿智
214	6413	河南	韩琛洁	241	6440	浙江	解阳建
215	6414	黑龙江	耿伟男	242	6441	河北	王彦军
216	6415	湖南	李良科	243	6442	江苏	钱　骥
217	6416	湖北	伍冬生	244	6443	广东	林　静
218	6417	福建	陈君武	245	6444	陕西	纪　元
219	6418	湖北	刘　方	246	6445	山东	朱敬伟
220	6419	江苏	李　岗	247	6446	广东	秦红军
221	6420	江苏	董　惠	248	6447	河南	陈　冬
222	6421	江苏	俞敏芳	249	6448	福建	吴传艺
223	6422	河北	焦敬朋	250	6449	河南	林　丁
224	6423	浙江	李　翔	251	6450	山东	南　华
225	6424	海南	徐志熊	252	6451	山东	左桂余
226	6425	广西	农志欢	253	6452	山东	王晓鹏
227	6426	广西	李国志	254	6453	广东	蔡　舒
228	6427	广西	钟　斌	255	6454	广东	古　朋
229	6428	北京	丁　健	256	6455	江苏	马佳丽
230	6429	海南	王伟扬	257	6456	湖南	袁思佳
231	6430	广东	林　涛	258	6457	广东	张北莽
232	6431	广东	王　龙	259	6458	广东	湛啸天
233	6432	江苏	姜金进	260	6459	广东	陈志军
234	6433	山东	薛好男	261	6460	湖北	岳俞宏
235	6434	山东	杨　洋	262	6461	湖北	周　军
236	6435	北京	祁志钢	263	6462	浙江	徐盛杰
237	6436	湖南	刘　博	264	6463	山东	林　彬
238	6437	湖南	邹大智	265	6464	上海	金　杰
239	6438	陕西	毛长良	266	6465	陕西	梁　敏

续表

序号	荣誉证书号	分库	捐献者	序号	荣誉证书号	分库	捐献者
267	6466	陕西	费照轩	294	6493	河南	宋　斌
268	6467	湖南	张广度	295	6494	湖北	柯贤成
269	6468	山东	汪　芮	296	6495	安徽	戴永安
270	6469	湖南	范　鸿	297	6496	江苏	陈晓平
271	6470	福建	罗志锦	298	6497	青海	张凯强
272	6471	新疆	魏　刚	299	6498	上海	夏颖姝
273	6472	河南	张晓丽	300	6499	广东	周礼雄
274	6473	河南	鲁建军	301	6500	湖北	谢　晖
275	6474	湖南	潘仁军	302	6501	北京	位军平
276	6475	浙江	黄益麒	303	6502	湖南	熊永平
277	6476	广西	覃　杰	304	6503	山东	董文昭
278	6477	河南	潘海龙	305	6504	山东	周　梅
279	6478	河南	单　女	306	6505	云南	万雄娇
280	6479	山东	徐可行	307	6506	湖南	黄　冬
281	6480	湖南	周滨瑶	308	6507	浙江	沈东阳
282	6481	广西	覃　杰	309	6508	浙江	张　华
283	6482	贵州	陈　阳	310	6509	上海	顾伟岸
284	6483	山东	孙一超	311	6510	广西	龙　潜
285	6484	山东	于　浩	312	6511	湖南	唐武生
286	6485	江苏	唐　鹏	313	6512	江苏	张雪英
287	6486	河北	刘晓民	314	6513	江苏	王　军
288	6487	广东	简文佳	315	6514	山西	朱　凯
289	6488	浙江	李海丹	316	6515	山西	侯　军
290	6489	福建	吴火星	317	6516	四川	左　洋
291	6490	贵州	刘　辉	318	6517	安徽	叶子阳
292	6491	北京	张　帆	319	6518	河北	王贵臣
293	6492	河南	贾胜利	320	6519	河南	闫　玺

续表

序号	荣誉证书号	分库	捐献者
321	6520	贵州	罗　航
322	6521	山东	商希涛
323	6522	山东	陈　征
324	6523	山东	蔺子军
325	6524	山东	苏循斌
326	6525	贵州	赵栋强
327	6526	浙江	吴伟忠
328	6527	广东	阮炳新
329	6528	广东	罗师媛
330	6529	湖南	黎　勇
331	6530	湖南	刘　彬
332	6531	广东	汪　鲁
333	6532	河北	鲍小龙
334	6533	安徽	顾　欣
335	6534	广东	童康华
336	6535	河南	杨化涛
337	6536	江苏	韩　光
338	6538	陕西	施文斌
339	6539	山东	郑　伟
340	6540	上海	夏旭亮
341	6541	山东	雷希民
342	6542	湖北	饶柳玲
343	6543	福建	朱劲松
344	6544	湖南	黄在龙
345	6545	河北	申卫平
346	6546	湖南	张洪化
347	6547	浙江	何逸牧
348	6548	天津	刘若峰
349	6549	陕西	常红阳
350	6550	山东	张宝忠
351	6551	山东	冉庆耕
352	6552	河南	付艳青
353	6553	江苏	李炜巍
354	6554	吉林	孟丹丹
355	6555	广西	陈宗才
356	6556	海南	向　前
357	6557	河南	张玉东
358	6558	浙江	徐冬冬
359	6559	山东	陈书生
360	6560	河北	魏付山
361	6561	天津	宋慧贤
362	6562	广东	欧阳孔桂
363	6563	山东	张思博
364	6564	湖南	陆先蜜
365	6565	湖南	周　桐
366	6537	内蒙古	屈　凯
367	6566	江西	户林球
368	6568	江苏	孙浩青
369	6569	广东	高剑波
370	6570	广东	陈志敏
371	6571	河北	陈松青
372	6572	山东	王　力
373	6573	广西	李莉娜
374	6574	广西	周来宾

续表

序号	荣誉证书号	分库	捐献者	序号	荣誉证书号	分库	捐献者
375	6575	浙江	王志勇	402	6602	湖南	彭湘平
376	6576	广东	陈逍遥	403	6603	江苏	沈　颖
377	6577	辽宁	周　锴	404	6604	山东	刘长本
378	6578	河南	靳建国	405	6605	山东	朱玉芹
379	6579	河南	樊江波	406	6606	山东	赵猛猛
380	6580	山西	郭新强	407	6607	湖南	刘　剑
381	6581	上海	朱归仁	408	6608	上海	俞斌欢
382	6582	湖南	甘　锦	409	6609	广西	麦美娇
383	6583	江苏	汪　洋	410	6610	广西	周永雄
384	6584	黑龙江	王茹森	411	6611	天津	索会敏
385	6585	贵州	骆　逍	412	6612	湖南	侯绍炬
386	6586	湖北	张雅斐	413	6613	湖南	刘明阳
387	6587	内蒙古	王晓宇	414	6614	湖南	易亚军
388	6588	广东	巫耀良	415	6615	河南	郑晨伟
389	6589	河南	魏　强	416	6616	广东	钟育鹏
390	6590	天津	申海涛	417	6617	湖南	邓英鹏
391	6591	浙江	陈永胜	418	6618	湖南	苏　余
392	6592	浙江	徐　俊	419	6619	山东	徐　虎
393	6593	广西	周兰凤	420	6620	河北	魏　钊
394	6594	山东	范晓琨	421	6621	广东	何　川
395	6595	河北	张耀华	422	6622	江西	陈新猛
396	6596	贵州	胡　刚	423	6623	河北	李晓宇
397	6597	河南	郭　锐	424	6624	湖北	何　超
398	6598	江苏	陈　晨	425	6625	江西	邵海春
399	6599	福建	陈荣昊	426	6626	广西	杜鑫泉
400	6600	辽宁	隋　兵	427	6627	广西	吴永安
401	6601	辽宁	朱向远	428	6628	山东	范承晓

续表

序号	荣誉证书号	分库	捐献者	序号	荣誉证书号	分库	捐献者
429	6629	辽宁	祝　丽	456	6656	北京	李　胤
430	6630	河南	杨晓磊	457	6657	辽宁	赵跃东
431	6631	浙江	柯守煜	458	6658	北京	路晓菲
432	6632	浙江	管宏达	459	6659	贵州	杨家举
433	6633	江西	刘子龙	460	6660	贵州	李　佳
434	6634	浙江	许允水	461	6661	山东	范　栋
435	6635	北京	刘占松	462	6662	河北	代　莹
436	6636	辽宁	宋慎双	463	6663	湖南	叶卫福
437	6637	山东	霍中祥	464	6664	云南	黄元通
438	6638	江苏	俞汝梅	465	6665	山东	候　群
439	6639	山东	张海勇	466	6666	四川	吴建平
440	6640	河南	史永辉	467	6667	福建	黄建辉
441	6641	广东	陈根明	468	6668	天津	董广宇
442	6642	广东	明泽付	469	6669	广东	刘　红
443	6643	福建	俞箐歆	470	6670	浙江	邱世杰
444	6567	新疆	姜　丹	471	6671	福建	郑懿辉
445	6645	广东	陆　卓	472	6672	江苏	潘国庆
446	6646	河北	李永华	473	6673	江苏	葛　飞
447	6647	福建	陈　凯	474	6674	天津	胡　笛
448	6648	河南	李宏广	475	6675	浙江	李盛姿
449	6649	河南	许志刚	476	6676	浙江	叶长德
450	6650	河南	程福宾	477	6677	安徽	曹学渊
451	6651	江西	钟方华	478	6678	安徽	方志宏
452	6652	上海	吴　衡	479	6679	河南	张伟华
453	6653	辽宁	赵博恩	480	6680	广东	何赛姬
454	6654	天津	周子娟	481	6681	宁夏	赵文生
455	6655	贵州	刘　鸣	482	6682	江苏	石硕硕

续表

序号	荣誉证书号	分库	捐献者	序号	荣誉证书号	分库	捐献者
483	6644	云南	刘 玉	510	6710	福建	林金纶
484	6684	浙江	汤文峰	511	6711	天津	王 磊
485	6685	江苏	朱家兵	512	6712	上海	徐 淼
486	6686	四川	雷 炯	513	6713	山东	綦耀芬
487	6687	广东	刘海漫	514	6714	广东	张望燕
488	6688	天津	王岳峰	515	6715	广西	张超琼
489	6689	江西	邓建文	516	6716	湖北	徐 磊
490	6690	湖南	肖德泉	517	6717	浙江	司艳姣
491	6691	黑龙江	张舒艳	518	6718	广东	张鹏升
492	6683	新疆	杨光念	519	6697	湖北	谢登凤
493	6693	内蒙古	梁先锋	520	6720	北京	王冬华
494	6694	四川	张 彬	521	6721	海南	白敬明
495	6695	河南	李 凯	522	6722	山东	孔小妮
496	6696	北京	曲 晨	523	6723	湖北	丁 强
497	6692	湖北	黄 璐	524	6724	浙江	易海龙
498	6698	广西	黄美丽	525	6725	浙江	袁永国
499	6699	福建	陈永进	526	6726	江西	陈红国
500	6700	湖北	刘少帅	527	6727	吉林	许家明
501	6701	山东	王 洋	528	6728	浙江	许艾菲
502	6702	广东	刘兴荣	529	6729	重庆	冉隆友
503	6703	广东	谭 成	530	6730	云南	符坤信
504	6704	江苏	谢超娟	531	6731	江苏	陈 伟
505	6705	江苏	殷晓红	532	6732	江苏	刘月亮
506	6706	山东	宋兆鸿	533	6733	江苏	陈海鑫
507	6707	山东	周 凯	534	6734	浙江	鲍晨波
508	6708	辽宁	穆成敏	535	6735	浙江	周 挺
509	6709	山西	程彪诺	536	6736	广东	胡珺雯

续表

序号	荣誉证书号	分库	捐献者	序号	荣誉证书号	分库	捐献者
537	6737	湖南	刘　鹏	564	6764	四川	胡兴明
538	6738	河南	孟　梦	565	6756	云南	许国明
539	6739	上海	张　辉	566	6765	河南	蔡新琪
540	6740	湖北	王能福	567	6766	山西	王炳效
541	6741	湖南	陈熙煦	568	6767	贵州	张忠贵
542	6742	山东	卢清涛	569	6768	新疆	杨　凯
543	6743	云南	王　磊	570	6769	江西	吴柏潇
544	6744	浙江	刘玲波	571	6770	海南	陈运寰
545	6745	河南	刘庆军	572	6771	山东	刘仁峰
546	6746	辽宁	唐广胜	573	6772	湖南	向　斌
547	6719	新疆	石龙龙	574	6773	云南	杨俊超
548	6748	广东	陈佳聪	575	6774	山西	宋　炜
549	6749	天津	王　胤	576	6775	浙江	陈志敏
550	6750	福建	刘彩君	577	6776	江西	张晓东
551	6751	海南	段　君	578	6777	广东	梁结垣
552	6752	山东	陈　凯	579	6778	江苏	葛士超
553	6747	吉林	孟海艳	580	6779	北京	杜　洋
554	6753	北京	Jack M.Neubaver	581	6780	北京	颜　星
555	6755	贵州	马潇枭	582	6781	四川	邹云龙
556	6754	甘肃	吴建东	583	6782	河南	袁叶新
557	6757	湖南	温佐望	584	6783	河南	刘冠涛
558	6758	宁夏	高艳涛	585	6784	江西	高国强
559	6759	江苏	邱　杰	586	6785	江苏	夏文抒
560	6760	河北	韩　松	587	6786	广东	凌夏妍
561	6761	福建	刘　颖	588	6787	广东	王梅连
562	6762	上海	薛燕喆	589	6788	河北	陈　华
563	6763	上海	张　燕	590	6789	山西	李元平

续表

序号	荣誉证书号	分库	捐献者	序号	荣誉证书号	分库	捐献者
591	6790	山东	张翠云	618	6817	四川	罗　良
592	6791	湖南	李勇彪	619	6818	安徽	吕　超
593	6792	湖南	刘四超	620	6819	河南	周富洋
594	6793	山东	郑凤美	621	6820	广东	蔡德志
595	6794	广西	林　坤	622	6821	广东	范少魁
596	6795	陕西	蒿天荣	623	6822	江西	史永亮
597	6796	广东	杨霭颖	624	6823	江西	严　飘
598	6797	福建	王炜柱	625	6824	广东	郭俊怡
599	6798	湖北	陈方俊	626	6825	广东	薛豪华
600	6799	北京	刘加凯	627	6826	广东	钟汉灵
601	6800	江苏	杨海军	628	6827	甘肃	祁　磊
602	6801	江苏	张立帅	629	6828	山东	黄　巍
603	6802	江苏	曹　静	630	6829	浙江	赖连江
604	6803	浙江	董　勤	631	6830	福建	段　朋
605	6804	四川	蒲晓露	632	6831	云南	王治国
606	6805	海南	陈宝田	633	6832	云南	张　叶
607	6806	山西	曹彦平	634	6833	云南	苏志杰
608	6807	山东	庞宗格	635	6834	湖南	吴河奇
609	6808	河南	肖　鹏	636	6835	贵州	李昌莹
610	6809	河南	郑利昌	637	6836	江苏	孙　琼
611	6810	重庆	江　涛	638	6837	山东	宋　程
612	6811	河北	庞培杰	639	6838	山东	张楠楠
613	6812	河南	陈东雪	640	6839	青海	项　阳
614	6813	安徽	刘　波	641	6840	湖北	周　柯
615	6814	浙江	卢景雪	642	6841	广东	梁伟元
616	6815	四川	郑　奎	643	6842	北京	王文军
617	6816	江苏	姜　程	644	6843	四川	曾云杰

续表

序号	荣誉证书号	分库	捐献者	序号	荣誉证书号	分库	捐献者
645	6844	浙江	柯文辉	672	6873	湖南	贺　仁
646	6845	青海	许显军	673	6874	贵州	姚　艺
647	6846	江苏	吴运佳	674	6875	山东	梁　峰
648	6847	江苏	陈国莲	675	6876	广东	杜润淡
649	6848	河南	韩俊才	676	6877	江苏	刘玉良
650	6849	广西	阳　祝	677	6878	山东	任翔宇
651	6850	山东	孙　建	678	6879	河南	丁云鹏
652	6851	贵州	唐兴铸	679	6880	湖南	杨蕃诚
653	6852	福建	黄主佳	680	6881	江苏	王月银
654	6853	宁夏	康　军	681	6882	黑龙江	田智超
655	6854	河南	张延鹤	682	6883	河南	郑洋洋
656	6855	山东	崇　融	683	6884	湖北	乔亦方
657	6856	宁夏	孔　建	684	6885	上海	杨芳兵
658	6857	湖北	周　欢	685	6886	贵州	肖会平
659	6858	湖北	张　刚	686	6887	贵州	董贤武
660	6859	广东	马小玲	687	6888	湖南	周诗超
661	6860	重庆	邢大跃	688	6889	湖北	龙拓衍
662	6862	江西	陈泽柳	689	6890	广东	柯家朴
663	6863	山西	王晓花	690	6891	河南	张　东
664	6864	广东	林桂斌	691	6892	河南	余刚红
665	6865	江西	邱建雯	692	6893	四川	林财真
666	6866	天津	武祥波	693	6894	广西	梁　彬
667	6867	江苏	张春晓	694	6895	山东	张相林
668	6869	广东	曾　桥	695	6896	江苏	王文玫
669	6870	广东	陈远文	696	6897	江苏	曾　坤
670	6871	上海	刘　丹	697	6898	湖南	朱　建
671	6872	江西	倪海平	698	6899	湖北	王德开

续表

序号	荣誉证书号	分库	捐献者	序号	荣誉证书号	分库	捐献者
699	6900	陕西	赵　非	726	6927	浙江	安小涛
700	6901	陕西	陈　胜	727	6928	广东	孙金锋
701	6902	吉林	陈　朋	728	6929	贵州	李　灿
702	6903	广西	李培廷	729	6930	北京	马　玚
703	6904	上海	徐毅欣	730	6931	湖北	陈　麟
704	6905	北京	肖　志	731	6932	山东	方大正
705	6906	河南	王连波	732	6933	河北	张军佩
706	6907	江苏	贾庆举	733	6934	辽宁	谢旭东
707	6908	广东	杨　玲	734	6935	江苏	刘星星
708	6909	贵州	欧阳青娟	735	6936	江苏	施　兵
709	6910	广东	梁团卫	736	6937	广东	华钟鸣
710	6911	浙江	许益铭	737	6938	安徽	全林伟
711	6912	山东	杨晓明	738	6939	黑龙江	冯前浪
712	6913	江苏	胡长星	739	6940	湖北	龚贤金
713	6914	山东	徐浩睿	740	6941	河南	牛京甲
714	6915	福建	尹小华	741	6942	新疆	唐　力
715	6916	湖南	张军军	742	6943	浙江	蔡伟飞
716	6917	福建	马智荣	743	6944	陕西	郭柏验
717	6918	福建	钟　辉	744	6945	贵州	杨　州
718	6919	河南	许志刚	745	6946	安徽	方永华
719	6920	湖北	刘同祥	746	6947	新疆	石小勤
720	6921	上海	华　贞	747	6948	安徽	杨　帆
721	6922	新疆	唐玉荣	748	6949	江苏	付媛媛
722	6923	湖南	唐小娟	749	6950	江苏	孔礼奎
723	6924	山西	刘　琛	750	6951	云南	曾明华
724	6925	山东	孙清泉	751	6952	贵州	郭　超
725	6926	河北	孙　健	752	6953	河北	牛笑冰

续表

序号	荣誉证书号	分库	捐献者	序号	荣誉证书号	分库	捐献者
753	6954	天津	李　杨	779	6981	江西	徐巧娟
754	6955	福建	李再金	780	6982	湖南	冉景笛
755	6956	福建	蔡忠华	781	6983	湖南	赵逸群
756	6957	广东	陆　卓	782	6984	福建	叶清选
757	6958	广东	和永生	783	6985	天津	穆锦明
758	6959	河北	王竹林	784	6986	河南	秦玉花
759	6961	河南	孙　丽	785	6987	云南	杨大明
760	6962	江苏	柳智峰	786	6988	江苏	唐　剑
761	6963	江苏	吴　静	787	6989	江苏	司　伟
762	6964	山东	郝松淘	788	6991	天津	刘　畅
763	6965	福建	钟葛锋	789	6992	广东	曾庆荣
764	6966	福建	黄祎明	790	6993	山东	刘　成
765	6967	广东	何国安	791	6994	广东	王二宝
766	6968	湖南	杨素云	792	6995	宁夏	李建华
767	6969	湖南	蒋明光	793	6996	广东	曾　越
768	6970	海南	符传杨	794	6997	福建	王友健
769	6971	浙江	王家凤	795	6998	山东	黄　振
770	6972	浙江	黄　骥	796	6999	新疆	邢菲菲
771	6973	北京	林　鹏	797	7000	安徽	陈万明
772	6974	河南	朱敬波	798	7001	北京	徐　睿
773	6975	重庆	董治华	799	7002	江西	周秋生
774	6976	河南	李　耕	800	7003	广东	余海鸥
775	6977	河北	白金文	801	7004	浙江	李少华
776	6978	湖北	李　斌	802	7005	上海	徐　斌
777	6979	山东	邢红燕	803	7006	河南	庄金斌
778	6980	湖北	熊　莉				

五

分会篇

省、自治区、直辖市红十字会

北京市红十字会

【年度工作】

2017年，北京市红十字会紧密团结在以习近平同志为核心的党中央周围，不忘初心，砥砺前行，高举中国特色社会主义伟大旗帜，充分发挥了红十字组织作为政府在人道领域里的助手作用，在通往决胜全面建成小康社会道路上，为夺取新时代中国特色社会主义伟大胜利和实现中华民族伟大复兴的中国梦不懈奋斗，为构建国际一流的和谐宜居之都做出了积极贡献。

一、毫不动摇学习贯彻党的十九大会议精神，推进巡视整改全面到位，落实从严治党主体责任

市红十字会党组紧跟党中央及市委决策部署，深入推进“两学一做”学习教育常态化和长效化，举办学习贯彻党的十八届六中全会精神培训班暨处级干部学习班。逐级签订《党风廉政建设责任书》，落实中央八项规定，防止“四风”反弹，对局处级干部兼职情况进行清理、规范。市红十字会党组在思想、政治和行动上与以习近平同志为核心的党中央保持高度一致，按照“四个意识”标准对标对表，以市委巡视整改为契机，认真梳理、查找并改正自身存在的不足，研究制订《北京市红十字会关于巡视整改工作方案》，列出了问题清单、任务清单和责任清单，明确责任领导、责任单位、责任人员和完成时限。目前，已基本整改到位。

二、聚焦主责主业，依法推进红十字组织核心业务水平逐步提高

精准发力帮扶困难群众。市红十字会获得北京市对口支援工作组织奖。首都红十字组织开展以“人道献真情、博爱暖京城”为主题的送温暖活动，共发放救助款物折合1506.15万元，受益家庭达1.6万余户。完成中国红基会彩票公益金项目申报工作，共救助白血病患儿29人，发放救助资金93万元。市红十字会共接收社会捐赠款1532.48万元，开展了共铸中国心、马应龙健康关爱、心心助学等系列项目。通州红十字会共接收捐款411.39万元，位居16区之首。平谷红十字会实施了“博爱少儿大病救助”、普析大病救助等六大救助工程。昌平红十字会在“首都红十字光明行”公益活动中，帮助100名患者得到免费治疗。

推动应急救护知识普及。在第四届全国红十字应急救护大赛中，市红十字会首次获得冠军。加强师资能力培养，构建“救护员、教育师资和督导考评师资”三级培训制度框架，创立了递进的“初训班”“见习实习培训班”“继续教育班”师资能力培养模式。首次将应急救护工作融入国际马拉松赛事保障，与北京马拉松组委会共同聚焦儿童健康、安全教育领域，共同推出

“北马小勇士——儿童安全防护培训”公益项目。尝试与滴滴公司合作，推进应急救护知识进入滴滴司机培训课程。顺义红十字会对全区 170 余家单位 2.2 万人提供了普及培训，位居 16 区之首。石景山红十字会在全区中小学进行推广“救在身边”主题课程教育。怀柔红十字会与区电视台合作，推出“红十字微课堂”。大兴红十字会推出百堂应急救护进社区。延庆红十字会建立了在军训中普及应急救护知识模式。经过申报选取，总会已批复北京同达应急救援技术培训中心成为红十字应急救护培训示范基地。2017 年以来，全市举办应急救护普及课程 1493 场，惠及 32.6 万人，应急救护培训 6.3 万人。

推进生命关爱关注人民健康。在社区、街道、高校等地开展丰富多彩的“献血捐髓”宣传。2017 年以来，完成血样采集 6731 人份，录入审核 3000 人份志愿者资料，短信回访 33 万人次。造血干细胞成功捐献 15 例，累计捐献 286 例。成立人体器官捐献筹备办公室，积极推进人体器官捐献工作。北京分库在 2016 年度入库志愿者中同意捐献的比例大幅提升，以 93.6% 的成绩跃居各分库首位。

深化志愿服务促进社会道德提升。制定《北京市红十字青少年工作细则》《首都红十字青年骨干工作指导手册》等相关文件。开展“人道追梦、爱满京城”“探索人道法师资培训”“五八红十字博爱文化月”等系列志愿服务活动，取得良好成效。经过 3 年努力，在青少年中开展探索人道法项目已覆盖全市 16 区 66 所中小学校。成功举办第四届中日韩三国首都红十字青少年大学生交流营活动，促进了三国首都红十字组织合作与交流。海淀寄读学校成为全国首家红十字青少年人道教育实验基地。东城红十字会推出《一个设想的由来》学生手册，填补了学校红十字读物的空白。西城红十字会律师服务团和“希望之光”志愿服务队对 300 余名服刑人员开展禁毒教育、法律帮扶和文化教育志愿服务活动。朝阳红十字会建立全市首家红十字青少年实践基地。密云红十字会开展了“爱心向日葵”关爱山区儿童、“放飞梦想，绿色生活”环保风筝创意比赛等多个主题的志愿服务活动。

三、京津冀协同发展布局初见成效，提升地区联合医疗服务保障能力

推进京津冀地区合作。与天津、河北红十字会共同主办了“2017 年京津冀红十字应急救援队培训暨实战演练”。组织“京津冀蒙暨首都紧急救援志愿服务站应急救援队骨干培训班”。完成了在张家口崇礼举行的“太舞国际雪联自由式滑雪雪上技巧世界杯”比赛航空医疗救援服务保障工作。组织 16 区人体器官捐献协调员赴天津参加了首届京津冀人体器官捐献工作交流会。

红十字公益稳步展开。三地连续 2 年共同开展了“六一彩虹计划”公益宣传活动，市卫生计生委、团市委、市委社工委等相关单位人员及志愿者、爱心人士 300 余人参加，带动全社会关心、关爱血液病患儿，关注弱势群体，实现全部患儿的 633 个心愿，创下了 8 个第一的好成绩。继续实施对口帮扶，向河北省红十字会调拨 4.5 万件救助物品，用于承德地区贫困群体的帮扶救助。

重大国事、要事服务保障。999 派出航空医疗专业直升机、固定翼飞机、救护车，完成了“一带一路”国际合作高峰论坛服务保障任务。全国两会期间，999 在 51 个重点地区设置应急维稳站点，承接了部分代表委员驻地和会议沿途的医疗服务保障任务。圆满完成了金砖国家领导人“厦门会晤”应急医疗服务保障工作。

规范院前医疗急救服务。制定出台《北京市红十字会关于进一步加强监管和规范院前医疗急救服务的实施意见》和《北京市红十字会关于进一步加强改进社会急救工作的意见》。999将《北京市院前医疗急救服务条例》纳入医护人员教学培训计划，强化统一标准、统一规划、统一监督。同时，按照“废、留、改、立”相结合的指导思想，逐项梳理各项规章制度中与上述条例相悖或不符的内容，共修订完善48项规章制度。自行垫付经费分批配备担架员，为急、危、重症患者提供服务。2017年以来，999指挥中心共受理电话72万次、急救呼叫17万次，派车近17万次。

四、服务国家总体外交战略，扩大红十字文化传播力

深化首都红十字组织对外交流合作。围绕国家外交战略及“一带一路”国家战略，组织人员分别赴挪威、芬兰和韩国进行友好交流访问。与芬兰赫尔辛基分会商讨建立友好合作关系，搭建“一带一路”沿线国家首都及北京市友好城市红十字会组织间的合作机制。与罗马尼亚登博维查红十字分会和挪威奥斯陆分会续签友好合作协议。加强与国内兄弟省（市）红十字会的联络沟通，参加了“中山市慈善万人行”活动、第七届海峡两岸红十字博爱论坛等活动。截至2017年，共接待外事团组12批301人次，其中接待了来华出席“一带一路”国际合作高峰论坛的红十字会与红新月会国际联合会秘书长哈吉·阿西和部分“一带一路”沿线国家红新月会高级官员。

强化中国特色社会主义红十字文化宣传。开通微信、微博，宣传市民安全防范知识。在北京广播电台四个频道投放公益广告，每天播出16次。在《北京日报》《中国红十字报》专版进行宣传。举办“聚焦京津冀　彰显人道情”第三届首都红十字公益摄影活动。首都红十字宣讲团先后深入京津冀和湖北武汉市、陕西咸阳市巡讲104场次，受众1.7万人次。完成第一届北京“人道奖”表彰工作，表彰先进集体117个、先进个人116个。各区红十字会借助“五八”博爱宣传月、全国防灾减灾日、世界献血者日等重要时间节点，通过“两微一端”、报纸、电视等媒体平台，开展丰富多彩的宣传活动。

天津市红十字会

【年度工作】

2017年，在中国红十字会总会的关心、指导下，天津市红十字会深入学习贯彻党的十九大精神，紧紧围绕习近平总书记对红十字事业发展重要讲话精神，服务大局、主动作为，充分发挥党和政府在人道领域联系群众的桥梁、纽带作用，以民生需求为导向，为改善最易受损群体生活境况，为天津经济发展、社会和谐、民生改善做出积极贡献。

一、加强救援能力建设，提高备灾救灾水平

一是组织应急救援队出色完成第二次京津冀应急救援演练。连续三年举办赈济救援队综合能力培训班，提升应急救援规范化、专业化、标准化水平。

二是指导各区红十字会认真开展全国防灾减灾日主题活动，河北区、静海区、西青区、蓟州区分别组织开展应急演练活动。

三是依法开展募捐，全年共接受国内组织和个人捐款共 85.36 万元，接收海关罚没的备灾救灾物资。支援甘肃省甘南州、青海省黄南州、河北省承德市救灾救助物资价值 260.58 万元。向湖南洪涝灾区援助 10 万元，向四川茂县山体垮塌灾区、九寨沟地震灾区援助 26.28 万元。

四是坚持“两公开、两透明”，全年共录入和公示捐款信息 1452 条，切实保障捐赠人和社会公众的知情权、监督权。

二、实施精准救助，提高人道救助实力

一是圆满完成以“关爱空巢老人、留守儿童——暖心行动”为主题的红十字博爱送万家活动，精准救助 629 名贫困空巢老人和 174 名留守儿童，发放救助款 80.41 万元；共慰问全市困难群众 12275 户，发放款物折合 470.22 万元。

二是实施“博爱济困，光明助老”项目，免费为宝坻、武清、宁河的贫困老人实施白内障复明手术。积极探索“介护养老”新模式，推动和平区鹤寿养老院与和平区红十字河北路医院实现医养结合。

三是搭建“红十字博爱助学”平台，全市共募集 135.69 万元定向助学款，精准救助 2062 名困难学生。

四是完成“博爱助残助孤”活动，全市共救助孤残人员 4520 人，发放慰问款物折合 110.78 万元。

五是做好“小天使基金”“天使阳光基金”相关工作，精准救助白血病、先心病患儿 28 名，发放救助款 85 万元。

三、构建应急救护长效机制，提高应急救护能力

一是严格落实总会要求，开展 16 课时标准化救护员培训，做到培训内容需求导向化、目标精准化、重心下移化，全市全年共培训急救员 12373 名。

二是应急救护普及性培训效果显著。市代表队在第四届全国红十字应急救护大赛中获得个人项目三等奖，滨海新区红十字应急救护培训基地成功入选全国应急救护培训示范基地建设项目，全市全年共完成普及性培训 57736 人次。

三是主动参与重大赛事保障，联合团市委对 1000 名全运会志愿者骨干进行应急救护专项培训，在全运会赛场配置 15 台 AED，设立救护站，精心守护运动员健康。为南开大学急救角、交警南开支队、南大附中等配置 5 台 AED，扩大应急救护社会影响力。

四、搭建生命救助平台，实施关爱生命活动

一是造血干细胞捐献工作扎实推进。新增入库报名志愿者 4300 人，14 人实现捐献，累计成功实现捐献达 202 人。举办京津冀造血干细胞捐献工作培训会，进一步加强三地协作。开展“彩虹计划”公益活动，为 210 名血液病患儿送去礼物。

二是人体器官捐献工作体系进一步完善。举办器官捐献知识“五进”宣传讲座 22 场。全年志愿报名登记 426 人，成功实现器官捐献 161 例、角膜捐献 75 例、遗体捐献 83 例。组织完成国家级和市级人体器官捐献协调员培训。举办首届京津冀人体器官捐献工作交流培训活动。

三是无偿献血与艾滋病防治宣传工作

稳步推进。与有关部门共同举办世界献血者日宣传活动，推进无偿献血工作广泛开展。“12·1”世界艾滋病日，举办“共担防艾责任，共享健康权利，共建健康中国”主题宣传活动，倡导健康文明生活新风尚。

五、选树先进典型，提升志愿服务水平

一是大力发展志愿者队伍，在原有8支志愿服务队的基础上，新建天津击水律师事务所红十字志愿服务队和天津市南丁格尔志愿护理服务队。

二是选树全国和市级志愿服务典型，提升志愿服务水平。志愿者回江涛、和平区南市街庆有西里社区分别获“2016全国最美志愿者”和“2016全国最美志愿服务社区”称号。回江涛获天津市第五届“道德模范”称号，栗岩奇家庭获全国“文明家庭”称号，栗岩奇受聘为第十三届全运会形象大使。造血干细胞捐献者商海涛获天津市首届“公益之星”提名。志愿者潘森、邢蕴静及天津公交头等舱红十字志愿服务队分获2017年天津市“优秀志愿者”和“优秀志愿服务队”称号。

六、加强基层组织建设，夯实红十字组织基础

一是不断规范学校红十字会组织建设，健全学校红十字会工作机制。建立天津外国语大学红十字青年同伴教育研究基地和天津医科大学红十字生命教育研究基地。

二是成功举办第七届“红动津门”高校红十字青年工作交流盛典。组织各校红十字会参加京津冀红十字交流营、“一带一路”沿线国家“青春善言行”青年培训班等交流活动。

三是继续推动探索人道法试点工作，组织河西区、和平区骨干师资参加总会探索人道法核心师资工作坊，协助42中开设人道教育课堂；举办探索人道法同伴教育培训班，培养探索人道法同伴教育者62人。

七、加大宣传工作力度，扩大红十字事业影响力

一是充分发挥传统主流媒体作用，积极宣传红十字事业。在各类媒体上刊发、播出源头新闻稿件229篇，其中在《中国红十字报》《天津日报》等纸媒头版发稿31篇。

二是利用网络平台，扩大宣传效果。在官网更新各类文字报道、图片新闻220篇；在微信公众号发布红十字新闻、运动知识稿件117篇。

八、加强对外联络，织密交流网络

完成总会、青海省红十字会来津调研学访工作。党组书记、常务副会长张红赴美国参加“应急救护培训标准化建设与‘互联网+’的运用”培训。

九、加强机关建设，服务保障中心工作

一是组织全会党员干部职工第一时间迅速兴起学习宣传贯彻党的十九大精神热潮。会党组、机关党委精心谋划工作方案和宣讲提纲，加强组织领导，把领导动员部署与层层思想发动结合起来，把集中传达学习与原原本本研读结合起来，把领导上台宣讲与组织讨论交流结合起来，扎扎实实逐级开展全系统十九大精神宣讲。官方网站开辟《深入学习宣传贯彻党的十九大精神》专题栏，推送党建动态信息21条，在天津机关党建网发布信息22条。

二是启动“七五”普法工作，强化普法宣传教育。始终坚持依法治会、依法兴会，不断加强组织领导。召开《中华人民共和国红十字会法》座谈会，副市长、市红十字会会长曹小红出席会议并要求把学习宣传贯彻新修订的红十字会法，与深入学习贯彻习近平总书记关于红十字事业的重要讲话精神紧密结合起来，推动市红十字事业持续健康发展。创新工作思路，联合市市场监管委在全市开展规范红十字标志使用专项检查。积极参加市法建办精准普法“十大品牌”推选活动，其中“法律进机关”网络投票为第二名、“法治文化建设”网络投票第四名。

河北省红十字会

【年度工作】

2017年，河北省红十字会提高政治站位，勇于担当作为。服务全省大局，各项工作取得新进展、新成效。

一、精心制订学习方案、培训方案、宣传方案，认真学习宣传贯彻党的十九大精神

为学习好、宣传好、贯彻好党的十九大精神，省红十字会从全省红十字会系统入手，精心制订学习方案、培训方案和宣传方案，组织党员干部职工和广大志愿者认认真真、原原本本地学习党的十九大报告和《中国共产党章程》，准确把握思想精髓和核心要义，迅速把思想和行动统一到党的十九大精神上来。一是开展党课教育，广泛开展“书记讲党课”和微型党课活动，党组书记及各支部书记上党课14人次；二是组织集中学习，会党组先后组织了理论中心组学习13次，利用11天的时间，组织全体党员干部职工对十九大报告、党章、新时代的领路人等内容进行了集中学习；三是督促个人自学，为全会所有党员干部职工购买了党的十九大理论学习书籍，5个党支部建立了微信群，做到边学习、边研讨、边交流，撰写心得体会37篇；四是带动系统学习，会领导和部分处级干部深入邢台、石家庄、张家口、唐山、保定、邯郸、衡水等地县、乡、村，宣讲党的十九大精神，调研基层红十字工作，发挥示范带头作用。

全省红十字会系统把学习宣传贯彻党的十九大精神与贯彻落实习近平总书记对红十字事业发展的重要讲话精神有机结合起来，做到知行合一、以知促行，努力在系统学习、武装头脑上见实效，在人道救助、便民惠民上见实效，在深化改革、创新发展上见实效，在依法治会、规范运行上见实效，加强宣传、扩大传播上见实效，在从严治党、正风肃纪上见实效，让党的十九大精神在人道工作领域落地生根。

二、坚持围绕中心、服务大局，扎实推动各项核心业务上台阶、上水平

（一）社会动员能力明显增强。紧紧围绕脱贫攻坚大局，广泛动员社会力量，积极争取各方支持。经与总会协调沟通，魔豆妈妈云客服项目落户河北，成为全国首个由阿里巴巴集团支持的魔豆妈妈电商创就业帮扶工程试点省份。中国红十字基金会投资200万元（帮扶4000人，每人500元培训费），与无界控股有限公司合作，以云客服项目帮助省4000名困难妈妈实现创就业，确保70%的困难妈妈连续三个月月收入不低于1500元，每人全年纯收入8000元以上，计划2020年帮扶人数达到1万人；中国红十字基金会把“共铸中国心·挺进太行”大型公益活动安排在平山启动，来自13个省市的爱心医务专家200余人，为老区群众义诊700余人次，捐赠药品等物资价值百万余元；总会事业发展中心把“当你老了”公益平台首批试点放在河北省邯郸市，目前首批捐款已到位。2017年，全省各级红十字会募集社会捐款4500余万元，省本级争取总会、财政、社会各方支持4310余万元，其中争取总会支持2742万元，比去年增加917万元，增长50.25%，天使计划、博爱家园、生命健康安全教育等项目资金总量位居前列。接受捐赠款物折合950余万元，其中捐款463.7万元，比2016年全年增长43.9%，剔除去年水灾因素，省级募集捐款是2016年的2.6倍。

（二）人道救助领域不断拓展。继续执行好总会天使计划项目、2015年河北省推出的家庭贫困脑瘫患儿、老年人膝关节骨关节炎救助项目，2017年联合有关部门、单位实施了贫困抑郁症患者医疗康复项目和重度耳聋患者救助项目，深入开展便民救助、圆梦助学和博爱送万家活动，让人道救助更加精准地惠及困难群众。其中争取总会支持，2017年全省共救助贫困家庭的白血病和先心病患儿591人，发放救助资金1685万元，救助人数和款额位居全国第三，被总会评为优秀项目执行省份。

（三）应急救援体系日渐完善。覆盖全省的备灾救灾物资储备网络初步形成，设立了500万元的应急储备金，建立了赈济、大众卫生、心理和医疗四支救援队，通过邀请招标方式采购48万元的棉大衣、厚棉被、薄棉被三类物资，充实省红十字会备灾物资储备，对省红十字会备灾救灾物资储备进行了全面检查，确保物资管理安全有序。2017年6月承办了京津冀应急救援联合实战演练，赈济、大众卫生、心理、水上、医疗、通信、后勤保障等10支救援队参加培训演练，有力提升应对自然灾害的协同作战能力。此项活动得到省政府和中国红十字会总会领导的肯定。

（四）救护培训覆盖面逐步扩大。深入开展应急救护普及培训“五进”活动，2017年全省应急救护培训共投入资金441.5万元，培训师资1239人，培训救护员17551人，普及培训123594人。其中，以政府购买服务方式开展大学生应急救护初级培训，省属骨干高校由2014年开始2所扩展到6所，全省由开始12所增加到22所，今年投入资金230万元，培训师资720人、救护员11092人，普及培训新生76308人，连续4年累计培训大学生20余万人。大学生应急救护初级培训这项工作受到高校师生、学生家长和社会公众的一致好评，得到中国红十字会总会充分肯定。积极争取中国红十字会总会支持，获批两个应急救护培训基地项目，圆满完成建设任务，在全国赈济救护工作会议上受到总会表扬。

（五）“三献”工作进一步规范。建立了无偿献血和捐献造血干细胞协同共进机制，为保证全省用血需求作出了贡献；狠抓入库造血干细胞志愿捐献者随访质控，有效联系比例、愿意捐献比例、回访确认比例等质控指标在全国排位靠前，受到总库管理中心通报表扬，造血干细胞捐献入库资料达到13.8万人份，位居全国第5位；遗体和人体器官捐献步入制度化、规范化轨道，今年捐献遗体35例，累计捐献遗体230例；成功捐献器官24例，累计捐献器官78例，获取大器官227个，挽救了200余人的生命。2017年，张家口、保定、沧州相继建立市级遗体器官捐献纪念园，并开展缅怀纪念活动，引起良好的社会反响。

（六）红十字文化传播更加广泛。成功举办京津冀红十字青少年交流营、中韩红十字青少年国际交流营，得到一致好评。中韩红十字会青少年国际交流营，被首届丝绸之路沿线民间组织合作网络论坛列为未来三年促进沿线国家民心相通成果清单。在省属高校开展的24个“博爱燕赵 · 火热青春”红十字志愿服务项目全部完成，其中河北中医学院“迈开行动的脚步——应急救护知识技能宣传普及”项目、河北医科大学临床学院“器官捐献 重塑生命”项目获得总会资助，各市也积极在市属高校开展这项活动，把红十字志愿服务与大学生社会实践活动有机融合起来，全省受益对象达10万人以上。结合核心业务，抓好红十字无偿献血志愿服务、捐献造血干细胞志愿服务、应急救护志愿服务和遗体器官捐献志愿服务的队伍建设、活动组织，努力在学雷锋志愿服务活动中凸显红十字特色和亮点，红十字志愿服务工作在全省大会上进行了交流。

（七）宣传工作力度进一步加大。集中抓好“5 · 8”世界红十字日、防灾减灾日、遗体器官捐献者缅怀日、世界急救日等重要节点的宣传，全力做好京津冀应急救援演练、应急救护大赛、大学生应急救护培训等重大业务的宣传，特别是抓好精准扶贫、圆梦助学、“一带一路”、“一老一少”等重点项目的宣传，共刊发报道260余篇，刊发稿件数量多于2016年。大力宣传“三献”志愿者、捐献者的感人事迹，邯郸市红十字会优秀党员干部杨海燕病故后无偿捐献了一肝两肾和两只眼角膜，挽救了5个人的生命，她的大爱善举，被中央、省、市各级媒体广泛报道。省红十字会及时整理挖掘她生前感人事迹，向总会和省“两学一做”办公室、省委宣传部、省文明办报送，8月16日，总会印发《关于开展向杨海燕同志学习的决定》，成为红十字会历史上第一个发文号召全国红十字会系统学习的先进典型。

三、加强依法治会，推进改革创新，开创全省红十字事业持续健康发展新局面

一是牢固树立法治理念，大力推进依法治会进程。认真宣传贯彻红十字会法，联合省人大教科文卫委员会举办了红十字会法专题培训班，覆盖市县两级人大教科文卫工委、红十字会的负责人300余人，进一步加深了对新版红十字会法和省红十字事业发展情况的认识和理解，为促进全省红十字事业持续健康发展奠定了良好基础。围绕贯彻红十字会法，组织力量起草了《河北省实施〈中华人民共和国红十字会法〉办法（修订草案）》和《河北省遗体和人体器官捐献条例（草案）》，积极申请列入五年立法计划，力争把实施红十字会法办法列入明年立法调研项目，为河北省红十字事业发展提供更加有力的法治保障。

二是全面贯彻群团改革精神，强力推动红十字会改革工作。按照中央、省群团改革工作座谈会要求，根据《中华人民共和国红十字会法》《国务院关于促进红十字事业发展的意见》《中国红十字会章程》《河北省人民政府关于加快红十字事业发展的实施意见》，参照中国红十字会总会有关改革精神，结合河北省红十字事业发展实际，集中力量、集中时间制订《河北省红十字会改革方案（草案）》，组织征求了系统内会员、理事、部分志愿者代表的意见以及17个省直部门单位的意见，修改后上报省政府。为推动红十字会改革工作，经积极争取，把理顺县级红十字会管理体制、在市红十字会设立党组两项重点任务，列为省委、省政府研究解决的问题，其中理顺县级红十字会管理体制列入了省委全面深化改革领导小组办公室对各市深化改革考核内容，已取得重要阶段性成果。积极推进事业单位清理规范，将造血干细胞库和少儿办合并，彻底解决了存在多年的造血干细胞库单位属性问题。

三是把创新发展贯穿始终，打造红十字工作新亮点。深化京津冀创新合作机制，联合推出人道惠民行动，引导更多的人道资源向保、张、承深度贫困地区聚集，近年来京、津红会向河北累计捐赠款物折合700余万元；同时构建人道应急联动体系，轮流举办京津冀应急救援联合演练活动，加强京冀航空医疗救援合作，北京999在河北区域开展航空救援20余次。探索应急救护“五进”有效路径，积极为河北行政学院培养师资，开设应急救护培训课程，打开应急救护进机关的新窗口；与河北监狱管理局合作，为全省28个监狱干警培训救护师资，率先在河北女子监狱、石家庄监狱开展救护员培训，让人道的光芒普照每个角落；张家口红十字会常年为滑雪场工作人员开展应急救护培训，石家庄红十字会为轨道交通公司工作人员开展救护员公益培训，尽可能满足企业需求；大学生应急救护培训规模逐年扩大。构建助力扶贫脱贫攻坚新格局，围绕全省扶贫脱贫工作大局，推出助医、助困、助学、助残、助老、助孤一系列救助举措、救助项目和救助活动，支持“博爱一日捐”募捐资金定向用于精准扶贫和救助项目，非定向捐赠注重向贫困地区倾斜，积极为扶贫脱贫攻坚提供强有力的人道支撑，2017年募集资金定向用于精准扶贫和救助项目占到70%以上。切实抓好全系统党建工作，借改革之机，给11个设区市市委、市政府发函，督促在市红十字会建立党组，切实加强党的领导。带头抓好政治建设、思想建设、组织建设、纪律建设，把制度建设贯穿其中，进一步研究制定《党风廉政建设主体责任清单》《落实2017年度党风廉政建设主体责任分工意见》等10余项制度，真正把党风廉政建设责任制落到实处。

2017年6月，河北省红十字会收到省政协委员陈晓星《关于加强地市级红十字会组织建设》的提案后，会党组高度重视，就有关问题积极与省编委办沟通协调，于6月15日及时给予了答复，陈晓星委员对答复表示满意。

山西省红十字会

【年度工作】

2017年，是山西省发展进程中极不平常的一年，是经历重大转折、奋力开创新局的关键一年。在省委、省政府的坚强领导下，山西省红十字会以习近平新时代中国特色社会主义思想为指引，以推进“两学一做”学习教育常态化制度化为契机，扎实开展维护核心见诸行动主题教育，积极发挥党和政府在人道领域联系群众的桥梁纽带作用，各项工作取得新成效。

一、认真学习贯彻党的十九大精神和习近平总书记视察山西重要讲话精神，在学懂、弄通、做实上下功夫

山西省红十字会党组高度重视党员干部思想政治建设，坚持把学习贯彻党的十九大精神和习近平总书记视察山西重要讲话精神作为首要政治任务，坚持以上率下、带头学习，通过16次党组中心组集中学习、82次支部分头学习、16次领导干部和普通党员讲党课、集中轮训、干部在线等形式多样的学习，系统深入地学习了党的十九大精神和习近平总书记视察山西重要讲话精神，在学懂、弄通、做实上下功夫，使党员干部牢固树立“四个意识”，坚定“四个自信”，做到“四个服从”，坚决维护习近平总书记在党中央和全党的核心地位、维护党中央权威和集中统一领导，自觉在思想上政治上行动上同以习近平同志为核心的党中央保持高度一致。特别是通过认真学习中央和省委关于党的群团改革的有关精神，以及省委、省政府关于加强和改进山西省红十字工作的重要指示批示精神，使广大干部职工更加坚定了在新形势下推进中国特色红十字事业发展的信心和决心，进一步增强了服务社会、改善民生的责任感和使命感。加强干部教育培训，认真落实年度干部教育培训工作计划，为党员干部购买和编印了学习资料280余册，全年组织党员干部职工参加学习培训70余人次，人均学时150余小时。

二、深入开展维护核心见诸行动主题教育，作风建设不断取得新成效

一是深化主题教育。以“六个好”为目标，以突出抓好6个方面重点工作和8项重点任务为主要内容，深入开展维护核心见诸行动主题教育，研究制订主题教育实施方案和重点任务安排，成立主题教育组织领导机构，召开动员大会进行专题部署，5次召开党组扩大会组织党员领导干部开展集中学习研讨，党组书记作了题为“保持对党忠诚关键是要坚守政治立场和政治追求”的党课辅导，党组班子成员均在所在党支部带头作了党课辅导。支部以“三会一课”为载体，以《习近平的七年知青岁月》《习近平总书记的成长之路》等为主要内容加强学习，全会全部的4名党支部书记都作了党课辅导，普通党员也主动讲党课，集中观看了《巡视利剑》《警钟长鸣》《总书记在山西》《火种》等党建、警示教育片，组织全体党员赴大寨开展了党建教育，重温了入党誓词，组织开展了“两学一做”知识竞赛和竞答活动，每名党员都撰写了多篇学习心得，有力推进了“两学一做”学习教育的常态化制度化。

二是加强“三基建设”。建立健全了“三基建设”工作领导机构，完善了工作方案，结合红十字会工作实际研究制定了基础工作目录、管理手册、应知应会手册、便民服务手册以及“机关效能建设八项制度”，进一步规范了省红十字会人道救助服务行为，提高了人道救助工作效率。坚持问题导向，深化工作调研，就有效解决红十字会基层党组织建设问题进行了领题调研。省红十字会选拔2名同志积极参加了省直工委组织的“三基”能力竞赛，取得了优异成绩。

三是助力精准扶贫。准确把握习近平总书记在深度贫困地区脱贫攻坚座谈会上关于“要对因病致贫群众加大医疗救助、临时救助、慈善救助帮扶力度，通过多种形式，积极引导社会力量广泛参与深度贫困地区脱贫攻坚”的重要指示，紧紧围绕省脱贫攻坚总体部署，积极协调价值186.7万元款物，专项用于部分深度贫困建档立卡的长期卧床者、丧失劳动力者、60岁以上贫困复转军人、老党员共计2677户进行救助。“两节”期间，与省直机关工会工委联合对75名省直单位大病致困职工特困家庭实施精准救助。加强对包扶村榆社县北山峯村结对帮扶工作，领导班子成员全年先后10次深入帮扶村，驻村开展精准扶贫工作调研，通过召开扶贫座谈会、入户全面了解困难群众实际情况、实地调研帮扶项目、联合开展主题党日活动和基层党组织帮建、扶贫帮困送温暖、“七一”前看望慰问遭受火灾贫困党员等活动，扎实推进帮扶工作落实到位。争取到专项帮扶资金20万元，为帮扶村安装了路灯50盏。

三、落实好抓党建的主体责任，确保从严治党永不松懈

一是强化机关党建工作责任制落实。及时调整完善了省红十字会党建工作领导小组构成，坚持把党的建设工作与红十字会人道救助中心工作同安排、同部署、同检查，全年听取汇报并专题研究党建工作5次，机关党总支召开会议研究部署党建工作22次，研究制定了年度党建工作要点，通过年中支部党建工作检查评比、年终述职考评，确保了党建工作落到实处。圆满完成2017年度党费收缴和上交工作，依规从严管理党费。按照“两上两下”的规定程序，扎实做好省党的十九大代表推选工作。

二是压紧压实“两个责任”。会党组全年专题研究安排党风廉政建设工作5次，召开了2017年度全省红十字会系统党风廉政建设工作会议，会党组与机关和直属单位负责人签订了《党风廉政建设责任书》，各市红十字会签订了《行风建设工作目标管理承诺书》。认真开展了巡视整改“回头看”，按照“四个对照”要求制定了包括党的领导、党的建设、全面从严治党三个方面14个问题的问题清单、37项整改措施的整改清单和分工明确的责任清单，推进巡视问题整改落实到位。结合省红十字会实际制定完善了《省红十字会落实中央八项规定精神实施细则》，实践运用好“四种形态”，形成了纠正“四风”问题的长效机制，近年来省红十字会机关和直属单位未发生违反中央八项规定精神的问题。扎实做好节假日廉政风险防范工作，坚持节假日进行会议部署、下发通知并向党员干部发送廉政短信。认真做好2017年处级以上干部个人事项申报工作和重点抽查工作。严格执行“好干部”标准，规范干部选拔任用和监督管理机制，优化党员干部结构，依规合法调整处级干部6名、科级干部4名。

三是加强精神文明创建。积极打造“六型机关”，紧扣红十字会工作职能建立完善了生命安全体验教室，美化了办公环境，开展了丰富多彩的职工文化体育活动，举办了道德讲堂，荣获了庆“三八”比赛活动银奖；在《山西画报》、省直文明网等媒体宣传省红十字会党建、志愿服务、精神文明创建等工作，全年共报送信息51条；扩展志愿者活动社会化参与途径，委托省护理学会建立了省红十字护理志愿者服务总队，并下设58支红十字护理志愿者服务队分队，同时授予省人民医院等57家单位为“山西省红十字志愿服务基地”，覆盖山西省三级医院、医科类院校、120急救中心等多个专业机构；围绕“学雷锋纪念日”，组织红十字志愿者深入养老院、社区、农村开展“关注空巢老人”“心肺复苏普及进万家”“社区老年慢性病健康管理”“关爱农民工子女”等志愿服务活动，全年开展志愿服务活动1170余次，活动时数3818.5小时，参与志愿者6710人次，服务群众6.3万人次；组织干部职工参加“博爱一日捐”和“送温暖献爱心”捐款活动，全年累计捐款4250元，省红十字会荣获第四届全国红十字应急救护大赛“优秀组织奖”，连续5年荣获“省直机关文明单位标兵”称号。

四、紧紧围绕省委、省政府中心工作，扎实推进“三救三献”核心业务

一是强化红十字应急救援体系。完成了红十字自然灾害应急预案修订工作，健全了全省红十字备灾仓储管理网络，接受总会210万元的代储备灾物资；加强省红会赈济救援队建设，为救援队配备了卫星电话、无人机、照相机、救援服等救援装备，组织救援队参加了中国红十字会8省救援队演练，承办2017年中国红十字赈济救援队晋冀蒙培训班，得到省无线电管理局支持开通救灾通信专有频率；认真做好非常规突发自然灾害的灾情上报及应对工作，及时对山西省运城、长治市洪涝灾害受灾群众进行灾害救助，对运城市救助物资发放情况进行了回访、抽查，督导检查物资规范发放；积极派员参加了对斯里兰卡洪涝灾害的国际救援工作；充分发挥红十字会普及群众性应急救护知识的主体作用，全年对1.05万余名铁路、民航、矿山、交通运输等重点行业、企业的一线职工开展了初级救护员培训，在学生、志愿者和企业职工等人群中普及救护知识人数达7.8万人，累计达到230余万人次；成立了全国心肺复苏进万家精准健康工程传播基地，启动了心肺复苏进万家精准健康工程，开展30余期心肺复苏术及相关急救知识与技能普及讲座，累计普及人数达3500余人；积极推动“山西省红十字救护培训管理平台”建设，初步建成山西省救护培训信息数据库。积极做好总会红十字应急救护标准化培训基地创建工作，建成省红十字会生命健康安全体验教室。

二是加大人道救助工作力度。积极开展博爱募捐活动，全省各级红十字会接受捐赠款物折合10316.97万元。其中，省本级接受捐赠的医疗设备价值7295.17万元，惠及省92家医院；接受捐款415.68万元，全部用于对因灾因病致困群众的救助，持续开展“博爱助医工程”项目，对全省266名贫困白血病、先心病、足内翻患儿，75名省直单位大病致困职工特困家庭实施精准救助；积极开展了“博爱送万家”活动，向全省7市17县4000多户家庭发放救助物资价值37.2万元，受益群众达2万余人；开展“牛奶助学公益行动”，将伊利集团捐赠的价值120万元的学生奶转赠晋中、吕梁、忻州、大同等地区困难家庭；在大同市开展“看得见的幸福”救助项目，投入112.9万元为贫困家庭白内障患者、儿童和青少年斜视患者共518例实施免费手术；加强对人道救助工作研究，深入基层群众对精准救助工作进行调研，启动了对全省贫困家庭脊柱侧弯患者救助项目。执行中国红十字基金会彩票公益金项目工作突出，被总会评为“优秀项目执行省份”。

三是推进无偿献血和造血干细胞、遗体与人体器官捐献工作。继续稳步推进无偿献血宣传动员工作；完成国家分配省的3000人份造血干细胞志愿者入库任务，全年实现造血干细胞捐献12人，累计149位志愿者成功捐献；全年回访志愿者20000人；联合省卫生计生委在运城市召开了全省人体器官捐献工作推进会，全省240余人参会，全年实现公民逝世后人体器官捐献52例，使149位脏器衰竭患者获得新生，累计捐献人数达到152例，救助脏器衰竭患者421位。

五、坚持依法治会和改革创新，充分发挥红十字会在治理体系和治理能力现代化方面的独特作用

一是加强法治稳定工作。积极推进依法治会，召开了省红十字会六届二次理事会，向理事会和参与红十字事业的社会各界报告了2016年工作及财务收支情况，并研究部署2017年工作，完善了省红十字会领导班子构成；健全了法治建设工作领导机构，制定了法治建设工作要点，举办“世界红十字日”纪念活动广泛宣传新修订的《中华人民共和国红十字会法》，举办法律知识培训班组织红十字会工作人员学习宪法、红十字会法等与履职相关的专门法律知识，组织工作人员参加了学法用法无纸化考试；加强对综治工作的领导，制定并推动落实《山西省红十字会健全落实社会治安综合治理领导责任制实施细则》，加大对工作人员的安全教育力度，对会机关和直属单位重点部位、重要安全场所、基础安全设施等进行排查，及时消除安全隐患；充分发挥红十字会服务民生、化解矛盾的职能作用，主动承担维护社会稳定的责任，为十九大召开营造了安全稳定的社会环境。多年来，省红十字会未发生安全事故和刑事案件。

二是加强意识形态工作。会党组高度重视意识形态工作，健全了工作领导机制，加强门户网站管理，强化舆情监控，研究制订了《山西省红十字会网络与信息安全事件应急预案（试行）》，规范了省红十字会网络与信息安全应急响应和工作流程。深入开展“砥砺奋进的五年”重大主题宣传活动，大力弘扬优秀传统文化和“人道、博爱、奉献”的红十字精神，广泛宣传“三救三献”工作和红十字志愿服务活动中涌现出的先进人物和感人事迹，省红十字会推选的山西医科大学第一医院副院长兼护理部主任杨辉，荣获红十字国际委员会颁发的第46届南丁格尔奖章，系省首位南丁格尔奖章获得者，实现了省南丁格尔奖章零的突破。省人大常委会副主任、省红十字会会长张建欣代表省委、省政府看望了杨辉，并对她表示祝贺，给予5万元奖励，对她在平凡岗位中作出的突出贡献给予充分肯定，并勉励她继续秉承和发扬红十字精神，在工作岗位上再创新业绩。省红十字会紧扣主题深入开展了宣传活动，广泛宣传红十字知识和杨辉先进事迹，大力弘扬“人道、博爱、奉献”的红十字精神，为全面促进省红十字事业持续健康发展营造了良好氛围。

三是深化红十字事业改革。认真按照中央和省委关于加强和改进党的群团工作统一部署和省领导对做好红十字工作改革创新的总体要求，会党组有的放矢，多措并举，结合万名干部大调研活动，以推进当前工作、谋划明年思路、转变干部作风、提高工作本领为出发点和落脚点，以新时期加强和改进红十字工作，着力解决红十字会基层组织建设、人道救助、精准扶贫、红十字志愿服务等方面的突出问题为课题，党组一班人带队，组织处级以上干部深入市县级红十字会、基层红十字组织、社区、学校和群团改革试点地区上海和重庆市以及红十字工作较为突出地区武汉和成都市红十字会开展调研，形成《山西省红十字会改革实施方案（草案）》；通过推进改革创新，进一步转变了工作作风，不断强化了服务意识和使命意识，有效提升了服务能力和水平，切实增强了红十字会的政治性、先进性和群众性。

内蒙古自治区红十字会

【年度工作】

2017年，内蒙古自治区红十字会在中国红十字会总会和自治区党委、政府的关心、指导下，紧密团结带领全区广大红十字工作者，以习近平新时代中国特色社会主义思想为指导，以学习宣传贯彻党的十九大精神为首要任务，以深入学习贯彻落实习近平总书记关于红十字事业发展重要讲话精神和在中央党的群团工作会议重要指示精神为主线，以贯彻落实新修订的《中华人民共和国红十字会法》为抓手，按照总会十届三次理事会部署要求，紧紧围绕自治区党委、政府中心工作，创新发展理念，严格依法治会，认真履行职责，党的建设全面加强，人道文化传播、“三救三献”及民间交流合作等核心业务工作圆满完成目标任务。

2017年，全区红十字事业在新的起点上取得新发展、实现新突破、迈上新台阶，得到党和国家领导及自治区党政领导的充分肯定。国务院副总理刘延东、全国人大常务委员会副委员长陈竺分别作出重要批示，充分肯定了内蒙古“光明行”社会公益活动和自治区红十字会各项工作成效；自治区党委书记李纪恒、主席布小林等党政主要领导和分管领导分别对红十字会工作作出批示、寄予厚望。“积极和大力发展红十字事业”首次写入自治区党代会和第十三届人大第一次会议政府工作报告，内蒙古红十字事业“十三五”发展规划被自治区政府批转全区。红十字事业发展的成就被列入自治区成立70周年成就展出，召开了复会30周年暨第70个世界红十字日纪念大会。新建105个人道文化传播点、命名33个人道文化传播基地，创建了红十字示范学校103所，打造志愿服务基地33个，新设应急救护角145个、救护点111个，实施124个“博爱家园”项目（其中争取总会项目28个，在全国第一个实现国贫县全覆盖），有9566户41526名群众受益。2017年实施白内障免费复明手术6150例，累计实施15015例，圆满完成了3年实施万例手术目标任务。“光明行”社会公益活动荣获第六届感动内蒙古人物“特别奖集体”。内蒙古自治区完成首个造血干细胞捐献采集医院申报工作并成功获批，建成全区第一个遗体人体器官纪念馆，填补了自治区空白。会领导及相关负责人先后5次在中国红十字会总会召开的党建、赈济救护、博爱家园项目、人道资源动员等会议上作经验介绍，先后5次应邀出席国际、国内高峰论坛和红十字事业发展战略研究等会议并作典型发言。“一带一路”蒙古国先心病患儿救助行动、西部院士＋儿科医生培训等重要活动，先后3次被中央电视台《新闻联播》和《朝闻天下》播报。自治区红十字会被自治区直属机关工委评为“文明单位标兵”，自治区红十字会赈济救护部和呼伦贝尔市红十字会被自治区表彰为“全区民族团结进步模范集体”。

一、突出政治统领，树牢“四个意识”，党的政治建设得到加强

牢固树立“抓好党建是本职、抓不好党建是失职、不抓党建是渎职”理念，始终把党的建设记在心上、扛在肩上、抓在手上、践行在行动上，全力推进党建工作落实。

一是规范党内政治生活。严格遵守党的政治纪律和政治规矩，认真执行准则、条例，严格落实民主集中制、“三重一大”、“三会一课”、“一岗双责”、党建述职评议考核等制度规定，用足用好批评与自我批评这一锐利武器，严密组织“两学一做”、巡视“回头看”整改专题民主生活会，党内政治生活的政治性、时代性、原则性、战斗性进一步增强，形成了“谋发展一条心、干事业一股劲、抓工作一盘棋”的良好氛围。

二是注重十九大精神的引领性。把学习宣传贯彻党的十九大精神作为首要政治任务，精心部署、统筹推进，促进转化、狠抓落实，努力在“学懂、弄通、做实”上下功夫。组织全体干部集体收看了十九大开幕盛况，第一时间学习传达了中央、自治区党委和红十字总会关于学习贯彻十九大精神的部署要求并结合实际作了具体安排；在区直机关中第一个举办了全区红十字会系统学习贯彻党的十九大精神培训班，邀请中央党校教授作了专题辅导；会党组书记、机关党委书记和各支部书记讲授党课，参加了自治区党委和机关工委举办的轮训；班子成员结合核心业务督导调研深入基层进行了宣讲。广大红十字会干部政治站位进一步提高，坚持以人民为中心的责任意识不断强化，努力使红十字会系统每一名党员都成为习近平新时代中国特色社会主义思想的坚定信仰者、忠实执行者、模范践行者。

三是全面提高党建水平。统筹推进会党组科学化、机关党委规范化、支部标准化建设，健全了党组班子，调整了机关党委，优化了各党支部，实现了党的组织和工作机构同步设置、党组织负责人及党务工作人员同步配备。扎实推进“两学一做”学习教育常态化制度化，围绕提高各级干部的党性修养和履职能力，在内蒙古党校举办封闭式工作研讨会、在复旦大学举办新时期红十字理论培训班、赴延安开展“弘扬延安精神，争当人道先锋”主题党日活动。积极推进党支部“五化”建设，争创“北疆先锋”、当好“四个表率”，努力把党支部建成教育党员的阵地、攻坚克难的堡垒。

四是坚持不懈抓好党风廉政建设。重新调整了党风廉政建设和反腐败工作领导小组，召开了全区红十字系统党风廉政建设专题会议，修订完善《内蒙古自治区红十字会“博爱一日捐”捐款接收使用管理办法》，聘请专业人员对区会本级捐赠款物进行全方位审计，组成督导组对部分盟市和旗县（市、区）红十字会近4年的捐赠款物管理工作进行督查，配合自治区审计厅完成对红十字会原党组书记刘菊茹的任期经济责任审计工作，进一步增强了红十字系统各级干部党风廉政建设的紧迫感和责任感，坚决杜绝了“雁过拔毛”式腐败问题的发生。

二、依法履行职责，全面服务小康社会，各项人道工作取得新成效

会党组认真贯彻落实自治区党委、政府决策部署，持之以恒地弘扬“人道、博爱、奉献”的红十字精神，矢志不渝地在人道主义领域实施救援、救助、救护，集中力量办大事、求真务实办实事、真心实意办好事，各项人道工作取得了显著成效。

一是综合发力施策，人道文化传播取得新成效。始终把弘扬红十字精神、传播红十字文化作为推动社会主义核心价值观的重要内容，借助媒体传播优势，突出主题文化宣传，加强人道传播阵地建设，着力提升红十字的社会影响力。召开了复会30周年暨第70个世界红十字日纪念大会，举办了“人道力量”红十字成就展、书画展和红十字风采原创作品展演，编纂了《红十字志》和《红十字大事记》；参与救灾救助工作的信息首次在自治区党委《每日要情》上刊载；自治区党委、政府印发的 6 期《督查通报》中，有 3 期对红十字会开展“三救三献”核心业务和党建工作、依法治区进行了通报表扬。举办全区红十字会法及国际人道法师资培训班，邀请参与修订《红十字会法》的中国红十字会副会长王汝鹏进行了辅导讲座。组织机关人员参加自治区直属机关工委举办的“喜迎党的十九大，建设亮丽内蒙古，共圆伟大中国梦”文艺展演活动，荣获“优秀组织奖”。大力加强人道文化传播基地建设，组建了南丁格尔志愿服务队等队伍，实施了志愿服务、社会实践项目 22 个，开通“人道北疆”微信公众号，进一步弘扬和传播了“人道、博爱、奉献”红十字精神，展示了全区人道工作新成果。

二是注重多措并举，筹资动员工作取得新突破。巩固“博爱一日捐”长效机制，积极争取自治区政府下发《关于继续做好“博爱一日捐”活动的通知》，协调自治区直属机关工委将募捐活动纳入区直机关党员志愿服务和精神文明创建的考核。全区“博爱一日捐”及项目筹资 1.48 亿元，完成筹资任务 7500 万元的 197%；区直机关“博爱一日捐”465.1 万元，较 2016 年增长 14%。自治区红十字会积极拓展多元筹资渠道，争取自治区彩票公益金、社会捐助、专项筹资 2200 余万元，用于开展人道传播、“三救三献”等核心业务；筹集 500 万元善款成立了以救助贫困家庭白内障患者、关爱青少年眼健康为主的“博爱光明”基金，在建党 100 周年前夕再为内蒙古自治区贫困白内障患者免费实施复明手术 10000 例。内蒙古自治区“光明行”社会公益活动、呼和浩特市红十字会“博爱寸草心”助学活动荣获“全国人道资源动员好项目（好活动）”殊荣。

三是聚焦服务民生，救灾救护工作实现新跨越。以保护人的生命与健康为宗旨，突出救护重点领域，抓住救护关键环节，深入开展应急救护工作，逐步形成以救护培训为主体的红十字生命救护体系。建成内蒙古红十字会应急救护培训基地暨生命与健康安全体验馆，并成功申报总会“2016 年度全国应急救护培训示范基地”，接待体验者 63 批次，对 550 名自治区成立 70 周年活动志愿者进行专业的应急救护培训。依托培训基地举办了应急救护师资和红十字救护员培训班 16 期，参加培训 1769 人次；全年培训应急救护师资 247 人、红十字救护员 28861 万人，普及性培训 150870 人次。加强灾害信息管理，县级以上红十字会实现了所有灾情都通过信息系统逐级报送；针对内蒙古自治区部分旗县遭受严重自然灾害，在积极向灾区拨付 80 万元救灾款的同时，协调争取总会和红基会紧急调拨帐篷、棉被、棉衣等价值近 80 万元的救灾物资；给予湖南、云南等受灾地区 30 万元人道救援。组队参加总会在山西太原举办的培训和演练，承办中国红十字赈济救援队 8 省区联合演练，在鄂尔多斯市举办了第二届全区红十字应急救护大赛和应急救护培训工作研讨会，组队参加总会举办的第四届全国红十字应急救护大赛中获得团体总分第八名、心肺复苏个人二等奖、创伤救护个人三等奖的成绩。

四是整合爱心资源，人道救助工作取得新业绩。大力推进全区“光明行”社会公益活动，在乌兰察布市和赤峰市先后举行由自治区主要领导出席的启动仪式，用两年多的时间超额完成了3年实施万例手术的目标任务。自治区政府召开全区“光明行”社会公益活动总结表彰大会并将“光明行”常态化写入今后五年政府工作报告。持续开展“红十字博爱送万家”活动，全区红十字系统投入救助款物折合3303.82万元，救助白血病患儿104名、先天性心脏病患儿72名，救助区直单位困难职工、贫困住院患者231人，全年救助各类困难群众43.58万人，完成年度目标任务的218%。区会先后投入近100万元，在元旦、春节期间为区直机关困难家庭送去人道慰问款物，为扶贫点安装照明灯、购置健身器材和康复治疗仪等设施设备。在中国红十字基金会召开的2017年彩票公益金项目总结暨儿童大病救助经验分享会上，自治区红十字会荣获“彩票公益金项目优秀工作省份”称号。

五是着力提质增效，“三献”工作实现新发展。大力弘扬人道主义精神，不断奏响关爱生命的最强音。利用清明、“5·8”博爱周、“6·14”世界献血日、第3个世界骨髓捐献者日等重要节日，积极开展无偿献血、造血干细胞捐献纪念活动，启动了“百千万人道、博爱、奉献志愿服务”宣传活动，开展了“冬暖童心——红十字关爱血液病儿童在行动”主题活动，对59名在内蒙古人民医院、内蒙古国际蒙医院和内蒙古医科大学第一附属医院住院血液病患儿进行了慰问。配合自治区人大、政协赴湖南等省市进行“三献”立法专题调研，联合自治区卫计委在包头召开全区首次人体器官捐献与移植工作推进会，扩建了呼和浩特市器官捐献者缅怀园；加强器官捐献协调员培训考核，有44人通过总会资格认证。继续开展对成功捐献者的人文关怀行动，用“关爱生命”基金64.2万元为63位造血干细胞捐献者购买终身保险、为59个遗体和器官捐献者困难家庭给予人道抚慰和人道救助。全年完成造血干细胞血样采集2600人份，实现捐献4例，实现20例人体、遗体器官和角膜捐献，为拯救生命、传递大爱提供了新的希望。

六是发挥独特优势，对外交流合作取得新进展。积极参与“天使之旅”——“一带一路”先心病患儿人道救助蒙古国行动，深入蒙古国进行宣传发动、组织协调医疗专家进行筛查，将首批12名患儿接至内蒙古自治区人民医院并成功接受手术治疗。注重加强与国内外红十字会的交流合作，会主要领导参加了自治区赴蒙古国、俄罗斯工作访问团，与蒙古国红十字会围绕打造中蒙“健康丝绸之路”、组织开展“光明行”社会公益活动蒙古国行动和开展应急救援、应急救护、人员互访等方面进行了深入交流对接。先后接待蒙古国达尔罕乌拉省和国内上海等6省区市红十字会来访；承办了香港及海峡两岸红十字青少年夏令营活动。

三、创新发展理念，主动攻坚克难，推动改革创新迈出新步伐

会党组认真学习贯彻党中央群团工作会议精神，深入贯彻落实习近平总书记一系列改革决策部署，紧紧围绕全区改革发展大局，推出了一系列重大举措、推进了一系列重点工作、推动了一系列重大项目，破解了一系列长期制约影响事业发展瓶颈问题和想解决而没有解决的重点、难点问题。

（一）探索治理结构新模式。按照新修订的《中华人民共和国红十字会法》关于“增设监事会，形成理事会、执委会和监事会权责分开的新的治理结构”的规定，根据中国红十字会总会和自治区领导达成的共识，红十字会对依法设立监事会一事进行深入的研究和论证，商请了中国红十字会总会、中编办以及自治区组织、人社、编制等部门意见，制订了监事会设立、人事机构编制等方案，机构编制设置方案于 2017 年 12 月 26 日经自治区编委会批复。

（二）破解难题谋求新发展。主动协调争取健全了会党组班子，由原来的 2 人增加到 5 人；争取备灾救灾培训中心独立运行，并实现了经费差额转入全额；增加了 2 个内设处室、1 个二级事业单位，新增副厅实职 1 名、处级领导职数 6 名，共 15 个编制；将红十字法列入自治区人大常委会 2018—2022 立法规划，并列入 2018 年立法调研；积极争取彩票公益金 500 万元列入财政预算，为全区红十字事业长远健康发展打下坚实基础。

（三）搭建人道救助新平台。在坚持不懈构建人道文化传播、人道资源动员、应急救援救护救助、关爱生命、开放共享"五大体系"，持续抓好"光明行"社会公益活动、"关爱生命"基金等人道救助项目的同时，创新发展理念，拓展救助渠道，搭建救助平台。2017 年 5 月，全国人大常委会副委员长、中国红十字会会长陈竺在参加自治区红十字会复会 30 周年纪念大会期间，与自治区党委书记李纪恒就助力内蒙古脱贫攻坚、内蒙古儿童医学事业发展、打造中蒙"健康丝绸之路"、设立红十字会监事会等事宜达成"四点共识"，并在纪念大会上共同启动自治区红十字会"博爱光明基金"，筹集资金 500 万元，"四点共识"已经全部落地落实并超额完成。

（四）健全内部自律新机制。作为人道公益组织，始终把强化自身建设、提升公信力作为深化改革的重中之重。召开全区红十字系统党风廉政建设会议并成为常态化机制。举办了全区红十字系统财务管理与统计人员培训班，规范捐赠款物管理，并全部纳入审计范围，在全国率先推行旗县以上红十字会捐赠款物年度审计制度。认真落实自治区审计厅出台的《关于加强红十字会捐赠款物管理审计工作的意见》，将审计监督纳入年度盟市工作目标考核内容，对未按期审计或审计中发现违纪违规问题的，实行一票否决，取消评先评优资格。积极主动聘请会计师事务所对区会本级 2016—2018 年度捐赠款物管理工作进行全方位的审计，着力打造诚信红十字会，加强信息公开，明确"两公开、两透明"原则，切实保障捐赠人和社会公众的知情权、监督权。

辽宁省红十字会

【年度工作】

2017 年，辽宁省红十字会按照党的十八大、十九大及总会十大精神要求，紧紧围绕省委、省政府的中心工作，认真贯彻中央群团工作会议精神，改革创新、求真务实、精准发力、稳中求进，按年初的总体安排较好地完成了各项任务。

一、应急救援能力进一步增强

省红十字会印发《辽宁省红十字备灾中心（物资库）建设标准（试行）》，指导各级红十字会按标准做好物资储备库建设。强化红十字应急救援队伍建设，举办省级救援队培训及演练 7 期，参加人数共计 200 余人。指导全省各级红十字会开展救援队伍培训及演练 44 次，参加人数 1039 人，应急救援能力显著提升。在“8·3”水灾期间，全省红十字会共向大连、鞍山、营口、朝阳等市发放单帐篷100顶，家庭应急箱4300个，棉被、褥4800床，衣物2300件，价值15.6万元的食品、药品，总价值213万元。

二、应急救护体系进一步完善

进一步健全应急救护长效机制，深入开展红十字应急救护培训“五进”活动，大力推广“红十字急救掌上学堂”。与辽宁省卫生与计划生育委员会、辽宁省应急办、辽宁省教育厅、辽宁省委宣传部、共青团辽宁省委、省公众急救协会联合在世界急救日启动了应急救护宣传周。现场开展心肺复苏技能培训，宣传推广群众性现场应急救护知识和理念，提高居民在突发公共事件中的应急反应能力和自救、互救能力。积极申请总会红十字生命健康安全教育项目，建立红十字应急救护培训基地，推动应急救护工作开展。省级培训应急救护员3721人，亲子讲座受益人数达到7275人，学校安全教育与体验活动普及12932人，群众性应急演练受益人数达到9228人，应急救护知识惠及近2万人次，参加全国红十字应急救护大赛，辽宁省参赛队获得第二名的好成绩。

三、人道救助力量进一步彰显

积极开展人道救助工作。全省红十字会系统共筹集了价值近670万元的款物，在全省范围内开展以“扶贫”“助善”“帮孤”为主题的红十字博爱送万家活动，全省共有100个县（市、区）的36894户家庭91383人受益。全年救助贫困先心病、血液病患儿327人，发放资助款671.8万元。争取中国红十字基金会支持的“六个核桃·读书慧”公益项目，80所农村中小学逾万名中小学生将受益。开展“艾滋病预防与关怀”同伴教育主持人培训班。培训志愿者骨干156名。争取国艾办、总会支持的14.06万元艾滋病预防与关爱能力建设项目和辽宁地区感染者关怀护理培训。开展了2017年世界艾滋病日宣传与关爱系列活动。争取中国红十字总会参与养老服务试点工作，成为全国首批七个试点省份之一。

针对下高沟村村民2016年下半年遭受旱灾情况，对留龙沟镇及下高沟村受灾村民开展救助工作，向550户受灾村民发放物资，每户2件棉衣、1袋大米、1桶豆油，总价值114730元（1100件棉衣60280元，550袋重5500公斤大米26950元，550桶豆油27500元）。同时，为帮扶及服务该村残疾人，为该村捐赠5个轮椅，其中3个捐赠该村3名残疾人，2个用于红十字家园日常开展服务村民活动，价值1950元，为开展救护培训，捐赠医用模拟人1个，价值2100元，用于组织村民开展救护知识培训，增强村民自救和互救技能，提高村民健康水平。以上几项活动，得到下高沟村村民的广泛欢迎，村民取得了实实在在的收益。

四、捐献工作成就进一步凸显

积极推进人体器官捐献立法工作，在2017年省人代会上通过代表议案将《辽宁省人体器官捐献条例》的立法列入2018—2023年省人大立法规划中。积极做好人体器官捐献宣传、动员、信息化管理等工作。全年累计宣传动员人体器官捐献志愿者登记报名2677人，眼组织自愿捐献登记者766人。全年实现人体器官捐献75例，挽救危重患者200人，眼组织捐献60例，为101名患者带来光明。积极推进造血干细胞捐献工作，继续开展志愿者“回家行动”，提高“有效库容率”与“移植率”。全年完成造血干细胞志愿者资料入库 2000 人，移植 12 人，并实现辽宁籍志愿捐献者的涉外捐献经沈阳出关。截至 2017 年年底全省总库容量超过 13 万。

五、基层组织志愿服务队伍进一步壮大

继续健全组织制度，继续推动中国红十字总会志愿者管理系统的推广使用。加强基层组织建设，进一步巩固和扩大学校、街道（乡镇）、社区的红十字组织。充分利用学校会员单位这块阵地，积极开展红十字青少年工作。全省红会系统共有注册志愿者 66976 人志愿服务队 729 支，全年累计志愿服务工时达到 128722 小时。出台《关于进一步规范红十字会员管理的通知》，进一步规范会员管理。积极承办中国红十字总会青少年及志愿者服务等项目。

六、红十字宣传影响力进一步扩大

继续创新宣传形式，在全省系统采用“媒体及互联网 +”的宣传模式。开展以“学习宣传贯彻《中华人民共和国红十字会法》，促进红十字事业持续健康发展”为主题的红十字博爱周系列活动。与辽宁电视台合作，制作拍摄红十字会形象大使杨鸣参与的公益广告，并在各大卫视黄金时段广泛播出。开展“我眼中的人道——用声音传递让大家倾听”活动。完成中国（营口）红十字运动发源地纪念馆建设，全国人大常委会副委员长、中国红十字会会长陈竺及中国红十字会常务副会长徐科一行出席纪念馆落成仪式。开放搜索引擎对网站新闻的提取，单条新闻月访问量 4000 次，更新稿件 630 余篇，各市开展活动近百次，红十字“人道、博爱、奉献”理念得到了广泛宣传。

七、依法治会水平进一步提升

坚持依法治会，完善红十字会体制机制。实现年初有计划、过程有管理、年终有考核的工作机制。重视人才队伍建设，积极争取省委组织部对省会系统领导干部的培训机会，举办全省红会系统应急救灾能力培训班，红十字会系统干部的理论水平、业务能力和创新能力进一步提高。强化目标绩效评估工作，认真制订绩效评估方案，形成科学化、规范化的评估指标体系，合理运用评估结果，推进各项工作开展。加强信息化建设，完成 OA 办公系统和微信公众平台的升级改造，提高工作效率。努力实现“两公开，两透明”。加强服务意识，树立公益形象，注重综合沟通协调工作，积极争取政策支持，营造良好的内外部工作环境。

八、民间交流领域进一步拓宽

积极参与到辽宁省“一带一路”发展战略中，积极争取中国红十字会总会“一带一路”项目。主动与辽宁省发改委、外事办等部门沟通联系，有针对性争取项目，为辽宁省“一带一路”工作的推进发挥红十字会的特殊作用，为红十字国际交流搭建广阔的平台。积极争取红十字国际委员会的支持，在辽宁省开展人道法传播活动，主动争取中国红十字会总会的出访机会及外事项目。继续深化海峡两岸交流合作，省红十字会组团赴台湾省红十字组织交流，签署了合作备忘录，保持长期友好交流。积极争取到省台办的支持，开展了“海峡两岸青少年红十字文化夏令营”，此次夏令营为期 8 天，来自台湾和辽宁共 40 名青少年营员分别在沈阳、营口、大连开展活动，收到预期效果，得到中国红十字会总会和省台办的充分肯定。

九、加强基层党建和党风廉政建设

2017 年，省红十字会在加强党建和党风廉政建设上，紧紧围绕贯彻中央、省委以及省直机关工委关于基层党建工作部署要求，紧密结合推进“两学一做”学习教育常态化制度化建设，积极开展学习宣传贯彻党的十九大精神，牢牢把握从严治党主线，加强机关党的思想建设、组织建设、作风建设、反腐倡廉建设和制度建设。一是会党组落实抓好党建主体责任。强化对全面从严治党要求的认识，落实抓好基层党建工作主体责任。贯彻执行民主集中制，党组落实重大事项集体研究工作机制。专题研究党建各项重要工作，涉及党风廉政建设专门进行部署。二是推进“两学一做”专题教育常态化制度化建设，学习宣传贯彻党的十九大精神。制订《辽宁省红十字会2017年“两学一做”学习教育实施方案》，按照计划、时间要求及专题组织开展各项专题学习及开展学习研讨活动。认真组织学习贯彻党的十九大精神，制订《辽宁省红十字会贯彻落实党的十九大精神方案》，在全会持续开展学习十九大精神系列活动，将党的十九大精神学好、贯彻好、落实好。三是推进党支部规范化建设，不断完善基层组织建设。省会把规范党支部规范化建设与业务工作和机关建设有机融合，不断深化规范党支部创建活动。围绕组织健全、制度完善、运行规范、活动经常、档案齐备、作用突出标准，全面推进党支部规范化建设，将全面从严治党要求落实到各支部。强化支部“三会一课”制度和组织生活会，高质量推进规范化建设。四是开展反腐倡廉教育，改进作风促党建。召开全省系统的党风廉政建设会议和廉政风险及案件排查工作会议。加强警示教育，针对王珉、苏宏章、王阳等腐败案件，深刻汲取辽宁拉票贿选案教训，组织处以上干部以《忏悔与剖析》中辽宁省发生的违法违纪反面典型案例为内容，开展警示教育并进行讨论。组织党员干部参观“辽宁廉政教育展览馆”。开展签订党风廉政建设“一岗双责”责任状，抓好落实监督执纪“四种常态”工作，开展廉政约谈提醒工作。配合纪检组对机关事业单位开展巡查，对各市红十字会在总会、省红十字会下拨的项目资金、财政资金使用和省会救助物资、项目物资的管理发放等环节进行全面巡查，针对巡查发现的各类问题按照清单落实整改。

吉林省红十字会

【年度工作】

2017年，吉林省红十字会认真学习贯彻习近平总书记系列重要讲话、党的十九大和吉林省第十一次党代会精神，切实增强“四个意识”，牢固树立“四个自信”，充分发挥人道救助职能，不断加强基础建设，积极动员社会爱心力量助力精准扶贫，做好人道救援和救助工作，坚定不移推进全面从严治党，各项工作都有新进展。

一、抓项目，助力推进精准扶贫

吉林省红十字会依据省委、省政府《关于全面推进脱贫攻坚的实施意见》，在社会爱心人士的支持下，成立了肿瘤救助基金，捐赠方每年投入6000万元，连续五年，共计3亿元，重点帮扶吉林省因肿瘤疾病致贫、返贫的广大患者。2017年1月，“精准扶贫　关爱肿瘤患者——红十字在行动”项目正式启动，3月省红十字会开展健康吉林西部行活动，宣传红十字会的肿瘤救助项目，义诊服务队历时10天，行程1800余公里，义诊近1000人。省红十字会、吉林国文医院与白城市政府、伊通县政府签约，为两地的贫困肿瘤患者全额减免医疗费用。2017年，省红十字会的肿瘤救助基金已救助患者4863人次，救助人数1824人，拨付救助款1953万元，很好地发挥了兜底线、助民生的作用。该项工作得到省领导的肯定，省委书记巴音朝鲁两次签批，鼓励红十字会多做这样的好事、实事。副省长李晋修给予大力支持，要求红十字会精心组织实施，省扶贫办印发了专报，吉林电视台乡村频道给予充分报道。

2017年，省红十字会争取总会和国际委员会项目支持资金240万元，在5个贫困村实施“博爱家园”项目，有效加快贫困村脱贫步伐。省红十字会争取中国红十字基金会支持，在吉林省援建6个红十字博爱卫生站，项目资金90万元。省红十字会与德惠福阳医院签订了骨病患者医疗救助合作协议，成立骨病救助基金，项目资金100万元。

二、抓核心，充分发挥红会人道职能

一是在灾害发生时第一时间响应。入汛以来，吉林省多个地区遭受洪涝灾害，松原地区发生燃气爆炸、地震灾害，省红十字会第一时间向总会上报灾情，向总会、中国红十字基金会争取折合300万元救灾款物，向吉林地区支援救灾款10万元、价值178.62万元生活物资，并派出吉林省红十字蓝天应急救援队参与灾民转移和灾后工作。向延边、通化、长春、辽源、四平等受灾地区发放救灾款物折合61.1万元。松原地震期间，紧急为灾民购置矿泉水等必需品，同时，将爱心群众捐赠的饼干、豆油、粉条等物资送往灾区。

二是强化应急救护队伍建设。2017年总会批准吉林省组建一支国家级医疗救援队——中国红十字（吉林）医疗救援队，这是吉林省第一支国家级救援队。7月，吉林省红十字会承办了中国红十字会灾害管理培训班，总会徐会长亲临现场，指导救援演练，并考察吉林省红十字会的应急救护培训基地。2017年，吉林省红十字会举办救护员培训班10期，举办普及培训班20期，5000人受益。9月，省红十字会组队参加了第四届全国红十字应急救护大赛，在全国34支代表队中发挥出色，进入决赛并荣获三等奖。省红十字会还荣获总会组织的贯彻红十字会法暨全国红十字应急救护知识大赛最佳组织一等奖。为提升实战能力，省红十字会组织赈济救援队、红十字蓝天救援队和水上应急救援队开展业务培训，并在长春市近郊卡伦湖进行了野外应急救援演练。

三是完善日常人道救助。2017年，省红十字会争取国家彩票公益金项目，救助白血病患儿87名，发放救助金271万元，救助先心病患儿22名，发放救助金50.5万元。争取省财政支持，救助省内白血病患儿100名，发放救助金50万元。开展圆梦大学活动，资助102名贫困家庭的大学生，发放救助款30万元。为到各级红十字会寻求帮助的300余名临时生活困难群众发放临时救助款35万元。

四是持续做好干细胞和器官捐献工作。省红十字会完成造血干细胞采集血样2000人份，进行初筛680人次、再动员59例，实现造血干细胞捐献4例，其中长春市的孟海艳成功为1名香港同胞捐献了造血干细胞。截至12月底，省红十字会完成人体器官捐献84例，捐献大器官185个，角膜捐献89个，报名登记志愿捐献者突破2000人。

三、抓宣传，广泛动员爱心资源

一是突出重要纪念日开展活动。在5月8日世界红十字日举办了大型公益纪念活动，社会爱心人士和爱心企业现场捐赠款物折合347万元，组织省内的6家医院的专家教授为广大市民群众进行了义诊并免费发放了相关药物。在“世界艾滋病日”前夕，在吉林大学组织红十字系列宣传活动进高校活动，7所省内高校470人参加了启动仪式。

二是突出重大活动开展志愿服务。长春国际马拉松赛事期间，省红十字会长春市红十字会组织志愿者为大赛提供志愿服务，得到总会和参赛选手的一致好评。6月长春地铁一号线开通，省红十字会组织“展志愿服务风采，为长春文明地铁增光”活动，彰显了红十字志愿服务队的崭新精神风貌。在省内成立4支南丁格尔志愿服务队，组织开展了优秀志愿者、志愿服务组织和爱心企业的表彰活动。

三是突出优秀人物的感召力。经省红十字会推荐，吉林大学第二医院副院长殷艳玲荣获第46届“南丁格尔奖章”，这是继吉林省2009年首次获奖后，9年后吉林省护理工作者再度获此殊荣。省红十字会器官捐献协调员刘丽伟，被中国红十字会授予“全国优秀器官捐献协调员”称号，身患癌症仍带病坚持工作，体现红十字会干部的无私奉献精神和担当作为，2017年刘丽伟作为红十字系统推荐优秀代表入选“吉林好人”。

四是突出公益特点凝聚社会爱心力量。为更好宣传推动红十字事业发展，省红十字会聘请吉林籍著名影视演员张凯丽担任吉林省红十字会公益形象大使，进一步扩大省红十字会的社会影响力。省红十字会与传媒企业开展合作，开通吉林省红十字会微信、微博，为部分市级红十字会联系建设官网，为社会爱心人士、了解红十字会工作创造便利条件。

四、抓基础，不断加强自身建设

一是红十字会理顺体制和人员参公问题取得较大突破，积极争取各级党委、政府支持，解决了一些长期想解决而没有解决的问题，吉林市编办为市红十字会理顺体制下发了文件；通化市红十字会在原来基础上新增5名编制，增设1个内设机构；辽源市红十字会增设了1个内设科室，编办为红十字会调剂增加2个人员编制；全省红十字系统人员参公管理问题得到组织部门的重视，取得有效进展，5个地级市和23个县区的参公审批工作正在办理过程中。二是扩大理事范围，省红十字会召开了七届二次理事会议，吸收热心红十字事业的社会各界人士加入理事会，开展了理事办实事活动，建立了经常性的联系和服务理事制度。三是围绕加强红十字会组织建设，在全省开展“双三一”创建活动，发挥典型引路的作用，做实做强基层红十字会的宣传阵地，取得实效。四是争取省管局支持，解决长期困扰红十字会的办公面积紧张问题，办公室由6间增至10间。五是通过调转、招聘等方式改善了红十字会干部结构，新增加办公人员7人，人才引入为红十字会工作的蓬勃发展注入了新动能。

五、抓党建，全面落实从严治党

一是全面落实从严治党主体责任。党组坚持把抓好党建工作作为首要政治任务，认真履行党要管党、从严治党责任。党组班子认真研究、精心谋划，不断创新党建工作方式方法，坚持“走前头、作表率”，切实履行主体责任，坚持定期议党和专题议党制度，不断完善制度建设，推进机关党建工作。二是加强机关党建基础工作。根据处室设置情况，省红十字会对党支部进行了重新调整，及时完成换届选举，配齐了支委班子，明确了任务分工。各支部严格执行主题党日活动，认真落实“三会一课”、组织生活会、民主评议党员等各类制度要求。三是推进“两学一做”学习教育常态化制度化。先后组织党员干部到吉林省廉政教育中心接受廉政教育；捐赠 22 万元，到白山市江源区育林孤儿院开展慰问，参观石人血泪山罹难矿工纪念馆；赴延安组织党性教育培训班；赴扶贫村开展党员入户慰问；到双阳区开展传统教育座谈慰问老红军战士。四是深入学习宣传和贯彻落实党的十九大精神。党的十九大召开后，按照中央和省委的部署要求，吉林省红十字会迅速在全省红十字系统掀起学习宣传贯彻十九大精神的热潮，在机关干部中组织专题学习培训、参观专题展览、召开会议传达党的十九大和全国宣传工作会议精神，使全体党员干部以饱满的工作热情和精神状态，为开启新时代中国特色社会主义建设的伟大征程而勤奋工作。

黑龙江省红十字会

【年度工作】

2017 年，黑龙江省各级红十字会认真贯彻落实习近平总书记系列重要讲话，特别是对黑龙江省重要讲话精神，全面落实党的十九大提出的新要求，以决胜全面建成小康社会，奋力走出黑龙江全面振兴发展新路子为前进方向，主动融入全省工作大局，坚持改进干部作风，在改善民生和促进社会和谐发展中积极作为，切实发挥好党和政府在人道领域的桥梁和纽带作用。

一、学习贯彻党的十九大精神，推进“两学一做”学习教育常态化制度化，持续改进工作作风

省红十字会把学习宣传贯彻党的十九大精神作为当前和今后一个时期的首要政治任务，突出学习宣传习近平新时代中国特色社会主义思想，通过党组中心组学习、机关党委和支部多层次集中学习、党员干部自学、组织干部参与网上答题、观看网络教育学院专题课程、选派领导干部参与党校轮训等方式开展学习，领导班子成员带头深入所在支部和分管领域，各支部书记结合职能、职责多层次向党员宣讲十九大精神，使党员干部全面认识党的十八大以来取得的历史性成就和发生的历史性变革，深刻领会十九大报告提出的重要思想、重要观点、重大判断、重大举措，聚焦新时代、新论断、新思想、新目标、新任务，不断增强省红十字会党员干部“四个意识”，不断增强党内政治生活的政治性、时代性、原则性、战斗性，围绕中心、聚焦大局，落实以群众为中心的工作导向，努力为最困难、最需要帮助、最易受损害的群体服务。

按照省委关于开展推进“两学一做”学习教育常态化制度化和省直机关作风整顿工作部署，在省红十字会党组的领导下，会机关各部室、直属各单位紧密配合，将学习教育常态化制度化和作风整顿与业务工作同步推进。充分发挥党组中心组学习带动作用，坚持问题导向，深入查摆问题，面向省直机关相关单位、各市（地）红十字会、直属单位发放征求意见函，广泛开展谈心谈话，梳理出干部职工存在“思想僵化、标准不高、效率低下、担当不足、纪律松弛”等五方面问题并形成问题清单，在此基础上召开以“倡导‘五个好作风’、争做‘三个好把式’，形成攻坚克难、奋发进取、敢创新路的新风正气”为主题的民主生活会。会领导班子以上率下认真分析问题症结，制定整改措施，形成作风问题整改清单，并梳理工作事项，对流程不完善之处进行再造，将作风整改与流程再造同步推进，以“服务受理零推诿、服务方式零距离、服务质量零差错、服务结果零差错”作为干事标准，推动“四零”承诺服务创建工作向业务工作领域拓展延伸，以作风整顿促进业务水平全面提升。

二、贯彻落实群团改革会议精神，依法履职，不断提高人道服务水平

将宣传贯彻新修订的《中华人民共和国红十字会法》与深入学习贯彻习近平总书记关于群团改革重要指示精神紧密结合，把握推动红十字事业发展的新要求，坚持党的领导，坚定不移地走中国特色社会主义群团发展道路，坚持依法治会，自觉服从中央、省委工作大局，统一思想，增强“四个意识”，把保持和增强政治性、先进性、群众性贯穿改革全过程，以改革为牵引，不断提高黑龙江省红十字组织的工作和服务水平；主动作为，在创新社会治理、助推民生事业等方面发挥独特优势，根据红十字会治理结构改革、核心业务的赋权和拓展调整工作重心，拓展核心业务范围，依法依规加强“三救”和“三献”能力建设，努力展现践行人道使命的新作为，不断开创红十字事业的新局面。

三、完善应急救援机制、提升灾害救援能力、提高群众防灾减灾意识

一是完善应急救援机制。在防灾、减灾、备灾、救灾工作中，不断完善灾害上报、救灾物资储备、救灾款物管理使用等各项制度和流程建设，注重加强对市（地）红十字会的指导和培训，根据新形势不断完善省—市—县联动的灾害迅速响应和反馈机制。5至9月，黑龙江省哈尔滨、齐齐哈尔、牡丹江、鸡西、鹤岗、双鸭山、伊春、七台河、大庆、绥化、黑河等地遭受大风、冰雹、暴雨等自然灾害，造成农作物大面积受灾。省红十字会党组书记、专职副会长鞠海洋率队到受灾较重的尚志市苇河林业局实地调研灾情，积极争取总会为黑龙江省援助赈济家庭包500个、棉被1500床、服装1500件，物资总价值35.321万元，物资下发受灾地，受益4500人次。

二是加强应急救援队伍标准化建设。配备专业设备，通过“理论学习＋模拟现场＋实操演练”提高各类救援队业务水平和实战能力，有效提高全省红十字系统灾害应急及公共服务救援能力。省红十字会与哈尔滨医科大学公共卫生学院签署协议，建立黑龙江省首支心理救援队，帮助易受损害和受灾人群改变、调整生活环境及状态。黑河红十字水上救援队承担“第14届中俄横渡黑龙江”的救生救护任务，大庆市红十字会与蓝天救援队合作为铁人三项大型体育项目提供应急救护和水上救援技术保障，哈尔滨市红十字会医疗救援队首次组织红十字救护员担任赛道观察员，参与哈尔滨马拉松赛事医疗保障服务。

三是提高群众防灾减灾意识。利用“防灾减灾日”“国际减灾日”指导全省各级红十字会多级联动，结合“减轻社区灾害风险，提升基层减灾能力”“建设安全家园：远离灾害，减少损失”的宣传主题，广泛开展形式多样的防灾减灾知识普及活动，共发放宣传手册及宣传品30000余份、急救包500个，设置宣传板、宣传台100余个。

四、开展应急救护培训，普及应急救护知识，提高群众自救互救技能

一是以打造红十字经典品牌为目标继续大力推进应急救护培训。协调有关行业和部门，扎实推进重点行业、重点人群的培训工作，通过省彩票公益金项目，在全省多地针对企业人员、学生、户外人员、救援队人员、扑火队队员等社会不同群体，举办64期红十字救护员培训班，举办3期应急救护师资培训班，共培训救护员3200名，救护师资90名，壮大全省红十字救护师资队伍。

二是以切实服务百姓生命健康安全为遵循，加强公益性普及力度。共举办公益性讲座培训班100期，培训近万人。推进红十字知识及应急救护进社区，在齐齐哈尔、佳木斯、黑河、绥化4个市举办社区应急救护培训班19期，培训570余人。依托省红十字生命安全教育体验教室面向社区人员、大学生、旅游行业从业人员、户外爱好者、幼儿、小学生等群体，通过情景教学、角色扮演、互动体验等多形式，举办生命安全体验活动13期，培训260人次，切实提高百姓自救互救能力，同时通过普及基础性救护知识，推动红十字“人道、博爱、奉献”精神的传播及社会主义核心价值观的弘扬。哈尔滨市红十字会将学校红十字青少年应急救护培训工作纳入政府惠民项目，在全市中小学广泛开展青少年应急救护知识培训和防灾避险演练，累计参加人数2.4万。

五、围绕中心助力精准扶贫，提高弱势群体救助能力

（一）围绕全省精准扶贫工作大局完成驻村扶贫任务

按照省委统一部署，省红十字会及哈尔滨市红十字会承担驻村扶贫任务，将谋划产业扶贫、推动村集体经济发展、加强农村基层党建作为工作重点。一是领导班子亲自调研，派出经验丰富的驻村干部，深入村屯走访，宣传、解释国家各项政策，精准识别贫困户，吃透村情民意。二是惠民生、解决实际困难。通过专家讲座、组织村民到种植养殖基地参观学习，加强村“造血”功能，会领导协调开拓当地自主产业经营项目，大庄园肉业为富河村肉牛养殖提供免费技术指导并包销养殖肉牛，解决了产、销中关键环节问题；利用50万元专项扶贫资金购买4台收割机，提高当地农业机械化水平。哈尔滨市红十字会积极为延寿县六团镇东安村争取救助款物折合105万元，在中国红十字基金会举办的“众筹扶贫大赛”中，省红十字会获“首届众筹扶贫大赛优秀奖”，哈尔滨市红十字会获“优秀组织奖”，其推荐的“原生态鸭稻米”项目跻身全国前20强，荣获“红品项目优秀奖”和10万元项目金，黑龙江省2名驻村队长获“优秀脱贫带头人”称号。三是加强扶贫村党建工作，建立以党员为主的红十字志愿服务队，开展一系列惠民志愿服务活动。

（二）继续做好血友病感染艾滋病患者关爱救助

在省血友病感染艾滋病患者关爱小组的领导下，努力做好血友病感染艾滋病患者的关爱工作，积极帮助患者解决生活和治疗方面遇到的困难；接收上海生物制品研究所补充救助款97万元，及时下发到哈尔滨、佳木斯、大庆、省森工总局共计84万元，拨转到省疾病控制中心12万元药品款。参加全国血友病感染艾滋病工作协调会议，积极与省森工总局主要负责人沟通协调，在省领导的支持下，解决好省森工总局2名患者的实际问题。

（三）继续做好中国红十字会总会、基金会的各类项目

继续推进中国红十字会总会、中国红十字基金会“小天使基金”、“天使阳光基金”、“红十字应急救护培训示范基地建设”、“红十字博爱家园”、“幸福天使红十字救护站”、“新站 · 新健康”博爱卫生站、“看得见的幸福”、“乡村医生培训”、“‘亲基金’未来教室”等项目工作，2017年度共获得项目资助总金额790余万元。

通过各类项目，救助白血病、先心病患儿183名；通过定点医院筛查贫困先心病患儿，资助手术患儿30余例；资助黑龙江省贫困家庭白内障患者、0至16周岁儿童及青少年斜视患者等免费实施手术500例；推荐哈尔滨医科大学附属第四医院增设为“天使阳光”基金定点医院，为194名白内障患者进行手术治疗。

项目援建伊春市嘉明县保兴镇共荣村、延寿县嘉信镇民主村等2个红十字博爱卫生站，并批复在2018年继续援建3个红十字博爱卫生站；援建绥化市1个红十字应急救护培训示范基地；援建大兴安岭地区漠河县北极村旅游景区、齐齐哈尔龙沙动植物园景区、齐齐哈尔市水师森林温泉度假区等3个红十字救护站。

对“博爱家园”9个项目点进行总结评估，对伊春市嘉荫县保兴镇共荣村红十字博爱卫生站进行督导，对伊春市汤旺河林海奇石景区开展项目验收。

此外，全省各级红十字会继续在2017年元旦、春节期间开展“红十字博爱送万家”活动，全省各级红十字会共筹集款物折合212万元，慰问困难户5167户，14000余人得到救助。省红十字会结合实际及捐赠者意愿，在双鸭山、伊春、七台河、大庆、黑河市部分中小学开展了贫困助学活动，共发放10万余元救助款，资助200余名贫困学生。

（四）开展艾滋病预防，做好目标人群干预工作

开展预防艾滋病培训，举办大学生预防艾滋病主持人培训班1期，培训主持人30名，为今后开展同伴教育做好人才储备；举办大学生预防艾滋病培训班2期，培训高校学生80余名，在齐齐哈尔、佳木斯、大庆、绥化4个市举办48期培训班，在大学生群体中普及预防艾滋病相关知识1920人次。同时委托哈尔滨康同社区针对男男性接触人群开展培训班2期，培训60人次，取得较好效果。

六、参与推动遗体和人体器官、造血干细胞捐献及无偿献血工作，提高社会公众认知度和参与度

一是稳妥推动遗体和人体器官捐献工作。通过多种形式的宣传动员和相关法律法规的普及工作，使社会各界充分认识了解和支持遗体和人体器官捐献工作。全省人体器官捐献志愿登记人数1360名，实现捐献26例，共捐献心脏6个、肝脏24个、肾脏48个。遗体捐献登记数为536人，实现捐献数71人，眼角膜捐献登记数406人，实现捐献数102人。与此同时，全面加强全省人体器官捐献专业人员队伍建设，举办全省业务培训班1期，培训各市（地）红十字会人员、医院负责人、人体器官协调员及骨干志愿者共60余人，年度新增人体器官协调员

13 人，协调员人数已达 70 人；申请国家遗体组织捐献项目，拓展人体器官捐献志愿服务工作内容，对孤寡老人和伤残人士采取上门登记服务方式进行器官、遗体和眼角膜登记；针对志愿者服务队举办 2 次人体器官捐献知识法规培训；在清明节前后开展缅怀纪念和家属慰问等活动。

二是以完成全省第 100 例捐献为契机召开全省造血干细胞总结大会，通过省内各大媒体大力宣传，通过 300 余人的志愿者队伍开展造血干细胞宣传活动，着力培养志愿者动员能力。截至 2017 年年末，完成上传数据 4000 人份资料，确保国家造血干细胞捐献者资料库建设任务的顺利完成，黑龙江省分库入库资料达 84130 人份，并按国家总库要求完成分阶段审核工作。完成初筛 1718 人、再动员 265 人次、高分辨检测 31 人、体检 10 人，成功捐献造血干细胞 10 例（含涉外 1 例），造血干细胞捐献总数已达 102 例。

三是继续依照《中华人民共和国红十字会法》《中华人民共和国无偿献血法》，配合总会、省卫计委开展无偿献血宣传和表彰，参与、推动无偿献血工作，加强对无偿献血志愿者的指导。获得中国红十字会总会无偿献血项目支持，项目总资助款 4.5 万元，通过车体广告形式开展无偿献血宣传及志愿服务活动。

七、加强组织建设、理顺管理体制，为红十字事业发展提供组织保障

全省各级红十字会不断加强组织建设，逐渐形成较完善的红十字组织网络体系。省红十字会与哈尔滨医科大学附属第四医院护理部合作，建立哈医大四院红十字健康关怀志愿服务队，在传播健康知识、特定人员护理培训、宣传预防艾滋病知识等方面开展志愿服务活动。黑河市红十字会通过评选命名示范校、社区、乡镇等工作，按标准考核验收，各基层组织亮点纷呈，各具特色，不断壮大，涌现出一批好样板，使黑河市红十字会机关自身组织建设和基层建设都取得可喜成绩。大庆市红十字会以市政府常务会议下发的《大庆市人民政府关于进一步促进红十字事业发展的意见》为契机，进一步加强新时期红十字工作，夯实组织基础，完善管理体制，加强监督管理，在“加强市红十字会依法履职能力”“加强组织领导”“加强财政保障”等方面为大庆市红十字工作的深入开展提供政策支持。佳木斯红十字会获第十八届省级文明单位称号，绥化市经中共绥化市委组织部批准，设立中共绥化市红十字会党组。

八、开展志愿服务与青少年活动，大力弘扬社会主义核心价值观

通过“健全组织、分类指导、分级管理、规范注册”等工作，壮大红十字志愿者队伍，形成完善的红十字志愿服务体系和专业的志愿服务内容。大兴安岭红十字会印发了《关于组建大兴安岭地区红十字志愿者队伍的通知》，面向全社会招募红十字志愿者，组建志愿服务队伍。在全省志愿服务平台注册的红十字志愿者已达 239223 人，各类志愿者在各自领域开展丰富的志愿服务活动。鹤岗市红十字志愿者协会“星之愿——我要和爸爸妈妈在一起”关爱自闭症儿童项目入选总会志愿服务项目，并被总会列入第七期志愿服务项目发展计划。在省文明办“五个一百”志愿服务先进典型评选工作中，鹤岗市于晓秋荣获“全省十佳优秀志愿者”称号。

以学校为阵地，推进红十字青少年工

作，大力发展各类学校红十字组织和青少年会员，注重青少年道德素质的培养。组织开展全省红十字青少年社会实践项目申报，黑龙江幼儿师范高等专科学校以“关爱生命、传播爱心、服务社会”为宗旨的健康教育项目获总会1万元资助。在全省大学内开展以传播红十字运动基本原则为主要内容的“青春善言行”同伴教育活动2期，培训大学生40余人。组织推荐高校红十字干事参加总会组织的海峡两岸青少年夏令营活动，在高校取得较好的反响。通过开展志愿服务和青少年活动，倡导红十字志愿者和青少年成为社会良好言行的推动者，让社会各界充分了解国际红十字与红新月运动七项基本原则，弘扬“人道、博爱、奉献”精神以实际行动践行新时代中国特色社会主义核心价值观。

九、发挥新闻媒体宣传作用，探索新兴媒体传播方式，创新筹资新渠道

与广播、电视、报纸、网络等新闻媒体合作，加大红十字工作的宣传力度。以服务改善民生为出发点，结合各项业务工作，在“世界红十字日”“世界急救日”等重大节日宣传普及应急救护知识，宣传人体器官、遗体和眼角膜、造血干细胞捐献及无偿献血等内容，营造有利于红十字事业发展的舆论环境。加强网站维护和信息更新，积极推行“互联网+红十字”建设，推进微信公众号等新兴媒体的运用。通过举办培训班、参与知识竞赛等形式在全省范围内大力宣传新修订的红十字会法，省红十字会在总会报刊社举行的《中华人民共和国红十字会法》暨全国红十字应急救护知识竞赛中荣获最佳组织奖三等奖。双鸭山市红十字会利用“世界红十字日”之机，在《双鸭山日报》刊登半个版面，宣传国际红十字运动、发展史、中国红十字发展史和双鸭山市红十字会发展史。

筹资工作呈现新起色，在彩票公益金、总会项目、海关罚没物资、社会捐款捐物基础上，积极拓展筹资渠道新思路，原黑龙江报关协会、黑龙江宏赫投资有限公司等企业捐款9万余元，伊贝尔美容管理有限公司法定代表人华淑萍捐赠35万余元，全年累计接收捐款近50万元。动员爱心医院利用有效资源对省内外周血管病患者及疑有精神病的人进行免费筛查，利用“众筹扶贫大赛”契机积极探索“互联网+筹资”新渠道。建立信息公开机制，做好对捐赠者的信息反馈与回访。

上海市红十字会

【年度工作】

2017年，上海市红十字会坚持以党的十九大精神和习近平新时代中国特色社会主义思想为统领，以中国红十字会第十次全国会员代表大会和上海市红十字会第九次会员代表大会提出的要求为目标，坚持服务民生、服务群众，着力问题导向、目标导向，较好地完成了年初理事会确定的各项任务。

一、坚持党建引领，党的建设进一步加强

认真贯彻中央和市委要求，深入学习宣传贯彻党的十九大精神，始终把群团组织置于党的领导之下，以党风促会风，以党建工作带动业务工作，推动红十字事业上新台阶。

（一）切实加强党的领导。分层次、全方位地认真开展党的十九大精神的学习传达。制订下发《学习宣传贯彻党的十九大精神实施方案》，组织机关全体党员集中收看十九大开幕会，组织党员干部分别参加总会、市委组织部、市委党校等单位组织的学习贯彻党的十九大精神专题培训班。组织全市 16 个区红十字会专题传达、学习党的十九大会议精神，在网站和报刊开设《学习十九大》专栏并刊登学习体会文章。党组书记撰写的题为《适应新时代·树立新理念·实现新发展》的学习党的十九大精神的体会报告，于第一时间在《中国红十字报》上刊发。

（二）推进“两学一做”学习教育常态化制度化。以“思想引领、服务大局、创先争优”为工作主线，坚持“学、做、改、建”并行，夯实工作基础，有效发挥党组织的创造力、凝聚力和战斗力。成立了由党组书记任组长的“两学一做”协调工作小组，并将“两学一做”学习教育常态化制度化的学习内容纳入党组中心组学习、党总支和党支部的日常学习之中。研究制订《关于上海市红十字会推进“两学一做”学习教育常态化制度化的实施方案》和具体任务清单，指导机关党总支组织开展党员的学习教育、参观活动等，进一步增强发展信心，提高行动自觉。通过开展“两优一先”评选表彰活动，树立先进典型，发挥示范作用。

（三）规范干部管理、培养和选拔任用。进一步加强组织建设，制定下发《上海市红十字会领导干部选拔任用实施细则》《上海市红十字会领导干部请假报告管理办法（试行）》等规章制度。坚持正确的用人导向，选拔任用 2 名正处级领导干部、2 名副处级调研员，并从基层一线转任了 1 名副处级领导干部充实队伍；同时注重后备干部的培养教育，加强了红十字干部队伍的活力。

（四）加强党风廉政建设。进一步加强党风廉政建设，形成“以上率下，齐抓共管”的工作势态。2017 年年初，组织召开了党风廉政建设大会，党组班子成员、机关各部室和两个直属事业单位负责人分别签署党风廉政建设责任书，层层传导压力，提升履行主体责任的自觉性和主动性。同时，与市纪委驻市教卫工作党委纪检组签署合作备忘录，认真按照备忘录的内容，共同推进市红十字会的党风廉政建设。此外，还接受了市纪检组和市审计局人道救助项目工作的调研检查，进一步促进工作的规范管理。

（五）落实巡视整改任务。对照巡视整改的工作要求，对于巡视反馈意见中较为突出的制度建设问题，进行逐一地梳理汇总，制定完善了《上海市红十字会党组工作制度》《会党组关于“三重一大”制度的实施办法》等 12 项规章制度。针对党建工作存在的问题，建立问题清单和整改清单。引导党支部把问题整改与机关内部建设、谋划长远工作有机结合起来，做到统筹兼顾，相互促进。落实民主生活会和组织生活会制度，严肃认真开展批评和自我批评。

二、坚持依法兴会，红十字事业进一步发展

充分认识新修订的《中华人民共和国红十字会法》对于中国特色红十字事业发展的重大意义，坚持依法建会、依法兴会、依法治会，严格按照章程开展工作，切实加强红十字系统组织建设，不断推动红十字事业取得新的发展。

（一）聚焦事业发展。4 月 22 日，在市委、市政府的关心、支持下，上海市红十字会第九次会员代表大会在市委党校顺利召开。中共中央政治局委员、上海市委书记韩正出席开幕式暨第一次全体会议。全国人大常委会副委员长、中国红十字会会长陈竺，上海市委副书记、市长应勇出席大会并讲话，362名红十字会员代表以及特邀代表和嘉宾出席了大会。大会审议通过了上海市红十字会第八届理事会工作报告和《上海市红十字事业2016—2020年发展规划》《上海市红十字会组织规程》等，选举产生了第九届理事会理事116人。该次大会的参会代表、新一届理事会之中都增加了来自基层组织的先进人物、捐赠者、红十字青少年和志愿者等基层一线代表的比例；调整2名社会人士代表为兼职副会长，增加2名基层红十字会领导为兼职执委会成员，有力提升了社会各界参与红十字事业的代表性和广泛性。

（二）聚焦群团改革。指导黄浦、崇明、闵行、嘉定、青浦、普陀等区红十字会依法完成换届改选；年内，长宁、虹口等7个区红十字会新建党组。全市16个区中的13个区红十字会建立了党组；全市新增红十字服务总站35个、红十字服务站170个，红十字服务总站覆盖率达79%，有效落实了群团改革提出的目标任务。

（三）聚焦基层组织。以“博爱家园”建设评估为抓手，加强社区基层组织建设。首次开展市级“博爱家园（街镇）”的申报评估工作，加强对各区红十字会及申报街镇红十字会负责人的全员培训和指导。经实地走访和综合评估，宝山、奉贤、松江等区15个街镇获得市级“博爱家园”称号，为基层组织创造性地开展符合红十字宗旨与民众需求的人道服务提供了空间。

三、坚持履职尽责，核心业务进一步深化

认真对照法定职责，始终坚持以群众需求为导向，全力做好以“三救三献”核心业务为重点的各项工作，不断增强履职尽责的能力，发挥好政府人道领域的助手作用。

（一）做好“三救”工作，提升群众获得感。一是救护工作重培训。以应急救护培训和老年介护培训为抓手，重点做好救护师资和救护员队伍建设。完成全市红十字应急救护培训54万人次、救护员培训3万余人次；培训救护师资701人，完成师资注册577人，组织4期104名骨干师资参加美国心脏协会BLS课程培训；完成老年介护师资培训78人，同比增长151%，老年介护培训12453人次，同比增长14.4%。进一步加强基地建设，完成红十字应急救护培训基地和防灾避险场景体验基地建设，在上海外国语大学建成本市高校第一所生命健康安全实训室；在上海化工园区医疗中心设立红十字应急救护培训基地，组织开展应对化学危机专项演练；组织参加第四届全国红十字应急救护比赛并获得优异成绩。二是救灾工作重实效。加强救灾工作的省际协作，组队参加苏沪红十字应急救援队联合演练。认真做好对口支援、受灾地区物资发运工作和本市火灾受灾家庭帮困救助工作，组织捐赠单位代表分赴青海果洛和陕西彬县，对救灾救助物资发放使用情况及援建项目进行回访，提高救灾工作实效，共向贵州、云南、新疆和西藏等对口支援和受灾地区发运物资12万余件，总价值270.3万余元。全市红十字系统共向137户火灾受灾家庭发放87.53万元救助款。三是救助工作重项目。继续做好明旸法师帮困助学、千万人帮万家、重度失智困难老人救助、造血干细胞移植救助、高校大学生助医、关爱麻风病人、爱心行动百姓救助等人道救助工作。探索“互联网+”管理，开发通用型救助项目数据库，提高捐赠信息公示频率，实现救助项目数据平台与市民政数据平台对接。

（二）优化“三献”管理，提升项目参与率。一是重协调、抓落实，造血干细胞捐献工作内涵进一步拓宽。联合团市委等举办2017年上海造血干细胞捐献青年志愿者集中行动社会宣传活动。通过电话、微信等形式对4.3万名在库志愿者进行回访，积极开展口腔黏膜拭子课题样本采集课题研究；做好“上海造血干细胞捐献”微信公众服务号建设。截至12月31日，已超额完成年度入库计划，共完成8179人份样本，其中5645人份血样，2534人份口腔样本；实现21例造血干细胞捐献。二是重调研、抓总结，遗体（角膜）捐献进一步规范。组织开展上海市第十五个遗体捐献纪念日系列活动，成功举办上海市红十字会遗体（器官、角膜）捐献文学艺术作品征集活动。上海市第一人民医院和第九人民医院新增为红十字眼库。深化遗体捐献志愿服务“五区联盟”经验，制订了全市东部、中部和西部联盟总体方案。截至2017年12月31日，办理遗体(角膜)捐献登记3631人，实现捐献894人。三是重规范、抓督导，器官捐献的管理进一步完善。成功举办“生命之约　大爱传承”主题宣传活动，完成人体器官捐献救助基金国家福利彩票公益金绩效评估和中国人体器官捐献协调员培训专用教材的撰写。截至2017年12月31日，共实现187例器官捐献案例，并对163例器官捐献困难家庭实施了人道救助，总计费用187余万元。上海的人体器官捐献报名登记者人数位居全国第一。

（三）完善志愿服务，提升队伍专业性。制订“上海市红十字志愿服务2018—2020年行动计划”，按领域、分专业，建立和完善项目志愿服务体系。联合市精神文明办、市志愿者协会在全市开展“博爱申城”志愿服务活动，强化志愿服务的平台建设。注册志愿者人数为2.7万余人，注册志愿服务队伍285个。先后组织志愿者参与世纪公园亲子音乐节、上海城市定向赛、上海马拉松等各类活动的救护保障工作。开展上海市红十字志愿服务星级表彰工作，共表彰优秀红十字志愿服务项目61个，认定星级表彰志愿者161人。

四、坚持形成合力，特色、亮点进一步突显

加强与有关部门、单位的协调配合，整合社会各方力量，积极探索开展工作的新途径、新方法、新机制，切实做好人道主义救助的各项工作。

（一）红十字综合监督机制有新内涵。立足于完善红十字会治理结构、推动红十字会改革发展，积极指导嘉定区红十字会设立监事会，成为新修订的《中华人民共和国红十字会法》正式施行以来，全国红十字系统第一个依法选举产生的监事会，实现了依法设立监事会零的突破，有效地深化和完善了红十字工作管理机制和监督机制，对于中国红十字事业发展具有示范意义和导向作用。

（二）造血干细胞捐献工作机制有新突破。与团市委、上海出入境边防检查总站等五家单位联合签署了跨国转运绿色通道共建合作备忘录，建立了造血干细胞跨国转运绿色通道，简化了涉外捐献移植程序，为造血干细胞高效、快捷跨国转运提供了制度保障。2017年顺利完成涉外德国捐献1例，涉外韩国捐献1例。

（三）自动体外除颤器（AED）推广工作有新成果。在市府办公楼首批设置AED

并开展应急救护技能培训，与市医疗急救中心联合开发 AED 分布地图，与企业合作开发自动售卖机搭载 AED 项目。设置在本市公共场所的 AED 已成功挽救 5 位患者的生命。该项工作荣获第三届上海社会建设十大创新项目优秀奖。

（四）少儿住院互助基金工作有新模式。进一步优化缴费机制，自 2017 学年起实行分龄缴费，与“付费通”合作建立第三方自助参保缴费平台。同时建成互助基金参保征缴管理系统并上线运行。

五、坚持服务大局，红十字文化传播进一步拓展

密切配合国家战略，积极开展民间交流工作，广泛开展各类宣传活动，充分发挥文化传播的导向作用，提高社会对红十字的认同度，为进一步扩大中国红十字的国际影响力做出积极贡献。

（一）参与“一带一路”，完成总会交办的各项任务。积极响应国家“一带一路”倡议，在时间紧、任务重的情况下，配合总会做好援外医疗队团组的组织工作，带领瑞金红十字医院的专家赴孟加拉国开展救援工作；红十字儿童医学中心参与中国红十字会和阿富汗红新月会共同发起的人道救助计划“天使之旅”，为首批来华的 21 名阿富汗先心病患儿带来新生的希望；中国红十字会华山医院积极参与红十字志愿医疗队，将先后派遣 4 批医疗队远赴瓜达尔港进行为期 2 年的医疗服务建设；红十字儿科医院积极参与西部儿科医师的培训工作，为贵州培养百名儿科专业骨干医师。此外，还承办 2017 年全国人体器官捐献缅怀纪念暨宣传普及活动、首届京沪港澳红十字青年国际人道问题辩论赛、中国红十字会监事会改革工作座谈会等，受到各界关注。

（二）加强文化宣传，扩大传播覆盖面。进一步加强宣传阵地建设，不断完善、拓展《上海红十字》报和市红十字会门户网站的内涵，加强微信公众号的推广运用。进一步完善红十字历史文化陈列馆的设备和馆藏，建成网上陈列馆，2017 年共接待参观者 54 批次近 1670 人次。继续推进红十字理论研究，新启动 10 个研究课题。“世界红十字日”期间，在全市冠名红十字医疗机构开展升旗宣誓仪式，集中宣传新修订《中华人民共和国红十字会法》，并通过开办“博爱讲坛”、组织红十字故事创作讲演比赛、开设《身边的红十字》专栏等形式，讲好红十字故事。据统计，2017 年，网站共刊发信息 703 条、微信推送 355 条，报纸刊登稿件 297 篇，另有专版 9 个，九届会员代表大会期间增刊 2 期共 8 版，对外发布信息 13 条，取得了较好的社会宣传效应。同时，继续以国际人道问题辩论赛、红十字青少年文化节、世界艾滋病日集中宣传、防艾同伴教育等，吸引青少年参与活动，有效地促进了红十字精神与文化在学校的广泛传播。

（三）促进民间外交，提升合作紧密度。加强与国内各兄弟省市红十字会、港澳台红十字组织、国外友好城市之间的互访交流，组织举办“上海・长崎”红十字青少年夏令营。全年接待国内、国际组织 9 批 62 人次来沪交流访问，充分发挥红十字组织民间交流的作用，办理出国（境）团组数 3 批 3 人次。同时，做好总会领导到沪的工作调研以及各省市的学习交流，全年共接待 12 批 135 人；组团 4 批 37 人次赴重庆、贵州、湖南、江西等省市红十字会学习先进经验和做法。

江苏省红十字会

【年度工作】

2017年，江苏省各级红十字会认真学习党的十九大和习近平总书记系列重要讲话精神，深入贯彻落实红十字会法和群团改革工作会议精神，围绕中心、服务大局，积极融入“两聚一高”新实践，充分发挥党和政府在人道领域联系群众的桥梁和纽带作用，以人道供给侧创新发展为抓手，以新发展理念和系统化思维做好“三救三献”工作，扎扎实实助力改善民生，“511”核心业务体系建设取得阶段性成效，各项工作取得新进展。

一、提高政治站位，认真贯彻十九大精神

党的十九大胜利召开后，江苏省红十字会按照中央决定和省委通知要求，把学习宣传贯彻十九大精神作为首要政治任务，及时学习传达，精心制订方案，狠抓工作落实，全省红十字系统迅速兴起学习宣传贯彻党的十九大精神的热潮。省红十字会党组带头研读十九大文件，开展中心组集中学习、举办十九大精神宣讲报告、组织设区市红十字会主要负责人专题研讨，深刻领会、准确把握，切实把红十字系统党员干部的思想和行动统一到党的十九大精神上来。各级红十字会认真学习，充分发挥群团优势，深入社区、乡村、校园，结合应急救护培训、造血干细胞捐献等工作，利用报刊、网络等媒体，多形式、多途径宣传十九大精神，团结带领群众把智慧和力量凝聚到实现十九大确定的各项任务上来。红十字系统党员干部坚持用习近平新时代中国特色社会主义思想武装头脑，围绕十九大确定的新目标、新方略、新任务、新举措，坚持目标导向、问题导向、效果导向，厘清工作思路、明确工作重点，推进“511”核心业务体系不断完善。

二、依法完善治理结构，推进基层组织建设

加强领导班子和党组建设。2017年，12个设区市和14个县级红十字会建立党组，部分县级红十字会参公管理工作有序推进。坚持依法治会，充分发挥理事作用，积极推进监事会改革工作。制定换届工作指导意见，指导地方红十字会依法按时换届。深入开展调查研究，初步形成监事会改革工作方案，推动有换届任务的市、县红十字会依法设立监事会。年内，淮安市清江浦区、无锡市新吴区红十字会先后成立监事会。注重多形式开展培训，提升专兼职人员依法履职和业务能力。按照“成熟一个、发展一个”原则，稳步推进乡镇、街道红十字会的组织建设。全省已有红十字会基层组织9338个，占全国总数的10%。红十字志愿服务基地672个，志愿服务队2150支，登记志愿者26.78万人，注册志愿者4.72万人。

三、提升防灾减灾能力，完成灾后重建工作

“中国红十字会灾害管理系统”在全省红十字系统实现全覆盖，省、市、县三级红十字会赈济工作机构、人员、仓储、物资等信息全部上线。制定《江苏省红十字会备灾救灾中心（仓库、储备点）建设及管理规范（试行）》。指导设区市红十字会完成应急预案修订工作，有序推进县级红十字会应急预案修订工作。认真履行省应急委成员单位职责，协助政府救助丰县“6·15”事件受损群众。省红十字赈济救援队年度培训及演练任务顺利完成。与上海市红十字会以洪涝灾害为背景，在盐城阜宁完成跨区域省际联合演练。连云港红十字备灾中心较好完成总会救灾物资应急调配演练任务。组建省级红十字心理救援队，针对自然灾害和突发事件开展训练。全省各级红十字会以“减轻社区灾害风险，提升基层减灾能力”为主题，广泛开展防灾应急演练，推动防灾减灾知识进学校、进社区。

做好盐城风灾灾后重建工作，援建阜宁县板湖镇戚桥村、邵湛村和射阳县陈洋镇安置房200栋，配套红十字博爱卫生室、博爱幼儿园和博爱广场等设施。安置灾民582户，得到受灾群众、地方党委政府和总会充分肯定。全省红十字系统支持四川、湖南省红十字会200余万元，用于九寨沟地震和洪涝灾害等应急救灾和灾后重建工作。

四、完成省政府重点工作，深化生命关爱理念

“公益性应急救护百万培训”项目连续6年超额完成任务。截至11月底，全省培训救护员12.2万人，开展普及性培训108余万人，累计培训人数达到户籍人口的17.25%。重点抓好救护师资培训和管理工作，现有师资6511人。会同有关部门开展“普及防空防灾知识，提高应急救护技能”为主题的文艺巡演，被省委宣传部定为网络文化季宣传内容，受到国务院应急办高度肯定。联合教育厅开展第三届高校大学生应急救护大赛。依托省红十字医院“仁医志愿服务队”，组队参加第四届全国红十字应急救护大赛并获三等奖。无锡、徐州、苏州、南通、连云港市将应急救护培训纳入政府民生实事项目，南京、常州及南通市通州区将应急救护技能大赛纳入“五一劳动奖章”评选。南京、盐城、扬州等组织红十字救护员1600余人，参与保障马拉松等大型体育赛事活动。南京工业大学应急救护培训基地课题研究和应急救护文化建设取得实效。

2017年，省政府将“新建100个社区红十字养老照护志愿服务队”列入工作考核指标。全省共组建养老照护志愿服务队105支，普及养老照护知识5.5万人，志愿服务8201户近1.7万人次，超额完成年度目标。召开养老照护志愿服务现场交流会。编写红十字养老照护知识与技能培训教材，出版《养老照护100问》普及读本。常州、盐城市红十字会积极参与总会养老服务试点，成立“常州市红十字秋彤老年护养中心”和“盐城市红十字会失能老人康复中心”。加强与社会组织合作，开展红十字心贴心“喘息服务”公益项目，举办“守护记忆的时光”公益巡展。

多形式宣传造血干细胞捐献知识。全年普及培训30万人，报名采集血样1.1万人份，检测入库1万份，累计入库15.8万人份，逐年稳步增长。成功捐献造血干细胞71例，累计捐献618例，居全国第二。苏州捐献数位列全省首位，镇江造血干细胞志愿服务活动成效显著。造血干细胞捐献者“三免”等激励措施首次纳入省献血条例。严进严管器官捐献协调员队伍，积极开展调研论证，在完善政策法规、健全机构机制、落实专项资金上有新突破。全省实现人体器官捐献142例。南京积极实施遗体和器官捐献条例，报名登记数和捐献数创新高。苏州成功实现省首例外籍人士遗体器官捐献。广泛开展无偿献血公益宣传，全省无偿献血量持续保持临床用血量的100%。

加强与红十字冠名医疗机构合作，发挥

专业优势，推进人道传播、救护培训、对口支援和养老照护等工作，受到群众欢迎。开展防艾宣传活动，受众超过 11 万人次。举办同伴教育 283 场，普及教育 1.5 万人次。参与组织首届大学生防艾同伴教育主持人大赛。成立中国南丁格尔志愿护理服务总队南京医科大学护理学院分队。江苏省和南京市红十字会实施以防止离散和失踪为重点的“茁壮成长”系列公益项目。

五、动员人道资源，规范实施人道项目

进一步加强制度建设，规范募捐行为，修订完善捐赠者表彰奖励办法。全省红十字系统筹集人道资源价值 3.78 亿元。连续 21 年开展“博爱送万家”活动，积极参与“三下乡”活动，发放慰问款物折合 3900 余万元，惠及群众 26 万人次。升级捐赠管理系统，完善捐赠人数据，开通网上和微信捐赠平台。定期向捐赠人反馈款物使用情况。指导基层红十字会开展筹资活动，推动设立人道救助基金。无锡、苏州人道资源动员工作走在全省前列。镇江积极实施“博爱”系列救助项目。泰州积极争取政府彩票公益金支持人道救助工作。宿迁精准扶贫收到良好效果。

全省集中实施 117 个人道项目，投入资金 3200 余万元，形成一批有质量、有影响、可持续、具有各地特色的红十字品牌项目。徐州 2 个项目被总会评为众筹扶贫大赛“优秀红品项目”。南通、淮安主动融入政府扶贫工作。香港保健协会、苏萨食品等企业持续支持人道救助项目，帮扶困难群众。

全年争取中国红十字基金会“小天使”“天使阳光”救助款 888.5 万元，救助省内 302 名白血病、先心病患儿，连续 8 年实现受理“零遗漏”、拨款“零差错”和服务“零障碍”目标，被中国红十字基金会评为项目执行优秀省份。宿迁继续组织实施中国红十字基金会“看得见的幸福”复明项目。

六、融入宣传大局，打造志愿服务品牌

坚持红十字宣传工作融入党委宣传工作整体布局，75% 以上县区红十字会列入当地文明委成员单位和“三下乡”集中慰问行动组成单位，无偿献血、造血干细胞捐献、志愿服务等工作纳入文明创建内容。扬州、连云港、泰州、南通、无锡、徐州等市红十字会先后与宣传部门联合行文，将红十字宣传工作列为地方宣传和文明建设内容。

持续推进省、市、县三级红十字会传播信息网和信息员队伍建设，培育宣传传播骨干。编好《江苏红十字报》，向总会报刊投稿采用数居全国红十字系统首位，获报刊宣传特等奖。“5·8”红十字博爱周期间，各地红十字会开展宣传活动共刊播新闻报道 690 余篇（条）、公益广告 488 次。举办全省首届红十字文艺汇演，宣传贯彻新修订的红十字会法。举办第五届“博爱杯”红十字好新闻评选活动。加强网络宣传，正确引导网络舆情。省红十字会官方微信关注数突破 17 万人次，全年阅读量超过 227 万次。造血干细胞捐献等微信平台作用有效发挥。

调整省红十字志愿服务工作委员会，指导市、县建立健全红十字志愿服务工作委员会。支持高校红十字会“博爱青春”暑期志愿服务项目 49 个，参与志愿者 1916 名，服务时间超过 10 万小时，受益近 17 万人，成为有全国影响力的品牌。继续实施“农民健康百村工程”，深入革命老区送医送药。“博爱青春”和“农民健康百村工程”被中宣部、中央文明办评为“最佳志愿服务项目”。出台进一步加强学校红十字会工作的意见，调整学校红十字工作委员会。开展第五批“省红十字示范学校”评审，92所学校被命名为“省红十字示范学校”。

七、推进诚信建设，夯实基层基础

联合南京大学开展红十字诚信工作理论研究。开展红十字信用信息采集工作，以捐赠平台和综合业务平台建设为契机，持续加强“一网三库”（全省红十字系统网站，项目数据库、捐赠人数据库、志愿者数据库）建设。主动融入省信用体系，建立共享与交换机制，打造社会信用信息交换平台，发挥联合激励作用，推动造血干细胞捐献志愿者纳入“信用中国（江苏）”红名单。

全省新建“博爱家园”103个，实现县区全覆盖。南京创新“博爱家园”运行模式，推动“3+X”（救护培训、无偿捐献、博爱超市＋特色工作）进社区。常州通过政府购买服务的方式，联合公益组织进入“博爱家园”开展社区志愿服务。全省新建应急救护培训基地19个，软硬件建设不断完善，持续推动红十字核心业务扎根基层。

八、融入“一带一路”建设，拓宽民间交流渠道

加强与国际红十字组织人道工作交流，主动对接“一带一路”沿线国家，组团访问南非红十字会、纳米比亚红十字会及其地方分会，推动达成合作意向，促进江苏省与纳米比亚霍马斯省友好合作。与来访的贝宁红十字会和哈萨克斯坦、塔吉克斯坦、阿富汗等国红新月会代表团分享江苏发展成果和人道工作经验。与白俄罗斯驻上海总领事会商，就推进戈梅利州与江苏省开展人道主义文化交流达成初步共识。

加强与台港澳红十字组织民间交往。应邀访问台湾红十字组织，达成双向交流意向。邀请台湾花莲红十字组织到江苏访问，拓宽两岸人道工作交流渠道。受理省内对台寻亲6宗、台胞寻亲4宗。香港红十字会“耆英团”到江苏开展遗体捐献、养老照护等志愿服务工作交流。派员赴香港参加红十字国际委员会东亚地区代表处主办的“人道教育经验交流会”。

九、统筹推进对口支援，多措并举开展帮扶

继续落实省红十字会对口支援工作方案。组织省有关部门、企业赴新疆伊犁，了解人道需求，慰问困难群众，确定援建项目。随江苏省党政代表团赴陕西签订开展扶贫济困合作协议，落实帮扶措施。组织省属冠名医疗机构，深入新疆、西藏边远乡村，开展义诊和应急救护培训。帮助对口支援省（区）培训红十字工作骨干。动员社会力量开展“情暖西部”助学助困活动。各地按对应关系多形式开展对口支援工作，全省红十字系统落实对口支援款物折合787万元。

十、抓实主体责任，形成从严治党合力

全省红十字系统深入学习贯彻习近平总书记系列重要讲话精神，以“两学一做”学习教育常态化制度化、机关党建巡视整改工作为抓手，推动全面从严治党向纵深发展。省红十字会党组加强对市县红十字会全面从严治党工作的指导，上下联动，形成推动全面从严治党合力。认真落实主体责任，严格履行“一岗双责”，推动党风廉政建设与业务工作同部署、同落实、同推进、同考核。加强意识形态工作责任制有关工作。坚持“三重一大”工作制度，进一步完善党组和执委会议事规则。建立机关党员干部挂钩“博爱家园”工作机制。按照省委“找补改提”要求，开展“大走访大落实”行动。接受省级机关工委、省纪委驻会纪检组落实巡视整改和党风廉政建设专项督查。组织开展廉政风险防控工作，制定流程图 61 张、防控措施 268 条，印发《江苏省红十字会廉政风险防控手册》，从源头上预防和控制腐败问题。选举产生新一届机关党委和机关纪委。

以上成绩的取得，是省委、省政府高度重视、总会大力支持和全体红十字人共同努力的结果，也是各级党委政府、有关部门、社会各界关心和支持的结果。省红十字会第九次会员代表大会召开以来，全省红十字系统组织、思想、作风、制度等建设不断加强，党员干部精气神与履职能力进一步提升，红十字工作基础建设和服务能力显著提高。结合省情，持续推进以系统化思维为要求的“511”核心业务体系建设，全省红十字工作专业化、科学化、规范化水平迈上新台阶。依法履责、核心竞争力增强，核心业务及民间交流工作与江苏省经济社会发展水平相适应，实现红十字事业持续健康发展，多项工作走在全国前列。

浙江省红十字会

【年度工作】

2017 年，在习近平新时代中国特色社会主义思想和党的十九大精神指引下，在省委、省政府的领导和总会的指导下，在会长成岳冲的带领下，在全体理事和各级红十字会工作者的共同努力下，浙江省红十字会系统紧紧围绕党委、政府工作大局，坚持依法治会，坚持改革创新，坚持服务民生，坚持弘扬人道，推动浙江省红十字事业取得新发展，整体水平继续位居全国前列。赈济救护、造血干细胞捐献、人体器官捐献、组织宣传和参与社区治理等工作分别在全国相关会议上交流经验。中国红十字会常务副会长徐科在浙江考察调研时对浙江省红十字工作给予充分肯定。

一、思想认识有新提高

党的十九大把习近平新时代中国特色社会主义思想确立为党必须长期坚持的指导思想，作出了中国特色社会主义进入新时代、我国社会主要矛盾已经转化为人民日益增长的美好生活需要和不平衡不充分的发展之间的矛盾等重大判断，为我国各行各业发展确定了历史方位，也为红十字事业发展指明了方向。省第十四次党代会和省委十四届二次全会都将发展红十字事业写入报告，这既是对全省红十字会工作的充分肯定，更是对红十字事业发展提出的更高要求。各级红十字会高度重视习近平新时代中国特色社会主义思想和党的十九大精神的学习贯彻，自觉对照省委、省政府关于发展红十字事业的要求，进一步提高思想认识，厘清发展思路，把握工作定位。

（一）牢牢把握党对红十字工作的领导。始终牢记红十字会是党领导下的群团组织，始终不忘红十字事业是中国特色社会主义事业的重要组成部分，注重加强政治建设，以党建带群建，做到党建工作与业务工作同研究、同部署、同落实，把党的主张落实到具体工作中，引导广大红十字工作者、会员、志愿者以及所联系的群众听党话、跟党走。

（二）坚持依法治会、依法兴会。依法召开浙江省红十字会第七次会员代表大会，选举产生新一届理事会，聘请省委书记车俊、省长袁家军为名誉会长。审议通过红十字事业“十三五”发展规划。把学习宣传新修订的红十字会法作为“七五”普法教育重要内容，分级开展学习培训。各级红十字会把贯彻落实好新修订的红十字会法以及慈善法等法律法规作为一项重要任务，切实提高法治意识和依法依规办事能力，规范内部管理，强化信息公开，主动接受监督，组织公信力建设取得明显进步。

（三）明确“保护生命、维护人的尊严”的工作主线。人民日益增长的美好生活需要，要求有更高的生命质量。红十字会所从事的人道事业，其本质是保护生命、维护人的尊严。在新时代，推进红十字事业，必须明确工作主线。各级红十字会紧紧围绕这一主线，以提高全社会的生命意识为己任，以提高全社会的自救互救能力为目标，着力抓好“三救三献”核心业务，切实提高工作质量，高扬生命文化。

二、深化改革有新进展

（一）巡视整改工作取得实效。高度重视省委巡视组反馈的巡视意见，以整改为契机，在落实全面从严治党责任的同时，加强改革创新，把制度建设贯穿于整改全过程。坚持“高”处着眼，始终紧扣全面从严治党主体责任，多次召开整改工作领导小组会议，部署、落实整改工作。坚持“严”字当头，始终牢牢把握整改工作的目标方向，对标要求找差距、瞄准问题抓整改。坚持落到“实”处，始终聚焦巡视反馈问题，列出问题清单、任务清单和责任清单，制定59条整改措施，明确整改时限，确保整改“见人见事见单位见结果”。坚持谋在“深”处，制定和修改完善《浙江省红十字会救灾救助款物监督管理办法》《浙江省红十字救援队管理办法》等18个制度，强化制度执行。

（二）红十字会深化改革有序推进。认真贯彻中央和省委关于加强和改进群团工作的意见，建立领导小组，制订工作方案，印发调查问卷，摸清人员机构、基层组织建设等相关情况；先后到全省11个设区市、31个县（市、区）实地调研，召开座谈会，走访基层群众，征求意见和建议，掌握第一手资料；赴上海、重庆等改革先行地区考察，学习取经；在初步方案形成后，集思广益，充分听取各方面意见和建议，并征求各市红十字会、省直理事单位意见，及时修改完善。《浙江省红十字会改革实施方案》初稿已上报省委办公厅。

（三）工作机制创新完善。自觉对照“最多跑一次”改革要求，梳理接受捐款、接受物资捐赠、入会申请受理、应急救护培训、造血干细胞捐献和人体器官（遗体、组织）捐献登记等涉民事项清单，推进为民服务机制改革。出台《浙江省红十字会人道救助专项资金管理使用办法》，改革资金拨付机制，支持各级红十字会核心业务发展。积极探索社会购买服务，通过公开招标引入社会力量承担宣传传播日常工作，推进宣传传播运行机制社会化改革。

三、生命保护有新突破

（一）应急救护培训进一步“提质扩面”。贯彻落实《健康浙江2030行动纲要》，大力推进应急救护培训工作，提高群众生命保护意识。全省各级红十字会广泛开展应急救护培训“进社区、进农村、进学校、进机关、进企事业单位”活动，共培训红十字救护员21.44万人，普及培训达159.42万人，分别占户籍人口的0.44%和3.25%，超额完成预定目标任务，位居全国前列。加强标准化建设，严控培训质量，抓好“四统一”工作，按照国际标准和总会新版教材要求，修订完善25个标准化教学课件，制作并推广标准化教学视频，加强基层督导。全省新增70个救护培训基地，两个国家级示范基地通过总会验收。加强师资分级分类管理，率先在全国推行师资注册制度，已注册一级救护培训师185名，市、县开展二、三级师资培训考核，全年共培训师资3138人。组织救护师资参加全国应急救护大赛，荣获创伤救护单项奖。各级红十字会围绕“急救与家庭意外伤害”开展形式多样的宣传培训活动，大力宣传红十字“救”在身边的事例，全年共有67位红十字救护师和学员参与现场施救并获成功，受到社会广泛赞誉，激发了群众学习应急救护知识和技能的热情。

（二）救灾救援工作响应及时有效。修订《浙江省红十字会自然灾害应急预案》，完善灾情报送、响应等级、部门协同等工作流程。协调省内16支红十字应急救援队220余名队员奔赴兰溪市参与洪涝灾害救援。全省还有30余支红十字救援队参与了当地救灾救援工作。省红十字会紧急调拨价值40.6万元储备物资，并向总会争取价值39.04万元救灾物资，第一时间运送至金华、衢州和丽水等受灾较重的13个县(市、区)。积极支持省外灾害救援，全省为四川九寨沟地震灾区募集捐赠款62.88万元；完成总会彩票公益金项目8500个家庭包、5000条毛巾被等备灾物资储运工作；接收总会调拨、海关罚没侵权物资及社会捐赠物资价值1114万元；调拨转运援助新疆、西藏等地物资价值1308.13万元。

（三）人道救助项目彰显生命特色。继续开展“母婴平安”“朝聚光明”“康恩贝健康之旅”“民盟红十字烛光博爱基金”等人道公益项目。做好“母婴平安”项目评估工作，为下一轮项目实施奠定良好基础。启动“关爱留守儿童亲情热线”项目，投入30万元，在衢州市衢江区等3个县、区12所学校为留守儿童设置爱心电话。组织开展“红十字博爱送万家”活动，全省各级红十字会共投入慰问款物折合2643.21万元，慰问困难群众4万余户（人）。如期完成对口支援青田县舒桥乡和西部省份工作。多渠道开展筹资，继续与爱心企业合作，实施第三周期“康心基金”项目。新建农工党同心帮扶基金，捐赠资金116.76万元。继续推动“互联网+”筹资，参与腾讯“9·9”公益日的5个项目，吸引1.7万人参与捐款，募集善款78.8万余元，单个项目平均筹资额度高于全国平均额度3倍。“武义宣莲”项目获得全国公益众筹扶贫“红品项目奖”。据统计，全省共募集社会捐赠款物折合2.19亿元，同比增长10.53%；投入使用1.8亿元，受助困难群众26.72万余人次。制订生命教育体验馆建设规划和规范。绍兴市、舟山市作为参与养老服务的国家试点单位取得初步经验。

（四）“两捐”工作继续走在全国前列。造血干细胞捐献和器官捐献人数不断增长，充分体现浙江人民蓬勃大爱精神。造干库容率名列全国前茅，截至2017年年底，全省累计采集造血干细胞血样入库71904人份，其中新增入库6488人份，全年实现捐献53例，涌现出以“最美女孩”许艾菲为代表的造血干细胞捐献者群体。人体器官捐献工作迈上新台阶，截至2017年年底，全省登记自愿捐献人体器官者5500余人，全年实现捐献233例，每百万人口器官捐献率为4.2，高于全国3.78的平均水平。开展缅怀纪念活动，鼓励受捐者向捐献者家属写信致谢，在中央电视台和浙江卫视等省内媒体播放的《女儿的心跳》，被称为“难得的正能量”。组织开展感恩行动，多渠道关爱捐献者家庭，发起“器官捐献者孩子助学”公益筹款项目，先后向两批捐献者困难家庭的114名孩子发放助学金27.3万元。制定下发“生命礼赞”场所建设要求，启动省、杭州市和江干区共建的“生命礼赞”场所建设。

四、组织建设有新开局

（一）基层组织和会员队伍建设开始破题。组织力量开展调查研究，制订工作方案，摸清基层组织和会员底数；制定下发实施“红十字强基工程”和会员规范化管理有关文件，明确加强基层组织建设、会员发展和管理工作的指导思想、目标要求和工作措施；经和各市充分协商，择定21个县（市、区）为试点单位，明确2018年试点工作任务。

（二）监事会建设开始落地。依法推进监事会设立。已有杭州市江干区、宁波市奉化区、慈溪市、台州市黄岩区等地，以及温岭市城东街道等16个乡镇街道红十字会设立监事会。在县一级监事长的配备上，有的由县人大常委会副主任兼任，也有由科局级干部兼任；有的还配备了副监事长；监事既有专职，也有兼职。

（三）红十字青少年工作稳步推进。实施“红十字点亮青春”高校行活动，积极推进“一规范四活动”，实现了高校红十字青少年工作有抓手、成效可评估。推广“探索人道法”项目试点经验做法，不断扩大培训范围，连续三年举办全省培训班，培训师资近百名。

五、宣传传播有新成效

（一）坚守责任。牢牢把握党在意识形态领域的主导权和话语权。积极弘扬红十字“人道、博爱、奉献”精神，增强红十字文化传播的责任意识，自觉将传播人道理念与培育践行社会主义核心价值观相结合，唱响好声音，传播正能量。

（二）主题推动。先后组织开展“十二五”红十字事业发展成就展览、“朗读者——我与红十字的故事”演讲、世界红十字日宣传纪念、“我是红十字人”主题宣誓、人道公益项目征集及评选等活动，推动红十字好故事和先进人物走上舞台、走上荧屏、走向社区和农村，社会反响良好。“朗读者——我与红十字的故事”得到第九届全国人大常委会副委员长、中国红十字会原会长彭珮云同志的充分肯定。人道公益项目征集活动有10万余人次参与投票，征得项目80余个。组织“爱在浙里——新修订红十字会法网上宣传普及”和有奖答题活动；在《浙江红十字》报和“两微”、官网等开辟专题和专栏，切实提高社会知晓度。

（三）典型推动。重视挖掘救灾救援、生命关爱、志愿服务等领域涌现出来的先进事迹，组织策划红十字救援队驰援兰江大堤、“危急时刻她挺身而出”“4小时800公里的生命速递”等重点报道，在社会上引起强烈反响。全年新增红十字领域“浙江好人”20人，3位“红十字感动人物”入选第五届“浙江省道德模范”。

（四）外宣推动。承办中国红十字会总会“海上丝绸之路”国家和地区社区发展能力研修班，组织来自巴基斯坦等多个国家和地区的30余名外籍学员到杭州、嘉兴、绍兴等地参观考察，在社区服务、人道救助、公益文化、志愿服务等方面开展广泛交流，宣传省经济社会文化发展成就和红十字事业发展新貌。积极参加中国—东盟红十字博爱论坛，围绕“人道与发展”的主题，探讨“社区发展与社区服务项目”“卫生服务与健康促进项目”等议题。积极开展对外交流，选派人员赴美国参加培训，组织考察团先后到我国台湾、香港地区交流红十字工作经验。

安徽省红十字会

【年度工作】

2017年，安徽省红十字会在省委、省政府领导下，在中国红十字会总会关心、指导下，坚持以习近平新时代中国特色社会主义思想为指导，全面贯彻落实党的十九大精神和习近平总书记视察安徽重要讲话精神，扎实推进省第十次党代会各项决策部署，积极践行新发展理念，扎实工作，开拓进取，较好完成了各项工作任务。

一、切实加强理论武装，深入学习宣传贯彻党的十九大精神

一是下功夫加强思想政治建设。认真贯彻落实《中国共产党党委（党组）理论学习中心组学习规则》的相关要求，扎实开展党组中心组理论学习，截至2012年年底共开展理论学习11次，先后学习了十八届六中全会精神及《贯彻〈中国共产党问责条例〉实施办法》《深入学习贯彻习近平总书记系列重要讲话精神若干规定》《中国共产党工作机关条例（试行）》等党内规章制度和《中华人民共和国慈善法》《中华人民共和国红十字会法》《中华人民共和国网络安全法》等法律法规，积极打造学习型党组织。

二是多举措锤炼党性修养。先后外请省委党校教授解读十八届六中全会精神，组织全体党员赴革命老区岳西、金寨，参观革命旧址，重温入党誓词，看望慰问老区困难党员和群众，组织开展集中学习研讨，利用干部网络教育在线，打造个人自学平台，不断丰富学习内容和形式，增强党员意识。

三是抓重点学习宣传十九大精神。组织机关全体党员集中收看十九大现场直播，征订并发放十九大报告、文件汇编和辅导读本，通过党组会、中心组理论学习会、支部学习等认真学习十九大报告精神，制发《关于全省红十字会系统认真学习宣传贯彻党的十九大精神的通知》，制作十九大精神宣传栏，在网站设置专题栏目，营造学习宣传贯彻十九大的浓厚氛围。

二、注重加强体系建设，“三救”工作持续推进

一是完善应急预案体系，积极推动救援队建设。作为省减灾委成员单位，省红十字会加强与民政、气象、地震、防汛等部门的合作，第一时间获取预警和灾情信息。接入省政府应急平台，修订完善《安徽省红十字会自然灾害等突发公共事件应急预案》。大力推广使用灾害管理信息系统，市县级红十字会救灾信息化系统得到普及应用。积极推进全省救援队体系不断向纵深发展，全省县级以上红十字应急救援队31支，涵盖赈济、搜救、医疗、心理、水上五种类型，总人数633人。成立省红十字会赈济救援队及12支市级分队，省市两级拥有176名赈济救援预备队员人才储备。组织开展2次赈济救援队集训演练，承办1期中国红十字赈济救援队培训班，派队参加中国红十字赈济救援队演练2次。

二是充分发挥基金会作用，扎实开展各项人道救助工作。省红十字基金会完善组织机构，加强制度建设，促进规范运行。全年签约落地项目23个，参与公益合作和捐赠的省内外爱心单位共120余家，到位捐款1477.49万元。打造了一批“留芳计划”“心心相印　走遍安徽”“同圆中国梦　守护安全行”“99光明行动”等具有影响力的品牌公益活动和项目。创新人道资源动员方式，积极尝试互联网+公益。全国红十字系统首届众筹扶贫大赛，安徽省5个团队获得红品项目奖，3名团队负责人荣获优秀脱贫带头人奖，红十字会荣获优秀组织奖。“9·9”公益日，安徽省在腾讯平台上线15个项目，总计筹款及配捐82.22万元。2017年，小天使基金已救助396名白血病儿童，发放救助款1304万元；天使阳光基金已救助52名先心病儿童，发放救助款98万元。两节期间，开展“红十字博爱送万家”活动，各级红十字会共筹集、发放慰问款物共计折合651.08万元，慰问困难家庭21738户，受益人数达到63765人。

三是不断加大工作力度，应急救护工作深入推进。下发《关于加强全省红十字应急救护培训工作的指导意见》，覆盖全省的救护培训管理体系正在形成。严格执行“四统一”要求，确保培训质量。建立全省红十字应急救护培训网络信息化平台，实行全省师资、救护员以及志愿者的动态管理。在国际联合会和总会的支持下，恢复成立全国首支红十字救护队。开展了“小小急救员”“招募千名救护志愿者”等活动，参与并承担马拉松等赛事和社会活动的救护和保障服务。顺利实施应急救护培训基地项目，打造“生命体验+”理念。9月基地投入试运行，基地集互动体验、展示宣传、专业实训于一体，运用高科技的手段实现“体验+”，运用全方位的展示手段实现“展示+”，运用教学与实践相结合手段实现“培训+”，设计思路、建设运行模式得到总会和各省（市、区）红十字会的肯定。承办了全国应急救护大赛，安徽参赛队员取得第四名的优异成绩。

四是项目工作不断推进。2017年总会支持省100万元在3个点实施“博爱家园”项目。省红十字会按照要求，抓好项目的督导工作，注重把保民生与促发展相结合。坚持通过硬件设施的改善，进一步提升贫困地区防灾减灾能力，提高居民卫生健康服务水平。促使项目有序推进，确保捐赠人意愿落地生根。

三、关爱生命和健康，“三献”工作水平显著提升

一是积极开展无偿献血宣传发动。协调各级各类媒体开展公益宣传，利用网站、微博、微信等平台传播无偿献血志愿者事迹，全省无偿献血知识普及约120万人次。积极参与全国无偿献血评选表彰活动，全省共有8535人获得无偿献血金、银、铜奖，10人获评“安徽无偿献血公益之星”。6月14日，联合省卫计委举办了省暨合肥市“世界献血者日”纪念活动。11月，启动开展了“安徽省无偿献血月”活动，联合卫计委印发了《安徽省无偿献血月活动方案》，对全省无偿献血月活动进行部署。11月29日上午，举行了“纪念《中华人民共和国献血法》颁布20周年——安徽省暨合肥市无偿献血月启动仪式”，副省长、省红十字会会长谢广祥出席活动，共约500名志愿者参加该活动。

二是规范开展遗体（角膜）捐献工作。印发《安徽省红十字会遗体（角膜）捐献工作规范》《安徽省遗体捐献接受站设置审批程序》《角膜捐献工作补充规定》。增加了2家角膜捐献定点医院，明确了各定点医院服务区范围。进一步完善了安徽省红十字会角膜捐献管理信息系统，实现了角膜捐献登记、获取、分配全流程实时动态管理，确保了角膜捐献工作公开透明、公平公正。10月中旬，召开了全省遗体（角膜）捐献工作推进会。全年实现遗体捐献97例，较上年增长了近1倍；角膜捐献105例，较上年增长了近2倍。

三是人体器官捐献数量实现倍增。积极加强宣传，广泛开展动员。联合省卫计委、器官移植医院等方面，在安徽省宣城、安庆等多个地市召开人体器官捐献工作宣讲会。主动与媒体合作，及时宣传报道重大捐献案例，营造捐献器官光荣、无私奉献高尚的社会氛围。3月20日，在合肥大蜀山文化陵园举办了省暨合肥市捐献志愿者缅怀纪念活动，省直相关部门领导、捐献者家属代表等200余人参加活动。通过召开培训会议、规范考核等多种方式加强协调员培训管理，2017年，安徽省各级红十字会共有协调员95人，基本满足捐献工作需要。加强人体器官捐献人道救助金的管理，规范救助申请流程，全年共发放救助金230万元，用于救助生活困难的捐献者家庭。全年实现器官捐献61例，较上一年增长了1倍多，挽救了247名重症器官衰竭患者。安徽省工作得到总会充分肯定，10月底在首期全国人体器官捐献高级培训班上作经验介绍。

四是稳步推进造血干细胞捐献。按照中华骨髓库要求，加强安徽分库建设和管理，严把质控关，降低流失率和反悔率，取得了明显成效。2月中旬，召开全省2017年造血干细胞捐献工作会议，总结“静思期”工作经验、表彰先进单位、分享浙江分库先进经验。指导各地红十字会、合肥市中心血站，如期完成3500人份造血干细胞采样入库任务。积极研究和探讨志愿者保留问题，借鉴外省经验，结合安徽省实际制订了志愿者保留方案。全年实现造血干细胞捐献17例，捐献总数达117例。

四、广泛开展宣传传播，红十字精神进一步弘扬

一是加强与品牌媒体的合作。积极与省广播电视台、市场星报、中安在线等各级各类媒体开展合作，大力宣传《中华人民共和国红十字会法》、第四届全国应急救护大赛、“益行计划”志愿服务活动、王涛和付光文等捐献者事迹。传递红十字“人道、博爱、奉献”精神，营造社会氛围，推动红十字事业发展。

二是把握系统“一报一刊一网”内部宣传阵地。全年共刊发各类稿件150多篇，其中在《中国红十字报》刊登头版新闻18篇（含头条4篇）。充分发挥各级红十字会网站、微信、微博作用，围绕全省红十字会工作动态，发布各类信息1000余条。安徽省宣传工作得到总会充分肯定，先后在总会新闻传播业务培训班、2017年度报刊宣传工作会议、组织建设工作坊和宣传工作培训班上作经验介绍。省红十字会、滁州红十字会等5个单位荣获总会2017年度报刊宣传先进集体奖，4篇稿件获奖。

五、持续打造“益行计划”品牌，志愿服务工作进一步提升

一是多措并举加强队伍建设。全省各级红十字会共同启用中国红十字会志愿服务信息管理平台，做到有活动、有数据，有项目、有痕迹，提升了项目管理的协同效率，充分发挥了信息资源共享在创新管理中的重要作用。组织4个评审组赴各市及直管县开展志愿服务测评工作，要求各地做到统一名称、统一旗帜、统一标识，打造全省统一规范的志愿服务组织。先后评选出14个团队“全省优秀红十字志愿服务组织”和100名“全省优秀红十字志愿者”。推荐6名志愿者为总会评选的2017年度优秀红十字志愿者。

二是全面提升志愿服务品质。进一步推进“益行计划”志愿服务项目，与省文明办、教育厅联合下发《关于开展2017年度益行计划志愿服务活动的通知》并向全省公开征集志愿服务项目。从全省报送的70余个志愿服务项目中遴选出38个，支持资金近30万元，支持范围扩大至全省16个地市。各地以“益行计划”为统一品牌开展活动，涌现出一批颇具特色的项目。积极争取总会红十字青少年社会实践项目的支持，合肥、安庆两地首次承接了“一起防艾，益起爱”和“脑瘫儿童康复加油站”两个项目。协调黄山区红十字会“萤火虫融入社区”项目入选红十字志愿服务项目计划。接待了澳门红十字会“分享爱　青春行”青少年生活体验团一行来宿州博爱小学体验生活，有效地促进了两地志愿者的交流与沟通。

六、不断强化自身建设，切实提升履职效能

一是坚持从严治党。认真落实机关党建工作主体责任，严格执行党风廉政建设责任制，紧紧抓住党风廉政建设不放松，全面落实从严治党主体责任，严格落实党内监督责任，把党的纪律挺在前面。为机关党员干部订阅党报、党刊等学习资料，不断增强党员干部的纪律意识和规矩意识，提升党员干部拒腐防变能力。

二是狠抓作风建设。省红十字会始终坚持正确的政治方向，深入贯彻落实中央和省委关于加强党建工作的决策部署，按照中央八项规定和省委、省政府三十条要求，以抓落实为重点继续推进机关制度建设，机关工作不断规范，工作作风不断改进，办文办会质量和工作效率不断提高。

三是做好换届筹备工作。省红十字会积极向省委、省政府汇报、请示换届工作，省政府副省长、省红十字会会长谢广祥多次听取专题汇报，并在省红十字会报送省委的《关于召开安徽省红十字会第九次会员代表大会的请示》上作出批示，省委于9月14日批复同意召开省红十字会第九次会员代表大会，会议各项筹备工作均已完成。

四是积极参与共享发展行动。省红十字会结合自身实际，广泛开展人道救助工作，大力发展慈善事业；持续开展应急救护培训，着力提升应急救护知识普及率；积极参与养老服务工作，大力支持养老服务事业发展；扎实推进“三献”工作，挽救他人生命和健康；深入开展志愿服务工作，努力培育和践行社会主义核心价值观。

五是扎实开展“互联网+政务服务”工作。按照省政府部署要求，按时保质完成了政务服务事项目录清单和实施清单编制及上线工作。省红十字会还对上线的公共服务事项办事流程进行了完善和优化，提高了运行效率。省红十字会7项公共服务事项网上办理深度均提升为2级，申请人可通过网络提交和补正相关申请信息和材料，省红十字会可在网络平台对材料进行预审，方便了办事群众。

六是做好干部人事相关工作。按照习近平总书记提出的“好干部标准”提拔了2名处级干部，遴选了1名专职财务人员，公开招考录用工作人员1名，2名机关年轻干部进行轮岗锻炼，进一步激发了干部职工的干事热情，选派了3名党员干部成立扶贫工作队到扶贫点驻村开展扶贫工作。做好2人的《个人有关事项报告》年度随机抽查和重点抽查核实工作。

七是配合做好预算执行审计。2017年上半年，省审计厅对省红十字会2016年度预算执行及其他财政收支情况、主要负责人经济责任进行了就地审计，对部分有关事项进行了延伸审计。审计组认为，安徽省红十字会2016年度预算收支基本符合国家有关预算和财经法规规定，会计核算基本符合相关会计制度规定。针对审计组提出3个方面的6个问题已经全部整改到位。

八是自身建设进一步加强。结合2017年度工作重点，对市级红十字会年度工作绩效评价体系进行了修改完善，以评促建、以评促改、以评促管的工作机制逐步形成。省红十字会备灾救灾和捐献管理中心及省红十字基金会的管理体制进一步理顺，人员配备进一步增强，管理制度进一步完善。

福建省红十字会

【年度工作】

2017年，在省委、省政府的领导和中国红十字会总会的指导，以及社会各界的大力支持下，福建省各级红十字会始终围绕中心、服务大局，深入学习贯彻党的十九大精神和红十字会法，突出红十字“人道救助、生命救护”核心职能，积极进取，主动作为，着力发挥红十字会作为党和政府在人道领域联系群众的桥梁、纽带作用，各项工作取得较好成效。红十字水上安全救生志愿服务工作，得到了全国人大常委会副委员长、中国红十字会会长陈竺的充分肯定。

一、认真学习宣传贯彻党的十九大精神和新修订的红十字会法

福建省红十字会组织各级红十字会集中收看党的十九大开幕会，召开全省红十字会系统专题工作会议，及时传达学习大会精神，认真研读十九大报告，交流学习心得体会，深入领会精神实质，坚持党对红十字会工作的领导，切实把思想和行动统一到以习近平同志为核心的党中央决策部署上来。制定印发《关于全省红十字系统认真学习宣传贯彻党的十九大精神的通知》，明确学习内容、方式方法和目标任务，确保大会精神在红十字会系统的贯彻落实。省红十字会机关本级结合推进“两学一做”学习教育常态化制度化，制订机关学习宣传贯彻党的十九大精神具体实施方案，将相关内容列入各党支部每月理论学习重点内容，为党员同志购发学习辅导书籍，整理编印《党的十九大精神应知应会百题问答》和《党的十九大精神宣讲提纲》，邀请省直机关工委讲师团专家作专题辅导，组织党员领导干部参加省委和省直机关工委的专题培训，组织干部职工参加“新福建　新征程——学习十九大精神”网络答题活动，会领导带头深入漳州、泉州、南平等地宣讲十九大精神。各级红十字会通过专题传达、学习讲座、研究讨论、集中培训等多种形式，借助社会媒体和自有媒体，及时将十九大精神传达至红十字会系统每一个党支部、每一名党员，传达至红十字会所密切联系的会员、志愿者以及困难救助对象等，营造了良好的学习宣传氛围。

2017年5月8日，新修订的红十字会法颁布施行以来，按照中国红十字会总会要求，在全省红十字会系统部署启动新红十字会法的学习宣传工作，印发贯彻实施方案。提高思想认识。要求各级红十字会充分认识学习宣传贯彻新红十字会法对促进红十字事业发展的重要意义，把学习宣传贯彻新红十字会法与深入学习贯彻习近平总书记关于红十字事业的重要讲话精神、与贯彻落实中央和省委群团改革工作会议精神紧密结合起来，进一步增强责任感和使命感，切实抓紧抓实新红十字会法的学习宣传贯彻工作。认真学习领会。省红十字会举办全省红十字会系统专职干部和志愿者骨干能力建设培训班等，邀请总会专家到福建授课解读；参加总会举办的领导干部能力培训班，组织各地市红十字会负责人进京培训；会领导结合工作调研，深入省内各地进行宣讲；省红十字会机关本级还举办学习新红十字会法专题辅导讲座，由会主要领导带头宣讲，深刻领会修法宗旨，通过逐章逐条内容比对，详细解读新旧法的差别，准确把握各项具体要求，不断提高依法开展工作的能力。推动宣传普及。全省各级红十字会充分发挥报刊、广播、电视、网络等宣传阵地的作用，积极协调新闻单位，利用法制讲座、法律知识竞赛、法律咨询等方式，特别是结合“世界红十字日”的纪念宣传，全省上下联动开展以普法为主题的宣传活动，并首次举行“我是红十字人”主题宣誓，取得良好宣传效果；省红十字会接受新华网和省政府门户网站视频专访，在《中国红十字报》《福建日报》和省委内刊《调研内参》刊发普法文章，印制普法宣传单行本等，将集中宣传与日常宣传、线上宣传与线下宣传、传统宣传与新媒体宣传有机结合，立体化、多元化地开展红十字会法的宣传普及。同时，积极协调将修订《福建省红十字会条例》纳入省人大新年度立法规划，切实推动新红十字会法的贯彻落实，营造红十字事业发展的良好氛围。

二、积极开展防灾减灾工作

完善应急体系建设。修订《福建省红十字会自然灾害人道救助应急预案》，调整应急工作领导小组，设立应急工作办公室，加强对全省红十字系统应急工作的领导。全省各级红十字会共制订与自然灾害应急救助有关的预案30个，形成有组织、有分工、有职责、有要求的快速反应机制。启用中国红十字会灾害管理信息系统，全省红十字会形成“网上报灾、网下救灾，自下而上报灾、自上而下指导”的应急工作体系。省本级采购1000箱价值近40万元的灾害人道救助物资，做好定期清点检查；龙岩市红十字会争取市财政每年资助备灾救灾物资储备专项经费30万元，与相关单位签订救灾物资代储及运输合作协议，做好救灾物资储备。督促推动各级红十字会加强备灾工作，省红十字会支持福州、漳州、三明市红十字会备灾救灾中心项目援建款各100万元，福州、龙岩市红十字备灾救灾仓库建成投入使用，全省红十字会共设立救灾物资储备库（点）38个，仓储面积1.5万余平方米，储备衣被、帐篷及应急日常生活用品等价值300余万元。加强防灾减灾宣传。结合“世界红十字日”“全国防灾减灾日”宣传教育活动，各级红十字会通过发放资料、现场咨询、公益讲座、模拟演练等多种形式，向广大群众宣传普及防灾避险、逃生自救、应急救护等知识和技能。组织发动省属高校学生、社区群众等3万余人参加全国防灾避险应急救护知识竞赛活动，省红十字会、福州大学等16家单位荣获“最佳组织奖”。提升应急反应水平。加强中国红十字（福建）水上救援队建设，选派骨干队员参加总会水上救援培训班，先后为省内市、县红十字会培训水上救生员448人，支持各地组建水上救生志愿服务队伍。全省各级红十字会凝聚、整合社会爱心资源，成立红十字水上、赈济、医疗等专业性的救援志愿者队伍23支，组织或联合地震、民政、卫生部门等开展自然灾害紧急救助演练10场次，模拟台风、地震、火灾等灾害逃生救援过程，提升了应急救援综合水平。

三、扎实做好人道救助工作

持续博爱系列救助。连续19年在元旦、春节期间开展“红十字博爱送万家”活动，全省各级红十字会共筹集爱心款物折合1033.12万元（其中省本级筹集资金96.6万元，整合慰问物资3000份），全省共有1.45万户的贫困家庭、5.35万人受到救助。连续13年开展“海都红十字利群阳光”助学活动，为100名高考寒门学子每人发放5000元，总救助金额50万元。特别是开展的闽清县患神经纤维瘤的男孩小池的救助行动，省、福州市和闽清县红十字会三级联动，从联系手术医院、制订手术方案、协调医保报销直至日常生活救助，给予全方位的帮助，对其所发生的医疗费用给予兜底救助，切实帮助患者改善了身体状况，迎来了崭新的生活。各级红十字会还结合实际，组织发动红十字志愿者深入农村、社区，开展医疗义诊、急救普及、心理咨询、健康教育、扶贫帮困等系列救助行动，发挥政府人道领域助手作用。实施生命健康关怀。做好中国红十字基金会天使系列项目救助工作，共争取中国红十字基金会小天使项目款625.5万元，救助福建省白血病、先心病患儿202人次。持续开展“红十字光明天使行动”，联合福州东南眼科医院，为福安等地区百例贫困白内障患者提供免费白内障筛查及手术治疗服务。福州、长乐、连江、宁德、平潭等地红十字会筹措专项资金开展大病救助工作，莆田市红十字会设立烧伤基金救助烧伤儿童，宁德市红十字会筹资300万元实施“零负担”光明行动，泰宁大金湖、莆田湄洲岛、武夷山等景区红十字救护站切实发挥作用，服务游客与当地群众，受到好评。积极助力精准扶贫。争取福建恒安集团捐赠500万元开展精准扶贫救助，援助永春县蓬壶镇联星村70万元用于太阳能光伏发电建设项目、100万元用于村道水泥路铺设建设项目和30万元用于建立村“红十字恒安助学基金”；援助永春县下洋镇新坂村“恒安桥”建设项目50万元；其余250万用于红十字人道救助项目。积极开展蹲点村帮扶工作，按照上级关于驻村蹲点工作相关精神要求，在省红十字会机关驻点村——龙岩市永定区大溪乡坑头村援助创建红十字博爱家园，援助12万元支持村光伏发电项目，产生的效益由村红十字会用于救助困难群体；支持3000双拖鞋、100个急救包用于救助贫困群众；调拨50台压力泵用于解决村民用水问题。向闽清县梅溪镇政府捐赠福州海关转交罚没的21台柴油发电机，帮助当地加强防汛基础设施建设。

四、着力推进生命救护工程

全面推进应急救护工作。贯彻省委、省

政府《“健康福建2030”行动规划》部署要求，围绕“推广应急救护，建设健康福建”主题，联合省卫计委在全省范围广泛开展应急救护知识和技能进社区、进农村、进学校、进企业、进机关、进家庭的“六进”活动，计划从2017年7月到2020年12月，让全省5%的人口接受应急救护知识和技能的普及培训，其中全省医疗卫生机构人员100%接受培训。为此，联合省卫计委召开“六进”活动工作部署会，举办“六进”活动救护师资研讨会，在全省同步启动“六进”活动暨“百场万人”应急救护知识和技能普及培训，并注重发挥红十字救护作用，积极参与厦门金砖会晤、双世遗国际马拉松赛（武夷山）、第二届环土楼国际马拉松比赛（永定）、“2017中国·泳动平潭”第二届公开水域游泳锦标赛等大型活动，提供应急救护服务保障，宣传普及应急救护知识，营造“人人学急救、急救为人人”的良好氛围。还争取总会生命健康安全教育项目资金支持，争创红十字应急救护培训示范基地，在龙岩市建设一个应急救护体验馆；福州市红十字会争取财政拨款300万元用于购买100台AED；厦门市红十字会与思明区红十字会筹资130万元共建“应急救护培训基地”；漳州市红十字会与卫计委等单位联合举办“急救白金十分钟”等自救互救主题活动；莆田、南平市红十字会在电视台或报纸开设专栏定期宣传应急救护知识；龙岩市红十字会联合市委组织部、市广电网络有限公司开辟《党员远教——应急救护》栏目，促进了应急救护知识与技能的推广。“六进”活动启动以来，全省共举办救护师资培训班9期、培训师资400人，救护员培训班489期、培训救护员23521人，普及培训1843场次、培训203616人。积极推动无偿献血和造血干细胞捐献工作。依法参与无偿献血宣传动员，积极开展艾滋病预防知识宣传。联合省卫计委、省献血工作办公室等，举办以“向爱致敬”为主题的福建省第十四个“世界献血者日”庆祝活动暨无偿献血颁奖典礼，表彰荣获2014—2015年度全国无偿献血促进奖、无偿捐献造血干细胞奉献奖等先进单位和个人代表，弘扬了正能量。省造血干细胞捐献者资料库管理中心加大宣传覆盖力度，运用新媒体在省内微信朋友圈中投放宣传广告，录制播出“捐献改变生活”系列专题纪录片，开展“向爱致敬”捐献故事征文活动，组织全省2014—2015年度造血干细胞捐献者参加健康体检，在厦门增设一家中华骨髓库定点采集医院。全年共采集入库造血干细胞血样5419人份，超额完成年度入库征募任务，累计库容资料达7.7万人份；全年有27名志愿者成功捐献了造血干细胞，累计捐献达189例，特别是其中1例为福建省首次向美国捐献造血干细胞，另外1例为我国首次向以色列捐献造血干细胞，得到了各界的广泛关注。扎实做好人体器官捐献工作。举办全省人体器官捐献协调员培训班，进一步加强人体器官捐献协调员队伍建设。修订人体器官捐献专项救助基金——福建省红十字永生天使基金管理办法，对基金的使用、申请与审批进行重新规范；争取爱心单位向永生天使基金捐赠264万元，年内向33个捐献者困难家庭发放人道救助款156.12万元。福州市红十字会坚持每年清明期间举办以“生命的礼赞”为主题的捐献者追思纪念活动，厦门、三明、莆田建立捐献者纪念园，龙岩市红十字会设立红十字博爱永生基金，促进人体器官捐献工作的开展。全年，全省共实现34例器官捐献，捐献大器官65个。

五、不断拓展人道交往合作

深化闽台红十字交流合作。成功举办第七届海峡两岸红十字博爱论坛，围绕“人道于心、博爱于行”主题，来自中国红十字会总会和北京、辽宁、江苏、广东、海南、福建等省市县级红十字会代表，以及台湾红十字组织的负责人、专家学者、红十字志愿者等100余人参加，聚焦社会民生中的红十字公益项目作用与发展前景，开展理论研讨和实践交流，拓宽合作领域。举办“携手人道同行、畅想青春追梦”2017年闽台红十字大学生人道之旅夏令营，来自省内29所高校、台湾37所高校的120名大学生和带队老师参加，其中49名台湾大学生为首次来大陆，通过寻根参访等一系列活动，促进闽台青年之间互信互动，搭建了友谊桥梁。依据《金门协议》，配合总会做好海峡两岸双向遣返见证工作3批次，共计接回大陆非法入台人员22名，遣返台湾非法进入大陆人员1名。金门红十字组织一行34人到福建省福州、泉州、莆田等地交流参访。通过福州、厦门红十字生命救助绿色通道，协助31名患病台胞及时返乡。加强人道交往合作。组织实施“红十字人道关怀与服务团”赴港澳开展交流参访，学习借鉴香港、澳门红十字会的先进经验，建立交流机制。组织前往贵州、云南省红十字会，考察学习博爱家园、人道传播基地、备灾救灾中心、老年公寓等项目建设，相互交流应急救援、救护培训、“三献”工作、宣传筹资等工作情况，学以致用促进工作水平提升。联合开展闽粤琼三省红十字水上应急救援交流演练活动，按照《闽粤琼红十字会水上应急救援工作交流与合作框架协议》，在海南省三亚市举行综合演练活动，积极探索建立区域合作模式，提高应对水上安全事件的能力和水平。厦门市红十字会组织到宁夏闽宁中学开展眼疾师生救助，莆田市红十字会援助西藏地区人道救助物资，龙岩市红十字会与江西省赣州市红十字会签订友好合作协议，积极落实对口支援任务。

六、加强组织与队伍建设

加强基层组织规范化建设。召开全省红十字会组织建设工作研讨会，邀请总会和上海、浙江、江苏等兄弟省市红十字会同仁参加，深入探讨红十字会参与城乡社区治理、会员管理、会费收缴、服务理事和发挥理事作用等工作。在全省红十字会基层组织中推进基层组织建设示范点工作，促进基层组织规范化、标准化建设，切实发挥作用。持续开展全省红十字会专职干部能力建设，组织重点工作目标督导评估，以目标引领业务推进，以重点促进全面工作，提升了红十字核心业务工作能力和水平。扎实开展志愿服务工作。各级红十字会按专业、分领域推进红十字志愿服务规范管理，围绕红十字宗旨常态化开展形式多样的志愿服务活动。省红十字会举办全省红十字志愿服务骨干能力建设培训班，落实星级志愿者分级表彰制度，对全省48名达到四星级的志愿者进行表彰并颁发奖章。稳步推进红十字体验式生命教育。贯彻全省学校红十字工作委员会（扩大）会议暨全省红十字青少年工作会议精神，继续在全省各级各类学校中推广红十字体验式生命教育工作，通过示范校生命教育体验学堂规范化建设带动引导实施“红十字体验式生命教育进校园”工作。组织福州市区高校红十字会骨干到福州大学红十字生命健康安全教育体验教室学习交流，举办全省红十字体验式生命教育宣传海报创作评比和高校红十字体验式生命教育主题演讲比赛活动。厦门市、区红十字会在暑期集中组织了50余场次形式多样、内容丰富的体验式生命教育学习、训练活动；三明市红十字会结合“三明市公共文化服务校园行”活动，积极推动生命教育进中小学；龙岩市红十字会通过“学校+社区”“小手拉大手”，依托示范校（基地）建设，推动了体验式生命教育深入开展。

七、增强宣传筹资实效

加大宣传力度。省红十字会先后联合海峡都市报社、福州市红十字会、泉州市红十字会策划开展元旦“爱心公益日”、“5·8”世界红十字日和世界急救日等宣传活动，各级红十字会也都同步围绕这些节日，上下联动组织开展系列宣传活动，扩大社会影响。省红十字会举办全省新闻宣传业务能力培训，继续在《中国红十字报》定期刊载宣传专版，借助门户网站和“福建人道传播”公众微信号推送信息400多条，通过红十字新闻宣传志愿服务队在中央、省级以上媒体刊播各类信息1000余条，制作新红十字会法及红十字博爱周主题的宣传短片，在福州地铁一号线和福州市区3850辆公交车车载电视进行播放，福州市红十字会在《福州晚报》等媒体登载人道救助工作成效，厦门市红十字会在《海西晨报》开设《红十字之窗》专栏，泉州市红十字会在市区所有公交车连续发布一个月的车载电视公益广告，南平市红十字会紧密联合新闻媒体开展红十字工作典型事例宣传，有力促进了人道传播工作。省红十字会被评为年度“中国红十字会总会报刊宣传先进集体”。增强救助实力。各级红十字会积极探讨新形势下加强人道资源动员新路径、新方法，结合项目筹资、基金筹资和互联网筹资等，不断拓宽筹资渠道。厦门市红十字会专门召开筹资研讨会，开通微信募捐平台，市本级募款580余万元。组织参加“全国红十字系统首届众筹扶贫大赛”，福建省推荐的福安市潭头镇下洋村的“福安有机生态稻鱼米项目”，通过初赛、网上筹款、半决赛、线下路演等，在全国200余个项目中脱颖而出，成功晋级前10名，荣获大赛三等奖，福安市潭头镇下洋村获得中国红十字基金会10万元扶贫生计基金，村支部书记被评为“优秀脱贫带头人”。2017年，全省红十字会共募捐和接收社会爱心款物折合8200余万元。省红十字会根据《福建省红十字人道救助事业表彰暂行办法》，表彰了获得“2016年度福建省红十字人道金、银、铜质奖章和红十字人道荣誉奖”的人员，彰显了社会爱心。

江西省红十字会

【年度工作】

2017年，在省委、省政府的坚强领导和总会的具体指导下，江西省红十字会坚持以习近平总书记系列重要讲话精神，特别是对红十字会工作重要指示精神为指导，深入学习贯彻党的十九大精神，紧紧围绕全省工作大局和群团改革决策部署，以改革创新攻坚为主线，深入实施创新驱动发展战略，全面建设稳中向好态势进一步明显，重点工作取得重大突破，发展质量和效益持续提高，救助实力明显增强。人道资源动员和养老服务工作被总会确定为全国改革试点，应急救护工作被省政府列入民生工程，社会筹资突破亿元大关，全省筹集款物 1.64 亿元，同比增长 83.28%，承接政府购买服务资金 2837.13 万元，同比增长 75.75%，培训应急救护师资 409 人、应急救护员 90781 人，实现造血干细胞捐献 20 例、器官捐献 46 例，3 个项目荣获第六届中国公益慈善项目大赛金奖、4 个项目荣获总会众筹扶贫大赛“红品项目奖”、2 个项目荣获江西省首届赣鄱慈善奖。

一、着眼新时代，引领事业新发展

把学习、宣传、贯彻好党的十九大精神作为首要政治任务和头等大事，按照习近平总书记学懂、弄通、做实的要求，精心谋划部署、创新载体推进、坚持学思结合，着力在以做践学上下功夫。制订省红十字会学习宣传党的十九大精神实施方案；组织全体干部职工收看十九大开幕会；召开党组中心组理论学习扩大会和党员干部职工大会，采取领导辅导、专家讲座、交流发言等形式，聚焦十九大奋斗目标，思考谋划红十字会工作；举办全省系统领导干部十九大精神学习研讨班，专题研究部署贯彻实施意见；开展“弘扬十九大精神，做合格红十字人”现场教学实践活动，组织党员干部深入扶贫点、志愿者中宣讲十九大精神，在全省红十字会系统掀起了学习十九大精神的高潮。

二、着眼基层短板，强力推进组织建设

以贯彻落实新修订的《中华人民共和国红十字会法》为抓手，把 2017 年确定为“改革攻坚年”，明确全年 10 个方面、22 条改革举措，聚焦基层基础短板，开展设区市红十字会年度工作绩效考核，建立省红十字会执委会成员领衔分工负责和联系挂点工作机制，助推市级红十字会领导班子建设、设立监事会，推动县区红十字会依法独立自主开展工作。3 个设区市红十字会常务副会长职级由副县级调整为正县级，2 个获批成立党组，上饶市红十字会成立监事会，增加 1 个副处级职数；赣州、吉安等 7 个设区市红十字会监事会换届正在稳步推进中，赣州市编委会同意增加 1 个副县级职数副监事长，省级红十字会监事会的设立也正在推进中。

三、着眼实力提升，构建多元动员平台

为提升人道资源动员能力，增强人道救助实力，江西省红十字会开全国红十字会系统之先河，设立人道资源动员发展中心，并成立省红十字基金会，按照“统筹规划、融合集成、资源共享、特色共建、合作共赢”的思路，大胆创新、不断实践，走出一条“社会化动员、开放式合作、网络化筹资、专业化运行、项目化管理”的人道动员新路。以项目筹资，策划推出“爱心拐杖”“江西小创客·爱心集市”“未来教室”“给困难家庭送温暖箱”“送安全防护书包”等爱心项目，仅“送安全防护书包”项目就筹得善款 173 万元，签订捐赠意向协议 230 万元。以互联网筹资，策划推出“莲丝信使”“一家一个救生圈”“给你依靠、让爱行走”“让安全占领鄱阳湖”等 4 个项目，集合全省红十字会共同参与“99 公益日”网络众筹，3 天时间，20381 人次参与线上捐赠，撬动社会捐赠资金 160 余万元。探索“体育 + 公益”模式，连续两年，与省体育发展有限公司联合开展“网聚爱心”系列公益活动，在

“江西省百县农耕健身大赛”中设立红十字“农耕爱心基金”，为“环鄱阳湖国际自行车大赛”提供红十字应急救护保障。设立“成浩基金”“丰益基金”“仁爱天使基金”等9个理事专项基金，协议捐赠额达1870万元，涵盖医疗、教育、生计与发展等领域和婴幼儿、大学生、中老年人等群体，形成“1+1 ＞ 2”的品牌效应。10月，总会在南昌召开全国人道资源动员工作经验交流会，省红十字会做了经验介绍。

四、着眼自身特色，努力培育养老品牌

在总结形成“三社（社团、社区、社工）互助”、“三位（居家介护、医护结合、院养结合）一体”的“老年护理＋志愿服务”模式基础上，2017年着力在实现“五有”（即在街办有会、社区有站、小区有队、家庭有员，工作有为）上探索实践。全省建立35个养老志愿服务站点，举办省彩师资培训班和全省社会福利机构中级养老护理员职业资格培训5期，培训280人，培训护理员2万余人，实现了培训基地或志愿服务站点在11个设区市全覆盖。通过推进标准化建设、项目化管理，推进养老志愿服务进社区、进家庭、进农村、进医院、进养老机构的“五进”活动，在为老年人提供生活照料、精神慰藉、卫生保健等方面，做了许多有益尝试。4月，总会养老服务试点工作启动培训会在南昌召开，省红十字会的做法得到总会领导和与会人员的充分肯定。

五、着眼主体责任，争取培训政策支持

把应急救护列入“一把手”工程，积极争取多方支持，高位推进培训工作，应急救护培训被省政府列入民生工程，纳入《江西省安全生产管理条例》《江西省交通运输条例》《江西省突发事件应急体系建设“十三五”规划》，省政府办公厅印发《关于加强和改进全省应急救护培训工作的意见》，11个设区市出台实施意见，省综治办和部分设区市把应急救护列入综治差异化考核内容。与省安监局、省公安厅、省交通运输厅、省教育厅联合印发相关文件，深入推进应急救护培训“五进”活动。围绕青少年溺水问题，组建水上救生队伍，联合相关部门在大中小学中开展游泳技能培训和水上救生知识普及，组织救生队在重要江河湖泊，开展应急值守和安全宣传，取得了较好成效，促进了公众安全防范意识和自救互救能力的提高。截至11月底，2017年全省培训应急救护员90781人，救护师资409人，普及水上救生知识5.4万余人次。

六、着眼扶贫帮困，大力实施精准救助

开展“博爱送万家”活动，募集款物折合1050万元（其中物资463.5万元，钱款586.5万元），救助贫困家庭27200户，83326人受益。争取小天使基金彩票公益金项目资助贫困白血病患儿133人，资助款438万元，天使阳光彩票公益金项目资助贫困先心病患儿7人，争取资助款17.5万元。建设“应急救护培训示范基地”“博爱卫生站”“未来教室”“景区应急救护站”，乡村公路修建，体育娱乐场所、社区宣传专栏、学校图书馆等39个，投入资金1475万元。与团省委、省科协、省妇联、省侨联、省台联、省体育局、省供销社、南昌崛美行动公益发展中心、美中慈善基金会等群团组织和单位联合开展“泳安计划——青春护航”进校园、应急救护和生命安全体验、“网聚爱心”、“魔豆妈妈”、“江西省万名妇女电商创就业培训”、“博爱助学”、全国红十字会系统众筹扶贫大赛等活动。

七、着眼生命工程，加大捐献宣传推动

全省实现遗体、器官、角膜捐献149例，其中器官捐献46例，遗体捐献31例，角膜捐献72个。合格干细胞志愿者资料入库达58998人，成功动员20位志愿者实现造血干细胞捐献，挽救了20位患者的生命，其中宜春市红十字会干细胞工作站站长史永亮成功捐献造血干细胞，成为中华骨髓库在职工作者捐献第三人、江西省红十字会系统在职人员捐献第二人。上饶市造血干细胞捐献志愿者姜闵林两次为比利时患者捐献造血干细胞和淋巴细胞，用善心搭建了国际友谊的桥梁。全省成立红十字赈灾、医疗、心理、搜救、水上救生等救援队伍47支，其中国家级救援队1支，省级救援队2支，地市级救援队30支，县级救援队14支，队员3894人，多次参与省内外救援。

八、着眼文化品牌，拓宽新型宣传渠道

开展“网上红十字”建设。建成省红十字会综合业务管理平台，构建了在线捐赠、捐赠信息发布、会员与志愿者管理、红十字文化宣传、政务信息公开等服务窗口，打造公开透明的红会。依托“两微三网”（红十字微博矩阵、微信平台和门户网站、工作网、联系网），建立“红十字声音”微信平台、省市两级微博矩阵平台、骨干志愿者微信平台、理事微信交流平台等7个平台，形成线上线下相互促进、有机融合的联系服务群众新机制。依托微信平台开设“江西红十字运动网上历史展览馆”，制作红十字运动基本知识闯关游戏，推出“江小红”卡通形象代言，开发“江小红的人道地图”，开展红十字基本知识普及性宣传。成立省红十字会宣讲团，聘请省委宣传部原常务副部长陈东有担任宣讲团专家顾问。

山东省红十字会

【年度工作】

2017年，在省委、省政府的正确领导下，在中国红十字会总会的关心、指导下，在社会各界的大力支持下，山东省红十字会系统深入学习宣传贯彻党的十九大精神，以贯彻落实新修订的红十字会法为重点，围绕党委、政府中心工作，认真履行法定职责，大力推进信息公开平台、工作标准体系和“博爱齐鲁”品牌建设，较好地完成了各项工作任务。

一、深入学习宣传贯彻党的十九大精神，全面落实管党治党责任

（一）深入学习宣传贯彻党的十九大精神。党的十九大召开以来，省红十字会制订学习宣传计划，印发《关于全省红十字会系统认真学习宣传贯彻党的十九大精神的通知》，要求各级红十字组织以习近平新时代中国特色社会主义思想为指导，牢固树立“四个意识”，切实增强“四个自信”，为推进山东省红十字事业发展实现走在前列目标打牢思想基础。山东省红十字会党组书记、常务副会长李全太带头为全体党员上党课，并在《中国红十字报》发表署名文章《新时代中国特色红十字事业发展的历史方位》。

（二）推进“两学一做”学习教育常态化制度化。制订实施方案和学习教育资料参考目录，对学习教育进行全面部署。总结整理习近平总书记近年来有关“红十字”系列重要讲话并向全省红十字会系统发出认真学习贯彻的通知，用习近平总书记重要讲话精神武装头脑、指导实践。各级党组织把推进“两学一做”学习教育常态化制度化与基层党建工作深度融合，实现融入日常、抓在经常、形成常态。召开省红十字会第三届直属机关党员大会，选举产生新一届直属机关党委和纪委。认真履行全面从严治党“两个责任”，将党风廉政建设深度融入业务工作全过程，加强重点领域、重点环节监督，将全面从严治党决策部署落实到位。

（三）“第一书记”抓党建促扶贫工作成绩显著。省红十字会发挥行业优势，邀请省中医院、济南市中医院医疗专家团为帮扶村村民义诊，并为符合救助政策的慢性病患者申请医疗救助。淄博市红十字会争取中国红十字会总会15万元专项资金用于支持“第一书记”帮包村博爱卫生站建设。日照市红十字会组织机关干部到包联村进行党建工作和村情调研，对村居中登记在册的贫困户给予人道救助。

二、开展制度化、标准化、信息化建设，不断提高工作运行规范性和透明度

（一）制度化建设取得成效。对各项规章制度进行全面梳理，建立健全有关制度，逐步形成内容科学、程序严密、配套完备、运行有效的制度体系。共制定、修订党建群团、办公运转、人事管理、财务管理、业务工作等方面制度85项，分别汇编成为《山东省红十字会规章制度》（行政管理）和《山东省红十字会业务工作指导手册》。

（二）标准化体系建设稳步推进。开展“标准化建设年”活动，成立标准化建设工作领导小组，制订工作方案和计划，积极申报“山东省红十字会社会公益服务标准体系”建设项目，经省质量技术监督局审核批准列入2017年度“山东标准”建设行动计划公共服务标准化试点项目。举办标准化建设座谈会和培训班，对各项业务工作环节进行梳理，确定涵盖各项工作内容、程序、质量、责任等方面的标准体系目录400余条，已列入编制标准计划50余项，正在调研和编制过程中。结合省委、省政府关于深化“放管服”改革部署，开展全省红十字会系统清理、规范政务服务事项证明材料工作，梳理出依申请服务事项21项，对服务对象所需提供证明材料进行规范、清理并统一公布。

（三）信息平台建设基本完成。成立信息化建设推进领导小组，召开全省红十字会系统信息化建设工作会议，座谈商讨信息化建设推进方案。确定依托“中国红十字会信息化系统”推进全省红十字会系统信息化建设，举办全省信息化推进会议暨培训班，制定《山东省红十字会信息化建设推进指导意见》，推动各市落实信息化建设工作要求。目前，灾害管理系统已实现全省灾情通过信息系统上报；经反复论证和技术改进，成功开发出结合山东实际的财务数据导入系统，实现全省17市及部分县区红十字会系统捐赠数据在省红十字会官网发布，成为第一个依托“中国红十字会信息化系统”实现全省捐赠信息统一发布的省份。

三、认真履职法定职责，努力优化“博爱齐鲁”品牌

（一）人道救助品牌助力脱贫攻坚。2017年，全省发放救助款物8560余万元，受益群众16万余人。一是开展“博爱齐鲁送温暖”活动，发放救助款物1992.84万元，受益群众达9万余人，副省长、省红十字会会长王随莲参加走访慰问活动。二是天使阳光救助。进一步规范“天使救助”项目申请流程，提高审核效率，发放白血病、先心病医疗救助金 2544.22 万元，救助贫困家庭患儿 911 人。与项目定点医院联合开展“天使之旅——贫困先心病患儿系列筛查行动”，为 178 名符合救助条件的患儿及时实施手术治疗。山东省被中国红十字基金会评为优秀项目执行省份，3 家医院被评为优秀定点医院。三是众筹扶贫大赛。积极参加全国红十字系统首届众筹扶贫大赛，山东省 8 个团队参赛，4 个项目进入全国 30 强决赛，获得红品项目三等奖、优秀奖各 1 个，博爱家园生计基金项目奖励 20 万元，3 人被评为优秀脱贫带头人，形成了“红十字会 + 扶贫点 + 农户 + 扶贫带头人 + 团队 + 互联网公众”的扶贫帮困模式。四是社会救助。鼓励支持省红十字眼库开展“光明救助活动”，对 500 名贫困白内障患者实施免费复明手术。济南、淄博、日照等市开展救助贫困尿毒症患者、冠名红十字医疗机构公益救助、特大疾病救助等救助活动。济南、青岛、临沂等市通过春天行动、阳光少年、博爱商城等活动或项目，对困难群众在生活、教育、医疗等方面进行帮扶。五是对口支援。对口援助西部地区红十字事业发展，援助新疆、青海、云南等省（区）款物 225 万元，支援当地红十字事业和人道救助工作。

（二）社会筹资工作成效显著。通过策划活动、项目建设、设立基金等方式壮大筹资力量，全省共筹集彩票公益金和爱心捐赠款物折合 8900 余万元。省红十字会联合爱心企业建立山东省红十字芝兰基金、山东省红十字会脐血库救助基金，开展“农村肝病防治项目”、“太平健康季、让爱无缺口”援助重疾患儿、“弘扬长征精神　传递水墨温度”齐鲁公益美术大展等公益筹资活动。

（三）应急救护培训助力健康山东建设。推进应急救护培训“六进”，开展各类应急救护培训 500 余期，培训红十字救护师资 340 人、救护员 8.2 万人，普及推广应急救护知识技能 98.9 万人次。依托山东省红十字会乡村医生培训基地举办基层医生培训班，助力提高基层医疗水平。举办第四届红十字应急救护比赛，全省 17 支社区红十字救护志愿服务队参加，济南、滨州、临沂 3 市荣获一等奖。济南市代表山东省参加第四届全国红十字应急救护比赛，在全国 34 支代表队中获得第九名。积极申请红十字应急救护培训示范基地项目，2017 年新增加威海基地 1 个。在各级红十字会的努力下，枣庄市基地完成建设并通过总会评审，成为省第一个全国红十字会系统应急救护培训示范基地。济南、青岛、临沂等市开展“爱就在身边”“第一响应人培训”“珍爱生命　关爱健康”等主题的系列培训项目，进一步拓展培训领域，提升红十字救护培训品牌影响力。

（四）造血干细胞捐献实现新突破。开展造血干细胞捐献宣传和志愿服务活动，群众知晓率和捐献意愿显著提高。加强造血干细胞捐献资料库档案管理，对 2002 年以来入库资料进行整理归档，建立造血干细胞捐献资料档案信息化管理系统。制定《山东省造血干细胞捐献工作标准操作流程》，确定 7 个阶段 30 个环节工作流程，明确各级红十字会、采集医院、移植医院工作职责，捐献服务工作效率和质量有效提高，实现捐献数量再创新高。截至 2017 年年底，全省采集造血干细胞捐献志愿者血样入库 9623 人，累计入库血样达 18.29 万人份，位居全国首位；实现捐献 84 例，居全国第一位，累计实现捐献 596 例，居全国第三位。

（五）遗体和器官捐献工作再上新台阶。公布红十字会和试点医院捐献热线电话，在捐献试点医院设置宣传登记台，开通微信公众号登记平台，方便群众了解捐献流程和登记。济南、青岛等市红十字会在各大院校招募志愿者，开展捐献知识进校园活动。制定人体器官捐献协调员职责、捐献者档案管理、捐献登记站管理等工作制度，将相关法律法规汇编入册，规范捐献工作管理。加强捐献协调员队伍建设，指导器官移植医院加强与基层医院联系，开展捐献者医疗费用减免救助，解决工作人手不足、潜在捐献者信息源不足、捐献者家属存在后顾之忧等问题。在各级红十字会、卫生行政部门和医院共同努力下，2017 年，全省在线登记人体器官捐献志愿者 2918 人，超过历年总和；实现捐献 595 例，比 2016 年增长 33%，累计实现捐献 1440 例，均居全国第 2 位；遗体、角膜捐献登记报名分别累计达 8955 人、7365 人，分别实现捐献 1450 例、捐献 1437 例，其中 2017 年分别实现捐献 259 例、440 例。开展捐献志愿者缅怀纪念，推动各市建设捐献缅怀纪念场所，全省已建成 9 处，对山东省暨济南市遗体器官捐献纪念广场纪念碑实施改扩建工程。清明节期间，组织捐献者家属、医护人员、捐献受益者、志愿捐献者代表，缅怀纪念捐献志愿者。

（六）应急救援体系逐步建立。积极参与自然灾害和突发事件应急救援。在四川茂县、九寨沟地震发生后，立即启动应急准备与响应，接收社会捐赠救灾款物折合 248 万余元，并及时将救灾款物运往灾区。从救援机制、救援财物、救援队伍三个方面入手，推进红十字应急救援体系建设。制定备灾救灾工作标准，改进完善备灾仓库规划与建设、救灾物资采购、救灾物资标识以及物资入库、储存、出库流程等工作。省红十字会备灾中心开始承接中国红十字会总会备灾物资储备任务。在中国红十字会备灾救灾中心应急物流响应演练中表现优秀，受到总会通报表扬。首次组织以红十字会专职干部和志愿者组成的应急救援队参加省政府组织的全省防灾减灾应急救援综合演练，荣获演练先进集体称号。在青岛市仰口海域举办中国红十字水上救援队培训班。截至 2017 年年底，各级红十字会建立各类应急救援队伍 183 支，基本涵盖生命救援、人道救助、灾害预防、灾后恢复等人道救援领域，参与山地、水上和灾区等救援活动 850 余次，救援受困群众 2200 余人次。

（七）养老服务试点工作扎实推进。2017 年山东省成为红十字会参与养老服务工作试点省份，济南、青岛、临沂 3 市为首批试点城市。按照试点工作要求，3 个试点市融合红十字核心业务工作，在红十字急救员中普及养老照护知识与技能，依托医院、红十字养老护理院等机构，培训养老机构服务人员 800 余人，建立红十字养老志愿服务队，组织志愿者深入家庭、社区和养老机构开展养老照护服务 1900 余人次。济南、临沂市在乡村推进“红十字博爱幸福院”养老项目，推动农村养老事业发展。

（八）组织建设和志愿服务工作得到加强。召开省红十字会八届四次理事会，增补和更换部分理事、常务理事，审议通过 2016 年工作报告和收支情况报告。济南、东营市红十字会分别召开理事会，临沂市红十字会召开第五次会员代表大会。深入学校、村镇社区、企事业单位推进基层组织建设，全省红十字基层组织达 9874 个。印发《关于做好服务理事工作发挥理事作用的指导意见》，制定理事建议承办工作办法，做好“服务理事　发挥理事作用”工作。全面启动“志愿者保留”项目，按照“谁招募、谁管理”原则，对入库志愿者进行逐一回访和信息更新。积极开展志愿者表彰、招募、培训活动，全省各类红十字志愿服务组织达 962 个，红十字志愿者达 19.2 万人，开展志愿服务活动 4300 余次。威海市“希望乐园——外来务工子女社区融入项目”被总会评为 2017 年一类志愿服务项目。青岛、淄博在全市中小学生中开展“探索人道法项目”，将人道理念深植于青少年心中。

四、推进红十字会法宣传，广泛传播红十字精神

（一）深入宣传贯彻新修订的红十字会法。制订学习宣传贯彻新修订红十字会法实施方案，广泛开展普法宣讲活动。山东省红十字会和济南、青岛、临沂等市红十字会举办专题培训班，邀请总会红十字会法宣讲团成员、法学专家、法律工作者深入解读红十字会法。开展红十字会法宣传进校园、进社区活动，利用报刊、电台、电视台等媒体向社会公众宣传普及红十字会法知识。将《山东省实施〈中华人民共和国红十字会法〉办法》《山东省遗体捐献条例》列入省人大 2018 年修法计划。

（二）“博爱齐鲁”品牌形象进一步提升。面向社会开展“博爱齐鲁”品牌标识征集评选活动，收到投稿作品 70 余份。组织省电视台、省工艺美院、山东大学等单位专家评选出“博爱齐鲁”品牌统一标识，并在全省推广使用。以“博爱齐鲁”品牌为抓手，开展形式多样的人道救助、应急救护、爱心捐献等特色服务项目，天使救助、健康送万家、造血干细胞捐献等一批项目成果丰硕。博爱泉城、“微尘”、博爱沂蒙等一批品牌得到群众广泛认可，“博爱齐鲁”品牌号召力、凝聚力和影响力进一步提升。

（三）红十字精神得到广泛传播。响应总会号召，济南、青岛、淄博等市组织红十字工作者、志愿者举行“我是红十字人”主题宣誓活动。开展纪念“世界红十字日”系列活动，举办广场宣传、公益访谈、义演义卖等大型宣传活动 80 余场次，深入社区、村庄、学校、机关单位传播普及红十字知识，开展应急救援演练、应急救护技能培训、捐献服务等志愿服务活动。利用报刊、电视、电台等主流媒体和政府网站、红十字会官网、微信、微博等网络媒体，向党委、政府和群众展示红十字会工作成绩，展现红十字志愿者风采，推广红十字公益项目，传播红十字精神。临沂市红十字会推进“博爱文化园”建设，筹备建立全国第六个、全省第一个红十字运动研究中心，打造博爱文化传播和人道精神教育基地。

河南省红十字会

【年度工作】

2017 年，河南省红十字会认真学习宣传、全面贯彻落实党的十八大历次全会和十九大会议精神，深入学习贯彻习近平总书记系列重要讲话，紧密团结在以习近平同志为核心的党中央周围，遵循习近平总书记对新形势下我国红十字事业发展的重要讲话精神，按照国务院《关于促进红十字事业发展的意见》和河南省人民政府《关于促进红十字事业发展的若干意见》的要求，紧紧围绕省委、省政府中心任务，“抓队伍促弘扬、抓项目促活动、抓能力促发展”，真心关爱群众，努力为国奉献、为民造福，有效发挥了省委、省政府人道领域助手和桥梁纽带的作用，圆满完成全年工作任务。

2017 年，全省红十字会系统共接收社会各界捐赠款物折合人民币 7561.86 万元（截至 11 月底，其中资金 6172.36 万元、物资价值 1389.5 万元）；培训应急救护员 6800 人；新增造血干细胞捐献志愿者 7007 人，又有 64 位志愿者成功捐献，成功捐献人数持续位居全国各省区之首；人体器官捐献 305 例，为 898 名危重病人带来治愈希望，捐献例数、受益人数均居全国前列；救助白血病患儿 634 人、先心病患儿 337 人，救助资金 2757 万元，回访满意度达 100%，救助资金、救助人数和回访满意度均居全国第一；提前圆满完成了“红会送医计划”的年度任务；创新开展的“结伴同行脱贫路”活动有效助力了全省脱贫攻坚；创新举办首届“红十字好故事”宣讲活动，扩大了红十字会的社会影响，综合工作取得新进展。

一、认真学习宣传贯彻落实党的十九大精神，全面加强党的建设

2017 年，河南省红十字会先后召开党组扩大会、支部党员会、全体干部会认真学习贯彻落实党的十九大精神，贯彻落实中国红十字会学习十九大精神和宣传工作会议精神，要求全省红十字会工作人员，原原本本学习十九大报告，将精神实质牢记于心，切实将思想和行动统一到十九大精神上来；认真组织好学习宣传，迅速掀起学习十九大精神的热潮，让十九大精神在红会落地生根；深刻理解自觉用十九大精神和习近平新时代中国特色社会主义思想武装头脑、指导实践、推动工作，为红十字事业的新发展、新跨越提供坚强的思想政治保证。

11 月 30 日至 12 月 1 日，河南省红十字会学习贯彻党的十九大精神全省领导干部培训班在郑州市举办。中国红十字会党组成员、副会长王汝鹏在培训班上作了题为“全面准确学习领会党的十九大精神”的专题辅导报告，就中国特色社会主义进入新时代的基本依据、新时代和新思想产生的背景、丰富内涵、豪迈征程、重要部署等方面进行系统、透彻的解读。会上，全省红十字会领导干部认真学习领会副会长王汝鹏的报告精髓，边听边记，在河南营造出学懂、弄通、做实十九大精神的浓厚氛围。

2017 年，省红十字会党组以落实全面从严治党要求为主线，精心指导机关党委顺利开展了机关党委、机关纪委的换届工作，选举产生了新一届机关委员会和纪律检查委员会，配齐、配强了机关党务干部，指导所属党支部完成改选支部书记工作，组织建设得到加强；始终坚持把思想建设放在首位，扎实推进“两学一做”学习教育常态化制度化，持续抓好中央八项规定精神和省委、省政府 20 条意见贯彻落实，认真抓好省委巡视反馈问题整改，作风建设得到加强；严格贯彻落实上级关于党风廉政建设“两个责任”的要求，教育引导党员干部牢固树立廉政意识，筑牢拒腐防变思想防线；完善会党组书记负总责、分管领导分工负责、机关党委推进落实、各部室行政负责人“一岗双责”的党建工作责任体系，进一步严肃和规范党内政治生活，夯实全面从严治党的制度基础。全面加强党的建设，为省红十字会一举创建成为省级文明单位、顺利完成机关搬迁任务、带动各项业务工作取得新进展提供了坚强保障。

二、依法治会，用法治思维推动工作

2017 年 5 月 8 日，新修订的《中华人民共和国红十字会法》正式施行。这是我国红十字事业发展进程中的一件大事，充分体现了党和国家对红十字事业的高度重视和大力支持，对促进中国特色红十字事业持续健康发展具有重要的现实意义和深远的历史意义。河南省红十字会将宣传普及红十字会法作为 2017 年工作的一件大事，坚持持久抓、抓关键、见实效，把学习红十字会法作为党组中心组理论学习的重要内容，并在医院和大学校园进行普法宣传，形成"学新法、说新法、用新法"的浓厚氛围，积极向省委、省政府请示，与省编办协调，加强干部队伍建设，增加了专职副监事长领导职数；着力打造公开透明的红十字会，按照规定严格执行信息公开制度，及时公布党组会、执委会会议纪要，做到资金募集、财务管理、招标采购、分配使用等信息公开透明，切实保障捐赠人和社会公众的知情权、监督权，全面建立和完善法律监督、政府监督、社会监督、自我监督相结合的综合性监督体系。

三、突出工作重点，"红会送医计划"持续深入

"红会送医计划"是省政府"369"卫生人才工程的组成部分。2017 年，"红会送医计划"重点向国家级、省级扶贫开发工作重点县倾斜，重点向乡、村基层倾斜，重点向最需要帮助的困难群众倾斜，实现贫困县送医计划全覆盖。2017 年以来，共招募副高级以上职称、注册红十字医技专家的志愿者 3274 名，组成"红会送医计划"志愿服务队 121 支，开展"送知识、送技术、送义诊"等志愿服务活动 430 批次，帮带基层医生 8352 人次，接诊患者 88503 人，授课课时 1826 小时，开展示范手术 821 台次，解决疑难病 3250 人次，直接受益群众有 15 万人之多，受到广大群众、基层医疗卫生单位和基层医护工作者的欢迎，产生了很好的社会影响。

四、发挥独特优势，创新开展"结伴同行脱贫路"活动

2017 年 5 月，省红十字会印发《关于开展"结伴同行脱贫路"活动的指导意见》，在全省范围内启动了"结伴同行脱贫路"活动，旨在充分发挥红十字组织的独特优势，积极组织发动红十字志愿者，聚力脱贫攻坚，帮助并结伴贫困家庭走出困境。市、县红十字会主动到当地政府扶贫部门了解掌握建档立卡的贫困户基本情况，对贫困户的人道需求进行综合分析，精准掌握人道需求；在当地发出"结伴同行脱贫路"志愿者招募信息，广泛动员人道资源，精心搭建爱心人士和贫困户之间的桥梁，帮助他们自主选择组成结伴同行对象，开展精准帮扶。

围绕 10 月 17 日全国第 4 个"扶贫日"，提前谋划，上下联动，启动"河南省红十字会医疗公益救助平台""红十字博爱家园""红十字助听"等项目，再掀"结伴同行脱贫路"活动热潮。活动开展半年来，全省红十字系统现已招募"结伴同行脱贫路"志愿者 9541 人，开展志愿服务活动 346 次，募集资金 5769.37 万元，物资价值 226.49 万元。为推动红十字会工作融入政府工作大局，助力脱贫攻坚，服务中心任务，发挥了积极作用。

五、备灾救灾、应急救护、人道救助工作持续推进

修订《河南省红十字会自然灾害应急预案》，组织备灾救灾物资调运、备灾救灾库区应急处置等实战演练，红十字备灾救灾工作水平明显提升。在全省分片区举行应急救护比赛，联合省教育厅举办“红十字青少年‘博爱中原·文明河南’红十字与应急救护知识竞赛”，深入机关、企业、社区、学校、农村广泛开展群众性应急救护知识普及，培训救护员6800名，培训、复训师资350人，有效提升了全省红十字会系统和广大群众应对突发事件的自救互救能力，同时在近6万名青少年心中播下了红十字精神的种子；省红十字会和开封等地建设应急救护培训示范基地，为长期开展应急救护培训工作奠定基础。

在元旦、春节期间组织全省红十字系统开展“红十字博爱送万家”活动，共筹措款物折合550万余元，近12万名群众受益。在调研基础上，省红十字会创设了农村贫困听障老年人作为救助对象的“红十字助听”项目并在驻马店市确山县等地试点，效果突出，现在正在实施第二批救助活动，将为卢氏、桐柏、台前等5个国家级贫困县的500名老年听障患者免费佩戴助听器，让他们聆听到大千世界的美妙声音。

六、无偿献血和捐献造血干细胞、人体器官工作全面推进

5月8日“世界红十字日”前后，省红十字会与省委、省直工委联合开展“省直机关公务员无偿献血及造血干细胞捐献志愿者招募活动”，1364名省直公务员成功捐献全血442700毫升，单采成分血80人138个治疗量，214人采集造血干细胞血样成为中华骨髓库捐献志愿者。

2017年，河南省红十字会进一步重视与省内主流媒体的合作，不断加大造血干细胞捐献工作的宣传力度，动员社会更多爱心人士加入志愿捐献行列；重视为捐献志愿者提供优质服务，加强与捐献志愿者的联谊，注重捐献志愿者回访和巩固，新增造血干细胞捐献志愿者7007人，超额完成年度入库计划，2017年新增捐献64例，累计捐献659人，成功捐献人数连续六年居全国各省区前列。

加强与省人大常委会相关部门的沟通，《河南省遗体与人体器官捐献条例（草案）》的立法工作取得新进展；通过加大人体器官捐献协调员的培训，不断壮大协调员队伍，完善捐献机制、规范捐献管理，人体器官捐献人数逐渐增多，2017年新增捐献人体器官305例，898个人体大器官移植获得成功。

七、大力宣讲红十字好故事，宣传传播能力得到加强

为广泛弘扬红十字精神、引领社会风尚，2017年以来，省红十字会在全省创新开展“红十字好故事”宣讲活动，通过层层筛选先进典型，整理先进事迹，培训宣讲人员、开展宣讲活动，在初赛、预赛、决赛的整个赛程以弘扬“人道、博爱、奉献”精神为主题，以讴歌红十字好人物、好故事为重点，宣传红十字志愿者动人事迹，关爱人的生命、健康、尊严的宗旨，使红十字好故事汇入讲好河南故事的洪流之中，生动展现了文明河南建设中平凡人的无私奉献历程，扩大红十字会的社会影响。仅在郑州举行决赛的5月10日这一天，30余家新闻媒体进行了现场报道，映象网、新浪微博、凤凰网等

5 家媒体进行了同步直播，在网络上掀起了“河南红十字好故事”的传播浪潮，展示了河南人的文明、奉献形象。

2017 年，省红十字会圆满完成总会“红十字青少年健康安全主题社会实践项目”；积极与白俄罗斯、日本等国红十字会开展交流，与澳门红十字会联合举办“第二届豫澳红十字青少年夏令营”，增进了对外交往，工作成果明显。

湖北省红十字会

【年度工作】

2017 年，湖北省红十字会系统深入学习贯彻党的十八届六中全会和党的十九大精神，按照《中华人民共和国红十字会法》，紧紧围绕湖北经济社会发展大局，依法履职，开拓创新，扎实做好各项工作，全面推进红十字事业发展取得了新成绩。

一、坚持抓好学习贯彻，强化思想理论武装

深入学习贯彻党的十八届六中全会、党的十九大和省第十一次党代会精神，深刻学习领会习近平新时代中国特色社会主义思想。深入推进“两学一做”学习教育常态化制度化，牢记习近平总书记对红十字事业发展的殷殷嘱托，按照中国红十字会十届三次理事会的部署和省委的要求，坚持群团工作的政治性、先进性、群众性，树立“四个意识”，践行“四个合格”，努力当好党委和政府在人道领域的助手。

二、坚持抓好核心业务，红十字工作成效明显

全省红十字会系统在工作谋划和工作推动上下功夫，全面抓好十二项核心业务。

（一）“三救”工作深入开展

一是抓好备灾救灾和项目建设。以项目建设为载体，推进服务平台建设，在建和续建红十字博爱家园、景区救护站、博爱卫生站、救护培训示范基地、生命健康安全教育体验教室等项目合计 86 个，投入建设资金 2164 万元。组建了 7 类共 21 支救灾救援队并开展培训。《湖北省红十字会自然灾害应急预案》修订完成，灾害管理系统在各地得到普遍应用。二是积极推进自救互救培训。全省完成普及培训 11.18 万人、培训救护员 13693 人。大力推进应急救护培训进机关、进高校，应急救护培训被纳入省直机关工会工作要点。组队参加第四届全国红十字应急救护大赛并获得优胜奖。襄阳、宜昌、荆州、十堰救护培训工作走在全省前列。襄阳、咸宁培训救护员在马拉松大赛中发挥积极作用。三是大力开展人道救助。依托“小天使基金”和“天使阳光基金”，资助白血病和先心病患儿 820 万元。依托人体器官捐献救助基金，向捐献者困难家庭发放救助金 719 万元。依托燚公益博爱基金，资助困难学生家庭 700 万元。依托九州通博爱基金，资助困难地区 108 万元。筹集价值 3100 万元的医疗设备帮助贫困地区改善医疗条件。筹集价值 934 万元的常用药品帮助贫困农村。筹集 430 万元连续第 18 年开展“博爱送万家”活动。筹集 170 万元实施“关爱失智老人”项目。筹集 75.9 万元开展“梦想启航 爱心助学”活动。筹集 300 万元向红十字社区基层组织提供人道救助。在不到两年时间内，为中国红十字会扶贫点英山县筹集扶贫款物折合 1008.12 万元，为省红十字会扶贫点通山大坑村筹集扶贫款物折合 352

万元。实施其他项目救助 410 万元。武汉市建立了财政支持和社会参与的重大疾病常态化救助机制。黄石、襄阳总会养老服务试点工作起步良好。省红十字会在中国红十字会 2017 年赈济救护工作会议上作经验交流。

（二）“三献”工作有序推进

一是依法参与推动人体器官捐献工作。认真贯彻《湖北省人体器官捐献条例》，条例配套制度不断完善。省人大常委会开展了条例执法检查，湖北省人体器官捐献纪念园建成。全省实现人体器官捐献案例 429 例，挽救和改善了 1195 名器官衰竭患者的生命；累计实现人体器官捐献案例 1544 例，挽救 4301 名器官衰竭患者的生命。省红十字会在全国人体器官捐献与移植工作会议上作经验交流。襄阳、宜昌、荆州、荆门、武汉、孝感等地人体器官捐献工作突出。二是积极参与开展造血干细胞捐献工作。全省完成造血干细胞捐献 7000 人份入库任务，实现捐献 34 例，其中跨国跨境捐献 3 例；累计入库 9.5 万人，实现捐献 325 例，其中跨国跨境捐献 12 例。十堰、襄阳、宜昌、天门、荆州入库人数位居全省前列。三是参与推动无偿献血宣传动员工作。全省普及无偿献血知识约 500 万人次，截至 2017 年 10 月底，53.3 万人次参与无偿献血，献血量达到 177 吨。

（三）募捐筹资工作有新突破

全省红十字会系统募集款物折合 1.12 亿元。宜昌、武汉、襄阳、黄石筹资工作走在市州前列。省红十字基金会 2017 年已筹集到款物折合 2500 余万元，走在全国红十字会系统前列。湖北省红十字会系统参与全国红十字会系统首届众筹扶贫大赛，有 5 个项目入围，并获“优秀脱贫带头人”组织奖。“湖北人体器官捐献救助基金”项目获全国红十字会系统人道资源动员工作“好项目好活动”奖。

（四）红十字宣传传播取得新成效

创新人道传播方式，省红十字会与湖北电视台新闻公共频道联合推出“博爱荆楚”栏目，全年播出 48 次近百个红十字会故事和爱心活动。联合省广播电视台举办第三届红十字故事汇和第二届博爱之夜大型公益活动。襄阳市红十字会创作的讲述人体器官捐献的纪录片《生死接力》，曾占据着各大网站和腾讯视频的置顶位置。荆州市红十字会《好人开讲》节目在全社会掀起“人道暖流”。黄冈市红十字会抓住志愿者跨境捐献造血干细胞机会，扩大国际影响和宣传动员。半数以上市州红十字会开始运用微信公众号新媒体传播红十字故事。武汉市红十字会在全国首创“‘5·8’世界红十字首届最酷小红人挑战赛”。各地积极推进红十字宣传进党校、进机关、进学校、进社区、进企业。

（五）红十字志愿服务和青少年工作逐步展开

《湖北省红十字志愿服务管理实施细则》修订完成。中国红十字会总会志愿服务信息管理平台投入使用。从省到市州普遍建立起 3 至 7 支具有红十字特色的志愿服务队。结合基层组织建设试点工作，600 个社区普遍建立区红十字志愿服务队。红十字志愿服务日趋活跃。襄阳、宜昌、荆州、荆门、十堰、鄂州、恩施、神农架林区志愿服务活动走在前列。各级红十字会与教育部门和团委合作，逐步把红十字青少年工作融入学校德育、素质教育。

（六）积极推进交流合作

加强与港澳台红十字会组织合作，获得

港澳援助社区博爱家园项目和价值 167 万元物资。获得中国红十字基金会援助项目资金 1066 万元。对口支援新疆博州、西藏山南红十字会人道项目 20 万元，援助湖南红十字会水灾 10 万元。

三、坚持抓好改革创新，“两个导向”引领事业发展

深刻领会中央和省委关于群团工作改革精神，坚决贯彻强“三性”、去“四化”的要求。坚持群众导向和问题导向，制定改革问题调研清单，推进改革创新。

（一）强化红十字会的平台功能

全省红十字会系统加强了“3+1”人道服务平台建设，努力搭建人道救助服务平台、人道公益募捐平台、志愿活动服务平台这 3 个国内平台和国际人道合作平台这 1 个国际平台。实现服务理念和服务方式的重要转变。

（二）拓展红十字会五项业务

根据红十字会法和中国红十字会总会的部署，补短板，强化职责，调整工作布局，把省红十字会核心业务由“三救三献”＋红十字运动宣传，拓展为“十二项”核心业务，突出或加强了募捐筹资、志愿服务、红十字青少年、参与居家养老和国际人道合作五项业务。

（三）坚持群众导向、探索“两项改革”

一是探索面向基层服务群众改革。自 2016 年起，开展社区红十字基层组织试点工作，累计建立起 600 个社区红十字服务站。延长了红十字会服务距离，直接面向基层群众；延展了红十字服务时空，覆盖战时、灾时、平时；延伸了红十字服务领域，成为助力社区党建、精神文明和社区治理的重要载体、闪光亮点和有效方式。初步形成群众喜爱、社区欢迎、社会支持、党委和政府重视的发展局面。宜昌、荆州、襄阳社区红十字服务站建设起到示范作用。孝感社区红十字服务站被写入政府工作报告“办实事”内容。省红十字会面向基层服务群众的试点工作得到总会肯定，在全国红十字会系统组织建设工作会上做典型发言。二是探索面向社会动员人道资源改革。深刻分析人道资源动员工作的态势、模式、趋势发生的新变化，大力改革创新。认清公益竞争态势，积极推动观念更新，坚持担当有为、履职尽责，努力打造人道资源动员平台、专业化团队和社会公信力。重视筹资模式创新，针对筹资工作的新变化、新特点和新要求，着力推进与商协会组织及企业合作的“协议模式”、与众筹平台合作的“互联网＋公益模式”“主题模式”“平台模式”。顺应公益发展趋势，以专业化平台为支撑，以群众广泛参与为基础，采取“人才＋平台＋人力”的人道资源动员发展之路。依托省红十字基金会开发的可服务于全省并且可延伸到基层的网上筹资平台已投入试运行。湖北省人道资源动员工作受到总会肯定，在全国人道资源动员交流会进行了经验交流。

（四）坚持问题导向、实现“三个突破”

一是体制理顺工作有新突破。各地将县级红十字会管理体制理顺作为重点工作推进。宜昌市红十字会对理顺管理体制工作紧抓不放，获得市委、市政府高度重视、大力支持，8 个县（市、区）红十字会理顺管理体制方案全部获得市编办批准，6 个县（市、区）红十字会常务副会长配备到位并独立运行。襄阳市红十字会坚持不懈推进体制理顺工作，得到襄阳市委书记高度重视，市长、分管副市长对理顺县（市、区）红十字会管理体制亲自作出批示和督办，3个县级红十字会管理体制已理顺，近期内全市县级红十字会管理体制有望全部理顺。黄冈、荆州、孝感县级红十字会体制理顺工作也取得进展。二是管理机制有新突破。完善红十字系统目标考核指标体系，委托第三方对各市、州目标管理完成情况进行考核评价。省红十字会机关建立起网上履职尽责考核系统。三是志愿者队伍建设有新突破。各市州和基层组织基本建立起可以经常开展服务活动的志愿者队伍。

四、坚持抓好公信力建设，“四维”公信力持续提升

全省红十字会系统把公信力当作红十字事业赖以生存和发展的生命线，从四个维度打造公信力，即加强信息化建设，打造“看得见”的公信力；加强规范化、专业化建设，重点领域、关键岗位业务活动的运行流程、控制体系建设逐步完善，让服务对象满意，打造“有感觉”的公信力；引入第三方评价，主动接受社会监督，对2016年洪涝灾害期间捐赠款物执行情况进行审计，及时向捐赠方反馈执行情况，打造“敢放心”的公信力；加强宣传与传播，画好同心圆，扩大朋友圈，让群众广泛参与志愿服务和人道救助执行之中，打造“广传颂”的公信力。

五、抓好全面从严治党，自身建设得到加强

全省红十字会系统认真落实全面从严治党要求，把党建和党风廉政建设工作与红十字业务工作紧密结合，实现旗帜鲜明讲政治与脚踏实地抓业务的统一。省红十字会建立“三清单一通报”工作机制，即建立任务清单、问题清单、整改清单，通报清单工作落实情况。开展“两督查、两激励”活动，即开展工作纪律督查和目标任务完成情况督查，开展优秀党员、优秀党务工作者评选活动和大力宣传工作中的亮点及个人的先进事迹。建立下基层服务等工作机制，督促干部改进工作作风。

湖南省红十字会

【年度工作】

2017年，在省委、省政府的正确领导下，在中国红十字会总会的关心、支持下，湖南省红十字会认真贯彻落实党的十八大、十九大精神以及省第十一次党代会精神，围绕中心，服务大局，求真务实，团结奋进，较好地完成了全年各项工作任务。

一、从严治党，切实加强党的建设

（一）加强政治理论学习，用习近平新时代中国特色社会主义思想武装头脑。一是抓好党组中心组的理论学习。制订《2017年会党组中心组理论学习计划》，全年先后围绕党的十九大精神和《关于新形势下党内政治生活的若干准则》《中国共产党党内监督条例》等主题召开8次党组中心组（扩大）学习会议。二是深入推进“两学一做”学习教育常态化制度化。年中，党组召开专题会议，研究部署“两学一做”学习教育常态化制度化工作，制订了《湖南省红十字会推进“两学一做”学习教育常态化制度化实施方案》。召开推进“两学一做”学习教育常态化制度化全体党员大会，把“两学一做”学习教育纳入党支部“三会一课”等基本制度，探索建立常态化学习机制。会党组成员围绕“四讲四有”做合格的共产党员等主题，先后上了3次党课。

同时，发放“两学一做”学习教育知识口袋书200余份，编印“两学一做”试卷A、B卷2份，组织全会党员干部参加了考试。三是抓好党的十九大精神学习宣传。制订下发了《湖南省红十字会学习宣传贯彻党的十九大精神实施方案的通知》和《湖南省红十字会推进贯彻落实学习十九大精神主要任务的通知》，把学习党的十九大精神作为当前首要政治任务来抓，明确了工作要求、完成时限和责任主体，做到了有学习计划、有活动安排、有督促检查。先后组织全体党员观看了党的十九大现场直播，原原本本学习了十九大报告，党组书记带头学习《习近平谈治国理政》《习近平的七年知青岁月》《知之深爱之切》和习近平总书记系列重要讲话论述摘编等书籍14本。同时，组织全体党员干部参加了“党的十九大湘直微学习”答题闯关活动，积极参加了湖南省直工委举办的学习十九大精神集中轮训。

（二）加强组织作风建设，为湖南省红十字事业发展提供坚强的组织保证。一是切实加强基层组织建设，打造坚强战斗堡垒。认真落实“三会一课”制度，各支部按期开展支部组织生活，党组成员和支部书记带头讲党课。召开党员大会，按照组织程序对机关党委进行了换届选举，按照要求成立了机关纪委，使机关党委、机关纪委的功能得到进一步完善。制订并下发《湖南省红十字会各部门党支部标准化建设考评标准》，开展支部标准化建设工作。二是以永远在路上的精神，全面加强党风廉政建设。2017年初，会党组专门召开会议安排部署党风廉政建设工作，结合工作实际，制定《省红十字会2017年党风廉洁建设和反腐败工作要点》和《省红十字会各部室、直属单位风险防控措施》，修订了党风廉洁建设责任书，督促各部门主要负责人签订了责任书，真正实现了谁主管谁负责，一级抓一级，层层抓落实。对涉及红十字会的募捐资金、项目建设、物资采购、选人用人等“三重一大”工作，全程邀请省纪委驻卫计委纪检组到会监督指导。继续强化对“四风”问题的监督检查。配合省纪委驻卫计委纪检组重点整治违规公款吃喝、违规发放津补贴、违规操办婚丧喜庆事宜、违规收送红包礼金、变相公款旅游、涉赌涉毒等顽疾，坚决防止“四风”问题反弹。三是积极配合落实省委巡视组对省红十字会党组的巡视督查工作。2017年9月7日，省委巡视第一组对省红十字会巡视整改问题落实情况进行了专项督查。针对自身存在的问题，坚持以问题为导向，绝不避重就轻、认真剖析根源、汲取教训，制订详细的整改方案、不折不扣地落实，已全面整改到位。巡视组对省红十字会整改落实情况给予了充分肯定。

（三）对照好干部标准，加强党员干部“八大执政本领”建设。坚持以习近平新时代中国特色社会主义思想为指导，以服务全省中心大局为目标，以全面从严治党为抓手，切实加强党员干部队伍建设，从严管好、用好党员干部。为了增强党员干部学习本领，在加强政治理论学习的基础上，会党组主要领导带领全会党员干部全面学习红十字业务知识，带头学习《黄帝内经》《本草纲目》《濒湖脉学》《外科学》等中西医知识及经济、科技、文化等全方位的知识，并首次开办了英语口语训练班；为了增强党员干部政治领导能力，省红十字会组织全体党员干部抄写党章、重温入党誓词，引导全会党员干部强化“四个意识”，自觉在政治立场、政治方向、政治原则、政治道路上同以习近平同志为核心的党中央保持高度一致，促使党员干部自觉维护党中央权威和集中统一领导；为了增强党员干部改革创新和推动科学发展的本领，创新开展了“8+3”工作，开创性地突出了人体器官捐献、造血干细胞捐献和无偿献血“三献”工作特色，设立了人道救助金、开展助力脱贫攻坚、牵手“一带一路”、发展健康服务业和服务全省经济发展等工作，探索出了一条符合省红十字会实际的科学发展工作思路；为了增强党员干部依法行政的本领，坚持依法治会，各项工作严格依法、依规、依政策开展，督促干部遵法、守法、学法、用法；为了增强党员干部群众工作本领，党组领导带头进农村、进社区、进企业、进学校等，主动与社会各界人士交流，传播“人道、博爱、奉献”的红十字精神，激发广大人民群众的爱心，帮助需要帮助的人；为了增强党员干部防范和化解风险的本领，针对红十字工作是群众关注的热点与焦点问题，始终绷紧“风险”这根弦，长揣如履薄冰、如临深渊之感，认真做好每一项工作，努力维护红十字品牌的公信力，正确防范和化解网络舆情等各种风险，不给省委、省政府添麻烦。

二、务实创新，不断提升人道服务能力

（一）大力宣传发动人民群众无偿献血。2017年，全省红十字系统大力宣传发动无偿献血，全年共有58.39万人次参加无偿献血，同比增长6.4%；献血量为208.7吨，同比增长9.38%，全省千人口献血率达8.35‰。2017年省红十字会与湖南省血液中心共同组建了“湖南省红十字无偿献血服务队”，该服务队成员包括高校、企业、社会爱心人士等，志愿者人数超过2000人。同时还新组建了“湖南省红十字至臻志愿服务队（稀有血型献血队）”和“湖南省红十字无偿献血暮云志愿服务队”两支志愿服务队。目前，省红十字会建立了多支无偿献血志愿者队伍，有包括A型、B型、AB型、O型、Rh阴性型（熊猫血型）等各类血型的志愿者，保障了全省各大医院紧急用血，全年没有出现大的“血荒”。

（二）积极开展人体造血干细胞捐献。通过扎实开展宣传动员招募志愿捐献者、采集血样检测入库数据等基础工作，全年圆满完成中华骨髓库6000份入库数据任务，志愿捐献者资料入库数据量接近13万人份。2017年共完成捐献造血干细胞58例，同比增长27%，共挽救了58名白血病患者的生命，平均每个星期成功救治1名以上的白血病患者，在全国名列第四位。

（三）想方设法推动公民逝世后人体器官（组织、遗体）捐献。通过全省红十字系统以及114名人体器官捐献协调员及湘雅医院等9家移植捐献医院的共同努力，2017年共实现公民逝世后人体器官捐献455例，共捐出大器官1259个（其中肾脏876个、肝脏372个、心脏6个、肺脏5个），同比增长了10.2％，平均每天捐献1.24例，捐献率排名全国第四位，其中道路交通事故受害人死亡捐献协调成功的案例全国排名第一。

（四）大力普及应急救护培训。一是加强师资队伍建设。2017年共举办6期救护师资培训班，培训救护师资共231人。二是积极推广救护员培训。2017年共举办救护员培训班50期，培训救护员8000余人。三是大力普及应急救护知识培训。按照应急救护培训进学校、进农村、进社区、进企业、进机关的原则，2017 年省本级应急救护培训走进了长沙雅礼中学、新化县车田江中学等学校，省中建五局、广汽三菱等企业，省政府办公厅、省教育厅等机关单位开展应急救护知识普及讲座，培训 1 万人次左右。全省红十字系统共普及应急救护培训 40 万人次以上。四是成功举办一期乡村医生培训班。在中国红十字基金会的关心、支持下，联合湘雅医院举办了一期为期 15 天的乡村医生培训班，为 100 名主要来自贫困地区的乡村医生提供免费全科培训，有效提升了乡村医生的医疗服务水平。五是在株洲南洲镇北洲村、临武县汾市镇城背村援建了两个红十字博爱卫生站，服务人口 3400 余人；在衡东县三樟乡援建了一所红十字博爱小学；在株洲市试点建设了红十字会生命健康安全教育馆暨应急救护培训示范基地。

（五）多方筹措资金开展人道救助。一是 2017 年共筹集并发放人道救助金 2075.2 万元，主要救助 7 类特困群体［无偿献血、造血干细胞捐献者中的特困家庭或个人；人体器官（组织、遗体）捐献者父母、子女、近亲属中的特困家庭或个人；0 至 14 岁白血病患儿、复杂先天性心脏病患儿；重特大疾病患者中的特困家庭或个人、遭受突发性灾难的特困家庭或个人］，直接使近 1800 名困难群众受益，其中救助了 5 名少儿先天性心脏病患者，379 名白血病患儿。二是动员社会各界人道资源，全年省本级共筹集人道救助物资价值6726.4万元，主要用于助贫、助医、助学等。三是广泛开展“红十字博爱送万家”活动。2017 年湖南省各级红十字会按当地党委、政府的要求在春节前开展了走访慰问，筹措了折合 730 余万元慰问款物，为 2.4 万户 7.2 万群众送去党委、政府的关爱。

（六）动员各界爱心力量开展抗洪救灾。2017 年湖南特大洪灾发生后，省红十字会迅速启动救灾应急响应，组织发动抗洪救灾工作，一方面全面了解灾情，一方面向社会发出救灾募捐倡议，并争取中国红十字会总会的支持。中国红十字总会党组书记、常务副会长徐科亲临湖南省宁乡、涟源等地勘察灾情、指导救灾工作。全省共接收到中国红十字会总会、上海等各级红十字会以及各爱心单位、个人捐赠的款物折合 3.09 亿元（其中省本级募集款物折合 2.198 亿元）。同时，组织带领 1 万余名志愿者参与一线抗洪救灾。

（七）组建红十字志愿者队伍。在全省已有应急救援、应急救护、无偿献血等 55 支红十字志愿服务队的基础上，2017 年新组建了以湘雅医院知名专家教授牵头的湖南省红十字医学专家志愿者委员会，下设医疗、护理、心理咨询三个专家志愿者队伍，总人数超过 500 人。组建了湖南省红十字爱心企业家志愿者队伍，已经有 150 余位爱心企业家报名加入；组建了红十字新闻宣传志愿者队伍。开设了湖南电视台公共频道《红十字救在身边》栏目、华声在线《红十字救在身边》栏目，着力宣传广大志愿者先进事迹。

（八）积极发展健康服务业。按照习近平总书记作出的“希望中国红十字会适应新形势新任务，紧紧围绕党和国家中心任务，增强责任意识，推进改革创新，加强自身建设”等重要指示精神，遵循新修订的《中华人民共和国红十字会法》“第十八条　国家对红十字会兴办的与其宗旨相符的公益事业给予扶持”、《国务院关于促进红十字事业发展的意见》（国发〔2012〕25号）“第三条第九点 支持红十字会结合实际，兴办医疗、康复、养老等与其宗旨相符的社会公益事业，并给予政策扶持”和《中国红十字会总会、民政部、全国老龄工作委员会办公室关于红十字会参与养老服务工作的意见》（中红字〔2017〕1号）等法规文件精神，围绕健康中国2030规划纲要和省委、省政府建设“健康湖南”的要求，省红十字会依法依规积极发展健康服务业。正在与长沙青松老年公寓、长沙顺祥生态养老服务中心、长沙君孝天下池马湖养老山庄、株洲颐宁园老年产业发展有限公司4家机构合作兴办医养结合项目。

三、发挥优势，着力服务全省中心工作

（一）助力脱贫攻坚。按照省委、省政府的部署，省红十字会从助学、助医、助健康和扶智又扶志的角度出发，制订了送村医培训、送应急救护培训、送企业对口帮扶、送博爱家园项目建设、送心理咨询、送人道救助等7项助力脱贫攻坚行动计划，帮助贫困群众脱贫致富。以红十字博爱家园生计项目建设为牵引，支持贫困村经济发展，安排有劳动能力的群众到生计项目中就业。2017年，完成江永县东塘村、宁远县卜家岭村、杨家山村等贫困村的15个博爱家园项目点的收尾工作；又在平江县崇义村、安化县民利村、城步县塔溪村、新化县铁炉村、汝城县金山村、辰溪县柳叶潭村、桑植县福建坡村、凤凰县茶田社区、泸溪县武里洲社区、武冈县苏龙村、永顺县新农村等贫困村、社区新开展了26个红十字博爱家园项目建设。省红十字会扶贫点荣获全省“扶贫攻坚示范村”，扶贫考核验收获得97分的高分。

（二）牵手“一带一路”。发挥红十字国际平台作用，积极为省实施“开放崛起”战略出力。一是省红十字会成功举办来自黎巴嫩、萨摩亚、亚美尼亚和巴拿马等国家24人参加的“‘一带一路’地区国家灾害预防与应对能力建设研修班”，组织他们参观了三一集团、山河智能装备集团、安化黑茶长沙基地、铜官窑遗址、湘雅医院、红十字生命健康体验中心以及张家界、韶山等地，让他们深刻感受了湖南经济、文化、社会、生态等方面的发展成果；同时也感受了湖南省红十字会在致力传播人道精神、开展人道救助方面所做的工作。二是参加了中国—东盟红十字博爱论坛。论坛举办期间，抓住机会与东盟各国家和地区的红十字（红新月）会代表进行了交流，向他们赠送省政府新闻办编印的《中国湖南》宣传册，宣传湖南文化、湖南企业，还与老挝红十字会及其湘籍爱心企业家达成了进一步加深交流合作的意向。三是派员赴美国、日本学习考察红十字会工作的先进经验，争取他们到湖南办医院、建学校。

（三）服务经济发展。充分发挥红十字国际组织、群团组织的优势，广泛联系各类企业、商会和社会各界人士，在接受企业爱心捐赠的同时广泛宣传推介湖南良好的投资发展环境，为他们到湖南投资兴业牵线搭桥、做好服务。一是引进了全国首家精品中医药连锁企业——深圳和顺堂医药有限公司在长沙开馆。二是引进了深圳华广集团有限公司来湖南投资1亿余元成立了一家文创企业——湖南麦哈顿寰亚文化发展有限公司，该公司已在永州、娄底、浏阳、邵阳开设四家分支机构，2017年公司总部准备进驻马栏山。

广东省红十字会

【年度工作】

2017年，在省委、省政府的领导和中国红十字会总会的指导下，在社会各界的大力支持下，广东省红十字系统深入学习贯彻党的十八大、十八届历次全会、十九大精神，以习近平新时代中国特色社会主义思想为指导，按照习近平总书记对广东作出的“三个定位、两个率先”“四个坚持、三个支撑、两个走在前列”重要指示、批示精神，深入开展“两学一做”常态化制度化学习教育，贯彻落实《中共中央关于加强和改进党的群团工作的意见》、国务院《关于促进红十字事业发展的意见》的精神，开拓进取，务实创新，圆满完成了全年主要工作任务。

一、坚持党的领导，用“四个意识”为红十字事业把关定向

（一）党对红十字工作的领导不断加强。2017年，是全省红十字会系统认真学习贯彻党的十九大精神，以习近平新时代中国特色社会主义思想统领红十字事业发展，顺应人们期盼，适应主要矛盾变化主动作为的一年。党的十九大召开后，全省各级红十字会迅速掀起了学习贯彻落实十九大精神的热潮。各地采取党组中心组理论学习、党支部专题学习、宣讲团专家辅导授课、党组成员（支部书记）上党课、撰写心得体会等多种形式，如省会党组中心组组织举办四次专题理论学习，组织召开了全省红十字系统领导干部学习座谈会，组织企业家志愿服务队、爱心人士、志愿者参加相关支部学习交流会，如珠海、阳江、韶关、河源等市红会充分利用橱窗、电子屏、宣传栏、网站等传播载体，力争深刻领会习近平新时代中国特色社会主义思想和党的十九大精神，深入学习贯彻习近平总书记对广东工作的重要指示、批示精神。2017年，省红会还接受了省委巡视组对党组的巡视及省政府对单位预算和主要领导的经济责任审计，省红会以此为契机狠抓巡视审计整改，全面加强党组发挥党的核心领导作用，全面落实从严治党主体责任，全面推进制度化规范化建设，以此带动全省红十字工作更加科学决策，更加聚焦主业、服务民生。

（二）各项改革有序稳步推进。2017年习近平总书记对深化群团改革作出的重要批示指出，党的群团工作是党的一项十分重要的工作，群团改革是全面深化改革的重要任务。省各级红十字会稳步推进各项改革创新，推动全省红十字事业健康发展。一是坚持依法治会。各级红会严格落实新修订的《中华人民共和国红十字会法》《中华人民共和国慈善法》等法律法规，运用法治思维和法治方式组织开展工作的能力不断提高。举办了全省红十字系统红十字会法专题培训班，及时对不符合新颁布的慈善法、红十字会法的相关制度和项目管理办法进行了清理和修订，与省民政厅沟通办理“公开募捐资格证”，做到依法、依规开展募捐和人道资源动员工作。清远市、肇庆市、茂名市红会召开了全市红十字会系统专题学习会议，原文逐条比对学习。东莞市红十字会联合市普法办在国家宪法日上开展红十字会法主题宣传活动，汕头市、揭阳市红十字会结合“5·8”博爱周活动，通过户外宣传的方式向广大群众宣传新法等。江门市、清远市红十字会积极探索设立监事会，完善红十字的治理体系。二是探索红十字会新型运行机制。各地红会积极争取当地党委的支持，大力推进县级红十字会理顺管理体制工作，促进基层组织建设不断完善。如惠州、清远、揭阳市红会在理顺体制的基础上，为县（区）红十字会基本解决了专兼职工作人员、办公场所、办公经费等困扰多年的难题，大大推进了基层组织建设。中山市红会在全市78个社区（村）开展博爱家园项目建设，已建起244个项目建设点，构建起“市—镇—村（社区）”红十字组织网络。东莞市红会也建立市镇两级红十字工作机制，深圳市红会在核定编制内，以合同形式雇用专职人员，建立与现代公共行政管理要求相适应的用人机制，打破机关事业单位人员终身制带来的能进不能出、难以流动的弊端。三是探索新媒体综合服务平台。遴选优质项目在微信平台、网络推送，通过公开网络实现项目在线募捐。江门市红会开发的移动版网站采用“互联网＋人道服务”思维开发，主要打造以宽带互联网、移动通信网等新兴信息网络为传播载体的模式，搭建了良好的便捷平台。

（三）助力精准扶贫取得明显成效。十九大后中央召开经济工作会议再次明确，2017年后三年要重点抓好防范和化解重大金融风险、精准脱贫、污染防治三大攻坚战。精准脱贫是事关全面建设小康社会、事关实现“两个百年目标”的重要政治任务。2017年一年来，总会在贵州召开两次博爱家园助力精准扶贫的现场会，全国人大常委会副委员长、总会会长陈竺两次都亲自参加。2016年以来，广东省各级红十字会也紧紧围绕脱贫攻坚的中心大局，发挥红十字系统的特色优势，积极助力精准扶贫、精准脱贫。近年来集全省之力打造的20个博爱家园，在助力脱贫攻坚中的作用日益显现，如惠东县和龙门县的博爱家园每年给20户贫困户分红达4万元。省红会着力打造的红十字系统参与脱贫攻坚的示范点——韶关市始兴县东一村，一方面抓好科学规划，精准施策，另一方面动员澳门、深圳、中山、珠海、佛山、东莞等地红十字会，动员广西中恒集团、陈绍常慈善基金会、省企业家服务队、春晖后勤集团、石家庄以岭药业公司等整合200余万元全部投入扶贫。在东一村扶贫示范点重点规划实施了博爱排水渠、博爱综合楼、博爱文化广场、博爱村民健身广场，实施亮灯工程、特色瓜果种植基地、光伏产业帮扶等一系列体现红十字特色的扶贫开发项目。已实现19户46人如期脱贫，村集体收入大幅增加。河源是省经济落后地区，精准脱贫任务非常艰巨，河源市红会克服资金、资源非常匮乏的困难，真正落实“一户一法”，全年共投入帮扶资金56.98万元，实施帮扶农业产业项目4个、创业帮扶项目2个、金融服务项目1个、就业帮扶项目2个、教育助学项目2个、村集体项目5个、其他项目1个等，得到省精准扶贫督查组的高度评价。清远市红十字会通过选派干部、听取汇报、专题会议等形式研究部署推动精准扶贫工作。

二、坚持以人民为中心，扎实做好红十字人道惠民各项工作

（一）备灾救灾工作取得新成效。一是及时高效开展救灾工作。6—10月，广东省先后遭受台风“苗柏”、强降雨及西江洪水、台风“天鸽”等灾害，江门、珠海等10余市遭受不同程度的损失。及时了解并收集灾情，根据灾情开展救援与救助工作，发放救灾家庭包 650 个，派出由 4 名队员组成的赈济救援队，赴江门台山市开展灾情评估与物资发放工作。珠海市红会指挥协调水救队员，克服重重困难，连续实施了长达 12 个小时的大营救，先后在香洲金海湾小区、迈豪酒店地下库将被海水倒灌围困的 3 名市民成功救出，受到了常务副省长林少春、市委书记郭元强等领导的肯定，央视当晚报道了专业志愿救援队救人的新闻。二是推进救援队伍建设。举办了 2 期骨干学员、2 期学员培训，为建立全省赈济救援队伍提供了人才保障，赈济救援队建设初见成效。赈济救援队队员蔡理明接受总会派遣，前往斯里兰卡开展救援工作，很好地完成了任务，展示了广东赈济救援队的能力与水平。全省红十字系统已建立起由一支红十字水上救援总队（总会国家级水上救援队）、地市级水上救援大队及县级水救中队组成的水上救援队伍体系，连续第五年圆满完成广州国际龙舟赛与横渡珠江水上安全保障工作。全省共开展“生命之舟，伴你远航”——广东青少年水上安全教育“十百千万”水上安全知识普及活动336场，普及人数24万人，反响热烈。三是备灾工作充分。落实“五防”（防潮、防火、防盗、防虫、防霉变），加强物资管理，仓库的周转率增加，实现物资出入库电子信息化管理。应对台风等自然灾害，对储备的救灾家庭包进行清点和检查，向各有关市红十字会发布预警，做好救灾物资的准备工作。四是推进灾害管理系统的应用。在全省市级红会推进中国红十字会灾害管理信息系统的使用，安排师资分区域辅导答疑，提高了市级红十字会报灾及救灾物资管理使用信息化水平。

（二）人道救助的受益群体不断扩大。一是人道资源动员能力不断增强。据统计，2016 年 12 月—2017 年 11 月，省本级接收社会捐款共计 2912.47 万元，接收物资捐赠价值 1460 余万元，为红十字人道工作奠定资源基础。二是救助救济项目扎实开展。2017 年送温暖活动受益户数 47000 余户，受益人数达 14 万余人；资助白血病患儿 410 人，救助先心病患儿 109 人，救治脊柱侧弯患者 12 人，救助重症地贫患儿 226 人；执行“好运基金”项目，共救助 11 名贫困家庭不孕患者；执行复大博爱基金项目，共救助贫困肿瘤患者 62 人；开展复大博爱基金“关爱肿瘤患者”项目参与精准扶贫工作项目，2017 年已在湛江廉江、梅州兴宁、揭阳揭西、清远英德等地开展义诊及救助活动，共义诊 870 人次，救助贫困肿瘤患者 66 人次；执行华佗再造博爱基金项目，救助茂名、云浮、河南省等地贫困脑卒中患者 842 名等等。各市红会也积极开展人道救助活动，广州市红会筹集资金和物资 80 余万元，用于西藏林芝贫困群众的扶贫救助工作，深圳市红会的“燃料行动”继续为 16 名贫困地贫儿发放了总价值约 16.7 万元的可免费输血的“燃料卡”，珠海市红会开展市内道路交通事故社会救助 27 起，支付抢救费等 252 万元，等等。三是以督导检查推动援建项目的完善执行。根据《广东省红十字博爱家园项目管理实施办法》，组织开展了对全省 2016 年建设的 9 个博爱家园项目点的中期督导工作，采取听取汇报、现场查看、调阅文件、深入访谈等方式，了解项目执行过程中的问题与困难。通过对督导情况的分析，形成《2016 年度博爱家园项目中期督导情况报告》，对项目后续的执行提出了建议与意见；10月开展了对2014—2015年度建设的11个博爱家园项目点的总结验收工作，通过收集项目总结、财务报告、项目图片等档案资料，了解各项目点博爱家园的实际运行成效及经费使用情况；12月对中山、江门、阳江等三市的6个项目点进行了实地检查。推进中国红十字基金会“幸福天使美丽中国行”项目的执行，回访验收灾后重建项目，完成总会援建湛江市雷州市北和镇吴蓬村“红十字博爱新村”灾后重建项目验收检查，中国红十字会副会长王海京实地查看后对项目表示非常满意。组织部分市红十字会与捐赠人代表，对2014年鲁甸地震灾后重建项目进行了实地回访，澳门红会援建恩平2间博爱卫生站顺利竣工，完成2016年南方水灾定向捐款用于江西省赣州市灾后重建项目的申报与评估、考察与协议签订工作。

（三）群众性救护培训不断推进。一是加强红十字应急救护培训基地建设。2017年总会批复广东省阳江市红十字会作为总会示范基地建设的执行单位，按照《中国红十字会应急救护培训基地建设标准（试行）》，从组织管理、技术保障、组织实施、监督检查、持续发展等方面按时按质按量完成救护培训基地建设。二是大力开展群众性救护培训。坚持以群众性、公益性培训为主导，积极推动红十字救护培训进学校、进社区。全年在广州市番禺区、大学城、越秀区、白云区、佛山顺德区开展了红十字应急救护知识进社区、进校园活动，累计共20余次，直接受益人群约8000余人次。三是举办广东省2017年高等学校应急救护大赛。举办“广东省2017年高等学校应急救护大赛”，来自全省各高等学校的20支队伍参加了比赛。广州、珠海、汕头、佛山、东莞五市红十字会获得优秀组织奖。四是组织参加第四届全国红十字应急救护大赛。参加了在合肥市举办的第四届全国红十字应急救护大赛暨应急救护研讨会。东莞市红十字会、云浮市红十字会普及性应急救护培训工作连续多年被纳入“市政府民生十件实事”，东莞市2017年完成培训59785人次，全市已有近29.9万名市民接受过应急救护培训，占全市人口的3.6%。广州市红会举办培训班472期，培训救护员39047人，救护师资158人，全市普及应急救护知识37万余人，占户籍人口总数4.27%。汕头市红会为机关、企业、学校、社区、志愿者团体等组织开展卫生救护培训225场次，培训人员近10万人次，其中持证救护员1527名。佛山市红会共举办应急救护培训公益讲座211期，普及59166人次。梅州市红会对现役的消防官兵进行轮训，历时两个多月11场共22天培训，全市消防官兵300余名参加了培训。

三、坚持围绕生命关爱，参与推动“三献”工作保持良好势头

（一）造血干细胞捐献成绩显著。2017年共动员招募造血干细胞志愿捐献者、采集血样8487人份，检测入库数据7300人份，圆满完成中华骨髓库下达的年度数据入库任务。广东分库累计库容量达到93589人份。全年共完成造血干细胞捐献85例，其中向国境外捐献3例，年度捐献量居全国第一。截至2017年底，广东分库累计捐献总数达到567例，以占中华骨髓库3.7%的库容量实现占全国8.1%的捐献数，库容使用率居全国第一。工作站工作也取得显著成绩。工作网络体系继续向基层延伸，全省已建成21个市、7个县（区）建立了工作站。

（二）人体器官捐献再创新高。2017年截至12月，全省共完成器官捐献666例，比2016年增长30%，挽救了1900余位器官衰竭患者，捐献例数全国第一；完成遗体捐献152例，其中广州市、深圳市的遗体捐献工作走在广东省的前列；完成眼角膜捐献860片，比去年增加19%，超过860位失明患者重见光明。自2010年3月开展遗体和人体器官捐献工作以来，广东省共完成多器官捐献2145例，广东省的人体器官捐献例数一直高居全国第一，并逐步增长。广东省器官捐献协调员队伍不断壮大，协调员由37人增加至97人，黄继晖等16位优秀协调员受到省红十字会表彰。

（三）公众参与无偿献血的积极性不断增强。一年来全省各级红十字会积极参与宣传、推动无偿献血工作，结合"'5·8'世界红十字日""6·14世界献血者日"，与卫生部门联合开展无偿献血宣传、推动和表彰工作。社会公众自觉参与无偿献血的积极性不断增强，2017年全省献血量近400吨，无偿献血基本满足临床需求。深圳、中山等市连续多次荣获"全国无偿献血先进城市"称号。

四、坚持延伸工作触角，努力提高红十字吸引力公信力感召力

（一）做好服务提高捐赠人认同感。注重项目设计品牌化，联动各级红十字会精心筹划和培育能惠及最易受损群体、符合红十字特色、广受社会欢迎的可持续发展的品牌项目。注重项目管理规范化。落实信息归集，完善档案、项目审计、信息反馈、公示和信息公开制度。完善爱心捐赠者资料库。注重回访联系捐赠人，建立捐赠者参与活动制度和联系、回访制度，落实捐赠者表彰激励机制，进一步增进了解和互动，增强认同感。

（二）红十字志愿服务不断创新发展。2017年着力提升全省红十字志愿服务水平，分专业、按领域加强志愿者队伍建设，做好志愿者管理基础工作，积极培育志愿服务项目，开展形式多样、体现人道理念的志愿服务活动，推进志愿服务常态化、规范化发展。全年举办了志愿者入职培训班、全省志愿服务培训班，完善培训课程设置，让红十字志愿者走进红十字、认同红十字、宣传红十字，传播人道理念，交流工作经验。协助开展海峡两岸志愿者工作交流，促进了两地红十字志愿者的交流。筹划志愿服务项目，扩大红十字志愿服务的影响。3—7月，策划了"众筹救心万里骑之心路"项目，10月策划了第二届穿越帽峰山"轮动帽峰"活动，效果很好。志愿服务活动的策划，带动了人道资源动员，筹募资金50余万元。做好志愿服务项目的经验个案的收集，指导深圳、珠海、阳江等市申报总会的志愿服务项目发展计划第七期试点项目，深圳市红十字会的"红海豚"项目继续获得总会支持。河源市红会组织党团员志愿者开展交通文明劝导活动，参与党员、志愿者10余人次，服务群众100余人次。

（三）精心培育红十字青少年品牌。习近平总书记指出：培育社会主义核心价值观要从娃娃抓起、从学校抓起，做到进教材、进课堂、进头脑。红十字青少年是红十字事业的希望和未来。开展"救"在校园活动，共完成八所高校700余名学生的救护员培训。联合省教育厅、团省委开展了"红十字'救'在身边"社会实践项目，各校红十字会结合自身能力、红十字特色、特定群体的实际需求，围绕项目主题进行项目设计，共收到青少年社会实践项目申报30余个，经评审确定21个获资助项目，共资助10万元。广东省广东药科大学等三所高校获得总会红十字青少年社会实践项目资助。在广州医科大学、广东工业大学等学校开展应急救护大讲堂，受益人群5000余人，促进了学校健康安全教育工作的开展，取得了很好的成效。在高校开展了艾滋病同伴教育活动。省红十字会努力增强红十字青少年活动项目的知识性、体验性、互动性和趣味性，逐步把体现红十字精神、促进青少年健康成长的活动，融入在校青少年的日常学习和生活中去，增强红十字会工作在青少年群体中的吸引力。

（四）持续抓好红十字传播工作。广泛传播“人道、博爱、奉献”的红十字精神，讲好红十字好故事，唱响红十字好声音，不断提升人民群众对红十字事业的知晓度、参与度和支持度。一是强化典型宣传引领性，在重大救灾活动，在应急救援、应急救护、人道救助、造血干细胞和器官捐献等领域，深度发掘典型事迹。二是强化节日宣传和主题宣传，梅州市红会聚力打造“博爱·人人行”公益传播品牌，全年持续走进梅县、兴宁、丰顺、学校和乡村等，广泛宣传红十字知识、活跃城乡文化、提升市民精神文化生活。全省各地红会以“‘5·8’世界红十字日”“世界急救日”“国家防灾减灾日”“国际志愿者日”等重要时间节点，精心组织策划节日主题活动，提升红十字文化品牌的影响力。三是强化阵地宣传广泛性，巩固和做强网站、微信等平台，开辟公交车、宣传墙、户外广告等新阵地。

广西壮族自治区红十字会

2017年，广西壮族自治区红十字会深入学习贯彻党的十八届三中、四中、五中、六中全会精神，深入学习贯彻党的十九大精神，深入学习贯彻习近平总书记系列重要讲话精神和治国理政新理念、新思想、新战略，牢固树立“四个意识”，紧紧围绕“五位一体”总体布局和“四个全面”战略布局，服务自治区党委、政府营造“三大生态”、实现“两个建成”工作大局，按照新修订的《中华人民共和国红十字会法》，不断加强自身建设，推动自治区红十字事业持续健康发展，为服务精准扶贫、改善民生、促进和谐发挥了积极的作用。

一、深入学习贯彻党的十九大精神，持续开展“两学一做”学习教育，全面落实从严治党工作

2017年，自治区红十字会认真学习宣传贯彻党的十九大精神，持续、深入开展“两学一做”学习教育活动，将“两学一做”学习教育常态化、制度化，全面落实从严治党。通过深入的学习，切实领会党的十九大精神，把思想和行动统一到党的决策部署上来，增强思想自觉和行动自觉，将政治学习与红十字自身建设、业务工作有机融合、相互促进，两手抓、两不误、两促进。年内，自治区红十字会专门召开了全区红十字会系统党建工作会议，总结全区红十字系统2016年党建工作情况，部署2017年党建工作安排，会党组成员与各部门负责签署了2017年党建工作责任状。会领导班子切实增强政治意识、大局意识、核心意识、看齐意识，特别是维护习近平总书记核心地位的政治自觉，增强全面从严治党的政治担当，将党风廉政建设工作推上规范化、常态化的轨道。会党组真正把从严治党、从严治会和党风廉政建设主体责任扛到肩上，认真履行“一岗双责”，形成了一把手负总责，班子成员各负其责、齐抓共管的工作机制，将党风廉政建设工作与其他业务工作同部署、同检查、同落实，做到“全覆盖、无死角、不松劲”。

二、围绕党和政府的中心工作，推动“三救三献”核心业务稳步发展

（一）扎实推进应急救援体系建设，提高灾害应对能力

2017 年，自治区红十字会通过中国红十字会总会及香港、澳门特别行政区红十字会援助的救援队建设项目、自治区财政补助市县项目，着力加强自治区红十字应急救援体系，特别是专业应急救援队伍的软、硬件建设。一是举办赈济、医疗、心理等各专业救援队培训 6 期，专业救援队综合演练 1 次，同时支持、指导百色、桂林、贺州、玉林等市红十字会建立赈济、搜救、心理等不同专业的红十字专业救援队伍，保证救援队员参与培训和演练的常态化；二是积极参与自然灾害和突发公共事件的救援工作，在实战中锻炼和提高能力，派出广西红十字会心理救援队参与了凭祥“1・4”幼儿园持刀伤人事件的心理救援应对处理，派出中国红十字（广西）赈济救援队前往桂林全州、柳州三江等地重灾区，协助开展洪涝灾情评估和救援，有力地支持救援工作进展，得到当地政府和群众的一致好评；三是派出救援队师资为安徽、广东、江苏、新疆、辽宁、内蒙古等 6 个兄弟省（自治区）红十字会救援队培训班授课，组队参加了中国红十字赈济救援队（海南、广西、广东）联合演练活动并担任指挥组成员和观察员，加强了对外交流。经过以上努力，不同专业救援队之间的交流与合作得到加强，协同救援能力及综合实力不断提升，红十字会救援力量逐渐成为政府应急体系的重要组成部分。

在自然灾害应急救援方面，自治区红十字会密切关注台风、洪涝、地震等自然灾害情况，充分发挥红十字应急救援体系作用，开展自然灾害的救援和重大突发事件的救助。2017 年自治区自然灾害频发，南丹、靖西等地发生小型地震，除崇左市外的其他 13 个市共 65 个县（区、市）出现了洪涝灾情，自治区红十字会及时启动灾害三级响应，第一时间调拨紧急备用金 10 万元，支持受灾较重的桂林、柳州市在当地采购应急救灾物资，并调拨蚊帐、帐篷、毛巾被等价值共计 30.08 万元的救灾物资，发往柳州、桂林、梧州、河池等地灾区，帮助受灾群众缓解紧急阶段的生活困难，同时积极争取中国红十字会总会、中国红十字基金会、香港特别行政区红十字会、广东省红十字会援助的救灾家庭箱、帐篷、棉被、拖鞋以及社会捐赠的消杀药品等价值共计 266.65 万元的救灾物资。5 月中旬，斯里兰卡发生严重洪涝及山体滑坡灾害，受中国红十字会总会调遣，自治区红十字会赈济救援队副队长何振鹏作为技术代表参加中国红十字会国际救援队，赴斯里兰卡开展救援工作，圆满完成了救援任务，得到了斯里兰卡政府、军方、受灾群众及我国驻斯里兰卡使馆的肯定和好评。是自治区红十字会第三次受总会派遣参与国际救援任务。

（二）加大人道救助力度，助力精准扶贫攻坚

年内争取中国红十字会总会、中国红十字基金会、兄弟省红十字会援助及社会捐赠救助款物共计价值2661.31万元（其中款1830万元，物资价值831.31万元），充分发挥党和政府在人道领域的助手作用，以“关爱民生”为主旨，深入实施“红十字博爱送万家”“红十字天使计划”“红十字博爱家园”等一系列人道救助品牌项目，助力全区扶贫攻坚工作，取得了良好社会成效。一是开展困难群众人道救助。2017年元旦、春节期间，自治区红十字会筹集8100个温暖箱，以及社会捐赠的棉被、棉衣等救助物资，价值共计1000余万元，慰问困难群众7万余人；全国人大常委会副委员长、中国红十字会会长陈竺率慰问团赴广西百色开展“红十字博爱送万家”活动，深入右江区阳圩镇六丰新屯贫困户家中慰问，将党和政府及社会的关爱传递到最基层。二是开展重大疾病人道救助。通过争取中国红十字会总会、中国红十字基金会及自治区财政、爱心单位等多方支持，累计拨付救助资金910万元，救助先天性心脏病、白血病、致残性骨骼疾病、艾滋病等贫困患者504人，“博爱救心基金”在中国红十字会总会举办的人道资源动员工作评比中荣获“好项目好活动”奖；启动“红十字天使计划”地中海贫血救助基金，对广西14岁以下贫困的重病地中海贫血患儿进行救助。三是实施“红十字博爱家园”等扶贫项目。结合“美丽广西”乡村建设和精准扶贫工作需要，争取自治区财政、中国红十字会总会及社会援助资金900万元，建设以人饮工程、道路、避险广场等小型减灾工程为主体的“红十字博爱家园”、社区备灾减灾及惠民工程项目43个，该项目已经成为红十字会的一大品牌，同时向东盟国家贫困地区输出人道服务。四是针对特殊人群策划专项帮扶行动。按照自治区党委、政府的统一部署，自治区红十字会向定点帮扶贫困村援助款物价值277万余元，实施5个脱贫项目和人道救助项目，脱贫攻坚取得了阶段性成效，得到了当地党委、政府和群众的广泛好评；争取社会捐赠金额585万元，在柳州、梧州、钦州、玉林、贺州、河池等市援建4所红十字博爱卫生院、11所红十字博爱卫生站；承办中国红十字会总会事业发展中心援助的“曜阳关爱行动——广西第二期乡村医生培训班”，为全区100名基层乡村医生进行专业医疗培训，提升其诊疗水平；做好“助学班”及“祥梦园丁奖”“祥梦奖学金”等民族教育助学工作，助力自治区红十字会少数民族教育事业发展。五是参与众筹扶贫活动。在2017年中国红十字会总会举办的首届全国红十字系统众筹扶贫大赛中，自治区红十字会选送的横县“茉莉茶香包”“木瓜丝酱菜”项目分别荣获大赛“红品项目奖”二、三等奖，项目负责人梁巧恩、马小华荣获“扶贫带头人”称号，广西红十字会以组织实施者荣获人道资源动员工作“全国众筹扶贫大赛组织奖”，通过“互联网+精准扶贫”新模式，形成“村官（带头人）+贫困农户+特色农产品+众筹”的脱贫链条，不但为扶贫项目赢得资助金，更让贫困群众开阔了视野，拓展了思路，将脱贫的渠道从“外界输血”转变为“自身造血”，实现自力更生、自主发展的良性循环，最终实现脱真贫、真脱贫。

（三）稳妥推进红十字生命救护体系建设，为生命保驾护航

2017年，全区共培训持证红十字救护

员 8 万人，完成公众应急救护知识普及培训 40 万人次，培训应急救护师资 240 名，建设生命体验教室及应急救护培训基地 1 个。组织全区各市红十字会选派队伍参加了第四届全国红十字应急救护大赛。根据自治区巡视组提出的整改要求，理顺了救护训练中心的管理体制，改由广西红十字基金会接管救护训练中心并独立运营。

“三献”工作方面，造血干细胞捐献者资料库广西管理中心不断规范对捐献者、志愿者的服务内容，优化服务流程，加强与捐献者、志愿者的日常沟通联络，扎实做好宣传采样、捐献陪护和跟踪回访工作，顺利完成 4000 人份的年度采样任务，2017 年 1 月 1 日至 11 月 15 日，全区共有 34 名志愿者成功捐献造血干细胞，年内捐献人数预计将突破 40 例，创历年新高。广西分库入库志愿者累计达到 5.38 万人，造血干细胞捐献总人数达到 255 例。

坚持“生命至上、依法捐献、自愿无偿”的原则，严格捐献程序，严格规范流程，统一救助标准，不断完善遗体和人体器官捐献工作体系。年内，组织部分市级红十字会和有关部门同志赴深圳市、湖南省红十字会学习交流考察，到区内各市开展业务培训和工作调研，在清明节组织捐献者缅怀纪念活动，并积极推动“广西遗体器官捐献者纪念园（桂北园）项目”建设。1—11 月间，全区共完成遗体、器官组织捐献 160 例；共为 82 户困难捐献者家庭发放救助金 82 万元。

做好无偿献血和艾滋病预防宣传工作，积极配合自治区卫计委、献血委员会及血站等相关部门，利用举办“5·8”世界红十字日、“禁毒日”“献血日”等纪念活动的契机，通过举办“大篷车进社区”“为爱奔跑”专题晚会等多形式的活动，向社会公众宣传普及无偿献血、艾滋病预防知识。

三、积极推动组织建设，进一步夯实事业发展基础

（一）做好换届筹备工作

按照《中华人民共和国红十字会法》和《中国红十字会章程》的有关规定，各级地方红十字会每届任期五年，每五年召开一次会员代表大会。广西红十字会第八次全区会员代表大会于 2012 年 10 月召开，至今年 10 月届满。经自治区党委批准，自治区红十字会启动了换届筹备工作，就理事会、执委会、监事会的构成进行了多次研究，并主动听取自治区党委组织部、自治区编办的指导意见；根据工作需要，增加社会人士代表进入理事会的比例，以增强红十字工作的群众性。根据新修订的红十字会法的要求，对监事会设置情况进行调研。2017 年自治区红十字会正根据自治区党委批复的换届方案推进各项工作，具体召开换届大会时间待自治区党委审批确定。

（二）开展红十字改革调研工作

2017 年，自治区红十字会主动开展深入的调研工作，积极为红十字会的改革做准备。一是组织党的十九大精神宣讲暨改革调研活动。2017 年 11 月，自治区红十字会党组成员率 4 个工作组，分别深入全区 14 个市开展党的十九大精神宣讲及红十字工作改革调研。召开宣讲会，宣讲党的十九大精神；召开调研座谈会，就贯彻党的十九大及群团改革会议精神、如何增强“政治性、先进性、群众性”开展调研，并征求基层红十字会、相关部门及人士的意见和建议。自治区红十字会将在总会出台改革方案后及时转发至各市、县（市、区）红十字会，并参照制定自治区红十字会改革方案。二是对补助市县项目实施情况进行督导调研。2017 年自治区红十字会对“红十字博爱家园”社区备灾减灾项目、红十字应急救援能力建设、红十字应急救护培训和服务等财政补县市项目实施情况进行督导调研，了解项目资金使用、项目成效等情况，并向受益人征求意见和建议，以对新申报项目点及项目内容进行考察和评估。三是对地中海贫血患儿救助项目进行调研。根据中国红十字会会长陈竺的指示，开展广西重症地中海贫血患者医疗救助行动的计划，争取用 3—5 年时间最终实现彻底“消灭”广西重症地贫的目标。自治区红十字会针对该项工作进行了前期调研，了解目前患者人数、自治区医疗条件及能力、政策支持的报销比例等情况，以制定科学的救助方案。

四、深入学习贯彻新修订的红十字会法，加强红十字宣传

（一）深入学习贯彻新修订的红十字会法

新修订的《中华人民共和国红十字会法》自 2017 年 5 月 8 日起施行。自治区红十字会将学习宣传红十字会法纳入了 2017 年工作要点，要求全区各级红十字会要把学习宣传贯彻新修订的红十字会法与深入学习贯彻习近平总书记关于红十字事业的重要讲话精神紧密结合起来，站在落实全面依法治国的战略高度，充分认识红十字会法对促进红十字事业发展的重要性，抓紧抓好红十字会法的普法宣传，努力做到依法治会、依法兴会，以法律作为红十字会系统改革的依据和基石。

2017 年“世界红十字日”期间，自治区红十字会与广西新闻网合作，联合开展了红十字会法宣传暨有奖竞猜活动，并从普法形式上进行了积极探索，转变以往比较枯燥、单一的形式，在广西新闻网的技术力量支持下，借鉴热播电视剧《人民的名义》，以虚拟互动的形式制作了《“红会的名义”普法群》H5 微动漫、红十字会法新法亮点图文解读，以及《暖心｜这些感人故事的背后，都有一个共同的名字》《关注｜5·8 世界红十字日，红十字会法与你同行》等专题报道，结合《广西红十字会微信公众号正式启用》《情暖红十字，让爱在身边——广西红十字会开展主题活动》等自治区红十字会“博爱周”相关新闻资讯，由广西新闻网在 PC 端首页要闻区、官方微信、官方微博、“掌上广西”App 客户端进行了全方位、多平台推送。截至 5 月 16 日，本次专题宣传的相关页面总阅读量超过 7.5 万人次，中国网、东方网、千龙网等国家、地方重点新闻网站进行了转发，百度收录本次推广活动的相关网页达 6.35 万个，新闻 3042 篇。组织各级红十字会专兼职干部、理事、会员、志愿者、援助项目所在县区村屯群众，以及红十字基层组织和团体会员单位积极参与中国红十字会总会举办的《中华人民共和国红十字会法》暨全国红十字应急救护知识竞赛，结合普法宣传与广西新闻网合作开展红十字会法知识有奖竞猜，通过网络答题，提高群众参与率，扩大红十字会法的宣传面。

（二）从先进性方面进一步加强宣传

结合“世界红十字日”等时机，自治区红十字会策划推出了“我与红十字的故事”系列人物专栏，充分讲好红十字故事，传播红十字好声音。一方面，与广西人民广播电台合作，在 5 月期间播出广西首位“南丁格尔”奖章获得者杜丽群、应急救护培训师鹿亚非、多次参与重大灾害救援的红十字志愿者何振鹏、坐着轮椅去“救火”的造血干细胞捐献者潘淳、桂林市红十字会器官捐献协调员李霞等五位典型人物的先进事迹；另一方面，在自治区红十字会网站及微信公众号、《今日头条》号等网络平台同步推出了“我与红十字的故事”专栏，持续发布包括上述五人在内的十多位先进集体和优秀个人的故事，报道人物为红十字会专职工作人员和志愿者，涵盖了捐献协调员、救护培训师、应急救援队员、造血干细胞捐献者和移植医院、传染病医院医护人员等等，从不同侧面展现了红十字会的业务工作及其中的感人故事，对优秀红十字人、红十字志愿者典型代表进行大规模宣传，相关报道还得到光明网等其他网站的转载，建树了红十字人的形象，传播了红十字精神，传递了红十字正能量。

（三）通过形式多样的线上、线下活动开展宣传

新修订的红十字会法对红十字会提出了建立健全信息公开制度、规范信息发布的要求，自治区红十字会加强了“接地气”的线上、线下宣传活动力度，积极拓宽社会公众了解红十字工作的渠道，主动适应新形势、新常态，以更好地贴近公众、服务公众。一方面，自治区红十字会加大了网站及微信公众号等新媒体渠道的宣传力度，相继开通了“广西红十字会”微信公众号、《今日头条》、网易、一点资讯、企鹅号等新媒体平台，并组织全区红十字系统集体进驻《今日头条》网络平台，便于社会公众通过互联网便捷地了解红十字运动起源、七项基本原则、国际人道法、红十字会法及标志使用办法等人道传播内容，自治区红十字会开展“三救三献”等核心业务情况，以及机构简介、捐赠和联系方式、年度工作及财务报告、官方网站等内容，更为便利地开展互动、沟通及监督。另一方面，通过与自治区卫计委等相关部门、广西及南宁电视台等新闻媒体联合举办“法制大篷车红十字志愿服务进社区”“凝聚人道力量 构建博爱邕城”主题晚会、2017 年世界献血者日“健康广西、为爱奔跑”主题公益宣传活动、“为了生命的延续”三献工作公益宣传等丰富多彩的线下活动，深入基层、贴近群众，主动把三献知识送到群众中去，将志愿服务、普法宣传、应急救护等多项内容结合起来，以零距离、面对面、接地气的方式，展现红十字会的各项业务工作，加强与群众的联系和沟通，增进群众对红十字会的了解和支持，以群众喜闻乐见的形式，有效扩大宣传效果和影响力。同时，自治区红十字会还在公交车体、车载多媒体、公交站台、地铁站厅等媒介长期投放红十字形象宣传以及造血干细胞捐献、遗体器官捐献、无偿献血、应急救护等红十字专项业务宣传的公益广告；与广西戏剧院就支持“三献”工作公益宣传达成初步共识，拟在以“中国梦”为主题的文化惠民演出中加入“三献”工作公益宣传内容，让更多人了解相关知识，使红十字的精神和理念在潜移默化中深入人心，传递红十字的正能量。

五、多渠道、多领域开展对外交流与合作

在做好原有对外合作项目的基础上，自治区红十字会不断探索对外交流与合作的新途径，多渠道、多领域积极开展对外交流与合作。一是在 2017 年中国—东盟博览会期

间，成功承办由中国红十字会总会与自治区人民政府联合主办的中国—东盟红十字博爱论坛，全国人大常委会副委员长、中国红十字会会长陈竺，自治区副主席、广西红十字会会长黄日波出席论坛并致辞。来自东盟及罗马尼亚国家红十字会或红新月会，红十字会与红新月会国际联合会、红十字国际委员会等国际组织，部分省（市、自治区）、香港和澳门特别行政区红十字会，以及不同领域的专家、学者、志愿者代表等共100余人参加了论坛。论坛全面开启了红十字与“一带一路”同行的东盟之旅，掀开了中国与东盟红十字人道交流的新篇章，同时极大地增进了广西与东盟地区红十字组织之间的往来联系，11月底，越南谅山省红十字会就组织代表团到广西进行了访问。二是继续做好香港特别行政区红十字会援助的赈济救援队建设项目、澳门特别行政区红十字会援助的供水救援队建设项目，助力自治区红十字区红十字应急救援体系发展。香港特别行政区红十字会援助广西红十字会建设赈济救援队第二期项目顺利实施，年内支持百色、北海市红十字会赈济救援队开展培训和演练。三是与罗马尼亚登博维察省红十字会建立了友好往来关系，经中国红十字会总会批准，该省红十字会代表团于2017年2月访问广西，深入南宁、桂林考察交流红十字工作，与自治区红十字会签订了友好往来协议，增进了自治区与欧洲国家地方红十字会的联系与合作。四是援助柬埔寨红十字会的“博爱家园”项目顺利完成，该项目取得了阶段性成效，帮助柬埔寨项目村群众解决了不少困难，增进了民心相通，为推动自治区红十字区与东盟国家红十字会的合作迈出实质性的步伐。

海南省红十字会

【年度工作】

2017年，海南省红十字事业在中国红十字会总会的指导和省委、省政府的正确领导下，全面贯彻落实党的十八大和十八届历次全会及十九大精神，深入贯彻落实习近平总书记系列重要讲话精神特别是习近平总书记2013年视察海南时的重要讲话精神和治国理政新理念新思想新战略，按照省第七次党代会和七届二次全会部署，统筹推进“五位一体”总体布局和协调推进“四个全面”战略布局，加快建设经济繁荣、社会文明、生态宜居、人民幸福的美好新海南，认真履职、踏实工作，充分发挥党和政府在人道领域联系群众的桥梁和纽带作用，完成该年度工作任务。

2017年，海南省红十字会加快备灾救灾体系建设，扩大救灾物资储备，储备救援物资价值399万元，救援装备价值70万元；强化应急救援队伍培训；全省开展16课时应急救护技能培训，培训红十字救护员6270名，普及2课时自救互救知识83374人，举办应急救护师资培训班2期，培训师资108人；救助白血病、先心病患儿50名，发放救助款133万元；招募1450名志愿者加入中华骨髓库，全省累计入库志愿者达到3.7万人份，全年为1330名血液病患者提供了检索服务，本年度实现捐献11例，其中涉外（英国）捐献1例，累计实现捐献90例；动员遗体捐献志愿登记60例，实现遗体捐献10例；动员器官捐献志愿登记240例，实现大器官捐献10例，累计捐献器官27个

（肾脏 20 个、肝脏 7 个），成功挽救了 27 名器官衰竭患者的生命；积极参与预防艾滋病宣传工作，开展防艾进社区、校园活动；充分发挥新闻媒体作用，拓展宣传工作的影响力；红十字志愿服务工作逐步推进，志愿者规模不断扩大，逐步形成了以红十字志愿者为基础的工作网络。

一、强化支部堡垒建设，充分发挥党员作用

一是加强组织理论学习，提高党员干部思想认识。以党组中心组、机关党总支和党支部为学习单位，认真组织传达学习党的十八届六中全会、十九大精神、省第七次党代会及七届二次全会精神和习近平总书记系列重要讲话精神。结合“两学一做”学习教育，把学习纳入党组中心组学习计划和机关党员干部学习教育计划，党组成员积极参加分管的业务处室和所在党支部的组织生活，并分别为全体党员上党课，努力推进“两学一做”学习教育常态化。

建立省红十字会党总支学习微信群，及时发布机关党建动态，打造党员思想和工作交流平台。认真按照省委的部署，以贯彻落实省第七次党代会精神为契机，组织全体党员重温习近平总书记 2013 年视察海南时的重要讲话精神，开展大研讨大行动活动，举办全省红十字系统学习省第七次党代会专题辅导班，邀请专家给全省红十字系统干部解读党代会精神，把全体党员干部的思想统一到中央的决策部署和省委全面建设美好新海南的战略部署上来。11 月 3—4 日，组织全体党员到母瑞山海南省机关党员干部教育基地参加为期两天的教育培训，学习十九大报告精神，帮助全体党员干部深刻学习领会十九大的内容和精神实质，为提高党员思想认识奠定坚实的理论基础。

二是持之以恒推进机关作风建设和纪律建设，营造机关忠诚、干净、担当的政治生态。努力将党风廉政建设落到实处。2 月 17 日，省红十字会召开会机关党风廉政建设工作会议，传达省委、省政府有关党风廉政建设会议精神，贯彻省政府办公厅系统 2017 年度党风廉政建设工作会议精神，签订 2017 年度党风廉政责任书。会党组书记与党组成员、各处室主要负责人签订了党风廉政建设责任书，自觉筑牢拒腐防变的思想防线，确保有效落实党风廉政建设工作。6 月 1 日，省红十字会举办全省红十字系统党风廉政建设报告会，第一次把党风廉政建设的责任要求由会机关向全省红十字系统传导，切实提高全省红十字系统的党风廉政责任意识。

三是加强机关党建，党风带动政风。坚持将机关党建工作与红十字核心业务紧密结合起来，在推进红十字核心业务工作中，不断强化干部队伍建设，着力提升党员干部为民服务意识和艰苦奋斗精神。5 月 19—20 日，组织省红十字会机关全体党员到扶贫联系点昌江县白石村进行环境卫生整治，过一次特殊党日。活动期间坚持自力更生、勤俭节约的原则，搭建帐篷野外露营，烧火煮饭自给自足，锤炼全体党员党性和为民解难的担当精神。省红十字会党总支 6 月 30 日组织党员干部慰问白石村生活困难老党员，并组织机关党员干部和白石村的两委干部一起去昌江县叉河镇唐村和东方市大田镇老马村交流学习，帮助提高扶贫点党员干部的责任担当和思想意识。此外，给全体机关党员干部配备紧急救援的个人装备，随时做好应对突发灾害的紧急救援，发挥党员先锋模范作用，为保护人民群众生命财产安全做好准备。

二、大力宣传贯彻新修订的《中华人民共和国红十字会法》，坚持依法治会

以宣传贯彻实施新修订的《中华人民共和国红十字会法》为契机，进一步提高思想认识和法律责任，增强工作的使命感和责任感。通过开展各种形式的宣传学习活动，增强社会各界对红十字会的认知，为贯彻实施红十字会法营造良好的舆论氛围和社会环境。各地红十字会在“5·8”世界红十字日期间通过悬挂宣传标语、陈列宣传板报、播放公益宣传片、LED滚动播放宣传标语等开展多种宣传活动。专门举办一期红十字会法专题培训班，对新修订的红十字会法进行全面解读，全面提高全省红十字系统专职人员对红十字会法的认知，明确自身职责和任务，努力实现在思想理念、工作措施、工作作风和工作机制等方面的新转变，确保红十字会各项法定职责落到实处。

三、加强备灾体系建设，不断提升应急救援能力

2017年海南省内没有发生重大自然灾害，但省红十字会并没有放松救灾物资的储备工作，分别在海口、三亚、琼海、儋州建立备灾仓库，基本实现了东南西北四个区域备灾体系。新租物资储备库1000平方米，争取中国红十字会总会下拨毛巾被6000床、冲锋衣3000件、家庭生活应急包1000个、棉被1000床，储备救援物资价值399万元，为应对省内自然灾害打下良好基础。努力推动救灾物资的规范化管理工作，制定了《备灾救灾物资储存保管制度》等多项物资库管理制度，建立完善物资管理资料及明细台账，对备灾物资定期开展检查和盘点，确保账务及数量完全相符，实现备灾物资的规范管理。

着眼实战，狠抓救援队的训练与管理。一是积极开展省红十字赈济救援队培训。4月在琼海举办为期7天的三省区（海南、广西、广东）赈济救援队综合演练。通过培训和演练，队员的素质得到了锻炼和提高，队伍的实战能力大幅度提升，形成了较强的专业化救援能力。二是继续开展琼粤闽三省红十字水上应急救援工作交流活动。5月在三亚西岛举办琼粤闽三省红十字水上应急救援演练活动，三亚红十字灾害救援队代表海南进行水上救援演练，受到粤闽两省红十字同仁的一致好评。三是强化基层红十字会灾害救援能力建设，积极协助文昌市红十字会、海南医学院红十字会组建救援队。海口、三亚市红十字会的救援队定期开展水上、山地、消防、台风等自然灾害救援演练，并在自然灾害和突发事件中发挥积极作用。三亚红十字灾害救援队7月赴湖南株洲开展洪涝灾害救援，海口市红十字救援队积极为海南国际马拉松赛做好应急保障服务。

四、以实施生命健康项目为契机，全面深化应急救护培训

全省各级红十字会大力推动应急救护培训工作，共完成红十字应急救护员培训6270人，普及救护知识83374人。其中针对社区居民、中小学生开展系列生命安全体验项目，通过组织应急演练、亲子讲座、模拟场景、动手实操等多种形式的活动，先后培训应急救护员1274人，普及救护知识讲座10330人。积极推进应急培训示范基地建设工作，投入62.3万元在海南医学院建设生命安全健康体验馆1个。

不断提高救护师资教学水平。针对省红

十字应急救护师资水上救生知识技能缺乏的实际，先后组织2期救护师资提高班，邀请浙江、台湾的老师来琼授课，培训师资108人。选送优秀救护师资28人参加中国红十字会总会的师资提高培训班。

强化中小学生安全教育培训。针对中小学生溺水事故频发的实际，根据省长沈晓明的批示精神，在全省开展中小学生防溺水安全教育，在全省328所学校开展防溺水救护知识讲座，73044名中小学生参加培训。海南省红十字灾害应急救援中心联合海口市文体局在白沙门公园举办海口亲水节涉水自救互救技能培训活动，开展10场亲子安全教育活动，超过1000个家庭参与其中。

2017年9月，组队参加"第四届全国红十字应急救护大赛"，进入全国前十六强，最终获得"优秀组织奖"和一个单项三等奖，为历届最好成绩。

五、依托社会资源，提升人道救助能力

积极开展"红十字博爱送万家"活动。先后在临高、昌江、琼海及麻风病院开展红十字博爱送万家活动，发放救助款物价值11.66万元，656个家庭得到救助。扎实做好白血病、先天性心脏病患儿救助工作，先后救助白血病患儿40名，先心病患儿10名，发放救助金133万元。积极开展对贫困中小学生的慰问活动，募集价值38万余元的食品，15个市县5000余名贫困中小学生得到救助。积极开展中国红十字基金会幸福天使基金项目，完成红十字救护站建设、奶粉发放、金童阳光计划等价值1800万元的救助项目。

六、大力宣传无偿献血工作，确保临床医疗用血需求

努力参与、推动无偿献血工作，全省共发动79051人次参加无偿献血，无偿献血总量超过2500万毫升，同比分别增长5.1%和9.62%。每千人口献血率约为10，基本满足海南省临床医疗用血需求。

.重视宣传招募和服务工作，不断赢得社会信任，持续拓宽血源。加强与新闻媒体和各团体单位的联系，力求扩大宣传范围、丰富宣传内容、增加宣传形式，宣传和服务工作方面取得了一定成效。在"'5·8'世界红十字日博爱周""世界骨髓捐献者日""世界献血者日"等各类节庆假日开展徒步、骑行等不同形式的宣传活动。利用9月初各大中专业院校新生入学之机，开展无偿献血知识讲座进校园活动，普及无偿献血知识，通过积极的招募和活动策划，营造了较好的无偿献血社会氛围。

七、造血干细胞工作再上新台阶，大力弘扬社会正能量

2017年，共完成志愿者招募入库任务1450例，造血干细胞志愿者初筛任务1330人次，再动员204人次，高分辨27人次，体检21人次。海南省红十字会造血干细胞捐献者资料库的库容已达3.7万人。2017年新增造干捐献者11人，其中涉外（英国）捐献造血干细胞1人。累计有90名大爱志愿者无偿捐献造血干细胞，让重症血液病患者获得新生。

坚持以"捐髓救人，大爱无疆"为主线，依托每例成功捐献救人的案例，开展造干捐献知识的宣传普及，传播社会正能量。2017年，省内主流媒体有关省造干捐献的新闻报道逾百篇次。志愿者捐献救人的无私大爱行动，得到社会各界的推崇，为弘扬人道、博爱、奉献的红十字精神和社会主义精神文明建设树立了典范。蔡乙宾、文毅、李小军、丁海军等捐献志愿者分别被评为所在市县的道德模范、大爱好人等荣誉称号。捐献志愿者马丽、蔡乙宾获评2017年海南省“五四”青年奖章。

八、遗体和人体器官捐献工作稳步推进，社会参与度越来越高

2017年共实现遗体捐献志愿登记60例，实现遗体捐献10例；实现器官捐献志愿登记240例，实现大器官捐献案例10例，累计捐献器官27个（肾脏20个、肝脏7个），成功挽救27名器官衰竭患者的生命。新增器官捐献协调员10名，募集40万元为8名家庭困难的器官捐献者的亲属提供人道救助。

通过广泛开展社会宣传活动，普及器官捐献知识，宣传相关政策，鼓励公民自愿捐献器官，提高社会对人体器官捐献的认知度，增强群众对器官捐献重要性、科学性的认识，有效地树立了崇尚科学、移风易俗、友爱奉献的新风尚。通过和省政府相关部门、海口市人民政府、海口市园林局、海口市金牛岭公园管理处等单位协调，在金牛岭公园建成海南省遗体与人体器官捐献者纪念园。

九、弘扬志愿服务精神，提升志愿服务能力

志愿服务工作贯穿整个红十字事业，也是省红十字会工作重点之一。一是继续抓好志愿者队伍建设，强化现有救援队伍，通过培训提高实战能力；加强红十字新闻工作志愿者队伍建设，主动与新闻媒体志愿者协调沟通，提高红十字宣传报道的质量；发挥专业志愿者队伍作用，如无偿献血和造血干细胞捐献志愿者队伍，通过集中培训等方式，提高志愿者在无偿献血和造血干细胞工作中的作用。造干志愿服务队经常组织无偿献血和造干知识的宣传与志愿者招募活动，深入学校、街道、乡镇开展服务50余场，协助11例造血干细胞捐献志愿者顺利完成捐献采集工作，从入院到采集全程进行服务，给予捐献志愿者极大的精神鼓励和支持。二是以精神文明建设为抓手，重点做好志愿服务品牌项目建设，海南师范大学“稻草人”关爱农民工子女健康安全系列行动，为200余名农民工子女提供关爱服务；海南大学“援医暖心”医院学校系列志愿服务活动，开展医院医疗引导、儿科诊室特色关怀等关爱活动；海南医学院海口社区居民生命健康安全项目，累计服务群众1000余人次，通过发放宣传材料和日用药品，努力提高社区居民的自救互救意识，为创建和谐文明新海南做出应有的贡献。积极组织会机关干部职工参与海口市“双创”工作，主要在琼山区巴伦社区开展志愿服务活动。

十、加强交流合作，拓宽工作视野

2017年发展中国家灾害管理和人道主义救援研修班在海南开展为期7天的参访活动，来自17个发展中国家57名学员参加，为省红十字会参与“一带一路”建设，持续扩大开放、服务国家大局，深化与“21世纪海上丝绸之路”沿线，特别是周边国家和地区的互联互通、务实合作，推动打造“泛南海旅游经济合作圈”提供了良好的契机。11月，金门红十字会一行20人到海南与海南省红十字会开展交流学习，双方就救援机制、青少年夏令营等问题进行了交流，为下一步的深入合作打下坚实的基础。

重庆市红十字会

【年度工作】

2017年，重庆市红十字会以习近平新时代中国特色社会主义思想为指导，着力加强自身建设，推进改革创新。全年募集各类款物1.31亿元，疾病应急救助困难群众6602名，救助大病儿童353人次，实施造血干细胞捐献6例、器官捐献109例。

一、认真贯彻党的十九大精神

制定印发《重庆市红十字会党的十九大精神学习贯彻意见》，组织召开全市红会系统学习贯彻工作会议。

二、圆满完成群团改革换届履新

科学谋划未来五年红十字事业发展规划，选举产生新一届理事会、常务理事会、执行委员会。

三、积极开展“三救”工作

设立2个市级分库，储备物资价值132.34万元。向灾区发放2000个家庭包，14720名困难群众受益。

资助困难大、中小学生460人，实施博爱家园项目36个、“未来教室”3个、救护培训基地项目5个。投入86万元用于精准扶贫。开办应急救护培训班8551场次，培训各类人员70.5万人。

四、依法开展“三献”工作

累计采集血样5623人份，完成6015人份信息录入。建立52个捐献登记站，开展白血病、淋巴瘤、地中海贫血、血友病等9大类病种儿童医疗救助。

打造城市轨道交通“人体器官捐献和新红会法宣传专列”，“心肝宝贝”系列公益海报被选用为全国器官捐献公益海报。开展“青春善言行”“博爱青春行”红十字青少年活动。启动“博爱山城”红十字志愿服务项目发展计划。

五、加强机关作风建设

召开推进部署会，印发“两学一做”学习教育实施方案，指导、督促学习教育落实情况。

四川省红十字会工作

【年度工作】

2017年是党和国家事业发展中具有重大意义的一年，四川省红十字系统认真贯彻落实省第十一次党代会精神，紧紧围绕省委、省政府中心工作和全省决战脱贫攻坚的大局，按照“一拓二增，三合四升”的工作思路和转型路径，推进红十字事业整体谋划、分层布局、细致落地，各项工作取得了积极进展，红十字事业呈现出新的气象。

一、备灾救灾工作

始终把参与紧急救灾作为红十字工作的优秀传统和重要任务，建立了行业互通的信息直报通道，及时对宜宾地震、南充洪灾等小型灾害作出响应，指导基层红十字会对易受损人群进行摸排，及时给予人道帮助。积极参与“6·24”茂县叠溪高位山体滑坡和“8·8”九寨沟地震的应急救援工作，第一时派出救援队、调运救灾物资、开展人道服务，参与通信、供水、赈济等专业救援人员达89人，调运救灾物资10批，价值669.8万元，帮助和指导受灾群众搭建帐篷、安全用水等。

坚持组织红十字系统各类救援队开展科学救灾理论培训和技能演练，先后参与了省政府、中国红十字会总会组织以及加拿大红十字会项目支持的在四川、陕西、甘肃等地开展的各省区红十字系统参加的联合应急演练。对5支省级红十字救援队定期进行培训测评、设备维护，科学动态评估救援队伍能力，新组建了省级红十字医疗救援救队。

加强中国红十字会成都备灾中心仓库建设，在对全省灾情进行科学评估后，在市、县部署了41个备灾仓库，确保物资能够迅速送达。积极推进运用灾害管理系统，在全国红十字系统率先完成县级备灾仓库上线运行，受到了红十字会总会的通报表扬。正在建立物资管理条码系统，努力实现出入库物资溯源追踪和动态调节。

二、人道救助工作

持续开展彩票公益金小天使、天使阳光基金项目和日常性个案救助，重点资助0—14岁白血病和先心病患儿医学治疗和手术，指导基层开展社会宣传和人员筛查，不断规范和改进申报流程，救助人数达到472人，资助资金总量达1252.5万元，已拨付1100余万元，资助资金总量和救助家庭均比2016年较大幅度提升。积极开展“博爱送万家”活动，为群众解决生产生活困难，全省红十字会实施人道救助资金达2321.26万元，4.14万贫困人口直接受益。参与养老服务，共为全省34个养老机构援助价值919万元的护理和康复器材及空调、制氧设备，为全省80所贫困山区学校援助共计264万元的书籍和书架。积极开展“博爱送万家”活动，为群众解决生产生活困难，全省红十字会实施人道救助资金达2321.26万元，4.14万贫困人口直接受益。

三、应急救护工作

四川省红十字会把应急救护培训作为基本的公共服务向群众提供，推动建立省、市、县责任明晰的应急救护培训运作机制。建设生命健康安全教育项目12个、生命健康安全教育示范基地3个，总会援助项目资金690万元。积极推动应急救护“五进”培训，全年培训骨干救护师资716人，新增急救员44399人，群众普及性培训全省首次突破68万人次。

四、“三献”工作

四川省红十字会把宣传和推动群众参与献血、捐献造血干细胞、捐献人体（遗体）器官作为健康四川建设的基础性工程，进一步建立机制和改进宣传。切实关爱奉献群体，设立了器官捐献专项救助金，争取公共财政给予倾斜，并争取到华西医院等机构的持续性定向捐助支持。持续改进社会倡导，定期举办献血宣传活动和人体（遗体）器官捐献者大型缅怀纪念活动，承办了国家器官移植管理中心组织全国红会系统职工和志愿者，参加在成都首届国际马拉松赛中开展“为爱奔跑 生命接力”为主题的宣传活动，承办了国家器官移植管理中心、省红十字会、成都电视台合作举办“为大爱发声，做生命的朗读者”品牌宣传活动，取得良好效果。对有捐赠意愿的群众，各级红十字会组织坚持上门服务、优质服务，同时，将解决捐献家庭现实困难与人道精神传播和宣传动员工作结合起来，并始终将“本人思想通、家属思想通”作为登记入库的前提。截至2017年底，造血干细胞捐献入库志愿者近10万人，实现捐献123例，救助了美国、韩国以及国内其他省区人员11人；人体器官捐献志愿者登记6000余名，成功实现捐献466例，捐献大器官1296个，挽救了1000余名患者生命。器官捐献志愿登记人数和器官捐献例数大幅增加，排名分别升至全国第6位和第12位。

五、精准扶贫工作

宣传和教育全省红十字系统将深度贫困群众视为最易受损群体，将红十字宗旨的诠释和践行放在脱贫攻坚工作中去，积极投身地方脱贫攻坚工作。制定下发了《关于实施“321”红十字扶贫攻坚计划的指导意见》，用三大项目支持脱贫攻坚，组织2000志愿者参与脱贫攻坚，募集1亿资金投入脱贫攻坚，9月召开全省红十字系统聚力脱贫攻坚现场会，部署了精准扶贫项目——47个博爱家园，项目资金达1500万元，并一次性安排7个博爱家园项目到凉山州深度贫困县，落实项目资金280万元。2017年，全省红十字系统投入脱贫攻坚的资金达6257万元。各级红十字会在定点帮扶村上下足功夫，全方位予以支持，省红十字会帮扶的理县西山村实现整村脱贫摘帽。

六、对外交流工作

广泛开展务实合作，以国际红十字组织普遍认可的“博爱家园”项目为支点，共享项目建设经验，不断加强与国（境）外红十字会的交流合作。在近年争取国际联合会、美国、加拿大、新加坡和我国香港、澳门、台湾地区等红十字会（组织）项目147个、合作援助资金1.35亿元的基础上，继续加强与加拿大、新加坡以及我国香港、澳门红十字会的深度合作，举行澳门红十字会援建“4·20”芦山地震援建项目落成启用仪式，协调组织了澳方媒体来川采访四川灾后重建重大成就活动，受到澳门红十字会主席黄如楷的高度赞誉。精心组织接待香港红十字会高层来川探访，获得香港红十字会高度赞赏。继续深化与香港战略合作，加速推进续签两年战略合作协议落地，支持建设的一批博爱家园项目已经落地。

七、人道资源动员工作

把人道资源动员作为支撑红十字事业长期发展的重中之重，在继续争取政府购买服务向红十字会倾斜的同时，积极适应企业更加重视履行社会责任的大趋势，加强与企业、单位及其他社会组织的联系与沟通，与省工商银行达成战略合作意向，支持红十字系统建设公开透明、规范严格的财务系统和筹资系统，支持开展人道救助工作。与华西医院签订服务支撑协议，每年给予千万元人道救助资金。与全友家私继续保持深度互信，持续对开展人道救助捐助。各级红十字机构主动走出去，参与公募活动和企业联谊活动，全省红十字系统共募集资金11913.76万元，其中省红十字会对今年发生的两次重大自然灾害接收募集资金3000余万元。

积极适应“互联网＋公益”模式的兴起以及“人人公益”风尚的形成，积极动员和组织各级红十字系统加强调查研究和民需征集，到基层和群众中去发现痛点，并通过资源动员的方式解决痛点，着手建立了红十字众筹项目库，征集项目160余个，主动与腾讯公益进行合作，将成熟项目推上线开展社会募集。

坚持走出去、请进来的办法，努力锤炼红十字系统干部职工适应新形势、展望新时代、踏上新征程的思维和能力，选送业务骨干参加各类培训，加强系统干部职工能力建设，举办系统常务副会长学习党的十九大精神集中读书班，邀请北京大学、电子科技大学、中央党校、中国传媒大学、阿拉善SEE基金、南都基金、腾讯公益、香港红十字会的专家和执行层来会开展讲座和专题辅导，大大促进了系统领导干部的思想解放和创新能力。加快改组省红十字基金会，引进专业人才和专业队伍，创新开展人道资源公募工作。

八、依法治会工作

认真贯彻落实新修订的《中华人民共和国红十字会法》，在全省开展新红十字会法普法宣传，联合中新网、凤凰网、腾讯网、四川日报等主流媒体加强宣传报道，举办普法主题活动210余场。依法对红十字冠名机构进行清理，联合省卫生计生委下发《关于继续开展冠名红十字（会）医疗机构检查清理工作的通知》，对全省红十字冠名医疗机构工作进一步规范。

按照红十字会法的要求，积极推进内部治理结构改革，建立决策、执行、监督相互制约的工作机制，进一步加强和改进内控体系建设，及时向公众和捐赠者反馈信息，开通"博爱四川"政务微信、政务微博，及时对日常捐赠和九寨沟地震、茂县叠溪山体高位垮塌捐赠资金进行公示。

积极配合省委第六巡视组专项巡视和省审计厅对赵万华的任期经济责任审计，对两个组提出的整改意见，党组高度重视，制定整改方案，整改措施全部落地见效，得到第六巡视组的充分肯定。对审计组提出的问题和建议，在全系统实行目标考核制，将责任和压力传递到基层。

贵州省红十字会

【年度工作】

2017年，贵州省红十字会系统坚持以习近平新时代中国特色社会主义思想为行动指南，按照中央、省委、省政府重大决策部署及中国红十字会总会和贵州省红十字事业发展规划，主动作为、扎实工作，在服务党政大局、推动核心业务发展、增强人道救助实力、创新服务群众形式、加强自身能力建设等方面，不断取得新成绩。全国人大常委会副委员长、中国红十字会会长陈竺，时任省委书记陈敏尔，省委副书记、代省长谌贻琴，省政协副主席左定超，以及中国红十字会党组书记、常务副会长徐科，副会长王海京、王平等领导对贵州省红十字会有关工作给予了充分肯定，并作出重要批示。

2017年，全省红十字事业机遇与挑战并存，全省各级红十字会和广大红十字会工作者坚定信心、迎难而上、积极作为，以发展凝聚共识，以实干形成合力，各项工作有效推进。

——坚持把学习宣传贯彻党的十九大、习近平总书记在贵州代表团重要讲话、省第十二次党代会和省委十二届二次全会等精神作为首要政治任务来抓，确保中央、省委、省政府各项重大决策部署得到贯彻落实，特别是从讲政治的高度在脱贫攻坚、抗洪救灾等重大部署中主动作为，得到省委、省政府及中国红十字会总会的肯定，"红十字事业"首次写进贵州省第十二次党代会工作报告。

——成功承办第三届中国养老服务业发

展高层论坛、中国红十字会助力脱贫攻坚博爱家园推进会、全国中华骨髓库志愿服务工作会、全国养老院院长培训班等重大会议及活动。

——主动服务“大扶贫”战略行动，扎实推进红十字参与脱贫攻坚十五项行动计划，募集2.25亿元款物用于人道扶贫，惠及110多万名群众。

——主动服务“大数据”战略行动，加快推进以博爱云大数据综合服务平台建设为突破口的人道资源供给侧改革，获省经信委批复立项，10月底完成一期建设成功上线试运行，中国红十字会会长陈竺专题听取汇报并给予高度评价。

——主动服务国家“一带一路”倡议和贵州内陆型经济开放试验区建设，扩大同国内外红十字组织、爱心团体的交流与合作，与奥地利红十字会、澳门红十字会签署了合作框架协议。

——争取中国红十字会总会和省委、省政府共同向党中央申报贵阳图云关中国红十字会救护总队抗战纪念园建设项目，于2017年10月获批并启动建设工作。

全省市、县两级红十字会已全部理顺管理体制，共有编制576人；全省建有红十字基层组织3059个，会员528210人、团体会员2109个，其中红十字青少年会员429928人，招募红十字志愿者60303人，冠名红十字（会）医疗机构26个。

学习宣传贯彻党的十九大精神工作。坚持把学习宣传贯彻党的十九大精神和习近平总书记在贵州代表团重要讲话精神作为首要政治任务来抓，第一时间采取多形式在全系统掀起学习宣传贯彻热潮，深刻领会精神内涵，全面把握精神实质，牢固树立“四个意识”，坚决拥护以习近平同志为核心的党中央，自觉用习近平新时代中国特色社会主义思想武装头脑、指导实践、推动工作。一是迅速掀起学习宣贯高潮。第一时间集中组织收看会议盛况，及时召开专题会议安排部署，研究制定学习宣贯、集中宣讲和贯彻落实省委十二届二次全会工作任务责任分解工作方案，在全省红十字系统掀起学习宣贯高潮。省红十字会党组坚持以上率下，成立以党组书记为组长的工作机构，组建党组班子成员及副巡视员为组长的4个宣讲小组，带头在机关、系统内和深入基层及一线群众中宣讲20余场次，为全省各级红会发挥了表率作用。二是全力确保学习宣传贯彻成效。重点采取外请专家辅导、到瓮安猴场会议会址重温入党誓词和党组专题会议、中心组专题学习研讨、支部学习研讨，以及深入博爱家园项目点、同步小康帮扶村宣讲等形式，全省各级红会开展学习宣贯和集中宣讲300余场次。各级红十字会通过宣传栏和开办墙报、悬挂宣传标语，以及利用“博爱云”、红会门户网站、微信公众号等平台学习宣贯，在全省红十字会营造了良好氛围。

参与脱贫攻坚工作。充分发挥全省各级红十字会作为党和政府在人道领域重要助手和联系群众桥梁纽带作用，以服务脱贫攻坚为着力点，以“博爱系列行动”为抓手，按照《贵州省红十字会助力脱贫攻坚十五项行动计划》，不断创新服务方式和拓展服务领域，满足人民群众对人道救助的新需求，大大提升了红十字组织服务“大扶贫”的能力。2017年，共对全省110余万名困难群众实施了人道救助。一是实施“博爱家园”行动。认真贯彻落实2016年在省召开的全国博爱家园现场会精神，争取中国红十字会总会及澳门红十字会等支持，筹集1470万元在全省贫困地区新建35个“博爱家园”项目，采取5+X项目模式，重点从完善农村公共基础设施、带动扶贫产业发展、精准帮扶建档立卡贫困户、推动农村基层组织建设、创新农村社会管理、建立循环救助发展机制、培育红十字精神与中华民族传统文化相结合有效践行社会主义核心价值观等方面，参与当地脱贫攻坚和同步小康。争取到中国红十字会助力脱贫攻坚博爱家园推进会在贵州召开，“博爱云”大数据综合服务平台有关经验在总会召开的全国红十字理事会上作交流，博爱家园项目有关经验被省委党校列入重点课题作研究报告，总结形成的亮点工作得到了陈敏尔、谌贻琴、左定超等领导的批示和肯定。2017年以来，先后有福建、上海、内蒙古等5省市区红十字会专门到省考察学习。二是实施“博爱助学”行动。筹集100万元设立普天中央国际专项助学基金，资助贫困大学生192人次；筹集280余万元援建3所博爱学校、5个博爱书屋和资助300余名贫困学生；筹募2500万元实施“智慧城市之智慧校园”项目，服务贫困地区25所学校2.5万名学生；实施关爱留守儿童心理辅导项目，开展8场留守儿童口才学和心理学培训。三是实施“博爱助困”行动。按照省委、省政府脱贫攻坚工作部署，在春季攻势中，省红十字会坚持以上率下，发挥党组班子的示范带动作用，全省红十字会系统各级党组织纷纷参与，共筹集1553.5万元款物深入同步小康帮扶村、项目实施点帮助解决问题和困难，大大提高了人道扶贫精准度，增强了受益群众获得感；在夏季大比武中，以加大博爱家园项目实施为抓手，启动新一批项目建设并召开全省红十字参与脱贫攻坚博爱家园项目现场观摩会；在秋季攻势中，以黔南、黔东南为重点，筹集整合1.277亿元款物参与两地少数民族深度贫困地区两年脱贫攻坚。四是实施“博爱暖冬”行动。2017年元旦、春节期间，携手省直部门和同步小康驻村工作队、极贫乡镇脱贫攻坚指挥部前线工作队，以及爱心企业共同筹集价值2800余万元慰问物资，并广泛动员对口帮扶城市和全省人道资源，筹募价值1980万元的慰问物资用于开展2018年“博爱送万家”活动，让40余个极贫、边远民族地区的10万余名贫困群众直接受益。五是实施“博爱助老”行动。通过举办护理人员培训班、开展志愿服务等，确保受捐760万元养老设备的36所养老机构有效服务失能老人；承办了在贵阳举办的第三届中国养老服务业发展高层论坛和全国养老院院长培训班；有效发挥以公益为主、医养结合的贵阳曜阳养老服务中心辐射作用，2017年为贫困失能老人无偿提供1000万元医疗救助和养老服务。六是实施“博爱助医”行动。争取中国红十字基金会支持，通过“院士博爱基金”援助20名基层医院儿科医生赴上海进行专业培训和援建10个“博爱校医室”、培训700名校医；实施贵州中医肝病医院捐赠120万元医疗救助项目，救助459名贫困病患者，并为1401名困难群众进行免费体检；争取香港永成国际集团等爱心机构捐赠1.15亿元（分3期）实施“博爱助医——安媛计划”，2017年已执行1780万元覆盖50所医院；争取贵阳颠康医院捐赠600万元（分5年）实施“银杏癫痫病康复计划”，2017年已执行26万元，为48名患者提供医疗救助；启动贵州华夏医院集团捐赠240万元“红十字医疗扶贫进乡村、社区”项目，为全省240个贫困村4万名贫困患者进行筛查和基本救治；继续实施“华夏老人康复基金”项目21.678万元，惠及145名老人；通过“小天使基金”和“天使阳光基金”，为全省52名贫困患病儿童提供161万元救助；争取贵州贵玻玻璃有限公司、贵州金秋商贸有限公司捐赠600万元设立“社区贫困患者医疗救助基金”，分3年实施社区贫困患者救助计划。

应急救援工作。针对省内突发的洪涝灾害，先后10余次以党组会、专题会等形式传达学习中央、省委关于抢险救灾重大部署和研究部署救灾工作；及时启动救灾应急响应机制，筹集900余万元救灾物资第一时间深入23个重灾区一线开展抢险救灾，所做工作被省委督查室通过信息专报上报省委有关领导，省政府副省长、省红十字会会长何力作了重要批示给予表扬。同时，注重防灾减灾普及宣传及日常应急演练，利用各类重大节日广泛开展防灾减灾知识普及宣传98场次、发放宣传资料11万份；持续深入推动供水和大众卫生2支红十字应急救援队日常演练备战工作有序开展，2017年4月，由总会委托省举办的新疆、云南、湖南、湖北、四川、重庆、广西、贵州共8个省（市、区）红十字应急救援演练大比武在黔南州龙里县成功实施。

应急救护工作。面对新形势，通过政协委员提案、人大代表建议、红十字会理事帮助协调、专题报告等方式，争取政府在重要文件中明确红十字会作为应急救护培训主体和支持红十字会开展应急救护工作，与省教育厅、省公安厅、省消防总队等有关部门相继达成合作推广应急救护培训共识。抓好2个以“生命健康安全教育体验馆”为主要内容的救护培训示范基地运行工作；建设并发挥黄果树、荔波小七孔等12个景区红十字救护站作用，为广大游客和公众提供应急救护和志愿服务；募集15万元实施“生命礼赞”系列项目。2017年通过广泛开展红十字应急救护知识进社区、进农村、进学校、进企业、进机关、进部队“六进”活动，共举办各类公益培训普及宣传活动300余期、公益培训18万人次，培训红十字救护员34122人。

筹资募捐工作，以破解贵州省红十字事业“人道需求大而可动员人道资源少”主要矛盾为问题导向，加快推进重点领域的人道资源供给侧改革，不断拓展创新人道资源动员方式，增强全省红十字人道资源开发动员能力，为红十字事业持续健康发展提供支撑和保障。一是博爱云平台一期建成试运行初见成效。围绕省委、省政府“大扶贫、大数据”战略行动，加快推进以博爱云大数据综合服务平台建设为突破口的人道资源供给侧改革，注重人道资源网络众筹、人道公益电子商务、红十字新闻信息文化裂变传播3个网络大数据平台多功能整合创新，完成了云平台可研、立项、设计等工作，于2017年10月底一期成功上线试运行，入驻“云上贵州”。云平台试运行以来，已吸引19家机构洽谈合作，上线合作10家；获捐985次，募集款物1960余万元。二是红十字基金会筹资功能有效发挥。大力鼓励和支持省红十字基金会创设各类专项基金，积极拓展人道资源动员新途径。2017年先后增设了华夏老人康复、安媛计划、人体器官捐献者困难家庭人道救助、博爱法律援助等8个专项基金，累计筹募款物4536.42万元，惠及数万名群众，超额完成省红十字会年初下达筹募

41人赴贵州省考察交流，落实235万元援助项目，邀请省2次13人赴澳考察培训，双方签署《2017—2019年合作意向框架协议》，确定3年在人道传播、项目帮扶、人才培训、业务交流等11个方面支持贵州。香港红十字会派出工作组参与贵州省抗洪救灾，援助救灾款物72万元，贵州省2期红十字应急管理培训班85人先后到香港红十字会交流学习工作经验。香港善施慈善基金会向省捐助价值61.3万元的救助物资，资助12名贫困大学生和230名贫困小学生共20多万元，无偿援助10名基层医疗人员赴江西开展为期30天的中医培训。三是着力加大与国际红十字组织的交流与合作。2017年，红十字国际委员会2次赴省考察交流，援助3个贫困村170万元扶贫生计项目和1个5万元人道传播与创新项目。完成了省政府出访奥地利考察学习山地紧急救援协调服务工作，与奥地利红十字会签署双方5年交流合作框架协议。

云南省红十字会

【年度工作】

2017年，云南省红十字会在省委、省政府的坚强领导下，突出重点、突破难点、突显特点，广泛汇聚人道资源，拓展人道服务领域，充分发挥党和政府在人道领域联系群众的桥梁和纽带作用，以“三救三献”为重点的人道救助和服务工作有创新、有突破、有实效。

（一）落实全面从严治党要求，着力推进红十字会党建工作

把深入学习贯彻习近平总书记系列重要讲话和考察云南重要讲话精神作为主题和主线，贯穿到推进党的建设的全部工作中，落实到全面从严治党要求的党内生活上。一是扎实推进“两学一做”学习教育常态化制度化。深化拓展“学”，引导党员增强“四个意识”；实施“先锋模范工程”，引导党员做到“四个合格”；实施“战斗堡垒工程”，推进党支部规范化制度化建设；实施“阵地建设工程”，强化党组织政治功能和服务功能。二是扎实开展“基层党建提升年”活动。列出机关党建工作的责任清单、项目清单和考评清单“三个清单”，以清单的逐项兑现，推动党建工作的细化落实，切实把机关党建工作提升到更新的水平。三是严肃认真落实“三会一课”制度。把“三会一课”与党员积分制管理、“书香支部”建设、“双联系一共建双推进”等活动有机结合起来，实行定频次、定主题、定责任和计划报备、活动纪实的“三定一报备一纪实”制度，做到年初有计划，活动有记录。四是认真履行党风廉政建设主体责任。落实“一岗双责”要求，实践监督执纪“四种形态”，持之以恒抓好中央八项规定精神、省委实施办法的贯彻落实，驰而不息反“四风”，进一步推动形成和保持风清气正的干事创业环境。

（二）丰富载体和抓手，着力推进《中华人民共和国红十字会法》学习宣传

省红十字会把学习宣传贯彻《中华人民共和国红十字会法》摆在重要突出位置，坚持集中宣传与日常宣传相结合、普遍宣传与深入解读相结合、面向重点对象宣传与面向全社会宣传相结合，努力做到家喻户晓、深入人心。一是围绕红十字博爱周活动主题，举办“5·8”红十字博爱周暨学习宣传

贯彻《中华人民共和国红十字会法》启动仪式，组织开展“我是红十字人”集体宣誓，省政府领导出席仪式并作了讲话，以文艺表演的方式宣传红十字会法和红十字运动基本知识，开展红十字会法和卫生救护知识现场有奖竞答，组织应急救护现场演示，组织冠名红十字（会）医疗机构及合作医疗单位在活动现场开展义诊、咨询等服务活动。二是全省各级红十字会以开展红十字博爱周活动为契机，以举办培训班、座谈会、宣讲活动等为主要形式，掀起学习宣传贯彻新修订的红十字会法新高潮。三是依托广播电视、报刊、网络、平面广告、视频广告、手机短信、微信等媒体，广泛宣传新修订的《中华人民共和国红十字会法》。与昆明电视台《大观讲坛》栏目合作，电视录播讲座《百年红会之云南》，让更多的观众走近红十字组织、了解红十字工作、参与红十字活动；在云南私家车电台组织直播访谈节目，扩大新修订的红十字会法宣传的覆盖面；在《云南日报》组织专版，介绍国际红十字运动基本知识、《中华人民共和国红十字会法》修订的相关情况；利用云南广播电台、全省长途汽车站媒体广告、昆明地铁站平面广告、昆明市“七彩公交”等宣传平台，开展红十字会法宣传。

（三）严格依照法律和条例，着力推进人体器官捐献工作

省红十字会不断争取各方面的支持，积极稳妥推进人体器官捐献工作。一是积极参与全国人体器官捐献与移植大会。2017 年 8 月初在昆明召开全国人体器官捐献与移植大会，省红十字会积极参与做好参观云南省人体器官捐献者纪念园等相关工作。大会期间，国际人体器官捐献移植组织对云南省的工作给予了高度评价和充分肯定。二是积极筹建云南省人体器官捐献者纪念园。在省政府高度重视和大力支持下，投入专项资金 50 万建设云南省人体器官捐献者纪念园。纪念园于 2017 年 4 月 7 日正式落成并向公众开放。省红十字会与省卫计委以及各移植医院联合举行云南省人体器官捐献者纪念园落成仪式暨纪念缅怀活动，讲述器官捐献协调员、捐献者及其家庭感人的故事，宣传《云南省人体器官捐献条例》，各大主流媒体进行了广泛宣传报道，引起了全社会的积极反响和共鸣，有效推动了省人体器官捐献工作的开展。三是积极参与人体器官捐献工作。全省各级红十字会依法参与人体器官捐献宣传动员、登记报名、捐献见证、纪念缅怀和人道救助工作。2017 年实现人体器官捐献 59 例，并对符合人道救助的捐献者家庭实施了人道救助。

（四）加强对外交流合作，着力服务和融入“一带一路”发展战略

在省委、省政府的支持下，积极与缅甸、越南等周边国家红十字会开展交流合作，推进人道救助假肢安装与康复等项目逐步向周边国家延伸，助力做好“民心相通”工作。2017 年 8 月，实施了对缅甸援助项目——“红十字社区健康培训”，来自缅甸国家红十字会的 19 名代表参加了为期 8 天的业务培训和现场考察，加强与缅甸红十字会开展交流，并探讨务实有效、惠及基层民众的项目合作。2017 年 5 月，启动实施“云南省红十字会越南老街省肢残患者假肢安装与康复项目”，迈出了假肢安装与康复项目“走出去”的第一步，开始在周边国家发挥积极作用，传播红十字运动的理念和精神，扩大中国红十字的影响力。

（五）创新发展模式，着力推进“博爱家园”项目建设

在总会、红十字国际委员会及香港红十字会的支持下，省红十字会先后在10个州（市）的22个县（市、区）实施“博爱家园”项目87个，投入项目资金3685.6万元，2017年底启动实施“博爱家园”项目56个，将投入项目资金2100余万元。通过“博爱家园”项目实施，修建一批逃生避难广场、社区培训活动室、逃生路、小型饮水工程，开展社区防灾减灾和产业培训，发展一批基层红十字志愿者，成立基层红十字志愿者小组，结合脱贫攻坚工作，积极探索不同的灾后产业发展模式。在鲁甸龙头山镇光明村，试点了“红会＋合作社＋电商＋支部＋贫困户”的生计模式，发展了花椒种植和林下养鸡产业；在谢家营盘村，试点了“红会＋致富带头人＋贫困户”的生计模式，支持发展了养殖和农家旅游业；在乐红镇官寨社区，试点了“红会＋农村集体经济＋贫困户”的生计发展模式，通过小额借贷，支持贫困群众发展肉牛养殖产业。红十字“博爱家园”项目已成为红十字会人道救助与精准扶贫有机融合、助力脱贫攻坚的有效载体和重要抓手，在云南省贫困地区产生了良好的示范效应，深受群众欢迎。

（六）充分发挥助力作用，着力推进脱贫攻坚工作

省红十字会认真贯彻落实省委、省政府脱贫攻坚的决策部署，扎实抓好助力脱贫攻坚工作落细落实。一是扎实推进《云南省红十字会关于全省红十字会系统助力扶贫攻坚的指导意见》的落实，重点实施10项工程，即：实施红十字“博爱家园”生计发展帮扶工程、肢残患者贫困家庭帮扶工程、艾滋病患者生产自救帮扶工程、贫困群众技能培训帮扶工程、红十字志愿服务帮扶工程、关爱生命安全和健康帮扶工程、贫困家庭重大疾病救助帮扶工程、博爱助学工程、挂钩扶贫工程、灾后恢复重建工程。二是抓好挂钩扶贫工作，选派4名扶贫工作队员开展驻村扶贫工作，分期分批组织机关全体干部职工深入挂钩扶贫点开展“挂包帮”“转走访”，扎扎实实为结对贫困群众办实事、解难题；按照党建带扶贫、扶贫促党建的要求，开展了以“机关联系农村基层、党员干部联系贫困群众，机关党支部与贫困村党支部结对共建，基层党建与脱贫攻坚双推进”为主要内容的“双联系一共建双推进”活动，助推挂钩扶贫点早日脱贫致富；截至年末，筹集资金支持挂钩点进行村间道路硬化，修建道路1.5公里，修建避难场所616平方米，帮助184户贫困户修建畜圈2760平方米，修建80平方米的储水池7个，修建村民活动室2个，举办养殖技术培训班，采购102头西门塔尔牛发放给结对贫困户养殖，确保帮扶对象如期实现脱贫出列。三是认真履行4个省直部门挂钩扶贫牵头部门职责，通过召开联席会议、加强联系和支持、互通有无、经验共享、问题共研、合力帮扶等方式，协助推动省直单位挂钩鲁甸脱贫攻坚工作落细落实。

（七）强化跟踪督查，着力推进灾后恢复重建项目建设

根据总会与云南省政府签订的《关于援助鲁甸地震灾后恢复重建备忘录》，全国红十字会系统先后投入恢复重建资金2.8亿元，实施项目196个。这些重建项目分布在鲁甸“8·03”地震波及的2市5县44个乡镇的138个村（社），项目实施地多为边远

贫困地区，都是当地脱贫攻坚的主战场。省红十字会成立了恢复重建工作领导小组，把恢复重建工作作为助力灾区群众脱贫的重要契机，在重建项目的选定上与灾区恢复重建总体规划相衔接，与当地精准脱贫工作相挂钩。省、市、县三级红十字会按照重建工作职责分工，适时召开项目实施推进会，做实资金监管、建设质量和进度督查、资料和信息收集反馈等工作，努力把重建项目建成扶贫工程、优质工程、廉洁工程，为改善贫困群众生产生活条件和灾区医疗及教育条件贡献力量。截至年末，196 个重建项目中已竣工 162 个，竣工率为 82%。其中 28 个学校项目竣工 24 个，28 个卫生院项目竣工 17 个，111 个卫生室项目竣工 99 个，17 个博爱新村项目全部竣工，9 个农村社区配套设施竣工 4 个，3 个县级红十字备灾仓库竣工 1 个。其他项目进入收尾阶段。

（八）聚焦健康扶贫，着力推进医疗救助工作

一是持续实施贫困肢残患者假肢安装与康复项目，年内为 600 余名患者免费提供了假肢安装与康复服务，解决了这部分人“站起来”的问题。与此同时，对提供了假肢安装中有脱贫愿望和潜力的特困家庭，采取支持生计金的方式，重点扶持发展小养殖、小种植，开办小商店、小修理、小网店、小饭店等增收致富产业，解决了“脱贫致富”的问题。二是组织应急救护宣传培训进贫困乡村。针对云南省边远贫困地区农村自然灾害频发、群众生命安全和健康容易受到威胁的实际，组织红十字应急救护培训小分队进贫困乡村，重点开展自救互救知识和技能培训、灾害逃生避险知识和卫生防病知识宣传普及，着力提高贫困地区村民和中小学生自救、互救的能力，最大限度减少因灾害、因事故、因疾病而造成的伤残、死亡和经济损失，降低致贫返贫率。三是实施贫困家庭眼疾患者医疗救助项目。筹资 200 万元设立“云南省红十字会致盲眼病公益救助基金”和“云南省红十字会糖尿病视网膜病变公益救助基金”，对城乡贫困眼疾患者实施救助。该项目自 2016 年 12 月底启动实施以来，已累计救助患者 945 名。

（九）拓展工作领域，着力推进红十字志愿服务工作。积极探索管理方式，拓展工作领域，做实做精志愿服务工作。一是探索和扩大对贫困学生的人文关怀，在资助生活的同时开展一对一写信计划、生日礼物计划等心理关怀项目，取得了良好的社会影响。副委员长陈竺肯定：这样的项目是很有利于志愿服务发展的，应该在全国的青少年红十字中推广。二是开展博爱助学系列活动。组织红十字志愿服务队广泛开展社会募捐，动员社会爱心力量参与博爱助学活动。重点在边疆民族地区、边远贫困地区实施博爱助学项目，主要瞄准贫困地区中小学校、贫困家庭学生和因学致贫家庭开展助学活动。在全省范围内开展的“任仲然帮扶助学”活动，每年对边疆民族地区中小学校品学兼优的贫困学生提供资助；所实施的“滇苗助学”项目，主要是汇集爱心力量，从物质和精神层面关心支持贫困山区孤儿、事实孤儿、单亲家庭贫困学生完成学业；所开展的“博爱图书角”项目，主要是通过募捐图书，在贫困地区中小学校设置图书室，鼓励学生多读书、读好书，满足山区学生对知识的渴求。上述 3 个博爱助学项目已逐步培育成为红十字会参与教育扶贫的品牌，社会影响不断扩大。2017 年 3 月，云南省红十字备灾救灾

中心志愿服务队荣膺中央宣传部、中央文明办命名的“全国百佳志愿服务组织”。

西藏自治区红十字会

【年度工作】

2017 年，在自治区党委、政府的坚强领导下，在中国红十字会总会的支持指导下，西藏自治区红十字会紧紧围绕“三救”（救灾、救助、救护）、“三献”（无偿献血、造血干细胞移植捐献、遗体及器官捐献）、“两突出”（突出运用藏医藏药防治大骨节病、组织实施免费白内障复明手术）核心业务，认真履职、扎实工作，各项工作进展顺利。

（一）党建工作扎实开展

高度重视，深入学习宣传贯彻党的十九大精神。制定西藏自治区红十字会党组关于党的十九大精神《学习宣传工作方案》《党组理论学习中心组学习计划》《贯彻落实方案》等，精心组织干部职工开展集体学习、党组理论中心组学习、聘请专家授课宣讲、撰写心得体会；通过制作宣传栏、LED 屏播放、深入驻村点面对面宣讲等形式，全面宣传党的十九大精神。

稳步推进，做好机关党建工作。配合区党委巡视四组开展巡视回头看工作，继续开展巡视整改工作。加强干部职工的党风廉政教育，与各部室签订了党建、党风廉政工作责任书。贯彻落实习近平总书记关于红十字事业发展和群团改革的重要讲话精神，草拟了《关于进一步加强和促进新时期红十字事业发展的实施意见》；筹备召开第四次全区会员代表大会，力争体制机制实现新突破。

精心组织，推动“两学一做”学习教育常态化制度化。持续深入学习党章党规、习近平总书记系列重要讲话精神；引导党员学做互进、知行合一，切实增强“四个意识”；抓好基层党支部建设，发挥机关党支部的堡垒作用，严格落实“三会一课”等党内生活制度，开展“重温入党誓词”“参观雪监狱”等活动。

细化措施，扎实开展强基惠民工作。第六批驻村工作队驻扎在海拔 4800 米的日喀则市车多村，紧紧围绕“5+2”重点工作任务，完成贫困户建档立卡工作；深入开展“四讲四爱”主题教育实践活动；开展慰问活动 3 次，累计发放价值 28.54 万元的慰问物资；修缮村委会党员活动室；顺利完成村“两委”换届工作，提高村委会班子能力；开展农牧民技术培训，提高农牧民科学种菜、养畜水平；帮助驻在村开展牲畜防疫工作，解决抗灾饲草料 6.5 吨，有效防止了大肠杆菌感染疫情的传播；投资 10 万元，建立车多村羊毛梳理厂，兴办村级经济实体。

（二）核心业务工作成效显著

备灾工作扎实有效。采购了价值 89.85 万元的棉被 9340 床。接收爱心捐赠总价值 299.2 万元的物资。建立应急救护（援）中心 1 个，建成国内首家高海拔救援机构；建立应急救援（护）队 3 支。采购了价值 29 万元的应急救援装备，改善了队伍的装备条件。人道救助亮点凸显。开展红十字博爱送万家活动，累计发放价值 30 万元的粮食、衣物、棉被等慰问物资，惠及 1000 户贫困群众。成立“畸形修复爱心基金”“贫困孤儿助养基金”等，建立爱心基金 650 万元。组织开展义诊活动，为 600 余名牧民免费义诊，发放价值6万余元的药品。与嫣然天使基金合作，为57名唇腭裂患者进行免费手术。阿里地区红十字会与范冰冰公益基金合作，完成63例先心病免费手术。救护培训有序开展。组织队伍首次参加第四届全国红十字应急救护大赛。对公安、交通运输、建筑等行业系统高危作业人员开展应急救护培训388人；开展农牧民应急救护培训3150人。"三献"工作稳步推进。通过发放资料、公交车体宣传等方式，开展无偿献血宣传动员、人体器官捐献宣传招募工作。联合黑龙江省第六批援藏工作队共同在日喀则市人民政府举行主题为"奉献爱心、传递光明"自愿捐献眼角膜登记仪式。黑龙江省第六批援藏工作队队员及其家属共41人开展捐献眼角膜登记，其中9名队员捐献了遗体和全部器官。截至年末，器官捐献志愿者登记54人。"两突出"工作成效显著。协同浙江省红十字会、那曲红十字会开展"免费白内障复明手术活动月"活动，对符合手术条件的261人进行了免费手术，治疗其他眼疾病人68人，手术成功率达100%。阿里地区红十字会与光明梦想基金和源基金合作，开展白内障免费复明手术113例。在拉萨市林周县卡孜、旁多乡开展了大骨节病患者藏医藏药巡诊活动，为患者发放藏药和营养食品。

（三）宣传活动丰富多样

与中央电视台《记录东方》栏目合作，制作了题为《红十字运动在西藏》的宣传片。利用LED宣传屏，面向社会群众宣传红十字知识。开通了西藏自治区红十字会微信公众号，与人民网合作，建立红十字会网站，推进网上红十字会建设。精心组织"5·8"世界红十字日、"5·12"防灾减灾日、"6·14"世界献血者日、"12·1"世界艾滋病日、"12·4"国家宪法日等宣传活动，广泛开展红十字会法、防灾减灾知识、卫生健康、预防艾滋病等知识宣传。

（四）项目建设稳步推进

衔接落实浙江省红十字会对口支援项目。浙江省红十字会每年投入4万元用于资助那曲贫困大学新生。开展外援项目管理。协助德国尼玛协会完成续签、注册登记工作。完成2个博爱家园项目的总结评估工作。完成日喀则市"4·25"地震灾区8所村级卫生站的建设和验收工作。

陕西省红十字会

【年度工作】

2017年，陕西省红十字会在陕西省委省政府的坚强领导下，在中国红十字会总会的关心支持下，以党的十九大精神为指导，围绕中心服务大局，聚焦"追赶超越"目标和"五个扎实"的要求，履行"三救三献"法定职能，开拓创新，锐意改革，扎实工作，圆满完成年度各项工作任务。

一、加强党的建设，提高政治站位，深入学习贯彻党的十九大精神

全省各级红十字会认真学习宣传党的十八大、十九大和省第十三次党代会精神，深入领会习近平总书记系列重要讲话精神，不断提高政治站位，牢牢把握"追赶超越"目标和"五个扎实"的要求，强化政治责任，增强"四个意识"，通过"三会一课"、主题党日、支部书记讲党课等方式，积极推动"两学一做"学习教育常态化制度化。大力实施"五新"战略，坚持改革创新，落实落细“三项机制”，坚持服务联系群众，自觉服从党和政府工作大局，找准工作结合点和着力点，助力脱贫攻坚，切实发挥红十字会党和政府的助手作用。深入贯彻落实中省群团工作会议精神，以习近平新时代中国特色社会主义思想指导工作实践，推动全省红十字事业迈上了新台阶。

二、落实主体责任，强化纪检监督，持之以恒抓好作风建设

以永远在路上的执着精神把全面从严治党引向深入。积极履行党风廉政建设主体责任，学习贯彻中省党风廉政工作会议精神，增强忧患意识和风险意识，推动落实主体责任清单，坚持把纪律挺在前面，自觉贯彻落实中央八项规定及相关配套措施精神，坚决防止“四风”问题反弹。加强党风廉政教育，建立健全信访举报制度，积极配合省纪委派驻纪检组完成对援助项目、重大经费开支、物资采购等工作的监督检查，在扶贫、救灾、救助等方面自觉开展自查自纠，有效防范和化解各种风险和挑战，确保党风廉政建设和反腐败斗争工作落实。

三、依法履行职责，“三救三献”核心业务成果显著

1. 备灾救灾能力不断提升。落实仓储物资管理制度，完成2016年度福利彩票公益金人道救助项目444万元物资采购任务，物资储备和调运水平不断提升。西安备灾救灾物资仓储基地项目有序推进。赈济救援队建设成果显著，参与4次综合演练，先后开展5次省内自然灾害救援。支持成立汉中市红十字赈济救援队，完成湖南和榆林的救灾任务，转移群众326人。累计向延安、榆林、甘肃陇南、湖北、重庆等省内外发运各类救灾物资价值935.89万元、调动运输车辆70余台次，有力保障了灾害救援工作。

2. 日常人道救助工作影响广泛。2017年，全省红十字会系统共募集款物约6000余万元，累计向贫困家庭、留守儿童、失能老人等弱势群体，投入各类人道救助款物6461.6万元。开展“博爱送万家”活动投入款物521万元；实施中国红十字基金会“小天使基金”和“天使阳光基金”项目888万元救助390人；开展“天使之旅——走进秦岭”先心病患儿筛查活动，投入150万元为101名患儿免费手术；完成爱心人士、企业等助学捐赠42.42万元。出台《陕西省红十字会救助管理办法》，全年共计救助8892人，救助款物共计63.31万元，受益人数较往年明显增加。西安市红会实施“行政效能革命”，小天使救助项目让群众最多跑一次，举办“追赶超越”擂台赛11期；渭南市红十字会坚持11年看望正在服刑的艾滋病病毒感染者，人道救助形式不断规范化、多样化，救助品牌建设成果显著。

3. 急救知识得到广泛普及。积极推进应急救护培训工作，健全现场急救培训长效工作机制。全省各级红十字会采取举办讲座、现场演练、救护员培训、发放资料、发送公益短信、LED屏宣传等形式，开展救护培训1224期（次），累计受益人数达到20.15万人次；举办救护师资培训5期207人；开展红十字救护员培训610期30793人。组织开展了以“应急救护进社区”为主题的全省首届红十字会应急救护大赛，商洛市商州区四皓社区获得总成绩第一名。组队参加全国应急救护大赛，取得心肺复苏单项第3名的好成绩。西安全市联动开展“奔跑的红十字‘救’在你身边，急救知识万人学”活动，依托147万元福利彩票公益金面向全市培养5000名红十字急救员，在公共服务行业成立11支应急救护队，在兵马俑博物院等13处公共场所放置体外心脏除颤仪；安康市红十字会开展“博爱汉江”——溺水急救演练；汉中市曙光救援队参与夏季汉江流域巡逻任务，参与救援12次，成功救起8人，打捞溺水者4人，制作警示标志70余处。宝鸡市组织集中推广“红十字掌上急救学堂”；铜川市与市委党校合作，将救护培训纳入全市新任县级领导干部培训内容。全省涌现出了“西安最美女孩”吴一帆对晕倒老人开展急救、董丽、刘利和王森等3名救护师资在北京对外籍人士开展施救等急救案例。

4.“三献”工作稳步推进。全年共采集血样4033人份，完成初筛、再动员3271人次，高分辨、体检、采集71人次，实现造血干细胞捐献12例（包括涉外捐献1例），累计捐献180例，库容达11万人以上。实现人体器官捐献180例，角膜捐献220片，230名角膜患者重见光明，480名器官衰竭患者得到救助。实现遗体捐献33例，器官捐献志愿报名新增1400人。各地红十字会在博爱周期间及“世界献血者日”通过发放宣传资料、表彰无偿献血者等形式，有力推动无偿献血工作。

四、普及红十字会法，宣传工作再上新台阶

2017年，各级红十字会不断强化阵地建设、突出宣传重点、拓展宣传渠道、强化媒体合作，充分营造主题宣传氛围，全方位、多角度宣传弘扬红十字精神。全年省红十字会网站上稿1186篇，省红十字会动态87篇、基层投稿813篇、媒体报道76篇、工作简报12期、回复群众咨询126条，微信公众平台推送信息20条、其他版块72篇。延安红十字文化传播教育基地建设有序推进，完成了党在延安革命历史时期红十字相关资料的挖掘和整理，初步形成了布展方案，基地的建成将有效填补党在延安革命历史时期中国红十字运动研究的空白。“一报一刊”征订数量持续增长，全省订阅《中国红十字报》8114份，《博爱》杂志7977份，订阅率分别比2016年提高26.2%和21.9%，居全国第2位，报刊增长份数连续多年居全国第一。陕西省连续五年荣获“中国红十字会总会报刊宣传工作先进集体特等奖”。

在“5·8”红十字博爱周期间，开展了“我是红十字人”千人主题宣誓和“学习宣传贯彻《中华人民共和国红十字会法》，促进中国红十字事业持续健康发展”主题签名活动。张贴红十字会法主题宣传海报、发放新修订红十字会法读本、举办各类宣传活动211场次、印发各类宣传册42万余份、制作宣传板，海报618块，悬挂横幅230余条、广播电视宣传300余次、投放各类公益宣传片和广告160处、发送爱心短信4000万条。组织各级红十字会、行业红十字会、老年志愿者工作站和学校红十字会参加《红十字会法》暨全国红十字应急救护知识竞赛活动。汉中市举办“红十字在我身边”征文活动，收集征文5088篇，受到15万网民的关注。举办红十字会法专题培训班，对省市县级红十字会领导进行了专题培训。与省人大沟通召开《陕西省实施〈中华人民共和国红十字会法〉办法》修订座谈会，已将实施办法纳入省立法五年规划，并将尽快组织实地调研，开展前期准备工作，有望于2019年将立法草案提交省人大常委会。

五、重视会员和志愿者发展工作，志愿服务水平不断提高

2017年，全省各级红十字会发展团体会员单位23家，新增会员718人，志愿者1309人。全省统计会员累计达121415人，其中成人会员35070人，青少年会员85365人，团体会员980个。登记在册的红十字志愿者28953人。组织实施25个“博爱三秦”红十字志愿服务项目，指导各级红十字志愿服务队先后开展应急救援演练22次，应急救护培训45次，健康关怀37次，人道救助30次，红十字青少年服务22次，社区（农村）服务73次，志愿服务范围逐步扩大，制度逐步完善，志愿服务专业化、品牌化意识明显增强。开展星级红十字志愿者评定工作，表彰84名优秀红十字志愿者。积极开展“探索人道法”、大学生社会实践项目、高校青年骨干训练营和海峡两岸青少年夏令营活动，推动红十字青少年和高校红十字会工作。在陕西省首位南丁格尔奖章获得者——西安交通大学第二附属医院护理部主任杨惠云先进事迹的影响下，成立了12支南丁格尔志愿护理服务分队。

六、以实施援建项目为抓手，助力脱贫攻坚

全省各地红十字会以实施援建项目为抓手，采取派驻干部、进村入户、结对帮扶、知识培训等方式，因户施策，精准包扶，助力脱贫攻坚。全年执行总会、中国红十字基金会、香港红十字会、加拿大红十字会、马来西亚圣约翰救伤队等援助项目48个，援建资金1663.5万元。项目主要分布于社区防灾减灾、卫生院（站）建设、赈济救援队建设、生命安全教育等领域，依托项目开展各类培训9个班次，共计323人，开展项目督导检查20次。省会通过实施“博爱家园”项目、支部共建、贫困救助等，加强定点扶贫村商洛市洛南县四皓街道办事处药王村和山阳县延坪镇铁炉子村精准扶贫工作。选派机关党总支负责人深入榆林横山区横山镇砖梁村担任第一书记，驻村开展精准扶贫。陕西省推荐的镇安县商洛核桃扶贫项目，入围全国首届红十字系统众筹扶贫大赛决赛，项目负责人大学生村官高翰轩荣获优秀“脱贫带头人”奖。组织省会干部职工联合省人大常委会在镇安县开展“走进扶贫村共度扶贫日”主题实践活动。实施中国红十字基金会“院士+”西部医师培训计划，对180名基层医生和乡村医生进行培训。推进苏陕协作脱贫计划，成立了对口援助办公室，签订《苏陕扶贫济困合作协议》，宝鸡、渭南、商洛等地已与江苏徐州、镇江、南京等市签订了对口支援框架协议，初步确定扶贫协作意向，汉中、安康与南通、常州等市正在进行合作洽谈。争取到总会博爱家园项目37个、中国红十字基金会博爱卫生站项目6个、香港红十字会博爱家园项目15个，预算资金合计2070万元，以上项目将为陕西省推动改善贫困群众的生产生活条件，实现脱贫攻坚贡献红十字力量。

七、加强人道交流合作

响应国家“一带一路”倡议，受中国红十字会总会委托，省红十字会先后承办了马来西亚圣约翰救伤队到陕考察扶贫项目与交流、红十字会与红新月会国际联合会来陕检查汉中市红十字会备灾库建设及灾害管理工作交流、拉美国家人道能力建设研修班和非洲国家可持续发展人道研讨班到陕西考察交流等活动，充分展示了陕西省红十字人道救助工作成绩，促进了陕西省对外人文交流。

甘肃省红十字会

【年度工作】

2017年，甘肃省各级红十字会以党的十八大和十九大精神为指引，在省委、省政府的坚强领导下，在中国红十字会总会的有力指导下，在广大会员、志愿者和红十字工作者的共同努力下，全面落实习近平总书记视察甘肃重要讲话和“八个着力”重要指示精神，服务全省工作大局，真抓实干谋发展，改革创新求突破，人道领域各项工作取得显著成绩，为全省经济社会发展做出了积极贡献。

（一）深入学习贯彻党的十九大精神，严格落实党风廉政建设责任制，开创红十字事业发展新局面

一是把学习宣传贯彻党的十九大精神作为首要政治任务，迅速掀起学习宣传贯彻热潮。通过收看十九大开幕会实况转播、组织专题学习讨论、参加省卫计委中心组学习和轮训、在省红十字会网站开辟学习专栏、撰写心得体会等多种形式，组织开展全方位、多层次的学习活动。举办了全省红十字会系统学习宣传贯彻党的十九大精神暨红十字会法培训班，使党的十九大精神内化于心、外化于行。组织红十字青年志愿者以读书会形式学习贯彻党的十九大精神，勉励红十字青年志愿者做到“学而信、学而思、学而行”。深入帮扶村开展宣讲活动，以十九大精神为指引推动脱贫攻坚工作。二是根据“两学一做”学习教育活动的要求锻炼党员干部，扎实推进全面从严治党主体责任落实。省红十字会始终把思想建党作为从严治党的基础，把“两学一做”学习教育融入日常、抓在经常，坚持“周五支部学习日”制度。始终坚持一把手负总责，落实一岗双责，靠实主体责任，按照职责权限逐级抓好年度目标任务落实，形成了逐级负责、齐抓共管的工作局面。副处级以上干部认真落实个人重大事项报告制度，自觉接受组织和群众的监督。按照“三纠三促”专项行动安排部署，突出专项整治，优化干部作风，认真分析查找和梳理了6大类问题清单，制定了6项整改措施，建立整改台账，明确整改责任领导、责任处室和完成时限，使干部作风得到极大提升。三是狠抓党风廉政建设，不断增强党组织的凝聚力和战斗力。省红十字会以建设一支廉洁高效的党员干部队伍为目标，始终把党风廉政建设放在突出位置抓早、抓细、抓紧、抓实，切实把牢廉洁高效这条红十字事业创新发展的生命线。年初召开了2017年全省红十字会工作暨党风廉政建设工作会议，将党风廉政建设与业务工作同安排、同部署、同考核。狠抓思想建设，组织党员、干部、职工认真学习党风廉政建设有关规定，观看廉政警示教育片，增强了党员干部的党性观念和法纪观念。狠抓组织建设，严格落实“三会一课”制度，按时交纳党费，抓好支部建设，健全党内民主生活制度，广泛征求意见，全年召开了两次民主生活会，认真开展批评与自我批评。召开副处级以上干部集体廉政谈话会，使党员干部始终绷紧廉洁自律这根弦。狠抓制度建设，制定和完善了社会监督、物资采购、财务审核报销、项目管理、募捐款管理、救灾物资接收和发放以及AB岗等内部规章制度，梳理制定了《甘肃省红十字会廉政风险防范措施》和《机关处室廉政风险防控点排查表》，分管会领

导与联系处室副处级以上干部签订了《廉政责任书》。坚持办公会集体研究决策机制，坚持每周碰头会工作跟进通报制度。狠抓作风建设，严格落实中央八项规定精神，党员和领导干部以身作则，不搞特权，洁身自好，主动接受组织和群众监督，党员干部服务意识和宗旨意识得到进一步提升。四是把学习宣传贯彻新修订的红十字会法与深入学习贯彻习近平总书记关于红十字事业的重要讲话精神紧密结合起来，站在贯彻落实十九大各项新要求、新目标的战略高度，充分认识学习宣传贯彻的重要性，通过学法、普法、尊法、守法，提高红十字工作者法治思维和依法办事能力，推进各级红十字会治理法治化，推进机构、职能、权限、程序、责任法定化。严格依法依规治会履职，坚持法定职责必须为、法无授权不可为，防止不作为、乱作为。

（二）紧紧围绕全省脱贫攻坚总目标，积极创新人道资源动员方式和手段，整体救助实力取得新突破

省红十字会通过内引外联，争取中国红十字会总会、中国红十字基金会、澳门红十字会以及企业捐赠，面向农村贫困地区，实施博爱家园、村卫生室建设、学校建设和生计扶持类项目39个，向医疗机构捐赠价值1890万元的医疗设备3台，投入504万元支持购买免疫试剂运送冷链车，向贫困人群发放价值732万元救助物资。持续开展红十字博爱送万家活动，全省各级红十字会筹集315万余元，在春节前夕对7500余户困难群众开展走访慰问。面向白内障、艾滋病感染者等大病和特殊疾病人群，实施手术和救助420人。积极实施中国红十字基金会“红十字天使计划”，救助白血病和先天性心脏病患儿97人，拨付救助款267.5万元，中国红十字基金会批准省列入彩票公益金项目资助终审权下移试点省份，兰大一院、省人民医院获批为“红十字天使计划”定点救助医院并挂牌。全省各级红十字会紧紧围绕脱贫攻坚和人道救助的结合点，积极创新筹资方式，累计筹集款物8100余万元，比上年增长40%。白银市筹资额超过任务指标一倍。平凉、庆阳、陇南、定西市各县区均能主动作为，筹资数额明显上升。兰州市政府财政拨付专项业务经费160万元，较上年增长2倍。陇南市探索“爱在身边”救助模式，筹资32.41万元；通过网络众筹，引导发起58个项目，筹资209万元；通过建行App客户端建成陇南市红十字会公益捐赠平台，实现手机在线支付捐款。华池县连续三年开展“爱在身边，点亮希望”大病救助活动，累计投入33万元，救助大病患者150人。景泰县红十字会推荐小金瓜项目参加全国红十字系统首届众筹扶贫大赛，荣获唯一的一等奖，获得中国红十字会10万元项目资助。兰州市发起“红十字圆你大学梦”，筹集26.53万元，救助20名贫困大学新生和6名大病患者。定西市积极衔接北京嫣然天使儿童医院，开展了“2017心系大西北”唇腭裂爱心公益救助项目，计划救助17名贫困儿童，已有7人完成手术。民勤县通过政府注资100万元和社会募捐197.15万元，建立医疗救助资金，开展专项救助。

（三）持续推进“健康甘肃：百万生命守护工程”，应急救护培训及“三献”数量和质量不断提升，形成了上下联动全面发展新态势

2017年全省完成普及性红十字应急救

护培训 25 万余人次，在电力、交通、煤矿等高危行业培训红十字应急救护员 5.43 万人次，对全省消防部队官兵进行了全员培训。省红十字会与省直机关工委联合印发了《关于在省直机关开展红十字应急救护培训的通知》，将红十字应急救护培训作为新时期党建工作的一项重要内容认真落实，中国红十字会总会专门发文在全国范围内推广省的做法，已在 24 个省直机关开展了培训，900 余人参训。红十字应急救护培训被列入省委党校、省行政学院主体班课程，培训学员 100 余人次。加大救护师资培训力度，全年培训救护师资 526 人。已经制定出台党委、政府全面推进卫生和健康事业发展的意见和“2030”规划的市、县，均已对红十字应急救护培训、造血干细胞捐献、遗体器官捐献等工作提出了任务要求。庆阳市研究开发了红十字应急救护管理平台软件，实现了应急救护培训管理信息化一体化。白银市政府列支 55 万元救护培训专项经费。定西市红十字应急救护基地建成并通过验收，同时作为市教育局、市妇联、市残联以及地震、消防部门培训基地挂牌投入使用，已有约 2400 名学生进行了体验。金昌市红十字应急救护基地基本建成。庆阳市代表省红十字会，组队参加第四届全国红十字应急救护大赛，3 人获个人三等奖。造血干细胞捐献志愿者入库 2058 人份，全年实现捐献 4 人，金昌、高台、清水各 1 例，甘肃中医药大学 1 例，其中涉外捐献 1 例。截至年末，累计实现造血干细胞捐献 30 例。兰大二院被总会确定为造血干细胞采集和移植定点医院并挂牌，结束了甘肃省配型成功的捐献者必须在外省完成采集工作的历史，并实现 2 例成功采集。4 名造血干细胞捐献者分别受到了省上领导的亲切接见。开展造血干细胞捐献志愿者保留项目，对甘肃省已入库 3.4 万人的 25% 的志愿者进行了电话回访。甘肃省遗体器官捐献者纪念园建成开园，举行开园仪式暨清明节缅怀纪念活动，副省长李斌出席纪念活动并为纪念碑揭幕。全年捐献遗体 6 人，累计捐献 35 人；捐献器官 8 人，累计捐献 22 人。其中，金昌、白银各实现 1 例遗体器官捐献。全省各级红十字会开展无偿献血宣传 71 万人次，张掖市红十字会组织无偿献血宣传 80 余次，武威市红十字会组织大型团体献血活动 20 次，酒泉市无偿献血与造血干细胞、遗体器官捐献协同推进，平凉市被树为全国无偿献血先进市。

（四）以培育项目和培养人才为重点，“十百千万志愿服务精品工程”成效显著，打造出亮点纷呈各具特色新模式

经过连续 5 年的项目培育，全省已扶持优秀志愿服务项目 42 个，成立红十字志愿服务队 16 支，注册红十字志愿者 13311 人。甘肃省志愿服务项目化、专业化、品牌化发展趋势日趋明显，志愿服务对红十字会各项工作的促进和带动作用初步显现，白银、平凉、金昌等市州以及高台、碌曲等县区红十字会，通过实施志愿服务项目，开拓了思路，聚合了资源，带动了应急救护培训、社区服务等业务工作发展。通过示范带动，市州红十字会也开始尝试通过项目化运作推进志愿服务，白银、庆阳项目培训已进入第二期，兰州市首期培育计划顺利实施。平凉市实施博爱信使项目 15 个，平凉市红十字会为无偿献血服务队、红十字志愿服务宣传队设置了固定的活动场所和办公地点。“兰州遗体器官捐献志愿服务项目”获得第四届中

国青年志愿服务项目大赛铜奖，“应急救护进乡村”项目获得团中央和教育部优秀志愿服务项目。“心目影院——我是你的眼”项目被省委宣传部、省文明办等表彰为“甘肃省最佳志愿服务项目”，同时该项目入选全国“四个100”之最佳志愿服务项目。“益本字典”微公益志愿服务项目获评“全国优秀红十字志愿服务项目”。金昌市第一人民医院通过连续4年执行社区健康关爱志愿服务项目，总结形成的课题研究成果被市科技局立项，并被鉴定为“省内领先”。启动“甘肃红会青年圈”养成计划，吸引更多优秀青年志愿者持续参与红十字志愿服务。组建省直服务队管理梯队，实施例会轮值制度。成功举办第六届全省红十字青年志愿者骨干训练营。各地组织志愿者、红十字青少年在学雷锋日、世界艾滋病日、国际志愿者日组织开展各类志愿服务活动。

（五）应急体系逐步完善，保障能力显著增强，建立了专兼结合协同联动新机制

省红十字会备灾救灾中心全面建成并投入使用，机构获省编办批准，5名工作人员已全部到位，储备物资全部入库，初步形成了以省红十字会备灾救灾中心为主，市、县红十字会备灾仓库为补充的全省红十字会系统救灾物资储备体系。全力做好灾害救援工作，省红十字会全年累计开展自然灾害救助6个批次。文县“8·7暴洪泥石流”及“8·8九寨沟地震”灾害发生后，省、市、县红十字会立即启动突发公共事件人道救助应急响应，第一时间派出工作组前往灾区，向灾区调拨救援款物，为解决灾区群众的实际困难做出了积极贡献。省红十字会赈济救援队、医疗救援队在加拿大红十字会的支持下，配备了应急物资和装备，开展了培训和演练，参加了川甘陕三省及中国红十字赈济救援队联合演练，队伍的应急反应、任务执行和自我保障能力显著提升。宕昌县红十字应急救援队积极参与当地突发事件处置和重大节会的服务保障工作，参与景区应急救护服务、搜寻失踪人员、水域救援5次。

（六）抢抓新机遇，抢占新阵地，宣传和传播工作呈现出统筹兼顾全员参与新格局

各级红十字会在宣传工作中多点发力，全方位宣传红十字会亮点工作。全年省级主流媒体刊发红十字会工作信息57条，各类网络媒体转载报道1600余条次，在省红十字会网站登载省级和基层工作动态380条，省红十字会微信公众号发布信息156条。进一步完善甘肃省红十字会捐赠信息查询平台各项功能，开发上线微网站及众筹平台。庆阳、定西、陇南等市州先后开通了微信公众号。华池县在景区、车站、公路沿线、公交站台等设置大型永久性宣传牌和宣传栏16个。围绕业务工作开展宣传形式多样，以全国品牌志愿服务项目“盲人讲电影”为素材拍摄微电影1部。赖鑫、李慧芳、杨博文、吴建东、祁磊等干细胞捐献者所在市、县红十字会邀请媒体分别进行了广泛宣传和报道，当地和所在行业掀起了学习热潮，捐献者均获得了多个部门表彰。甘肃省首例自主采集干细胞的过程中，多家媒体进行了全程跟踪报道。在第30例干细胞捐献成功后，省红十字会工作人员连夜前往广州送干细胞血样引起强烈反响，连续采写多篇新闻报道，及时打造“江哥”及甘肃省造血干细胞捐献工作团队形象，开设了“江哥为你讲造干”专栏，大大提升了甘肃省造血干细胞捐献工作的社会影响力。陇南市、嘉峪关

市制作急救类知识宣传片在电视、公共场所大屏幕和新媒体视频专区进行播放。舟曲县大力普及“掌上急救”App并通过科技手段进行应急救护培训。“12·1”世界艾滋病日期间，《甘肃经济日报》连续两天半版报道省红十字会艾滋病防治工作。“12·5”志愿者日期间，“甘肃红十字志愿服务资讯”微信号对全部活动进行了文字和视频直播。大力学习宣传和贯彻落实新修订的红十字会法，举办红十字会法专题培训班，在“5·8”世界红十字日期间开展了红十字会法集中宣传活动，省红十字会通过电视媒体与网络终端、微信公众号、手机客户端等开展有奖知识问答，吸引了7000余人次参与，制作红十字会法动画宣传短片并在兰州市公交移动平台连续播放4000余次。庆阳市红十字会与交广台合作开设《你好，taxi》专题节目，在全市范围开展红十字会法相关知识有奖问答，先后有6500余人参与。静宁县分管副县长做客直播间宣传红十字会法。依托定西市红十字会开展甘肃省红十字运动发展简史研究整理和挖掘。

青海省红十字会

【年度工作】

2017年，在省委、省政府的正确领导和总会的大力指导下，青海省红十字会认真学习贯彻落实党的十九大和省第十三次党代会精神，以习近平新时代中国特色社会主义思想为指导，贯彻落实“四个转变”治青理政新思路和“四个扎扎实实”重大要求，加强全面从严治党，认真履行社会职能，扎实推进核心业务，各项工作取得新成效。

（一）从严治党成效明显。深入学习贯彻党的十九大和省十三次党代会精神，全面落实主体责任，按照从严治党、从严管理干部要求，党组多次专题研究党建和党风廉政建设工作，制定工作计划，对政治理论学习、党建品牌创建、精神文明建设、民族团结进步、机关效能建设、“七五”普法、意识形态等工作作出重点安排，明确责任分工，层层签订目标责任书，定期督促检查，查找问题不足，提出整改意见，狠抓工作落实。严格落实规章制度，进一步建立健全各项制度，领导干部按规定如实报告个人重大事项，强化对权力运行的制约监督，增强领导干部廉洁从政意识。全面贯彻落实“710”工作制度，对各项工作实行台账管理、销号认可、定期督查，形成逐级抓落实、逐项见成效、环环相扣的工作机制。加强基层组织建设，对个别党支部重新调整，重新选举支部书记和支部委员。对机关各党支部党建、党风廉政建设等工作落实情况进行检查考核，结合庆祝建党96周年积极开展评先评优活动，表彰先进党支部和优秀党员。坚持正确用人导向，严格按照《党政领导干部选拔任用条例》选人用人，坚持民主集中制，进一步规范程序，纪检组、机关纪委参与监督。2017年，提任调研员1名、副处级领导干部1名、副调研员2名，调入工作人员3名、招录2名。

（二）博爱品牌助力民生。深入推进“红会助力教育”，实施“贫困预科生助学”项目，为青海大学、青海民族大学、青海师范大学596名贫困预科生发放助学金59.6万元，为海南州41名贫困学生发放助学金2余万元。安排20万元在黄南州同仁县热贡民族文化宫组织120名贫困学生开展热贡唐卡培训。在西宁市特殊教育学校开展“红十字关爱特殊儿童”活动，在大通县青林乡中心小学实施“未来教室”项目。争取国家彩票公益金30余万元，开展“学校＋社区”安全健康教育活动2次，公益讲座2期。深入推进“红会助力健康”，救助先心病、白血病、包虫病和唇腭裂等患者491人，发放救助金372.34万元。对接援藏基金会为班玛县定向捐赠救助包虫病患者资金100万元。将省妇女儿童医院设立为小天使基金定点医院，开通救助绿色通道，简化救助申请程序。组织青海红十字医院、青海大学附属医院等20名医护人员到东南大学附属中大医院参加研修培训，对全省101名基层藏医免费培训。接收价值116万元的麻醉深度检测仪。在全省7个市州开展先心病患儿筛查及回访工作，先心病筛查26112人，确诊230人。包虫病筛查6583人，确诊1151人。实施“创建民族团结·关爱僧侣健康”项目，联合青海红十字医院、省藏医院先后3次赴班玛县知钦乡、杂多县尕松考尼姑安置点为487名僧尼和128名敬老院的供养老人进行义诊义治，开展健康宣传、疾病预防，发放4.86万元的药品和慰问物资。实施“净水关爱健康”项目，确保农牧民群众用水安全。深入推进“博爱家园”，争取总会80万元在大通县边麻沟村、民和县菜子湾村实施“博爱家园”项目。总会对往年实施项目督导检查，给予肯定。青海省红十字会安排85万元在海东、海南、果洛、黄南实施5个博爱家园项目。深入推进服务民生项目，安排7000余万元在玉树州实施37个涉及助医、助学、助困类民生项目，投入300万元在称多县开展包虫病、脑瘫筛查等诊治项目，对囊谦县卫生系统60名医护人员进行培训。继续实施香港红十字会在青项目，投入86.5万元在湟中县拦隆口镇3所学校举办4期“学校为本减灾备灾项目”培训班。

（三）应急救护强化保障。落实政府购买服务专项资金180万元，继续开展应急救护培训“八进”活动，全年培训各行各业人员68777人，其中普及培训67384人、救护员培训1251人、救护师资培训142人。选派50名师资赴总会培训，提高能力。争取总会红十字“关注特殊人群·践行自救互救”志愿服务项目1个。设立青海大学医学院红十字应急救护培训基地，参加“农信杯”环青海湖国际公路自行车赛等国内外重大赛事应急救护，设立流动救护站，为参赛人员和群众提供应急救护保障，得到赛事组委会通报表扬。总会将青海省确定为应急救护培训示范基地。

（四）备灾救灾实力增强。救助救护中心、灾害应急管理中心、干细胞资料库挂牌使用，该办公地集地震、消防、交通体验及玉树灾后重建成果展、办公使用于一体，为应急救护和灾害管理奠定了坚实基础。总投资4000余万元的备灾救灾中心通过验收并投入使用，改善全省救灾物资储备硬件基础，为西北地区备灾救灾提供了保障。格尔木备灾仓库建成并投入使用，完成果洛州备灾仓库前期地勘环评及招标工作。全面完成535库物资搬迁工作，对仓储物资进一步规范整理。成立青海省红十字医疗救援队，严格筛选确定中国红十字会（青海）赈济救援队员，一名同志参加古巴“艾尔玛”飓风国际救援并出色完成任务，积累了国际救援经验。

（五）人道救助持续拓展。开展“红十字博爱送万家”活动，将价值342万余元的物资发放到全省各市州8万名贫困群众手中，为10名贫困群众发放救助资金5.5万元。组织省第三人民医院、青海红十字医院专家，为省红十字志愿者实践基地——西宁市社会福利院供养、代养孤寡和智力残疾人员进行精神障碍诊疗和心理咨询，对老年人疾病进行检查，慰问恢复期精神病人。在省级各大医院、院校和献血点广泛宣传造血干细胞志愿捐献工作。在果洛州召开省第30例、青海驻军部队第1例造血干细胞成功捐献者表彰大会，在当地及武警部队引起强烈反响。举办全省造血干细胞服务志愿者骨干业务培训班。登记采集血样1900人份，回访入库资料人员850人次，成功捐献3例。人体器官捐献登记3人。

（六）宣传形式丰富多彩。在深圳举办“感恩回馈·展望未来——青海玉树岩画、唐卡、格萨尔文化巡展（深圳首站）”民族文化巡展活动，在省美术馆举办“感恩回馈·成就未来”保护民族文化项目成果展活动，展示玉树重建成果、民族传统文化和人道救助工作，被《青海日报》等多家媒体报道。在“5·8”世界红十字日期间，组织30余家医疗会员单位，开展“红十字博爱月”活动，进行应急救护培训，造血干细胞宣传、动员及血样采集，发展和登记红十字志愿者，开展义诊义治活动，宣传无偿献血和人体器官捐献，发放新修订《红十字会法》等各类宣传资料1万余份。组织全省红十字会系统、基层红十字组织、高校红十字会、会员单位、红十字救援队等100余人举办“贯彻党的十九大精神，学习红十字会法”专题培训班。组织全省9所高校近400名红十字青少年志愿者开展学习贯彻红十字会法知识竞赛活动。在精准扶贫、项目推进中，向农村牧区红十字会员和志愿者广泛宣传新修订红十字会法。发展注册红十字志愿者307人。省红十字会亮点工作多次被《青海政务信息》《每日情况》《青海信息》整篇刊登或摘用，信息采用量较往年有很大进步。

（七）党建工作突出特色。深入开展“两学一做”学习教育。及时动员部署，制定具体方案，提出具体要求。通过采取党员干部集中培训、党组中心组专题学习讨论、支部学习会、党员讲党课等多种形式，突出抓好党的十九大、习近平总书记系列重要讲话精神、党章党规和省第十三次党代会精神的学习贯彻，确保广大党员常学常新常进。开展万场党课万人讲人人争当主讲人、一名党员一面旗、主题党日等系列活动，使“两学一做”学习教育常态化制度化有序推进，有效落实。继续开展“红会助力红色”活动，深入果洛州班玛县红军沟调研，追忆红色历程，传承红色基因。组织机关党员干部参观西路红军纪念馆，缅怀革命先烈，接受红色教育。为两个红色教育基地配备应急救护设备，成立红十字应急救护站。扎实开展“党建与业务工作融合发展年”活动，通过广泛开展“学、讲、做”活动，使党建与业务有机结合、共同促进，共同发展。扎实开展“红会助力环保”活动，通过加强宣传、引进项目资金、设立专项基金、先进节能设备，动员广大党员、红十字志愿者参与，以实际行动助力环境保护。

（八）筹资渠道更加广泛。充分发挥捐赠信息发布平台、网上直捐、微信支付等作用，加强与企事业单位和社会公益组织间联系，创新筹资手段、汇聚社会爱心，继续组织开展“博爱一日捐”活动，全年筹措款物2212万余元，其中接受社会捐款1469万余元，物资743万余元。联合红基会开展众筹项目，筹集资金5.7万元。严格捐赠物资管理，对全省各级红十字会捐赠信息公示、捐赠资金使用、救灾物资储备及管理情况进行专项检查；对玉树民生项目资金使用情况开展专项审计，并进行督查；对物资采购、捐赠资金和救灾储备物资管理等制度修改完善。

（九）定点扶贫效果显著。加大对口支援协调力度，争取江苏、浙江、山东省红十字会对口支援省份款物及项目近127万元，分别对海南、海西、海北在急救护培训、博爱助医等方面给予资助。先后6次深入定点扶贫村民和县古鄯镇菜籽湾村开展帮扶慰问活动，投入款物近51万元实施“博爱家园”、帮扶春耕生产、筛查先心病患儿、一对一帮扶贫困户，宣讲党的十九大和省第十三次党代会精神，深入了解贫困群众需求。全年有2户11人脱贫。先后4次深入高原美丽乡村民和县西沟乡山庄村调研，投入款物近17万元，建成老年活动中心，拨付药品和慰问箱，解决贫困群众实际困难。

2017年，青海省红十字会先后4次在总会组织召开的人道资源动员会、赈济救护工作会、博爱家园项目启动会和大病救助年会上作了交流发言，介绍经验、分享做法，得到总会和其他兄弟省红十字会的好评。在总会举办的第四届全国红十字应急救护大赛中，青海省参赛队荣获二等奖。青海省“红十字博爱助医”荣获全国红十字系统人道资源动员工作“好项目好活动”奖。化隆回绣项目荣获首届全国众筹扶贫大赛三等奖，青海省红十字会荣获全国红十字系统首届扶贫众筹大赛优秀组织奖。在省级部门预算管理综合绩效考评中，排名靠前。

宁夏回族自治区红十字会

【年度工作】

2017年，宁夏回族自治区红十字会在自治区党委、政府和中国红十字会总会的领导和指导下，以党的十九大精神和自治区第十二次党代会精神为引领，持续推进“两学一做”学习教育常态化制度化，围绕中心，服务大局，以改善最易受损群体生活状况为己任，不断提高业务水平、服务质量和自身能力。全年争取援助及筹集款物1016万元，受益群众5万余人，完成年度既定工作目标。

（一）理论武装全面推进。一是抓好党的十九大精神的学习宣传贯彻。把学习好、宣传好、贯彻好党的十九大精神作为首要政治任务，精心组织、周密安排，以习近平新时代中国特色社会主义思想武装头脑、指导实践、推动工作。组织干部职工集中收看党的十九大开幕会现场直播并开展现场讨论，对党的十九大报告原文进行再学习、再消化。配发《习近平在中国共产党第十九次全国代表大会上的报告》单行本以及《党的十九大报告辅导读本》，引导党员干部反复学、深入学，推动十九大精神入脑入心。党员人手一本新修订的党章，新旧对照掌握修订的关键内容，深刻理解修订的重大意义，做到以党章修身律己。做好党的十九大精神宣传标语刊播工作，改版网站、印制条幅，多渠道做好党的十九大精神的宣传传播。利用党校的培训阵地，在2017年年底前举办全区红十字会系统党的十九大精神学习班，掀起全系统的学习高潮，不忘初心、牢记使命，推动自治区红十字事业持续健康发展。二是抓好自治区第十二次党代会精神的学习。集中收看自治区第十二次党代会开幕式实况，及时对区委书记石泰峰在党代会上所作的《报告》进行再传达再学习，分批次聆听自治区党委政府、政府办公厅组织的党代会精神宣讲。深入学习《第十二次党代会报告辅导读本》，组织党员干部进行多次专题学习，切实将党代会精神内化于心，把“振奋精神、实干兴宁”的号召外化于行。三是抓好“两学一做”学习教育常态化制度化。把“两学一做”学习教育引向深入，持续抓好学习成果的转化运用。拟制《宁夏红十字会关于推进“两学一做”学习教育常态化制度化实施方案》，引导广大党员对照党章党规，对照系列讲话，对照先进典型，对照中央八项规定精神和自治区若干规定，把自己摆进去，结合岗位职责和工作实际，认真查找工作、学习、生活、作风等方面问题，切实以查摆解决问题来促进工作进步，增强理论素养、学习能力和工作本领，为建设学习型、创新型、服务型、勤廉型、和谐型机关提供坚强的思想和组织保证。四是抓好日常学习。研究制定《2017 年干部理论学习计划》，认真落实每周半天的集体学习制度，重点组织学习改革创新理论、政策规划理论和核心业务理论，通过对相关学习内容进行集中分析解读和探讨交流，帮助提升认知层次，不断提高干部职工谋划和推动工作的能力水平。同时，坚持业务学习不放松，举办各类业务知识培训班，增强工作人员理论知识向实践转变的本领。

（二）《中华人民共和国红十字会法》（以下简称《红十字会法》）学习宣传广泛深入。一是明确目标责任。以新修订的《红十字会法》施行为契机，大力开展学法用法、知法守法教育。成立学习宣传贯彻《红十字会法》领导小组，总体筹划和安排部署各项学习宣传贯彻活动，拟制具体方案、组织督导检查。同时要求各责任部门及个人紧盯目标，明确责任，相互配合负责具体落实和成果巩固，推动《红十字会法》的学习宣传和贯彻落实。二是突出宣传实效。采取丰富多样、生动活泼、群众喜闻乐见的形式和手段，将集中宣传和日常宣传结合起来，努力扩大《红十字会法》的社会影响力。购买 1000 本《红十字会法》单行本发放至各市，在各项活动中向群众发放。5 月 8 日在《宁夏日报》开辟专栏，采取问答方式宣传《红十字会法》修订的目的和意义。举办全区红十字系统《红十字会法》培训班，新旧对照解读法律赋予的权利和义务。各地红十字会也开展了形式多样、内容丰富的宣传活动，扩大宣传的覆盖面。组织红十字志愿者参与全国《红十字会法》知识竞赛，促进《红十字会法》在群众中的宣传普及。三是强化督导检查。严格落实各项部署要求，加大对学习宣传贯彻《红十字会法》的指导力度，建立督促检查机制，确保学习宣传贯彻《红十字会法》各项活动高标准完成，取得高质量成效，切实提高各级红十字会依法建会、依法治会、依法兴会的意识和能力。

（三）备灾救灾体系不断完善。一是赈济救援能力获得广泛认可。不断加强中国红十字（宁夏）赈济救援队建设，提高救援实战能力。先后派遣 5 名队员参与斯里兰卡、古巴灾害救援，展现了宁夏红十字会人精良的专业素质和良好的精神风貌。选送多名队员参加中国红十字会举办的救援队培训，并担负辅助指挥、教学及评估任务。按计划完成赈济救援队装备操作培训，进一步提高了队伍“人装结合”的实战能力。自治区政府副主席马力、自治区政协副主席张学武一行、中国红十字会总会及贝宁红十字会代表团先后调研救援队建设，观摩救援队演练，均对救援队业务素质和精神面貌给予好评。二是备灾救灾工作持续推进。严格备灾救灾物资出入库管理，细化明确管理职责，规范物资管理流程，并按计划完成送温暖物资、救灾物资调拨出库工作。及时对备灾救灾物资进行归类整理及账物核对，使库存物资存放有序、账卡一致、物卡相符。参加全国备灾救灾物资应急物流演练，在没有提前预演的情况下，1小时内集结人员车辆并完成物资发运准备，完全符合规范要求，得到中国红十字会高度评价。在石嘴山市、吴忠市实施“博爱家园社区（学校）为本减灾项目”，促进了项目区防灾减灾体系建设。三是灾害响应机制不断完善。牢固树立全区“一盘棋”思想，加强对市县两级红十字会的业务指导，做好灾情信息收集、上报以及防灾减灾知识宣传等工作，不断提高市县级红十字会灾害管理水平。畅通市县红十字会灾情信息报送渠道，为自治区红十字会综合研判灾情程度和调拨应急救助物资提供决策依据。及时启动灾害应急响应，为海原县受旱灾影响群众发放价值20.19万元的大米，使4300余户群众受益。“5·8”世界红十字日及“5·12”防灾减灾日期间，指导市级红十字会开展防灾减灾宣传及应急演练活动，进一步提高了群众防灾减灾的能力。

（四）应急救护有效拓展。一是注重总体统筹。将全年应急救护培训任务分解量化到市级，并纳入年度考评内容，使全区各级救护培训形成“规范管理、上下联动”的格局。截至11月中旬，全区各级红十字会共举办救护员培训班57期2666人，应急救护知识讲座75期10694人次，举办师资培训班3期，培训师资115人，“人人学急救，急救为人人”的理念日益深入人心。向11名自治区本级应急救护师资颁发了聘书，增强了师资的归属感和荣誉感，宁夏红十字会应急救护志愿服务队和1名师资分别被自治区党委宣传部、文明办评选为全区“最佳志愿服务组织”和“最美志愿者”。二是注重品牌效应。以“专业化、标准化、规范化、优质化”为目标，通过制定流程、专业培训、规范操作、严格考核等措施，保证培训质量，提高取证门槛，对成绩评定优秀以上学员颁发“应急救护员证”，增加了培训的含金量。保障自治区重大活动，主动为全国工商联十一届十次常委会议培训志愿者，为全区560名纪检监察干部进行应急救护知识培训。服从服务大局，积极参与中阿博览会志愿服务工作，为2017年中阿博览会志愿者进行应急救护知识培训，自治区红十字会被中阿博览会组委会确定为合作单位。联合自治区总工会、自治区卫计委，举办了第四届全区红十字应急救护技能大赛，发挥了专业救护队伍的示范引领作用。选拔优秀队伍参加第四届全国应急救护大赛，荣获优秀组织奖，进一步提升了红十字应急救护培训的品牌效应。三是注重阵地建设。把基层作为救护培训工作重点，通过博爱家园项目、救护培训进社区等形式，将培训工作延伸至街道（乡镇）和城乡社区，在基层建立更多的救护培训“阵地”。建设面向社会的应急救护培训阵地，启动建设固原市红十字会应急救护培训基地，为扩大应急救护培训覆盖面准备条件。对吴忠市红十字会应急救护培训基地进行评估，完善培训功能，增强实用性。支持中卫市红十字会建设生命健康安全体验教室，开展生命健康安全教育。

（五）人道救助工作扎实推进。一是规范抓好项目实施。连续第18年开展“红十字博爱送万家”活动，全区各级红十字会共发放价值256.13万元的棉衣、棉被、食用油、大米等慰问物资，受益群众4.08万人次，收到了良好的社会效益。争取中国红十字基金会支持，对14岁以下先天性心脏病、白血病患儿进行救助，全年发放资助款100万元，使35名先心病、白血病患儿得到及时救助。二是精准救助困难群众。争取中国红十字基金会与伊利集团合作项目，向石嘴山市、吴忠市、固原市中小学、特殊学校发放价值62万元的牛奶。协调北京报关协会捐赠14万元，为7名家庭贫困的大病患儿提供医疗救治资金。七一前夕，筹措3万余元的物资，深入城乡社区慰问困难党员。向55名特困学生发放助学款2.8万元，资助他们完成学业。接收四川九寨沟、新疆精河地震捐款8.07万元并及时转赠灾区。三是积极参与养老服务。按照中国红十字会的部署要求，申报参与养老服务试点单位，开展养老服务工作调研，探索参与养老服务的方式、内容、保障、考核、监督等工作机制。

（六）生命工程进展顺利。一是造血干细胞捐献工作成效显著。加大造血干细胞捐献知识宣传普及力度，不断提高适龄人群的认知度，全年采集造血干细胞捐献血样3800人份，7名志愿者实现捐献，挽救了7名白血病患者的生命。截至年末，中国造血干细胞捐献者资料库宁夏分库入库志愿者2.4万名，百万人口入库率高于全国平均水平，有29名志愿者成功捐献了造血干细胞。宁夏造血干细胞捐献经验在全国会议上作了交流。二是遗体和人体器官捐献工作稳步推进。通过举办培训班、电视台采访、发放折页等形式，宣传遗体和人体器官捐献的意义，引导人们更新观念、移风易俗，培育社会新风尚。在宁夏眼科医院设立眼角膜捐献接收站，实现了器官、遗体、角膜捐献工作整体推进。开展遗体和人体器官捐献者缅怀纪念活动，与银川福寿园人文纪念有限公司合作，启动遗体和人体器官捐献者缅怀园规划建设工作。2017年以来，新增人体器官捐献志愿者116人，实现遗体捐献3例。截至年末，全区登记人体器官捐献志愿者346人，实现人体器官捐献1例；遗体捐献登记志愿者190人，实现遗体捐献38例。三是无偿献血宣传有序开展。与自治区卫计委联合开展“世界献血者日”宣传活动，对无偿献血突出的团体和个人进行奖励。加大无偿献血宣传力度，利用健康知识讲座等时机开展献血知识问答，倡导社会群众加入应急爱心献血队伍，为精神文明建设助力。

（七）红十字青少年和志愿服务工作不断加强。组织宁夏大学、宁夏医科大学、宁夏理工学院等高校红十字会申报大学生社会实践项目，宁夏理工学院红十字会申报的“阳光石嘴山——安全健康伴我行”项目通过评审。筛选符合条件的学生参加2017年海峡两岸红十字青少年夏令营，加强两岸青少年交流。规范志愿者管理服务工作，对全区红十字志愿者重新进行统计核实、认证登记，将310名骨干志愿者纳入重点关注培养范围，加快志愿服务管理系统的推广使用，逐步建立完善志愿服务登记统计管理体系，做到志愿服务系统有登记、管理单位有统计、志愿者个人有证书，实现志愿服务从发布、实施到反馈形成闭合回路的目标。

（八）交流合作逐步延伸。发挥红十字会在民间交往中的独特作用，拓展对外交流合作渠道。接待了贝宁红十字会代表团，就建立长期互访互学机制、救灾救援、红十字青少年、志愿服务等方面进行了深入的探讨交流，并初步达成建立友好红十字会的意愿。

（九）扶贫工作稳步推进。按照自治区的统一安排，选派2名工作人员组成扶贫工作队，进驻西吉县偏城乡花儿岔村开展帮扶。因地制宜制订帮扶规划，对建档立卡户进行精准识别、精准施策。发挥帮扶单位的主导作用，协调自治区住建厅、水利厅、体育局等部门项目资金1000余万元，帮助村上解决基础设施和群众生活困难。采取结对帮扶的方式，每名干部职工帮扶5—7户困难户，经常开展走访，尽力帮助解决各种困难问题。

（十）自身建设持续推进。一是健全完善制度规范。坚持用制度管人管事管钱，对不符合要求的《自治区红十字会优秀文稿评选表彰奖励办法》予以废止；对部分条款或内容不完善的《自治区红十字会执委会议事规则》《自治区红十字会机关请假考勤制度》等12项规章制度予以修订完善；新拟制了《自治区红十字会首问负责制度》《自治区红十字会责任追究制度》等多项制度并重新修订成册，为事业发展提供制度保障。同时对全部业务工作流程进行重新梳理，推动内部控制管理科学化、规范化。完善《市级红十字会考核评价办法》，激励市级红十字会创新发展理念，突破瓶颈制约，补齐事业短板，合力开创红十字事业发展新局面。二是加强机关作风建设。把2017年确定为全区红十字会系统“作风建设年”，制订实施方案和具体措施，向能力要质量，向作风要效率，增强红十字事业创新发展的活力和动力。邀请区直机关工委和自治区主流新闻媒体检查指导监督工作，并对自治区红十字会机关作风建设的举措和效果进行跟踪报道。书面征求自治区“两代表一委员”对红十字会工作的意见建议，不断改进工作作风。三是积极开展宣传工作。结合“5·8”世界红十字日宣传活动，在《宁夏日报》刊发专版，宣传全区红十字会系统亮点工作和取得的成绩。制作发放《宁夏红十字事业发展巡礼》画册，让社会了解红十字会、认识红十字会。评选表彰了68名全区“最美红十字志愿者”，展现红十字志愿者风采。新闻发言人做客宁夏广播电台新闻直播间，介绍红十字运动相关知识并回应群众关切的热点问题。开展“我是红十字人”“加强自身建设，树立良好公信力”等主题征文比赛，传播人道理念和红十字精神。同时，指导各市级红十字会开展校园防灾避险应急演练、文艺演出、红十字应急救护知识竞赛等活动，实现了电视上有影，广播上有声，网络上有图、报纸上有文的宣传效果。四是持续抓好机关党的建设。结合“两学一做”学习教育，开展“我的初心我的成长——做政治合格共产党员”活动，重温入党志愿书，重写党员誓言，引导党员干部不忘初心、砥砺前行。为《学习园地》添置100余套书籍，引导党员干部读原著、学原文、悟原理，养成勤于学习、善于思考、精于谋划的习惯。机关干部的两篇文章在《宁夏党建研究》上刊载。组织全区红十字系统党员赴延安开展革命传统教育，深化“在党爱党、在党言党、在党护党”的意识。组织党员干部赴西吉县开展革命传统教育和结对帮扶活动，牢固树立以人民为中心的理念，坚定不忘初心、牢记使命的信念。坚持按季度设置专题落实党员轮流讲党课制度，每月开展学习心得阅评，提高干部思辨能力、谋划能力和解决实际问题的能力，切实将党支部建设成为提升党员素质、展现党员先进性的平台。结合“下基层”活动，组织干部到联系点了解困难群众所思所盼，贴近了党员干部与群众的距离。

新疆维吾尔自治区红十字会

【年度工作】

2017 年，新疆维吾尔自治区红十字会在新疆维吾尔自治区党委、政府的正确领导下，在中国红十字会总会的精心指导下，在各对口援疆省市红十字会的大力支持下，紧紧围绕新疆工作总目标，以坚决贯彻落实新疆维吾尔自治区党委重大决策部署为根本点，以提升“三救三献”工作水平为关键点，以改善服务民生为落脚点，认真学习贯彻落实习近平总书记关于红十字事业发展重要讲话精神，按照中国红十字会总会十届三次理事会部署，统筹兼顾，突出重点，科学谋划，狠抓落实，圆满完成年度各项工作任务，为实现新疆社会稳定和长治久安总目标作出了积极贡献。

（一）以学党的十九大精神为主线，用新思想引领工作。一是深入学习、认真领会。坚持把党的十九大精神作为全区红十字会系统当前及今后一个时期的重大政治任务，制定计划、列出专题，班子成员以上率下，自治区政协副主席、自治区红十字会会长程振山亲临自治区红十字会宣讲党的十九大精神，传达自治区党委九届四次全体会议精神，就学习贯彻落实工作进行部署、提出具体要求。同时，以党支部为主阵地，以干部集中学及自学为重点，以党课、专题辅导、报告会、研讨会为主要形式，组织干部职工学习十九大精神 11 次、党组中心组专题学习 3 次、报告会 2 次、专题辅导 3 次，认真领会十九大精神实质。二是多措并举、广泛宣传。借助官网、微信、工作群及《新疆红十字通讯》，发挥志愿者服务平台作用，创新方式方法，深入农村、基层组织、广大志愿者，开展面对面宣讲，借助业务培训班，向各级红会干部及志愿者宣讲十九大精神，做到无死角、全覆盖。三是结合实际、贯彻落实。以实践活动践行十九大精神，创新成立机关青年组织，组织全体干部职工到廉政教育基地、红色教育基地接受廉洁及红色革命传统教育，召开青年干部学习十九大专题报告会，畅谈十九大精神学习体会，讴歌党的伟大光辉形象。结合实际，用十九大精神引领红十字会各项工作，在抓好当前各项工作落实的同时，召开专题会议，从“增强红十字会政治性”“抓好红十字会改革”等五个方面提出贯彻措施，确保红十字事业发展沿着中国特色社会主义群团发展道路不断前进。

（二）以提升业务工作水平为关键，发挥好助手作用。一是救灾救援体系不断完善。争取资金 49 万元，对大众卫生及供水救援队装备进行保养维护并开展演练活动，成立区级赈济救援队巴州救援分队并配备装备；塔县、精河县地震发生后，调拨价值 79 万余元的救灾物资，第一时间运抵灾区发放给受灾群众并派员参加救灾工作。二是人道救助活动深入开展。2017 年，新疆维吾尔自治区投入款物 410 余万元，开展“红十字博爱送万家”活动，慰问群众 4 万人次；实施爱之天使基金救助项目（宫颈鳞癌），救助 61 人，资助款 122 万元；指导各级红十字会自筹款物 308.5 万余元，开展人道救助活动。三是应急救护培训水平得到新提升。以“示范基地建设”为依托，以“生命安全体验教室”和“生命安全健康教育活动”为抓手，大力推进应急救护“五进”活动，争取资金 87.345 万元，开展社区 + 学校安全健康教育活动和公益讲座；举办南北疆片区及校园辅导员应急救护师资培训班，培训合格师资 175 人；承办中国红十字基金会第 71 期（新疆）乡村医生培训班。四是“三献”工作取得新突破。完成 3000 人份造血干细胞采集任务并协调做好血液标本分型检测工作。新疆医科大学一院、自治区人民医院通过总库资格认定，成为采集（移植）医院。2017 年，实现捐献 7 例；成立人体器官捐献与移植委员会，承办全国第 27 期协调员培训班，筹款 66 万元，壮大人体器官捐献博爱基金，加强宣传，制作公益广告在 2200 辆公交车、550 辆 BRT 移动电视投放，首次拍摄人体器官捐献微电影参加第三届新疆科普微电影大赛并获得三等奖。2017 年，实现遗体捐献 52 例、角膜捐献 26 例（52 片角膜）、器官捐献 14 例（40 个器官）。其中器官捐献较 2016 年增幅达 40%，完成全区首例维吾尔族器官捐献、南疆地区首例器官捐献案例；协助卫生部门，利用“5 · 8”等节点，做好无偿献血的宣传动员工作。

（三）以深化对口支援新疆为重点，注入发展新动能。一是争取对口援疆省市支持。积极与对口援疆省市红十字会沟通联系，做好江苏省、浙江省、山东省、河南省、天津市、黑龙江省红十字会来疆考察的协调服务工作，争取江苏省红十字会支持，投入 150 万元援建伊犁州红十字综合服务中心，援助价值 200 余万元的物资、医药、项目。推动浙江省红十字会投入 70 万元，开展阿克苏地区贫困大学生资助活动、援建红十字救护培训基地，援助价值 75 万元的救灾物资。推动河南省红十字会与哈密市红十字会联合举办两地少先队员融情夏令营活动。二是争取总会支持。借助总会“丝路博爱基金”，投入 500 余万元，开展“一带一路”阿富汗先心病患者救助项目，救治阿富汗先心病患儿 21 名，促进了中阿两国民心相通，服务“一带一路”核心区建设；争取中国红十字基金会投入 500 余万元，启动天使之旅“一带一路”人道救助计划新疆心脏病筛查活动，救治患者 146 名。

（四）以实施重点民生项目为抓手，切实提高服务力。一是实施自治区民生工程。2017 年，自治区红十字会通过努力，继续将中国红十字基金会项目纳入自治区民生工程，争取财政资金 100 万元，加强与“爱佑慈善”基金会及定点医院的沟通，简化程序，开通绿色通道，减免手术保证金，全力推进民生工程实施。资助患儿 387 名，资助款 980.27 万元。二是实施博爱家园项目。争取资金 679.05 万元，在全疆 16 个县市区实施联合会博爱家园项目及西部博爱家园项目，根据群众需求，加强软硬件建设，帮助解决实际困难，助力扶贫攻坚。三是实施艾滋病预防和关怀项目。争取资金 85.1 万元，在全疆 12 个县市开展低档娱乐场所性工作者外展项目。在新疆财经大学、新疆医科大学、昌吉职业技术学院、昌吉学院创新开展艾滋病预防同伴教育项目。四是实施加拿大红十字会村卫生室项目。争取资金 38.48 万元，在喀什 24 个村实施健康和急救项目，改善医疗卫生环境，提高农牧民健康意识、急救能力。

（五）以新版法律颁布实施为契机，强化依法治会。一是强化新法学习宣传。举办红十字会法培训班、“学法达人月月赛”活动；争取支持《新疆日报》《新疆经济报》《亚洲中心时报》等媒体在 5 月 8 日全文刊载红十字会法，与邮政公司合作，推送微信公益广告 22 万条。二是加强基层红十字组织建设。不断加强自身建设，启动《〈红十字会法〉实施办法》修订工作，以创新开展全区优秀县级红十字会创建活动为抓手，督促各级红十字会严格落实会员代表大会、理事会、执委会等基本制度，做到按期换届、定期报告工作，加强志愿服务平台建设，规范会员管理、会费收缴等工作，提升依法履职水平。

（六）以落实新疆工作总目标为核心，助力脱贫及民族团结工作。一是开展“访民情、惠民生、聚民心”活动。选派干部深入驻村点，配合村两委加强基层基础建设、开展民族团结及群众工作，投入 44.973 万元创办红十字博爱超市，采用积分制管理，兑换物品；争取红十字国际委员会资金 150 万元，助力 240 户农牧民脱贫致富；争取总会资金 50 万元，实施“饮水工程”项目，解决农牧民人畜饮水困难问题；争取自治区资金 560 万元，实施万亩沙棘林生态修复工程建设；争取价值 5 万元的鸡苗，发放给村民，拓宽致富门路。二是扎实开展“民族团结一家亲”和民族团结联谊及“结亲周”活动。组织干部职工分批次前往阿合奇县的两个村开展认亲走访活动，并邀请 2 批结亲户 37 人到乌鲁木齐探亲参观。组织干部赴驻村点开展民族团结“结亲周”活动，与亲戚一起同吃同住同劳动同学习，大力宣传党的十九大精神，帮助结对亲戚解决实际困难，在来来往往、说说唱唱、聚聚聊聊过程中，不断加深各民族交往交流交融。截至年末，完成 6 轮 181 人次结对认亲活动，开展联谊活动 13 次、“结亲周”活动 2 批次，为民办好事实事 10 件、就医 131 件、就学 5 件，捐赠款物 50 余万元。

生产建设兵团红十字会

新疆生产建设兵团红十字会

2017年，新疆生产建设兵团红十字会认真学习贯彻党的十九大和习近平总书记系列重要讲话精神，紧紧围绕兵团中心工作，切实发挥党和政府在人道领域联系群众的桥梁和纽带作用，为新疆社会稳定和长治久安做出了积极的贡献。

一、加强红十字会组织能力建设

认真学习贯彻党的十九大和习近平总书记系列重要讲话精神，兵团党委六届十七次、第七次党代会和七届二次全会精神，深入推动依法建会、依法治会，加强红十字会组织能力建设，充分发挥社会组织优势，助力保民生、兜底线、补短板。

二、提升红十字会应急能力建设

全年共计募集各类救灾救助项目款物价值305.83万元，用于救灾救助救护和项目款物价值376.85万元，受益4.54万人。

组织举办了兵团红十字会灾害报送、统计信息化系统培训班。接收储备中国红十字会总会家庭应急包2000件，接收、发放价值33.20万元救灾棉被4000床。组织参加了第四届全国红十字应急救护大赛活动，兵团红十字会获大赛优秀组织奖，1人获心肺复苏操作三等奖。

三、做实红十字人道救助工作

元旦、春节期间，募集价值33万元“红十字博爱送万家”慰问物资1100件，1100户2950人受益；年末配发了价值105万元“红十字博爱送万家”面粉和食用油等物资。向兵团一线医务工作者和维稳工作人员捐赠发放了价值35.52万元连花清瘟胶囊60件。向兵团及地方弱势困难群体与救助对象捐赠发放价值39.99万元食品和运动鞋等物资。推荐的3名白血病患儿和6名先心病患儿先后获得总会20.50万元项目资金救助。

四、深入开展红十字应急救护培训

配发价值67.18万元的彩票公益金项目救护培训教具1430件。组织三师、六师红十字会申报了中国红十字会生命健康安全教育项目（学校＋社区安全教育活动和公益讲座项目）并获30.30万元项目资助，约6490人受益。全年累计培训红十字救护员1200人，普及掌上急救学堂宣传3.72万人次，卫生救护知识和急救护技能培训9.61万人次，普及无偿献血、捐献造血干细胞和捐献人体器官知识14.87万人次。

五、加强红十字传播与宣传工作

在主题日宣传活动中，全年累计发放、张贴各类宣传品和宣传资料10.5万份，播放红十字公益广告2247次，普及国际人道法和红十字运动基本知识宣传4.96万人次，普及其他各类宣传8.47万人次。

六、推进红十字青少年工作

第八师石河子市红十字会组织 5000 名青少年学生参加了中国红十字会总会举办的《中华人民共和国红十字会法》暨全国红十字应急救护知识竞赛，获竞赛最佳组织奖三等奖，2 人获个人三等奖。组织第三师、第六师和石河子大学红十字会在青少年学生中开展了红十字青少年生命健康安全教育系列活动，发放宣传资料和光盘 2500 余册，5990 人受益。

铁路系统红十字会

中国铁路系统红十字会

2017年，中国铁路红十字会全面贯彻落实中国红十字会总会各项工作方针和任务要求，继续加强铁路红十字工作，突出强化基础管理、应急救护培训、应急救护队伍建设、药箱管理和使用等活动，切实保障广大旅客、职工身体健康和运输生产安全，取得了良好的成效。

一、强化基础管理，持续推进红十字救护网络建设

各铁路客运站完善红十字救护管理制度，会同属地政府合理设置应急救护绿色通道、加强沿线车站红十字卫生基础管理、完善红十字小药箱管理台账，每个站区配备6至8名红十字救护员，每个小站工区1至2名红十字救护员，推进铁路红十字工作网络覆盖面建设。

二、强化救护培训，持续做好旅客和职工健康保障

发挥铁路单位和站区的红十字救护网络基础优势，积极开展应急救护知识普及和救护技能培训。一是利用各种平台开展培训工作。丰富培训和宣传载体，通过线上、线下等多种培训方式，组织开展站车乘务人员和边远站区职工的应急救护培训，共计300余期。二是将应急救护内容纳入铁路健康管理培训体系，依托健康巡诊、高铁值乘培训、站车应急演练等各种形式，不断提升应急救护水平，保障好旅客和职工生命健康。

三、强化督导检查，持续做好药箱使用管理工作

全年组织卫生监督、疾控专业人员对2000余旅客列车红十字药箱药械使用管理情况进行了覆盖式督导检查，督促规范做好药品及器械补充更新与使用登记、管理等各项工作。

四、强化红十字救护宣传，持续深入普及红十字精神

各单位通过悬挂条幅、制作宣传黑板报（宣传窗）、发放宣传资料、面向旅客开展站车广播等方式，开展防治疾病、自救互救、博爱捐助、防灾减灾等红十字知识宣传与传播活动，有效宣传了红十字精神。

特别行政区红十字会

香港特别行政区红十字会

2017 年，香港特别行政区红十字会（以下简称香港红十字会）本着人道理念与志愿服务精神，竭力保护生命、关怀伤困、维护尊严。服务涵盖输血服务、骨髓及脐带血捐赠服务、赈灾备灾、急救及健康护理训练、青年及义工事务、寻人、心理支援、社区及院友关怀服务、特殊教育及复康服务等范畴。

2017 年，香港红十字会在国际及本地工作中，继续实践人道理念，同时致力推动人道教育。香港红十字会玛嘉烈戴麟趾学校的谭蕴华老师在中央电视台举办的“2017最美教师”活动中获选“十大最美老师”，是香港首位获此殊荣的老师。香港红十字会制服团队成员胡靖桐，获年度“香港杰出青年义工”荣誉。

香港红十字会在 2017 年筹得港币 103915074 元的一般捐款及港币 7745735 元的指定用途捐款（以上筹得的款项并不包括赈灾捐款）。总捐款当中接近 88% 来自个人捐款者，其余 12% 是公司、基金会、机构或学校的捐款。2017 年，香港红十字会得到一众企业义工的支持，协助举办多个筹款活动，包括“爱心相连大行动 2017”“人道小英雄巡游暨慈善嘉年华”和“全港卖旗日”，提供超过 13000 小时的服务时数，让红十字会的筹募工作得以顺利发展，并携手为伤病患者及身处困境的人士提供人道援助服务。

香港红十字会招募市民登记成为骨髓或脐带血捐赠者，为需要接受移植的严重血液病人或其他病人寻找合适的造血干细胞。2017 年，为 65 名病人成功配对骨髓或脐带血，其中 63 人为本地病人，2 人为海外病人。2017 年，共有 9551 名市民新登记成为骨髓捐赠者。截至 2018 年 3 月，香港骨髓捐赠者资料库登记人数达 125195 人，其中 1016 人已捐赠骨髓。

香港红十字会一直致力为世界各地受天灾和战乱影响的人士提供人道服务。2017 年，在全球 24 个国家和地区支持赈灾、灾后恢复重建及备灾减灾工作。向约 26 万人次派发饮用水、粮食和日用品，派出 28 名义工和 13 名职员到境外执行紧急赈灾任务，协助逾 20 万人恢复灾后生活，在 78 个社区和 7 所学校推行备灾及减灾工作。2017 年 8 月，强台风“天鸽”侵袭华南地区，在澳门导致 10 人死亡，244 人受伤。香港红十字会在灾后先后派出职员及义工到澳门了解灾后需求，并向受灾人士派发 500 份家居消毒用品包及探访 76 户受台风影响的居民及商户，提供心理支援服务。2017 年夏季，内地多个省市受台风及水灾影响，超过 5000 万人受灾，约 17 万间房屋倒塌。香港红十字会在多个受灾省市自治区（重庆、广西、贵州、湖南、吉林及云南）向约48000人次派发食物及日用品应急，并派出工作人员到重庆、广西、贵州和湖南评估灾后需求和协助物资派发工作。2017年，红十字会先后派出28名义工前往孟加拉国、伊拉克及我国澳门，向受武装冲突和风灾影响的人士提供医疗、大众卫生和心理支援服务。

香港红十字会一直为团体、公司机构、学校等提供急救服务，并定期为九龙寨城公园单车径和中环农墟提供急救服务。2017年继续为多个大型活动出勤，包括“七一游行”“2017香港业余冰球会冰球邀请赛”和“三项铁人挑战赛”等，共提供8576小时急救服务，动员2144人次。为配合社会对急救服务日益增加的需求，香港红十字会重新制定一套动员机制，并于2017年6月正式推行。建立新机制的目的是提升急救服务的质量，使资源能更有效地运用，从而持续提供与急救相关的训练及演习，以便有需要时能迅速地动员及作出回应。新机制令红十字会急救服务的回应率同比增长约5.4%。

澳门特别行政区红十字会

2017年，澳门特别行政区红十字，作为国际红十字与红新月运动的一分子，澳一直坚守着七大基本原则：人道、公正、中立、独立、志愿服务、统一、普遍；以国际红十字与红新月运动的宗旨“努力防止及减轻人类疾苦”为目标，积极发展在澳门以及国际的“人道”工作及活动。

1. 体现人道　缓解病困

澳门红十字会自2003年7月起，正式开展了“非紧急医疗爱心护送”工作，为行动不便或长期卧床的病患者提供定点接送专车服务，至2017年年末共有52位专职人员及12部护送车辆投入服务。

2017年，接受护送服务的人士达22558人次，累计使用者已达260727人次。同时，澳门红十字会与仁伯爵综合医院合作，于2007年开始推行出院护送服务，为行动不便的住院病人提供日间出院护送服务，累计使用者达49091人次。2017年，6454人次使用该服务。

此外，澳门红十字会设有“行动辅助器租用服务”，一直收取象征性的租金，向行动不便的市民提供短期轮椅及拐杖租借服务，2017年共向141位市民提供了此项服务。

依靠澳门红十字会社区义工团队的爱心，以及服务社会的热诚，澳门红十字会所推行的各种关怀、协助社会上有需要人士的各项服务，有效地推行。把爱传送到弱势社群之中，使他们感受到温暖，加强他们与社会沟通的信心。

澳门红十字会相信，实践义务工作，不单单是为了帮助别人，其实真正的是帮助自己。从义务工作中学习、成长，同时可以影响周边的人，共同建设和谐社会。

2. 发动爱心　驰援灾区

2017年，国内外都发生了多宗自然灾害，包括澳门所发生的天鸽风灾，为澳门带来了罕见的严重破坏。还有湖南省株洲市水灾、贵州省毕节市水灾、甘肃省陇南市发生的泥石流，还有斯里兰卡因暴雨而酿成的严重水灾等。不论何地，澳门红十字会均不分地域，刻不容缓地响应地区的救援工作，即时启动赈灾机制，调拨救灾物资，根据情况派遣专员赶赴灾区进行协助及评估，并与各界沟通协调，尽力帮助灾民渡过难关。

此外，2017 年澳门红十字会继续为过去部分灾区进行灾后重建计划：如四川芦山地震灾后重建项目以及贵州省、广东省、甘肃省、四川省等地的博爱家园项目，投放逾 2800 余万元人民币，用以援建学校、保健院、卫生院、卫生站、备灾中心等工程。澳门红十字会积极跟进灾后复原进度，务求让灾民能尽快开展新生活。“博爱小学建设及爱心捐建项目”“应急供水培训”及在内地储备赈灾物资等工作也不间断地进行。

3. 传播德育　展现活力

澳门红十字会于 2003 年正式成立青少年制服团，为参与团员开展系列红十字知识课程、急救及参与志愿服务等的培训。宗旨为提供健康正面的平台给澳门青少年学习课外知识，希望他们可以在德、智、体、群、美五方面能有均衡的发展。2017 年，团队已扩张至 8 团 14 小队，总人数逾 422 人。除了接受红十字知识系统培训外，同时为他们安排参与各项社会公益活动的机会，增广见闻，认识社会，然后回馈社会。

另一方面，澳门红十字会的急救义工和社区义工团队持续每年注入新血，使各项服务得到扩展并逐渐完善。急救义工队所提供的驻场急救服务成果有目共睹，用心协助市民于突发和危急关头，尽力延续生命，广受社会所认同。

各社区义工为长者及有需要的人士所提供的关爱服务亦深受市民欢迎，并通过多年来举办的活动，大大提升了弱势社群的社会认同感，让他们拥有正能量去面对生活，掌握自己的人生。2017 年，两个团队共为 5200 余人次提供了服务。

4. 推广急救　提升安全

澳门红十字会学校成立于 1992 年 9 月，获政府承认为一所专门教授急救护理知识的学校，更设有水上安全课程。各个课程的内容非常严谨，理论与操作并重，务求每一位学员在完成课程后能实践救急扶危、助己助人的使命。相关课程所收取的费用，悉数拨归赈灾基金及青少年发展基金。红十字会学校积极向澳门的非牟利团体、学校及政府部门提供免费急救知识讲座，希望有更多人明白急救的重要性，实现把急救知识普及化的目标。因此，澳门红十字会大力支持以薪火相传的形式作为推动急救知识普及的方法之一，定期开办急救导师考核课程，让急救学员于基础上进一步提升所学到的，通过考核后，最终成为导师，作为推广急救的其中一股重要力量。他们大多利用业余时间，支持红十字会的急救教学和推广工作，做到真正的传承。

澳门红十字会于 2017 年内所开办的急救讲座和急救课程班共 276 个，总共有 5341 人接受了培训。其中为政府部门、学校及非牟利机构举办了共 39 个急救讲座，以及 1 个水上救生班。

另外，一如既往澳门红十字会得到澳门消防局、仁伯爵综合医院、镜湖医院及香港圣约翰救伤队的支持和参与，顺利完成了本年度的急救比赛。还有“急救在校园”推广计划也持续于多间中学内进行，希望能从小开始，培养学生救人自救的急救理念。

5. 宣传人道　社会支持

多年以来澳门红十字会积极服务社会，不遗余力地推行及贯彻红十字理念，借多元化的宣传途径例如活动、社交网站和宣传品等，向广大市民宣扬红十字运动的人道精神。近年更举办幼儿及儿童暑期活动班，向他们灌输人道知识。

6. 提升资源　优化内部

为优化现有服务的质量，并因应社会的发展和变化，开拓更多适切的服务计划和工作项目。澳门红十字会一直支持和鼓励员工持续进修，充实自我，经常差派员工参加不同课程和会议去丰富相关知识。澳门红十字会的部门包括医疗辅助服务部、学校及急救队、赈灾事务部、青少年及志愿服务部、秘书处及人力资源部和总务部等。

六

资讯篇

六

杂 用 令

中国红十字会总会及省、自治区、直辖市、铁路系统、生产建设兵团、特别行政区分会联络方式

●中国红十字会总会
地址：北京市东城区北新桥三条 8 号
邮编：100007
电话：010－84025890（中继线）
传真：010－64060566

●总会机关服务中心
地址：北京市东城区北新桥三条 8 号
邮编：100007
电话：010－64023704
传真：010－64023704

●总会训练中心
地址：北京市东城区干面胡同 53 号
邮编：100010
电话：010－65120011（中继线）

●总会备灾救灾中心
地址：北京市顺义区昌金路牛栏山段 30 号
邮编：101301
电话：010－60428255
传真：010－60428253

●中国红十字会援外物资供应站
地址：上海市徐汇区桂林路 35 号
邮编：200235
电话：021－64208182

●中国造血干细胞捐献者资料库管理中心
地址：北京市东城区干面胡同 53 号
邮编：100010
电话：010－65592099

●中国人体器官捐献管理中心
地址：北京市东城区干面胡同 53 号
邮编：100010
电话：010－65237997

●总会事业发展中心
地址：北京市海淀区四季青桥东农科院西路
邮编：100093
电话：010－50923302
传真：010－50923303

●中国红十字基金会

地址：北京市东城区干面胡同 53 号
邮编：100010
电话：010－65124154

●总会报刊社

地址：北京市东城区干面胡同 43 号
邮编：100010
电话：010－85114419

●北京市红十字会

地址：北京市丰台区六里桥南里甲 9 号 C 座
邮编：100073
电话：010－63558766
传真：010－63556189

●北京市东城区红十字会

地址：北京市东城区幸福大街 32 号 906 室
邮编：100061
电话：010－87556906
传真：010－87556906
E-mail：dcqhszh@ sina.com

●北京市西城区红十字会

地址：北京市西城区南菜园街 51 号
邮编：100054
电话：010－83975413

●北京市朝阳区红十字会

地址：北京市朝阳区团结湖北五条 8 号楼一层
邮编：100026
电话：010－65094673
传真：010－65094674
E-mail：chaoyanghonghui@ 163. com

●北京市海淀区红十字会

地址：北京市海淀区甘家口小区 12 号楼
邮编：100037
电话：010－88364184
传真：010－88364184
E-mail：1439052099@ qq. com

●北京市丰台区红十字会

地址：北京市丰台区东安街三条 6 号
邮编：100071
电话：010－63811615

●北京市石景山区红十字会

地址：北京市石景山区体育场南路 6 号
邮编：100043
电话：010－68602618（2919、1680、3206）
传真：010－68602618（2919、1680、3206）

●北京市门头沟区红十字会

地址：北京市门头沟区城子东街甲 40 号
邮编：102300
电话：010－69843746 / 69844406

●北京市房山区红十字会

地址：北京市房山区良乡工业开发区金光路1号区政府第二办公区
邮编：102488
电话：010－69378375
传真：010－69378375
E-mail：fangshanhonghui@ sohu. com

●北京市通州区红十字会

地址：北京市通州区永顺镇陈列馆路537号
邮编：101125
电话：010－69552295
传真：010－80886096
E-mail：786741072@ qq. com

●北京市顺义区红十字会

地址：北京市顺义区光明南街4号区总工会大楼8层
邮编：101300
电话：010－81494903
传真：010－81494903
E-mail：shunyihsz@ sina. com

●北京市昌平区红十字会

地址：北京市昌平区南环东路1号广电大厦综合办公楼10层
邮编：102200
电话：010－69718416
E-mail：cphsz@ 163. com

●北京市大兴区红十字会

地址：北京市大兴区兴丰大街南段138号
邮编：102600
电话：010－60283581
传真：010－60283581
E-mail：dxhonghui@ 163. com

●北京市平谷区红十字会

地址：北京市平谷区新平东路11号
邮编：101200
电话：010－69962334

●北京市怀柔区红十字会

地址：北京市怀柔区金地大厦28号楼B段五层
邮编：101400
电话：010－69631646
传真：010－69631646
E-mail：hrhh@ bjhr. net. cn

●北京市密云县红十字会

地址：北京市密云县长城环岛路南卫生局10层
邮编：101500
电话：010－69029126

●北京市延庆县红十字会

地址：北京市延庆县西街1号
邮编：102100
电话：010－69104066
传真：010－69104066
E-mail：hszhbgs@ 163. com

●天津市红十字会
地址：天津市和平区陕西路 16 号
邮编：300020
电话：022－27300121
传真：022－27312349

●天津市和平区红十字会
地址：天津市和平区甘肃路云台花园 1 门 0 层 2 室
邮编：300021
电话：022－27224908 / 27300545
传真：022－27224908
E-mail：hpqhongshizihui@ 163. com
网址：www. tjhp.gov. cn

●天津市河西区红十字会
地址：天津市河西区杭州道 8 号增 1 号
邮编：300202
电话：022－23398677 / 23462919
传真：022－23398677
E-mail：hxhszh@ tjhexi.gov. cn；
hxhszh58@163. com

●天津市河东区红十字会
地址：天津市河东区西锦路 7 号
邮编：300171
电话：022－24310348
E-mail：hhsszz66@163. com

●天津市河北区红十字会
地址：天津市河北区王串场五号路 38 号
邮编：300000
电话：022－26747380
传真：022－26743430

●天津市红桥区红十字会
地址：天津市红桥区勤俭道 202 号
邮编：300131
电话：022－86516252

●天津市南开区红十字会
地址：天津市南开区青年路 309 号
邮编：300102
电话：022－27412297
传真：022－27412297
E-mail：nkhsz2008@ 126. com

●天津市滨海新区红十字会
地址：天津市营口道 734 号政通大厦 A 座 1303 室
邮编：300450

●天津市东丽区红十字会
地址：天津市东丽区先锋路 31 号
邮编：300300

●天津市津南区红十字会
地址：天津市津南区津沽路 128 号
邮编：300350

●**天津市西青区红十字会**

地址：天津市西青区杨柳青新华路 56 号
（体育局 5 楼东侧）

邮编：300380

●**天津市北辰区红十字会**

地址：天津市北辰区北仓道区卫生局院内

邮编：300400

●**天津市蓟州区红十字会**

地址：天津市蓟州区城关新华大街 24 号

邮编：301900

●**天津市宝坻区红十字会**

地址：天津市宝坻区津围路

邮编：301800

●**天津市宁河区红十字会**

地址：天津市宁河区芦台镇卫生局院内

邮编：301500

●**天津市武清区红十字会**

地址：天津市武清区杨村镇新华路 4 号

邮编：301700

●**天津市静海区红十字会**

地址：天津市静海区静海镇静文路 7 号

邮编：301600

●**河北省红十字会**

地址：河北省石家庄市合作路 42 号

邮编：050051

电话：0311 – 87046792

传真：0311 – 66165365

●**河北省石家庄市红十字会**

地址：河北省石家庄市平安南大街 7 号商会
大厦 4 楼

邮编：075000

●**河北省张家口市红十字会**

地址：河北省张家口市高新区长城西路
11 号市政府南楼 1146 号

邮编：050051

●**河北省衡水市红十字会**

地址：河北省衡水市榕花大街 375 号

邮编：053000

●**河北省秦皇岛市红十字会**

地址：河北省秦皇岛市建国路 34 号 6 楼

邮编：066000

●**河北省保定市红十字会**

地址：河北省保定市北大街 555 号中心血站 4 楼

邮编：071051

●**河北省承德市红十字会**

地址：河北省承德市牛圈子沟口

邮编：067000

●**河北省邯郸市红十字会**

地址：河北省邯郸市中华巷 70 号

邮编：056001

●**河北省廊坊市红十字会**

地址：河北省廊坊市新华路 88 号

邮编：065000

●**河北省邢台市红十字会**

地址：河北省邢台市中华大街 201 号

邮编：054001

●**河北省沧州市红十字会**

地址：河北省沧州市运河区浮阳大道 14 号

邮编：061001

●**河北省唐山市红十字会**

地址：河北省唐山市西山道 7 号

邮编：063000

●**河北省辛集市红十字会**

地址：河北省辛集市市府大街 54 号

邮编：052360

●**河北省定州市红十字会**

地址：河北省定州市中兴西路 263 号

邮编：073000

●**华北油田石油管理局红十字会**

地址：河北省任丘市渤海西路华北石油水矿区服务事业部

邮编：062550

●**山西省红十字会**

地址：山西省太原市东华门 6 号

邮编：030013

电话：0351－3580783

传真：0351－3580561

●**山西省太原市红十字会**

地址：山西省太原市桃园四巷 27 号

邮编：030002

●**山西省大同市红十字会**

地址：山西省大同市向阳西街 12 号市政网络中心 6 楼

邮编：037008

●**山西省阳泉市红十字会**

地址：山西省阳泉市开发区宏苑二区 3－1－1

邮编：045000

●**山西省晋中市红十字会**

地址：山西省晋中市羊毫街市政府大楼

邮编：030600

●**山西省长治市红十字会**

地址：山西省长治市英雄北路 46 号

邮编：046000

●**山西省晋城市红十字会**

地址：山西省晋城市太行路南段 949 号

邮编：048026

●山西省临汾市红十字会

地址：山西省临汾市财神北街疾病控制中心4楼

邮编：041000

●山西省吕梁市红十字会

地址：山西省吕梁市离石区团结路14号演艺集团3楼东

邮编：033000

●山西省运城市红十字会

地址：山西省运城市河东东街248号

邮编：044000

●山西省忻州市红十字会

地址：山西省忻州市新建南路忻师北巷6号

邮编：034000

●山西省朔州市红十字会

地址：山西省朔州市卫生大楼

邮编：036002

●内蒙古自治区红十字会

地址：内蒙古自治区呼和浩特市金桥开发区格根西街

邮编：010010

电话：0471－4501207

传真：0471－4501208

●内蒙古自治区呼和浩特市红十字会

地址：内蒙古自治区呼和浩特市玉泉区南二环150号

邮编：010070

●内蒙古自治区包头市红十字会

地址：内蒙古自治区包头市青山区稀土高新区民族东路119号

电话：0472－5157316

●内蒙古自治区乌海市红十字会

地址：内蒙古自治区乌海市海勃湾区市行政中心C座321室

电话：0473－3998530

●内蒙古自治区赤峰市红十字会

地址：内蒙古自治区赤峰市新城区市政府综合大楼C座

电话：0476－8821170

●内蒙古自治区通辽市红十字会

地址：内蒙古自治区通辽市科尔沁区永清大街268号

电话：0475－8253722

●内蒙古自治区呼伦贝尔市红十字会

地址：内蒙古自治区呼伦贝尔市新区行政中心1447室

电话：0470－8217895

●内蒙古自治区鄂尔多斯市红十字会

地址：内蒙古自治区鄂尔多斯市康巴什新区国泰广场 CBD T6 – 1503

电话：0477 – 8588486

●内蒙古自治区乌兰察布市红十字会

地址：内蒙古自治区乌兰察布市集宁区察哈尔西街人防大楼

电话：0474 – 8303216

●内蒙古自治区巴彦淖尔市红十字会

地址：内蒙古自治区巴彦淖尔市临河区胜利北路 10 号影剧院内

电话：0478 – 7900999

●内蒙古自治区兴安盟红十字会

地址：内蒙古自治区兴安盟乌兰浩特市党政大楼办公楼 3 楼

电话：0482 – 8266312

●内蒙古自治区锡林郭勒盟红十字会

地址：内蒙古自治区锡林郭勒盟锡林浩特市那达慕大街 1 号党政 3 号楼

电话：0479 – 6999158

●内蒙古自治区阿拉善盟红十字会

地址：内蒙古自治区阿拉善盟党政大楼 2 号楼 5 楼

电话：0483 – 8337196

●内蒙古自治区满洲里市红十字会

地址：内蒙古自治区满洲里市党政机关办公大楼 1328 室

电话：0470 – 6262229

●内蒙古自治区二连浩特市红十字会

地址：内蒙古自治区二连浩特市党政 1 号楼

电话：0479 – 7521947

●辽宁省红十字会

地址：辽宁省沈阳市和平区太原北街 2 号综合楼 C 座 5 楼

邮编：110001

电话：024 – 23447158

传真：024 – 23447199

●辽宁省沈阳市红十字会

地址：辽宁省沈阳市和平区中山路 70 号新华大厦 19 层

邮编：110001

电话：024 – 31871599

传真：024 – 31871599

●辽宁省大连市红十字会

地址：辽宁省大连市西岗区唐山街 2–6 号

邮编：116011

电话：0411 – 83693266

传真：0411 – 83700919

●辽宁省鞍山市红十字会
地址：辽宁省鞍山市铁东区前进路 6 号
邮编：114002

●辽宁省抚顺市红十字会
地址：辽宁省抚顺市顺城区浑河北路 60 号
邮编：113006

●辽宁省本溪市红十字会
地址：辽宁省本溪市明山区胜利路 31 号
邮编：117000

●辽宁省丹东市红十字会
地址：辽宁省丹东市振兴区三经街 13 –12 号
邮编：118000

●辽宁省锦州市红十字会
地址：辽宁省锦州市市府路 68 号
邮编：121013

●辽宁省营口市红十字会
地址：辽宁省营口市站前区辽河广场 5 号
邮编：115000

●辽宁省阜新市红十字会
地址：辽宁省阜新市海州区矿工大街 25 号
邮编：123000

●辽宁省辽阳市红十字会
地址：辽宁省辽阳市白塔区民主路 38 号
邮编：111000

●辽宁省铁岭市红十字会
地址：辽宁省铁岭市银州区体育馆 23 号
邮编：112000

●辽宁省朝阳市红十字会
地址：辽宁省朝阳市柳城路一段 53 号
邮编：122000

●辽宁省盘锦市红十字会
地址：辽宁省盘锦市兴隆台区人民政府大街 18 号
邮编：124010

●辽宁省葫芦岛市红十字会
地址：辽宁省葫芦岛市龙港区龙湾大街 15 号
邮编：125000

●吉林省红十字会
地址：吉林省长春市人民大街 1486 号
邮编：130051
电话：0431 – 88905992
传真：0431 – 88919277

●吉林省长春市红十字会
地址：吉林省长春市近埠街 4–2 号
邮编：130051

●吉林省吉林市红十字会
地址：吉林省吉林市船营区朝阳文化广场北路
邮编：132011

●吉林省延边朝鲜族自治州红十字会
地址：吉林省延吉市河南街 67 号
邮编：133007

●吉林省四平市红十字会
地址：吉林省四平市铁西英雄大街 50 号
邮编：136000

●吉林省通化市红十字会
地址：吉林省通化市秀泉路 10 号
邮编：134001

●吉林省白城市红十字会
地址：吉林省白城市文化东路 1 号
邮编：137000

●吉林省辽源市红十字会
地址：吉林省辽源市人民大街 39 号卫生大厦
邮编：136200

●吉林省松原市红十字会
地址：吉林省松原市宁江区沿江路 22 号
邮编：131100

●吉林省白山市红十字会
地址：吉林省白山市新红旗街 129 号
邮编：134300

●黑龙江省红十字会
地址：黑龙江省哈尔滨市南岗区十字街 33 号
邮编：150008
电话：0451 – 82767071
传真：0451 – 82713508

●黑龙江省哈尔滨市红十字会
地址：黑龙江省哈尔滨市松北区世纪大道 1 号（市政府东楼 1 楼）
邮编：150021
电话：0451 – 86776788
E-mail：hongshizi12@ 163. com

●黑龙江省齐齐哈尔市红十字会
地址：黑龙江省齐齐哈尔市党政办公中心 5 号楼
邮编：161006
电话：0452 – 2795113
E-mail：qhh5113@ 163. com

●黑龙江省牡丹江市红十字会
地址：黑龙江省牡丹江市日照街 60 号 502 室
邮编：157000
电话：0453 – 6987876
E-mail：mdjzxdan@ 163. com

●黑龙江省佳木斯市红十字会
地址：黑龙江省佳木斯市长安路市政府 4 号楼
邮编：154002
电话：0454 – 8239199
E-mail：jmshongshizihuil@ 163. com

●黑龙江省大庆市红十字会

地址：黑龙江省大庆市萨尔图区东风路19号市政府后楼南门1308室
邮编：163311
电话：0459－6367566
E-mail：6367566@163.com

●黑龙江省鸡西市红十字会

地址：黑龙江省鸡西市鸡冠区热力巷5号热力公司8楼
邮编：158100
电话：0467－2314016
E-mail：jxshszh@126.com

●黑龙江省双鸭山市红十字会

地址：黑龙江省双鸭山市尖山区双福路卫生大厦4楼
邮编：155100
电话：0469－6120566
E-mail：syshszh@163.com

●黑龙江省伊春市红十字会

地址：黑龙江省伊春市人民政府裙楼1楼
邮编：153000
电话：0458－3903833
E-mail：hsz0458@126.com

●黑龙江省七台河市红十字会

地址：黑龙江省七台河市桃山区大同路45号党政办公中心14楼
邮编：154000
电话：0464－8293155

●黑龙江省鹤岗市红十字会

地址：黑龙江省鹤岗市工农区电信路11号
邮编：154101
电话：0468－6168799
E-mail：hghszh@126.com

●黑龙江省黑河市红十字会

地址：黑龙江省黑河市公园路26号
邮编：1643 00
电话：0456－8269996
E-mail：hhs－hszh@163.com

●黑龙江省绥化市红十字会

地址：黑龙江省绥化市北林区迎宾路2号
邮编：152002
电话：0455－8388818
E-mail：lyw8762@163.com

●黑龙江省大兴安岭地区红十字会

地址：黑龙江省大兴安岭行署3号楼
邮编：165000
电话：0457－6103699/6103533
E-mail：dxalhshzh@126.com

●黑龙江省绥芬河市红十字会

地址：黑龙江省绥芬河市长江路1号
邮编：157300
电话：0453－3922189
E-mail：gejuan7776@163.com

●上海市红十字会

地址：上海市北京西路 1465 号 22 – 23 楼

邮编：200040

电话：021 – 55359999

传真：021 – 52121909

●上海市杨浦区红十字会

地址：上海市杨浦区江浦路 667 号 A 座 6 楼

邮编：200082

电话：021 – 25033612

传真：021 – 25033612

E-mail：yphonghui@ 126. com

●上海市徐汇区红十字会

地址：上海市漕溪北路 336 号综合楼 108 室

邮编：200030

电话：021 – 64647403

传真：021 – 64647403

E-mail：honghui@ xh. sh. cn

●上海市闸北区红十字会

地址：上海市闸北区中兴路 1111 号 2 楼

邮编：200435

电话：021 – 56338686

传真：021 – 56403980

E-mail：zbredcross@ sina. com

●上海市普陀区红十字会

地址：上海市曹杨路 510 号 11 楼

邮编：200333

电话：021 – 62441118 – 1103

传真：021 – 52835077

E-mail：ptqhh@ 126. com

●上海市虹口区红十字会

地址：上海市唐山路 902 号 1 号楼 215 室

邮编：200082

电话：021 – 65418397

传真：021 – 65418395

E-mail：hkhh888@ 163. com

●上海市黄浦区红十字会

地址：上海市重庆南路 100 号 708 室

邮编：200020

●上海市静安区红十字会

地址：上海市静安区愚园路 300 号 2305 室

邮编：200040

电话：021 – 62401617

E-mail：jingan_red@ 163. com

●上海市长宁区红十字会

地址：上海市长宁区云雾山路 39 号 9 楼

邮编：200051

电话：021 – 52064615

传真：021 – 52064612

E-mail：redcross_shcn@ 163. com

●上海市闵行区红十字会

地址：上海市莘谭路408号北楼3楼

邮编：201199

●上海市宝山区红十字会

地址：上海市友谊路42弄5号

邮编：201999

●上海市浦东新区红十字会

地址：上海市浦东新区德平路289号16楼

邮编：200136

电话：021－50342784

传真：021－58467172

E-mail：pdxqhh@163.com

●上海市嘉定区红十字会

地址：上海市南大街272号1楼

邮编：201800

●上海市松江区红十字会

地址：上海市中山中路38号1号楼12楼西侧1213－1223室

邮编：201699

●上海市金山区红十字会

地址：上海市卫二路428号

邮编：200540

●上海市青浦区红十字会

地址：上海市青舟路200号民防综合大楼5楼507室

邮编：201700

●上海市奉贤区红十字会

地址：上海市南桥镇江海路363号

邮编：201499

●上海市崇明县红十字会

地址：上海市城桥镇一江山路612号

邮编：202150

●江苏省红十字会

地址：江苏省南京市中山北路49号机械大厦12B楼

邮编：210008

电话：025－57713291

传真：025－57713271

E-mail：icrcjs1904@gmail.com

网址：www.jsredcross.org.cn

●江苏省南京市红十字会

地址：江苏省南京市北京东路4号3－1

邮编：210008

电话：025－83612986

E-mail：hwd_nanjing@163.com

●江苏省无锡市红十字会

地址：江苏省无锡市后西溪19号

邮编：214001

●江苏省常州市红十字会

地址：江苏省常州市红梅南路37号

邮编：213003

●江苏省镇江市红十字会
地址：江苏省镇江市将军巷 9 号
邮编：212001

●江苏省苏州市红十字会
地址：江苏省苏州市体育场路 4 号
邮编：215006

●江苏省南通市红十字会
地址：江苏省南通市青年中路 109 号
邮编：226006
电话：0513 – 85053656
传真：0513 – 85053611
E–mail：hh85053656@ 126. com

●江苏省扬州市红十字会
地址：江苏省扬州市文昌中路 460 号
邮编：225002

●江苏省泰州市红十字会
地址：江苏省泰州市永泰路 318 号
邮编：225300

●江苏省盐城市红十字会
地址：江苏省盐城市盐城开放大道 79 号
邮编：224002

●江苏省徐州市红十字会
地址：江苏省徐州市泰山路东坡花园 8 号楼
邮编：221006

●江苏省宿迁市红十字会
地址：江苏省宿迁市太湖路 260 号
邮编：223800

●江苏省淮安市红十字会
地址：江苏省淮安市工业路 20 号
邮编：223001

●江苏省连云港市红十字会
地址：江苏省连云港市新浦区苍梧路 12 号
邮编：222006

●浙江省红十字会
地址：浙江省杭州市秋涛北路 324 号
邮编：310020
电话：0571 – 86466691
传真：0571 – 86466692

●浙江省杭州市红十字会
地址：浙江省杭州市孝女路 2 号
邮编：310006
电话：0571 – 87061230
传真：0571 – 87070879

●浙江省宁波市红十字会
地址：浙江省宁波市永丰路 237 号
邮编：315010
电话：0574 – 87254349
传真：0574 – 87209039

●浙江省温州市红十字会

地址：浙江省温州市府东路 563 号
邮编：325009
电话：0577－88960730
传真：0577－88960732

●浙江省湖州市红十字会

地址：浙江省湖州市青太路 915 号
邮编：313000
电话：0572－2760067
传真：0572－2760065

●浙江省嘉兴市红十字会

地址：浙江省嘉兴市文桥路 486 号
邮编：314050
电话：0573－82875805
传真：0573－83687803

●浙江省绍兴市红十字会

地址：浙江省绍兴市区新建北路 16 号
邮编：312000
电话：0575－85083308
传真：0575－85080565

●浙江省金华市红十字会

地址：浙江省金华市永康街 288 号
邮编：321017
电话：0579－82114353
传真：0579－82118892

●浙江省衢州市红十字会

地址：浙江省衢州市荷二路 109 号
邮编：304002
电话：0570－3081875
传真：0570－3081875

●浙江省舟山市红十字会

地址：浙江省舟山市新城翁山路 530 号
邮编：316021
电话：0580－2612297
传真：0580－2612297

●浙江省台州市红十字会

地址：浙江省台州市椒江区东海大道 608 号
邮编：318000
电话：0576－88536231
传真：0576－88536399

●浙江省丽水市红十字会

地址：浙江省丽水市花园路 1 号
邮编：323000
电话：0578－2091957
传真：0578－2091956

●安徽省红十字会

地址：安徽省合肥市马鞍山路 509 号省政务中心大厦 B 座 9 楼
邮编：230002
电话：0551－62999161
传真：0551－62999162

●安徽省合肥市红十字会
地址：安徽省合肥市六安路 68 号
邮编：230001

●安徽省淮北市红十字会
地址：安徽省淮北市相山区淮海路 115 号
邮编：235000

●安徽省亳州市红十字会
地址：安徽省亳州市芍花路
邮编：236801

●安徽省宿州市红十字会
地址：安徽省宿州市卫生局院内
邮编：234000

●安徽省蚌埠市红十字会
地址：安徽省蚌埠市体育路红十字会医院内
邮编：233000

●安徽省阜阳市红十字会
地址：安徽省阜阳市南二环路
邮编：236032

●安徽省淮南市红十字会
地址：安徽省淮南市人民南路西 276 号市卫生局内
邮编：232007

●安徽省滁州市红十字会
地址：安徽省滁州市委大院 048 信箱
邮编：239001

●安徽省六安市红十字会
地址：安徽省六安市人民路 166 号
邮编：237001

●安徽省马鞍山市红十字会
地址：安徽省马鞍山市佳山路梨苑 1 号卫生大厦
邮编：243011

●安徽省巢湖市红十字会
地址：安徽省巢湖市健康东路市卫生局内
邮编：238000

●安徽省芜湖市红十字会
地址：安徽省芜湖市渡春路 2 号
邮编：241000

●安徽省宣城市红十字会
地址：安徽省宣城市鳌峰大街卫生局内
邮编：242000

●安徽省铜陵市红十字会
地址：安徽省铜陵市行政中心北 14 楼 1412 号
邮编：244000

●安徽省池州市红十字会
地址：安徽省池州市委大院 4 楼
邮编：247000

●安徽省安庆市红十字会
地址：安徽省安庆市市府路 3 号市卫生局内
邮编：246003

●安徽省黄山市红十字会

地址：安徽省黄山市屯溪区环城北路 174 号
邮编：245000

●福建省红十字会

地址：福建省福州市华林路 128 号屏东写字楼 8 层
邮编：350003
电话：0591－87763350
传真：0591－87763351

●福建省福州市红十字会

地址：福建省福州市鼓楼区鼓屏路 27 号承恩楼 8 层
邮编：350001

●福建省厦门市红十字会

地址：福建省厦门市湖滨四里 64 号之一湖光大厦 2–3 楼
邮编：361004

●福建省漳州市红十字会

地址：福建省漳州市芗城区胜利西路 118 号市政府大院 22 号楼
邮编：363000

●福建省泉州市红十字会

地址：福建省泉州市东海湾市行政中心
邮编：362000

●福建省三明市红十字会

地址：福建省三明市红岩新村 23 幢 3 楼市政府大院
邮编：365000

●福建省莆田市红十字会

地址：福建省莆田市市政府 3 号楼 1 层 123 室
邮编：351100

●福建省南平市红十字会

地址：福建省南平市八一路 421 号
邮编：353000

●福建省龙岩市红十字会

地址：福建省龙岩市和平路 18 号
邮编：364000

●福建省宁德市红十字会

地址：福建省宁德市蕉城北路 17 号
邮编：352100

●江西省红十字会

地址：江西省南昌市西湖路 7 号
邮编：330046
电话：0791－86255747
传真：0791－86252815

●江西省南昌市红十字会

地址：江西省南昌市渊明北路 147 号
邮编：330008

●江西省九江市红十字会

地址：江西省九江市浔阳区庐峰路 48 号民主党派楼 1 楼

邮编：332000

●江西省景德镇市红十字会

地址：江西省景德镇市紫薇路 55 号

邮编：333000

●江西省萍乡市红十字会

地址：江西省萍乡市平安大道雍家冲卫生局 2 楼

邮编：333400

●江西省新余市红十字会

地址：江西省新余市城北凌上东路 218 号

邮编：338000

●江西省鹰潭市红十字会

地址：江西省鹰潭市交通路 22 号（市卫生局 7 楼）

邮编：335000

●江西省赣州市红十字会

地址：江西省赣州市政府北 2 区 2 楼

邮编：341000

●江西省宜春市红十字会

地址：江西省宜春市宜阳大厦中座 720 室

邮编：336000

●江西省上饶市红十字会

地址：江西省上饶市信州区金龙岗 15 号

邮编：334000

●江西省吉安市红十字会

地址：江西省吉安市城南行政中心 C 座 801 室

邮编：343000

●江西省抚州市红十字会

地址：江西省抚州市玉茗大道市直集中办公大楼 1 号楼 3 楼

邮编：344000

●山东省红十字会

地址：山东省济南市高新区奥体中路 5316 号

邮编：250101

电话：0531－85599981

传真：0531－85599994

●山东省济南市红十字会

地址：山东省济南市经五路 169 号

邮编：250001

电话：0531－87081588

传真：0531－87081588

E-mail：jnredcross@ 163. com

●山东省青岛市红十字会

地址：山东省青岛市市南区山东路12号甲905室
邮编：266071
电话：0532－85975999
传真：0532－85976999
E-mail：qeredcross@163.com

●山东省烟台市红十字会

地址：山东省烟台市莱山区银海路26号
邮编：264003
电话：0535－2123999
传真：0535－2103269
E-mail：ythszh@126.com

●山东省淄博市红十字会

地址：山东省淄博市张店区华光路272号
邮编：255000
电话：0533－2793999
传真：0533－2793999
E-mail：zbhhxc@163.com

●山东省潍坊市红十字会

地址：山东省潍坊市奎文区广安巷187号
邮编：261041
电话：0536－8240120
传真：0536－8583262
E-mail：wfhhb@163.com

●山东省枣庄市红十字会

地址：山东省枣庄市新城和谐路390号
邮编：277800
电话：0632－3316143
传真：0632－3316143
E-mail：zzhszh@163.com

●山东省济宁市红十字会

地址：山东省济宁市吴泰闸路105号
邮编：272000
电话：0537－2713999
传真：0537－2713999
E-mail：2713999h@163.com

●山东省东营市红十字会

地址：山东省东营市东城黄河路与沂州路路口青年公社
邮编：257091
电话：0546－8083385
传真：0546－8339363
E-mail：dyshszh2013@163.com

●山东省泰安市红十字会

地址：山东省泰安市市政大楼B9028房间
邮编：271000
电话：0538－6991730
传真：0538－6991730
E-mail：wsjhhd@163.com

●山东省威海市红十字会

地址：山东省威海市青岛北路 28 号卫生大厦 708 室
邮编：264200
电话：0631－5286961
传真：0631－5330333
E-mail：whhszh@ 126. com

●山东省日照市红十字会

地址：山东省日照市云海路 46 号
邮编：276800
电话：0633－8251084
传真：0633－8251084
E-mail：rzshszh@ sina. com

●山东省莱芜市红十字会

地址：山东省莱芜市龙潭东大街 001 号行政服务中心 318 房间
邮编：271199
电话：0634－8891036
传真：0634－8891036
E-mail：Lwshszh@ 163. com

●山东省临沂市红十字会

地址：山东省临沂市兰山区北城新区公共卫生大楼 2 楼
邮编：276000
电话：0539－8605968
传真：0539－8129382
E-mail：sdlyhszh@ 163. com

●山东省德州市红十字会

地址：山东省德州市东风东路 1566 号新城综合楼 B 区 5 楼
邮编：253076
电话：0534－2633199
传真：0534－2633199
E-mail：dzhh2633199@ 163. com
网址：www. dzhszh. org. cn

●山东省滨州市红十字会

地址：山东省滨州市渤海十六路 736 号
邮编：256603
电话：0543－3355871
传真：0543－3361719
E-mail：bzhszhbgs@ 163. com

●山东省聊城市红十字会

地址：山东省聊城市青林街 16 号
邮编：252000
电话：0635－8436751
E-mail：lchszh2007@ 163. com

●山东省菏泽市红十字会

地址：山东省菏泽市西安路 888 号
邮编：274000
电话：0530－5626158
传真：0530－5626158
E-mail：hzhh0530@ 163. com

●济南铁路局红十字会

地址：山东省济南市车前街 2 号
邮编：250001

●胜利油田红十字会

地址：山东省东营市东营区济南路258号

邮编：257001

●中国石化集团齐鲁石化公司红十字会

地址：山东省淄博市临淄区桓公路15号

邮编：255408

●山东省莱钢集团红十字会

地址：山东省莱芜市钢城区友谊大街

邮编：271104

●河南省红十字会

地址：河南省郑州市黄河路11号豫粮大厦17楼

邮编：450003

电话：0371－65955321

传真：0371－65926188

●河南省郑州市红十字会

地址：河南省郑州市中原区互助路73号院3号楼

邮编：450015

●河南省开封市红十字会

地址：河南省开封市金明大道南段卫生局内

邮编：475004

●河南省洛阳市红十字会

地址：河南省洛阳市中州西路30号

邮编：471003

●河南省平顶山市红十字会

地址：河南省平顶山市新城区卫计委内

邮编：467000

●河南省安阳市红十字会

地址：河南省安阳市永安街东段三观庙村委会院

邮编：450000

●河南省鹤壁市红十字会

地址：河南省鹤壁市淇滨区卫计委212室

邮编：458030

●河南省新乡市红十字会

地址：河南省新乡市卫滨区一横街63号

邮编：453000

●河南省焦作市红十字会

地址：河南省焦作市人民路阳光大厦B313

邮编：454002

●河南省濮阳市红十字会

地址：河南省濮阳市开州南路33号

邮编：457000

●河南省许昌市红十字会

地址：河南省许昌市魏都区前进路39号

邮编：461000

●河南省漯河市红十字会

地址：河南省漯河市天山路2号

邮编：462000

●河南省三门峡市红十字会
地址：河南省三门峡市崤山路中段 35 号路卫生局
邮编：472000

●河南省商丘市红十字会
地址：河南省商丘市长江东路 378 号市残联 2 楼
邮编：476000

●河南省周口市红十字会
地址：河南省周口市川汇区太昊路人大政协综合楼 1028 室
邮编：466000

●河南省驻马店市红十字会
地址：河南省驻马店市解放路中段
邮编：463000

●河南省南阳市红十字会
地址：河南省南阳市中州路 363 号
邮编：473000

●河南省信阳市红十字会
地址：河南省信阳市羊山新区市行政中心 3 号楼 3421 室
邮编：464000
电话：0376－6365216
传真：0376－6560127
E-mail：xyshszhbgs@ 126. com

●河南省济源市红十字会
地址：河南省济源市第二行政区 3 号楼
邮编：459000

●河南省巩义市红十字会
地址：河南省巩义市东区健康路 102 号
邮编：451200

●河南省汝州市红十字会
地址：河南省汝州市广成中路 36 号汝州市卫生局
邮编：467599

●河南省邓州市红十字会
地址：河南省邓州市三贤北路卫生局院内
邮编：474150

●河南省永城市红十字会
地址：河南省永城市东城区卫生局院内
邮编：476600

●湖北省红十字会
地址：湖北省武汉市武昌区中北路 101 号楚商大厦
邮编：430071
电话：027－87325005
传真：027－87325268

●湖北省武汉市红十字会
地址：湖北省武汉市汉口胜利街 162 号
邮编：430014

●湖北省黄石市红十字会
地址：湖北省黄石市武汉路 203 号
邮编：435000

●湖北省十堰市红十字会
地址：湖北省十堰市柳林路 25 号
邮编：442000

●湖北省襄阳市红十字会
地址：襄阳市襄城区新街 16 号
邮编：441021

●湖北省宜昌市红十字会
地址：湖北省宜昌市伍家岗区桔城路 8 号
邮编：443001

●湖北省荆州市红十字会
地址：湖北省荆州市荆州区荆东路 18 号
邮编：434020

●湖北省荆门市红十字会
地址：湖北省荆门市金虾路 60 号
邮编：448000

●湖北省鄂州市红十字会
地址：湖北省鄂州市滨湖南路 17 号
邮编：436000

●湖北省孝感市红十字会
地址：湖北省孝感市城站路 75 号
邮编：432100

●湖北省黄冈市红十字会
地址：湖北省黄冈市新港大道 102 号
邮编：438000

●湖北省咸宁市红十字会
地址：湖北省咸宁市咸宁大道 9 号
邮编：437100

●湖北省随州市红十字会
地址：湖北省随州市迎宾大道 108 号
邮编：434100

●湖北省恩施州红十字会
地址：湖北省恩施市舞阳大街 225 号
邮编：445000

●湖北省仙桃市红十字会
地址：湖北省仙桃市沔阳大道 18 号
邮编：433000

●湖北省天门市红十字会
地址：湖北省天门市陆羽大道西 7 号
邮编：431700

●湖北省潜江市红十字会
地址：湖北省潜江市红梅东路 8 号
邮编：433199

●湖北省神农架林区红十字会
地址：湖北省神农架林区神农大道 101 号
邮编：442400

●湖南省红十字会

地址：湖南省长沙市五一大道 492 号粮贸大厦
邮编：410001
电话：0731－82584999
传真：0731－82584928

●湖南省长沙市红十字会

地址：湖南省长沙市岳麓区岳麓大道 218 号市政府二办公楼
邮编：410013

●湖南省株洲市红十字会

地址：湖南省株洲市天台路 7 号
邮编：412007

●湖南省湘潭市红十字会

地址：湖南省湘潭市霞光中路 28 号
邮编：411104

●湖南省岳阳市红十字会

地址：湖南省岳阳市巴陵东路炮湾港
邮编：414000

●湖南省衡阳市红十字会

地址：湖南省衡阳市蒸湘区光辉街 31 号
邮编：421001

●湖南省益阳市红十字会

地址：湖南省益阳市金山南路 116 号
邮编：413000

●湖南省常德市红十字会

地址：湖南省常德市洞庭湖大道 410 号市政府三办公楼
邮编：415000

●湖南省邵阳市红十字会

地址：湖南省邵阳市政府院内
邮编：422000

●湖南省娄底市红十字会

地址：湖南省娄底市乐坪大道 825 号
邮编：417000

●湖南省郴州市红十字会

地址：湖南省郴州市南塔路 6 号
邮编：423000

●湖南省永州市红十字会

地址：湖南省永州市永州大道（市中心医院旁）
邮编：425000

●湖南省怀化市红十字会

地址：湖南省怀化市市民服务中心 A 栋 10 楼
邮编：418000

●湖南省张家界市红十字会

地址：湖南省张家界市南庄坪大庸路中心血站 5 楼
邮编：427000

●湖南省湘西自治州红十字会

地址：湖南省吉首市人民北路 82 号

邮编：416000

●广东省红十字会

地址：广东省广州市广州大道 1198 号

邮编：510060

电话：020－38807104

传真：020－38846316

●广东省广州市红十字会

地址：广东省广州市越秀区麓景路狮带岗西 1 号

邮编：510091

电话：020－83598396

传真：020－83500529

E-mail：gz－redcross@ 163. com

●广东省深圳市红十字会

地址：广东省深圳市罗湖区人民北路 2210 号

邮编：518000

电话：0755－82176023

传真：0755－25601682

E-mail：szzhaozhen@ 21cn. com；johnch@ 126. com

●广东省珠海市红十字会

地址：广东省珠海市香洲区狮山路 1 号

电话：0756－2257797

●广东省汕头市红十字会

地址：广东省汕头市金平区中山中路 130 号

电话：0754－88295834

●广东省佛山市红十字会

地址：广东省佛山市禅城区岭南大道北 12 号侧

邮编：528000

电话：0757－82363455

传真：0757－82363456

E-mail：fshszh@ qq. com

●广东省韶关市红十字会

地址：广东省韶关市武江区芙蓉北路 22 号

邮编：512026

电话：0751－8176603

传真：0751－8176603

●广东省河源市红十字会

地址：广东省河源市新市区兴源路预防保健中心内

邮编：517000

电话：0762－3327844

●广东省梅州市红十字会

地址：广东省梅州市江南梅龙东路 5 号市医科大楼 3 楼

邮编：514021

电话：0753－2257576

传真：0753－2257576

E-mail：mzhszh@ 163. com

●广东省惠州市红十字会

地址：广东省惠州市鹅岭北路横街 13 号

邮编：516001

电话：0752 - 2123323

●广东省汕尾市红十字会

地址：广东省汕尾市区西小区 16 栋 2 号

邮编：516600

电话：0666 - 3320903

传真：0660 - 3377619

E-mail：shww828@ 126. com

●广东省东莞市红十字会

地址：广东省东莞市育华路 6 -7 号

邮编：523000

电话：0769 - 23105928

传真：0769 - 22117227

E-mail：68759408@ qq. com

●广东省中山市红十字会

地址：广东省中山市悦来南路 9 号

电话：0760 - 23320369

●广东省清远市红十字会

地址：广东省清远市清城区连江路 61 号凤翔豪苑

邮编：511518

电话：0763 - 3373731

E-mail：qyhonghui@ 126. com

网址：http：//old.gdqy.gov. cn/web/qyshszh/

●广东省江门市红十字会

地址：广东省江门市象山新村 122 号 1-2 层

邮编：529000

电话：0750 - 3270327

传真：0750 - 3270325

E-mail：jmhh@ jiangmen. cn

●广东省阳江市红十字会

地址：广东省阳江市区东风三路绿苑小区 6 号 8 楼

电话：0662 - 3308829

●广东省湛江市红十字会

地址：广东省湛江市赤坎区南方路 9 号

邮编：524038

电话：0759 - 3356766

传真：0759 - 3356766

E-mail：zjshszh@ 163. com

●广东省茂名市红十字会

地址：广东省茂名市迎宾四路 162 号 7 楼

邮编：525000

电话：0668 - 2963906

●广东省肇庆市红十字会

地址：广东省肇庆市卫生培训中心附近

电话：0758 - 2825290

●广东省潮州市红十字会

地址：广东省潮州市湘桥区枫春路中段人民广场右侧综合楼 5 楼

电话：0768 - 2279500

●广东省揭阳市红十字会

地址：广东省揭阳市市区临江北路市政府大院内 4 号楼 109
邮编：522031
电话：0663 – 8768352
传真：0663 – 8768352
E-mail：jyredcross@ 126. com

●广东省云浮市红十字会

地址：广东省云浮市岩前路 5 号
邮编：527300
电话：0766 – 8869618
传真：0766 – 8869618
E-mail：yfhonghui@ 163. com

●广西壮族自治区红十字会

地址：广西壮族自治区南宁市金州路 27 号
邮编：530021
电话：0771 – 5860326
传真：0771 – 5768023

●广西壮族自治区南宁市红十字会

地址：广西壮族自治区南宁市民族大道 4 号邕江宾馆商厦 4 楼
邮编：530012
电话：0771 – 2826863
传真：0771 – 2826863
E-mail：nnhh2823933@ 163. com

●广西壮族自治区柳州市红十字会

地址：广西壮族自治区柳州市高新一路科技大厦 7 楼
邮编：545006
电话：0772 – 2630233
传真：0772 – 2612833
E-mail：lzhh0772@ 163. com

●广西壮族自治区桂林市红十字会

地址：广西壮族自治区桂林市临桂路 23 号
邮编：541002
电话：0773 – 2820848
传真：0773 – 2832746
E-mail：glhszh@ 126. com

●广西壮族自治区梧州市红十字会

地址：广西壮族自治区梧州市西环路中段 116 号 2 楼
邮编：543000
电话：0774 – 3888712
传真：0774 – 3888712
E-mail：wzshszh@ 163. com

●广西壮族自治区北海市红十字会

地址：广西壮族自治区北海市北部湾西路 10 号（市卫生局院内）
邮编：536000
电话：0779 – 3031332
传真：0779 – 3031332
E-mail：bhhh66@ 163. com

●广西壮族自治区防城港市红十字会

地址：广西壮族自治区防城港市港口区行政中心区迎宾路红树林大厦东塔 8 楼 818 室
邮编：538001

●广西壮族自治区钦州市红十字会

地址：广西壮族自治区钦州市钦南区鸿福小区合得来超市 6 楼
邮编：535099
电话：0777－2877660
传真：0777－2877660
E-mail：qzhh_2841181@ 163. com

●广西壮族自治区贵港市红十字会

地址：广西壮族自治区贵港市仙衣路龙床井巷 10 号（贵港市卫生局大院内）
邮编：537100
电话：0775－4569255
传真：0775－4569255
E-mail：gghsjh@ 163. com

●广西壮族自治区玉林市红十字会

地址：广西壮族自治区玉林市玉东大道 1 号城东办公大楼
邮编：537000
电话：0775－2829970
传真：0775－2829970
E-mail：ylshszh@ 126. com

●广西壮族自治区百色市红十字会

地址：广西壮族自治区百色市右江区火车站进站大道 17 号
邮编：533099
传真：0776－2989930
E-mail：bshh2825391@ 163. com

●广西壮族自治区贺州市红十字会

地址：广西壮族自治区贺州市平安西路祥云街 70 号
邮编：542899
电话：0774－5279593
传真：0774－5279593
E-mail：hzhh9593@ 163. com

●广西壮族自治区河池市红十字会

地址：广西壮族自治区河池市金城江区南新东路 229 号（市 120 急救中心 6 楼）
邮编：547000
电话：0778－2307821
传真：0778－2307821
E-mail：hchh116@ 163. com

●广西壮族自治区来宾市红十字会

地址：广西壮族自治区来宾市行政中心附楼西面后 5 楼
邮编：546100
电话：0772－4278682
传真：0772－4278290
E-mail：lh4278682@ 163. com

●广西壮族自治区崇左市红十字会

地址：广西壮族自治区崇左市友谊大道东源名城A区8栋3单元
邮编：532200
电话：0771－7836630
E-mail：czhh1992@163.com

●海南省红十字会

地址：海南省海口市海府路49号原省委第2办公楼2楼
邮编：571100
电话：0898－65331824
传真：0898－65304627

●海南省海口市红十字会

地址：海南省海口市美兰区海甸岛海达路41号办公楼4楼
邮编：570208
电话：0898－66257045/65389115
传真：0898－66254730
E-mail：haikouhongshizihui@163.com

●海南省三亚市红十字会

地址：海南省三亚市河东路66号碧海国际1603室
邮编：572000
电话：0898－88689125
传真：0898－88361337
E-mail：sanyaredcross@163.com

●海南省琼海市红十字会

地址：海南省琼海市加积镇人民路41号卫生局2楼
邮编：571400

●海南省儋州市红十字会

地址：海南省儋州市人民中路132号（原防疫站）3楼
邮编：571700

●海南省万宁市红十字会

地址：海南省万宁市万城镇光明街68号
邮编：571500

●海南省文昌市红十字会

地址：海南省文昌市文城镇文新路13号
邮编：571300

●海南省东方市红十字会

地址：海南省东方市永安东路卫生局办公楼4楼
邮编：572600

●海南省澄迈县红十字会

地址：海南省澄迈县文明路110号卫生局院内
邮编：571900

●海南省临高县红十字会

地址：海南省临高县临城镇红旗街卫生局1楼
邮编：571500

●**海南省陵水自治县红十字会**
地址：海南省陵水县建设路卫生局 2 楼
邮编：571500

●**海南省五指山市红十字会**
地址：海南省五指山市爱民路市卫生局内
邮编：572200

●**海南省昌江黎族自治县红十字会**
地址：海南省昌江县昌江大道昌江行政办公大楼 2 楼
邮编：572700

●**海南省乐东黎族自治县红十字会**
地址：海南省乐东县抱由镇光明路 72 号卫生局 2 楼
邮编：572500

●**海南省定安县红十字会**
地址：海南省定安县见龙大道卫生局
邮编：571200

●**海南省屯昌县红十字会**
地址：海南省屯昌县屯城镇解放路 6 号
邮编：571600

●**海南省保亭黎族苗族自治县红十字会**
地址：海南省保亭县保城镇温泉路公务员小区 2 栋 1 楼
邮编：571200

●**海南省白沙黎族自治县红十字会**
地址：海南省白沙县人民政府 2 楼
邮编：572800

●**海南省琼中黎族苗族自治县红十字会**
地址：海南省琼中县营根镇教育路 21 号
邮编：572900

●**重庆市红十字会**
地址：重庆市渝中区长江支路 2 号
邮编：430015
电话：023 – 63613124
传真：023 – 63859905

●**重庆市渝中区红十字会**
地址：重庆市渝中区管家巷 9 号
邮编：400010

●**重庆市江北区红十字会**
地址：重庆市江北区金港新区 16 号
邮编：400020

●**重庆市沙坪坝区红十字会**
地址：重庆市沙区天星桥凤天大道 8 号
邮编：400038

●**重庆市九龙坡区红十字会**
地址：重庆市九龙坡区蟋龙大道 199 号
邮编：400050

●重庆市南岸区红十字会

地址：重庆市南岸区南城大道 199 号

邮编：400064

●重庆市大渡口区红十字会

地址：重庆市大渡口区鑫康路 14 号区卫生局内

邮编：400080

●重庆市北碚区红十字会

地址：重庆市北碚区冯时行路 308 号

邮编：400700

●重庆市万盛经开区红十字会

地址：重庆市万盛经开区勤俭路 101 号区卫生局内

邮编：400800

●重庆市渝北区红十字会

地址：重庆市渝北区双凤路 168 号卫生局内

邮编：401120

●重庆市巴南区红十字会

地址：重庆市巴南区鱼洞渝轻路 286 号

邮编：401320

●重庆市长寿区红十字会

地址：重庆市长寿区桃花大道 8 号区卫生局内

邮编：401220

●重庆市綦江区红十字会

地址：重庆市綦江区卫生局内

邮编：401420

●重庆市合川区红十字会

地址：重庆市合川区合阳镇云盘街市府内

邮编：401520

●重庆市永川区红十字会

地址：重庆市永川区卫生局内

邮编：402160

●重庆市江津区红十字会

地址：重庆市江津区卫生局内

邮编：402360

●重庆市大足区红十字会

地址：重庆市大足区龙岗街道龙中路 276 号

邮编：402360

●重庆市荣昌区红十字会

地址：重庆市荣昌区昌元镇大东街 116 号

邮编：402460

●重庆市铜梁区红十字会

地址：重庆市铜梁区白龙大道 52 号

邮编：402290

●重庆市潼南区红十字会
地址：重庆市潼南区春阳街 298 号
邮编：402660

●重庆市璧山区红十字会
地址：重庆市璧山区东林大道 38 号
邮编：402760

●重庆市涪陵区红十字会
地址：重庆市涪陵区卫生局内
邮编：408000

●重庆市丰都县红十字会
地址：重庆市丰都县卫生局内
邮编：408200

●重庆市垫江县红十字会
地址：重庆市垫江县南阳公园会议中心
邮编：408300

●重庆市南川区红十字会
地址：重庆市南川区卫生局内
邮编：408400

●重庆市武隆区红十字会
地址：重庆市武隆区芙蓉中路 9 号
邮编：408500

●重庆市万州区红十字会
地址：重庆市万州区卫生局内
邮编：404000

●重庆市梁平县红十字会
地址：重庆市梁平县卫生局内
邮编：405200

●重庆市忠县红十字会
地址：重庆市忠县卫生局内
邮编：404300

●重庆市云阳县红十字会
地址：重庆市云阳县卫生局内
邮编：404500

●重庆市奉节县红十字会
地址：重庆市奉节县卫生局内
邮编：404600

●重庆市开县红十字会
地址：重庆市开县卫生局内
邮编：405400

●重庆市巫山县红十字会
地址：重庆市巫山县卫生局内
邮编：404700

●重庆市城口县红十字会
地址：重庆市城口县卫生局内
邮编：405900

●重庆市巫溪县红十字会
地址：重庆市巫溪县卫生局内
邮编：40580

●重庆市黔江区红十字会
地址：重庆市黔江区卫生局内
邮编：409800

●重庆市彭水县红十字会
地址：重庆市彭水县卫生局内
邮编：409600

●重庆市石柱县红十字会
地址：重庆市石柱县卫生局内
邮编：409100

●重庆市秀山县红十字会
地址：重庆市秀山县卫生局内
邮编：409900

●重庆市酉阳县红十字会
地址：重庆市酉阳县卫生局内
邮编：409800

●重庆市教育行业红十字会
地址：重庆市江北区华新街企鹅石堡山 20 号
邮编：400014

●重庆大学红十字会
地址：重庆市沙坪坝区大学城
邮编：400044

●重庆师范大学红十字会
地址：重庆市沙坪坝区大学城
邮编：400030

●西南农业大学红十字会
地址：重庆市北碚天路 216 号
邮编：400015

●四川省红十字会
地址：四川省成都市成华区玉双路 3 号 8 幢
邮编：610021
电话：028－84350528
传真：028－84389915

●四川省成都市红十字会
地址：四川省成都市锦江区新开街 84 号
邮编：610016
电话：028－86253628
传真：028－86253618

●四川省自贡市红十字会
地址：四川省自贡市汇东新区华园街 66 号
邮编：643030
电话：0813－5508015
传真：0813－5508017

●四川省攀枝花市红十字会
地址：四川省攀枝花市东区炳草岗人民街 78 号
邮编：617000
电话：0812－3334165
传真：0812－3334165

●四川省泸州市红十字会

地址：四川省泸州市江阳区大慈路 27 号

邮编：646000

电话：0830 – 2290436

传真：0830 – 2290436

E-mail：1765332198@ qq. com

●四川省德阳市红十字会

地址：四川省德阳市一环路西二段 98 号

邮编：618000

电话：0838 – 2902817

传真：0838 – 2904611

E-mail：deyangredcross@ yahoo. com cn

●四川省绵阳市红十字会

地址：四川省绵阳市临园路中段 78 号

邮编：621000

电话：0816 – 2210512

传真：0816 – 2303514

E-mail：myredcross. 2210512@ 163. com

●四川省广元市红十字会

地址：四川省广元市滨河北路 203 号

邮编：628017

电话：0839 – 3260270

传真：0839 – 3260270

●四川省遂宁市红十字会

地址：四川省遂州中路 979 号

邮编：629000

电话：0825 – 5807877

传真：0825 – 5808028

●四川省内江市红十字会

地址：四川省内江市新华路 20 号

邮编：641000

电话：0832 – 2029024

传真：0832 – 2023583

E-mail：610119673@ qq. com

●四川省乐山市红十字会

地址：四川省乐山市市中区白蜡街 105 号

邮编：614000

电话：0833 – 2495172

传真：0833 – 2495360

●四川省南充市红十字会

地址：四川省南充市顺庆区万年西路 2 号市政府 1 号楼

邮编：637000

电话：0817 – 2666169

传真：0817 – 2666169

●四川省宜宾市红十字会

地址：四川省宜宾市翠屏区都长街 82 号

邮编：644000

电话：0831 – 8242220

传真：0831 – 8242220

●四川省广安市红十字会

地址：四川省广安市广安区万盛东路 32 号

邮编：638600

电话：0826 – 2332788

传真：0826 – 2332788

E-mail：gahsz@ 163. com

●四川省达州市红十字会

地址：四川省达州市西外市政中心综合楼8楼20号

邮编：635002

电话：0818－2106027

传真：0818－2106027

E-mail：1512962197@qq.com

●四川省资阳市红十字会

地址：四川省资阳市政府机关办公区2号楼1309室

邮编：641300

电话：028－26111367

传真：028－26111367

●四川省巴中市红十字会

地址：四川省巴中市江北新区滨河北路中段118号

邮编：636000

电话：0827－5286135

传真：0827－5286135

●四川省阿坝州红十字会

地址：四川省阿坝藏族羌族自治州马尔康市马尔康镇达尔玛街63号

邮编：624000

电话：0837－2823270

传真：0837－2823270

E-mail：99185469@qq.com

●四川省雅安市红十字会

地址：四川省雅安市雨城区小北街59号

邮编：625000

电话：0835－2220122

传真：0835－2241579

●四川省甘孜州红十字会

地址：四川省甘孜州康定水井子电梯公寓12楼

邮编：626000

电话：0836－2834531

传真：0836－2832298

●四川省眉山市红十字会

地址：四川省眉山市文安东路105号

邮编：620010

电话：028－38195544

传真：028－38195544

E-mail：1744519799@qq.com

●四川省凉山州红十字会

地址：四川省西昌市龙眼井街249号

邮编：615000

电话：0834－2191563

传真：0834－2191763

●**贵州省红十字会**

地址：贵州省贵阳市省政府大院 5 号楼 3 楼

邮编：550044

电话：0851－6824372

传真：0851－6857817

●**贵州省贵阳市红十字会**

地址：贵州省贵阳市市级行政中心二期 B 区 1 楼

邮编：550081

传真：0851－5961921

E-mail：gyshszh@ 163. com

●**贵州省遵义市红十字会**

地址：贵州省遵义市红花岗区子尹路 168 号

邮编：563000

传真：0852－8232631

E-mail：gzzyshszh@ 163. com

●**贵州省安顺市红十字会**

地址：贵州省安顺市西秀区市东路（安顺市委大院内）

邮编：561000

传真：0853－3237306

E-mail：yyc8566@ 126. com

●**贵州省六盘水市红十字会**

地址：贵州省六盘水市钟山区人民西路 150 号市政府金钟综合楼 1 楼

邮编：553001

传真：0858－8331956

E-mail：565415686@ qq. com

●**贵州省黔东南州红十字会**

地址：贵州省凯里市韶山南路 29 号

邮编：556000

电话：0855－8218727

传真：0855－8218727

E-mail：qdnzhszh@ 126. com

●**贵州省黔南州红十字会**

地址：贵州省都匀市斗蓬山路 90 号黔南州体育场 9 号门

邮编：558000

传真：0854－8313026

E-mail：411758025@ qq. com

●**贵州省黔西南州红十字会**

地址：贵州省黔西南州兴义市北京路 2 号

邮编：562400

电话：0859－3112771

传真：0859－3112771

E-mail：lvznfon@ 163. com

●**贵州省毕节市红十字会**

地址：贵州省毕节市南部新区行署办公中心 5 楼西 0515

邮编：551700

传真：0857－8228664

E-mail：bjshszhbgs@ 126. com

●贵州省铜仁市红十字会

地址：贵州省铜仁市东太大道3号（红色二八机电市场内）

邮编：554300

传真：0856－5281357/2561208

E-mail：348103795@qq.com

●云南省红十字会

地址：云南省昆明市国贸路85号政通大厦7楼

邮编：650200

电话：0871－67195087

传真：0871－67196666

●云南省昆明市红十字会

地址：云南省昆明市市级行政中心8号楼

邮编：650500

传真：63120300

●云南省昭通市红十字会

地址：云南省昭通市昭阳区环城北路117号

邮编：657000

电话：0870－2120198

E-mail：ztshszh@163.con

●云南省曲靖市红十字会

地址：云南省曲靖市园林路3号

邮编：655000

传真：0874－3337042

E-mail：qjshszh.hi@163.com

●云南省玉溪市红十字会

地址：云南省玉溪市红塔区汇溪路上段

邮编：653100

E-mail：yxshszhbgs@126.com

●云南省保山市红十字会

地址：云南省保山市隆阳区隆阳路中段

邮编：678000

电话：0875－2221214

E-mail：1192029749@qq.com

●云南省楚雄州红十字会

地址：云南省楚雄市威楚大道41号

邮编：675000

●云南省红河州红十字会

地址：云南省蒙自市红河州级行政中心州政府大楼A区7楼

邮编：661100

电话：0873－3799495

传真：0873－3799495

E-mail：hhzhszh@126.com

●云南省文山州红十字会

地址：云南省文山市华龙西路1号州信访中心4楼

邮编：663000

电话：0876－2197906

传真：0876－2197905

E-mail：wenshanzhouhh@126.com

●云南省普洱市红十字会
地址：云南省普洱市思茅区月光路 1 号
邮编：665000
电话：0879－2142476
传真：0879－2126653
E-mail：peshh@ 163. com

●云南省西双版纳州红十字会
地址：云南省景洪市宣慰大道 69 号
邮编：666100
E-mail：bnzhszh@ 163. con

●云南省大理州红十字会
地址：云南省大理市下关兴盛路 29 号
邮编：671000
传真：0872－2176696
E-mail：dlwsyht@ tom.com

●云南省德宏州红十字会
地址：云南省芒市白象街 97 号
邮编：678400
电话：0692－2134994 / 2118199
传真：0692－2134994 / 2118199
E-mail：yndhhszh@163. com
网址：http：//www. dhredcross. cn

●云南省丽江市红十字会
地址：云南省丽江市古城区玉福路 16 号
邮编：674100
传真：0888－5101098
E-mail：hszh@ lijiang.cn

●云南省怒江州红十字会
地址：云南省怒江州泸水县六库镇向阳南路 62 号
邮编：673100
电话：0886－3632382
传真：0886－3632556
E-mail：342814319@ qq. com

●云南省迪庆州红十字会
地址：云南省香格里拉市建塘镇康珠大道白塔片区
邮编：674400
电话：0887－8225318
传真：0887－8225318
E-mail：427708065@ qq. com

●云南省临沧市红十字会
地址：云南省临沧市临翔区南屏南路 141 号
邮编：677000
电话：0883－2126098
传真：0883－2126098
E-mail：lchsz2006@ 126. com

●西藏自治区红十字会
地址：西藏自治区拉萨市鲁定南路 25 号备灾救灾中心
邮编：850001
电话：0891－6864300
传真：0891－6860686

●西藏自治区拉萨市红十字会
地址：西藏自治区拉萨市江苏东路 23 号卫生局内
邮编：850000

●西藏自治区阿里地区红十字会
地址：西藏自治区阿里地区卫生局内
邮编：859000

●西藏自治区那曲地区红十字会
地址：西藏自治区那曲地区卫生局内
邮编：852000

●西藏自治区昌都地区红十字会
地址：西藏自治区昌都地区卫生局内
邮编：854000

●西藏自治区山南地区红十字会
地址：西藏自治区山南地区卫生局内
邮编：856000

●西藏自治区林芝地区红十字会
地址：西藏自治区林芝地区卫生局内
邮编：860000

●西藏自治区日喀则市红十字会
地址：西藏自治区日喀则市卫生局内
邮编：857000

●陕西省红十字会
地址：陕西省西安市北郊岗家寨（未央路 123 号）
邮编：710016
电话：029 – 86524141
传真：029 – 86526038

●陕西省西安市红十字会
地址：陕西省西安市解放路 24 号
邮编：710004

●陕西省宝鸡市红十字会
地址：陕西省宝鸡市中山西路 63 号
邮编：721000

●陕西省咸阳市红十字会
地址：陕西省咸阳市新华大厦 20 楼 7 号
邮编：712000

●陕西省铜川市红十字会
地址：陕西省铜川市卫生局内
邮编：727031

●陕西省渭南市红十字会
地址：陕西省渭南市胜利街 81 号
邮编：714000

●陕西省汉中市红十字会
地址：陕西省汉中市卫生局内
邮编：723000

●陕西省安康市红十字会
地址：陕西省安康市卫生局内
邮编：725000

●陕西省商洛市红十字会
地址：陕西省商洛市商州区金凤路 6 号
邮编：726000

●陕西省延安市红十字会
地址：陕西省延安市西一路疾控中心内
邮编：716000

●陕西省榆林市红十字会
地址：陕西省榆林市西沙青山路市政府 2 号楼
邮编：719000

●甘肃省红十字会
地址：甘肃省兰州市白银路 220 号
邮编：730030
电话：0931 – 4818076
传真：0931 – 4818076

●甘肃省兰州市红十字会
地址：甘肃省兰州市城关区王马巷 12 号
邮编：730030
电话：0931 – 8435018
传真：0931 – 8435018
E-mail：921477581@ qq. com

●甘肃省白银市红十字会
地址：甘肃省白银市人民路 100 号
邮编：730900

●甘肃省武威市红十字会
地址：甘肃省武威市东大街
邮编：733000

●甘肃省张掖市红十字会
地址：甘肃省张掖市甘州区南环路 656 号
邮编：734000
电话：0936 – 8294989
传真：0936 – 8298208

●甘肃省酒泉市红十字会
地址：甘肃省酒泉市卫生局内
邮编：735000
电话：0397 – 2655972

●甘肃省嘉峪关市红十字会
地址：甘肃省嘉峪关市建设西路 5 号
邮编：735100
电话：0937 – 6220106
传真：0937 – 6224107
E-mail：gsjyghszh@ 163. com

●甘肃省金昌市红十字会
地址：甘肃省金昌市新华西路 18 号
邮编：737100
电话：0935 – 8215847
传真：0935 – 8212176
E-mail：jcshszh123@ 163. com

●甘肃省天水市红十字会

地址：甘肃省天水市秦州区岷山路（市气象局南侧）市食品药品监督管理局综合楼1楼
邮编：741000
电话：0938－8214883
传真：0938－8214883
E-mail：tsshszh2006@126.com

●甘肃省定西市红十字会

地址：甘肃省定西市民主路3号
邮编：743000
电话：0932－8222729
传真：0932－8214295

●甘肃省平凉市红十字会

地址：甘肃省平凉市崆峒区双拥路40号
邮编：744000
电话：0933－6485616
传真：0933－8692986
E-mail：plhh1937@126.com

●甘肃省庆阳市红十字会

地址：甘肃省庆阳市西峰区长庆大道40号
邮编：745000
电话：0934－8214148
传真：0934－8220509
E-mail：qyshszh@126.com

●甘肃省陇南市红十字会

地址：甘肃省陇南市武都区陇南站西
邮编：746000
电话：0939－8261709
传真：0939－8261709

●甘肃省临夏自治州红十字会

地址：甘肃省临夏市环城东路53号
邮编：731100
电话：0930－6214013
传真：0930－6214013
E-mail：lxzhhszh@126.com

●甘肃省甘南自治州红十字会

地址：甘肃省合作市人民东街51号
邮编：747000
电话：0941－8219061
传真：0941－8213591
E-mail：gnzhu2008@126.com

●青海省红十字会

地址：青海省西宁市西大街12号
邮编：810000
电话：0971－8214589
传真：0971－8252292

●青海省西宁市红十字会

地址：青海省西宁市城中区教扬街19号
邮编：810000
电话：0971－8266292/8236180
传真：0971－8266232
E-mail：xnhszh@126.com

●青海省海东市红十字会

地址：青海省海东市平安区平安大道 206 号
邮编：810600

●青海省海南州红十字会

地址：青海省海南州共和县恰卜恰镇青海路北大街 26 号
邮编：813000

●青海省海西州红十字会

地址：青海省海西州德令哈市乌兰东路 16 号海西州人民政府
邮编：817099

●青海省海北州红十字会

地址：青海省海北州西海镇州政府办公大楼 612 室
邮编：810200

●青海省玉树州红十字会

地址：青海省玉树州佛学院院内 7 号板房
邮编：815000

●青海省黄南州红十字会

地址：青海省黄南州建工站院内
邮编：811300

●青海省果洛州红十字会

地址：青海省果洛州人民政府办公楼 2 楼
邮编：814000

●宁夏回族自治区红十字会

地址：宁夏银川市北京中路61号通信大厦22层
邮编：750011
电话：0951－5055705
传真：0951－5055972

●宁夏回族自治区银川市红十字会

地址：宁夏回族自治区银川市北京中路 166 号行政中心 1 号楼 705 室
邮编：750011
电话：0951－6888299
传真：0951－6888297
E-mail：yczfbtm@163. com

●宁夏回族自治区石嘴山市红十字会

地址：宁夏回族自治区石嘴山市大武口区新区行政中心 B3－325
邮编：753000
电话：0952－2218999
E-mail：szsshszh8699@ 163. com

●宁夏回族自治区吴忠市红十字会

地址：宁夏回族自治区宁吴忠市新区花园南街（市食品药品监督管理局办公楼）
邮编：751100
电话：0953－2255999
传真：0953－2255999
E-mail：wzshszh@ 126. com

●宁夏回族自治区固原市红十字会

地址：宁夏回族自治区固原市行政中心 322 室
邮编：756000
电话：0954 - 2088508
传真：0954 - 2088508
E-mail：guyuanhszh@ 163. com

●宁夏回族自治区中卫市红十字会

地址：宁夏回族自治区中卫市沙坡头区怀远南路中心血站 2 楼
邮编：755000
电话：0955 - 7014999
传真：0955 - 7014999
E-mail：1767327083@ qq. com

●神化宁夏煤业集团红十字会

地址：宁夏回族自治区银川市金凤区北京中路 158 号
邮编：750001

●新疆维吾尔自治区红十字会

地址：新疆维吾尔自治区乌鲁木齐市延安路 773 号
邮编：830049
电话：0991 - 2565243
传真：0991 - 2565243

●新疆维吾尔自治区乌鲁木齐市红十字会

地址：新疆维吾尔自治区乌鲁木齐市新兴街 5 号
电话：0991 - 4668677

●新疆维吾尔自治区阿克苏地区红十字会

地址：新疆维吾尔自治区阿克苏市新华东路 35 号
电话：0997 - 2283161

●新疆维吾尔自治区阿勒泰地区红十字会

地址：新疆维吾尔自治区阿勒泰市文化路 6 -17
电话：0906 - 7661091

●新疆维吾尔自治区巴音郭楞蒙古自治州红十字会

地址：新疆维吾尔自治区巴音郭楞蒙古自治州库尔勒市广场路附近
电话：0996 - 2021801

●新疆维吾尔自治区博尔塔拉蒙古自治州红十字会

地址：新疆维吾尔自治区博尔塔拉蒙古自治州博乐市文化路 208 号 3 号楼 1 楼
电话：0909 - 2319286

●新疆维吾尔自治区昌吉回族自治州红十字会

地址：新疆维吾尔自治区昌吉回族自治州昌吉市南公园西路 2 号
电话：0994 - 2728042

●新疆维吾尔自治区哈密地区红十字会

地址：新疆维吾尔自治区哈密地区哈密市八一路卫生综合大厦 9 楼
电话：0902 - 2257554

●新疆维吾尔自治区和田地区红十字会

地址：新疆维吾尔自治区和田地区和田市纳瓦格路 26 号

邮编：848000

●新疆维吾尔自治区喀什地区红十字会

地址：新疆维吾尔自治区喀什地区喀什市色满路 456 号

邮编：844000

电话：0998－2550725

传真：0998－2550725

●新疆维吾尔自治区克拉玛依市红十字会

地址：新疆维吾尔自治区克拉玛依市克拉玛依区准噶尔路 100 号东侧

电话：0990－6895452

●新疆维吾尔自治区塔城地区红十字会

地址：新疆维吾尔自治区塔城市新华街 169 号

邮编：834700

电话：0901－6223003

●新疆维吾尔自治区吐鲁番地区红十字会

地址：新疆维吾尔自治区吐鲁番地区吐鲁番市绿洲中路 561

电话：0995－6262629

●新疆维吾尔自治区伊犁哈萨克自治州红十字会

地址：新疆维吾尔自治区伊犁地区伊宁市阿合买提江路 173 号

电话：0999－8330211

●新疆维吾尔自治区克孜勒苏柯尔克孜自治州红十字会

地址：新疆维吾尔自治区阿图什市松他克路北 20 院

电话：0908－4265662

●新疆生产建设兵团红十字会

地址：新疆维吾尔自治区乌鲁木齐市光明路 196 号

邮编：830002

电话：0991－2890820

传真：0991－2890820

●新疆生产建设兵团第一师阿拉尔市红十字会

地址：新疆维吾尔自治区阿拉尔市

邮编：843300

●新疆生产建设兵团第二师红十字会

地址：新疆维吾尔自治区巴音郭楞蒙古自治州库尔勒市

邮编：841000

●新疆生产建设兵团第三师图木舒克市红十字会

地址：新疆维吾尔自治区喀什地区喀什市

邮编：844000

●新疆生产建设兵团第四师红十字会

地址：新疆维吾尔自治区伊犁哈萨克自治州伊宁市

邮编：835000

●新疆生产建设兵团第五师红十字会
地址：新疆维吾尔自治区博尔塔拉蒙古自治州博乐市
邮编：833400

●新疆生产建设兵团第六师五家渠市红十字会
地址：新疆维吾尔自治区昌吉回族自治州五家渠市
邮编：831300

●新疆生产建设兵团第七师红十字会
地址：新疆维吾尔自治区伊犁哈萨克自治州奎屯市
邮编：833200

●新疆生产建设兵团第八师石河子市红十字会
地址：新疆维吾尔自治区石河子市
邮编：832000

●新疆生产建设兵团第九师红十字会
地址：新疆维吾尔自治区塔城地区额敏县
邮编：834600

●新疆生产建设兵团第十师红十字会
地址：新疆维吾尔自治区阿勒泰地区阿勒泰市北屯镇
邮编：836000

●新疆生产建设兵团建筑工程师红十字会
地址：新疆维吾尔自治区乌鲁木齐市
邮编：830000

●新疆生产建设兵团第十二师红十字会
地址：新疆维吾尔自治区乌鲁木齐市
邮编：830000

●新疆生产建设兵团第十三师红十字会
地址：新疆维吾尔自治区哈密地区哈密市
邮编：839000

●新疆生产建设兵团第十四师红十字会
地址：新疆维吾尔自治区和田地区和田市
邮编：848000

●中国铁路系统红十字会
地址：北京市复兴路 10 号铁道部劳卫司医政处
邮编：100826

●香港特别行政区红十字会
地址：香港夏悫道 33 号香港红十字会总部
电话：852－28020021
传真：852－28027359

●澳门特别行政区红十字会
地址：澳门新口岸宋玉生广场 235 至 287 号中土大厦三楼“亨利·杜南”中心
电话：853－313003
传真：853－313024

●澳门特别行政区红十字会医疗辅助服务中心

地址：澳门西湾民国大马路 58 – 60 号
电话：853 – 28963176
传真：853 – 28967716
E –mail：medtrans@ redcross. org.mo

后　记

《中国红十字年鉴》编委会由中国红十字会领导、中国红十字会总会机关各部门及直属单位主要负责人、省级（含港澳）红十字会常务副会长或专职副会长、行业红十字会负责人组成。《中国红十字年鉴》编委会负责领导、组织协调和审稿工作。《中国红十字年鉴》编辑部设在中国红十字会总会报刊社，年鉴编辑部负责本年鉴的组稿、编辑、出版、发行工作。各省级（自治区、直辖市、生产建设兵团、铁路系统、特别行政区）红十字会指定专人担当撰稿任务。

《中国红十字年鉴》编辑部的编辑出版工作流程为：供稿单位或个人署名提供纸介质或电子版的原稿后，经年鉴编辑部登记初审并作稿笺，保存原稿，精编至二校后进入复审，划分章节，呈现版式，统筹页码，再出三校和书稿大样。书稿大样由年鉴编辑部确定章节和认定版式后复核送审，除其中纯技术性原因年鉴编辑部予以增删和修改以外，供稿单位或个人对署名文稿的内容文责自负。年鉴出版之前，编辑部将总目录和书稿大样提交编委会整体认定并终审，批准交与出版社出版发行。